PRINCIPES

DE

DROIT CIVIL FRANÇAIS.

Bruxelles — Typ. BRUYLANT-CHRISTOPHE & COMP., rue Blaes, 33.

PRINCIPES

DE

DROIT CIVIL

FRANÇAIS

PAR

F. LAURENT,

PROFESSEUR A L'UNIVERSITE DE GAND

———

TOME TRENTE-DEUXIÈME.

PARIS.
A. DURAND & PEDONE-LAURIEL, ÉDITEURS,
LIBRAIRES DE LA COUR D'APPEL ET DE L'ORDRE DES AVOCATS
G. PEDONE-LAURIEL, successeur,
13, RUE SOUFFLOT.

BRUXELLES.
BRUYLANT-CHRISTOPHE & COMPAGNIE, LIBRAIRES-ÉDITEURS.

1878

6

TITRE XXI.

DE LA PRESCRIPTION (1).

CHAPITRE PREMIER.

DISPOSITIONS GÉNÉRALES.

---

§ Ier. *Définition.*

1. L'article 2219 définit la prescription en ces termes : « La prescription est un moyen d'acquérir ou de se libérer par un certain laps de temps, et sous les conditions déterminées par la loi. »

Il y a donc deux espèces de prescription. D'abord la prescription par laquelle on acquiert : le code la mentionne parmi les modes d'acquérir la propriété (art. 712). On l'appelle prescription acquisitive ou usucapion. Il y a, en second lieu, la prescription par laquelle on se libère : le code la place parmi les modes d'extinction des obligations (art. 1234). On l'appelle prescription extinctive.

---

(1) Sources : d'Argentré, *Coutume de Bretagne,* titre *Des appropriances* (p. 779 de l'édition de 1661).

Dunod. *Traité des prescriptions,* 3e édit. 1753.

Pothier, *Traité des obligations,* 3e partie, chap. VIII, n°s 676 et suiv., et *Traité des prescriptions.*

Vazeille, *Traité des prescriptions,* 2e édit. Paris, 1832, 2 vol. in-8°.

Troplong, *De la prescription.* Paris, 1835, 2 vol. in-8°.

Leroux de Bretagne, *Nouveau traité de la prescription.* Paris, 1869, 2 vol. in-8°.

Le temps joue un grand rôle dans la prescription. Notre titre contient un chapitre spécial sur le *temps requis pour prescrire* (chap. V). La prescription acquisitive s'accomplit par le laps de trente ans, quand le possesseur n'a ni titre ni bonne foi, et par dix à vingt ans, quand il a bonne foi et juste titre. Quant à la prescription extinctive, elle s'accomplit, en général, par un délai de trente ans, sauf quelques prescriptions plus courtes : telle est la prescription de dix ans, établie par l'article 1304, pour les actions en nullité ou en rescision.

Outre le temps, il y a, d'après la définition de l'article 2219, d'autres conditions déterminées par la loi pour qu'il y ait prescription.

Pour la prescription acquisitive, il faut la possession pendant tout le laps de temps que la loi requiert. Ce qui prouve le grand rôle que la possession joue en matière de prescription, c'est que la loi en traite en premier lieu, avant de parler du temps, et dans un chapitre spécial (chap. II). En réalité, les deux conditions de temps et de possession se confondent, parce que le temps n'est requis qu'à raison de la possession. La possession est plus ou moins longue, selon que le possesseur a ou non un juste titre et la bonne foi. Dans le premier cas, elle est de dix à vingt ans ; dans le second, elle est de trente ans.

Pour la prescription extinctive, il faut, outre le temps, que le créancier soit resté dans l'inaction pendant le délai requis par la loi. C'est, à vrai dire, cette inaction continuée pendant le délai que la loi détermine qui est le fondement de la prescription extinctive.

2. La définition de la prescription a été vivement critiquée. Troplong dit qu'il est faux de dire que le temps est un moyen d'acquérir ou de se libérer (1). C'est critiquer avec une singulière légèreté la loi et Domat à qui le code a emprunté sa définition. Troplong ne cite que la première partie de l'article 2219 ; il semble oublier la seconde. En réalité, le code ne dit pas, comme on le lui fait dire, que le temps est un moyen d'acquérir ou de se libérer ; il

_____

(1) Troplong, *De la prescription*, n° 24.

ajoute : « et sous les conditions déterminées par la loi. » Le temps n'est que l'une de ces conditions. Troplong ajoute que Domat n'aurait pas dû ignorer que c'est dans la possession du détenteur, dans le silence ou l'inaction du créancier que se trouve le principe de la prescription. Ainsi on accuse d'ignorance Domat et, à sa suite, le législateur français, pour n'avoir pas dit ce qu'ils ont réellement dit, puisque les *conditions* exigées par l'article 2219 comprennent précisément ce que l'on prétend que les auteurs du code ont ignoré! Si nous étions aussi sévère que Troplong, nous ajouterions que c'est lui qui s'est trompé ; car il n'est pas exact de dire que la possession seule est le principe de la prescription ; il faut la possession continuée pendant le temps requis par la loi. La définition du code est donc plus complète que celle que le critique y substitue. Après cela, Troplong a raison de dire que le temps, puissance fatale, ne peut ni créer un droit ni l'abolir. Qui donc a dit le contraire? Ce n'est certes pas le législateur français (1).

3. On a encore adressé un autre reproche à la définition que le code donne de la prescription. Ce n'est pas, dit-on, un moyen d'acquérir ou de se libérer, c'est « la présomption légale d'une cause légitime antérieure d'acquisition ou de libération (2) ». Il faut nous arrêter à cette définition nouvelle, parce qu'elle se trouve dans un bon livre, qui est entre les mains de la plupart des élèves. Dans les ouvrages élémentaires surtout, on devrait se garder d'avancer des théories hasardées ; ce sont les premières notions que l'on enseigne aux élèves qui jettent les plus profondes racines dans leur esprit ; il faut donc leur présenter des principes certains ; et ces principes où faut-il les puiser, si ce n'est dans la loi? Sans doute, si la loi consacrait une erreur, il faudrait la signaler ; mais on doit bien se garder de remplacer la vérité relative de la loi par des propositions qui sont au moins contestables. Telle est la définition nouvelle que l'on donne de la prescription.

---

(1) Duranton, t. XXI, p. 144, n° 104. Marcadé, t. VIII, p. 5, n° III de l'article 2219.

(2) Mourlon, *Répétitions*, t. III, p. 722, n°s 1753 et 1754.

C'est, dit-on, la présomption légale d'un droit antérieur. Constatons d'abord qu'il n'y a pas une trace, dans nos textes, de cette prétendue présomption. Cela suffit pour la rejeter. En effet, aux termes de l'article 1350, la présomption légale est celle qui est attachée par une *loi spéciale* à *certains actes* ou à *certains faits*. Où est, en matière de prescription, cette *loi spéciale,* sans laquelle il ne saurait être question d'une présomption de la loi? Nous opposons une seconde fin de non-recevoir à la nouvelle définition de la prescription. Qu'est-ce qu'une présomption? C'est un des modes de preuve que la loi admet (art. 1316); dire que la prescription est une présomption légale, c'est donc dire que la prescription est un mode de preuve de la propriété ou de la libération. Est-ce là l'idée que le code attache à la prescription? L'article 712 porte que la propriété s'acquiert par la prescription; la loi la met sur la même ligne que l'accession, la donation et le testament. Faut-il demander si ce sont là des modes de preuve? C'est confondre deux idées très-distinctes, le fait juridique qui produit une translation de propriété, et la preuve de ce fait; la prescription est rangée par la loi parmi les faits juridiques par lesquels la propriété s'acquiert, donc ce n'est pas une preuve. Ce que nous disons de la prescription acquisitive est aussi vrai de la prescription extinctive. L'article 1234 dit que les obligations s'éteignent par la prescription; le code met la prescription sur la même ligne que le payement. Dire que la prescription extinctive est une présomption, c'est confondre le fait juridique de l'extinction d'une dette avec la preuve de ce fait. Ainsi, non-seulement nos textes excluent toute idée de présomption, il faut dire plus : considérer la prescription comme une présomption, c'est confondre l'acquisition et l'extinction des droits avec la preuve de ces faits.

La nouvelle définition, sans appui dans les textes, pour mieux dire, contraire aux textes, est aussi en opposition avec la tradition. Nous venons de dire que la définition du code est celle de Domat (n° 2). Pothier dit que la prescription acquisitive est l'acquisition de la propriété par la possession. Il ne définit pas la prescription extinctive; il la décrit en ces termes : « Régulièrement les actions qui naissent des créances doivent être intentées dans le temps de trente ans. Lorsque le créancier a laissé écouler ce temps sans intenter son action, le débiteur acquiert contre lui une prescription qui rend le créancier non recevable à la demander. » Dunod résume la doctrine du code dans sa définition : « La prescription est un moyen d'*acquérir le domaine des choses* en les possédant, et de *s'affranchir des droits, actions et obligations* quand le créancier néglige de les exercer pendant un certain temps (1). »

La définition que l'on veut substituer à celle du code civil est donc une innovation; la tradition l'ignore aussi bien que le législateur. Reste à savoir qui a raison. Nous ne repoussons pas l'innovation parce que c'est une innovation, nous la repoussons parce qu'elle confond toutes choses. Elle confond le fait juridique avec la preuve de ce fait. Elle confond l'effet de la prescription avec les motifs sur lesquels elle est fondée. « La prescription acquisitive, dit-on, a pour fondement la présomption que celui qui jouit d'un droit, qui le possède, en a été réellement investi par une juste cause d'acquisition; on ne l'eût pas laissé jouir si longtemps et si paisiblement, si la possession n'eût été qu'une usurpation. » Il est facile de répondre, et la réponse est péremptoire. Cela peut se dire de l'usucapion par dix et vingt ans, mais la prescription acquisitive de trente ans ne suppose ni titre ni bonne foi; celui qui l'invoque peut avouer qu'il est un usurpateur, et néanmoins il sera propriétaire en vertu de sa longue possession et quoiqu'il n'ait jamais eu une juste cause d'acquisition. La prétendue *présomption* n'est donc que l'un des motifs que l'on peut invoquer à l'appui de la prescription; à lui seul, il ne la justifie pas; ce qui ruine la base de l'innovation que nous combattons.

On dit aussi que la prescription extinctive est fondée sur cette présomption que celui qui cesse d'exercer un droit pendant de longues années en a été dépouillé par

---

(1) Pothier, *Introduction à la coutume d'Orléans*, titre XIV, n° 1. *Traité des obligations*, n° 678. Dunod, chap. I, p. 1.

quelque juste cause d'extinction, soit le payement, soit la remise de la dette. Notre réponse est la même. Il se peut que celui qui invoque la prescription ait payé ou qu'on lui ait fait remise; mais il n'en pourrait pas moins opposer la prescription quand même il déclarerait que la dette n'a jamais été éteinte légalement. Aussi Pothier, en exposant les raisons sur lesquelles la prescription est fondée, a-t-il soin de dire que la prescription a encore un autre fondement que la présomption de payement ou de remise; elle est aussi établie, d'après lui, comme une peine de la négligence du créancier. Toujours est-il qu'il est peu logique de confondre la prescription avec les raisons que l'on allègue pour la justifier, et surtout de choisir l'une de ces raisons qui ne justifie pas même, par elle seule, la prescription (1).

4. Cette discussion est de pure théorie. Tout le monde est d'accord sur la solution de la difficulté qu'elle présente dans l'application. Cependant nous croyons devoir insister, parce que les principes sont en cause, et il n'y a point de science du droit si elle ne repose sur des principes certains. Les effets de la prescription remontent-ils au jour où elle a commencé? On admet l'affirmative dans toutes les opinions. Le possesseur qui a prescrit la propriété n'est pas tenu de restituer les fruits qu'il a perçus pendant le cours de la prescription; et le débiteur ne doit pas compte des intérêts qu'il n'a pas payés depuis que la prescription a commencé à courir. On exprime cette conséquence en posant en principe que la prescription rétroagit. La loi ne formule pas ce principe, mais elle en consacre une application dans l'article 1402. Si l'un des époux mariés sous le régime de communauté a commencé à usucaper un immeuble avant le mariage, et que la prescription s'accomplisse pendant la durée de la communauté, l'immeuble sera-t-il acquêt ou propre? Si la prescription ne produisait son effet qu'à partir du jour où elle est accomplie, l'immeuble serait un acquêt, puisque la propriété en aurait été acquise pendant la durée de la communauté; la

(1) Marcadé, t. VIII, p. 2, n° II de l'article 2219. Leroux de Bretagne, t. I, p. 8, n° 9.

loi décide, au contraire, que l'immeuble est un propre, ce
qui prouve que la prescription produit son effet du jour où
elle a commencé ; en d'autres termes, elle rétroagit. Mais
pourquoi a-t-elle un effet rétroactif? Il est très-difficile de
le dire, puisque le législateur ne pose pas le principe ; bien
moins encore en donne-t-il la raison. Les modes ordinaires par lesquels la propriété s'acquiert opèrent instantanément, quand il s'agit d'un contrat, au moment où il y a
concours de volontés. Il n'en est pas de même de la prescription ; elle s'accomplit par une longue possession ; le
principe de l'acquisition remonte donc au jour où la possession a commencé ; ce serait chose absurde que de dire
que le propriétaire contre lequel la prescription s'est accomplie a conservé la propriété et le droit aux fruits, pendant que la prescription courait, et jusqu'au moment où elle
est achevée ; car il en résulterait que la prescription a été
acquise instantanément, au moment où elle s'accomplit, ce
qui est contraire à l'essence de la prescription, laquelle ne
se conçoit pas sans une possession plus ou moins longue.
Il faut donc dire que la possession, dans toute sa durée,
tient lieu d'un titre d'acquisition, par conséquent la propriété est acquise dès l'instant où la possession a commencé. Dans la théorie de la présomption, l'explication
est plus simple, mais aussi elle est incomplète et, partant,
fausse. Le possesseur devenu propriétaire par la prescription dit qu'il ne doit pas les fruits qu'il a perçus, parce
que, par l'effet de la présomption légale établie à son
profit, il est réputé avoir acquis l'immeuble qui a produit
les fruits du jour où la possession a commencé et en vertu
d'une cause légitime d'acquisition (1). Rien de mieux quand
la présomption est d'accord avec la réalité. Mais l'usurpateur peut aussi l'invoquer : et de quel droit gagnerait-il les
fruits? La veille de l'accomplissement de la prescription,
il aurait été obligé de les restituer, si le propriétaire avait
revendiqué contre lui ; il gagne donc les fruits comme il
devient propriétaire, sans aucune cause légitime d'acquisi-

_____

(1) Mourlon. t. III, p. 723, n° 1755. Troplong. n° 826. Comparez Aubry
et Rau, t. II, p. 322, note 2, § 210 ; Leroux de Bretagne, t. I, p. 10, n° 10.

tion. L'explication, on le voit, tourne contre le système qui confond la prescription avec la présomption d'un droit préexistant.

5. La véritable difficulté consiste à justifier la prescription. On distingue d'ordinaire entre la prescription acquisitive et la prescription extinctive (1). Quand le possesseur a juste titre et bonne foi et qu'il a possédé pendant dix à vingt ans, sa situation, dit-on, est plus favorable que celle du propriétaire ; celui-ci est coupable de négligence, tandis que le possesseur a fait tout ce que la loi demandait de lui pour devenir propriétaire. Cela est vrai, mais parce que le propriétaire est négligent, est-ce une raison pour le dépouiller de son droit? Son droit, qui est absolu, lui permet d'être négligent. Il est encore bien plus difficile de justifier la prescription, sur le terrain du droit strict, quand il s'agit de la prescription trentenaire. On ne peut plus dire que le possesseur est plus favorable que le propriétaire. Si le possesseur a eu un titre, il est aussi coupable de négligence pour s'être mis dans l'impossibilité d'en prouver l'existence. Et s'il n'a ni titre ni bonne foi, c'est un usurpateur. L'usurpation est sans doute une exception, mais l'exception doit avoir sa justification. Nous croyons qu'il faut abandonner le cercle étroit des droits du propriétaire mis en face du possesseur ; il y a encore un autre droit en cause, c'est celui de la société. Qu'elle ait intérêt à ce que la prescription vienne consolider les possessions, cela est d'évidence ; c'est pour ce motif que l'on a appelé la prescription la patronne du genre humain. Mais l'intérêt social ne suffit point pour légitimer la prescription ; nous n'admettons pas qu'au nom de l'intérêt général on viole le droit des individus ; car le respect du droit est le plus grand de tous les intérêts. Si la prescription est la patronne du genre humain, c'est qu'elle consolide les possessions en leur imprimant le caractère du droit. Qu'est-ce, en définitive, que la propriété privée? Elle a commencé par une possession sans titre ; en ce sens Rousseau n'a pas tort de dire que le premier propriétaire a été un usurpa-

(1) Troplong. n°⁵ 1-13. Leroux de Bretagne, t. I, p. 3, n°ˢ 3-5.

teur. Mais on ne peut pas fonder une société sur l'usurpation. Pour que la société fût possible, il a fallu que la longue possession devînt un droit. Enlevez cette base, et tout devient incertain. Vainement remonterait-on d'acquisition en acquisition jusqu'au premier possesseur. Quel était le titre de celui-ci? Il n'en a pas d'autre que sa possession. Donc, après un certain laps de temps, la possession doit devenir le principe du droit. C'est plus qu'un intérêt pour la société, c'est une question d'existence. La société a donc un droit, le plus fort de tous, à opposer à l'individu, c'est que la société ne se conçoit que là où la propriété est assurée, et elle ne l'est que si la possession la consolide. De quoi le propriétaire se plaindrait-il si la loi préfère à son droit le droit du possesseur? Le droit du propriétaire lui-même n'est, dans sa première origine, qu'une possession que la société a confirmée en y attachant l'autorité du droit. Si la propriété peut se fonder sur la possession, elle peut aussi s'acquérir par la possession contre celui qui cesse de posséder. Nous ne disons pas avec les auteurs que le propriétaire est censé renoncer à son droit; non, il entend bien le conserver; mais il s'est formé un autre droit plus fort que le sien et qui doit l'emporter : c'est celui du nouveau possesseur, car il a précisément ce qui fait défaut au propriétaire dépossédé, la possession, premier fondement de la propriété. La société n'est-elle pas en droit de dire aux propriétaires : « J'ai sanctionné votre possession en y attachant l'idée du droit, mais votre droit n'est toujours au fond qu'une possession que la loi reconnaît et confirme. Vous ne pouvez donc rester propriétaire qu'à la condition de posséder. Si vous négligez votre possession, votre droit n'a plus de raison d'être. Un nouveau droit se forme, que je dois respecter et consolider, comme, dans l'origine, j'ai respecté et consolidé le vôtre. » Tel est le droit de la société en face des individus; c'est sur ce droit que se fonde la prescription (1).

6. Il en faut dire autant de la prescription extinctive.

---

(1) Comparez Bigot-Préameneu, Exposé des motifs, n° 1 (Locré, t. VIII, p. 344).

En principe, les droits devraient être imprescriptibles; il n'y a pas de motif juridique pour que le créancier soit déchu de son droit par cela seul qu'il néglige de l'exercer pendant un certain laps de temps. La loi place la prescription parmi les modes d'extinction des obligations; il suffit de la comparer avec les autres modes d'après lesquels les obligations s'éteignent pour se convaincre que la prescription n'a rien de commun avec le payement, la novation, la compensation, qui donnent au créancier ce qui lui est dû ou l'équivalent, tandis que la prescription est une déchéance, donc une pure perte. La remise volontaire, quand elle ne se fait pas à titre gratuit, est également une convention commutative. Il est inutile de parler des autres modes d'extinction mentionnés par l'article 1234; aucun n'est une déchéance.

On dit que la prescription implique une négligence du créancier. Celui-ci ne pourrait-il pas répondre qu'il a le droit d'être négligent? Agir est pour lui une faculté, ce n'est pas une obligation; et peut-on être déchu d'une faculté par cela seul que l'on n'en use pas? Ce que Troplong dit (1) du devoir qui incomberait au propriétaire ou au créancier d'agir, n'est pas sérieux. Comment y aurait-il une obligation là où il y a un droit absolu? Le droit, dit-on, ne va jamais sans un devoir qui le limite. Nous répondons que, légalement parlant, il n'y a d'autres devoirs que des obligations, et il n'y a pas d'obligation sans une source légale d'où elle découle. Qu'on veuille bien nous dire où est la convention, ou le quasi-contrat, ou le délit qui produise une obligation à charge du créancier? C'est un fait dommageable, dit Troplong, que de ne pas agir, et il en est dû réparation. Troplong oublie que celui qui use de son droit ne cause aucun dommage; or, le créancier a la faculté d'agir ou de ne pas agir, et il ne lèse aucun droit du débiteur en n'agissant point; il n'y a donc aucune apparence d'un fait dommageable dans le sens des articles 1382 et 1383.

L'orateur du gouvernement est plus près de la vérité quand il dit dans l'Exposé des motifs : « De toutes les in-

---

(1) Troplong, *De la prescription*, n° 10.

stitutions du droit civil, la prescription est la plus nécessaire à l'*ordre social.* » Il avoue qu'elle peut blesser
l'équité dans des cas particuliers. Bigot-Préameneu répond : « La *justice générale* est rendue, et dès lors les
intérêts privés qui peuvent être lésés doivent céder à la
nécessité de maintenir l'ordre social (1). » S'il n'y avait
que des *intérêts* lésés, la réponse serait péremptoire, mais
le créancier a plus qu'un *intérêt*, il a un *droit*, et la loi
l'en déclare déchu sans compensation aucune. Cela est injuste, et l'injustice ne se justifie point par l'intérêt général. Il faut dire que la société, de son côté, a plus qu'un
intérêt, elle a aussi un *droit* à ce que les actions judiciaires
soient limitées à un certain temps; ce temps est long, puisque c'est celui de la durée moyenne de la vie. Nous ne
disons pas que celui qui reste pendant trente ans sans agir
est censé renoncer à son droit, ou qu'il reconnaît que son
droit a été éteint par une cause légitime : celui contre lequel la prescription s'est accomplie pourrait répondre, le
plus souvent, qu'il n'a jamais renoncé à son droit, et que
s'il y a une cause légale d'extinction, c'est au débiteur à
en faire la preuve. Mais y aurait-il une société possible,
si les droits pouvaient être exercés sans limite aucune de
temps? Que l'on se représente un instant l'état d'une société où l'on pourrait faire valoir des droits qui datent de
dix mille ans! Ce serait une cause universelle de trouble
et de perturbation dans l'état des fortunes; il n'y aurait
pas une famille, pas une personne qui serait à l'abri d'une
action par laquelle sa position sociale serait remise en
question. Une incertitude permanente et universelle aurait
pour suite un trouble général et incessant : comment les
individus et la société pourraient-ils subsister dans une
pareille anarchie? A celui qui se plaint qu'il est déchu
d'un droit par la prescription, on peut répondre que cette
même prescription le met à l'abri des obligations que lui
ou ses ancêtres depuis des milliers d'années auraient contractées. Voilà la compensation de la déchéance qui frappe

---

(1) Bigot-Préameneu, Exposé des motifs, n° 1 (Locré, t. VIII, p. 344 et
345). Comparez Mourlon, t. III, p. 722, n° 1752.

le créancier. Il y gagne la sécurité que le débiteur réclame contre lui (1).

§ II. *Classification.*

7. Le code comprend dans une même définition la prescription acquisitive et la prescription extinctive, et il traite des deux espèces de prescription dans un seul et même titre. On pourrait en induire qu'il n'y a aucune différence entre l'usucapion et la prescription proprement dite, et que l'une et l'autre sont régies par les mêmes principes. Le code ne les distingue pas même par le nom que la doctrine leur donne; il ne connaît pas le nom d'usucapion qui désigne l'acquisition de la propriété par une possession continuée pendant un certain temps. Pothier, le guide habituel des auteurs du code civil, n'a point procédé ainsi. Il a écrit un traité général sur *la Prescription qui résulte de la possession*, c'est-à-dire sur la prescription acquisitive, que nous appelons usucapion; dans le chapitre préliminaire, il dit que la prescription dont il traite ici n'a rien de commun que le nom avec celle qui a fait la matière du huitième chapitre de la troisième partie du *Traité des obligations*, c'est-à-dire la prescription extinctive. Dire que les deux prescriptions n'ont *rien de commun*, c'est trop dire. Il y a des principes qui leur sont communs, ce qui a sans doute engagé les auteurs du code civil à comprendre dans un même titre l'usucapion et la prescription. Toutefois la classification de Pothier est plus rationnelle : en principe, il a raison de dire qu'il n'y a rien de commun entre la prescription qui nous fait acquérir la propriété d'un immeuble et la prescription par laquelle les droits du créancier s'éteignent. La confusion qui règne dans le code a donné lieu à des difficultés. Toutes les dispositions qui se trouvent au titre de la *Prescription* sont-elles applicables à l'une et à l'autre prescription ? La négative est certaine; on n'a qu'à ouvrir le code pour s'en convaincre. Le

_____

(1) Comparez Aubry et Rau, t. II, p. 323, § 210.

deuxième chapitre traite de la possession ; il ne concerne que la prescription acquisitive dont la possession est le fondement. Il y a d'autres dispositions pour lesquelles il y a doute et controverse : tel est l'article 2257 dont nous allons parler. Comme nous avons suivi l'ordre du code dans notre travail, il va sans dire que nous en ferons de même du dernier titre, sauf à ne pas nous astreindre à l'ordre des articles quand l'exposition systématique des principes exige que l'on dévie de la classification légale.

8. Avant tout, il faut prouver ce que Pothier avance, qu'il n'y a rien de commun entre l'usucapion par laquelle on acquiert la propriété, et la prescription par laquelle les droits s'éteignent. L'article 2219 dit en termes généraux que la prescription est un moyen d'*acquérir*, et l'article 712 dit aussi en termes généraux que la *propriété* des biens s'acquiert par prescription. On pourrait croire, d'après cela, que tous les biens s'acquièrent par prescription. Il n'en est rien. Les immeubles seuls s'acquièrent par la prescription ; quant aux meubles, le principe qu'en fait de meubles la possession vaut titre, tient lieu de prescription acquisitive. Tandis que pour les immeubles il faut une possession de dix ou vingt ans, appuyée sur un titre et sur la bonne foi, pour en acquérir la propriété (art. 2265), on devient propriétaire des meubles par le seul fait de la possession, pourvu qu'elle soit de bonne foi. Il suffit de la possession d'un instant, ce qui implique que la possession des meubles a un tout autre caractère que la possession des immeubles ; car celle-ci doit avoir une certaine durée, dix ans au moins, trente ans au plus, quand le possesseur n'a ni titre ni bonne foi ; la possession des meubles, au contraire, peut être invoquée par le possesseur sans qu'elle ait aucune durée, ce qui prouve que l'article 2279 ne consacre pas une véritable prescription. Nous reviendrons sur ce point.

La prescription acquisitive s'applique encore à certains droits réels immobiliers. Aux termes de l'article 690, les servitudes continues et apparentes s'acquièrent par la possession de trente ans ; celles qui sont discontinues ou non apparentes ne s'acquièrent que par titre. L'usufruit, l'usage et l'habitation s'acquièrent aussi par prescription, quoique le code ne le dise pas, ainsi que l'emphytéose et la superficie, dont il ne traite point. Nous renvoyons, sur tous ces points, aux titres qui sont le siége de la matière. Quant aux hypothèques, le propriétaire de l'héritage hypothéqué peut acquérir par la prescription la liberté de son fonds, c'est-à-dire qu'en possédant l'immeuble pendant trente ans (art. 108 de la loi hyp.), il acquiert l'affranchissement de l'hypothèque dont il était grevé. C'est une prescription acquisitive, en ce sens qu'elle exige la possession et que le possesseur acquiert la liberté de son fonds; elle est extinctive, en ce sens que l'hypothèque s'éteint par cette longue possession; c'est ainsi que la loi considère la prescription de l'hypothèque, puisqu'elle la place parmi les modes d'extinction des priviléges et hypothèques. Mais l'hypothèque ne s'acquiert pas par la prescription acquisitive, à la différence des autres droits réels immobiliers; le fondement de la prescription fait défaut, puisque le créancier hypothécaire n'a point la possession de l'immeuble.

La prescription extinctive a un objet plus étendu. Aux termes de l'article 2262, toutes les actions sont prescrites par trente ans; la prescription s'applique donc à toute espèce de droits, mobiliers ou immobiliers, réels ou personnels. Il faut en excepter le droit de propriété. Il ne suffit point que le propriétaire n'exerce pas son droit pendant trente ans pour qu'il le perde; pour lui, user de son droit est une faculté; en ne jouissant pas il exerce encore son droit, car son droit est absolu; il en use ou n'en use point, comme il l'entend. Le propriétaire ne perd son droit que lorsqu'un autre l'acquiert en possédant la chose pendant le temps requis par la loi. Nous reviendrons sur ce point.

9. L'usucapion est un moyen d'acquérir la propriété. Devenu propriétaire, le possesseur a tous les droits attachés à la propriété; il peut revendiquer son héritage contre tout détenteur (1); il peut opposer une exception à l'action en revendication qui serait intentée contre lui. La prescription extinctive, au contraire, ne donne qu'une exception

_____
(1) Bordeaux, 13 décembre 1848 (Dalloz, 1849, 2, 158).

que le débiteur peut opposer au créancier qui le poursuit. Cette exception ne peut pas être suppléée d'office par le juge (art. 2223); elle soulève un scrupule d'équité, et par tant, elle touche à un devoir de conscience; c'est à celui qui a le droit de l'opposer de voir s'il veut profiter du bénéfice de la prescription, quoiqu'il soit débiteur, ou s'il veut y renoncer.

10. Il ne faut pas confondre la prescription extinctive avec les délais que la loi prescrit pour l'exercice d'un droit, sous peine de déchéance. Nous avons rencontré plusieurs de ces délais en traitant de la purge. Ainsi le nouveau propriétaire qui est poursuivi hypothécairement est tenu, s'il veut purger, de faire les notifications aux créanciers dans les *trente jours* de la sommation qui lui est faite de délaisser ou de payer. S'il n'y a pas de poursuite, il doit faire les notifications *dans l'année* de la transcription de son titre (loi hyp., art. 110 et 111). Sur les notifications qui leur sont faites, les créanciers hypothécaires peuvent requérir la mise de l'immeuble aux enchères publiques dans les quarante jours au plus tard de la notification (loi hyp., art. 115; code civil, art. 2185). Il y a un grand nombre de ces délais en matière de procédure. Sont-ce des prescriptions? C'est-à-dire faut-il appliquer à ces délais les règles qui sont établies par notre titre pour la prescription extinctive?

Merlin, dans un premier réquisitoire du 3 floréal an XIII, disait, en parlant des *déchéances* qui, dans les procédures sont l'effet de l'expiration de certains *délais*, qu'elles sont improprement appelées prescriptions. Dans l'espèce, il s'agissait de savoir s'il fallait appliquer à la déchéance de l'appel d'un jugement, nul dans la forme, la disposition de l'article 2267, aux termes duquel un titre, nul pour défaut de forme, ne peut servir de base à la prescription de dix et vingt ans. Plus tard, Merlin, en traitant de la prescription dans son *Répertoire,* dit qu'il n'avait pas entendu établir une différence essentielle entre la déchéance résultant de certains délais et la prescription extinctive qui a pour effet de libérer le débiteur par un certain laps de temps. Il ajoute que l'arrêt rendu sur ses conclusions fait

entendre clairement que la prescription extinctive et la
déchéance sont une seule et même chose. Tout ce que l'arrêt décide, dit Merlin, c'est que l'article 2267 n'est pas
applicable à l'espèce, parce qu'il ne s'agissait pas d'une
prescription à l'effet d'acquérir, mais d'une prescription
libératoire, ou, *à proprement parler,* d'une *déchéance.* Il
nous semble que l'arrêt dit plutôt qu'il y a une différence
entre les délais de déchéance et la prescription extinctive.
Mais il est très-difficile de la préciser.

Merlin cite Voet et s'appuie sur la tradition pour en induire que les jurisconsultes s'accordent unanimement à
qualifier de prescriptions les déchéances que les lois font
résulter du laps de certains délais. Dans le sens le plus
général du mot *prescription,* cela est admissible : la prescription extinctive entraîne une déchéance aussi bien que
les délais que la loi établit en matière de procédure ou relativement au fond des droits. Mais de là on ne peut pas
conclure que les délais et les prescriptions soient soumis
aux mêmes règles. Telle n'est pas non plus la conclusion
de Merlin. « On doit tenir pour constant, dit-il, que les
déchéances sont susceptibles de l'application de *toutes les
règles* propres aux prescriptions libératoires, à moins que
la loi n'en dispose autrement, soit en termes exprès, soit
d'une manière implicite par rapport à quelques-unes (1). »

Troplong, qui critique Merlin aussi souvent qu'il en
trouve l'occasion, fait dire au grand jurisconsulte ce qu'il
n'a point dit, et ce que Troplong dit des déchéances ne fait
qu'augmenter la confusion. Il comprend sous le nom de déchéances, non-seulement celles qui résultent de l'expiration
d'un délai prescrit par la loi, mais encore celles qui pro-
viennent d'une faute ou d'un délit civil, sans qu'il y ait
aucun délai; telle est la déchéance du terme, en cas de
faillite et de déconfiture, ou quand le débiteur diminue par
son fait les sûretés qu'il avait promises à son créancier
(art. 1188) (2). Comment peut-on comparer à la prescription, qui suppose nécessairement un délai dans lequel un

(1) Merlin, *Répertoire,* au mot *Prescription,* sect. I, § 1, n° III.
(2) Troplong, *De la prescription,* n° 27.

droit doit être exercé, une déchéance fondée sur une faute, sans qu'il y ait aucun délai? C'est confondre des déchéances qui n'ont absolument rien de commun.

Il nous semble que l'on doit admettre comme principe que les délais établis par la loi en matière de procédure ne sont pas des prescriptions. La prescription extinctive implique l'existence d'une obligation ou d'un droit réel qui s'éteint par un certain laps de temps lequel est, en général, de trente ans. Quand la loi prescrit un délai pour la purge ou pour la surenchère, il n'est pas question d'une obligation ni d'un droit réel qui doive s'éteindre par le non-usage ; c'est le propriétaire qui doit purger dans le délai légal, s'il veut profiter du moyen que la loi lui offre pour effacer les charges hypothécaires dont son héritage est grevé. Il en est de même du créancier qui ne surenchérit pas dans le délai légal : il n'éteint aucun droit appartenant au débiteur, il n'use pas d'un droit que la loi lui donne, et pour l'exercice duquel elle prescrit un délai fatal. Autre chose est donc un délai, autre chose la prescription. L'esprit de la loi est en harmonie avec cette distinction. Pourquoi la loi établit-elle des délais et pourquoi consacre-t-elle la prescription extinctive? Elle consacre la prescription pour que les actions aient une fin et pour que les hommes jouissent de la sécurité et de la tranquillité sans lesquelles il n'y a pas de vie, pas de société possible. Elle établit des délais pour certains actes, afin d'activer la procédure ; ces délais sont calculés de manière que les parties intéressées aient le temps de procéder à l'acte juridique qu'elles peuvent avoir intérêt de faire ou de ne pas faire. Tel est le délai que la loi prescrit pour l'exercice de la surenchère : quarante jours suffisent pour s'assurer si le prix offert par le nouveau propriétaire représente la valeur exacte de l'immeuble hypothéqué. Il y a diverses raisons pour les divers délais ; ces raisons n'ont rien de commun avec celles qui ont fait admettre la prescription par toutes les législations ; on n'a jamais dit des délais ce que l'on dit de la prescription, que le genre humain est intéressé à ce qu'ils existent.

Quels sont, dans cette doctrine, les principes qui régis-

sent les délais? La loi se borne à fixer les délais, d'ordinaire sous peine de déchéance; du reste elle n'établit pas
de principes qui leur soient particuliers, comme elle le
fait pour la prescription. Qu'en faut-il conclure? C'est que
les délais restent sous l'empire du droit commun et qu'on
doit leur appliquer les principes généraux de droit. Or,
dans le silence de la loi, l'interprète peut et doit procéder
par voie d'analogie; il pourra donc appliquer par analogie
les règles établies pour la prescription, pourvu qu'il y ait
même raison de décider. Ainsi nous ne disons pas que
toutes les dispositions du titre de la *Prescription* reçoivent leur application aux délais, et nous ne disons pas
qu'aucune ne doit être appliquée. Il n'y a pas de règle générale quand on procède par analogie; dans chaque cas
particulier il faut voir s'il y a même motif de décider, en
tenant compte de la différence qui existe entre les délais
et le temps requis pour prescrire.

L'article 2223 dit que les juges ne peuvent pas suppléer
d'office le moyen résultant de la prescription. Cette disposition doit-elle être appliquée aux délais? Les uns disent
oui, avec cette réserve que la déchéance soit fondée sur
l'ordre public; d'autres disent non, parce que l'application
des délais peut aussi soulever un scrupule de conscience (1).
Si l'on pouvait décider la difficulté en termes absolus, nous
préférerions la première opinion. Les scrupules de conscience sont, en général, étrangers aux délais, et l'intention du législateur est que le délai soit observé, puisqu'il
le prescrit sous peine de déchéance. Toutefois nous n'oserions pas trancher la question d'une manière absolue et
a priori. Le juge décidera.

La prescription est en général suspendue en faveur des
mineurs et des interdits. En est-il de même des délais? Ici
il y a un motif d'analogie pour ne pas étendre aux délais
ce que la loi dit de la prescription; c'est que la loi elle-
même fait courir contre les incapables les courtes prescriptions, comme nous le dirons plus loin. Par identité de

_____

(1) Leroux de Bretagne, t. I, p. 24, n° 25. Nicias-Gaillard, Réquisitoire
(Dalloz, 1850, 1, 241)

motifs, et même à plus forte raison, on en doit dire autant des délais qui sont à dessein très-courts; il serait absurde de prolonger pendant vingt et un ans, ou pendant toute la vie de l'interdit, un délai que la loi a limité à quelques jours. La raison pour laquelle la loi fixe un délai si court doit l'emporter sur la faveur qu'elle témoigne aux incapables.

§ IV. *Qui peut prescrire et contre qui?*

11. Toute personne peut prescrire. La loi le dit de l'Etat, des communes et des établissements publics, c'est-à-dire des personnes fictives que l'on appelle civiles (art. 2227). Cela prouve que toute personne peut se prévaloir de la prescription. Ce principe n'avait pas besoin d'être formulé par la loi; il résulte de la nature même de la prescription. Elle est établie, non dans l'intérêt de celui qui prescrit, mais dans l'intérêt de la société : en faveur de tous les possesseurs, afin de consolider leurs possessions : en faveur de tous les débiteurs, afin de mettre un terme aux actions. Il est donc de l'essence de la prescription que tout le monde en profite. Les personnes dites civiles étant capables de posséder et de contracter, devaient par cela même avoir la faculté d'opposer la prescription.

12. Dans l'ancienne jurisprudence, on agitait la question de savoir si la prescription était un droit civil, dans le sens strict du mot. On s'est étonné de voir Pothier se prononcer pour l'affirmative et refuser, en conséquence, aux étrangers le droit d'opposer la prescription. Au point de vue de la fausse théorie des droits civils, l'opinion de Pothier était très-plausible. Il est inutile de la discuter, parce qu'elle est universellement abandonnée (1), comme nous l'avons dit ailleurs (t. Iᵉʳ, n° 433). Si l'on admet que la prescription est un droit social, tout doute disparaît. C'est plus qu'un droit consacré par une loi, c'est un droit de l'humanité; donc, en cette matière, toute distinction entre nationaux et étrangers s'efface, comme n'ayant pas

(1) Duranton, t. XXI, p. 115, n° 94. Troplong, n° 35.

de raison d'être : tout homme peut invoquer la prescription. Toutefois il faut faire une réserve pour les personnes dites civiles. Pour exercer un droit quelconque, fût-ce le plus naturel des droits, il faut exister ; ainsi une association non reconnue, ne jouissant pas de la personnification civile, ne pourrait pas plus prescrire qu'elle ne peut contracter ou posséder. Et les établissements publics qui sont reconnus comme personnes, étant des personnes fictives, ne jouissent des droits qui leur appartiennent en vertu de la loi, que dans les limites du territoire auquel la loi s'applique. Logiquement il faut donc dire que, hors des limites de cet état, les personnes civiles n'existent plus et que, partant, elles ne peuvent réclamer aucun droit. Il y a ici une lacune dans nos lois, c'est un des points nombreux qui devraient être réglés par des traités.

12. La prescription peut être opposée à toute personne, comme elle peut être invoquée par toute personne (n° 11) ; il y a même motif de décider. Aux termes de l'article 2227, « l'Etat, les établissements publics et les communes sont soumis aux mêmes prescriptions que les particuliers ». Cette disposition a pour objet d'abroger les priviléges dont diverses personnes civiles jouissaient dans l'ancien droit.

Le domaine de la couronne était inaliénable et imprescriptible. Ce principe, proclamé par de nombreuses ordonnances, était un frein que la royauté avait voulu s'imposer à elle-même, afin d'empêcher la dilapidation du domaine de l'Etat qui se confondait avec celui du roi. Mais quelle garantie pouvait-il y avoir sous un régime où le roi disait : L'Etat c'est moi, et où tout dépendait du bon plaisir du prince ? En dépit des ordonnances, le domaine de la couronne ne cessa pas d'être dilapidé : les plus belles terres, dit Troplong, étaient livrées à l'avidité des favoris, sur de *faux* exposés, sur des *mensonges* officiels qui trompaient le souverain et lui arrachaient de funestes concessions. Les courtisans qui forgeaient ces *faux* et qui inventaient ces *mensonges* étaient des ducs et des pairs. Il fallut une révolution pour mettre fin à ces honteux abus. Le domaine de la couronne devint le domaine de l'Etat; il n'y avait plus de raison pour mettre le domaine national hors du com-

merce; ce n'est plus par le bon plaisir du roi que l'aliénation se fait, c'est en vertu de la loi. Le domaine de l'Etat
étant aliénable, doit aussi être prescriptible; la loi du
22 novembre 1790 (art. 36) lui accordait encore le privilége
d'une prescription de quarante ans. En vertu de l'article 2227, le privilége tombe; l'Etat est soumis à la prescription de droit commun.

Il y avait des personnes civiles aussi avides que les
courtisans, et leur ambition était sans bornes comme leur cupidité : c'étaient les établissements ecclésiastiques. L'Eglise
jouissait généralement d'une prescription privilégiée de
quarante ans; celle de Rome voulait être privilégiée parmi
les privilégiés, il fallait cent ans pour prescrire contre
elle. Il y avait des abbayes qui réclamaient le bénéfice de
la prescription centenaire; enfin, un ordre plus ambitieux
que tous les autres, celui de Malte, prétendait qu'il n'était
soumis à aucune prescription, sans doute parce qu'il était
voué à une guerre éternelle contre les infidèles. Ces
étranges prétentions avaient été accueillies par les parle-
ments (1). Les ordres religieux ont disparu et vainement
on essaye de les ressusciter; la révolution qui les a abolis
aura aussi la force de détruire la lèpre monacale qui infecte les Etats catholiques. Nos lois ne les connaissent
plus ; les établissements publics dont parle l'article 2227
sont des établissements laïques consacrés à la bienfaisance. Le code ne leur accorde aucun privilége : le principe de l'égalité domine dans toute notre législation.

14. L'ancienne doctrine avait imaginé d'autres priviléges. S'emparant de quelques textes romains, les docteurs
scolastiques avaient bâti toute une théorie sur l'absence,
laquelle, d'après eux, suspendait la prescription. Que fallait-il entendre par absents? Sur ce point, l'esprit subtil
des commentateurs avait inventé des distinctions sans fin ;
le code a mis un terme à ces controverses en posant comme
principe que la prescription court contre toutes personnes,
à moins qu'elles ne soient dans quelque exception établie
par une loi (art. 2251) (2).

(1) Voyez les détails historiques dans Troplong, n⁰ˢ 184 et suiv.
(2) Merlin, *Répertoire*, au mot *Prescription*, sect. I, § VII, art. 2, ques-

Les docteurs réclamaient un autre privilége qui semblait être l'application du droit commun. Ils enseignaient que l'on ne pouvait pas prescrire contre ceux qui ignoraient le cours de la prescription. Ne méritent-ils pas la même faveur que les absents? ne sont-ils pas excusables de ne pas agir, alors qu'ils ne savent pas qu'ils ont intérêt d'agir? peut-on les punir comme négligents, alors qu'ils ne le sont pas en effet? Les interprètes ne se contentaient pas d'une ignorance réelle, ils mettaient sur la même ligne l'ignorance probable des personnes grossières et rustiques, des femmes et des soldats, et ils n'avaient pas tort au point de vue moral. Cependant, dès le seizième siècle, d'Argentré invective contre ces vaines imaginations qu'il qualifie de rêves. Le rude légiste demande, et non sans raison, ce que deviendra la patronne du genre humain si on peut lui opposer l'ignorance probable? N'est-il pas probable, en effet, que la plupart de ceux contre lesquels la prescription s'accomplit ignorent l'existence du droit qu'ils perdent pour ne l'avoir pas exercé (1)? D'Argentré aurait dû s'en prendre à ceux qui veulent à toute force concilier la prescription avec l'équité : sur ce terrain, les docteurs scolastiques avaient certainement raison. Si l'on veut les combattre avec avantage, il faut laisser là l'équité et s'en tenir au droit de la société. On prescrit contre les propriétaires et les créanciers quoiqu'ils ignorent, et alors même qu'il n'y aurait aucun reproche de négligence à leur adresser, parce que la prescription se fonde, non sur la négligence de ceux contre lesquels elle court, mais sur un droit social : l'existence de la société est intéressée à ce que les possessions se consolident et que les actions judiciaires aient une fin. Dunod dit très-bien : « Les auteurs qui autorisent la restitution pour cause d'ignorance n'ont considéré que l'intérêt de quelques particuliers, auquel la certitude des domaines et la tranquillité publique sont sans doute préférables. Ils ont

_____

tion VI (t. XXIV, p. 167). Troplong, n° 709. Rejet, 19 juillet 1869 (Dalloz, 1870, 1, 75).

(1) D'Argentré, art. 169, au mot *Est défendu*, n° 2, p. 1101. Comparez Dunod, qui traite les ampliations et les limitations des docteurs de fausses et d'absurdes (partie I, ch. XI, p. 65 et suiv.).

quitté la thèse pour l'hypothèse; c'est cependant la tranquillité publique que les lois ont eue en vue en introduisant la prescription; puisqu'elles ont passé, à cette considération, sur l'injustice qu'il paraissait y avoir, d'enrichir l'un aux dépens de l'autre, et de priver le maître de son domaine malgré lui. »

CHAPITRE II.

DU COURS DE LA PRESCRIPTION.

SECTION I. — Du point de départ de la prescription.

§ Ier. *Quand la prescription peut commencer à courir.*

15. La prescription a toujours pour fondement la conservation de la société, comme Dunod vient de nous le dire (n° 14); mais le but qu'elle a en vue diffère selon qu'il s'agit de consolider les possessions ou de mettre fin aux actions en les limitant à un certain laps de temps. Le but diffère en ce sens que la prescription acquisitive se fonde sur la possession, d'où la conséquence qu'elle doit commencer à courir du moment où celui qui l'invoque a commencé à posséder; tandis que la prescription extinctive se fonde sur ce que le créancier n'a pas agi pendant un certain délai, d'où suit que le cours de la prescription doit commencer dès que l'action est née. De là la distinction entre les actions *personnelles* et les actions *réelles*.

N° 1. DES ACTIONS PERSONNELLES.

I. *La règle.*

16. La prescription des actions personnelles commence du moment où les actions naissent, puisque c'est à raison de la durée de l'action que la loi la déclare éteinte; donc dès qu'il y a action, il y a lieu à prescription, parce que la raison de la prescription existe. Et quand y a-t-il action ? L'action, c'est le droit exercé en justice ; et le créancier peut agir en justice du moment que l'obligation est formée. En effet, il est de l'essence de tout droit de pouvoir être poursuivi en justice ; c'est là le caractère distinctif de l'obligation juridique, elle est garantie par l'exécution forcée, et cette exécution forcée n'est autre chose que le recours aux tribunaux qui condamnent le débiteur à remplir son obligation et autorisent le créancier à exécuter la condamnation, en saisissant les biens du débiteur. De là le principe que le cours de la prescription commence avec la naissance de l'obligation (1). Nous dirons plus loin que les conventions des parties peuvent déroger à cette règle.

17. Le principe reçoit-il son application quand la créance produit des intérêts ? Dans ce cas, le créancier a deux droits, donc deux actions ; il a un droit au payement du capital et il a un droit aux intérêts ; quoique les intérêts soient une dépendance du capital, ils constituent un droit distinct au point de vue de la prescription. Cela est certain, puisque la loi établit pour les intérêts une prescription spéciale de cinq ans (art. 2277), tandis que le capital se prescrit par un laps de trente ans. Il suit de là que la prescription du capital commence dès l'instant où l'obligation existe, sauf stipulation de terme, ce qui donne lieu à l'exception consacrée par l'article 2257. Il ne faut donc pas croire que la prescription de la créance commence à partir de la première échéance des intérêts. Ce sont les intérêts qui se prescrivent à compter du jour où ils sont dus. Quant au capital, il est dû à partir de l'existence de l'obligation ; dès cet instant il y a action, donc prescription. Si le contraire a été soutenu, c'est sans doute parce que les créances productives d'intérêts sont des conventions à terme qui ne donnent ouverture à la prescription qu'à l'échéance du terme (art. 2257). Quand la convention est pure et simple, on n'est pas dans l'exception ; partant, on reste sous l'em-

---

(1) Aubry et Rau, t. II, p. 328, § 213.

pire de la règle : le créancier a action dès que l'obligation existe, donc la prescription court (1).

18. La cour de cassation a appliqué ce principe aux rentes perpétuelles, et la doctrine l'étend aux rentes viagères (2). C'était l'ancien droit, et il nous paraît fondé en raison. Dans les rentes comme dans les créances productives d'intérêts, il faut distinguer deux droits : d'abord le droit à la rente, puis les arrérages qui sont le produit du droit. S'il y a deux droits, il y a aussi deux actions, partant, deux prescriptions. En effet, le droit à la rente se prescrit par trente ans, tandis que les arrérages se prescrivent par cinq ans, comme les intérêts. C'est parce que le droit à la rente se prescrit par trente ans, que l'article 2263 donne au crédirentier, après vingt-huit ans, le droit de contraindre le débiteur à fournir à ses frais un titre nouvel qui interrompt la prescription avant que le délai de trente ans soit expiré. La cour de Limoges avait jugé que la prescription ne commençait à courir qu'à l'échéance de la première prestation, et pour le décider ainsi, elle s'était fondée sur l'article 2257, aux termes duquel la prescription ne court pas à l'égard d'une créance à jour fixe, jusqu'à ce que ce jour soit arrivé. C'était une méprise évidente; néanmoins un auteur recommandable a pris parti pour cette fausse doctrine. L'action n'est pas ouverte, dit Vazeille, jusqu'à ce que les arrérages soient dus; donc il y a terme, et ce n'est qu'à l'échéance du terme que la prescription peut·commencer à courir (3). C'est confondre le droit aux arrérages et le droit à la rente. Sans doute le crédirentier ne peut rien demander avant l'échéance des premiers arrérages, car le capital n'est pas dû, et les arrérages ne le sont qu'à leur échéance. Mais là n'est point la question. Le créancier a-t-il, oui ou non, un droit dès le moment où le contrat de rente est parfait? Si oui, la

---

(1) Gand, 30 mars 1855 (*Pasicrisie*, 1855, 2, 155). Aubry et Rau, t. II, p. 328 et suiv., et note 9, § 213.

(2) Cassation, 5 août 1829 (Dalloz, au mot *Prescription*, n° 869).

(3) Vazeille, n° 358. Comparez Bordeaux, 16 juillet 1851 (Dalloz, 1855, 2, 259); Bruxelles, 9 février 1820 (*Pasicrisie*, 1820, p. 40). En sens contraire, Troplong, n°s 840 et 839, et tous les auteurs, notamment Marcadé, t. VIII, p. 186, n° II de l'article 2263.

question est décidée. Or, le droit à la rente existe dès cet instant, donc il y a action et, partant, prescription.

19. Il ne faut pas confondre avec les rentes les dettes qui consistent dans le payement d'une annuité. La rente est un droit unique qui produit chaque année des arrérages, lesquels sont les fruits civils du droit appartenant au crédirentier. Il n'en est pas de même des annuités. C'est une créance qui se forme chaque année, non à titre de fruit civil, mais comme droit principal; les diverses annuités forment donc des créances distinctes, dont chacune se prescrit par trente années, comme toute dette capitale, sans que le droit de réclamer les annuités se prescrive. De sorte qu'après trente ans le créancier peut réclamer l'annuité qui lui est due, quand même aucun payement ne lui aurait été fait; car il n'y a pas de droit productif d'annuités, ce qui rend la prescription impossible; il n'y a qu'un droit aux annuités, qui s'ouvre chaque année et se prescrit à partir de chaque échéance.

La cour de cassation a appliqué ce principe dans l'espèce suivante (1). Un propriétaire avait accordé aux habitants qui tenaient ses terres à emphytéose le droit d'employer à l'arrosement de leurs fonds les eaux d'un canal, à la charge d'une redevance annuelle. Les emphytéotes avaient la faculté de ne pas arroser toutes les années, et ils ne devaient la redevance qu'autant qu'ils arrosaient; alors même qu'ils se servaient des eaux du canal, la redevance variait suivant l'étendue des terrains arrosés et suivant la diversité des cultures. De là la cour de cassation conclut que les redevances annuelles stipulées par le propriétaire formaient autant de créances distinctes, indépendantes les unes des autres; chaque année, il fallait le consentement des emphytéotes pour que l'obligation prît naissance, et ce consentement n'était donné que pour une année. Puisque le droit à la redevance naissait chaque année, par un nouveau consentement, il y avait chaque année une action nouvelle, donc une nouvelle prescription.

---

(1) Cassation, 21 mai 1856 (Dalloz, 1856, 2, 352). Aubry et Rau, t. II, p. 329, et note 11, § 213.

Le premier juge s'y était trompé; comparant le droit de redevance à une rente, il avait décidé que ce droit, constitué par acte du 3 novembre 1745, était susceptible de s'éteindre par prescription, et que, par conséquent, l'emphytéote était affranchi de la redevance, tant pour le passé que pour l'avenir, par la prescription de trente ans. C'était confondre deux droits essentiellement différents. La rente donne un droit contractuel aux arrérages, à partir et en vertu du contrat, sans que le débirentier doive consentir à payer chaque année les arrérages; il n'y a donc qu'un seul droit, une seule action, et partant, une seule prescription. Il en est tout autrement des annuités, qui s'ouvrent chaque année sous une condition, comme dans l'espèce; de sorte que chaque annuité constitue une créance à part, donne une action distincte, et, par conséquent, engendre une prescription particulière.

II. *L'exception de l'article 2257.*

20. L'article 2257 est conçu comme suit : « La prescription ne court point : 1° à l'égard d'une créance qui dépend d'une condition, jusqu'à ce que la condition arrive; 2° à l'égard d'une action en garantie, jusqu'à ce que l'éviction ait lieu; 3° à l'égard d'une créance à jour fixe, jusqu'à ce que ce jour soit arrivé. » Cette disposition donne lieu à de sérieuses difficultés; il faut avant tout voir quel en est l'objet.

L'article 2257 se trouve sous la rubrique des *causes qui suspendent le cours de la prescription*. Le code semble donc considérer la condition et le terme comme une cause de *suspension* de la prescription, analogue à celle qui résulte de la minorité et de l'interdiction. En effet, le texte est conçu en ce sens : de même que l'article 2252 dit que la prescription *ne court pas* contre les mineurs et interdits, de même l'article 2257 dit qu'elle *ne court point* à l'égard d'une créance conditionnelle ou à terme. Cette manière de considérer la condition et le terme n'est pas exacte. La suspension de la prescription suppose que la prescription a commencé à courir et qu'une cause qui survient en suspend le cours;

la prescription courait contre la personne à laquelle le mineur succède, elle ne court pas pendant la durée de la minorité. Il en serait de même si la prescription devait commencer à courir contre un mineur; la prescription est suspendue jusqu'à ce que le mineur créancier devienne majeur. On voit que la cause de la suspension est étrangère à la créance; la créance existe, elle donne lieu à une action, donc il pourrait y avoir prescription; si la prescription ne court pas, c'est uniquement parce qu'elle devrait courir contre un mineur. La situation est tout autre dans les cas prévus par l'article 2257. Quand la créance est conditionnelle ou à terme, il n'y a pas lieu à prescription, parce qu'il n'y a pas d'action; il ne faut donc pas dire que la prescription est suspendue, il faut dire que la prescription est impossible tant que la condition n'est pas accomplie ou que le terme n'est pas échu. Ce n'est pas une dispute de mots, comme on pourrait le croire; il est vrai que quelle que soit l'explication que l'on admette, la prescription ne court point; mais il importe de savoir pourquoi et en quel sens elle ne court point : c'est en déterminant le vrai sens du principe qu'on en peut faire une application exacte. Le principe, interprété comme nous venons de le faire, nous servira à décider la question si controversée de savoir si l'article 2257 reçoit son application aux actions réelles.

21. Il importe donc d'insister sur le principe, en le mettant dans tout son jour. Une créance est suspendue par une condition; tant que la condition n'est pas accomplie, il n'y a pas de prescription possible. Pourquoi? Parce que la prescription se fonde sur l'existence d'une action et que la loi veut mettre une fin aux actions judiciaires. Or, le créancier conditionnel ne peut pas agir. En effet, qu'est-ce qu'agir? C'est poursuivre le débiteur en justice pour le faire condamner à payer; or, le juge ne peut pas condamner le débiteur à payer, puisqu'il ne doit pas; le créancier n'a donc pas d'action judiciaire, et là où il n'y a pas d'action, il ne saurait y avoir de prescription. C'est plus qu'une suspension de la prescription, car la suspension implique que la prescription a commencé à courir ou qu'elle pourrait courir, sans l'obstacle qu'y apporte la cause qui en suspend le cours, tandis que la prescription d'une obligation conditionnelle est impossible. Il en est de même de l'obligation à terme. Il·est vrai que le débiteur à terme doit, tandis que le débiteur conditionnel ne doit pas. Mais on dit aussi que le débiteur à terme ne doit pas, en ce sens qu'il ne peut être contraint à payer; ce qui est décisif au point de vue de la prescription. Le créancier à terme n'ayant point d'action judiciaire, la prescription est impossible; elle ne se conçoit pas là où il n'y a pas d'action, car elle n'a été introduite que pour mettre fin aux actions.

En ce sens, on peut dire que la disposition de l'article 2257 est une application de l'adage traditionnel : *Contra non valentem agere, non currit præscriptio.* Mais il faut se garder d'entendre cet adage dans le sens qu'on lui donne d'ordinaire. On suppose que la prescription est fondée sur la négligence · que le créancier a mise à faire valoir son droit. C'est une peine, dit-on, dont la loi frappe le créancier qui n'agit point; or, le législateur ne peut pas punir le créancier pour n'avoir pas agi, alors qu'il n'avait pas le droit d'agir. Cette explication de l'article 2257 n'est pas exacte. D'abord le principe qui lui sert de point de départ est très-contestable : si la prescription est une peine contre le créancier négligent, on doit la rejeter dans tous les cas où il n'y a aucun reproche à faire au créancier. C'était c'est la doctrine des anciens interprètes du droit romain, que d'Argentré et Dunod ont si vivement critiquée; nous y reviendrons. En ce qui concerne l'article 2257, elle est inadmissible. Il est vrai que le créancier conditionnel ou à terme ne peut pas *agir*, en ce sens qu'il n'a pas le droit de poursuivre en justice l'exécution de l'obligation; mais il peut *agir* en ce sens qu'il a le droit de faire des actes conservatoires; l'article 1180 le dit du créancier conditionnel, et cela est vrai, à plus forte raison, du créancier à terme. Or, l'interruption de la prescription est un acte conservatoire, donc le créancier conditionnel ou à terme a un moyen de sauvegarder ses droits; dès lors la prescription devrait courir contre lui. On voit que la théorie de la négligence se tourne contre la disposi-

tion de l'article 2257 ; si on l'admet, la loi qui suspend la
prescription des obligations conditionnelles ou à terme n'a
plus de raison d'être. A vrai dire, la théorie de la négligence a été inventée pour concilier la prescription avec
l'équité ; or, la conciliation est impossible. La prescription
court contre les absents, elle court contre ceux qui ignorent le droit que l'on prescrit contre eux ; et peut-on reprocher une négligence quelconque à l'absent ou à celui
qui ignore son droit? Il faut donc laisser de côté la négligence du créancier et l'adage traditionnel qui implique
cette négligence. Le droit social suffit pour légitimer la
prescription. La société ne serait qu'un procès permanent
et universel si les actions n'étaient pas limitées à un certain temps ; et si la société était impossible, que deviendraient les droits des individus? Ceux-ci doivent donc renoncer à ce qu'il y a d'absolu dans leurs droits pour que la
vie commune devienne possible. C'est la justification de la
prescription. Que le créancier ait été ou non négligent,
cela est indifférent ; s'il a une action, et si cette action
n'est pas exercée dans le délai légal, elle est prescrite. De
là suit que la prescription n'est pas possible tant qu'il n'y
a pas d'action ; or, le créancier conditionnel ou à terme n'a
point d'action, donc il n'y a pas lieu à prescription.

Un des meilleurs interprètes du code civil a proposé
une autre explication de l'article 2257. Proudhon avoue
que ce n'est point parce que le créancier conditionnel ou à
terme serait dans l'impuissance d'agir, que la prescription
ne court pas avant l'échéance du terme ou l'événement de
la condition, car il peut, dès le principe, faire tous les actes
conservatoires de ses droits. Si la prescription ne court
pas contre lui, il en faut chercher la raison dans la situation du débiteur ; celui-ci ne peut pas être présumé avoir
satisfait son créancier avant le moment où le créancier
avait le droit d'exiger le payement de ce qui lui est dû ;
car il serait tout à fait déraisonnable de présumer qu'un
débiteur a voulu s'acquitter lorsqu'il ne devait encore
rien (1). L'explication de Proudhon est également une ten-

_____

(1) Proudhon, *De l'usufruit*, t. IV, p. 533, nos 2140 et 2141.

tative pour concilier la prescription avec l'équité : elle présume, après un certain laps de temps, que le débiteur s'est acquitté. La loi admet cette théorie pour les courtes prescriptions (art. 2275) ; par cela même, elle la rejette pour la prescription de l'article 2262. Du reste, l'explication de Proudhon est tout aussi insuffisante que celle qui se base sur la négligence du créancier; le débiteur peut avouer qu'il n'a point payé, et cependant il a le droit d'invoquer la prescription; donc la prescription n'est pas fondée sur une présomption de payement, et partant, si elle ne court point contre le créancier conditionnel ou à terme, on ne peut pas dire que la raison en est que la présomption de payement est inadmissible.

22. L'article 2257 suppose qu'il s'agit de la prescription d'une *créance;* le texte le dit. Ainsi entendue, l'application de la loi est sans difficulté. Si la créance *dépend d'une condition,* la prescription ne court point jusqu'à ce que la condition arrive. Qu'entend-on par une créance *dépendant d'une condition?* L'expression se trouve dans la définition que l'article 1168 donne de l'obligation conditionnelle. Si l'on s'en tenait à cette définition, il faudrait dire qu'il y a deux espèces d'obligations qui *dépendent* d'un événement futur et incertain, les obligations contractées sous condition suspensive et celles qui sont contractées sous condition résolutoire; d'où suivrait que l'article 2257 est applicable à la condition qui suspend la résolution de l'obligation, aussi bien qu'à celle qui suspend l'existence de l'obligation. Il est cependant certain que l'article 2257 ne s'applique qu'à la condition suspensive, et qu'il ne s'applique pas à la condition résolutoire. La raison en est que l'obligation contractée sous condition résolutoire n'est pas une obligation conditionnelle. Cela n'est pas douteux dans le cas prévu par l'article 2257. Si la prescription ne court point contre le créancier conditionnel, c'est qu'il n'a pas d'action ; or, la condition résolutoire n'empêche pas qu'il y ait action, parce qu'elle n'empêche pas qu'il y ait obligation, ce qui est décisif. Dès qu'il y a action, la prescription court (1).

(1) Duranton, t. XXI, p. 547, n° 326. Vazeille, n° 295.

23. La prescription ne court pas à l'égard d'une action en garantie jusqu'à ce que l'éviction ait lieu. Celui qui a droit à la garantie peut agir dès l'instant où il est troublé par une action judiciaire qui menace son droit, en tout ou en partie; mais le trouble ne suffit point pour que la prescription commence à courir, il faut qu'il y ait éviction, c'est-à-dire dépossession. Pourquoi la prescription ne court-elle pas à partir du trouble, bien que l'acheteur troublé ait le droit d'agir en garantie contre le vendeur? C'est que cette action a pour seul objet la défense de l'acheteur; si le vendeur défend l'acheteur et si la défense réussit, il n'y a pas lieu à une condamnation contre le garant; partant, il n'y a pas d'action. C'est seulement quand la défense ne réussit point que l'acheteur est évincé et qu'il a une action en dommages-intérêts; la prescription ne pouvait donc courir qu'à partir de l'éviction.

Ce point est cependant controversé. MM. Aubry et Rau enseignent que la prescription court du jour du trouble, parce que l'action en garantie peut être exercée dès que l'acheteur est troublé (1). C'est s'écarter du texte, qui est formel. On dit que le mot *éviction*, dans l'article 2257, comprend l'éventualité d'éviction qui se révèle par le trouble. Nous avons d'avance répondu à l'objection. Quand on dit que la prescription court à partir de l'action, cela suppose une action qui est nécessairement suivie d'une condamnation; or, l'acheteur qui est troublé n'a encore qu'un droit éventuel contre le vendeur, il ne peut agir en dommages-intérêts que s'il est évincé. En ce sens la disposition de l'article 2257 concernant la garantie est une application de la première disposition concernant la condition; le recours de l'acheteur n'a lieu que s'il est évincé; l'action date donc de l'éviction et non du trouble, ce qui nous paraît décisif. L'arrêt de la cour de cassation que l'on cite ne dit pas ce qu'on lui fait dire; il ne parle pas d'un trouble, il se fonde sur une éviction qui avait privé le demandeur de sa jouissance, et il n'avait plus repris cette jouissance.

(1) Aubry et Rau, t. II, p. 330, note 13, § 213. Comparez Cassation, 12 décembre 1837 (Dalloz, au mot *Prescription*, n° 768), et Leroux de Bretagne, t. I, p. 453. n° 685.

Reste à savoir quelle est la date précise de l'éviction. L'éviction est, en général, prononcée par un jugement, elle existe donc du jour où la décision a été rendue. S'il y a lieu à appel, la force exécutoire de la décision est suspendue jusqu'à ce qu'il soit statué sur l'appel. Cela est élémentaire. La question se complique quand les parties, après l'appel, acquiescent au premier jugement, et si néanmoins l'appel est poursuivi. La cour de cassation déclare qu'il y a chose jugée par suite de l'acquiescement. Dès lors l'éviction a été consommée malgré l'appel; par conséquent l'action en garantie était ouverte en vertu de la sentence du premier juge, et la prescription a commencé à courir à partir du jour où elle a été rendue (1).

24. La prescription ne court point à l'égard d'une créance à jour fixe, jusqu'à ce que ce jour soit arrivé (art. 2257). Les mots *à jour fixe* marquent un terme certain. Que faut-il dire si le terme est incertain? Il a été jugé que l'incertitude du terme doit le faire assimiler à une condition, en ce qui concerne l'application de l'article 2257 (2). Le terme incertain n'équivaut pas toujours à une condition, mais il suffit qu'il y ait terme pour que l'article 2257 soit applicable; s'il est incertain, il y a une raison de plus pour que la prescription ne coure pas, car, dans ce cas, il est encore plus évident que le créancier n'a pas d'action (3).

Que faut-il décider s'il y a plusieurs termes? La créance est, dans ce cas, fractionnée au point de vue de l'action qui appartient au créancier. Il ne peut agir contre le débiteur que successivement, à l'échéance de chaque terme; il est donc impossible que la prescription coure contre lui avant l'échéance des divers termes, puisque ce n'est qu'après cette échéance qu'il a action contre le débiteur (4).

---

(1) Rejet, 18 juillet 1876 (Dalloz, 1877, 1, 232).
(2) Rennes, 9 juillet 1840 (Dalloz, au mot *Prescription*, n° 770).
(3) Liége, 2 mai 1872 (*Pasicrisie*, 1872, 2, 287).
(4) Aubry et Rau, t. II, p. 330, § 213. Rejet. 17 août 1831 (Dalloz, au mot *Émigré*, n° 386). En sens contraire, Colmar, 8 juillet 1841 (Dalloz, au mot *Prescription*, n° 771).

I. *Le pincipe.*

25. L'article 2257 s'applique-t-il aux actions réelles?
La jurisprudence et la doctrine sont divisées sur cette
question; les auteurs enseignent que l'article 2257 n'est
pas applicable aux actions réelles, tandis que la jurisprudence se prononce en général pour l'opinion contraire (1).
Il faut d'abord préciser le véritable point de la difficulté.
L'article 2257 dit que la prescription ne court pas à l'égard
d'une *créance* conditionnelle, ni à l'égard d'une *créance* à
jour fixe. Que faut-il entendre par le mot *créance?* On oppose les mots *droits de créance* à l'expression *droits réels.*
La créance est un droit que le créancier exerce contre le
débiteur; peu importe quel est l'objet de la créance, ce
peut être un immeuble; le droit du créancier sera, dans ce
cas, immobilier, s'il tend à lui transférer la propriété de
l'immeuble, mais son action ne sera pas moins personnelle,
puisqu'elle dérive d'un lien d'obligation. Pour qu'il y ait
action réelle, il faut supposer qu'elle est formée contre un
tiers détenteur, non en vertu d'un contrat, puisque le tiers
détenteur n'est pas débiteur personnel, mais en vertu du
droit de propriété ou d'un droit réel immobilier. Si le droit
du propriétaire est suspendu par une condition ou s'il est
à terme, la prescription ne courra-t-elle au profit du tiers
détenteur qu'après l'événement de la condition ou après
l'échéance du terme?

Si l'on s'en tient au texte, la négative est certaine. L'action que j'ai en vertu de mon droit de propriété ou en vertu
d'un droit réel immobilier contre le tiers détenteur de la
chose n'est pas une *créance;* donc on ne se trouve pas dans
le cas prévu par le texte, ce qui est décisif. Quand les
termes de la loi sont restrictifs, il n'appartient pas à l'interprète de les étendre; ce serait généraliser une disposition qui, d'après la volonté du législateur, a un caractère
spécial. Toutefois il y a controverse, même sur le sens du

(1) Voyez les sources dans Aubry et Rau, t. II, p. 330 et suiv., et note 17,
§ 213. Il faut ajouter Leroux de Bretagne, t. I, p. 458, n°ˢ 701-705.

texte; les cours ont essayé de donner à leur jurisprudence ce fondement inébranlable. « L'article 2257 est général, dit-on, et absolu dans ses termes; et là où le législateur ne distingue pas, le juge, esclave de la loi, ne saurait faire de distinction (1). » Excellente maxime que nous avons souvent rappelée aux interprètes, qui l'oublient parfois. Mais elle suppose avant tout que la loi est générale. Or, peut-on dire que l'article 2257 est général et comprend toute espèce de droits? Le mot *créance* a un sens technique; il se dit des droits personnels, que l'on qualifie plus exactement de *droits de créance*; il ne se dit pas des droits *réels*. Cette distinction est aussi fondamentale qu'élémentaire; le mot même dont le législateur se sert implique donc qu'il n'entend pas parler des droits réels. Ainsi ce n'est pas l'interprète qui introduit une distinction dans la loi, comme le dit la cour de Pau; c'est, au contraire, la cour qui efface la distinction que le texte implique. La cour d'Agen (2) prétend que le mot *créance* a un sens générique et qu'il est synonyme de *droit* dans l'article 2257; elle cite comme disposition analogue l'article 1138 où ce mot exprime la propriété. Cela n'est pas exact; l'article 1138 ne parle pas de *créance;* il dit seulement que le créancier devient propriétaire par l'effet de l'obligation, ce qui n'est pas même exact; ce n'est pas dans un article mal rédigé que l'on peut chercher des arguments d'analogie. On dit encore que l'article 2257 est placé parmi des dispositions générales qui reçoivent leur application à la prescription acquisitive comme à la prescription extinctive. Cela est vrai; mais la classification, dans notre matière, ne prouve rien, puisque tout le monde reconnaît qu'elle est défectueuse (n° 7). Il faut donc s'en tenir au texte, sauf à voir si le texte est en harmonie avec l'esprit de la loi.

26. La cour de cassation dit que l'article 2257 ne fait que consacrer la règle, *contra non valentem agere non currit præscriptio;* d'où suivrait qu'il est applicable à la prescription en général (3). On voit combien il importe de

(1) Pau, 1er juillet 1847 (Dalloz, 1857, 2, 60).
(2) Agen, 21 juillet 1862 (Dalloz, 1862, 2, 122).
(3) Cassation, 28 janvier 1862 (Dalloz, 1862, 1, 89).

préciser la signification des principes et les motifs sur lesquels ils se fondent. Si réellement l'article 2257 ne faisait qu'appliquer une règle de droit commun, la cour de cassation aurait raison, la loi serait applicable aux droits réels aussi bien qu'aux droits de créance. Nous avons répondu d'avance à la cour en établissant le véritable sens de l'article 2257 et en prouvant qu'il n'a rien de commun avec l'adage traditionnel que la cour invoque. Il nous reste à examiner s'il y a une raison de la différence que la loi fait entre les actions personnelles et les actions réelles.

Pourquoi la prescription ne court-elle pas contre une *créance* conditionnelle ou contre une *créance* à terme? Parce que la prescription extinctive est fondée sur la nécessité de mettre une limite aux actions; de là la conséquence que la prescription ne peut pas courir tant qu'il n'y a pas d'action. Or, quand une créance est sous condition ou à terme, le créancier n'a pas d'action contre le débiteur; partant, la prescription ne peut pas courir contre le créancier. Est-ce aussi là le fondement de la prescription acquisitive? Non; elle a pour objet de consolider les possessions, en mettant les possesseurs à l'abri de toute éviction. Quand donc la prescription doit-elle commencer à courir? Du moment où il y a possession. Le droit de celui contre lequel le tiers détenteur prescrit n'est pas pris en considération, en ce sens que la loi n'établit pas la prescription pour punir le propriétaire de sa négligence, ni parce qu'elle présume qu'il a renoncé à son droit, elle l'établit parce que le temps doit consolider les longues possessions, condition essentielle pour que la société repose sur un fondement solide. Il faut donc laisser de côté toute considération relative à ceux contre lesquels la prescription s'accomplit, pour ne voir que l'intérêt social; or, cet intérêt, disons mieux, ce droit prend naissance avec la possession; donc la prescription doit courir dès que la possession commence (1).

27. La cour de cassation objecte le principe dont, d'après elle, l'article 2257 est une application, c'est-à-dire l'adage traditionnel : *Contra non valentem agere non cur-*

_____

(1) Aubry et Rau. t. II, p. 330, § 213.

rit præscriptio. Elle en conclut que la prescription ne peut pas courir contre un propriétaire conditionnel qui n'a pas le droit d'agir. L'arrêt attaqué objectait qu'il n'était pas exact de dire que le propriétaire conditionnel fût dans l'impossibilité d'agir, puisque l'article 1180 lui permet de faire les actes conservatoires et, par conséquent, d'interrompre la prescription. A cette objection, la chambre civile répond que les actes qui constituent l'interruption de la prescription contre le tiers détenteur sont, d'après l'article 2244, une citation en justice, un commandement et une saisie. Or, le propriétaire conditionnel ne peut ni agir en justice, ni pratiquer une saisie, ni faire un commandement. On ne peut donc pas lui reprocher de n'avoir pas agi, puisque la seule manière d'agir que la loi autorise, dans l'espèce, lui est interdite tant que la condition n'est pas accomplie ou que le terme n'est pas échu (1). Cette argumentation implique que la prescription commencerait à courir si le propriétaire conditionnel pouvait interrompre la prescription par des actes conservatoires. La cour est ici en contradiction avec sa propre jurisprudence. Elle admet que l'article 2257 est applicable au *créancier* conditionnel, quoiqu'il puisse interrompre la prescription ; donc la faculté d'interrompre la prescription n'a rien de commun avec l'article 2257 ; par conséquent, il faudrait en faire l'application au *propriétaire conditionnel*, bien qu'il ne puisse pas interrompre la prescription par un des actes prévus par l'article 2244. A vrai dire, la faculté d'interrompre la prescription n'a rien de commun avec l'article 2257 : la prescription est-elle extinctive, le cours de la prescription commence avec l'action : est-elle acquisitive, la prescription commence à courir du moment que la possession commence. Il s'agit, en effet, de savoir à partir de quel moment la prescription *commence* à courir ; cela n'a rien de commun avec l'*interruption,* qui suppose que la prescription a commencé.

On fait d'ordinaire une autre réponse à l'objection formulée par la cour de cassation. La cour dit que le propriétaire est dans l'impossibilité d'interrompre la prescription.

---

(1) Cassation, 4 mai 1846 (Dalloz, 1846, 1, 255).

Cela est vrai des actes d'interruption prévus par l'article 2251; mais rien ne l'empêche d'agir contre les tiers détenteurs en reconnaissance de son droit. Cette action est purement conservatoire; elle a été introduite dans l'ancienne jurisprudence en faveur du créancier hypothécaire contre le tiers détenteur; le code civil l'a maintenue implicitement, en permettant à tous ceux qui ont un droit conditionnel de faire les actes de conservation. Par là on concilie tous les intérêts; le tiers détenteur est averti du droit que l'on réclame sur son fonds, et ceux qui ont un droit de propriété ou un droit réel immobilier peuvent le sauvegarder, alors même que la condition ou le terme attachés à leur droit les empêchent d'agir en justice pour poursuivre l'exercice de leur droit (1).

A notre avis, la réponse que l'on fait à l'objection de la cour de cassation n'est pas bonne, parce que l'argument prouve trop. L'action en reconnaissance du droit qu'un tiers détenteur prescrit est un acte conservatoire; c'est une interruption de la prescription par la reconnaissance de celui qui est en train de prescrire. Si le propriétaire et tous ceux qui ont un droit réel peuvent agir en reconnaissance et interrompre la prescription, et si, à raison de cette action interruptive de la prescription, on écarte l'article 2257, ne peut-on pas et ne doit-on pas en dire autant de tout créancier conditionnel, même de ceux qui n'ont qu'un droit de créance? En effet, tous peuvent faire des actes conservatoires à l'effet d'interrompre la prescription; donc on devrait dire qu'ayant la faculté d'agir, en ce sens qu'ils ont un moyen de sauvegarder leur droit, la prescription doit courir contre eux? On aboutit ainsi à une conséquence qui est en opposition avec le principe consacré par l'article 2257: la loi dit que la prescription ne court pas contre le créancier conditionnel, et la doctrine aboutit à dire que la prescription devrait courir. Il nous semble que l'on confond, dans ce débat, deux ordres d'idées tout à fait distincts : la question de savoir

_____

(1) Loyseau, *Traité du déguerpissement*, livre III, ch. II, n°s 15 et suiv. Le passage est reproduit dans Proudhon. *De l'usufruit*, t. IV, p. 525, n° 2135. Aubry et Rau. t. II, p. 330 et suiv.. et note 17, § 213.

si la prescription peut commencer à courir et la question de savoir si le cours de la prescription peut être interrompu. Cette dernière question est étrangère à l'article 2257; la loi décide que la prescription ne peut pas commencer à courir quand le droit est conditionnel ou à terme; la prescription ne pouvant pas commencer à courir, il ne peut pas s'agir de l'interrompre. Il faut donc laisser de côté l'interruption de la prescription et s'en tenir au seul point qui est en litige : la prescription peut-elle commencer à courir en faveur du tiers détenteur, contre celui qui a un droit conditionnel ou à terme sur son fonds?

28. Nous admettons l'affirmative avec tous les auteurs; la difficulté est de préciser les motifs de décider. D'après le texte de l'article 2257, la loi ne s'applique qu'aux droits de créance, elle ne s'applique pas aux droits réels; de sorte que la prescription commence à courir au profit du *tiers détenteur* dès qu'il possède, tandis qu'elle ne commence à courir en faveur du débiteur qu'après l'accomplissement de la condition ou l'échéance du terme. Quelle est la vraie raison de cette différence? Dans l'opinion que nous venons de développer, la réponse est très-simple, c'est que le tiers détenteur invoque la prescription acquisitive, laquelle se fonde sur la possession; donc dès qu'il possède, la prescription commence. Tandis que le débiteur invoque la prescription extinctive, laquelle se fonde sur la nécessité de mettre un terme aux actions, et suppose, par conséquent, qu'il y a action pour l'exercice du droit; or, le créancier conditionnel n'a pas d'action pour la poursuite de son droit; donc il n'y a pas lieu à prescription.

Les auteurs dont nous suivons l'opinion sur le fond de la question donnent un autre motif de la différence qu'ils admettent entre les droits réels et les droits de créance. Ils disent que la prescription extinctive est fondée sur la négligence du créancier à exercer ses droits; or, on ne peut pas lui reprocher d'être négligent, alors qu'il n'a pas d'action; il peut, à la vérité, faire les actes conservatoires et interrompre la prescription par la reconnaissance du débiteur, mais cela est inutile à l'égard du débiteur personnel qui ne peut pas ignorer l'existence de l'obligation, ni celle de la condition ou du terme qui l'affecte ; donc quand il y a condition ou terme, la prescription ne peut pas commencer à courir, parce que, d'une part, le créancier n'a pas le droit d'agir et que, d'autre part, l'action en reconnaissance est inutile. Il n'en est pas de même du tiers détenteur, lequel peut ignorer les droits qu'un tiers a sur l'héritage qu'il possède ; et comme l'usucapion est fondée sur la possession, il n'y a pas d'obstacle légal à ce qu'elle coure ; de là l'intérêt et la nécessité d'une action en reconnaissance qui interrompt la prescription (1). Nous ne pouvons accepter cette explication, par le motif que nous venons de dire (n° 27) ; avant de rechercher si la prescription peut et doit être interrompue, il faut savoir si elle a commencé à courir, et c'est là l'unique objet de l'article 2257. Or, la prescription peut commencer à courir en faveur du tiers détenteur, puisqu'il possède et que l'usucapion est fondée essentiellement sur la nécessité sociale de consolider les possessions ; tandis que la prescription ne peut pas commencer à courir en faveur du débiteur tant que le créancier n'a pas d'action, puisque la prescription extinctive est fondée essentiellement sur la nécessité de mettre un terme aux actions.

II. *Applications.*

29. Le principe que la prescription court en faveur d'un tiers détenteur, par cela seul qu'il possède, reçoit d'assez nombreuses applications. Un usufruitier aliène des biens grevés d'usufruit. Le tiers acquéreur peut-il commencer à prescrire pendant que l'usufruit existe ? Dans notre opinion, l'affirmative est certaine, puisque le tiers acquéreur possède ; donc la condition essentielle requise pour la prescription existe ; ce qui est décisif (2).
30. Une question plus douteuse est celle de savoir si celui qui acquiert des biens grevés de substitution peut commencer à prescrire avant l'ouverture de la substitution

(1) Voyez les auteurs déjà cités, Aubry et Rau, Marcadé (t. VIII, p. 167, n° I de l'article 2257), et Proudhon.
(2) Proudhon, *De l'usufruit,* t. IV, p. 528, n°s 2137-2139.

au profit des appelés. Dunod discute longuement les motifs que l'on donnait pour et contre les appelés. La plupart des auteurs invoquaient le principe que l'article 2257 a formulé : la prescription ne court, à l'égard d'une créance conditionnelle ou à terme, qu'après la condition accomplie ou le terme échu. Or, celui qui est appelé à une substitution est dans la même situation; avant que la substitution s'ouvre, il n'a pas de droit formé, et souvent il n'est pas même né dans le temps que le tiers prétend avoir prescrit contre lui. Dunod propose bien des arguments contre l'opinion générale; nous nous contenterons d'en rapporter un qui confirme notre manière de voir : « Les raisons qui ont fait introduire la prescription acquisitive, tirées du *repos et de la tranquillité publique,* ont lieu pour les biens substitués, comme pour les autres (1). » Le tiers acquéreur possède; il est d'intérêt social que sa possession soit consolidée; donc la prescription doit courir. La jurisprudence est en ce sens (2).

31. Une donation est faite avec clause de retour. Le donataire aliène les biens. On demande si le tiers acquéreur peut commencer à prescrire avant que le donateur soit appelé aux biens par le décès du donataire. Si l'on admet notre principe, il n'y a plus de question. L'acquéreur possède, donc il prescrit (3).

32. Une vente est faite sous condition. Pendant que la condition est en suspens, le vendeur vend les biens purement et simplement à un tiers : l'acquéreur peut-il prescrire? Oui, puisqu'il possède, bien que le premier acheteur n'ait point d'action tant que la condition n'est pas accomplie. S'il s'agissait d'un droit de créance, la prescription ne commencerait à courir qu'après l'accomplissement de la condition. Nous avons donné la raison de la différence en discutant le principe (n° 28) (4).

33. Celui qui est propriétaire sous condition résolu-

---

(1) Dunod. partie III, chap. IV, p. 261 et suiv. Leroux de Bretagne, t. I, p. 467, n° 712.
(2) Bruxelles, 4 mars 1861 (*Pasicrisie*, 1862, 2. 287).
(3) Leroux de Bretagne, t. I, p. 464 et suiv., n° 706.
(4) Duranton, t. XXI, p. 548, n° 327, et p. 550, n° 329.

toire vend l'immeuble : l'acquéreur peut-il commencer à
prescrire pendant que l'action en résolution est en suspens?
La cour de cassation a décidé la question contre le tiers
acquéreur par application de l'article 2257 (1). Dans notre
opinion, il faut la décider en sa faveur. Nous avons répondu d'avance en traitant la question de principe.

33 bis. L'application la plus controversée, parce que c'est
la plus usuelle, concerne le tiers détenteur d'un immeuble
hypothéqué. On suppose que la créance pour laquelle l'immeuble est hypothéqué est conditionnelle ou à terme; le
créancier hypothécaire ne peut pas agir pendant que la
condition est en suspens. Est-ce le cas d'appliquer l'article 2257? La jurisprudence est divisée. Si l'on admet le
principe que nous avons enseigné avec tous les auteurs, la
négative est certaine : le tiers détenteur possède, donc il
prescrit. Il n'y a de doute que pour ce qui concerne les
motifs de décider; nous les avons longuement discutés (2).

Nous citerons le considérant d'un arrêt de la cour de
Pau, qui invoque, comme le fait Dunod, l'esprit de la loi,
c'est-à-dire les raisons d'intérêt social qui justifient la prescription acquisitive. « Ce serait méconnaître l'esprit qui a
guidé le législateur en adoptant la prescription comme
l'une des institutions sociales les plus nécessaires à l'ordre
public et à la stabilité des propriétés ; ce serait créer aux
tiers détenteurs une position à jamais incertaine, puisque,
à aucune époque, après de longues années de possession
de bonne foi, paisible, non interrompue, connue de tout le
monde, il pourrait encore être recherché pour un immeuble que ses ancêtres auraient acquis en ignorant que la faculté, pour le vendeur, d'aliéner cet immeuble était subordonnée à une condition qui pourrait ne se produire que
longtemps après l'acquisition (3). »

---

(1) Cassation, 28 juillet 1862 (Dalloz, 1862, 1. 90), et sur renvoi, Agen,
21 juillet 1862 (Dalloz. 1862. 2, 122).
(2) Voyez les citations dans Aubry et Rau. t. II, p. 333, note 24, § 213.
Comparez t. XXXI, n° 394.
(3) Pau, 22 novembre 1856 (Dalloz. 1857, 2, 61). Il y a un arrêt en sens
contraire de la même cour. du 1er juillet 1847, sur renvoi (Dalloz, *ibid.*,
p. 60).

III. *Le principe est-il applicable aux droits subordonnés à l'ouverture d'une succession ?*

34. Il y a des droits qu'on n'est admis à faire valoir qu'en qualité d'héritier légitime ou contractuel. Ces droits doivent-ils être assimilés à des droits conditionnels? Le code n'a point d'expression technique qui serve à distinguer ces droits des droits conditionnels; nous les appellerons éventuels, parce qu'ils dépendent d'une pure éventualité. Il est vrai que les droits conditionnels dépendent aussi d'un événement futur et incertain, mais un droit conditionnel est un droit contractuel, dont le créancier ne peut pas être dépouillé par la volonté du débiteur. L'héritier légitime, au contraire, n'a aucun droit tant que la succession n'est pas ouverte; l'héritier contractuel a, il est vrai, un droit à la succession, mais il n'a aucun droit actuel sur les biens, pas même quand la donation comprend les biens présents et à venir; le droit de l'héritier n'est qu'une espérance. Alors même que cette espérance se réalise, la différence est encore grande entre le droit de l'héritier et le droit conditionnel: celui-ci rétroagit au jour du contrat, de sorte que s'il s'agit d'un transport de propriété, le créancier est censé avoir toujours été propriétaire; tandis que le droit de l'héritier ne s'ouvre qu'à la mort de celui à qui il succède et n'a d'effet que pour l'avenir. Il suit de là que les droits que nous appelons éventuels ne peuvent pas être régis par les principes que nous venons d'établir pour les droits conditionnels; on conçoit que le tiers détenteur prescrive contre un droit subordonné à une condition, mais on ne conçoit pas que le possesseur prescrive contre un droit qui n'existe pas.

35. Une donation porte atteinte à la réserve, elle est sujette à réduction. L'action en réduction est une revendication que l'héritier réservataire peut exercer contre les tiers acquéreurs des immeubles compris dans la donation. On demande si le tiers peut prescrire les immeubles pendant la vie du donateur. Nous avons répondu ailleurs à la question (t. XII, n° 169). L'héritier réservataire n'a aucun droit du vivant du donateur ; l'action en réduction ne lui appartient qu'en qualité d'héritier, et il n'y a pas d'héritier d'un homme vivant. De là suit que le tiers détenteur ne peut commencer à prescrire contre le réservataire que lorsque celui-ci est appelé à la succession ; jusque-là, il n'y a pas de droit contre lequel la prescription puisse courir.

Une institution contractuelle est une institution d'héritier par contrat. Le donataire est saisi de la qualité d'héritier, mais cette qualité ne lui donne aucun droit actuel sur les biens ; son droit ne s'ouvre qu'à la mort. De là la conséquence que les actions en nullité de l'institution contractuelle ne deviennent prescriptibles qu'à la mort du donateur. Jusque-là il n'y a pas de droit qui puisse être prescrit (1).

Le donateur qui fait une institution contractuelle ne peut plus faire de libéralité, sauf pour sommes modiques, à titre de récompense ou autrement (art. 1083). S'il donne un immeuble, la donation est nulle : cette action se prescrit-elle du vivant du donateur? Non, parce que le droit de l'institué sur cet immeuble n'existe pas encore ; or, pour qu'il y ait prescription, il doit y avoir un droit à prescrire (2).

L'institution contractuelle peut comprendre les biens présents et à venir ; si le donateur vend un immeuble compris dans les biens présents, le donataire pourra le revendiquer s'il s'en tient aux biens présents. On demande si le tiers acquéreur pourra commencer à prescrire contre le donataire à partir du moment où il possède? Il le pourrait si le droit du donataire était conditionnel ; il ne le peut pas parce que le donataire n'a, en réalité, aucun droit tant que le donateur vit ; et là où il n'y a pas de droit, il ne peut y avoir de prescription (t. XV, n° 281).

Le partage d'ascendant peut se faire par donation entre-vifs ; s'il est nul ou rescindable, ou réductible, l'action se prescrira-t-elle, au profit du tiers détenteur, du vivant de l'ascendant? C'est une des questions si vivement contro-

_____

(1) Comparez le t. XV de mes *Principes*, n° 211). Aubry et Rau, t. II. p. 327, note 3, § 213.
(2) Voyez le t. XV de mes *Principes*, n°s 228 et 240.

versées auxquelles donne lieu le partage d'ascendant fait entre-vifs. Nous renvoyons à ce qui a été dit au titre des *Donations* (t. XV, nᵒˢ 105-118, 152-154).

36. Ces exemples feront comprendre la raison de la différence qui existe entre les droits conditionnels et les droits éventuels. Le tiers détenteur peut commencer à prescrire contre celui qui a un droit conditionnel sur le fonds qu'il possède, parce que les éléments requis pour qu'il y ait prescription existent; le tiers détenteur possède, et il y a un droit à prescrire. Quand le droit est éventuel, le tiers détenteur ne peut pas invoquer sa possession pour prescrire, car il n'y a pas de droit qui puisse être l'objet de la prescription : une expectative, une espérance ne sont pas des droits. La prescription ne commencera que lorsqu'il y aura un droit à prescrire, c'est-à-dire à l'ouverture de la succession qui transforme l'espérance en droit. Jusque-là aucune prescription n'est possible. La conséquence est très-importante, c'est qu'aucune prescription, pour mieux dire, aucun laps de temps ne peut être invoqué contre celui qui n'a qu'un droit purement éventuel; quand même plus de trente années se seraient passées, le tiers possesseur ne pourra pas se prévaloir de la prescription. Il ne peut opposer sa possession qu'à celui qui a un droit, et tant que la succession n'est pas ouverte, il n'y a point de droit. Dans l'opinion commune, on ajoute que la prescription ne peut pas courir, parce qu'il n'y a aucune négligence à reprocher à celui qui n'a aucun droit; on ne peut pas même dire qu'il a négligé de faire des actes conservatoires, car il ne peut pas faire des actes de conservation : comment conserverait-il un droit qui n'existe point (1)? Nous ne faisons pas valoir cette considération, parce que, dans notre opinion, le débat n'a rien de commun avec l'interruption de la prescription (nᵒ 28). Cela nous paraît d'évidence quand il s'agit de droits éventuels; quand il n'y a pas de droit à conserver, il ne peut être question d'actes conservatoires : on interrompt une prescription qui court; comment interrom-

---

(1) Aubry et Rau, t. II, p. 328, § 213. Marcadé, t. VIII, p. 171, nᵒ III de l'article 2257.

prait-on une prescription dont le cours est impossible ? Cela
est contradictoire dans les termes.

SECTION II. — Des causes qui suspendent le cours de
la prescription.

§ Ier. *Principe.*

37. La prescription est suspendue par des causes qui
l'empêchent de courir. J'ai commencé à prescrire la propriété d'un immeuble contre un propriétaire majeur et
ayant l'exercice de ses droits. Il vient à mourir, laissant
des héritiers mineurs. La minorité arrêtera momentanément le cours de la prescription, puisqu'il est de principe
que la prescription ne court pas contre les mineurs. Elle
recommencera à courir lorsque les mineurs seront devenus
majeurs. Dans ce cas, la prescription qui aura couru avant
la suspension s'ajoutera à celle qui courra après la majorité pour compléter le temps requis par la loi. C'est la différence qui existe entre la suspension et l'interruption ;
nous y reviendrons plus loin.

La prescription est aussi suspendue quand elle commence
à courir contre des personnes dans l'intérêt desquelles elle
est suspendue. On pourrait croire que, dans ce cas, la
prescription n'a jamais couru, et que, par suite, elle ne
peut être suspendue, car la suspension implique une prescription dont le cours a commencé. En réalité, la prescription a commencé à courir, puisque la minorité n'est pas
une cause qui rend le droit imprescriptible ; elle n'empêche
donc pas la prescription de commencer. Seulement, à l'instant où elle commence, elle est arrêtée. Nous verrons plus
loin une conséquence de ce principe.

38. La prescription est suspendue d'abord dans l'intérêt des incapables, les mineurs, les interdits et les femmes
mariées. Toutefois la suspension n'est pas absolue. La
prescription court, dans des cas assez nombreux, contre les
mineurs et les interdits ; elle court, en général, contre les
femmes en faveur des tiers, ce n'est que par exception
qu'elle est suspendue pendant le mariage ; elle n'est sus-

pendue d'une manière absolue qu'entre époux. En second lieu, la prescription ne court pas contre l'héritier bénéficiaire à l'égard des créances qu'il a contre la succession. La loi considère encore comme une cause de suspension la condition et le terme qui affectent une créance. Nous venons de dire que cela n'est point exact (n° 20).

On voit déjà, par ce résumé des causes qui suspendent le cours de la prescription, que la loi n'a pas de principe certain en cette matière. Les auteurs ne s'accordent même pas sur le point de savoir quels sont les motifs pour lesquels la loi admet la suspension de la prescription. Dans l'ancienne jurisprudence, on suivait le principe que la prescription était suspendue dans tous les cas où celui contre lequel elle devait courir se trouvait dans l'impossibilité d'agir. C'est le vieil adage : *Contra non valentem agere non currit præscriptio.* Mais ce prétendu principe est très-vague, et, au lieu d'aider les interprètes à résoudre les difficultés, il était une source intarissable de doutes et de controverses. Quand y avait-il impossibilité d'agir? Tout empêchement de fait suffisait-il pour suspendre la prescription? Et si tout empêchement ne suffisait point, comment déterminer les causes qui justifiaient la suspension? Il régnait une incertitude absolue sur tous ces points. Nous avons déjà entendu les plaintes de Dunod (n° 14); une seule des causes pour lesquelles on admettait la suspension, l'absence, avait donné lieu à de si nombreuses controverses que l'on aurait dû écrire un volume, dit Dunod, pour les exposer et les discuter.

Qu'ont fait les auteurs du code civil? Ils commencent par poser en principe que « la prescription court contre toutes personnes, à moins qu'elles ne soient dans quelque exception établie par une loi » (art. 2251). Ce principe semble mettre fin à toute incertitude. La règle est que la prescription court contre toutes personnes; par exception, elle est suspendue en faveur de certaines personnes. Quelles sont ces exceptions? L'article 2251 répond qu'elles doivent être déterminées par la loi. De sorte que l'on ne peut admettre d'autres exceptions que celles que la loi établit; dès que l'on ne se trouve plus dans le cas d'une exception prévue par la loi, on rentre dans la règle d'après laquelle la prescription court.

39. Si les interprètes s'en étaient tenus à ce principe, toute controverse aurait été impossible. Mais la puissance de la tradition est grande dans notre science. Pendant des siècles on avait suivi comme principe fondamental, en cette matière, la règle que la prescription ne court point contre celui qui ne peut pas agir. Le code civil, dit-on, a consacré implicitement la maxime traditionnelle, en consacrant les causes de suspension qui en sont une conséquence. On ne doit donc pas limiter le principe de la suspension aux cas expressément prévus par la loi, il faut l'appliquer dans tous les cas où il y a réellement impossibilité d'agir (1).

La jurisprudence, traditionnelle de sa nature, a consacré le principe que la prescription ne court pas contre celui qui est empêché d'agir ; la maxime *Contra non valentem agere non currit præscriptio* retentit dans tous les arrêts (2). Quand y a-t-il impossibilité ou empêchement d'agir ? La cour de cassation dit que c'est là une question de fait que les juges du fond décident souverainement (3). Cette jurisprudence est en tout le contre-pied de la loi ; son point de départ est un principe que la loi n'a point consacré, et la conclusion à laquelle elle arrive est en opposition formelle avec l'article 2251. Le code dit que c'est la *loi* qui détermine les cas dans lesquels la prescription est suspendue à l'égard de certaines personnes ; la cour de cassation dit que c'est le *juge* du fait qui décide souverainement s'il y a impossibilité d'agir et, par suite, suspension de la prescription. L'antinomie est complète. Pour s'en convaincre, il faut entendre un de ces juges du fait décidant souverainement ; la décision est, en effet, *souveraine*, car la cour se met au-dessus de la loi. Le code Napoléon, dit la cour d'Agen, s'occupe particulièrement, dans les articles 2251 et suivants, des *impossibilités d'agir* provenant de l'état ou de la qualité des individus, il se con-

---

(1) Troplong, *De la prescription*, nos 700 et 701.
(2) Nous nous bornons à citer l'un des derniers. Rejet, 19 juillet 1869 (Dalloz, 1870, 1, 75).
(3) Rejet, 3 janvier 1870 (Dalloz, 1872, 1, 22).

tente de définir quelques cas d'impossibilité dérivant de causes étrangères à la personne, comme dans l'article 2257 ; mais il n'a pu essayer d'en donner une énumération complète, car le nombre en est considérable. La loi se borne à tirer quelques conséquences de la règle *Contra non valentem,* sans écrire nulle part cette règle elle-même, laquelle est cependant le principe de toutes les dispositions du code sur la suspension de la prescription. De là suit, dit la cour, qu'en ce qui concerne les impossibilités prises en dehors de la personne, la loi n'est pas limitative ; il n'est pas nécessaire, pour les admettre comme cause de suspension, qu'elles soient expressément déclarées telles par le texte du code civil (1).

Ainsi la jurisprudence admet comme règle en cette matière une maxime que le code ne consacre nulle part, et elle applique ce principe d'une manière souveraine aux nombreuses causes d'empêchement qui peuvent se présenter. La seule limitation qu'elle semble admettre est celle que l'article 2251 établit quant aux *personnes* contre lesquelles la prescription ne court point (2). Nous croyons que cette jurisprudence est contraire au texte et à l'esprit de la loi.

L'article 2251 établit un principe général en disant que la prescription court contre toutes *personnes.* En effet, il est de l'essence de la prescription de courir contre les *personnes,* soit propriétaires, soit créanciers ; la prescription ne court jamais contre les choses. Quand donc la loi dit que la prescription n'est suspendue que lorsque les *personnes* sont dans une exception établie par la loi, elle entend dire qu'aucune cause de suspension ne peut être admise que lorsqu'elle est consacrée par une loi. Le principe de la suspension est donc essentiellement restrictif. Il faut une loi pour que la prescription soit suspendue ; sans loi, il n'y a pas de suspension. Ce caractère restrictif de l'article 2251 est aussi en harmonie avec l'esprit de la loi.

(1) Agen, 23 février 1858 (Dalloz, 1858, 2, 139).
(2) L'article 2251 est aussi interprété en ce sens par Aubry et Rau, t. II, p. 342, note 29, § 214. La prescription court-elle contre les absents ? Voyez le t. II de mes *Principes,* n° 89.

La prescription a pour fondement la conservation de la société; partant, le droit social doit dominer tous les intérêts particuliers. Cela est si vrai, que l'on peut contester la légitimité des causes de suspension; l'exception, même limitée strictement aux cas prévus par la loi, est en opposition avec le principe; à plus forte raison l'exception doit-elle être interprétée restrictivement, sinon elle absorberait et anéantirait la règle. Il est d'ailleurs de la nature de toute exception d'être de stricte interprétation, et l'on ne niera pas que la suspension de la prescription soit une exception; la prescription, établie dans l'intérêt de la société, doit, de son essence, courir contre toutes personnes et dans tous les cas. L'article 2251 ne fait donc que formuler une règle d'interprétation qui résulte de l'essence même de la prescription.

40. On objecte qu'il y a des exceptions qui ne sont que l'application d'un principe et qui, par suite, peuvent être étendues par voie d'analogie, en ce sens que le principe d'où elles découlent doit recevoir son application à tous les cas qui peuvent se présenter. Cela est vrai. Reste à savoir si les causes de suspension admises par le code civil découlent d'un principe général qui ne serait autre que la maxime *Contra non valentem*. Constatons d'abord que la loi ne consacre pas ce prétendu principe; et si l'on se rappelle les interminables discussions auxquelles l'adage traditionnel a donné lieu dans l'ancien droit, on doit croire que c'est à dessein que les auteurs du code ne l'ont pas reproduit. A notre avis, il faut aller plus loin et dire que le principe est faux. Admettre que la prescription ne doit pas courir dès que celui contre lequel elle court ne peut pas agir, c'est supposer que la prescription est fondée sur la négligence du propriétaire ou du créancier; or, s'il y a des propriétaires et des créanciers qui négligent d'exercer leurs droits, c'est certainement la très-petite minorité. Il en résulterait donc qu'il n'y aurait pas lieu à prescription dans tous les cas où aucune négligence ne pourrait être reprochée à celui contre lequel la prescription devrait courir; on aboutirait ainsi à faire de la prescription une rare exception, alors qu'elle est de son essence une règle générale.

Dans notre opinion, la seule base de la prescription acquisitive, c'est la possession : le possesseur doit prescrire par cela seul qu'il possède, sans qu'il y ait à considérer si le propriétaire contre lequel il prescrit est empêché d'agir. De même le fondement de la prescription extinctive est la nécessité sociale de mettre une limite aux actions ; d'où suit que la prescription doit courir dès que le créancier a une action, sans qu'il y ait à voir s'il est empêché d'agir. On dira que notre argumentation prouve trop, puisque logiquement elle conduirait à rejeter toute cause de suspension. En théorie, cela pourrait se soutenir. Il va de soi que cette doctrine absolue ne saurait être celle des interprètes du code, puisque la loi admet des causes de suspension. Tout ce que nous entendons prouver, c'est que les causes de suspension ne procèdent pas de la maxime *Contra non valentem*, parce que cette maxime est en opposition avec le principe sur lequel repose la prescription. En veut-on une preuve par le texte même de la loi ? Elle suspend la prescription en faveur des mineurs et des interdits. Est-ce à cause de l'impossibilité où ils sont d'agir ? La question est un non-sens ; car les mineurs et les interdits ne sont jamais dans le cas d'agir, puisqu'ils sont représentés par leurs tuteurs dans tous les actes civils (art. 450). Le tuteur ayant le droit et l'obligation d'agir au nom des mineurs et interdits, il ne peut être question d'un empêchement d'agir. Le texte du code le prouve. En effet, l'article 2252, après avoir posé la règle, admet des cas nombreux dans lesquels la prescription court contre les mineurs et interdits ; et néanmoins leur position légale est toujours la même. Dans toutes les affaires qui les concernent, ils sont représentés par leur tuteur : leur incapacité étant toujours la même, pourquoi la loi suspend-elle tantôt la prescription en leur faveur et tantôt ne la suspend pas ? Ce n'est certes pas l'impossibilité d'agir qui donne la réponse à la question.

Si nous abandonnons le texte, notre embarras augmente. On dit que la règle *Contra non valentem* est générale et doit recevoir son application à tous les cas où il y a impossibilité d'agir. Mais d'après quel principe les tribunaux

décideront-ils si le propriétaire et le créancier étaient em-
pêchés d'agir? Les auteurs admettent tous la maxime traditionnelle. Zachariæ dit qu'elle est consacrée implicitement
par les articles 2256 et 2257. Cette dernière disposition
doit être écartée, nous en avons dit la raison (n° 20); quant
à l'article 2256, il reçoit encore une autre interprétation
que celle que le jurisconsulte allemand lui donne; nous y
reviendrons. Ainsi les bases mêmes sur lesquelles on fonde
le principe s'écroulent. Quand il s'agit de l'appliquer, l'incertitude augmente. Les annotateurs de Zachariæ, Massé
et Vergé, disent que la maxime est vraie, mais qu'elle n'est
vraie qu'à la condition de n'être pas entendue d'une manière
trop générale; ils la restreignent à l'impossibilité légale
d'agir, et excluent, par conséquent, les cas nombreux où il
existe un empêchement de fait. Telle est aussi la doctrine de
MM. Aubry et Rau (1). La distinction est arbitraire. Elle
n'a pas d'appui dans la tradition, puisque l'ancienne jurisprudence admettait les empêchements de fait. Elle n'a pas
d'appui dans nos textes; pour les mineurs et interdits, il
n'y a certainement pas d'impossibilité légale d'agir, puisque
la loi donne au tuteur le droit d'agir en leur nom. Enfin
la distinction n'a point de fondement rationnel; si l'on
admet, et telle est l'opinion générale, que la prescription
est une peine qui frappe la négligence, on doit admettre
aussi que la prescription ne saurait courir contre ceux qui
ont été, par un obstacle de fait, dans l'impossibilité d'agir.
La jurisprudence des cours de Belgique s'est cependant
prononcée en faveur de la distinction (2).

41. Dans l'application, les interprètes aboutissent à
l'arbitraire le plus absolu, comme cela arrive toujours quand
on s'écarte de la loi. Duranton avoue que cet adage du palais, *Contra non valentem agere non currit præscriptio,*
n'est pas d'une grande autorité, à cause de l'abus que l'on
en pourrait faire; toutefois il l'admet dans quelques cas
où le code n'a pas déclaré que la prescription est suspen-

---

(1) Zachariæ, traduction de Massé et Vergé, t. V, p. 305, et note 1,
§ 848. Aubry et Rau, t. II, p. 342. et note 29, p. 343, et note 33.
(2) Bruxelles, 25 mai 1825 (*Pasicrisie*, 1825, p. 401). Liége, 8 décembre
1842 (*Pasicrisie*, 1843. 2, 213).

due (1). Pourquoi ces cas-là et pas d'autres? Qui décidera?
Le juge; et en vertu de quel droit? En se fondant sur un
adage du palais? Cela veut bien dire un adage *traditionnel.* Effectivement la loi l'ignore; les cours mêmes qui
l'appliquent à un empêchement légal l'avouent (2). Ce sont
donc les tribunaux qui feront la loi. Voilà l'arbitraire en
plein.

MM. Aubry et Rau enseignent qu'on ne peut pas admettre une véritable suspension de la prescription, à raison
des difficultés ou impossibilités de fait qui auraient apporté
un obstacle temporaire à l'exercice d'une action. Toutefois
ils autorisent le juge à relever, dans ces cas, le propriétaire ou le créancier des suites de la prescription accomplie
pendant la durée de l'obstacle, en y ajoutant la condition
que, lors de la cessation de l'obstacle, le créancier ou le
propriétaire aient immédiatement fait valoir leurs droits (3).
Cela s'appelle, à la lettre, faire la loi ou l'abolir, ce qui
revient au même. Une prescription s'accomplit; la créance
est éteinte, ou la propriété est acquise à celui qui a accompli la prescription. Voilà ce que dit l'article 2219. Puis
l'interprète vient dire : Je relève le créancier ou le propriétaire de la déchéance qu'il a encourue en vertu de la
loi. Ne dirait-on pas que c'est le préteur qui parle et qui
prononce une *restitution,* en se fondant sur l'équité contre
le droit strict? Nos juges n'ont plus l'autorité du préteur,
et les interprètes ne font plus le droit, ils doivent se borner
à l'interpréter.

42. Nous arrivons aux applications que la doctrine et
la jurisprudence ont faites de l'adage traditionnel. La cour
de Pau dit que, dans l'ancien droit, il était admis par tous
les auteurs, à l'exception de Dunod, que l'état de guerre
avait pour effet de suspendre la prescription lorsque les
communications étaient empêchées entre le lieu où se trouvait la personne contre laquelle la prescription courait et

(1) Duranton, t. XXI, p. 474, n° 286. Il admet que la prescription est
suspendue entre le tuteur et son pupille (n°s 293 et 294). Nous avons proposé ailleurs une autre interprétation (t. V, n°s 55 et 58).
(2) Chambre de cassation de Bruxelles, 25 juillet 1823 (*Pasicrisie*, 1823,
p. 479).
(3) Aubry et Rau, t. II, p. 343, et note 33, § 343.

celui où elle devait agir pour conserver ses droits. Dans l'espèce, il s'agissait d'un créancier qui habitait l'île de France pendant les guerres de la révolution et de l'empire. Il est notoire, dit l'arrêt, que les communications étaient interrompues entre l'île de France et la métropole, sinon d'*une manière absolue,* du moins rendues très-difficiles et périlleuses par la guerre maritime qui a régné entre l'Angleterre et la France depuis 1793 jusqu'en 1814, et qui n'a été suspendue que par le court intervalle de paix du traité d'Amiens. La cour en conclut que le créancier, qui partit pour l'île de France en 1787 et qui y résida jusqu'à son décès en 1808, s'est trouvé pendant *plusieurs années,* soit avant, soit après la paix d'Amiens, privé de la faculté de communiquer librement avec la France. Cependant la cour avoue qu'à la rigueur il aurait pu se rendre sur le continent ou y faire parvenir ses titres avec un mandat d'agir ; mais, dit-elle, ces voies indirectes étaient dangereuses, de sorte qu'on ne peut pas lui faire un reproche de ne les avoir pas employées. L'arrêt calcule ensuite pendant quel laps de temps il suffisait que l'obstacle eût existé pour empêcher l'accomplissement de la prescription : tout calcul fait, on n'arrivait pas à la prescription de trente ans (1).

On voit la latitude que l'adage traditionnel donne aux tribunaux ; avec un pareil système d'interprétation, on arriverait à empêcher toute prescription ; du moins la prescription deviendrait une rare exception : est-ce là l'esprit de la loi qui a introduit la prescription comme une garantie sociale ? On va voir ce que cette garantie devient dans le système que nous combattons. Troplong soutient que la guerre, la peste et autres désastres sont une cause de suspension, quoique la loi ne les ait pas exceptés du droit commun. Dunod s'était prévalu du silence de la loi pour rejeter cette cause de suspension. Là-dessus Troplong le traite d'esprit borné. Dunod n'a pas vu, dit-il, qu'il s'agissait d'une question de fait, et non d'un point de droit : la guerre ou tout autre fléau ont-ils rompu les communications entre le créancier et le débiteur ? Si oui, il y a suspension ; si non,

_____

(1) Pau, 23 mai 1840 (Dalloz, au mot *Prescription,* n° 791, 2°).

la prescription aura continué à courir. Est-il bien vrai que ce soit là toute la difficulté? Non, il y a une question de droit: est-ce qu'un obstacle de fait suffit pour suspendre la prescription? Voilà la difficulté de droit que Dunód a décidée, en invoquant le silence des lois civiles et le but de la prescription. Dans notre droit moderne, on ne peut plus dire qu'il y ait silence de la loi; la loi a parlé, et elle a voulu mettre fin à l'arbitraire qui régnait dans l'ancienne jurisprudence. Troplong dit que le bon sens veut que toutes les fois qu'un de ces fléaux a rompu les communications entre le créancier et le débiteur, ou suspendu le cours de la justice, on prenne en considération l'impossibilité d'agir résultant de la force majeure. Sans doute l'équité le demande, mais à qui est-ce de donner satisfaction à l'équité contre le droit strict? Est-ce au juge ou est-ce au législateur? Troplong cite un avis du 25 juillet 1814, approuvé par le chef du gouvernement et publié dans le *Moniteur*, par lequel il est décidé que l'invasion de l'ennemi avait relevé les porteurs de lettres de change de la déchéance qu'ils avaient encourue, faute de protêt et de dénonciation dans le délai prescrit. Merlin remarque que cet avis a force de loi. C'est, en effet, au législateur d'intervenir au nom de l'équité quand un pays se trouve en proie à un de ces fléaux qui rompent le commerce ordinaire de la vie. La peste a disparu, la guerre sévit toujours. Si Troplong avait vécu quelques années de plus, il aurait vu s'écrouler le second empire, qu'il avait eu le tort de soutenir au nom du droit. Plusieurs décrets furent rendus, dans ces désastreuses circonstances, pour déclarer suspendues, pendant la durée de la guerre, toutes prescriptions et péremptions en matière civile (1). Telle est la vraie solution de la difficulté. Il est de toute évidence que les tribunaux sont incompétents pour suspendre l'effet des lois. Et il est tout aussi évident que Troplong fait la loi, sous couleur de l'interpréter. Après avoir posé en principe que la guerre et la peste suspendent la prescription, il ajoute qu'il ne faudrait pas en faire

_____

(1) Décret des 9-14 septembre 1870, des 3-5 octobre 1870; loi des 26 mai-1er juin 1871.

dans la pratique une application trop absolue; puis il propose un amendement, comme ferait le législateur. Si, dit-il, l'empêchement provenant de la guerre et de la peste se manifeste dans un temps intermédiaire et non voisin de l'échéance de la prescription, on ne doit pas en tenir compte, puisque depuis le créancier a eu le temps nécessaire pour agir (1). Nous demanderons si c'est là l'effet ordinaire que produit la suspension de la prescription. Non, certes; c'est donc une mesure dictée par l'équité et qui déroge au droit commun : est-il nécessaire d'ajouter que l'interprète n'a point le droit de déroger à la loi au nom de l'équité.

Nous avons bien des fois, dans le cours de ce long travail, combattu les auteurs qui, en interprétant la loi, la font en réalité. Comme il s'agit de l'autorité de la loi et du respect qui lui est dû, on nous permettra d'insister. L'article 2251 pose en principe qu'il n'y a point de suspension de prescription sans loi. Troplong avoue que tel est le sens des termes du code. Il oppose au texte l'esprit de notre section tout entière, qui repousse une pareille interprétation. Quel est cet esprit de la loi qui doit l'emporter sur la loi? C'est la fameuse maxime *Contra non valentem agere non currit præscriptio.* Or, il se trouve que les dispositions de notre section ne sont pas une conséquence de cette maxime traditionnelle (nos 38-40). De sorte que l'on invoque contre un texte clair et précis un prétendu esprit de la loi, lequel est au moins contestable. Nous préférons la règle d'interprétation formulée par les auteurs du code civil, et que nous avons bien des fois opposée aux interprètes qui aiment à invoquer l'esprit de la loi lorsque le texte contrarie leurs opinions : « Quand une loi est claire, il ne faut point en éluder la lettre, sous prétexte d'en pénétrer l'esprit » (t. Ier, n° 273). Le code dit : Il n'y a pas de suspension sans loi. Est-il permis à l'interprète de dire : La prescription est suspendue, sans qu'il y ait une loi? Troplong prétend que la doctrine qui s'en

_____

(1) Troplong, nos 727 et 728. Comparez Merlin, *Répertoire*, au mot *Prescription*, sect. I, § VII, art. II, quest. 10 (t. XXIV, p. 179).

tient au texte de la loi rapetisse la mission du jurisconsulte. Non, elle la circonscrit dans les limites qui résultent de la séparation des pouvoirs. Le législateur seul fait la loi, le juge l'interprète en l'appliquant. Permettre au juge de s'écarter de la loi en se fondant sur l'esprit de la loi, toujours douteux, c'est constituer le juge législateur. Pour n'être pas législateur, la mission de l'interprète n'en est pas moins grande. S'il est l'esclave de la loi, il en est aussi l'organe; il maintient le respect dû à la loi en la respectant lui-même, et le respect dû à la loi n'est-il pas le plus solide fondement de l'ordre social?

Ce qui a trompé Troplong dans notre débat, et ce qui égare presque toujours les interprètes quand ils opposent l'esprit de la loi à un texte formel, c'est que l'application littérale de la loi semble contraire à l'équité. Les réponses n'ont pas manqué (1); il y en a une qui est péremptoire, dans l'espèce, c'est que la prescription n'a pas pour fondement l'équité; très-souvent, au contraire, elle la blesse. Est-il équitable que l'usurpateur l'emporte sur le propriétaire après trente ans de possession? Non, certes; mais la conservation de la société exige que les possessions soient consolidées : le droit social l'emporte sur le droit individuel, parce que le droit de l'individu n'aurait plus de garantie si la société n'existait point. Il faut donc mettre l'équité hors de cause. Or, la fameuse maxime *Contra non valentem* est une maxime que l'équité a imaginée pour concilier la prescription avec la rigueur du droit; si on l'appliquait logiquement, on aboutirait, comme les anciens docteurs, à annuler la règle à force d'exceptions. Il faut donc l'écarter; en voulant modérer la rigueur du droit par l'équité, on affaiblit le droit, c'est-à-dire que l'on ébranle le fondement même de la société.

43. Il est de principe que la prescription court contre ceux qui ignorent le droit qu'ils sont menacés de perdre par la prescription (n° 14). Voilà encore une fois le droit en conflit avec l'équité. Cependant le droit l'emporte et la

---

(1) Marcadé, t. VIII, p. 151, n° I de l'article 2251. Mourlon. t. III, p. 785. n° 1893. Coin-Delisle (*Revue de droit français et étranger*, 1847, p. 285-302).

raison en est simple et décisive, c'est qu'il n'y aurait plus
de prescription si l'on pouvait invoquer tantôt l'ignorance,
tantôt un autre motif d'équité. Ceux qui savent qu'ils ont
un droit l'exercent; l'intérêt est la mesure de nos actions,
et rien de plus légitime quand il s'agit d'actes où l'intérêt
est le mobile dominant. On peut donc être très-sûr que les
hommes ne négligent pas, en connaissance de cause, d'exercer les droits qui leur appartiennent. Si néanmoins ils
perdent leurs droits pour n'avoir pas agi, c'est qu'il y a un
droit supérieur en cause, le droit de la société. Ce principe est universellement admis, et il prouve que l'équité
doit rester étrangère aux débats qui s'élèvent sur la prescription. Voici cependant une espèce dans laquelle la cour
de cassation s'est prononcée pour l'équité contre le droit;
tandis que la cour de Paris, dont elle a cassé l'arrêt, avait
décidé d'après le droit strict. C'est dire qu'à notre avis la
cour de Paris avait raison.

Un notaire reçoit un acte d'hypothèque; il se trouve que
l'acte est nul parce que le débiteur n'était pas propriétaire
de l'immeuble hypothéqué; le fonds appartenait à sa femme,
et celle-ci n'avait pas comparu au contrat. De là une action
en responsabilité contre le notaire. Il n'y avait pas de doute
sur le point de savoir si, dans l'espèce, le notaire était
responsable en droit. Le premier devoir du notaire, dit la
cour de Paris, quand il reçoit une constitution d'hypothèque,
est d'interroger avec scrupule les titres de propriété des
biens soumis à l'hypothèque et de constater, par un examen
personnel, s'ils appartiennent au débiteur; s'il manque à
ce devoir inhérent à son ministère, et si par là il compro-
met les intérêts des parties contractantes, il engage sa
responsabilité. Sur ce point, la cour de cassation était
d'accord avec l'arrêt attaqué; il y avait faute et préjudice,
donc responsabilité. Mais le notaire invoquait la prescription; l'acte datait du 12 août 1813, la créance était échue
en 1818, et l'action en dommages-intérêts n'avait été dirigée contre les héritiers du notaire qu'en 1853, c'est-à-dire
plus de trente années après l'échéance de la créance. La
cour de Paris déclara l'action prescrite. Sur le pourvoi, la
décision a été cassée après délibéré en chambre du conseil.

La cour pose en principe que la prescription ne court point
« toutes les fois que le créancier peut *raisonnablement*, et
aux yeux de la loi, ignorer l'existence du fait qui donne
naissance à son droit et à son intérêt, et, par suite, ouverture à son action. » Elle fonde ce principe sur l'article 2257,
d'après lequel la prescription ne court pas à l'égard des
créances conditionnelles ou à terme, jusqu'à ce que la condition soit accomplie ou le terme échu. Le motif de ces
dispositions, dit la cour, est que le créancier ne peut agir
tant que le fait auquel son droit et son action sont subordonnés ne s'est point réalisé; ce motif s'applique, par voie
d'analogie, à l'ignorance du droit, sous les conditions que
la cour détermine, c'est que le créancier puisse *raisonnablement*, et *aux yeux de la loi,* ignorer le fait qui donne
naissance à son droit. Cette argumentation nous paraît
d'une faiblesse extrême. D'abord l'interprétation que la
cour donne à l'article 2257 n'est pas exacte; cette disposition n'établit pas une suspension de la prescription fondée
sur ce que le créancier ne peut pas agir; la prescription,
dans les cas qu'elle prévoit, est impossible tant que la condition est en suspens ou que le terme n'est point échu,
parce qu'il n'y a pas de prescription quand il n'y a pas
d'action; tandis que la suspension de la prescription suppose qu'il y a une action. Telle était, dans l'espèce, l'action en responsabilité contre le notaire. Le créancier pouvait agir contre le notaire, l'action était née; s'il n'a pas
agi, c'est qu'il ignorait le droit qui lui appartenait. Cette
ignorance était certes excusable; le créancier aurait pu, à
la vérité, s'assurer de la nullité de l'hypothèque, puisque
cette nullité fut établie et prononcée sur la demande d'autres
créanciers, dans un ordre qui s'ouvrit sur l'immeuble hypothéqué; mais le créancier se reposait sur la validité de
son titre, qu'il devait croire valable comme étant l'œuvre
d'un officier public. Cette confiance l'avait trompé : était-ce
un motif de suspendre la prescription? En équité, oui; en
droit, non. Qu'est-ce qui avait empêché le créancier d'agir
contre le notaire? L'ignorance de son droit. Or, de l'aveu
de tous, l'ignorance n'empêche pas la prescription. La
cour de cassation elle-même le reconnaît. Si, dit-elle, la

faute imputée au notaire était un vice de forme, que le
créancier aurait pu et dû reconnaître à l'instant même ou
immédiatement après la passation de l'acte, il n'aurait pas
pu alléguer son ignorance, sans doute parce qu'elle lui eût
été imputable. Mais, dans l'espèce, le notaire était en faute
pour n'avoir pas vérifié le droit de propriété du débiteur
sur la terre qu'il hypothéquait. Ce vice de l'acte ne fut ré-
vélé qu'en 1853 ; la cour en conclut que c'est seulement de
cette époque que la prescription a pu courir (1). La distinction que la cour fait entre les vices apparents et les vices
intrinsèques est très-équitable, mais elle n'est fondée sur
aucune loi et sur aucun principe. Dans un cas, l'ignorance
est excusable ; dans l'autre, elle ne l'est pas. Soit ; mais où
est-il dit que l'ignorance excusable empêche le cours de la
prescription ? C'est créer une cause de suspension que la
loi ne connaît point et qui n'a rien de commun avec la disposition de l'article 2257 que la cour invoque à titre d'analogie.

44. Il s'est présenté un singulier conflit entre le droit
et le fait dans une espèce jugée par la cour de Bruxelles.
La ville d'Anvers avait concédé à la ligue anséatique une
maison dite *oosterlinghuys* (maison levantine), dans le but
de s'assurer les avantages du commerce anséatique. Ce but
était-il une condition de la concession, ou était-ce une simple cause qui avait engagé la ville à accorder cette faveur
aux *osterlins?* La dernière supposition est la plus probable. Il est certain que la concession n'avait plus de raison
d'être après que le traité de Munster de 1648 eut prononcé
la fermeture de l'Escaut. Toutefois les villes anséatiques
restèrent en possession paisible de leur établissement jusqu'en 1821 ; alors la régence assigna les villes de Hambourg,
Brême (2) et Lubeck, pour qu'il fût déclaré que l'*oosterlinghuys* était sa propriété. Les défenderesses opposèrent
la prescription. De là la question de savoir si la prescription avait été suspendue pendant que l'Escaut était fermé.
La demanderesse le soutenait. Depuis l'année 1648 jusqu'en

---

(1) Cassation, 27 mai 1857 (Dalloz, 1857, 1, 290).
(2) Et non Braine, comme le dit la *Pasicrisie.*

l'année 1795, la fermeture de l'Escaut n'avait pas permis à la ville d'Anvers d'exiger l'accomplissement de l'obligation de résidence et de trafic, obligation qui formait la condition de la concession; la ville ayant été dans l'impossibilité d'agir, la prescription n'avait pu courir contre elle. La cour décida qu'il n'y avait pas lieu d'invoquer l'adage *Contra non valentem agere non currit prœscriptio.* Cette maxime suppose que l'empêchement est temporaire; s'il est définitif, on ne peut plus dire que la prescription est suspendue, on rentre sous l'empire du droit commun, en ce sens que le propriétaire peut faire valoir ses droits, en supposant qu'il ait fait la concession sous des conditions dont l'accomplissement devenait impossible. Or, telle était la situation de la ville d'Anvers après les traités de 1648. Ces traités étant perpétuels, l'Escaut était fermé pour toujours; les *osterlins,* dans le système de la ville, ne pouvaient plus remplir les conditions que la concession leur imposait; la concession n'ayant plus de raison d'être, la ville pouvait en demander la révocation, et elle devait le faire si elle voulait éviter la prescription. Vainement la demanderesse objectait-elle que le traité de Munster, qualifié de perpétuel, n'était que temporaire, comme tous les traités, et que, par conséquent, la prescription était simplement suspendue; la cour répond qu'en droit les traités sont conclus à perpétuité et que les tribunaux doivent tenir compte du droit sans se préoccuper du fait; l'obstacle qui résultait du traité de 1648 était donc permanent, et, par suite, la ville d'Anvers était mise en demeure d'exercer son action en revendication (1).

§ II. *Des mineurs et interdits.*

45. « La prescription ne court pas contre les mineurs et les interdits » (art. 2252). Bigot-Préameneu motive comme suit cette cause de suspension : « Lorsque la prescription est considérée comme un moyen d'acquérir, celui qui laisse prescrire est réputé consentir à l'aliénation. Or,

(1) Bruxelles, 28 avril 1827 (*Pasicrisie,* 1827, p. 151).

les mineurs et les interdits sont déclarés incapables d'aliéner. » Ce premier motif est très-faible; la loi n'établit pas
la présomption que l'orateur du gouvernement invoque
dans l'Exposé des motifs; et certes tous ceux contre lesquels la prescription court protesteraient contre la prétendue volonté de consentir à une aliénation, qui serait une
abdication de la propriété sans compensation aucune. Bigot-Préameneu ajoute : « La règle générale est d'ailleurs
que les mineurs sont restituables en ce qui leur porte préjudice; et, par ce motif, ils devraient l'être contre la négligence dont la prescription devrait être la suite. » Cela est
également inexact; il n'est pas vrai que le mineur est restitué dès qu'il est lésé par le fait de son tuteur, car c'est de
la négligence du tuteur qu'il s'agit; tout ce qui résulte de
la faute du tuteur et du préjudice qu'elle cause à son pupille, c'est que celui-ci peut agir en dommages-intérêts
contre son tuteur.

Quant à la prescription acquisitive, dit Bigot-Préameneu,
« le mineur et l'interdit sont réputés ne pouvoir agir par
eux-mêmes pour exercer les droits que l'on voudrait prescrire contre eux. » Les mineurs et interdits sont plus que
réputés ne pouvoir agir, ils n'ont pas le droit d'agir : est-ce
à dire que pour ce motif la prescription ne puisse pas courir contre eux ? Non, certes, car ils ont un représentant
légal qui est chargé d'agir en leur nom. On concevrait la suspension de la prescription si le mineur lui-même agissait,
on ne la conçoit point quand les mineurs n'ont pas même le
droit d'agir et qu'ils sont représentés par leurs tuteurs.
Ceux-ci, ajoute l'orateur du gouvernement, peuvent ignorer les droits de leurs pupilles (1). C'est une raison d'équité
dont, en général, le législateur ne tient aucun compte :
pourquoi permettrait-il aux mineurs de la faire valoir?

Les auteurs donnent encore d'autres motifs qui ne valent
pas mieux. Ils avouent que c'est une faveur; la loi l'accorde aux mineurs, dit-on, à raison de leur inexpérience.
Peut-il être question d'inexpérience quand il s'agit d'incapables auxquels la loi ne permet pas d'agir et qui restent

---

(1) Bigot-Préameneu, Exposé des motifs, n° 22 (Locré, t. VIII, p. 349).

pendant toute leur minorité étrangers à leurs affaires? Et, quant aux interdits, peut-on parler de leur inexpérience? Pas plus que de la peine qui frappe la négligence des propriétaires et des créanciers. C'est le tuteur qui agit; les auteurs, comme le législateur, semblent l'oublier; si le tuteur est incapable ou négligent, il sera responsable. Tel est le droit commun pour les actes du tuteur : y avait-il des raisons pour y déroger en donnant action au mineur contre les tiers? Les mineurs, dit-on, sont incapables de surveiller leur tuteur et de provoquer sa destitution quand il gère mal; en laissant courir la prescription contre eux, la loi les rendrait victimes d'une négligence qu'ils n'ont aucun moyen de prévenir (1). L'argument prouve trop, on peut l'appliquer à toute la gestion du tuteur; de sorte que, pour être logique, il faudrait toujours donner action au mineur contre les tiers; tandis que la loi se contente, en général, de la responsabilité du tuteur et du subrogé tuteur, s'il y a lieu, et pourquoi ne s'en contenterait-elle pas quand le tuteur cause un préjudice à son pupille en laissant prescrire ses droits? Il y a un autre reproche à faire au code : c'est que le législateur a oublié que la prescription est fondée, non sur l'équité, mais sur l'intérêt et le droit de la société. La prescription doit consolider les possessions, et la suspension de la prescription a pour effet de rendre la propriété incertaine. « Personne, dit un bon jurisconsulte, ne peut se dire avec certitude propriétaire de la chose qu'il possède; on peut en être évincé après plusieurs siècles de possession. » La prescription extinctive doit mettre une fin aux actions; et on prolonge indéfiniment les actions en cas de minorités successives! La faveur que la loi témoigne aux incapables tourne au détriment de la société (2).

C'est la remarque qu'avait faite la cour de cassation lors de la communication qui fut faite aux cours et tribunaux du projet de code civil. Elle demanda que les qualités des personnes, souvent ignorées des parties, ne pussent pas

---

(1) Leroux de Bretagne, t. I, p. 404, nos 606 et 607. Mourlon, *Répétitions*, t. III. p. 787, no 1896. Troplong, no 733.
(2) Mourlon, *Répétitions*, t. III, p. 788, no 1897. Marcadé, t. VIII, p. 155, no I de l'article 2252.

prolonger la durée de la prescription. « Quelque favorables que soient les mineurs et les interdits, disait-elle,
pourquoi leurs actions auraient-elles une plus longue durée
au préjudice de la société entière? Les incapables ont des
administrateurs qui leur sont donnés par la loi ; ils auront
contre eux un recours en cas de négligence. » Ces quelques mots de la cour suprême ont plus de valeur que tout
ce que Troplong a écrit sur la prescription. La cour place
la question sur son véritable terrain, celui du droit social.
Mais telle est l'incertitude qui règne toujours sur les notions les plus élémentaires et les plus fondamentales de
notre science, que Troplong reproche à la cour de cassation de méconnaître les principes qui justifient l'établissement de la prescription, c'est-à-dire la négligence imputable
au créancier ou au propriétaire (1). Quelle incurie, s'écrie-
t-il, quelle faute peut-on reprocher à des mineurs et à des
interdits? C'est très-mal poser la question. Les mineurs et
interdits sont hors de cause, puisqu'ils ne sont pas appelés
à agir. S'il y a une négligence, elle est imputable au tuteur ; il s'agit donc de savoir si, à raison de la négligence
du tuteur et du préjudice qui en résulte pour les mineurs,
ceux-ci doivent avoir le droit de prolonger indéfiniment le
cours de la prescription, alors que la société est intéressée
à ce que la prescription ait une limite certaine. On ne peut
pas même dire que le *droit* des mineurs serait subordonné
au droit de la société si la prescription courait contre eux,
car leur droit est sauvegardé par les garanties que la loi
établit en leur faveur. Faut-il aller plus loin et empêcher
les tiers de prescrire? C'est sacrifier le droit de la société à
un intérêt privé, qui est suffisamment protégé par le droit
commun.

46. L'article 2252 dit que la prescription ne court pas
contre les mineurs. Doit-on y comprendre les mineurs
émancipés? Il y a un motif de douter ; la loi met les mineurs sur la même ligne que les interdits ; or, cette assimilation, vraie pour les mineurs non émancipés, ne l'est
certainement pas pour les mineurs émancipés. Ceux-ci ne

(1) Troplong, n° 736. Comparez Leroux de Bretagne, t. I, p. 405, n° 607.

sont pas des incapables représentés par des mandataires légaux, ils gèrent eux-mêmes leurs intérêts ; or, la responsabilité est toujours attachée à la liberté et à la capacité (1). Toutefois l'exception que la loi fait pour les mineurs émancipés se justifie mieux que celle qui concerne les mineurs non émancipés. Les mineurs émancipés ne jouissent que d'une demi-capacité ; en droit, ils restent incapables dès qu'il s'agit d'actes qui dépassent la simple administration. En fait, leur inexpérience est extrême ; avant leur émancipation, ils étaient restés complétement étrangers à la gestion de leurs intérêts ; il leur faut bien du temps avant de connaître leurs affaires, à plus forte raison pour acquérir l'expérience nécessaire à l'administrateur. D'eux on peut donc dire ce que l'on dit à tort des mineurs non émancipés, que la loi doit les protéger contre leur inexpérience.

47. Dans quels cas la prescription est-elle suspendue au profit des mineurs et interdits? Il a été jugé que si un majeur vient à décéder avant l'expiration des dix ans pendant lesquels il peut attaquer le partage auquel il a consenti, le délai de l'action en nullité est suspendu pendant la minorité de l'héritier (2). Tous les auteurs enseignent comme principe général qu'il en est ainsi de toute action dont la prescription a commencé à courir contre un majeur. Nous n'y voyons pas le moindre doute, puisque c'est l'application du droit commun. C'est précisément lorsque la prescription a déjà couru pendant quelque temps qu'il y a lieu d'en *suspendre* le cours, quand, par le décès du majeur contre lequel elle courait, elle devrait continuer à courir contre un mineur ou un interdit (n° 37). Dans l'espèce jugée par la cour d'Agen, il y avait une autre difficulté, celle de savoir si le délai de dix ans établi par l'article 1304 est une véritable prescription et susceptible de suspension par la minorité ; nous y reviendrons.

48. L'article 2252, après avoir dit que la prescription ne court pas contre les mineurs et les interdits, ajoute :

_____

(1) Comparez Troplong, n° 740.
(2) Agen, 10 janvier 1851 (Dalloz, 1851, 2, 53). Aubry et Rau, t. II, p. 336, § 214. Marcadé, t. VIII, p. 154, n° I de l'article 2252. Leroux de Bretagne, t. I. p. 412, n° 617.

« sauf ce qui est dit à l'article 2278 et à l'exception des autres cas déterminés par la *loi* ». Aux termes de l'article 2278, les courtes prescriptions dont il est traité dans la section IV courent contre les mineurs et les interdits, sauf leur recours contre leurs tuteurs. A quels cas s'applique l'exception *des autres cas déterminés par la loi?* A notre avis, il faut que la loi dise que la prescription court contre les mineurs; on ne peut pas admettre d'exception *tacite* ou *virtuelle*. Tel est le droit commun ; les exceptions ne s'établissent point par la volonté tacite du législateur, car, par cela seul que l'on ne se trouve pas dans l'exception, on rentre sous l'empire de la règle. Cela est surtout vrai des exceptions prévues par l'article 2252, puisque le législateur a pris soin de dire qu'il y a exception à la règle *dans les cas déterminés par la loi*.

L'opinion contraire est généralement suivie. Ce qui l'a fait admettre probablement, c'est que les délais entraînant déchéance courent contre les mineurs et interdits (n° 10); de là on a conclu qu'il en devait être de même des courtes prescriptions. Mais on ne s'accorde pas sur le point de savoir quelles sont ces courtes prescriptions. Y a-t-il un principe d'après lequel on puisse décider si telle courte prescription court ou ne court pas contre les mineurs et interdits? On dit que cela résulte du but et des motifs pour lesquels certaines prescriptions ont été admises (1). Cela est très-vague, car on ne dit pas quel est ce but et quels sont ces motifs. D'autres disent que la prescription doit courir dans tous les cas où l'exercice d'une action ou le règlement d'un droit ne pourraient souffrir de longs retards sans un grave préjudice pour l'intérêt public (2). Ce motif est si général, qu'il peut recevoir son application à toutes les prescriptions, car toutes sont fondées sur un intérêt public. La loi sacrifie cet intérêt à celui des mineurs et interdits quand il s'agit de la prescription générale : comment savoir dans quel cas l'intérêt social doit l'emporter? Duranton procède autrement; après avoir cité les cas

---

(1) Aubry et Rau, t. II, p. 335, § 214.
(2) Leroux de Bretagne, t. I, p. 413 et suiv., n° 620.

où le code civil déclare que la prescription court contre les mineurs et interdits (art. 1663, 1676); il dit que l'on s'accorde à appliquer ce même principe à la plupart des courtes prescriptions, quoique le code ne s'en explique pas d'une manière expresse. Pourquoi s'accorde-t-on? et pourquoi dans certains cas ne s'accorde-t-on pas? On ne le sait. Ainsi on admet que la prescription est suspendue dans les cas prévus par les articles 559, 809, 880, 886, 957, 1047, 1622, 1648 et 1854; ces articles ne prévoient pas tous de véritables prescriptions, il y en a qui établissent des délais sous peine de déchéance; ce qui donne lieu à de nouvelles difficultés que Duranton ne discute pas; nous avons essayé de les résoudre plus haut (n° 10). Duranton ajoute l'article 317, qui règle la prescription de l'action en désaveu, dans le cas où elle peut être exercée par les héritiers en se fondant sur le court délai que la loi établit en cette matière. Il en est de même des délais de trente et de quarante jours déterminés par les articles 2183 et 2185 en matière de purge, bien qu'il s'agisse d'un intérêt privé plutôt que d'un intérêt public; ce sont, du reste, des délais ou déchéances. Le délai de quinze ans pour le renouvellement des inscriptions hypothécaires est d'intérêt général; ce qui prouve que, dans la pensée de la loi, il court contre les mineurs, c'est que la loi a cru devoir suspendre la prescription en faveur des incapables auxquels elle accorde une hypothèque légale (loi hyp., art. 90). On convient aussi, continue Duranton, que les prescriptions du code de commerce courent contre les mineurs et les interdits, sauf recours contre le tuteur; il en est de même des prescriptions établies au profit des différentes régies de l'État contre les demandes en restitution de droits indûment perçus ou perçus au delà des tarifs (1).

49. Duranton dit qu'il n'y a de difficulté que dans les cas où la loi établit un délai de dix ans. Il faut écarter d'abord les articles 1792 et 2270, qui déclarent l'architecte responsable pendant dix ans, parce que ce n'est pas une

_____

(1) Duranton, t. XXI, p. 481, n° 290. Aubry et Rau, t. II, p. 336, notes 6 et 7, § 214.

prescription proprement dite. Restent les articles 475 et 1304.

L'article 475 réduit à dix ans la prescription des actions du mineur contre son tuteur, relativement aux faits de la tutelle. Doit-on la comprendre parmi les courtes prescriptions qui ne sont pas suspendues par la minorité? Il y a controverse, et dans l'opinion générale, il est très-difficile de trouver un motif de décider, puisqu'il n'y a point de principe. A notre avis, la règle générale de l'article 2252 doit recevoir son application, par cela seul que la loi n'y déroge point. Le seul motif que l'on invoque pour faire courir les courtes prescriptions contre les mineurs, l'intérêt général, fait défaut dans le cas de l'article 475, puisque l'intérêt du tuteur est seul en cause. Il y a un arrêt de la cour de Douai en faveur de cette opinion: la cour motive sa décision sur ce que l'action de tutelle ne rentre dans aucune des exceptions apportées par la loi à la règle de l'article 2252 (1). Cela se rapproche de notre opinion.

Quant à l'article 1304, on ne s'accorde pas sur le point de savoir s'il établit un délai avec déchéance ou une prescription. Nous renvoyons à ce qui a été dit au titre des *Obligations* (t. XIX, n° 4) (2).

50. Ce qui augmente la difficulté, c'est que le législateur lui-même n'a point de principe certain en cette matière. Pourquoi fait-il courir contre les mineurs et interdits les courtes prescriptions? et pourquoi, par voie d'analogie, décide-t-on que les courts délais fixés par la procédure courent contre les incapables? On n'en sait rien. Les exceptions sont aussi peu motivées que la règle. Les longues prescriptions de trente ans nuisent peu aux mineurs parce qu'elles arrivent rarement à terme, pendant la minorité, et devenus majeurs, ils peuvent eux-mêmes veiller à leurs intérêts, en conservant leurs droits par des interruptions. Il n'en est pas de même des courtes prescriptions

---

(1) Douai, 24 mai 1854 (Dalloz, 1855, 2, 51). En ce sens, Aubry et Rau, t. II. p. 336, note 8, § 214. En sens contraire, Duranton, Zachariæ et de Fréminville.

(2) Comparez, en sens divers, les autorités citées par Aubry et Rau, t. II, p 336, note 9, § 214. Il faut ajouter Leroux de Bretagne, t. II, n° 1171.

et des délais, et il y a cependant des déchéances qui peuvent compromettre gravement les intérêts des incapables : tels sont les délais de la faculté de rachat, de la rescision pour cause de lésion, d'appel et de pourvoi en cassation. Il y avait donc une raison plus forte pour accorder aux mineurs le privilége de la suspension contre les courtes prescriptions. Ce que l'on dit en faveur du système consacré par le code civil a peu de valeur; la suspension prolongée pendant tout le temps de la minorité, dit-on, aurait jeté l'inquiétude et le trouble dans la société (1). Cela est vrai, mais cela s'applique à toute prescription, de sorte que l'on arrive à cette conclusion que le législateur aurait dû rejeter la suspension en faveur des mineurs et interdits, ou leur en accorder le bénéfice pour toute espèce de prescription; le premier système serait le plus juridique.

Nº 2. LES INTERDITS.

51. L'article 2252 met les interdits sur la même ligne que les mineurs. C'est le droit commun. D'après la législation française, il y a une interdiction légale qui frappe les condamnés, dans les cas prévus par la loi. Ces interdits jouissent-ils de la même faveur que les interdits pour cause d'aliénation mentale? La question est controversée, bien que la négative ne soit guère douteuse (2). La difficulté ne se présente plus dans notre droit belgique, puisque le nouveau code pénal n'admet pas l'interdiction de tous droits.

52. L'exception ne profite guère aux aliénés; il est rare qu'ils soient interdits. D'ordinaire on les place dans des maisons de santé ou des hospices. Les aliénés non interdits, mais colloqués, peuvent-ils invoquer le bénéfice de l'article 2252? La négative résulte du texte même de la loi. La prescription court contre toutes personnes, dit l'article 2251, à moins qu'elles ne soient dans quelque exception établie par une loi. L'interdiction est une de ces exceptions; or, les aliénés colloqués ne sont pas interdits,

---

(1) Leroux de Bretagne, t. I, p. 407, nº 610. Duranton, t. XXI, p. 480 et suiv., nº 289.
(2) Voyez les citations dans Aubry et Rau. t. II, p. 335. note 3, § 214.

bien que la loi les place sous une espèce de tutelle : cela
est décisif. Dès que l'on ne se trouve pas dans le cas de
l'exception qui suspend le cours de la prescription, on
rentre dans la règle d'après laquelle la prescription court
contre toutes personnes. La jurisprudence est en ce sens,
ainsi que la doctrine (1); nous croyons inutile d'insister, la
solution étant évidente.

53. Les faibles d'esprit et les prodigues, placés sous
conseil judiciaire, peuvent-ils invoquer le bénéfice de l'article 2252? La négative est tout aussi certaine et par identité de motifs. Il y a un arrêt en ce sens de la cour d'Angers ; nous transcrirons un des considérants, parce qu'il
consacre la doctrine que nous avons enseignée en cette
matière. On prétendait que les personnes placées sous
conseil devaient être assimilées aux incapables; ce qui
peut très-bien se soutenir en théorie; car, en fait, leur
incapacité est certes plus grande que celle des mineurs
émancipés. La cour répond que « cette manière de raisonner a le double inconvénient d'exagérer les analogies et
d'ajouter au texte de la loi. Or, les exceptions sont de
droit étroit; il n'est permis à personne de les étendre et
surtout de les créer; si les juges peuvent interpréter ce
qui est obscur et ambigu, ils ne doivent jamais substituer
leur arbitraire à la sagesse du législateur (2) ».

N° 3. LES FEMMES MARIÉES.

1. *La règle.*

54. Les femmes mariées sont frappées d'incapacité juridique. La loi les met sur la même ligne que les mineurs
et les interdits; elle frappe de nullité tout acte juridique
qu'elles font sans autorisation maritale; et elle leur accorde
aussi la même protection en leur donnant une hypothèque
pour sûreté de leurs droits et actions contre le mari. En

_____

(1) Rejet, 31 décembre 1866 (Dalloz, 1867, 1, 350). Comparez les autorités
citées par Aubry et Rau, t. II; p 340, note 22
  (2) Angers, 27 juillet 1859, et Rejet, 6 juin 1860 (Dalloz, 1860, 1, 339).
Comparez les auteurs cités par Aubry et Rau, t. II. p. 340. note 23 Il faut
ajouter Leroux de Bretagne, t. I, p. 407, n° 611.

matière de prescription, la loi déroge à cette règle; tandis que l'article 2252 dit que la prescription ne court pas contre les mineurs et interdits, l'article 2254 porte que la prescription court contre la femme mariée. Quelle est la raison de cette apparente anomalie? Il nous faut d'abord expliquer l'article 2254, qui est assez mal rédigé; la loi ajoute que « la prescription court contre la femme mariée, encore qu'elle ne soit point séparée par contrat de mariage ou en justice, à l'égard des biens dont le mari a l'administration, sauf son recours contre le mari ». Quand la femme est séparée de biens, elle a la libre administration de son patrimoine, elle peut même aliéner son mobilier ou en disposer; on conçoit que, dans ce cas, la prescription coure contre la femme, car elle n'est plus une incapable, le régime de séparation lui donnant une certaine capacité. Toutefois il y a déjà ici une anomalie; le mineur émancipé a aussi l'administration de ses biens, néanmoins la prescription ne court pas contre lui; pourquoi donc court-elle contre la femme séparée? Il est difficile de répondre à ces questions, parce que la loi n'a pas de principe certain; pour mieux dire, la suspension de la prescription est contraire aux principes.

Quand la femme est mariée sous le régime de la communauté, ou exclusif de communauté, ou dotal, elle n'a aucune capacité; elle n'administre pas même ses biens, c'est le mari qui en est l'administrateur légal : elle est, sous ce rapport, dans la situation du mineur. Néanmoins la loi décide que la prescription court contre elle; et c'est parce qu'il y avait un motif de douter que la loi s'en explique. Reste à donner la raison de la loi; la femme commune est étrangère à la gestion de ses intérêts et elle est incapable; le plus souvent elle ignorera même que la prescription court contre elle, et il y a une raison légale pour qu'elle doive l'ignorer, puisque la loi lui enlève l'administration de ses biens. Pourquoi, malgré cela, la prescription court-elle contre la femme? Les raisons que l'on donne sont très-faibles. La femme, dit-on, peut et doit veiller à ses intérêts, puisque la loi lui donne le droit de demander la séparation de biens; si donc elle s'aperçoit que son mari

est négligent, qu'il n'interrompt pas les prescriptions qui
courent contre elle, elle doit agir en séparation et reprendre la gestion de ses intérêts (1). Nous répondons que c'est
de la théorie ; on suppose que la femme sait que le mari
néglige d'interrompre les prescriptions ; mais comment le
saurait-elle, alors qu'elle n'intervient pas dans la gestion,
et que le plus souvent elle ignore les droits que l'on prescrit contre elle? Nous ne disons pas que la loi aurait dû
suspendre la prescription en faveur de la femme, puisque,
dans notre opinion, il ne devrait pas y avoir de suspension
pour cause d'incapacité (n° 45); nous disons qu'il y a inconséquence à suspendre la prescription au profit des mineurs émancipés et à la faire courir contre la femme
mariée.

L'article 2254 ajoute : « Sauf son recours contre son
mari. » Ici était le véritable motif de décider. La femme
a-t-elle l'administration de ses biens, c'est à elle de veiller
à ses intéréts : la responsabilité est une conséquence nécessaire de la capacité. Quand la femme n'a point l'administration de ses biens, la prescription ne devrait pas courir contre elle, si l'on admet le principe de la suspension
pour cause d'incapacité. La loi s'est prononcée contre elle
et en faveur des tiers, c'est-à-dire qu'elle a donné la préférence à l'intérêt ou au droit de la société sur l'intérêt ou
le droit de la femme. Mais le mari administrateur doit, en
cette qualité, interrompre les prescriptions ; aux termes de
l'article 1428, il est responsable de tout dépérissement des
biens de la femme, causé par défaut d'actes conservatoires ;
donc il répond du défaut d'interruption. Voilà pourquoi
l'article 2254 ouvre à la femme un recours contre son
mari. Cela suppose que le mari est en faute, et que de sa
faute il est résulté un préjudice pour la femme. Tous les
auteurs remarquent que le mari pourrait ne pas être responsable, bien qu'il n'ait pas interrompu une prescription,
si la prescription s'est accomplie avant que le mari ait eu
le temps de se mettre au courant des affaires de sa femme.

_____

(1) Marcadé, t. VIII, p. 155, n° II de l'article 1254. Mourlon, *Répétitions*,
t. III, p. 791 et suiv., n° 1906.

Il faut, de plus, qu'il y ait préjudice : c'est le droit commun qui régit toute responsabilité (1).

55. La règle que la prescription court contre la femme reçoit des exceptions. D'après l'article 2255, elle ne court point pendant le mariage, à l'égard de l'aliénation d'un fonds dotal, sous le régime dotal. Nous renvoyons à ce qui a été dit sur ce point, au titre du *Contrat de mariage* (t. XXIII, n°s 512-515). L'exception ne s'applique pas aux créances dotales, même dans la doctrine de la jurisprudence qui a étendu à la dot mobilière le principe de l'inaliénabilité que le code n'établit que pour la dot immobilière. Cette question a également été traitée au chapitre du *Régime dotal* (t. XXIII, n° 547) (2).

56. « La prescription est pareillement suspendue pendant le mariage : 1° dans le cas où l'action de la femme ne pourrait être exercée qu'après une option à faire sur l'acceptation ou la renonciation à la communauté » (art. 2256, 1°). Il y a bien des cas dans lesquels le droit de la femme est subordonné au parti qu'elle prendra lors de la dissolution de la communauté. Nous en citerons quelques exemples. Le mari fait donation d'un immeuble conquêt; cette donation est nulle à l'égard de la femme, mais elle ne peut agir qu'après la dissolution de la communauté. En effet, si elle renonce, elle perd son droit sur les biens communs; partant, elle n'a plus le droit d'agir en nullité de la donation; elle ne peut exercer ce droit que si elle accepte. C'est le cas d'appliquer l'article 2256 : le droit de la femme étant subordonné à une option qu'elle ne peut exercer pendant le mariage, le donataire ne pourra pas prescrire contre elle tant que le mariage dure.

La femme ameublit un de ses immeubles, avec la clause qu'elle le reprendra si elle renonce à la communauté. Si le mari aliène cet immeuble, le tiers pourra-t-il prescrire contre la femme? Il n'a pas besoin de la prescription si la femme accepte, puisque, dans ce cas, l'immeuble reste la

---

(1) Aubry et Rau, t. II, p. 338, notes 16-18, § 214, et les auteurs qu'ils citent.

(2) Comparez Aubry et Rau. t. II, p. 337, et notes 11 et 12, § 214. Duranton, t. XXI, p. 514, n° 304. Troplong, n°s 757 et 758.

propriété de la communauté, le mari a donc eu le droit de l'aliéner, partant l'acquéreur est devenu propriétaire en vertu de son contrat. Mais si la femme renonce, elle reprend son immeuble, le droit de la communauté sera résolu ; pour mieux dire, la communauté sera censée n'avoir pas existé ; le mari aura donc aliéné un immeuble appartenant à la femme. La prescription court-elle, dans ce cas, contre la femme, au profit du tiers acquéreur? Non, en vertu de l'article 2256, puisque le droit de la femme était subordonné à l'option qu'elle ferait entre l'acceptation de la communauté et la renonciation (1).

57. Quel est le motif de cette exception? Dans toute la matière de la suspension de la prescription, on a de la peine à trouver un motif qui justifie la suspension : n'est-ce pas une preuve que toute la théorie est fausse? La suspension de la prescription, à notre avis, tient uniquement à l'impossibilité où se trouve la femme de faire son option avant la dissolution de la communauté; il y a plus qu'une impossibilité d'agir, c'est-à-dire de revendiquer le fonds; il n'y a pas d'action, l'action naîtra seulement quand la femme aura fait son option (2). Ce n'est donc pas, à vrai dire, une cause de suspension. Pour que la prescription soit suspendue, il faut qu'il y ait un droit qui puisse se perdre par la prescription; or, dans l'espèce, il n'y a pas de droit; la femme ne peut pas dire qu'elle renoncera, puisque cela dépend de l'état de la communauté, qu'il est impossible de prévoir; et tant qu'il n'y a pas de droit, il ne peut être question de prescription ni de causes qui en suspendent le cours.

On a assimilé le cas du n° 1 de l'article 2256 au cas prévu par l'article 2257, dont l'article 2256 ne serait qu'une application (3). Cela n'est pas exact; le droit de la femme est plus que conditionnel; il est éventuel, dans le sens que nous avons donné à ce mot, en expliquant l'article 2257 (n° 34). C'est seulement lors de la dissolution de

_____

(1) Duranton, t. XXI, p. 517, n°s 307 et 308. Mourlon, *Répétitions*, t. III, p. 790, n° 1902.
(2) Aubry et Rau, t. II, p. 337, note 13, § 214.
(3) Troplong, *De la prescription*, n° 767.

la communauté que la femme a le droit d'accepter ou de renoncer, et ce n'est qu'alors qu'elle peut prendre un parti en connaissance de cause; jusque-là elle n'a aucun droit sur l'immeuble que le mari a aliéné, pas même un droit conditionnel; son droit ne s'ouvrira que lorsqu'elle aura fait son option. Il faut donc dire qu'il n'y a pas lieu à prescription parce qu'il n'y a pas d'action. Cette explication écarte une objection que l'on pourrait puiser dans l'article 2257; c'est que cette disposition ne s'applique qu'aux *créances*, et dans l'espèce, il s'agit de l'usucapion d'un immeuble, ce qui permettrait au tiers acquéreur de prescrire dès qu'il possède, bien que la femme ne pût pas agir contre lui (1). Dans notre opinion, il ne peut pas être question de prescrire, puisqu'il n'y a pas de droit qui puisse être prescrit (n° 34).

58. L'article 2256 dit que la prescription est suspendue *pendant le mariage*. Que faut-il décider si la communauté se dissout par la séparation de corps ou la séparation de biens? Le mariage subsiste et néanmoins la prescription commencera à courir contre la femme. Il y a de cela une raison décisive, c'est que la femme peut agir dès que la communauté est dissoute, peu importe qu'elle le soit par la séparation de corps, la séparation de biens, ou par la mort, en ce sens qu'elle peut renoncer, et en renonçant, elle acquiert un droit sur l'immeuble possédé par le tiers acquéreur, et dès qu'il y a un droit, il est sujet à prescription, à moins qu'il n'y ait une cause qui en suspende le cours; or, dans l'espèce, il n'y en a pas, puisque le mariage n'est pas une cause de suspension. Tout le monde est d'accord sur ce point (2).

59. Aux termes de l'article 2256, 2°, la prescription est encore suspendue pendant le mariage, « dans le cas où le mari, ayant vendu le bien propre de la femme sans son consentement, est garant de la vente, et dans tous les autres cas où l'action de la femme réfléchirait contre le mari ». La fin de la disposition établit le principe dont

---

(1) Comparez Marcadé, t. VIII, p. 157, n° IV de l'article 2256. Mourlon, *Répétitions*, t. III, p. 790, n° 1903.
(2) Voyez les citations dans Aubry et Rau, t. II, p. 337, note 13, § 214.

le commencement de l'article contient une application. Le mari vend un propre de sa femme sans le consentement de celle-ci ; c'est la vente de la chose d'autrui, le vendeur est tenu de la garantir ; si donc la femme revendiquait, l'action réfléchirait contre le mari, puisque l'acquéreur évincé exercerait son recours en garantie contre le vendeur. La loi ne veut pas que, dans ce cas, la prescription coure contre la femme, parce que si elle courait, la femme serait obligée d'agir contre le tiers acquéreur, ce qui amènerait une action récursoire contre le mari ; de là trouble et discorde entre les époux ; et si la femme n'agissait pas, elle perdrait son droit. La suspension de la prescription permet à la femme de ne pas agir et de maintenir la paix de la famille tout en conservant ses droits.

La loi suppose que la femme peut agir en revendication pendant le mariage, puisqu'elle suspend la prescription pendant le mariage. En principe, la femme a le droit de revendiquer son immeuble quand le mari l'aliène, puisqu'elle est propriétaire, et tout propriétaire peut revendiquer ; toutefois, dans l'application, il se présente de grandes difficultés ; si la femme accepte la communauté, ne sera-t-elle pas tenue de la garantie, et étant garante pourra-t-elle évincer ? Or, ce n'est qu'à la dissolution de la communauté, que l'on saura si la femme accepte ou si elle renonce. N'en résulte-t-il pas que la femme ne peut pas revendiquer pendant le mariage ? Nous renvoyons au titre du *Contrat de mariage*, où ces questions difficiles ont été traitées (t. XXII, n⁰ˢ 155-158) (1).

Quelle que soit l'opinion que l'on adopte, il est certain qu'après la dissolution de la communauté par la séparation de biens, la femme peut revendiquer, puisqu'elle doit, dans ce cas, accepter dans les trois mois ; après ce délai, elle est réputée renonçante, et si elle renonce, elle peut revendiquer. De là la question de savoir si l'acheteur pourra prescrire après la séparation de biens ? Non, puisque l'action de la femme réfléchirait contre le mari ; ce que la loi a voulu éviter en suspendant le cours de la prescription ;

_____

(1) Comparez Duranton, t. XXI, p. 524, n° 312.

la prescription ne commencera donc à courir qu'après la dissolution du mariage, comme le dit le texte de l'article 2256. Il en serait même ainsi si la communauté se dissolvait par la séparation de corps, car le mariage subsiste et la prescription est suspendue pendant tout le mariage. Vainement dirait-on que la raison de la loi cesse; il n'y a plus à craindre, il est vrai, de désunir des époux qui sont séparés par jugement et divisés par la haine. On répond que les époux, quoique séparés, peuvent mettre fin à la séparation; il faut donc éviter tout ce qui pourrait porter obstacle à leur réconciliation, et telle serait une action de la femme qui réfléchirait contre le mari (1).

La disposition de l'article 2256, 2°, est générale; dans tous les cas où l'action de la femme réfléchirait contre le mari, la prescription est suspendue. De là suit que, si la femme mineure s'est obligée solidairement avec son mari, la prescription de l'action en nullité qui lui appartient, quand elle a excédé les bornes de sa capacité, serait suspendue, car l'annulation de son engagement réfléchirait contre le mari. C'est l'opinion de tous les auteurs, sauf le dissentiment de Vazeille (2).

60. On considère généralement comme une quatrième exception la disposition de l'article 1304, d'après laquelle la prescription de l'action en nullité ne commence à courir contre la femme que du jour de la dissolution du mariage (3). A vrai dire, ce n'est pas une suspension de la prescription, le seul but de l'article 1304 étant de déterminer l'époque à laquelle la prescription commence à courir (4). Nous renvoyons à ce qui a été dit au titre des *Obligations* (t. XIX, n° 41).

II. *De la prescription entre époux.*

61. « La prescription ne court point entre époux » (art. 2253). Pourquoi la prescription est-elle suspendue par le mariage? Bigot-Préameneu répond, dans l'Exposé

---

(1) Aubry et Rau, t. II, p. 338, note 14. et les autorités qu'ils citent.
(2) Voyez les sources dans Aubry et Rau, t. II, p. 338, note 15, § 214.
(3) Marcadé, t. VIII, p. 161, n° VI de l'article 2256. Mourlon, *Répétitions*, t. III, p. 788. n° 1898.
(4) Aubry et Rau, t. II, p. 337, note 10, § 214.

des motifs : « Il serait contraire à la nature de la société
de mariage que les droits de chacun ne fussent pas l'un à
l'égard de l'autre respectés et conservés. L'union intime
qui fait leur bonheur est en même temps si nécessaire à
l'harmonie de la société, que toute occasion de la troubler
est écartée par la loi. Il ne peut y avoir de prescription
quand il ne peut même pas y avoir d'action pour l'interrompre. » L'orateur du gouvernement applique toujours la
maxime *Contra non valentem agere non currit præscriptio*. Dans l'espèce, il est cependant bien certain que les
époux ont le droit d'agir l'un contre l'autre; c'est uniquement par des considérations d'un ordre moral que la loi
cherche à éviter ces actions, en suspendant la prescription.

62. La suspension s'applique à toute action, puisque la
loi est conçue en termes généraux qui excluent toute distinction. Il a été jugé que la prescription de l'action en
nullité d'un contrat de mariage ne court pas entre les époux
pendant le mariage (1). Il paraît assez étrange que la nullité des conventions matrimoniales ne soit demandée
qu'après la dissolution du mariage, puisque c'est précisément pendant la durée du mariage qu'il importe aux époux
et aux tiers qui traitent avec eux que le contrat soit annulé. Aussi peut-il l'être sur la demande de l'époux intéressé; car de ce que la prescription est suspendue, il faut
se garder de conclure que les époux n'ont pas le droit
d'agir.

Il a encore été jugé que la prescription quinquennale
des intérêts d'une somme d'argent ne court pas entre
époux (2). La loi ne fait pas exception à la règle qu'elle
établit pour les courtes prescriptions, comme elle le fait
pour les mineurs. Le motif d'ordre moral qui a fait introduire la règle ne permettait pas d'y apporter une exception.

63. La prescription reste-t-elle suspendue après la séparation de corps? On a soutenu devant les tribunaux que
la suspension de la prescription n'avait plus de raison
d'être quand les époux sont séparés de corps : peut-il être

(1) Rejet. chambre civile, 13 juillet 1857 (Dalloz. 1857, 1. 334).
(2) Bordeaux, 3 février 1873 (Dalloz, 1873, 2, 162).

question de l'harmonie qui doit régner entre époux, alors que les époux sont moralement divorcés? Ces considérations, tirées de l'esprit de la loi, n'ont pas trouvé faveur, et avec raison. Le texte est absolu, et il faut le respecter; d'ailleurs la séparation de corps, quoiqu'on l'appelle le divorce des catholiques, n'est que temporaire; les époux peuvent y mettre fin, et le vœu de la loi est qu'ils rétablissent la vie commune; dès lors il faut éviter tout ce qui pourrait empêcher leur réunion (1).

N° 4. DE LA SUSPENSION EN MATIÈRE DE SUCCESSION.

I. *L'héritier bénéficiaire.*

64. « La prescription ne court pas contre l'héritier bénéficiaire à l'égard des créances qu'il a contre la succession » (art. 2258). Pourquoi la prescription est-elle suspendue en faveur de l'héritier bénéficiaire? Chose singulière! Il n'y a aucune cause de suspension qui soit fondée sur un motif que tout le monde accepte; cette incertitude des motifs ne témoigne pas en faveur de la doctrine que le code a consacrée. Écoutons d'abord l'orateur du gouvernement: « L'effet du bénéfice d'inventaire, dit-il, est de conserver à l'héritier ses droits contre la succession. La succession ne peut donc pas prescrire contre lui. » C'est très-mal raisonner; de ce que l'héritier bénéficiaire conserve ses droits contre la succession, on ne peut conclure qu'une chose, c'est qu'il a le droit d'agir, et de ce qu'il a le droit d'agir, on ne peut certes pas conclure que la prescription ne doit pas courir contre lui. Troplong a une réponse stéréotype à toutes les difficultés; c'est la maxime traditionnelle *Contra non valentem,* qui, d'après lui, est le fondement de la suspension de la prescription : « La prescription ne court pas contre l'héritier bénéficiaire, parce qu'il ne peut agir contre lui-même. » Troplong oublie l'article 996 du code de procédure, qui porte : « Les actions à intenter par l'hé-

(1) Paris, 26 juillet 1862 (Dalloz, 1863, 2, 112). Bordeaux, 3 février 1873 (Dalloz, 1873, 2, 162). Comparez Aubry et Rau, t. II, p. 339, note 19, et les auteurs cités.

ritier bénéficiaire contre la succession seront intentées contre les autres héritiers; et s'il n'y en a pas, ou qu'elles soient intentées par tous, elles le seront contre un curateur au bénéfice d'inventaire. » Duranton, qui fait cette remarque, donne une autre raison, c'est que l'héritier bénéficiaire, par la possession qu'il a des biens de l'hérédité, est, *en quelque sorte,* comme un créancier nanti d'un gage contre lequel la prescription ne court pas (1). La loi ne dit pas que la prescription est suspendue en faveur du créancier gagiste, et elle dit encore bien moins que l'héritier bénéficiaire est un créancier gagiste. Duranton lui-même n'ose pas l'affirmer : la possession de l'héritier, dit-il, est *en quelque sorte* un gage. Peut-on avoir un gage sur sa propre chose? et les biens de la succession ne sont-ils pas la propriété de l'héritier bénéficiaire? D'autres disent que l'héritier bénéficiaire n'a aucun intérêt à agir contre la succession, parce que, étant nanti des biens, il est sûr d'obtenir son dividende (2). Oui, mais à une condition, c'est que son droit existe encore; reste à prouver que son droit ne se prescrit point, parce qu'il est nanti; il en faudrait dire autant de tous ceux qui ont une créance à exercer contre la succession, car l'héritier bénéficiaire possède pour eux, ils sont donc tous nantis! Enfin, on dit qu'aucun des motifs pour lesquels la loi établit la prescription ne reçoit d'application à l'héritier bénéficiaire; on ne peut pas lui reprocher de rester dans l'inaction, car il n'a aucun intérêt à agir (3). C'est toujours le même motif avec une variante dans l'expression. On oublie que le motif principal de la prescription est que toute action a sa limite; donc dès qu'il y a action, il devrait y avoir prescription.

65. Le code ne dit pas que la prescription est suspendue en faveur de la succession pour les créances qu'elle a contre l'héritier bénéficiaire. On admet néanmoins que l'héritier bénéficiaire ne peut invoquer la prescription qui se serait accomplie en sa faveur, au préjudice de la succession qu'il est chargé d'administrer (4). La raison en est

(1) Troplong, n° 804. Duranton, t. XXI, p. 531, n° 314.
(2) Mourlon, *Répétitions*, t. III, p. 793, n° 1908.
(3) Marcadé, t. VIII, p. 164, n° 11 de l'article 2258.
(4) Duranton, t. XXI, p. 535, n° 317, et tous les auteurs.

que l'héritier bénéficiaire doit faire tous les actes conservatoires; il ne peut donc pas se prévaloir d'une prescription qui s'est accomplie par la négligence qu'il a mise à
interrompre la prescription ou à payer ce qu'il doit. Il
nous semble qu'il serait plus juridique de dire que la prescription a couru, puisque la loi ne la suspend pas; mais
la prescription ne profite pas à l'héritier, puisqu'il doit indemniser les créanciers et légataires du préjudice qu'il leur
a causé par sa négligence.

66. L'article 2258 dit que la prescription ne court pas
contre l'héritier bénéficiaire à l'égard des créances qu'il a
contre la succession. S'il y a plusieurs héritiers, la créance
de l'héritier bénéficiaire se divisera; il aura une action
contre chacun de ses cohéritiers à raison de sa part héréditaire. La prescription de cette action n'est pas suspendue, c'est une action ordinaire qui se prescrit d'après le
droit commun; il n'y avait aucun motif d'en suspendre la
prescription (1).

67. La loi ne parle que des *créances* de l'héritier bénéficiaire contre la succession, elle ne parle pas des droits
réels, propriété ou démembrements de la propriété que le
défunt avait commencé à prescrire. La prescription sera-
t-elle suspendue au profit de l'héritier bénéficiaire? D'après
le texte de la loi, il faut répondre négativement. Les
auteurs disent que les motifs qui ont fait suspendre la
prescription des créances ne s'appliquent pas aux droits
réels. Cela ne nous apprend pas grand'chose, puisqu'on ne
sait pas quels sont ces motifs (n° 64). On dit que l'héritier
bénéficiaire possède la chose au nom de la succession; que,
par conséquent, sa possession doit profiter à la succession (2). Nous avons répondu à l'avance que l'héritier est
plus que possesseur, il est propriétaire, aussi bien que
l'héritier pur et simple; il possède donc pour lui, et non
pour l'hérédité. Nous n'insistons pas, parce que l'objet de
notre travail n'est pas de critiquer la loi, mais d'en exposer les principes; seulement, quand les principes sont in-

---

(1) Mourlon, *Répétitions*, t. III, p. 793, n° 1910, et tous les auteurs.
(2) Aubry et Rau, t. II, p. 340, et note 21, § 214. Marcadé, t. VIII, p. 164,
n° II, de l'article 2258.

certains, comme dans la matière de la suspension de la
prescription, nous devons signaler l'incertitude.

II. *La succession vacante.*

68. L'article 2258 dispose que la prescription court
contre une succession vacante, quoique non pourvue de
curateur. S'il y a un curateur, il doit, comme tout administrateur des biens d'autrui, faire les actes conservatoires ;
s'il n'interrompt pas la prescription, il sera responsable de
sa négligence. S'il n'y a pas de curateur, la succession est
sans représentant, et on pourrait croire que c'était un motif de suspendre la prescription en sa faveur. En réalité,
la succession n'est pas sans défenseurs. Les créanciers sont
intéressés à conserver les biens qui leur servent de gage ;
c'est à eux de faire nommer un curateur ; s'ils ne le font
pas, ils doivent supporter la conséquence de leur négligence. La loi ne doit pas de protection à ceux qui peuvent
eux-mêmes veiller à leurs intérêts (1).

69. La prescription court-elle au profit de la succession vacante? L'article 2258 ne le dit point, mais le silence
de la loi décide la question, puisqu'il est de principe que
la prescription court dans tous les cas où la loi n'en prononce pas la suspension. Il n'y avait d'ailleurs aucun motif pour la suspendre. S'il y a des successibles connus, les
créanciers qui ont un droit contre la succession peuvent
agir contre eux, même pendant les délais pour faire inventaire et délibérer; ces délais donnent aux successibles une
exception, mais ils n'empêchent pas les créanciers d'agir.
S'il n'y a pas de successibles connus, ou s'ils ont renoncé,
les créanciers peuvent faire nommer un curateur ; ils ont
le droit d'agir, et, à défaut de successibles, il n'y a qu'un
moyen d'exercer les actes conservatoires, c'est qu'il soit
nommé un curateur à la succession (2).

_____

(1) Marcadé, t. VIII, p. 165, n° IV de l'article 2258.
(2) Duranton, t. XXI, p. 539, n° 321. Marcadé, t. VIII. p. 166, n° IV de
l'article 2258.

III. *L'indivision.*

70. L'article 2259 porte que la prescription court pendant les trois mois pour faire inventaire et les quarante jours pour délibérer. Troplong et Marcadé relèvent l'étrange méprise dans laquelle Bigot-Préameneu est tombé en exposant les motifs de l'article 2259; il fait dire à la loi le contraire de ce qu'elle dit. Le code dispose que la prescription court; l'orateur du gouvernement dit qu'elle ne court point, et il en explique la raison en posant comme principe que lorsque la loi donne, à l'ouverture d'une succession ou d'une communauté, un délai pour faire inventaire et pour délibérer, il est indispensable que la prescription de tous biens et droits soit suspendue pendant le temps que la loi elle-même présume nécessaire pour les connaître. Troplong s'écrie à cette occasion : « Et puis jurez docilement sur les paroles de messieurs les orateurs du gouvernement! » Marcadé lui répond : « Les commentateurs ont eux-mêmes commis, dans l'application du code, assez de... distractions, pour en passer une, à l'occasion, à ceux qui en ont rédigé le texte ou préparé le vote. L'erreur est notre apanage à tous : *Errare humanum est* (1). » C'est de l'indulgence mêlée de malice. Nous, qui approchons de la fin d'un immense travail, nous sommes intéressé à ce que l'indulgence soit sérieuse. Nous serions sans excuse, en tout cas, si nous n'étions pas indulgent pour les autres, alors que nous avons nous-même besoin d'indulgence.

Pourquoi la prescription court-elle pendant les délais pour faire inventaire et délibérer? Si la prescription a commencé à courir contre la succession, le successible peut, sans prendre qualité, et dans les délais, interrompre la prescription, car l'interruption est un acte conservatoire que les successibles ont le droit de faire sans qu'on puisse en inférer l'intention d'accepter la succession. Si la prescription court en faveur de la succession, les créanciers

---

(1) Troplong, n° 308. Marcadé, t. VIII, p. 165 et suiv., n° IV de l'article 2259.

contre lesquels elle court, ou les propriétaires de biens
que le défunt avait commencé à usucaper peuvent, pendant
les délais, agir contre le successible; et, bien qu'ils ne puissent pas obtenir de condamnation pendant les délais, leur
action suffit pour interrompre la prescription (1).

71. On a prétendu que l'indivision était une cause de
suspension de la prescription (2); et l'on en a conclu que la
prescription était suspendue au profit des héritiers purs et
simples en ce qui concerne leurs droits contre la succession. Ces prétentions ont toujours été repoussées par la
jurisprudence. Elles n'ont aucun fondement ni dans le
texte ni dans les principes. Dans l'opinion que nous avons
enseignée sur les causes de suspension (nos 38 et 39), il n'y
a pas même un doute. Il faut une loi pour que la prescription soit suspendue; le silence de la loi suffit donc pour
rejeter la suspension en cas d'indivision. Quand même on
admettrait l'adage traditionnel sur lequel la jurisprudence
fonde la suspension de la prescription, il n'y aurait pas lieu
de la suspendre, au profit des héritiers, pendant l'indivision, puisqu'ils peuvent agir l'un contre l'autre. Tout le
monde est d'accord sur ce point (3).

72. Cependant un de nos meilleurs auteurs enseigne
que la prescription est suspendue, dans un cas particulier,
au profit du créancier qui est en même temps usufruitier
universel. Voici l'espèce que Proudhon suppose. Un testateur lègue la jouissance de tous ses biens à sa femme,
créancière de sa dot. Celle-ci jouit de son usufruit pendant
trente années sans former aucune demande en restitution
de sa dot : sa créance sera-t-elle prescrite? Proudhon soutient que la prescription n'a pas pu courir contre la femme.
Cette opinion n'a pas trouvé faveur. Troplong l'a longuement combattue (4); le débat est vidé, et nous croyons inutile de le renouveler. Il suffira de signaler à l'attention de
nos jeunes lecteurs l'argument qui a séduit un juriscon-

(1) Duranton, t. XXI, p. 545, no 323.
(2) Il est vrai que l'héritier, détenteur d'une chose héréditaire, ne prescrit pas les fruits et les intérêts tant que l'indivision dure. Voyez le t. X
de mes *Principes*, no 222.
(3) Voyez les sources dans Aubry et Rau, t. II, p. 341, et note 24, § 214.
(4) Voyez les sources dans Aubry et Rau, t. II, p. 341, et note 25, § 214.

sulte très-subtil, mais qui a aussi le défaut de sa qualité. Proudhon invoque l'analogie qui existe entre le créancier qui possède comme usufruitier et le créancier qui possède en vertu d'un gage. On admet généralement que l'antichrèse suspend le cours de la prescription au profit du créancier gagiste; si le créancier a joui pendant trente ans de l'immeuble, le débiteur ne pourra pas prétendre que sa dette est éteinte par la prescription (t. XXVIII, n°s 497 et 555). On l'admet ainsi, quoiqu'il n'y ait aucun texte qui prononce la suspension. Eh bien, dit Proudhon, il y a identité de situation entre le créancier nanti par antichrèse et l'usufruitier universel d'une succession dont il est lui-même créancier; l'un et l'autre jouissent de leur créance au moyen de la perception des fruits du fonds dont ils sont détenteurs. Il y a, en effet, des analogies apparentes, mais elles sont trompeuses. Si l'un et l'autre jouissent, ils jouissent néanmoins à un titre différent; l'antichrésiste reçoit le fonds uniquement à titre de gage, et il a la jouissance du fonds pour lui tenir lieu des intérêts de sa créance. Il n'en est pas de même de l'usufruitier qui est créancier; il a deux droits très-distincts : il perçoit les fruits en vertu de son droit réel d'usufruit, et non pas à titre de créancier. On ne peut donc pas dire que la veuve qui a joui des biens pendant trente ans s'est successivement payé des intérêts de ses reprises, car ce n'est pas à titre d'intérêts qu'elle gagne les fruits, elle les perçoit comme usufruitière, et non comme créancière. La jurisprudence et la doctrine sont en ce sens.

N° 5. SUSPENSION DE LA PRESCRIPTION A L'ÉGARD DES ADMINISTRATEURS
LÉGAUX.

73. On enseigne généralement que les administrateurs légaux ne peuvent pas invoquer la prescription contre ceux dont ils gèrent les biens. Tels sont le père administrateur et le tuteur; ils ne peuvent se prévaloir de la prescription qui aurait couru en leur faveur contre l'enfant mineur. Il en est de même des héritiers bénéficiaires, des curateurs d'une succession vacante, des envoyés en possession des biens d'un absent, des syndics d'une faillite. Est-ce parce

que la prescription est suspendue? Non; nous en avons fait la remarque en traitant de la tutelle (t. V, n°s 55 et 58). Les auteurs les plus exacts disent également qu'il n'y a pas de suspension proprement dite. Si les administrateurs ne peuvent pas profiter d'une prescription acquise pendant leur gestion, c'est qu'ils sont responsables pour ne l'avoir pas interrompue, ou pour n'avoir pas payé ce qu'ils devaient. A la rigueur, il y a prescription; mais, comme les administrateurs sont responsables de l'extinction de la créance, ils doivent une indemnité à raison de leur faute; ils sont donc tenus de payer, à titre d'administrateurs, ce dont ils ont profité comme créanciers. C'est dire qu'ils ne profitent pas de la prescription (1).

§ II. *Des effets de la suspension.*

74. La prescription est suspendue, ou, comme on dit, elle dort, tant que la cause de suspension existe. Ainsi quand il s'agit d'un interdit, la prescription est suspendue à son profit aussi longtemps que l'interdiction n'est pas levée. Elle recommence à courir du moment où la cause qui en a arrêté le cours vient à cesser. Si la prescription a déjà couru avant d'être suspendue, ce temps comptera dans le calcul du délai requis pour la prescription. Si, au moment même où le droit a pris naissance, il existe une cause de suspension, la prescription ne commencera-t-elle à courir qu'à partir du moment où la cause de suspension vient à cesser? Oui, en ce qui concerne le calcul du temps; non, au point de vue des articles 1561 et 2281. La question est de savoir si le point de départ de la prescription doit être fixé au jour où le droit a pris naissance, ou au jour où, la cause de suspension cessant, la prescription vient à courir. En principe, la suspension de la prescription n'empêche pas le point de départ de la prescription, c'est-à-dire qu'il y a lieu à la prescription, et elle courrait s'il n'y avait pas une cause qui

(1) Aubry et Rau, t. II, p. 344, et notes 34-37, § 214.

en arrête le cours. Donc quand il y a intérêt à fixer le point de départ de la prescription, on n'a aucun égard à la suspension : tels sont les cas prévus par les articles 1561 et 2281. D'après l'article 1561, les immeubles dotaux sont prescriptibles pendant le mariage, lorsque la prescription a commencé auparavant, c'est-à-dire lorsque le point de départ de la prescription est antérieur à la célébration du mariage. Si la femme mineure est propriétaire d'un immeuble qu'un tiers a commencé à prescrire au moment où la femme a acquis la propriété, l'immeuble sera-t-il prescriptible pendant le mariage? Oui, puisque le point de départ de la prescription est antérieur au mariage, quoique de fait la prescription n'ait point couru utilement quant au temps, puisque, au moment même où elle s'est ouverte, le cours en a été arrêté. D'après l'article 2281, les prescriptions commencées à l'époque de la publication du titre des *Prescriptions* sont régies par les lois anciennes. Cette disposition est applicable à une prescription dont le point de départ était antérieur au code civil, bien que le cours en eût été arrêté immédiatement par la suspension (1).

74 bis. Qui peut invoquer le bénéfice de la suspension? Nous avons dit que ce bénéfice est toujours établi en faveur de certaines personnes. Cela est évident quand il s'agit des mineurs et des interdits ; si la loi suspend la prescription qui court contre eux, c'est par une faveur purement personnelle. C'est encore par des considérations personnelles que l'on explique la suspension de la prescription au profit de la femme mariée, entre époux et dans l'intérêt de l'héritier bénéficiaire. Quant aux cas prévus par l'article 2257, ce ne sont pas des causes de suspension proprement dite. Puisque la suspension se fonde sur des causes personnelles, la conséquence en est que ceux-là seuls peuvent l'invoquer au profit desquels elle est établie. S'il y a des coïntéressés, ils ne peuvent pas s'en prévaloir. Le principe s'applique à la prescription acquisitive et à la prescription extinctive. Lorsqu'il y a plusieurs copropriétaires, et parmi

---

(1) Grenoble, 6 décembre 1842 (Dalloz, au mot *Prescription*, n° 702). Aubry et Rau, t. II, p. 344 et suiv., et note 38, § 214.

eux un mineur, la prescription ne courra pas contre celui-ci et elle continuera à courir contre les autres ; l'un conservera son droit, les autres le perdront. Ceux-ci ne peuvent pas s'en plaindre, puisqu'ils se trouvent dans la règle en vertu de laquelle la prescription court contre toutes personnes ; c'est à eux de conserver leurs droits en interrompant la prescription. Il en serait de même si parmi plusieurs créanciers il y en avait un qui fût mineur : la prescription ne sera suspendue qu'en sa faveur, elle courra contre les autres. Cela est d'évidence quand les créanciers sont simplement conjoints, puisque, dans ce cas, il y a autant de créances distinctes que de créanciers. Il en est de même quand les créanciers sont solidaires, la solidarité entre cocréanciers n'empêchant pas que la créance ne se divise entre eux. Nous renvoyons à ce qui a été dit sur la solidarité (t. XVII, n° 264) (1). Il en est de même dans le cas de solidarité entre codébiteurs (t. XVII, n° 335). La loi et la doctrine ne font exception à la règle que lorsque le droit est indivisible. Nous renvoyons à ce qui a été dit sur l'indivisibilité (t. XVII, n°s 396, 397, 423).

75. Par application de ce principe, il faut décider que la suspension de la prescription au profit de l'usufruitier ne peut pas être invoquée par le nu propriétaire. Quand un immeuble est grevé d'usufruit, il y a deux droits distincts, l'usufruit et la nue propriété ; si l'usufruitier est mineur, il conserve son droit, puisque la prescription ne court pas contre lui ; tandis que la prescription courra contre le nu propriétaire, s'il est majeur. Il y a un arrêt en sens contraire de la cour de Montpellier que tous les auteurs critiquent, et avec raison ; l'erreur de la cour est certaine. Pour prescrire, dit-elle, il faut posséder, et la possession ne peut affecter que la jouissance ; si cette jouissance est la propriété d'un usufruitier contre lequel la prescription ne court point, il est manifeste qu'inefficace à l'égard de l'usufruitier, la possession ne saurait être efficace et utile à l'égard du nu propriétaire (2). Sans doute la possession se manifeste par la

(1) Voyez les autorités dans Aubry et Rau, t. II, p. 345, note 40, § 214.
(2) Montpellier, 7 février 1855 (Dalloz, 1855, 2, 219). En sens contraire,

jouissance, mais c'est très-mal raisonner que d'induire de là que la possession n'affecte que le droit de jouissance et qu'elle est étrangère à la propriété. Celui qui usucape possède et fait des actes de jouissance comme propriétaire ; il acquiert donc la propriété par son usucapion ; seulement, dans l'espèce, il doit prescrire cette propriété contre le nu propriétaire et contre l'usufruitier, puisque la propriété est démembrée entre eux ; or, il ne peut prescrire contre l'usufruitier, puisque celui-ci est mineur ou interdit ; mais rien ne l'empêche de prescrire contre le nu propriétaire si celui-ci est majeur et capable.

L'hypothèse inverse s'est présentée. Le nu propriétaire était mineur, l'usufruitier était majeur ; la prescription avait donc été suspendue dans l'intérêt du nu propriétaire, et elle avait couru contre l'usufruitier. Il a été jugé que la suspension de la prescription profitait nécessairement à l'usufruitier. Cela nous paraît douteux ; il faut s'en tenir au principe qu'il y a deux droits distincts, la propriété étant démembrée ; donc la prescription peut éteindre l'un, tandis que l'autre est conservé. Dans l'espèce, il s'agissait d'une rente grevée d'usufruit ; il paraissait absurde que la rente éteinte à l'égard de l'usufruitier pût revivre plus tard en faveur du nu propriétaire (1). A vrai dire, la rente n'avait jamais été éteinte à l'égard de celui-ci ; et l'usufruit n'étant qu'un droit temporaire, on conçoit, à la rigueur, que le droit de l'usufruitier s'éteigne et que le droit du propriétaire subsiste.

76. Ces principes reçoivent exception lorsqu'il s'agit de droits réels ou d'obligations indivisibles. Quant à l'indivisibilité en matière d'obligations, nous renvoyons à ce qui a été dit au titre des *Obligations* (t. XVII, n° 396). Il se présente des difficultés en ce qui concerne l'influence de l'indivisibilité sur la prescription des servitudes ; nous les avons examinées au titre qui est le siége de la matière (t. VIII, n°s 320-324).

Aubry et Rau, t. II, p. 345, note 41, § 214 ; Leroux de Bretagne, t. I, p. 408, n° 614.
    (1) Liége, 6 juillet 1859 (*Pasicrisie*, 1861, 2, 33).

SECTION III. — Des causes qui interrompent la prescription.

§ Ier. *Notions générales.*

77. On dit que la prescription est interrompue quand le cours en est rompu ou brisé (1), avec cet effet que le temps qui a couru ne peut plus être compté pour servir à l'accomplissement de la prescription ; mais celle-ci peut, immédiatement après l'interruption, recommencer à courir. L'interruption efface donc le passé, elle n'a pas d'influence sur l'avenir. C'est la différence essentielle qui existe entre l'interruption et la suspension ; celle-ci laisse subsister le temps qui a couru, mais elle arrête le cours aussi longtemps que la cause de suspension subsiste ; elle n'a donc d'effet que sur l'avenir ; quand la suspension cesse, on peut ajouter au temps qui recommence le temps qui a déjà couru avant que la prescription fût suspendue.

78. « La prescription peut être interrompue ou naturellement ou civilement » (art. 2242). L'interruption naturelle, comme nous allons le dire, ne s'applique, en général, qu'à la prescription acquisitive ; tandis que l'interruption civile s'applique à toute espèce de prescription.

§ II. *De l'interruption naturelle.*

79. « Il y a interruption naturelle lorsque le possesseur est privé, pendant plus d'un an, de la jouissance de la chose, soit par l'ancien propriétaire, soit même par un tiers » (art. 2243). Ce qui caractérise l'interruption naturelle de la prescription, c'est que le possesseur soit *privé de la jouissance.* Cela implique qu'il en est dépouillé malgré lui ; en effet, la loi ajoute que la privation doit procéder ou du propriétaire contre lequel le possesseur prescrivait ou d'un tiers. Il ne faut donc pas confondre la *cessation* de la jouissance avec la privation. Le possesseur peut ne

---

(1) D'Argentré dit *abruptio cursus* (*Coutume de Bretagne,* art. 266. *De interruptione præscriptionis,* c. I, p. 1038).

pas jouir sans que la prescription soit interrompue. Nous dirons plus loin que la possession se conserve par l'intention, bien que le possesseur ne fasse aucun acte de jouissance; il peut donc cesser de jouir tout en continuant de posséder; de là il pourra résulter que sa possession manquera de l'un des caractères exigés pour qu'elle puisse servir de base à la prescription, mais la prescription ne sera pas interrompue. Nous reviendrons sur la différence qui existe entre une possession discontinue et l'interruption de la prescription. Pour le moment, il s'agit de savoir si le fait de cesser de jouir interrompt la prescription; la négative est certaine, puisque l'article 2243 veut, pour qu'il y ait interruption, que le possesseur soit privé de la jouissance par le propriétaire ou par un tiers.

80. Toutefois les auteurs enseignent que la possession se perd et que, par suite, la prescription fondée sur la possession est interrompue quand le possesseur abdique volontairement la possession d'un héritage, avec l'intention de ne plus le posséder; dans ce cas, dit Dunod, le possesseur ne se regarde plus comme maître (1). N'est-ce pas confondre la possession discontinue avec l'interruption de la prescription? Il est certain que cet abandon de la possession ne rentre pas dans la définition de l'article 2243; ce qui est décisif. Ajoutons que l'abandon volontaire de la possession est une invention de l'école; la vie réelle l'ignore. La possession se conserve par l'intention; il ne suffit donc pas que l'on cesse de posséder pour qu'il y ait abdication de la possession, il faut que celui qui conteste la prescription prouve que le possesseur, en cessant de jouir, a eu la volonté d'abdiquer la possession. Mais pourquoi l'abdiquerait-il? Un magistrat, le dernier auteur qui ait écrit sur la matière, dit très-bien que l'abdication de la possession n'aura presque jamais lieu, si ce n'est pour reconnaître le droit de celui contre lequel on prescrit, et alors elle rentrera dans le cas prévu par l'article 2248, c'est-à-dire que le possesseur entend reconnaître le droit de celui contre

(1) Dunod. part. I, ch. IX, *De l'interruption des prescriptions*, p. 53. Comparez Duranton, t. XXI, p. 313, n° 203.

lequel il prescrivait. Encore se demande-t-on pourquoi le possesseur ferait l'abdication de la possession. Pour que la question ait un intérêt pratique, il faut supposer que l'ancien possesseur a ressaisi la possession, et qu'il entend se prévaloir du temps qui a couru pendant qu'il possédait et avant qu'il eût abdiqué la possession; avouons que cette abdication est bien peu vraisemblable (1).

81. Il ne suffit pas d'une privation momentanée de la possession; il faut, d'après l'article 2243, qu'elle ait duré plus d'un an. Pourquoi faut-il que le possesseur ait été privé de la possession pendant plus d'un an pour que la prescription soit interrompue? Bigot-Préameneu répond, dans l'Exposé des motifs : « La règle de la possession annale a toujours été suivie en France à l'égard des immeubles : elle est la plus propre à maintenir l'ordre public. Si l'occupation momentanée d'un fonds suffisait pour priver des effets de la possession, ce serait une cause de désordre; chaque possesseur serait à tout moment exposé à la nécessité d'avoir un procès pour justifier son droit de propriété. D'ailleurs c'est pendant la révolution d'une année que les produits d'un fonds ont été recueillis; c'est pendant une pareille révolution qu'une possession publique et continue a pris un caractère qui empêche de la confondre avec une simple occupation. »

Ces considérations se rattachent aux actions possessoires qui appartiennent à celui qui a perdu la possession; il peut la recouvrer en agissant dans l'année du trouble (code de proc., art. 23). S'il n'agit point, il reconnaît par cela même qu'il est sans droit : c'est reconnaître implicitement le droit de celui contre lequel il prescrivait. Si, au contraire, il agit, il sera réintégré par cela seul qu'il prouvera qu'il avait possédé pendant plus d'un an. Et, dans ce cas, peu importe qu'il ait été privé de la jouissance pendant plus d'un an; il suffit qu'il intente l'action possessoire pendant l'année du trouble, car le jugement remonte au jour de la demande, de sorte que légalement on se trouve dans les termes de la loi : le possesseur réintégré n'aura pas été

_____

(1) Ce sont les paroles de Leroux de Bretagne, t. I, p. 316, n° 439.

privé de la jouissance pendant une année ; donc il n'y aura pas eu d'interruption.

82. La loi ne distingue pas comment et par qui le possesseur a été privé de la jouissance de la chose ; elle dit expressément que peu importe que la dépossession soit le fait de l'*ancien propriétaire* ou d'un tiers. Par les mots l'*ancien propriétaire*, il faut entendre le propriétaire actuel, car il n'a pas cessé d'être propriétaire, puisque le possesseur avait seulement commencé à prescrire contre lui et que cette prescription est interrompue (1). Il n'y avait pas lieu de distinguer de qui procède la dépossession : c'est sur le fait de la possession que la prescription se fonde ; si le possesseur se laisse déposséder sans agir, il reconnaît par cela même qu'il est sans droit, ce qui rend inutile la prescription qui a couru. Peu importe aussi, et pour la même raison, que le possesseur ait été privé de la possession par violence ; la violence même qu'il subit, sans la réprimer par une action possessoire, témoigne contre lui ; il lui suffisait d'agir pour mettre fin à la possession violente ; s'il ne le fait point, c'est qu'il est sans droit. On doit supposer, dans ce cas, que la violence était légitime, en ce sens du moins que l'auteur de la violence est réellement propriétaire, bien qu'il ait eu tort de recourir à la force pour faire valoir son droit. Il a cependant été jugé que la dépossession provenant de la puissance féodale ne pouvait pas être invoquée contre le possesseur ; cela est très-juridique si l'on admet, avec les lois de la révolution, que la féodalité n'est que l'abus de la force ; c'est la violence la plus coupable, puisque celui qui en était victime n'avait aucun moyen légal d'y résister ; tandis que, dans une société régulière, le possesseur qui est dépossédé par la violence a un moyen très-facile d'obtenir justice, c'est l'action possessoire (2).

Il y a une condition requise pour que la privation annale de la possession vaille interruption, c'est que la privation soit absolue. La cour de cassation l'a jugé

(1) Duranton, t. XX, p. 426, n° 257.
(2) Rejet, 28 février 1811 (Dalloz, au mot *Prescription*, n° 46\[?\]).

ainsi (1), et cela n'est point douteux : le mot même *priva-tion de jouissance* implique qu'il s'agit d'une dépossession complète. Dans l'espèce jugée par la cour, il y avait eu de simples entreprises sur la chose; il peut résulter de là que la possession n'est pas paisible et que, par suite, elle n'est pas utile pour la prescription, mais on ne peut pas dire que la prescription soit interrompue.

83. On a demandé si l'inondation est une cause d'interruption de la prescription. La négative nous paraît si évidente que nous avons de la peine à comprendre que d'Argentré et Dunod aient enseigné que la prescription est interrompue par l'inondation (2). Ne serait-ce pas une confusion entre la prescription discontinue et l'interruption? Toujours est-il que, sous l'empire du code civil, il ne devrait plus y avoir un débat (3), l'inondation ne rentrant pas dans la définition de l'article 2243. Nous renvoyons à ce qui a été dit ailleurs sur ce point (t. VI, n° 309).

84. L'interruption naturelle, quoiqu'elle figure parmi les règles générales applicables à toute prescription, n'est possible que dans la prescription acquisitive, puisque, résultant de la privation de la possession, elle ne peut concerner que la prescription qui est basée sur la possession; et la possession n'a rien de commun avec la prescription extinctive des obligations. Nous disons *des obligations*. Les servitudes s'éteignent par le non-usage; par conséquent, la prescription peut être interrompue par le fait matériel de l'exercice du droit. Cette matière a été expliquée au titre des *Servitudes*.

De ce que l'interruption naturelle ne s'applique qu'à l'usucapion, il ne faut pas conclure que l'usucapion ne s'interrompt point par les causes civiles qui ont pour effet d'interrompre la prescription. La loi a dû donner des moyens juridiques d'interrompre la prescription, sinon elle eût fait en quelque sorte appel à la violence. L'interrup-

---

(1) Rejet, 11 juillet 1838 (Dalloz, au mot *Prescription*, n° 467).
(2) D'Argentré, sur l'article 266 de la coutume de Bretagne, *De interruptione prœscriptionis*, c. IV, n° 10, p. 1047. Dunod, part. I, chap. IX, p. 54.
(3) Voyez cependant Leroux de Bretagne, t. I, p. 315, n° 437.

tion civile a donc un caractère plus général que l'interruption naturelle.

§ III. *De l'interruption civile.*

Nº 1. DÉFINITIONS ET CONDITIONS.

85. L'interruption civile résulte d'actes judiciaires ou d'une reconnaissance de celui qui prescrit. Si celui contre lequel la prescription court agit en justice contre le possesseur ou le débiteur, ceux-ci ne peuvent plus invoquer le temps pendant lequel ils ont prescrit; en effet, la prescription suppose que celui qui a une action n'agit point ; donc il ne peut être question de prescription quand le propriétaire ou le créancier agissent en justice ou font des actes d'exécution forcée, tels qu'un commandement ou une saisie, qui impliquent l'existence d'un jugement ou d'un acte équivalent (art. 2244). Quant à la reconnaissance que le débiteur ou le possesseur fait du droit de celui contre lequel il commençait à prescrire, c'est le moyen le plus naturel d'interrompre la prescription (art. 2248) ; en effet, la prescription commencée ne peut devenir un droit pour le débiteur et le possesseur que si le créancier et le propriétaire sont sans droit ; donc reconnaître le droit de ceux contre lesquels on prescrit, c'est rendre la prescription impossible.

86. Quand on dit que certains actes juridiques interrompent la prescription, cela ne veut pas dire que ces actes doivent mentionner qu'ils ont pour but l'interruption de la prescription qui a commencé à courir : le demandeur ne doit pas dire qu'il entend interrompre la prescription quand il agit en justice, qu'il fait un commandement ou une saisie ; et celui qui reconnaît le droit du créancier ou du propriétaire peut le faire tacitement, ce qui exclut toute manifestation expresse de volonté. La prescription est interrompue par les actes que la loi détermine, parce qu'ils impliquent la reconnaissance volontaire ou forcée du droit de celui contre lequel la prescription avait commencé à courir. Cela est évident de la reconnaissance proprement dite (art. 2248). Pour les actes judiciaires, on peut objecter qu'ils supposent une prétention plutôt qu'un droit; cela est vrai de la citation en justice; aussi la loi ajoute-t-elle que l'interruption est considérée comme non avenue si la demande est rejetée (art. 2247). Quant au commandement ou à la saisie, ils ne peuvent se faire qu'en vertu d'un acte exécutoire; ce qui ne laisse aucun doute sur le droit de celui qui les pratique (1).

87. Il suit de là que les actes interruptifs n'ont pour effet d'interrompre la prescription que s'ils révèlent l'intention d'obtenir la reconnaissance ou l'exécution du droit litigieux. Par conséquent, le juge doit rechercher dans chaque espèce quelle est l'intention de celui qui agit. La question, d'après ce que nous venons de dire, ne se présente pas pour le commandement et la saisie. Pour la citation en justice, il y a de nombreuses contestations; nous ne mentionnerons que les décisions qui mettent le principe en évidence, car il ne s'agit toujours que d'une question de fait, puisque tout dépend de l'intention que manifeste le demandeur en agissant contre le débiteur ou contre le possesseur.

Le demandeur agit en reconnaissance du titre de sa créance, c'est-à-dire que, son titre étant sous seing privé, il demande que le débiteur le reconnaisse ou qu'il soit vérifié en justice. Cette action interrompra-t-elle la prescription? On l'a contesté, mais à tort, car il n'y a aucun doute sur l'intention du créancier; le but de son action est précisément de faire reconnaître son droit en donnant force probante au titre qui le constate (2).

Le demandeur agit afin d'être autorisé à plaider gratuitement : est-ce là un acte interruptif de prescription? Non; tout ce qui résulte de l'action, c'est que le demandeur a l'intention d'agir en justice; mais pour le moment il n'agit point, et l'on ne sait pas même s'il agira; dès lors il ne peut être question d'interruption de la prescription (3).

88. Quand le demandeur peut réclamer deux droits

(1) Leroux de Bretagne, t I, p. 344, n° 481.
(2) Liége, 29 juillet 1841 (*Pasicrisie*, 1841, 2, 348).
(3) Bruxelles, 6 juillet 1833 (*Pasicrisie*, 1833, 2, 193).

distincts, indépendants l'un de l'autre, il faut voir lequel a formé l'objet de la demande : l'action ne peut interrompre la prescription qu'à l'égard du droit dont le demandeur réclame la reconnaissance. Une commune revendique la propriété d'une forêt; plus tard, elle réclame le droit d'usage dans cette forêt; on lui oppose la prescription. La demanderesse soutient que la prescription a été interrompue par l'action en revendication. La cour de Dijon a très-bien jugé qu'il n'y avait pas interruption. Autre chose est la propriété, autre chose est le droit d'usage qui en forme un démembrement. Celui qui revendique la propriété ne manifeste pas l'intention de faire reconnaître son droit d'usage; son action implique, au contraire, qu'il n'est pas usager. Or, dit la cour, une action intentée pour revendiquer un droit ne peut pas interrompre la prescription d'un droit de tout autre nature que le demandeur a négligé de réclamer (1).

La cour de cassation a consacré ce principe dans l'espèce suivante. Un mineur, devenu majeur, demande la nullité d'un traité fait avec son tuteur, sans compte préalable. Puis il forme une action en reddition de compte. On lui oppose la prescription. Il soutient que la prescription de l'action en reddition du compte de tutelle a été interrompue par la demande en nullité du traité. La cour de cassation répond que la nullité du traité était fondée sur des motifs étrangers au compte de tutelle; il y en avait une preuve décisive dans le jugement rendu sur la demande, car le dispositif ne disait rien de la reddition du compte (2).

89. Il en serait autrement si la demande nouvelle était comprise virtuellement dans celle qui avait été portée en justice. Le principe est certain, mais l'application n'est pas sans difficulté. On demande la nullité d'un partage d'ascendant pour cause de lésion et pour atteinte portée à la réserve. Puis, dans le cours de l'instance, le demandeur propose un nouveau moyen de nullité tiré de l'inégalité

(1) Dijon, 11 décembre 1847 (Dalloz, 1848, 5, 292).
(2) Rejet, 1er mai 1850 (Dalloz, 1850, 1, 151).

dans la composition des lots, et il se trouve qu'au moment
où ce moyen fut proposé plus de dix années s'étaient écoulées depuis le décès de l'ascendant donateur. De là la question de savoir si la demande primitive avait interrompu la
prescription pour tous les moyens de nullité qui pouvaient
appartenir à l'enfant. La cour de cassation a jugé que
l'inégalité des lots était un moyen nouveau par lequel le
demandeur prétendait justifier l'action en nullité par lui
formée, et non l'introduction d'une demande nouvelle en
nullité (1). Nous croyons que la décision, juste au fond, est
mal formulée. La cour semble appliquer aux actes interruptifs de prescription les principes qui régissent la chose
jugée; nous avons dit ailleurs que la doctrine consacrée
par la jurisprudence, en ce qui concerne les moyens de
nullité, est très-contestable (t. XX, n°s 78-80). Les difficultés qui se rencontrent en matière de chose jugée sont
étrangères à l'interruption de la prescription. Si l'autorité
de la chose jugée est strictement limitée à la cause de nullité qui a fait l'objet de la demande, c'est qu'il y a un intérêt social en cause; tandis que l'interruption de la prescription résultant d'une citation en justice se fonde sur la
volonté du demandeur de réclamer son droit et de le
faire reconnaître. A notre avis, il n'y avait pas chose
jugée dans l'espèce décidée par la cour de cassation, car
celui qui demande la rescision pour cause de lésion ou
d'atteinte portée à la réserve ne saisit pas le juge de la
question de savoir si le partage est nul pour infraction à
la composition des lots. Mais nous croyons avec la cour
que le demandeur qui fait valoir deux causes de nullité
témoigne énergiquement de sa volonté de maintenir son
droit, et ce droit consiste à provoquer un nouveau partage, le partage fait par l'ascendant étant nul à ses yeux :
qu'importe, dans cet ordre d'idées, la cause de nullité?

Dans une autre espèce, la cour de cassation a jugé que
la demande première n'avait pas interrompu la prescription
d'une demande nouvelle, quoiqu'elles fussent connexes;
mais l'une n'était pas comprise virtuellement dans l'autre.

(1) Rejet, chambre civile, 7 janvier 1863 (Dalloz, 1863, 1, 226).

Le demandeur avait d'abord agi en réduction du prix de vente pour déficit dans la contenance promise : le prix consistait en une rente. Il s'agit ensuite de savoir s'il avait interrompu, par cette action, la prescription des arrérages de ladite rente qui courait à son profit. La cour de cassation décida que la prescription n'avait été interrompue que par la demande en payement desdits arrérages formée plus tard. Il est vrai que les deux droits procédaient d'un même contrat, mais ils n'en étaient pas moins différents quant à leur nature et quant à leur objet. Au point de vue des principes de la chose jugée, cela est évident; cela est vrai aussi en ce qui concerne l'interruption de la prescription, le payement des arrérages n'ayant rien de commun avec l'action en réduction pour défaut de contenance (1).

96. La jurisprudence des cours de Belgique est dans le même sens. Nous citerons un arrêt de la cour de Bruxelles qui établit très-bien les principes. L'action avait pour objet un partage supplémentaire; comme les demandeurs ne connaissaient pas tous les biens qui auraient dû être compris dans le partage, ils firent successivement des réclamations nouvelles. De là la question de savoir si la demande principale comprenait virtuellement tous les biens de l'hérédité. Les défendeurs opposèrent l'exception de prescription relativement à tous les biens qui n'étaient pas nominativement désignés dans l'exploit introductif d'instance. Ils se fondaient sur ce que l'action dirigée contre eux était une revendication pure et simple de certains biens individuellement déterminés, et ils en concluaient que la demande n'embrassait que les objets qui y étaient spécifiés; ils ajoutaient qu'on ne pouvait tenir aucun compte des réserves les plus énergiques de 'former plus tard d'autres demandes, des réserves n'étant pas une action. Rien de plus vrai, répond la cour, si le point de départ était exact; mais l'exploit introductif prouvait qu'il ne s'agissait pas d'une action en revendication, mais d'une demande en partage; or, celui qui agit en pétition d'hérédité n'est pas tenu de spécifier tous les biens qui sont compris dans la masse

---

(1) Cassation, 21 avril 1863 (Dalloz, 1863. 1, 46).

partageable; il peut le faire successivement, au fur et à
mesure qu'il les découvre. L'exploit commençait par établir les qualités des parties en cause; elles y figuraient
comme héritiers, et non comme propriétaires. Les demandeurs exposaient ensuite que les défendeurs étaient restés
en possession exclusive des biens, rentes et créances provenant de la succession à laquelle tous étaient appelés;
que pour le moment ils n'étaient pas encore à même d'énumérer tous et chacun de ces biens, rentes et créances;
mais ils se réservaient formellement de libeller les autres
au fur et à mesure qu'ils parviendraient à les retrouver.
L'assignation était donnée également pour voir statuer
sur lesdits articles. Il y avait un léger motif de douter:
l'exploit employait le mot de *demande* pour marquer ces
réclamations futures; on en concluait que c'étaient des
demandes nouvelles. La cour dit que c'est là une interprétation judaïque repoussée par l'ensemble de l'ajournement;
il résultait des termes de l'exploit ainsi que de l'intention
des parties que par le mot *demande* elles entendaient les
objets et les *articles* nouveaux qu'ils pourraient retrouver.
En définitive, les divers objets successivement réclamés
formaient l'objet d'une seule et même action; il y avait,
par conséquent, interruption de la prescription pour toute
l'hérédité (1).

La cour de Bruxelles a jugé de même dans une espèce
qui présentait une autre difficulté. Dans la demande primitive il n'était pas question d'une action en nullité d'un
acte, lequel, s'il avait été valable, se serait opposé absolument à l'admission de la demande. La cour en conclut que
la nullité de cet acte était virtuellement comprise dans
l'action. Dans l'espèce, cela n'était guère douteux. Il s'agit
toujours d'une question d'intention (n° 88); or, la cour constate que les motifs mêmes de la demande prouvaient que
la volonté du demandeur était bien de faire considérer
comme non avenu l'acte qu'on pourrait lui opposer; c'était
dire que, si on le lui opposait, il en demanderait la nullité;

---

(1) Bruxelles, 11 mai 1871 (*Pasicrisie*, 1871, 2, 415). Comparez deux arrêts de rejet de la chambre civile du 3 août 1863 (Dalloz, 1863, 1, 363).

la demande en nullité était donc contenue implicitement dans la demande principale (1).

91. Pour qu'un acte juridique interrompe la prescription, il faut encore qu'il soit signifié à celui contre lequel on veut interrompre la prescription. Ce principe est d'une grande importance dans l'usucapion. Il arrive souvent que le bien litigieux est possédé par un fermier; si l'acte est signifié au fermier, la prescription sera-t-elle interrompue? La négative est certaine s'il s'agit d'une citation en justice; il faut une demande judiciaire; or, ce n'est pas agir que d'agir contre celui qui ne prescrit point. La cour de cassation, qui l'a jugé ainsi, ajoute une restriction, c'est qu'il n'y ait pas eu de concert frauduleux entre les parties intéressées, dans le but de donner au fermier la qualité de possesseur apparent de l'immeuble. C'est l'application du vieil adage que la fraude fait toujours exception (2).

Nº 2. DE LA CITATION EN JUSTICE.

92. On entend, à proprement parler, par *citation en justice* l'acte par lequel une personne, agissant par le ministère d'un huissier, appelle une autre personne devant lé tribunal pour voir prononcer sur la prétention qui fait l'objet de la demande. On donne le nom d'*ajournement* ou d'*assignation* à la citation quand l'affaire est portée devant un tribunal de première instance; tandis que le mot de *citation* s'emploie exclusivement lorsque l'affaire est portée devant le juge de paix. L'article 2244 dit qu'une *citation en justice* interrompt la prescription; le mot de *citation* y est pris dans son sens le plus général; il s'entend non-seulement d'une demande formée par exploit d'huissier, mais de toute demande en justice (3). Cela est de tradition. Dunod dit que la demande formée par l'une des parties dans le cours d'une instance déjà commencée a le même effet que l'assignation, bien qu'il n'y ait pas d'assignation; il en

---

(1) Bruxelles, 11 avril 1864 (motifs du jugement de première instance), *Pasicrisie*. 1865. 1. 213.
(2) Rejet. 21 décembre 1859 (Dalloz, 1859, 1, 26).
(3) Mourlon, *Répétitions*, t. III, p. 773, nº 1866.

est ainsi des demandes proposées par manière de compensation ou de reconvention (1). Dès que le débiteur est informé par une voie légale que le créancier a un droit contre
lui et qu'il entend le faire valoir, il ne peut plus invoquer
pour la prescription le temps qui a couru, car la prescription suppose que le créancier n'agit point; or, il agit en
réclamant ce qui lui est dû par voie de compensation ou
de reconvention.

Mais il faut qu'il y ait une action en justice. On a prétendu que la demande en *pro Deo* interrompt la prescription. La négative est d'évidence. Celui qui sollicite la faveur
de plaider gratuitement n'agit pas encore; il agira après
avoir obtenu l'autorisation; donc il n'y a pas d'action judiciaire; partant, pas d'interruption de la prescription (2).

93. La jurisprudence est en ce sens. Il a été jugé par
la cour de cassation qu'une demande formée reconvention-
nellement dans une instance, par conclusions signifiées à
avoué, interrompt la prescription (3). Et il en est de même
de toute demande incidente et qui, par cela même, est
affranchie des formalités de l'ajournement; peu importe,
dit la cour de Metz, comment la justice est saisie, pourvu
qu'elle soit saisie (4). Une cour d'appel s'y était trompée dans l'espèce suivante. Un créancier d'une succession qu'il s'agissait de partager intervient dans une
instance en partage; l'intervenant était aussi créancier de
l'un des successibles; son intervention avait pour objet de
faire valoir ses droits contre les héritiers; elle fut admise
par jugement signifié au débiteur, et, par suite, l'intervenant fut admis aux opérations de l'instance en partage.
Néanmoins la cour de Montpellier refusa de considérer
l'intervention comme interruptive de la prescription. Sa
décision a été cassée; il y avait demande en justice, donc
la prescription était interrompue (5).

---

(1) Dunod, part. I, ch. IX, p. 57.
(2) Jugement du tribunal de Nivelles, du 24 mai 1876 (*Pasicrisie*, 1876,
3, 306).
(3) Rejet, 12 décembre 1826 (Dalloz, au mot *Prescription*, n° 478. 1°).
(4) Metz, 12 mars 1819 (Dalloz, *ibid.*, 2°). Comparez Bruxelles, 15 mars
1821 (*Pasicrisie*, 1821, p. 327).
(5) Cassation, 19 juillet 1841 (Dalloz, au mot *Prescription*, n° 479. 4°).

Il y a quelque doute, du moins il y a eu contestation sur le point de savoir si la prescription est interrompue par la production qu'un créancier fait de son titre dans l'ordre d'un immeuble vendu par expropriation forcée sur son débiteur. Merlin dit que l'affirmative n'est pas douteuse. Il invoque d'abord la tradition ; les formes ont changé, il est vrai, mais les principes sont restés les mêmes. Dans l'ancien droit, l'*opposition au décret ou aux criées* était ce que nous appelons aujourd'hui l'*acte de produit* ; or, l'opposition était interruptive de prescription ; il en doit être de même de l'acte de produit. Il est vrai que l'article 2244 exige une citation en justice, mais il faut voir ce que la loi a entendu par là. Or, l'esprit de la loi, dit Merlin, est évidemment que la prescription est interrompue par une demande judiciaire. Et n'est-ce pas une demande judiciaire que forme, à fin de collocation de sa créance, le créancier qui produit dans un ordre ? Cette demande n'est pas seulement dirigée contre les autres créanciers qui prétendent à la distribution, elle l'est aussi contre le débiteur lui-même, lequel est essentiellement partie dans l'instance. S'il n'y a pas citation, il y a demande en justice, et cela suffit (1). La jurisprudence est en ce sens (2).

94. Pour que la citation en justice soit interruptive de prescription, il faut qu'elle soit valable en la forme. L'article 2247 porte que si l'assignation est nulle pour défaut de forme, l'interruption est regardée comme non avenue. Bigot-Préameneu en donne un motif péremptoire au point de vue de la rigueur du droit : « Lorsque les formalités exigées pour que le possesseur (ou le débiteur) soit valablement assigné n'ont pas été remplies, il n'y a pas réellement de citation, et il ne peut résulter de l'exploit de signification aucun effet. » C'est l'application du vieil adage que l'acte nul est considéré comme n'ayant jamais existé ; mais il faut ajouter que, les actes n'étant pas nuls de plein

---

(1) Merlin, *Questions de droit*, au mot *Interruption de prescription*, § II, n° 1.

(2) Grenoble, 2 juin 1831 (Dalloz, au mot *Prescription*, n° 479, 4°). Bruxelles, 18 juin 1834 (*Pasicrisie*, 1834, 2, 146).

droit, la prescription sera considérée comme interrompue
jusqu'à ce que la citation soit annulée (1).

Quand l'assignation est-elle nulle en la forme? Le code
de procédure répond à la question (art. 61 et suiv.). Nous
n'entrons pas dans ces détails; il suffit de remarquer que
les nullités d'exploit ou d'acte de procédure sont couvertes,
si elles ne sont proposées avant toute défense ou exception
autre que les exceptions d'incompétence (code de proc.,
art. 173).

95. On demande si le préliminaire de conciliation est
une forme dont l'omission entraîne la nullité de la citation
en justice. Nous devons en dire un mot, puisque la question est controversée (2). A notre avis, elle est décidée par le
code de procédure, dont l'article 65 est ainsi conçu : « Il
sera donné, *avec l'exploit,* copie du procès-verbal de *non-
conciliation,* ou copie de la mention de *non-comparution,*
à peine de nullité. » On objecte que l'article 65 suppose que
le préliminaire de conciliation a eu lieu, mais la loi ne dit
pas que l'assignation est nulle quand l'épreuve n'a pas eu
lieu; tout ce qui en résulte, c'est que la demande n'est pas
recevable, c'est-à-dire que, dans ce cas, le tribunal est
incompétent; or, une demande portée devant un tribunal
incompétent est interruptive de prescription. On répond, et
la réponse nous paraît décisive, que le juge saisi sans le
préliminaire de conciliation n'est pas incompétent, car c'est
bien lui qui doit connaître de la demande, mais il ne peut
en connaître qu'après l'épreuve de conciliation. L'article 2246 doit donc être écarté. Reste à savoir si la citation est nulle; si elle est nulle pour le simple défaut de
mention du préliminaire de conciliation, cela prouve que
ce préliminaire est une condition essentielle requise par la
loi pour la validité de l'assignation; voilà pourquoi le juge
ne peut pas recevoir la demande (code de proc., art. 48);
et une demande qui ne peut être reçue n'a aucun effet. Il
serait étrange, disons-le mot, absurde que le défaut de
mention du préliminaire de conciliation empêchât la pres-

---

(1) Aubry et Rau, t. II, p. 348. § 215.
(2) Marcadé, t. VIII, p. 142, n° IX de l'article 2248. Mourlon, *Répétitions,* t. III, p. 777, n° 1385.

cription; tandis qu'elle ne serait pas empêchée par le défaut de préliminaire (1).

96. L'autorisation dont le demandeur a besoin pour introduire sa demande est-elle une forme dont l'inobservation entraîne la nullité de l'assignation? Telle est l'autorisation que la femme mariée doit avoir pour agir en justice. En principe, l'autorisation n'est pas une forme d'un acte, c'est une condition ou une garantie exigée dans l'intérêt des incapables pour couvrir leur incapacité. L'autorisation maritale, notamment, est un consentement, une approbation que le mari donne à l'acte que la femme se propose de faire; on applique, par conséquent, les principes qui régissent l'incapacité de la femme mariée; si la femme agit sans autorisation, l'acte est nul, mais la nullité est relative; elle ne peut être demandée que par la femme, pour cause d'incapacité, et par le mari, parce que son autorité a été méconnue. C'est une question d'ordre public, et non de formes. La tradition et la doctrine moderne sont en ce sens (2).

97. L'incompétence n'est pas un vice de forme. Aux termes de l'article 2246, la citation en justice, donnée même devant un juge incompétent, interrompt la prescription. Quelle en est la raison? Il est difficile de le dire. De là des controverses qui ne touchent qu'à la théorie et qu'il faut cependant vider. On lit dans l'Exposé des motifs : « L'ancien usage de France, contraire à la loi romaine, était qu'une action libellée interrompait la prescription, lors même qu'elle était intentée devant un juge incompétent; cet usage, plus conforme au maintien du droit de propriété, a été conservé. » L'argument prouve trop; si, en cas d'incompétence, le législateur se prononce pour le propriétaire contre celui qui prescrit, pourquoi pas en cas de vice de forme? Les auteurs allèguent d'autres raisons. Duranton dit que probablement on a pensé que les questions de compétence offrant de graves difficultés dans plus d'un cas, il serait trop dur de rendre le demandeur vic-

---

(1) Leroux de Bretagne, t. I, p. 345, n° 485, et les autorités citées par Aubry et Rau, t. II, p. 348. note 10. § 215.
(2) Vazeille. t. I, n°ˢ 195-197. Leroux de Bretagne, t. I. p. 347, n° 487.

time de son erreur (1). N'est-il pas plus dur encore de le rendre victime de l'erreur commise par l'officier ministériel qui a dressé l'exploit? Sans doute l'huissier sera responsable si, par sa faute, il a causé un préjudice au demandeur, mais le préjudice peut être si grand que la responsabilité devient inefficace. Si l'erreur plus ou moins excusable du demandeur n'empêche pas l'acte irrégulier d'interrompre la prescription, la nullité de l'acte aurait dû être considérée comme une excuse, aussi bien que l'incompétence. Je revendique un immeuble, et je porte l'action devant le tribunal de commerce; voilà certes une erreur grossière, et qui ne mérite aucune faveur; cependant la prescription sera interrompue, car la loi ne distingue pas entre l'incompétence à raison de la matière et l'incompétence à raison de la personne. Quand, au contraire, l'huissier commet la moindre irrégularité, l'exploit sera nul et la prescription ne sera pas interrompue.

On ne peut donner qu'une seule raison plausible de l'article 2246 et de la différence qui en résulte entre la nullité et l'incompétence; c'est que celui qui assigne, par un acte valable en la forme, le possesseur ou le débiteur devant un tribunal incompétent manifeste néanmoins l'intention d'exercer ses droits, ce qui suffit pour que la prescription soit interrompue; tandis que la volonté n'est pas manifestée légalement lorsque l'acte est nul (2).

88. Il y a des cas dans lesquels la citation, quoique valable en la forme, n'interrompt pas la prescription. Aux termes de l'article 2247, l'interruption est regardée comme non avenue si le demandeur se désiste de sa demande. Le désistement dont la loi parle n'est pas une renonciation à la demande, ce qui entraînerait l'extinction du droit réclamé en justice, et, dans ce cas, il ne pourrait plus s'agir de prescription; l'article 2247 a en vue le désistement de la procédure dont il est question dans l'article 403 du code de procédure, lequel est ainsi conçu : « Le désis-

_____

(1) Duranton, t. XXI, p. 433, n° 265. Mourlon, t. III, p. 773, n° 1867. Comparez Marcadé, t. II, p. 128, n° III de l'article 2248, et Leroux de Bretagne, t. I, p. 364, n° 483.
(2) Aubry et Rau, t. II, p. 348, note 9, § 215.

tement, lorsqu'il aura été accepté, emportera de plein droit consentement que les choses soient remises, de part et d'autre, au même état qu'elles étaient avant la demande. » C'est-à-dire que la demande est censée n'avoir pas été faite, et, par conséquent, il n'y a pas eu d'interruption de prescription. Mais, en supposant que le demandeur ait un droit, rien ne l'empêche d'intenter une nouvelle demande; cela peut arriver s'il découvre de nouveaux titres et s'il ne s'est désisté que faute de preuves suffisantes.

Il a été jugé que le désistement n'aurait pas l'effet que l'article 2247 lui attribue, s'il était fondé sur l'incompétence du tribunal devant lequel l'action avait été portée; en effet, l'incompétence n'empêche pas la prescription d'être interrompue; or, le désistement ne peut avoir plus d'effet que le jugement qui prononcerait l'incompétence (1).

99. L'interruption est encore regardée comme non avenue si le demandeur laisse périmer l'instance (art. 2247). D'après le code de procédure (art. 397), toute instance est éteinte par discontinuation de poursuites pendant trois ans. La péremption est donc un désistement résultant de la renonciation tacite du demandeur; celui qui entend poursuivre le droit qu'il a réclamé en justice ne reste pas trois ans dans l'inaction. Toutefois la péremption n'a pas lieu de plein droit; il peut y avoir des circonstances exceptionnelles qui expliquent l'inaction du demandeur; la péremption doit être demandée et prononcée par le juge, et elle se couvre par les actes valables que l'une ou l'autre des parties aurait faits avant la demande de péremption (code de proc., art. 399 et 400). La péremption, pas plus que le désistement, n'éteint l'action, c'est-à-dire le droit; au point de vue de la prescription, elle produit le même effet que le désistement; le code de procédure (art. 401) dispose que la péremption emporte extinction de la procédure, de sorte que l'on ne peut opposer aucun des actes de la procédure, ni s'en prévaloir. De là la conséquence consacrée par l'article 2247 : l'interruption de la prescription sera considérée comme non avenue, parce que le demandeur ne peut

(1) Caen, 8 février 1843 (Dalloz, au mot *Usage*, n° 147, 1°).

plus invoquer la citation qui l'avait interrompue. Le demandeur pourra néanmoins former une nouvelle demande, en supposant que son droit existe encore. Si la prescription était acquise, il ne pourrait plus y avoir de demande, quand même celle-ci serait formée avant qu'il y ait péremption ; car chaque demande forme une instance en justice et la seconde ayant été intentée alors que la prescription avait éteint l'action, celle-ci reste éteinte et la nouvelle action est tardive. La question est cependant controversée ; comme elle appartient à la procédure, nous la laissons de côté (1).

100. La péremption n'a lieu que si elle est demandée. Est-ce à dire que si elle ne l'est point, la prescription restera interrompue indéfiniment? La cour de Bruxelles a jugé que la prescription est interrompue par la citation en justice, quand même le demandeur n'aurait pas donné suite à la demande, à moins qu'il n'y ait eu désistement ou péremption (2). Cela est vrai en principe ; mais on aurait tort d'induire de l'arrêt que la prescription restera toujours interrompue. Tout droit s'éteint par le laps de trente ans ; donc s'il y a eu discontinuation de poursuites pendant trente ans, l'instance sera éteinte. Nous disons l'instance et non le droit du demandeur ; car la prescription du droit a été interrompue par la citation en justice ; l'effet du contrat judiciaire qui résulte de l'ajournement, se prescrit par trente ans, à partir du dernier acte de procédure, indépendamment de toute péremption ; mais tout ce qui en résulte, c'est qu'après ce délai l'instance ne peut plus être utilement reprise, le demandeur perd par conséquent le droit que lui donnait l'action par lui intentée ; il ne pourra plus demander les fruits et les intérêts, parce que la demande judiciaire est prescrite. Autre est la question de savoir si le droit est prescrit ; elle se décide indépendamment de l'instance, qui se trouve prescrite par la discontinuation des poursuites pendant trente ans (3). La jurispru-

---

(1) Voyez, en sens contraire, Rejet, 6 décembre 1875 (Dalloz, 1877. 1, 257. et la note de l'arrêtiste).
(2) Bruxelles, 7 décembre 1820 (*Pasicrisie*, 1820. p. 264).
(3) Merlin, *Répertoire*, au mot *Prescription*, sect. III, § VIII, n⁰ˢ 1 et 2

dence est en ce sens (1). Nous reviendrons plus loin sur l'effet que produit l'interruption de la prescription.

101. Enfin l'interruption est considérée comme non avenue si la demande est rejetée (art. 2247). Au premier abord, cette disposition paraît inutile. Si la demande est rejetée, le défendeur a l'exception de chose jugée contre toute nouvelle demande qui serait intentée contre lui; cette exception éteint le droit, et quand le droit est éteint, il est inutile, pour mieux dire, il n'y a plus lieu d'invoquer la prescription. Toutefois la disposition de l'article 2247 reçoit son application dans plusieurs hypothèses. D'abord quand la demande n'a été rejetée que par une fin de non-recevoir qui n'empêche pas que le demandeur la reproduise, sauf au défendeur à lui opposer la prescription, et, dans ce cas, il importe beaucoup de savoir si la prescription a été interrompue. Ce sera le cas pour le défendeur de se prévaloir de l'article 2247 : l'interruption de la prescription sera considérée comme non avenue, puisque la demande qui l'avait interrompue a été rejetée (2).

La question de prescription peut encore avoir de l'intérêt, alors même que la demande a été rejetée au fond. Un créancier solidaire poursuit le débiteur; son action interrompt la prescription à l'égard de tous les créanciers (art. 1199). La demande est rejetée. Quelle sera la conséquence du rejet? Quant au demandeur qui a succombé, il n'a plus de droit, dès que le jugement sera passé en force de chose jugée; peu importe à son égard s'il y a eu ou non

(t. XXIV, p. 345). La question est controversée. Voyez les autorités citées par Aubry et Rau, t. II, p. 349, note 14, § 215.

(1) Rejet, chambre civile, 23 novembre 1831 (Dalloz, au mot *Prescription*, n° 849, 2°).

(2) Faut-il distinguer si la demande a été rejetée purement et simplement, ou si elle ne l'a été qu'en l'état, faute de justification suffisante? Voyez Aubry et Rau, t. II, p. 349, et note 16, § 215. Nous n'entrons pas dans ce débat, étranger a notre travail. La cour de cassation a décidé, par un arrêt récent, que la disposition de l'article 2247 est absolue et ne comporte aucune distinction entre le cas où la demande est définitivement rejetée par un moyen du fond, et celui ou elle est repoussée, soit par un moyen de forme, soit par une fin de non-recevoir qui laisse subsister le droit d'action; que, dans l'une comme dans l'autre hypothèse, l'assignation ne saurait, après l'extinction de l'instance, continuer a produire aucun effet, au profit du demandeur dont les conclusions n'ont pas été admises (Rejet, chambre civile, 8 janvier 1877. Dalloz, 1877, 1, 81.)

interruption d'une action qui n'existe plus. Mais le jugement n'a pas l'autorité de chose jugée à l'égard des autres
créanciers solidaires (t. XX, n° 121); ceux-ci peuvent donc
intenter une action nouvelle contre le débiteur, sans que
le défendeur puisse les repousser par l'autorité de la chose
jugée. Dans ce cas, il importe beaucoup de savoir si la
prescription a été interrompue; les créanciers ne peuvent
pas invoquer le bénéfice de l'interruption, puisque, la demande qui avait interrompu la prescription ayant été rejetée, l'interruption est considérée comme non avenue. Il
en serait de même s'il s'agissait d'un droit indivisible (1).

N° 3. DE LA CITATION EN CONCILIATION.

102. L'article 2245 porte : « La citation en conciliation devant le bureau de paix interrompt la prescription
du jour de sa date, lorsqu'elle est suivie d'une assignation
en justice donnée dans les délais de droit. » Aux termes
de l'article 48 du code de procédure, « aucune demande
principale, introductive d'instance entre parties capables
de transiger, et sur des objets qui peuvent être la matière
d'une transaction, ne sera reçue dans les tribunaux de
première instance, que le défendeur n'ait été préalablement
appelé en conciliation devant le juge de paix, ou qu'il n'y
ait *volontairement comparu.* » *L'appel* se fait par une citation. Ce n'est pas une citation en justice, puisque le juge
de paix ne siége pas comme juge quand les parties comparaissent devant lui en conciliation. Donc, par elle-même,
la citation en conciliation ne peut pas être interruptive de
prescription, la loi n'attachant cet effet qu'à la citation qui
engage un débat judiciaire. Pourquoi la loi dispose-t-elle
que la citation interrompt la prescription? C'est parce que
la citation en conciliation est un préliminaire obligatoire du
procès : la loi obligeant le demandeur à appeler le défendeur en conciliation avant de l'assigner devant le tribunal,
devait attribuer à la citation en conciliation l'effet d'interrompre la prescription, sinon elle aurait lésé le droit du

---

(1) Mourlon (d'après Valette), t. III, p. 774, n° 1871.

demandeur. Supposons que le délai de la prescription soit près de s'accomplir; le demandeur a le droit de l'interrompre par une action judiciaire, mais la loi l'oblige d'appeler son adversaire devant le juge de paix avant d'intenter l'action; si la prescription continuait à courir pendant ce préliminaire de conciliation, la prescription s'accomplirait et le demandeur serait privé de son droit. La loi a donc dû admettre la citation en conciliation comme un acte interruptif de prescription (1).

Mais elle n'attache cet effet à la citation en conciliation que sous une condition, c'est que la citation soit suivie d'une assignation en justice dans le délai de droit. C'est comme préliminaire forcé de cette assignation que la citation devant le juge de paix conciliateur interrompt la prescription. Si le demandeur n'assigne pas le défendeur devant le tribunal, la citation en conciliation n'est plus un préliminaire du procès, elle reste seule; et par elle seule elle n'interrompt pas la prescription, puisque ce n'est pas une action judiciaire. Restait à déterminer le délai dans lequel l'assignation doit être donnée après que la tentative de conciliation a échoué. C'est ce que fait l'article 57 du code de procédure, lequel est ainsi conçu : « La citation en conciliation interrompra la prescription, pourvu que la demande soit formée dans le mois, à dater du jour de la non-comparution ou de la non-conciliation. » Comme suite à cette disposition, l'article 65 veut que l'exploit d'ajournement contienne la preuve de la tentative de conciliation : « Il sera donné, avec l'exploit, copie du procès-verbal de non-conciliation, ou copie de la mention de non-comparution, sous peine de nullité. »

103. Il suit de là que la citation en conciliation n'interrompt la prescription que sous la condition qu'elle soit suivie d'un procès-verbal de non-conciliation ou de non-comparution signifié dans le mois avec ajournement; si ce procès-verbal n'est pas signifié, ou si la signification est irrégulière, partant nulle, l'ajournement lui-même est nul;

---

(1) Mourlon, t. III, p. 725, n° 1872. Marcadé, t. VIII, p. 135, n° VI de l'article 2248. Leroux de Bretagne, t. I, p. 337, n° 469.

et, par suite, l'un des éléments essentiels de l'acte interruptif de prescription fait défaut; d'où la conséquence que
la prescription n'aura pas été interrompue. La cour de cassation l'a jugé ainsi, et cela ne nous paraît pas douteux,
les textes étant formels (1).

104. Le code de procédure met la comparution volontaire des parties devant le magistrat conciliateur sur la
même ligne que la citation en conciliation. De là suit que
cette comparution doit avoir pour effet d'interrompre la
prescription. En effet, ce qui l'interrompt, ce n'est pas
l'acte de citation, c'est le préliminaire forcé de conciliation; or, la tentative de conciliation a lieu dans le cas où
les parties comparaissent volontairement, aussi bien que
lorsqu'elles comparaissent sur citation. On peut objecter le
texte de l'article 2244, qui exige une *citation*; nous répondons que l'article 2244 doit être combiné avec l'article 48
du code de procédure. L'esprit de la loi ne laisse aucun
doute. Exiger une citation comme condition de l'interruption de prescription, c'eût été forcer les parties à faire des
frais inutiles, puisque la citation n'ajoute rien à la tentative de conciliation; elle n'est utile que pour permettre au
demandeur de passer outre et d'assigner le défendeur, si
celui-ci ne comparaît point; s'il comparaît, le but de la loi
est atteint; la loi n'exige jamais que les parties fassent des
frais frustratoires (2).

105. Il y a des demandes qui sont dispensées du préliminaire de conciliation. Si néanmoins le demandeur
appelle le défendeur devant le magistrat conciliateur, la
prescription sera-t-elle interrompue par la citation en conciliation? Cette question est très-controversée. A notre
avis, elle doit être décidée négativement; c'est l'avis de
Pigeau, mais son opinion est restée à peu près isolée,
Dalloz seul s'y est rallié; Marcadé dit qu'elle n'est pas
soutenable (3). Elle nous paraît fondée sur le texte et sur

---

(1) Cassation, 26 janvier 1843 (Dalloz, au mot *Prescription*, n° 547). La
cour de renvoi s'est cependant prononcée pour l'opinion contraire. Aix.
22 décembre 1843 (Dalloz, *ibid.*).
(2) Mourlon, t. III, p. 776, n° 1873. Marcadé, t. VIII, p. 137, n° VII de
l'article 2248. Leroux de Bretagne, t. I, p. 339, n° 471.
(3) Voyez les citations dans Aubry et Rau, t. II, p. 350, note 18, § 215,

’esprit de la loi. L’article 2245 semble décider en termes absolus que toute citation en conciliation interrompt la prescription lorsqu’elle est suivie d’une assignation en justice; mais il faut naturellement l’entendre en ce sens, que la citation devant le juge de paix est interruptive de prescription lorsqu’il y a lieu à conciliation. Or, ce n’est pas le code civil qui décide quand il y a lieu au préliminaire de conciliation, c’est le code de procédure. Et que dit le code de procédure? Il pose comme règle que la tentative de conciliation est obligatoire lorsque la transaction est possible; puis il énumère les cas assez nombreux dans lesquels le préliminaire de conciliation n’est pas requis (art. 48 et 49); enfin il dispose que la citation en conciliation, telle qu’elle vient d’être organisée, c’est-à-dire la citation obligatoire, interrompt la prescription (art. 57). L’esprit de la loi ne laisse aucun doute sur cette interprétation. Pourquoi la loi attache-t-elle à la citation en conciliation l’effet d’interrompre la prescription, quoique ce ne soit pas une assignation en justice? C’est parce que la citation en conciliation est le préliminaire obligé de l’action judiciaire. Tel est le seul motif que l’on donne, il n’y en a pas d’autre. Or, ce motif vient à tomber, et, par suite, la disposition de l’article 2245 n’a plus de raison d’être lorsque la demande est dispensée du préliminaire de conciliation. Le demandeur ne peut plus dire qu’il est dans l’impossibilité légale d’interrompre la prescription en portant directement son action devant le tribunal de première instance, puisque la loi l’y autorise, au contraire, en le dispensant de se présenter devant le magistrat conciliateur. Conçoit-on que le législateur déclare la prescription interrompue par une citation en conciliation qui ne produit cet effet que parce qu’elle est obligatoire, alors que, loin d’être obligatoire, elle est inutile et frustratoire?

Dans l’opinion générale, on se divise; ce qui ne témoigne pas en sa faveur. Nous croyons inutile d’entrer dans ce débat; il suffira de répondre aux arguments généraux qu’on

et Dalloz, *Répertoire*, au mot *Prescription*, n° 535. Il faut ajouter Leroux de Bretagne, t. I, p. 340, n° 473.

fait valoir et que l'on peut opposer à l'opinion de Pigeau. La citation au bureau de paix, dit-on, doit être vue avec faveur, puisqu'elle a pour but de prévenir les procès. Si elle est donnée dans des cas où elle n'était point exigée, elle doit également compter pour l'interruption de la prescription : *l'équité le demande et la loi ne le défend pas*. Ce prétendu motif suffit, à notre avis, pour faire rejeter l'opinion généralement suivie. Il revient à dire que l'interprète peut admettre comme modes d'interruption de la prescription des actes auxquels la loi n'attribue pas cet effet, par la seule raison que l'équité l'exige. Est-ce que l'interruption de la prescription est une affaire d'équité? La loi définit l'interruption civile, elle détermine les actes qui la produisent; c'est donc la loi et la loi seule qui décide. Il y a plus, l'équité ne demande même pas que la citation en conciliation non obligatoire interrompe la prescription; le demandeur a une voie directe et légale de l'interrompre, c'est l'assignation en justice : pourquoi lui permettrait-on de prendre une voie indirecte? On insiste sur l'utilité de la tentative de conciliation, alors même que la loi ne la commande pas. Eh qu'importe? Ce n'est pas parce que les parties veulent se concilier que la loi déclare la prescription interrompue par la citation en conciliation, c'est parce que la loi ne permet au demandeur de porter son action devant les tribunaux qu'après une tentative obligatoire de conciliation; dès que la tentative n'est plus obligatoire, on est en dehors de la loi; donc une tentative volontaire de conciliation ne peut avoir aucun effet légal (1).

A ces mauvaises raisons on en ajoute une qui est plus mauvaise encore. Le demandeur, dit-on, qui cite son adversaire en conciliation s'est trompé sur la compétence; il n'a pas bien choisi le tribunal devant lequel il devait agir; là est le vice de sa citation; or, ce vice ne fait point obstacle à l'interruption de prescription (art. 2246) (2). Quoi! il y a erreur de compétence alors qu'il n'y a pas d'action! Le demandeur qui cite le défendeur en conciliation n'agit point,

(1) Vazeille, t. I, n° 191. Marcadé, t. VIII, p. 139, n° VIII de l'article 2248.
(2) Mourlon (d'après Valette), t. III, p. 777, n° 1876.

il cherche à se concilier; s'il se trompe, c'est qu'il croit cette tentative de conciliation obligatoire, alors qu'elle ne l'est pas : est-ce qu'une erreur de droit sur la nécessité de tenter la conciliation est une erreur de compétence?

Nº 4. DU COMMANDEMENT.

106. « Un commandement signifié à celui que l'on veut empêcher de prescrire interrompt la prescription » (article 2244). Qu'est-ce qu'un commandement et pourquoi interrompt-il la prescription? Le créancier qui a un acte exécutoire constatant sa créance, c'est-à-dire un jugement ou un acte notarié, peut le mettre directement à exécution par la voie de la saisie. Mais avant de saisir et de vendre les biens du débiteur, l'huissier chargé de l'exécution doit lui faire un commandement de payer un jour avant la saisie mobilière, trente jours avant la saisie immobilière; cet acte contient la notification ou la copie du titre dont le créancier poursuit l'exécution forcée. Le mot de *commandement* vient de ce que l'huissier ordonne ou commande au débiteur d'exécuter ce qu'un jugement l'a condamné à faire ou ce à quoi il s'est obligé par un acte exécutoire, lui déclarant qu'en cas de refus il y sera contraint par la saisie de ses biens.

Le commandement est donc un acte extrajudiciaire. Pourquoi la loi attribue-t-elle à un acte d'huissier un effet que généralement elle n'attache qu'à une action judiciaire? Lorsque l'acte que l'huissier est chargé de mettre à exécution est un jugement, le commandement est la suite de l'action; c'est un préliminaire de l'exécution forcée de la sentence du juge : si l'assignation en justice suffit pour interrompre la prescription, à plus forte raison en doit-il être ainsi de l'exécution du jugement que le demandeur a obtenu. Quant aux actes notariés, ils sont revêtus de la formule exécutoire, au nom du roi, comme les jugements; ils autorisent le créancier à saisir les biens du débiteur, aussi bien que la sentence du juge. Dans l'un et l'autre cas, le créancier manifeste, par les actes les plus énergiques, la volonté non-seulement de maintenir son droit, mais de le mettre à exécution par la voie rigoureuse de la saisie; donc la prescription devait être interrompue.

107. Pour que le commandement interrompe la prescription, il doit être valable en la forme. C'est le droit commun; un acte nul en la forme ne produit aucun effet. La cour de cassation a appliqué ce principe aux commandements que l'administration de l'enregistrement est autorisée à faire signifier aux débiteurs de l'Etat. Dans l'espèce, la contrainte en vertu de laquelle le commandement avait été fait était visé par un président incompétent, et partant l'acte n'était pas exécutoire; or, sans titre exécutoire, il ne peut pas y avoir de commandement. La régie prétendait que le commandement devait être interruptif de prescription, par cela seul que l'acte d'huissier était régulier dans sa forme, puisque cet acte manifestait l'intention du créancier de faire valoir son droit par la voie rigoureuse de la saisie. L'avocat général Delangle répondit que sans doute l'interruption de la prescription était fondée sur l'intention que le créancier manifeste de faire valoir son droit, mais cette intention ne peut avoir d'effet que lorsqu'elle est légalement manifestée. Ainsi la sommation est aussi un acte par lequel le créancier interpelle le débiteur et réclame son droit; cependant la sommation n'interrompt pas la prescription, parce qu'elle ne se trouve pas au nombre des actes auxquels la loi attache cet effet (1).

108. Le commandement est le préliminaire de la saisie. En faut-il conclure qu'il doit être suivi de la saisie dans un certain délai pour qu'il opère interruption? Non, la loi ne l'exige point; ce qui est décisif en matière de formes. Le commandement est interruptif par lui-même; il atteste, en effet, la volonté sérieuse du créancier de poursuivre l'exécution forcée du titre qu'il notifie au débiteur. De là suit que la prescription serait interrompue, alors même que la saisie pratiquée à la suite du commandement aurait été annulée. Tout ce qui résulte de l'annulation de la saisie, c'est que la saisie ne vaudra pas comme acte interruptif, et que, par suite, la prescription aura recom-

(1) Rejet, 8 juin 1841 (Dalloz, au mot *Prescription*, n° 486).

mencé à courir après la signification du commandement; tandis que si la saisie avait été valable, elle aurait effacé le temps qui a couru depuis le commandement jusqu'à la saisie (1).

109. La sommation de délaisser ou de payer que le créancier fait au tiers détenteur comme préliminaire de la saisie, interrompt-elle la prescription? Nous renvoyons à ce qui a été dit, au titre des *Hypothèques,* sur la prescription de l'action hypothécaire (t. XXXI, n°s 521-523). La sommation, dans l'opinion générale, équivaut, dans ce cas, au commandement (2). Il y a cependant une différence entre le commandement ordinaire et la sommation de payer ou de délaisser, c'est que la sommation se périme, et qu'en cas de péremption l'interruption de la prescription est considérée comme non avenue; tandis que le commandement ne se périme point (3).

110. Les autres actes extrajudiciaires n'interrompent pas la prescription. Telles sont les sommations ordinaires, significations et interpellations. Le principe est incontestable : il n'y a d'autres actes interruptifs de la prescription que ceux auxquels la loi attache cet effet; or, la loi n'attribue l'effet d'interrompre la prescription qu'à un seul acte extrajudiciaire, le commandement; ce qui est décisif (4). Reste à savoir pourquoi la loi se montre si rigoureuse quand il s'agit de conserver les droits du créancier : elle se prononce contre lui et en faveur du débiteur, bien que le débiteur puisse être de mauvaise foi. Cela prouve, comme nous l'avons dit (n°s 5 et 6), que la loi ne tient aucun compte des considérations d'équité par lesquelles d'ordinaire on cherche à justifier la prescription. Le droit de la société domine le droit de l'individu. Il y a sans doute des différences entre le commandement et une sommation ordinaire; Merlin les a signalées. Celui à qui une sommation est faite peut croire ou que la demande n'est pas sérieuse,

---

(1) Aubry et Rau, t. II, p. 351, notes 22 et 23, § 215, et les auteurs qu'ils citent.

(2) Troplong, *De la prescription.* n° 579.

(3) Voyez les citations dans Aubry et Rau, t. II, p. 351, note 25, § 215, et mon t XXXI. n°s 257 et 258.

(4) Rejet, 10 décembre 1827 (Dalloz, au mot *Prescription,* n° 498).

puisqu'elle n'est pas faite dans la forme requise pour forcer
le défendeur d'y répondre; ou que celui qui a fait l'interpellation ne s'est pas cru fondé, puisqu'il n'y a pas donné
suite (1). Il est vrai que le créancier ne notifie pas son titre
en faisant une sommation, et il n'annonce pas la volonté
de l'exécuter par la voie de la saisie. Est-ce à dire que
l'acte n'est pas sérieux? Par cela seul qu'il recourt à un
huissier pour manifester sa volonté, le créancier agit sé-
rieusement; la sommation constitue le débiteur en demeure,
parfois elle fait courir les intérêts. Le législateur aurait
aussi pu lui donner l'effet d'interrompre la prescription; s'il
ne l'a pas fait, c'est qu'il favorise l'extinction des actions.

111. L'application du principe soulève quelques difficultés. On demande si la signification du transport faite au
débiteur de la créance cédée interrompt la prescription au
profit du cessionnaire. La cour de Paris a jugé que la signification n'était pas interruptive de prescription (2), et nous
ne concevons pas qu'il y ait un doute. Qu'est-ce que la signification? C'est une espèce de publicité donnée à la cession dans l'intérêt des tiers; mais cette publicité n'est pas
un commandement préliminaire de la saisie, donc la prescription n'est pas interrompue. Qu'importe que la signification dise qu'il est fait défense au débiteur de payer en
d'autres mains qu'en celles du cessionnaire? C'est l'effet
de toute cession signifiée au débiteur; tout ce qui en résulte, c'est que le débiteur a connaissance de la cession,
mais la connaissance qu'il a n'équivaut certes pas à un
commandement.

Tous les auteurs sont de cet avis, sauf Vazeille, qui
s'appuie sur l'ancien droit pour faire dire au code civil le
contraire de ce qu'il dit. Quand la loi est claire et formelle,
pourquoi vouloir à toute force transporter l'ancien droit
dans le droit nouveau? Il n'y a qu'un cas dans lequel on
peut douter. La créance cédée était, au moment du transport, frappée de saisie-arrêt. On prétend que, dans ce cas,
la signification de la cession vaut saisie, et la saisie inter-

(1) Merlin, *Répertoire*, au mot *Interruption de prescription*, n° V.
(2) Paris, 19 avril 1831 (Dalloz, au mot *Prescription*, n° 495).

rompt la prescription. Il est, en effet, de principe que la signification du transport vaut saisie, mais cela n'est vrai qu'à l'égard des tiers saisissants, cela n'est pas vrai à l'égard du débiteur ; que la créance soit déjà l'objet d'une saisie ou non, la signification n'a qu'un seul effet à l'égard du débiteur, c'est qu'elle lui fait connaître l'existence de la cession. Donc le principe reste applicable : il n'y a pas de commandement ; partant, pas d'interruption de la prescription (1).

112. L'article 877 porte : « Les titres exécutoires -contre le défunt sont pareillement exécutoires contre l'héritier personnellement. Néanmoins les créanciers ne pourront en poursuivre l'exécution que huit jours après la signification de ces titres à la personne ou au domicile de l'héritier. » Le sens de cette disposition est controversé, et de là une autre controverse sur le point de savoir si la signification exigée par la loi interrompt la prescription. A notre avis, le sens de l'article 877 n'est pas douteux. L'héritier peut ne pas connaître les titres exécutoires qu'un créancier a contre le défunt ; avant de les mettre à exécution, les convenances et la justice demandent que le créancier les notifie à l'héritier ; c'est seulement huit jours après la signification des titres qu'il en pourra poursuivre l'exécution. Qu'est-ce à dire ? Poursuivre l'exécution, c'est saisir les biens, mais la saisie doit être précédée d'un préliminaire, le commandement. Donc le créancier ne peut faire commandement avec menace de saisie que huit jours après la notification des titres. Qu'en résulte-t-il pour ce qui concerne la prescription ? C'est que le créancier reste dans le droit commun ; la notification le place, à l'égard de l'héritier, dans la situation où il était à l'égard du défunt. La notification n'est donc pas un commandement ; partant, elle n'interrompt pas la prescription (2).

113. Nous avons supposé que le commandement sert à interrompre la prescription extinctive. Telle est, en effet, la règle générale ; le commandement est le préliminaire de

---

(1) Voyez les sources dans Aubry et Rau, t. II, p. 352, note 27, § 215.
(2) Comparez, en sens divers, Aubry et Rau et les auteurs qu'ils citent, t. II, p. 352, notes 29 et 30, § 215.

la saisie, et la saisie n'est guère pratiquée que par le créancier qui poursuit le payement forcé contre le débiteur. Toutefois il peut arriver que le commandement interrompe la prescription acquisitive. Le propriétaire d'un immeuble agit en revendication ; il obtient un jugement qui condamne le possesseur à délaisser l'héritage ; il peut, en vertu de ce jugement, recourir à la force publique, pour contraindre le détenteur au délaissement. Le possesseur refuse de délaisser le fonds ; dans ce cas, le propriétaire doit, avant de recourir à l'exécution forcée, faire au détenteur récalcitrant un commandement de délaisser. Ce commandement interrompt la prescription du possesseur, bien qu'il ne soit pas le préliminaire d'une saisie ; c'est que le commandement a par lui-même la puissance d'interrompre la prescription (1).

Nº 5. DE LA SAISIE.

114. La saisie signifiée à celui que l'on veut empêcher de prescrire est encore un mode d'interruption civile de la prescription (art. 2244). Si le commandement, qui n'est qu'un préliminaire de la saisie, interrompt la prescription, à plus forte raison en doit-il être ainsi de la saisie, qui constitue l'exécution forcée du droit. A première vue, on pourrait croire qu'il était inutile de dire que la saisie interrompt la prescription, alors qu'elle est déjà interrompue par le commandement qui est le préliminaire de la saisie. On répond qu'il y a des saisies qui ne sont pas soumises au préliminaire du commandement : telles sont la saisie foraine, la saisie-revendication et la saisie-gagerie (code de proc., art. 822, 826 et 819). Même dans les cas où la saisie doit être précédée d'un commandement, il était nécessaire de lui donner l'effet d'interrompre la prescription. L'interruption n'agit que sur le passé ; elle efface le temps qui a couru, elle n'empêche pas la prescription de recommencer à courir. Donc, après le commandement, le débi-

---

(1) Mourlon (d'après Valette), t. III, p. 778, nº 1878. Marcadé, t. VIII, p. 133, nº IV de l'article 2248.

teur commencera une nouvelle prescription, laquelle sera interrompue par la saisie; si la saisie n'était pas un mode distinct d'interruption, la prescription aurait continué à courir à partir du commandement, tandis que, d'après l'article 2244, elle ne recommencera à courir qu'à partir de la saisie (1).

115. L'article 2244 dit : une *saisie;* donc toute saisie interrompt la prescription. Cela est aussi fondé en raison, car toute saisie est une voie d'exécution, et, à ce titre, interruptive de prescription. Il a cependant été jugé que la saisie-arrêt n'interrompt pas la prescription, parce que ce n'est qu'une mesure conservatoire. L'arrêt de la cour de Bordeaux est resté isolé (2). Sans doute la saisie-arrêt conserve les droits des créanciers saisissants, mais c'est aussi un acte d'exécution, puisqu'elle aboutit à la dépossession du débiteur saisi. La jurisprudence (3) et la doctrine (4) se sont prononcées en ce sens.

116. Il n'y a de difficulté que sur l'effet de l'interruption. On enseigne que la saisie signifiée interrompt la prescription à la fois en faveur du saisissant contre le débiteur direct, et en faveur de celui-ci contre le tiers saisi. Cela est vrai, mais trop absolu. Il ne faut pas oublier que le créancier qui pratique la saisie-arrêt exerce les droits de son débiteur, non dans l'intérêt de celui-ci, mais dans son propre intérêt; c'est seulement dans cette limite, par conséquent pour le montant de sa propre créance, que la prescription est interrompue en faveur du débiteur contre le tiers saisi.

117. La saisie-arrêt est soumise à de nombreuses formalités; nous renvoyons, sur ce point, à la procédure. Il va sans dire qu'une saisie nulle en la forme n'interrompt pas la prescription (5).

118. Régulièrement la saisie ne se pratique que pour

---

(1) Mourlon, *Répétitions*, t. III, p. 780, n° 1880.
(2) Bordeaux, 21 mars 1828 (Dalloz, au mot *Effets de commerce*, n° 802).
(3) En ce sens, les arrêts cités par Dalloz, au mot *Prescription*, n° 493, et Riom. 4 mars 1847 (Dalloz, 1847, 2, 112); Lyon, 7 janvier 1868 (Dalloz, 1868, 2, 62); Rejet, 25 mars 1874 (Dalloz, 1874, 1, 367).
(4) Aubry et Rau, t. II, p. 352, et note 31, § 215, et les auteurs qu'ils citent.
(5) Il y a une difficulté en ce qui concerne la dénonciation de la saisie. Voyez Aubry et Rau, t. II, p. 353, note 33.

obtenir le payement d'une dette, et, par conséquent, elle n'interrompt que la prescription extinctive. Toutefois, ce mode d'interruption peut aussi être employé dans la prescription acquisitive; la loi le suppose, puisqu'elle est conçue en termes généraux. Je revendique un immeuble, le possesseur est condamné à délaisser l'héritage, avec cette clause qu'il payera 200 francs par chaque jour de retard. Si le défendeur ne délaisse pas, j'ai le droit de saisir ses biens pour l'y contraindre. Cette saisie interrompt la prescription de l'immeuble dont il a conservé la possession; pour mieux dire, elle renouvelle l'interruption qui a déjà été opérée par le commandement, préliminaire de la saisie (1).

Nº 6. DU COMPROMIS.

119. La cour de Paris a jugé que le compromis produit l'effet d'un ajournement devant un tribunal, et interrompt la prescription (2). On enseigne aussi que « la force des choses conduit à reconnaître que le compromis est interruptif de la prescription, en ce sens qu'il empêche qu'elle ne puisse s'accomplir tant que dure la mission des arbitres ». Est-ce à dire que le compromis interrompt la prescription par dérogation au droit commun? Nous n'aimons pas les exceptions résultant de la force des choses; et, dans l'espèce, il n'y a aucune nécessité d'admettre une exception, puisque les principes généraux suffisent pour décider la difficulté. Un compromis est une convention par laquelle les parties intéressées s'obligent de soumettre leurs différents à des arbitres. Est-ce que cette convention, par elle seule, interrompt la prescription? Non, certes; car elle ne rentre dans aucun des cas prévus par la loi, et l'interruption civile suppose une loi qui donne cet effet à un acte juridique. Le compromis constitue un tribunal arbitral qui doit connaître du différend; mais pour que les arbitres soient saisis, il faut qu'il y ait une citation, ou au moins

---

(1) Mourlon (d'après Valette), t. III, p. 778 et suiv., nº 1878.
(2) Paris, 9 juin 1826 (Dalloz, au mot *Prescription*, nº 537).

une comparution volontaire devant les arbitres; et une fois que l'instance est engagée, il va de soi que la prescription ne court pas pendant toute sa durée (1). C'est le droit commun pour toute instance judiciaire, comme nous le dirons plus loin.

Nº 7. DE LA RECONNAISSANCE.

120. « La prescription est interrompue par la reconnaissance que le débiteur ou le possesseur fait du droit de celui contre lequel il prescrivait » (art. 2248). Dunod pose le principe en ces termes : « Toutes les fois qu'il se fait quelque chose entre le créancier et le débiteur, le possesseur et le propriétaire, qui emporte un *aveu* exprès ou tacite de la dette, du droit ou de la propriété, ce sera une interruption civile conventionnelle. » C'est la traduction d'un passage de d'Argentré (2). La prescription entraîne la perte du droit qui appartient au créancier ou au propriétaire; si celui au profit duquel la prescription court reconnaît le droit du propriétaire ou du créancier, il ne peut plus être question de prescription. La reconnaissance ou l'aveu est donc le plus efficace des modes d'interruption civile ; la citation en justice est seulement la manifestation d'une prétention qui peut ne pas être fondée; aussi l'interruption est-elle considérée comme non avenue quand la demande est rejetée (art. 2247); tandis que l'aveu met fin à toute contestation sur l'existence du droit au moment où la partie intéressée à le contester en fait la reconnaissance. Aussi la reconnaissance a-t-elle des effets plus considérables que les autres modes d'interruption, comme nous le dirons plus loin.

121. Dunod appelle la reconnaissance une interruption *conventionnelle.* Cela veut-il dire qu'il faille une convention ou un concours de consentement pour qu'il y ait reconnaissance? Non, car Dunod cite comme exemple le cas où le débiteur donne charge de payer le créancier, quoi-

(1) Aubry et Rau, t. II, p. 354, et note 37, § 215.
(2) C'est l'explication de Troplong, nº 594.
(3) Dunod, part. I, ch. IX, p. 58.

que en son absence, c'est-à-dire quoique le créancier ne le sache pas et l'ignore même. Si Dunod appelle la reconnaissance une interruption conventionnelle, c'est que d'ordinaire elle résulte d'un fait juridique qui implique un concours de volontés ; mais il suffit de la volonté de celui qui fait l'aveu pour que la prescription soit interrompue. Cela est admis par la doctrine et par la jurisprudence (1).

Toutefois, cela n'est point sans difficulté. Quand l'aveu est invoqué comme preuve, la jurisprudence admet qu'il ne devient irrévocable que lorsqu'il a été accepté, tandis que les auteurs enseignent que l'aveu est un acte unilatéral (t. XX, n° 163). Telle est aussi notre opinion. Si l'aveu, considéré comme preuve, est un acte unilatéral, il en doit être de même de la reconnaissance du droit, en matière de prescription, en ce sens que le seul fait de l'aveu de la dette, du droit ou de la propriété suffit pour interrompre la prescription. Si néanmoins il y a difficulté, c'est que la reconnaissance, en cette matière, emporte une renonciation : en reconnaissant le droit de celui contre lequel je prescrivais, je renonce à me prévaloir du temps qui a couru en ma faveur ; sans mon aveu, le temps aurait continué à courir, et partant, j'aurais été libéré ou j'aurais acquis la propriété par l'accomplissement de la prescription. Or, il est de principe que les renonciations qui contiennent une remise de la dette, exigent un concours de volontés. La reconnaissance qui interrompt la prescription étant une renonciation, n'en faut-il pas conclure qu'elle n'interrompra la prescription que lorsqu'elle aura été acceptée ? Non, il y a une différence essentielle entre une renonciation qui est la remise de la dette, et la renonciation à se prévaloir du temps pendant lequel une prescription a couru. Remettre une dette, c'est l'éteindre ; or, de même qu'il faut un concours de volontés pour former une convention, il faut aussi un concours de volontés pour la dissoudre. Telle n'est point la reconnaissance qui interrompt la prescription ; c'est le simple aveu d'un fait, à savoir que le débiteur doit, que le possesseur n'est pas propriétaire ;

(1) Voyez les sources dans Aubry et Rau, t. II, p. 355, et note 42, § 215.

dès lors on reste sous l'empire du droit commun, d'après lequel l'aveu n'exige pas une acceptation.

On peut objecter que si la reconnaissance du débiteur n'est pas une dissolution du contrat, elle en est la confirmation, et en un certain sens la formation, puisque, sans l'aveu, le lien se serait dissous. Merlin répond qu'il n'est pas exact de dire que la convention se forme par la renonciation du débiteur à se prévaloir du temps pendant lequel la prescription a couru; la convention existe et elle est pleinement obligatoire; mais le temps pourrait en amener l'extinction; l'aveu du débiteur empêche que le temps ne produise cet effet. L'aveu ne forme donc qu'un *nouveau* contrat, c'est toujours le contrat primitif qui subsiste et que la volonté du débiteur est de maintenir (1).

On a fait une autre objection. La prescription, dit-on, est fondée sur l'inaction du créancier ou du propriétaire; donc elle doit être acquise par cela seul qu'ils n'agissent point, alors même que le débiteur ou le possesseur reconnaîtraient le droit de celui contre lequel ils prescrivent. La cour de Grenoble répond en se plaçant sur le terrain de l'opinion générale sur le fondement de la prescription : on présume que la dette a été payée ou remise, quand le créancier reste trente ans sans agir; et si cette présomption fait défaut, on dit que la loi punit le créancier négligent. A ce point de vue, il était facile de réfuter l'objection; on ne peut plus présumer que la dette est éteinte alors que le débiteur en reconnaît l'existence; quant à la peine qui frappe le créancier négligent, elle ne peut recevoir d'application dans le cas où le débiteur fait l'aveu de ce qu'il doit, parce qu'alors le créancier n'a aucun intérêt à agir (2). C'est aussi la réponse que l'on peut faire dans l'opinion qui fonde la prescription sur l'intérêt public. Tout ce que l'intérêt public exige, c'est que le débiteur soit à l'abri de la poursuite du créancier, quand celui-ci est resté

(1) Merlin, *Questions de droit,* au mot *Prescription,* § XII (t. XII, p. 34 et suiv.).

(2) Grenoble, 26 janvier 1855 (Dalloz, 1855, 2, 206). Comparez Liége, 30 avril 1821, et Bruxelles, 28 février 1828 (*Pasicrisie,* 1821, p. 372, et 1828, p. 81). Rejet de la cour de cassation de Belgique, 17 mars 1854 (*Pasicrisie,* 1854, 1, 218).

trente ans sans agir; mais la loi n'entend pas forcer le débiteur à invoquer la prescription; il peut renoncer à la prescription acquise (art. 2220), et par la même raison il peut renoncer à se prévaloir du temps pendant lequel la prescription a couru.

121 bis. Ce qui a compliqué la difficulté, c'est que l'on a confondu le fait juridique de la reconnaissance avec la preuve de ce fait. Il est de principe que l'on ne peut invoquer un acte, où l'on n'a pas été partie, pour y fonder un droit. Mais ce principe ne concerne que les conventions qui y sont constatées; il est étranger à la preuve. Nous dirons plus loin que le possesseur qui oppose l'usucapion au propriétaire peut prouver son juste titre par un acte translatif de propriété où le propriétaire n'a point figuré; il ne s'en prévaut pas pour prouver qu'il est propriétaire, il s'en prévaut pour établir le fait de la vente; or, les actes authentiques et les actes sous seing privé reconnus font preuve à l'égard des tiers, soit pour eux, soit contre eux, des faits qui y sont constatés. De même celui qui soutient que la prescription a été interrompue par une reconnaissance doit être admis à prouver le fait de la reconnaissance par la déclaration que le débiteur ou le possesseur a faite dans un acte authentique (1). Le principe qu'un tiers ne peut pas invoquer un acte où il n'a pas été partie, pour se prévaloir d'une déclaration qui n'a pas été faite en sa faveur, reçoit encore une autre restriction que la cour de cassation a appliquée à la reconnaissance en matière de prescription. Dans l'espèce, le propriétaire invoquait un acte de partage dans lequel les auteurs de la partie adverse donnaient pour limite à leur propriété une haie vive le long du terrain litigieux; ils excluaient donc ce terrain du partage et reconnaissaient qu'ils n'y avaient aucun droit. On objectait que celui qui se prévalait de cet acte n'y avait pas figuré; la cour de cassation répond que la partie adverse se faisant une arme de cet acte, ne pouvait empêcher le propriétaire d'en exciper pour se défendre contre les prétentions du possesseur, en y cherchant la reconnaissance

_____

(1) Cassation, 27 janvier 1868 (Dalloz, 1868, 1, 200).

faite par ses auteurs (1). Il est de principe, en effet, que l'acte invoqué par l'une des parties peut aussi être invoqué par l'autre.

122. Il suit de là que la reconnaissance peut résulter de déclarations faites dans un acte que le débiteur ou le possesseur a fait avec un tiers : tel serait un acte de vente qui délègue l'acquéreur à payer son prix aux créanciers du vendeur. Ceux-ci peuvent invoquer l'acte de vente comme constatant un fait, celui de délégation du prix faite aux créanciers; il est prouvé par l'acte authentique que cette délégation a été faite par le vendeur, et la délégation une fois prouvée atteste que le débiteur a reconnu l'existence de la dette. Peu importe que le créancier n'ait pas été partie à l'acte : il ne s'en prévaut point pour réclamer un droit, il l'invoque pour constater un fait (2).

123. De qui la reconnaissance doit-elle émaner? L'article 2248 le dit : il faut que le débiteur ou le possesseur reconnaisse le droit de celui contre lequel il a commencé à prescrire. Celui qui reconnaît les droits du créancier ou du propriétaire fait une renonciation (n° 120); or, celui-là seul peut renoncer qui a un droit; il ne nous est jamais permis de renoncer au droit d'un tiers. La jurisprudence a fait des applications intéressantes de ce principe en matière de droits d'usage forestier. Pour que les usagers puissent se prévaloir de la reconnaissance de leurs droits, il faut qu'elle émane du propriétaire de la forêt. Il est arrivé que la reconnaissance du droit des usagers se trouvait dans une sentence rendue par une cour seigneuriale; par conséquent, au nom du propriétaire, en sa qualité de seigneur. Cette reconnaissance n'a point été admise par la cour de cassation, et avec raison, car les juges ne sont pas les mandataires de celui au nom duquel ils rendent la justice (3).

124. Tout débiteur, tout possesseur peut-il reconnaître le droit qu'il a commencé à prescrire? La question est controversée, et elle n'est point sans difficulté. Dans notre

---

(1) Rejet, 25 février 1863 (Dalloz, 1864, 1, 283).
(2) Voyez les arrêts cités par Aubry et Rau, t. II, p. 355, note 42, § 215.
(3) Cassation, 21 mars 1832 (Dalloz, au mot *Usage*, n° 168).

opinion, la reconnaissance qui se fait pendant le cours de la prescription est un acte analogue à la renonciation du débiteur ou du possesseur à la prescription acquise. Or, d'après l'article 2222, celui qui ne peut aliéner ne peut renoncer à la prescription. Cette disposition reçoit son application à la reconnaissance, puisqu'elle emporte renonciation au temps qui a couru, et qui aurait fini par accomplir la prescription si elle n'avait pas été interrompue par l'aveu du droit de celui contre lequel la prescription courait.

Cela est admis, sans contestation, pour la prescription acquisitive. On pose comme principe que la reconnaissance n'est interruptive que si elle émane d'une personne qui a la capacité de disposer de l'immeuble dont la prescription aurait pour résultat de consolider l'acquisition. De là la conséquence que ceux qui n'ont pas la capacité de disposer des droits réels immobiliers ne peuvent pas, par leur reconnaissance, interrompre la prescription qui courait à leur profit, puisque ce serait renoncer aux avantages d'une possession de nature à consolider la propriété dans leurs mains. Ce n'est pas précisément une aliénation, comme le dit l'article 2222 de la renonciation à la prescription acquise, car la prescription commencée n'est pas un droit, mais c'est l'abdication d'un effet résultant de la possession, laquelle pouvait conduire à l'acquisition de la propriété. Il y a donc analogie entre la reconnaissance de l'article 2248 et la renonciation de l'article 2222 ; et puisqu'il y a même motif de décider, la décision doit aussi être la même.

On n'applique pas ce principe à la prescription extinctive. Ici on pose comme règle que la reconnaissance interruptive de la prescription peut être faite par toute personne jouissant de l'administration de ses biens, ainsi que par les administrateurs du patrimoine d'autrui. Ainsi le mineur émancipé et la femme séparée de biens pourraient, par leur reconnaissance, interrompre la prescription qui courait en leur faveur ; de même le tuteur et l'administrateur légal peuvent, en reconnaissant les droits du créancier, interrompre la prescription à son profit. Cela revient à dire qu'ils peuvent renoncer à l'avantage de la prescription qui a commencé à courir quand il s'agit d'un droit mobilier; tandis qu'ils ne le peuvent pas s'il s'agit d'un droit immobilier. La distinction se comprend si l'on admet que ceux qui ont le pouvoir d'administrer peuvent disposer du mobilier. Il en est ainsi de la femme séparée de biens (art. 1449); la loi dit qu'elle peut disposer de son mobilier et l'aliéner; dès lors il faut lui appliquer l'article 2222 : capable d'aliéner, elle est capable de renoncer à une prescription acquise et, partant, à une prescription qui a commencé à courir. Mais la loi ne donne pas au mineur émancipé ni aux administrateurs le pouvoir d'aliéner les meubles; donc ils ne peuvent pas renoncer à la prescription d'un droit mobilier, ni, d'après notre principe, à une prescription commencée. On objecte que les personnes qui ont la capacité d'administrer ont qualité pour payer une partie de la dette devenue exigible, ou les intérêts de la dette; or, ce payement interrompt la prescription. On en conclut que si elles sont capables d'interrompre la prescription en faisant un payement, il n'y a pas de raison pour leur refuser le droit de l'interrompre de toute autre manière (1). L'argument n'est pas aussi décisif qu'il en a l'air. Si ceux qui ont un pouvoir d'administration ont capacité de payer, c'est parce qu'ils sont obligés de le faire; payer est moins un droit pour eux qu'une obligation; et s'ils y sont tenus, c'est parce que l'on suppose que la dette est certaine. Si elle ne l'est pas, ils n'ont plus le droit de payer; ils ont, au contraire, le devoir de contester l'existence de la dette. Leur droit de payer n'est donc pas absolu; partant, on n'en peut induire une capacité absolue de renoncer à la prescription. Quand y a-t-il lieu à la prescription? Quand le créancier n'agit point; les auteurs disent que, dans ce cas, on présume que le créancier n'a pas eu de droit ou que son droit est éteint; sans admettre ces présomptions, on peut dire que le droit du créancier est douteux; et quand il y a doute sur l'existence de la dette, dira-t-on que l'administrateur a néanmoins le droit de la reconnaître et d'interrompre la prescription au profit du créancier? En agissant ainsi, il renonce à un droit éven-

(1) Aubry et Rau, t. II, p. 355 et suiv., et notes 45 et 46, § 215.

tuel que la prescription aurait donné à celui dont il administre les biens ; or, un administrateur n'a jamais le droit
de renoncer. Cela nous paraît décisif.

125. La jurisprudence que l'on invoque n'est pas unanime. Il y a un arrêt de la cour de cassation qui décide
que la prescription est interrompue par des lettres éma-
nées du tuteur de l'héritier du débiteur, lettres par lesquelles il demandait délai pour payer (1). La décision n'est
pas motivée et, de plus, elle est très-mal rédigée ; car elle
porte que, dans l'espèce, la prescription était interrompue
par les aveux et reconnaissances des *parties* ; or, la question est précisément de savoir si l'aveu du tuteur peut être
invoqué contre le mineur en matière de prescription.

Un arrêt plus récent de la cour de cassation décide que
le règlement de la dette consenti par le mandataire conventionnel peut être opposé au mandant, et interrompt, par
conséquent, la prescription (2). Cela n'est pas douteux si le
mandataire a pouvoir de régler. C'est donc toujours au
pouvoir qu'il faut recourir : or, le mandataire conventionnel ne peut faire des actes de propriété qu'en vertu d'un
mandat exprès. Et renoncer à un droit du mandant est
certainement un acte de propriété, en ce sens que le mandataire n'a pas qualité de renoncer, sinon en vertu d'un
pouvoir exprès. Ne faut-il pas en dire autant de l'administrateur légal, dont les pouvoirs sont limités par la loi aux
actes d'administration ? Cela implique des actes nécessaires
ou avantageux ; or, renoncer à une prescription commencée
n'est ni nécessaire ni utile. Que l'administrateur laisse courir la prescription, sauf à celui dont il gère les intérêts à
y renoncer quand il aura la pleine capacité de ses droits.
Si la prescription, comme on le dit, est une affaire de conscience, il y a une raison de plus pour laisser au débiteur,
maître de ses droits, la décision sur le point de savoir s'il
veut ou non s'en prévaloir ; l'administrateur doit s'abstenir,
car ce n'est pas d'après sa conscience qu'il doit agir, et il
n'a aucune qualité pour agir d'après la conscience de celui

(1) Rejet. 26 juin 1821 (Dalloz, au mot *Prescription*, n° 604.)
(2) Rejet, 5 février 1872 (Dalloz, 1872, 1, 246).

dont il gère les intérêts. Ce que nous disons de l'administrateur des biens d'autrui doit s'appliquer, par analogie, aux incapables qui ont seulement le pouvoir d'administrer, sans avoir celui de disposer.

Il y a des arrêts qui sont conformes à notre opinion. La femme s'oblige en vertu du mandat tacite qui est donné à toute femme mariée par le fait du mariage. A-t-elle aussi le pouvoir de reconnaître cette dette et d'interrompre la prescription? La cour de Douai a jugé que la femme, ayant pouvoir de contracter la dette, a aussi capacité pour la reconnaître (1). Dans l'espèce, il s'agit d'un mandat conventionnel, quoique tacite; ce mandat, très-étendu, donne à la femme le droit de faire tout ce que le mari pourrait faire comme chef de la société conjugale. Si l'on tient compte de ce qu'il y a de spécial dans ce mandat, on peut justifier la décision de la cour de Douai.

Dans une autre affaire, le mari a été considéré comme le représentant de la femme. Il s'agissait d'une dette contractée pour l'éducation d'un enfant commun. Nous avons examiné ailleurs les difficultés qui se présentent dans cette matière (t. III, nos 43 et 44). La cour de Nîmes pose en principe que la femme est obligée, solidairement avec le mari et même sur ses biens dotaux, des frais d'éducation des enfants communs. Ainsi formulé, le principe est très-contestable. Si on l'admet, on doit en conclure, avec la cour, que le mari a le droit de régler seul les dettes contractées pour l'éducation de l'enfant, et, par suite, que la reconnaissance qu'il en fait interrompt la prescription, même à l'égard de la femme (2).

126. La reconnaissance peut être expresse ou tacite. C'est l'application du droit commun; en effet, la reconnaissance est une renonciation, donc la manifestation d'une volonté, et la volonté ou le consentement peut se manifester ou expressément ou tacitement. La reconnaissance expresse se fait par paroles, sans être assujettie à une forme quelconque. Au titre des *Obligations,* il est question

---

(1) Douai, 24 décembre 1833 (Dalloz, 1847, 2, 59).
(2) Nîmes, 26 juillet 1853 (Dalloz, 1853, 2, 247).

dès actes récognitifs ; ces actes doivent être faits dans les formes prescrites par l'article 1337, pour tenir lieu de l'acte primordial. La cour de cassation cite cette disposition comme exemple d'une reconnaissance expresse (1). Il est certain que le débiteur qui souscrit un acte récognitif fait une reconnaissance de la dette ; ce qui interrompt la prescription au profit du créancier. Mais de là il faut se garder de conclure que la reconnaissance doive être faite dans les formes de l'article 1337. La reconnaissance de l'article 2248 n'a rien de commun avec l'acte récognitif de l'article 1337 ; quand il s'agit de l'interruption de la prescription, il suffit d'une expression quelconque de la volonté du débiteur de ne pas se prévaloir du temps pendant lequel la prescription a couru en sa faveur. Nous disons une expression quelconque, car la loi ne prescrit rien à cet égard, elle ne dit pas même que la reconnaissance peut être expresse ou tacite ; si on l'admet, c'est en vertu du droit commun, et c'est encore le droit commun qui décide qu'il n'y a point de forme spéciale pour la validité d'une manifestation expresse de volonté.

On trouve un exemple d'une reconnaissance expresse dans un arrêt de la cour de cassation. Il s'agissait du droit de pâturage qu'une commune réclamait dans une forêt appartenant à la duchesse d'Uzès. La cour de Dijon avait décidé, en fait, qu'il résultait d'un bail de 1804, d'un nouveau bail de 1810 et d'un écrit signifié en 1830, pendant le procès, la preuve des droits de pâturage réclamés par la demanderesse et la preuve de l'exercice de ces droits aux époques où ces actes avaient eu lieu, tous actes émanés de la duchesse ; il y avait donc interruption de la prescription par la reconnaissance écrite des droits de la commune ; partant, la duchesse ne pouvait se prévaloir de l'extinction de ces droits par prescription (2).

127. Les offres réelles suivies de consignation équivalent à un payement et, par conséquent, contiennent une

---

(1) Rejet, 25 février 1863 (Dalloz, 1864, 1, 233).
(2) Rejet, 24 mai 1841 (Dalloz, au mot *Prescription*, n° 572). Comparez Rejet, cour de cassation de Belgique, 9 février 1850 (*Pasicrisie*, 1850, 1, 261).

reconnaissance expresse des droits du créancier. Il va sans dire qu'il n'est pas nécessaire que les formes prescrites au titre des *Obligations* pour la validité des offres réelles soient observées pour qu'il y ait reconnaissance. Il ne faut pas même que les offres soient réelles, car il ne s'agit pas d'offres valant payement; les offres ne sont invoquées que comme expression de la volonté du débiteur de reconnaître le droit du créancier; or, il est certain que celui qui fait des offres verbales à son créancier reconnaît ses droits (1). Les offres, réelles ou non, interrompraient la prescription, lors même qu'elles seraient révoquées; en effet, l'offre est un aveu de la dette; si elle est révoquée avant d'avoir été acceptée, tout ce qui en résulte, c'est qu'elle n'équivaudra pas à un payement; mais l'aveu du débiteur n'en subsiste pas moins, car cet aveu est indépendant de l'acceptation du créancier. Cela a été jugé par la cour de cassation (2). Il y a un autre arrêt de la même cour qui paraît contraire à cette décision; elle a jugé que les offres conditionnelles d'une partie de la dette faites par le débiteur n'interrompent pas la prescription lorsqu'elles ont été retirées avant leur acceptation (3). La contradiction n'est qu'apparente; quand une offre est conditionnelle, elle implique la nécessité de l'acceptation; si elle n'est pas acceptée, l'offre tombe, et, l'acceptation ne pouvant plus avoir lieu après que l'offre a été rétractée, il en résulte que l'offre est considérée comme non avenue; vainement disait-on qu'il y avait eu aveu; non, l'aveu était fait sous condition; la condition manquant, il n'y avait jamais eu d'aveu. Nous ajouterons que le second arrêt est conçu en termes trop laconiques et trop généraux, il n'y est pas même fait mention de condition; de sorte que, pris à la lettre, l'arrêt serait en contradiction avec celui de 1865. C'est un reproche que l'on peut faire à plus d'un arrêt de la cour suprême; la précision est sans doute une qualité du style juridique, mais il ne faut point que la clarté en souffre.

128. La reconnaissance peut se faire par lettres ou

---

(1) Vazeille, n° 221. Aubry et Rau, t. II, p. 355, et note 43, § 215.
(2) Rejet, 30 janvier 1865 (Dalloz, 1865, 1, 235).
(3) Rejet, 4 janvier 1842 (Dalloz, au mot *Prescription*, n°ˢ 486 et 584).

être purement verbale. Tout le monde est d'accord sur ce point. En principe, cela est incontestable, la seule difficulté est celle de la preuve; nous y reviendrons. Les lettres ont donné lieu à bien des contestations, parce qu'il est rare qu'elles aient la précision requise en droit. Nous avons dit, au titre des *Obligations,* que, d'après la rigueur du droit, les lettres ne sont pas une preuve, puisqu'elles ne constituent pas un *acte;* la tradition les admet néanmoins comme preuve de la reconnaissance du débiteur ou du possesseur. On peut concilier la tradition avec notre principe (1). Le code ne prescrit pas de formalités pour la validité des actes sous seing privé, sauf les dispositions particulières des articles 1325 et 1326. Or, la reconnaissance ne rentre dans aucune de ces dispositions; elle reste donc sous l'empire du droit commun, d'après lequel un écrit a force probante par cela seul qu'il est signé. Par application de ce principe, on doit admettre les lettres comme preuve des faits juridiques unilatéraux, sans autre condition que la signature. Quant à l'interprétation des lettres, elle appartient au juge du fait; de là les décisions, en apparence contradictoires, que la cour de cassation confirme, en ce sens qu'elle rejette le pourvoi, mais sans entendre approuver l'interprétation admise par l'arrêt attaqué. Il serait inutile d'entrer dans la discussion de ces arrêts, tout dépendant des circonstances de la cause (2).

129. La reconnaissance peut être tacite. Dunod donne des exemples: « Si le débiteur paye une partie du capital ou les arrérages sans protestation; s'il prête caution ; s'il demande du délai pour payer ; s'il donne au créancier la jouissance du fonds hypothéqué ; s'il donne charge de le payer, quoique en son absence (3). » Il est inutile de multiplier ces exemples; la reconnaissance tacite est aussi une question de fait, dont la solution est abandonnée à l'appréciation du juge. La jurisprudence de la cour de cassation

(1) D'Argentré, Coutume de Bretagne, art. 266. *Interruption,* chap. V, n° 3, p. 1051.
(2) Rejet, 21 décembre 1830 et 11 mai 1842 (Dalloz, au mot *Prescription,* n° 573). Comparez Douai, 29 mai 1852 (Dalloz, 1855, 2. 264), et Montpellier, 15 mai 1872 (Dalloz, 1874, 2, 165).
(3) Dunod, part. I, ch. IX, p. 58.

est conforme à la doctrine traditionnelle. Elle a jugé que le payement des arrérages d'une rente (1), ou des intérêts d'un capital, en tout ou en partie, suffit pour interrompre la prescription (2), parce que ce payement implique reconnaissance de la dette. Il en est de même d'un payement fait à titre d'*à-compte* (3). La cour de cassation n'est-elle pas allée trop loin en admettant même des présomptions de payement? Sur la demande en payement des arrérages d'une rente, le débiteur.offre de payer les termes échus, à partir d'une certaine époque antérieure à la demande; il a été jugé qu'il doit être réputé avoir payé les arrérages jusqu'à cette époque, et cette prestation présumée a été admise comme interruption de la prescription (4). Il y avait certainement une grande probabilité, mais une probabilité n'est pas une présomption légale, et les présomptions de fait ou de l'homme sont rarement admissibles, comme nous le dirons plus loin.

130. Comment se fait la preuve de la reconnaissance interruptive de la prescription? D'après le droit commun, puisque la loi n'y déroge point. De là suit que la preuve testimoniale n'est pas admissible quand l'objet du litige dépasse la somme ou la valeur de 150 francs, à moins qu'il ne s'agisse d'une dette commerciale, dont la preuve se fait par témoins et, partant, par présomptions (5). Qu'est-ce qui forme l'objet du litige quand il s'agit d'une rente et que le créancier demande à prouver que les arrérages ont été payés, et que ce payement interrompt la prescription? L'objet du litige n'est pas le fait que des arrérages ont été payés, c'est la reconnaissance du droit du crédirentier, et ce droit consiste dans le droit à la rente, c'est-à-dire dans l'obligation du capital, dont les arrérages sont le produit. La cour de cassation en a déduit cette conséquence que les payements successifs des arrérages d'une rente ne peuvent être prouvés par témoins, bien que chaque payement soit

---

(1) Rejet, 15 mai 1822 (Dalloz, au mot *Prescription,* n° 595, 1°).
(2) Rejet, 15 juillet 1875 (Dalloz, 1877, 1, 324).
(3) Cassation, 29 janvier 1838.
(4) Rejet, 3 juin 1835 (Dalloz, au mot *Prescription,* n° 595, 4°).
(5) Cassation, 17 novembre 1858 (Dalloz, 1858, 1, 459). Dans le même sens, Bruxelles, 19-26 octobre 1842, *Pasicrisie,* 1842, 2, 311).

au-dessous de 150 francs, quand le capital même de la rente est supérieur à cette somme. C'est l'application des principes qui régissent la preuve testimoniale (1).

131. La preuve testimoniale est admise lorsqu'il y a commencement de preuve par écrit. Sur ce point encore, on doit appliquer les principes généraux que nous avons exposés au titre des *Obligations* (2). Les tribunaux se montrent très-faciles à admettre la preuve testimoniale, parce que c'est souvent la seule preuve possible, et la prescription est d'ordinaire mal vue; de là vient que l'on accueille trop facilement l'exception d'interruption. C'est ce qu'a fait la cour de Toulouse, dont l'arrêt a été cassé dans l'espèce que nous venons de rapporter. Le débiteur primitif de la rente était décédé; par suite, l'obligation s'était divisée entre ses héritiers, chacun d'eux n'étant tenu que pour sa part et portion. En réalité, il y a alors autant de dettes que d'héritiers; l'un d'eux fit un aveu dans un interrogatoire sur faits et articles; le créancier pouvait l'invoquer contre lui à titre de commencement de preuve par écrit, et compléter cette preuve par des témoignages. La cour alla plus loin; elle admit la preuve testimoniale contre les autres héritiers, par le motif que la cause présentait un commencement de preuve par écrit. C'était une violation manifeste de l'article 1347, puisque la cour admettait, à titre de commencement de preuve par écrit, des actes qui n'étaient pas émanés des parties auxquelles on les opposait. L'arrêt fut cassé de ce chef.

132. La preuve testimoniale est encore admise par exception quand le créancier a été dans l'impossibilité de se procurer une preuve littérale. Y a-t-il lieu à cette exception en matière d'interruption de prescription? Quand il s'agit d'une rente, non, puisque le créancier a un moyen très-facile d'interrompre la prescription par une preuve littérale; après vingt-huit ans de la date du dernier titre,

---

(1) Rejet, 15 juillet 1875 (Dalloz, 1877, 1, 323.)
(2) Il a été jugé, par application de ces principes, que l'interrogatoire sur faits et articles pouvait fournir un commencement de preuve par écrit, ce qui rend la preuve testimoniale admissible. (Rejet, 20 novembre 1839, Dalloz, au mot *Prescription*, n° 609.)

le débiteur peut être contraint à fournir, à ses frais, un titre nouvel à son créancier ou à ses ayants cause. La cour de cassation en a induit que le crédirentier ne pouvait être reçu à faire la preuve testimoniale du payement des arrérages; nul n'étant admis à prouver par témoins ce dont il a pu se procurer une preuve écrite. Le créancier pouvant exiger un titre, c'est par titre qu'il doit établir que le droit qu'il réclame existe encore au jour de la demande. La cour de Douai avait admis la preuve testimoniale par le motif qu'il s'agissait d'un droit de terrage, droit qu'elle considérait comme immobilier, d'où elle concluait que les articles 1341 et suivants n'étaient pas applicables. C'était une double erreur; les droits de terrage ont été mobilisés comme toutes les anciennes redevances, et la loi ne distingue pas quant à la nature du droit ni quant à la preuve, si la rente est payable en argent, ou si elle est payable en fruits provenant de la récolte du fonds assujetti. La décision a été cassée (1).

La cour de Bruxelles s'est aussi écartée de la rigueur du principe en admettant la preuve pour cause d'impossibilité morale. Il s'agissait d'une action en pétition d'hérédité; les défendeurs opposèrent la prescription. Les demandeurs prétendirent que la prescription avait été interrompue; notamment que des intérêts avaient été perçus et partagés entre eux et les défendeurs; qu'un capital avait été remboursé et partagé également. Le premier juge admit la preuve de ces faits, en excluant néanmoins celle par témoins. Sur l'appel, la cour déclara la preuve testimoniale admissible, parce qu'il y avait eu impossibilité morale pour les demandeurs de se procurer une preuve littérale, leur position sociale (ils plaidaient *pro Deo*) ne leur permettant pas de l'exiger (2). C'est violer la loi sous couleur de l'interpréter; la pauvreté n'est pas une impossibilité morale, puisqu'elle n'empêchait pas les demandeurs d'agir, et pouvant agir en justice, ils pouvaient aussi contraindre leurs cohéritiers à passer des actes par écrit.

---

(1) Cassation, 28 juin 1854 (Dalloz, 1854, 1, 220).
(2) Bruxelles, 10 juin 1840 (*Pasicrisie*, 1842, 2, 13).

133. Les auteurs discutent la question de savoir si celui qui invoque l'interruption de la prescription est admis à prouver les faits interruptifs en déférant le serment à la partie adverse? L'affirmative est certaine, puisque tel est le droit commun, et la loi n'y déroge point. Il est vrai que le serment ne peut pas être déféré à ceux qui opposent la prescription, sur la question de savoir si la chose a été réellement payée (art. 2275); mais le principe n'a rien de commun avec notre question. Le débat ne porte pas sur le point de savoir si celui qui oppose la prescription a payé; il s'agit de savoir si le débiteur a reconnu le droit du créancier, et si, par suite, la prescription a été interrompue. Peu importe que le créancier invoque le payement des arrérages; dans le cas de l'article 2275, il veut s'en prévaloir pour soutenir que la prescription, quoique acquise, ne peut lui être opposée, ce que la loi ne permet point; dans notre espèce, au contraire, le créancier soutient qu'il n'y a pas eu prescription, parce qu'elle a été interrompue, et la preuve de l'interruption se fait d'après le droit commun (1).

134. Une autre question a été très-souvent débattue devant les tribunaux, surtout en Belgique. Le créancier reçoit le payement des intérêts ou d'une partie du capital, il donne quittance. Puis le débiteur nie avoir payé. Comment le créancier prouvera-t-il le payement? Les créanciers soigneux ont l'habitude d'inscrire, dans des registres domestiques ou livres de raison, les sommes qu'ils reçoivent; peuvent-ils se prévaloir de ces mentions pour établir le payement, et, par suite, l'interruption de la prescription? La négative est écrite dans le texte de la loi; aux termes de l'article 1331, les registres et papiers domestiques ne font point un titre pour celui qui les a écrits. Cela décide la question, si question il y a. Elle a cependant été portée devant la cour de cassation; il a été jugé que les registres et papiers domestiques ne peuvent être invoqués par celui qui les a écrits ou par ses héritiers, quand ils

---

(I) Marcadé, t. VIII, p. 145, n° X de l'article 2248. Leroux de Bretagne, t. I, p. 328, n° 459.

constatent un payement fait par le débiteur, à l'effet de prouver que la prescription a été interrompue (1).

La jurisprudence des cours de Belgique est contraire. On lit dans un arrêt de la cour de Bruxelles : « Il est admis, en jurisprudence, que les annotations faites par le créancier sur les registres ou livres de raison font preuve des payements qu'il a reçus du débiteur lorsqu'il conste d'ailleurs de la dette, que le créancier est un homme de probité, et qu'il ne s'agit que d'interrompre la prescription. » La cour ajoute que cela est surtout admis quand les mentions sont faites par le receveur d'une communauté, fabrique ou toute autre société (2). *Il est admis en jurisprudence!* Reste à savoir si la jurisprudence a le droit d'admettre ce que la loi réprouve. L'arrêt que nous venons de citer ne donne aucun motif : on dirait que la jurisprudence tient lieu de loi, que dis-je? qu'elle est supérieure à la loi. Quand le créancier inscrit sur ses registres un payement qu'il a reçu, cette mention fait preuve contre lui. Mais peut-il aussi l'invoquer contre le débiteur? On dit que le créancier ne s'en prévaut pas pour se faire un titre d'une obligation à charge du débiteur; l'obligation existe, mais le débiteur prétend qu'elle est prescrite; le créancier qui lui oppose l'interruption entend seulement conserver un droit qui lui appartient. Sans doute il y a une nuance, et le législateur aurait pu en tenir compte pour admettre la preuve testimoniale à l'appui de cette preuve incomplète ou irrégulière; mais il ne l'a pas fait. On invoque la moralité du créancier et l'ordre qu'il tient dans ses écritures (3). Ces conditions que l'on exige pour que les mentions fassent foi témoignent contre la doctrine que la jurisprudence a consacrée; en effet, elles prouvent que cette doctrine est extralégale : c'est le juge qui fait la loi.

Dans un autre arrêt, la cour de Bruxelles dit que les mentions libératoires font foi en faveur du créancier « lors-

---

(1) Rejet, 11 mai 1842 (Dalloz, au mot *Prescription*, n° 608, 2°). Aubry et Rau, t. II, p 356, note 49, § 215.
(2) Bruxelles, 26 mai 1820 (*Pasicrisie*, 1820, p. 139).
(3) Bruxelles, 18 octobre 1821 (*Pasicrisie*, 1821, p. 476, et les observations de l'arrêtiste).

que d'autres adminicules de preuve viennent à l'appui de
ces annotations ». Voilà encore une fois une loi nouvelle.
Les mentions prouvent contre le créancier; c'est tout ce
que le code dit; la cour ajoute à la loi et la contredit en
décidant que les mentions prouvent en faveur du créancier, car si ce n'est pas un titre qu'il se crée, c'est un titre
qu'il sauve de la prescription. La cour ajoute qu'à plus
forte raison on doit considérer comme preuve du payement
les annotations faites par un receveur, car on ne peut admettre que celui-ci ait voulu se charger en recette de
sommes qu'il n'aurait pas touchées (1). Cette circonstance
est, en effet, l'un des faits que le législateur aurait dû
prendre en considération pour régler la preuve en matière
d'interruption de prescription; mais il ne l'a point fait, et
il n'appartient pas à l'interprète d'admettre des preuves
que la loi ignore.

Il y a un arrêt en sens contraire de la même cour. Dans
l'espèce, le créancier avait inscrit les mentions libératoires
sur les pages blanches d'un almanach, circonstance tout à
fait indifférente au point de vue des principes, puisque la
loi met sur la même ligne les registres et toute espèce de
papiers domestiques. Cependant la cour n'a pas admis ces
annotations comme preuve des payements qu'elles constataient, et elle donne comme motif le texte de la loi
(art. 1331) (2). La décision est en contradiction avec les arrêts que nous venons de rapporter, mais elle est conforme
au texte du code et aux vrais principes.

C'est la tradition qui aura égaré les cours. Un édit de
Charles-Quint du 10 octobre 1522 permettait au créancier
d'établir l'existence des rentes et, à plus forte raison, le
payement des arrérages, par une suite d'annotations sur
les registres et sur les comptes. En France, on admettait
la preuve testimoniale (3). Les cours perdaient de vue que

____

(1) Bruxelles, 27 août 1814 (*Pasicrisie*, 1814, p. 213); 12 février 1824
(*Pasicrisie*, 1824, p. 45); 6 janvier 1827 (*Pasicrisie*, 1827, p. 200); 12 février 1829 (*Pasicrisie*, 1829, p. 57); Liége, 9 juillet 1832 (*Pasicrisie*, 1832,
p. 202); Bruxelles, 23 février 1835 (*Pasicrisie*, 1835, p. 71); Liége, 12 fe-
vrier 1838 (*Pasicrisie*, 1838, p. 33); Bruxelles, 1er juillet 1840 (*Pasicrisie*,
1841, 2, 159).
(2) Bruxelles, 13 juillet 1826 (*Pasicrisie*, 1826, p. 230).
(3) Denizart, au mot *Rente foncière*.

l'ancien droit est abrogé. C'est un des nombreux exemples qui attestent combien est grande la puissance de la tradition dans la pratique du droit. L'erreur est évidente quand on invoque l'ancien droit dans une matière régie par le code civil. La côur de Gand a rétabli les vrais principes ; elle avoue que les tribunaux s'en sont écartés à cause de la faveur que l'on accorde à l'interruption de la prescription (1).

135. L'article 2263 donne au créancier d'une rente le moyen d'interrompre le cours de la prescription sans qu'il doive prouver le payement des arrérages. Après vingt-huit ans de la date du dernier titre, le débirentier peut être contraint de fournir à ses frais un titre nouvel à son créancier ou à ses ayants cause. Cette disposition est spéciale à la rente, c'est-à-dire à une dette dont le capital n'est pas exigible et qui ne donne au créancier qu'un droit aux arrérages. C'est surtout dans ce cas qu'il y avait danger pour le créancier de voir son droit prescrit, bien que les arrérages fussent régulièrement payés ; si le débiteur de mauvaise foi niait le payement, le créancier n'avait aucun moyen de le prouver, la preuve testimoniale n'étant pas admissible à raison du montant du litige. Quand il s'agit d'un capital productif d'intérêts, le même danger n'existe point, parce que la durée ordinaire des prêts ne dépasse guère dix ans. Alors même que la convention porterait que le capital ne pourra être exigé qu'après un terme excédant trente ans, le créancier n'aurait pas le droit d'exiger un titre nouvel. L'article 2263 est une exception ; régulièrement le débiteur ne doit fournir qu'un seul titre à ses frais ; si le débirentier doit en fournir un tous les vingt-huit ans, c'est par dérogation au droit commun ; or, les exceptions ne peuvent être étendues, ce serait imposer au débiteur une obligation que la loi ne lui impose point (2).

136. On a tiré de l'article 2263 une singulière conséquence : c'est que le créancier ne pourrait prouver l'interruption de la prescription que par un titre nouvel. C'est

(1) Gand, 31 décembre 1835 (*Pasicrisie*, 1835, 2, 383).
(2) Aubry et Rau, t. II, p. 357, et note 52, et les autorités qu'ils citent.

faire dire au législateur le contraire de ce qu'il a voulu dire. Le but de la loi est de venir en aide au créancier qui n'a pas de preuve légale du payement des arrérages, mais s'il en a une, le titre nouvel devient inutile. Ainsi le créancier prend soin, à chaque payement que lui fait le débiteur, de retirer une contre-quittance par laquelle le débiteur déclare avoir payé; le crédirentier ayant une preuve littérale de l'interruption de la prescription, il est inutile qu'il fasse dresser un titre nouvel; ce seraient des frais frustratoires à charge du débiteur. Et il est assez étrange de voir le débiteur tourner contre le créancier, d'abord la disposition de l'article 2263 qui n'a été faite qu'en sa faveur, puis le soin que le crédirentier a eu de se procurer une preuve littérale, ce qui tourne au bénéfice du débiteur. Il va sans dire que cette mauvaise interprétation n'a pas trouvé faveur (1).

§ IV. *Des effets de l'interruption.*

Nº I. A QUEL DROIT L'INTERRUPTION S'APPLIQUE-T-ELLE ?

137. Il y a un vieil adage qui dit que l'interruption ne s'étend pas d'une chose ni d'une quantité à une autre (2). Je possède un champ comme propriétaire, en ce sens que j'ai commencé par l'usucaper. Le propriétaire m'expulse d'une partie du fonds et la possède pendant une année. Ma prescription est interrompue pour la partie de l'héritage dont j'ai été dépossédé, mais j'ai continué l'usucapion du fonds dont je suis resté en possession. La raison de l'adage, dans ce cas, est que le propriétaire n'a affirmé son droit que pour la partie de l'immeuble dont il s'est emparé; et moi je ne puis invoquer une possession que j'ai perdue par mon inaction; or, la prescription est fondée sur la possession; voilà pourquoi je puis l'invoquer pour le fonds que je n'ai pas cessé de posséder.

138. Il en est de même de l'interruption civile. Je suis

---

(1) Voyez les citations dans Aubry et Rau, t. II, p. 357, note 51, § 215.
(2) *Non fit interruptio de re ad rem, nec de quantitate ad quantitatem* (Leroux de Bretagne, t. I, p. 369, nᵒˢ 530-532).

créancier d'une somme de 1,000 francs pour cause de prêt, et d'une autre somme de 1,000 francs également pour cause de prêt. Je réclame contre le débiteur le payement de l'une des dettes; la prescription de celle-là sera interrompue, la prescription de l'autre continuera à courir (1). La raison de l'adage est toujours que le motif de la prescription n'existe point pour l'un des droits, tandis qu'il existe pour l'autre. On suppose que le créancier ne réclame pas le payement de l'une des dettes pendant trente ans; son droit est éteint, parce qu'il est resté trente ans sans agir; mais son droit est conservé pour l'autre dette, parce qu'il n'est pas resté trente ans sans agir.

139. L'adage traditionnel ne s'applique pas au cas où un droit unique donne lieu à deux actions ; telle est la dette d'un capital portant intérêts, ou d'une rente productive d'arrérages. S'agit-il d'un prêt, le créancier interrompt la prescription du capital en reclamant les intérêts, car il n'a droit à des intérêts que si le capital lui est dû; demander les intérêts, c'est donc agir en vertu du droit au capital. Si le créancier demande le capital, il interrompt la prescription pour les intérêts, car l'interruption conserve la créance avec ses accessoires, les accessoires ne faisant qu'une seule et même dette avec le capital. Il en est de même pour les rentes : le crédirentier, en règle générale, ne peut pas demander le remboursement du capital, il n'a droit qu'aux arrérages; mais la demande des arrérages interrompra la prescription du droit à la rente (2).

140. Le principe traditionnel reçoit encore une autre exception plus importante. D'Argentré dit qu'il ne s'applique pas aux actions universelles (*judicia universalia*) : telles sont les actions en pétition d'hérédité, en partage d'une succession, en liquidation d'une société. Quel est l'objet du demandeur dans la pétition d'hérédité? C'est d'être reconnu comme héritier, et d'obtenir ensuite ce qui lui revient, en cette qualité, dans les biens délaissés par le défunt. Doit-il, pour interrompre la prescription contre

---

(1) Riom, 2 décembre 1816 (Dalloz, au mot *Prescription*, n° 673).
(2) Leroux de Bretagne, t. I, p. 370, n° 537.

ceux qui possèdent les objets héréditaires, comprendre chacun de ces objets dans sa demande ? Non ; par cela seul qu'il sera reconnu comme héritier, son droit aux objets de l'hérédité sera également reconnu ; donc son action en pétition d'hérédité comprend tous les biens héréditaires auxquels il a droit en sa qualité d'héritier (1). Nous avons déjà vu une conséquence de ce principe (n° 90) consacré par la jurisprudence. Voici d'autres applications du même principe, qui est admis par tout le monde, bien qu'on le formule d'une manière diverse.

Demande en partage. Le demandeur conclut formellement à la restitution des fruits échus depuis 1771. Jugement, passé en force de chose jugée, qui décide que les fruits ne devaient pas être restitués depuis l'ouverture de la succession en 1748 jusqu'en 1771, par le motif qu'il était intervenu ce jour-là une transaction sur les fruits échus jusqu'à cette époque. Nouveau débat sur la restitution des fruits échus depuis 1771, que le jugement n'ordonnait pas ; on en conclut qu'il y avait prescription. La cour de cassation répond que la restitution des fruits, demandée en termes formels, était implicitement et nécessairement renfermée dans la disposition principale qui ordonnait le partage de la succession, puisque la procédure de partage soumet les cohéritiers à tous prélèvements, restitution de fruits, rapports et comptes que les cohéritiers peuvent respectivement se devoir. De là la cour conclut que la prescription ne pouvait être opposée à la restitution de fruits, puisque le jugement qui ordonnait le partage était précisément celui qu'il s'agissait d'exécuter, les parties ayant elles-mêmes consenti à cette exécution (2).

Demande de liquidation des successions de père et mère communs. Il n'est pas fait mention dans la demande d'une opération commerciale, vente de vins. On oppose la prescription de ce chef, trente ans s'étant écoulés depuis cette vente ; mais la demande en liquidation avait été formée avant que les trente années fussent accomplies. La cour

_____

(1) D'Argentré, sur l'article 266 de la Coutume de Bretagne (De l'interruption, chap. VI, n° 8, p. 1057).
(2) Cassation, 6 décembre 1852 (Dalloz, 1853, 1, 50).

de Bordeaux décida qu'il n'y avait pas lieu à prescription, puisqu'elle avait été interrompue par la demande en liquidation, laquelle renfermait nécessairement la demande de procéder à tous les comptes qui y étaient relatifs (1).

141. On admet encore comme principe, en cette matière, que l'interruption ne s'étend pas d'une action à une autre. Ce principe, emprunté à d'Argentré (2), se confond, en réalité, avec celui que nous venons d'exposer, à savoir que la prescription ne s'étend pas d'une chose à une autre, car on suppose qu'il y a eu action, ou interruption à l'égard de l'une des choses; le principe, dans sa généralité, comprend donc les divers droits qui peuvent appartenir à celui qui a interrompu la prescription; or, quand l'interruption est civile, il résulte de la nature même de l'acte judiciaire qu'il ne peut avoir d'effet que relativement au droit qui a fait l'objet de la demande. Nous renvoyons à ce qui a été dit plus haut.

La jurisprudence a fait de nombreuses applications de ce principe. Demande en partage de biens héréditaires. Le demandeur fonde son action sur son titre d'héritier *ab intestat;* on lui oppose la prescription trentenaire. Il soutient que la prescription a été interrompue par l'action qu'il a intentée en vertu d'un testament qui lui avait légué une somme d'argent pour lui tenir lieu de sa légitime. Il a été jugé que le successible avait deux actions : l'une réelle, dérivant de la loi et de la nature, et ayant pour objet les corps héréditaires : l'autre personnelle, dérivant du testament et ayant pour objet une somme d'argent. Ces deux actions étant tout à fait distinctes par leur cause et par leur objet, l'interruption de la prescription de l'une ne pouvait être étendue à l'autre (3).

Action en nullité ou en résolution d'un acte translatif de propriété formée contre l'acquéreur. L'interruption de la prescription qui en résulte s'étend-elle à l'action en délaissement contre le tiers détenteur? Non, car les deux actions sont distinctes. La première résulte du contrat intervenu

(1) Bordeaux, 18 juillet 1840 (Dalloz, au mot *Prescription*, n° 672).
(2) D'Argentré, art. 266 (*De l'interruption*, ch. VI. n° 8. p. 1042). Leroux de Bretagne, t. I, p. 371, n° 539. Aubry et Rau, t. II, p. 357, § 215.
(3) Nîmes. 6 mars 1832 (Dalloz, au mot *Prescription*. n° 665).

entre les parties, c'est une action personnelle; la seconde est réelle, puisque c'est une action en revendication. C'est donc le cas d'appliquer le principe que la prescription ne s'étend pas d'une action à l'autre (1).

142. Le principe que l'interruption ne s'étend pas d'une action à l'autre reçoit exception quand l'action qui a été interrompue comprend virtuellement celle que l'on prétend prescrite pour n'avoir pas été exercée. Vente de plusieurs immeubles, et abandon, par le vendeur, à l'acquéreur d'autres immeubles à titre précaire. Les héritiers du vendeur assignent le détenteur en délaissement tant des immeubles à lui vendus que de ceux qu'il possédait précairement. Le défendeur délaissa ces derniers, mais il retint les premiers en vertu de son contrat de vente. D'abord les héritiers nièrent qu'il y eût vente, puis ils en demandèrent la nullité comme ayant eu lieu sans prix. On leur opposa la prescription, l'action en nullité de la vente ayant été intentée plus de trente ans depuis le jour du contrat. La cour de Montpellier rejeta la prescription, par le motif que la demande en délaissement des immeubles formée par les héritiers se fondait nécessairement sur tous les moyens propres à faire cesser l'indue possession du détenteur, et renfermait virtuellement la demande en nullité de cet acte, laquelle devait être considérée comme formée dès l'année 1784, quoiqu'elle n'eût été libellée qu'en l'année 1812. Pourvoi en cassation. Le demandeur soutint que les deux actions en délaissement et en nullité étaient essentiellement distinctes; on peut bien dire que l'action en nullité de la vente implique la demande en délaissement, mais l'action en délaissement ne comprend pas l'action en nullité. La chambre des requêtes rejeta le pourvoi. « Sous quelque rapport, dit la cour, que l'on envisage l'assignation en délaissement des objets litigieux, il est impossible de ne pas y voir un trouble à la possession du détenteur; or, le trouble de droit interrompt la prescription aussi bien que le trouble de fait (2). » L'arrêt pourrait être rédigé

---

(1) Voyez les arrêts cités par Aubry et Rau, t. II, p. 358, note 59, § 215.
(2) Rejet, 23 novembre 1820 (Dalloz, au mot *Prescription*, n° 657). Voyez d'autres applications dans Leroux de Bretagne, t. I, p. 372, n° 539.

avec plus de précision. Le code ne dit pas que le *trouble de droit* interrompt la prescription; il définit les actes qui constituent le trouble; le plus habituel de ces actes est la citation en justice, mais la citation en justice n'interrompt la prescription qu'à l'égard du droit qui fait l'objet de la demande. Or, dans l'espèce, il n'était pas question de nullité de la vente. Il fallait donc prouver que l'action en délaissement comprenait virtuellement celle en nullité. Cela n'était guère douteux; en effet, le demandeur concluait au délaissement de tous les immeubles que le défendeur détenait en vertu de l'acte de 1766; or, demander le délaissement d'immeubles possédés en vertu d'un acte de vente, c'est demander implicitement la nullité de la vente, puisque le possesseur ne pouvait être tenu à délaisser que si la vente était nulle.

143. La prescription de l'action hypothécaire est interrompue par la sommation faite au tiers détenteur de délaisser ou de payer. Cette interruption s'étend-elle à l'action personnelle que le créancier a contre le débiteur? Non, puisque les deux actions sont distinctes, et l'on ne peut pas dire que l'une implique l'autre. De là suit que le tiers détenteur pourra se prévaloir de l'extinction de l'action personnelle par la prescription, quoique l'action hypothécaire ait été conservée par l'interruption. Le créancier a deux droits distincts, et il doit conserver l'un et l'autre en interrompant la prescription de l'action personnelle, aussi bien que celle de l'action hypothécaire. Nous renvoyons à ce qui a été dit, au titre des *Hypothèques,* sur la prescription de l'action hypothécaire (t. XXXI, n° 389).

N° 2. A QUI PROFITE L'INTERRUPTION DE LA PRESCRIPTION?

I. *Le principe.*

144. L'interruption de la prescription profite-t-elle à tous ceux qui sont intéressés à s'en prévaloir? Il faut distinguer entre l'interruption naturelle et l'interruption civile. L'interruption naturelle a lieu lorsque le possesseur est privé de la jouissance de la chose pendant plus d'un an. Cette privation est un fait matériel; tous ceux qui y ont intérêt peuvent s'en prévaloir. On ne peut pas leur opposer qu'il n'existe aucun lien juridique entre eux et celui qui s'est emparé de la chose. Le texte de la loi répond à l'objection; aux termes de l'article 2243, le propriétaire peut se prévaloir de la dépossession, quand même ce n'est pas lui, mais un tiers qui a dépossédé le détenteur de l'immeuble. Cela est fondé sur la nature de la prescription acquisitive. La loi l'établit pour consolider les possessions. Or, il n'y a plus de possession à consolider quand le possesseur se laisse dépouiller de l'héritage sans agir en justice pour recouvrer la possession. De là suit que tous ceux qui ont intérêt à contester la prescription du possesseur dépossédé peuvent invoquer le fait qui l'a dépossédé (1).

145. Il n'en est pas de même de l'interruption civile. On a tiré d'un passage de d'Argentré cet axiome que *de persona ad personam non fit interruptio civilis*. Dunod ne justifie le principe qu'en ce qui concerne la prescription acquisitive fondée sur la possession. L'interruption civile, dit-il, n'empêche pas la possession de continuer de fait; or, la prescription a pour base la possession; elle doit donc continuer au profit du possesseur contre tous, sauf celui qui a agi contre lui; l'interruption civile doit profiter à celui qui la fait; elle ne peut pas être invoquée par des tiers, puisque à leur égard la possession subsiste. Quant à la prescription extinctive, elle n'est pas fondée sur la possession; l'action se prescrit parce que celui à qui elle appartient n'agit point; s'il agit, la prescription est interrompue à son égard, mais elle ne l'est point à l'égard de ceux qui n'ont pas agi. A la différence de l'interruption naturelle, l'interruption civile procède d'un acte judiciaire, tandis que l'interruption naturelle procède d'un fait; or, un fait existe à l'égard de tous, tandis qu'un acte judiciaire n'existe qu'à l'égard de ceux qui y figurent comme parties, de même

(1) Aubry et Rau, t. II, p. 358, § 215. Voyez une application du principe plus loin. n° 158. Et Bruxelles, chambre de cassation, 26 mai 1826 (*Pasicrisie*, 1826, p. 172).

qu'une convention n'a d'effet qu'entre parties ; car les actes judiciaires ont toujours été assimilés aux contrats (1).

146. Le principe est admis par tout le monde, et la jurisprudence en a fait de nombreuses applications. D'ordinaire les actions diffèrent lorsque les personnes sont différentes. Dans ce cas, on applique les deux principes qui régissent la matière : la prescription ne s'étend pas d'une action à l'autre et elle ne s'étend pas d'une personne à l'autre. Propriétaire d'un immeuble usurpé par un tiers et vendu par l'usurpateur, je le revendique contre l'acheteur. Celui-ci m'oppose l'usucapion. L'action que j'ai intentée contre le tiers acquéreur interrompt-elle la prescription de l'action que j'ai contre le vendeur? Non ; les personnes contre lesquelles je suis dans le cas d'agir diffèrent, ainsi que les actions. Contre le tiers acquéreur, j'ai une action réelle ; contre le vendeur, j'ai une action personnelle en réparation du préjudice qu'il m'a causé en disposant indûment de ma chose. Il y a donc deux principes qui s'opposent à ce que l'action réelle que j'ai intentée interrompe la prescription de l'action personnelle (2).

J'intente contre une commune une action en réintégration d'un droit de vaine pâture sur les prairies de son territoire. Cette demande interrompt-elle la prescription de ce même droit de vaine pâture à l'égard des propriétaires des prairies qui n'ont pas été mis en cause? Non ; car, bien que le droit soit identique, les personnes diffèrent ; les habitants sont bien représentés par la commune à titre d'habitants, ils ne le sont pas à titre de propriétaires. Puisque les personnes diffèrent, il y a lieu d'appliquer la maxime de d'Argentré : l'interruption ne s'étend pas d'une personne à une autre (3).

147. Le principe s'applique alors même qu'il y aurait communauté d'intérêts entre deux personnes ; si la prescription n'a été interrompue qu'à l'égard de l'une, l'autre ne peut pas s'en prévaloir, et il faut ajouter que l'interruption ne

---

(1) Dunod, part. I, ch. IX. p. 61 et suiv. Vazeille. n° 232 Mourlon, *Répétitions*, t. III, p. 781, n° 1383.
(2) Cassation, 4 avril 1838 (Dalloz, au mot *Action*, n° 246).
(3) Cassation, 19 novembre 1838 (Sirey, 1838, 1. 1001).

peut pas lui nuire; c'est l'application à l'interruption civile du principe qui régit les conventions et les jugements. Peu importe que l'intérêt soit le même et que la question à décider soit la même; toujours est-il que l'interruption résultant d'un fait juridique n'a aucun effet, ni pour ni contre les personnes qui y sont restées étrangères. Cela ne fait aucun doute; mais la jurisprudence est divisée sur la question de savoir si l'on peut admettre cette conséquence à l'égard des cohéritiers qui se trouvent en état d'indivision. Ils sont copropriétaires et cocréanciers; l'un d'eux interrompt la prescription d'un bien ou d'une créance héréditaires : l'interruption profite-t-elle aux autres cohéritiers? Ou la prescription est interrompue contre l'un d'eux : l'interruption peut-elle être opposée à ses cohéritiers? A notre avis, il n'y a pas le moindre doute; le principe que l'interruption ne s'étend pas d'une personne à l'autre reçoit son application aux cohéritiers. La raison de décider est aussi simple que péremptoire : l'interruption civile ne profite et ne nuit qu'à ceux qui sont parties à l'acte judiciaire d'où elle procède; ce principe résulte de la nature même de l'interruption; il est donc général et doit recevoir son application à tous les cas, à moins que la loi n'y déroge; or, elle n'y déroge, comme nous le dirons plus loin, que lorsque la dette est solidaire ou que le droit est indivisible. Ce sont précisément ces exceptions qui établissent et qui confirment la règle; hors des cas exceptés par la loi, la règle doit recevoir son application (1).

Quel est donc le motif de douter qui a donné lieu à un dissentiment? C'est la tradition, si puissante dans notre science. Mais, hâtons-nous de le dire, la tradition est loin d'être unanime. Plusieurs coutumes, entre autres celles du Bourbonnais, du Nivernais, du Berry et d'Anjou portaient que l'interruption faite contre l'un de ceux qui possèdent par indivis profitait au créancier, comme s'il avait agi contre tous. Le droit coutumier, en cette matière, n'a pas d'originalité; il ne fait que reproduire les principes du droit

_____

(1) Aubry et Rau, t. II. p. 359, et note 61, § 215, et les autorités qu'ils citent.

romain. Domat, en effet, décide, en se fondant sur une loi romaine, que l'interruption de la prescription a lieu tant en faveur de ceux qui jouissent en commun, que contre eux. Chabrol sur Auvergne (art. 218) résume la tradition, et il cherche à la justifier. « Il en est des héritiers du débiteur comme des coobligés mêmes, tant que ces héritiers n'ont pas fait de partage. *Ils sont censés mandataires les uns des autres à cet'égard.* Ainsi l'interruption faite contre l'un d'eux est *réputée* faite contre la succession même. Et si, pour un droit appartenant à plusieurs personnes en commun, un seul agissait pour le tout, sa demande interromprait la prescription aussi pour la totalité. Chacun de ceux qui possèdent un droit par indivis *est réputé procureur constitué des autres,* et il peut agir pour la totalité. »

Ainsi la doctrine traditionnelle repose sur une présomption. Reste à en prouver le fondement. Ce que les auteurs anciens appellent présomption est tout au plus une probabilité, et une probabilité ne peut pas déroger à des principes qui résultent de l'essence même de l'interruption civile. Aussi les meilleurs auteurs, Despeisses, Dunod et Pothier enseignaient-ils l'opinion contraire. Dunod, avant tout, établit le vrai principe : l'indivision, dit-il, n'empêche pas les communistes d'avoir des droits distincts. Cela décide la question(1). L'exception ne peut résulter que de la solidarité et de l'indivisibilité; si des coutumes considéraient les cohéritiers comme tenus solidairement, c'est là une disposition singulière, essentiellement de droit positif. Ces dispositions ne pouvaient être invoquées, dans l'ancienne jurisprudence, comme formant le droit commun; à plus forte raison n'en peut-on tenir aucun compte dans notre législation moderne. Les coutumes ne sont plus que de l'histoire, la vraie doctrine se trouve dans Dunod et Pothier, c'est cette doctrine que le code civil a consacrée : les droits et les obligations du défunt se divisent entre les héritiers, et la division se fait par la loi avant tout partage (art. 873, 1220). Le code applique le même principe à l'interruption de la prescription (art. 2249). Quant au prétendu mandat

(1) Voyez les citations dans Vazeille, n° 248.

que les cohéritiers sont réputés s'être donné, il est complétement étranger à nos textes. Nous renvoyons à ce qui a
été dit au titre des *Successions* (t. X, n° 213). Dans notre
droit moderne, il ne peut plus être question de présomptions, car il n'y a de présomption légale que celle qui est
attachée par une *loi spéciale* à *certains actes* ou à *certains
faits* (art. 1350); le silence de la loi suffit donc pour écarter toutes les présomptions dont les anciens auteurs étaient
si prodigues.

148. Cependant ces prétendues présomptions retentis-
sent toujours dans les arrêts (1). Nous leur opposerons des
décisions mieux motivées. Il est de principe, dit la cour de
Pau, que l'interruption civile ne profite qu'à celui de qui
elle est émanée. Cette règle ne souffre d'exception que
dans les cas de solidarité et d'indivisibilité. Or, les droits
appartenant à des cohéritiers par indivis ne rentrent ni
dans l'une ni dans l'autre de ces exceptions. Les dettes
actives et passives se divisent de plein droit entre les divers héritiers d'une même succession ; la loi laisse à chacun d'eux le soin de veiller à la conservation de ses intérêts, lesquels sont entièrement distincts et indépendants des
intérêts de ses cohéritiers. Dans l'espèce, il s'agissait d'une
demande en partage : cette action avait-elle interrompu
la prescription au profit de tous les héritiers? Non, car le
demandeur avait agi pour lui seul et dans le but unique
d'obtenir sa part héréditaire; donc, en agissant, il interrompait la prescription contre le détenteur des biens, dans
la mesure de son intérêt, pour sa part héréditaire. Chacun
des héritiers peut et doit former une demande en son nom
et pour son compte, s'il veut que la prescription soit interrompue à son profit (2). Le mandat que l'on a imaginé pour
faire profiter de l'interruption ceux qui n'ont pas agi est
de pure invention, il n'a aucun fondement ni dans le texte
ni dans l'esprit de la loi.

La jurisprudence s'est généralement prononcée dans le
sens des vrais principes. Une succession indivise compre-

---

(1) Voyez les arrêts de Riom et de Bourges, dans le *Répertoire* de Dalloz, n° 631.
(2) Pau, 11 mars 1861 (Dalloz, 1861, 2. 95).

nait des immeubles d'une grande valeur. L'un des cohéritiers acheta les droits successifs des autres. La vente était viciée par le dol; tous les vendeurs réclamèrent, à diverses époques, la rescision de la vente. Elle ne fut prononcée qu'en faveur de l'un d'eux, le seul qui eût agi dans le délai de dix ans. L'action des autres fut repoussée par la prescription. Vainement invoquèrent-ils l'interruption; il y avait intérêt commun, en ce sens que le droit de tous était fondé sur le dol; mais chacun ayant un droit distinct et indépendant du droit de ses cohéritiers, aurait dû sauvegarder ce droit en agissant (1).

Il a été jugé, par application du même principe, que la demande en partage formée par un héritier contre le cohéritier possesseur des biens à partager n'interrompt pas la prescription à l'égard d'un autre héritier non appelé dans l'instance en partage et qui n'y est pas intervenu (2).

La prescription est interrompue à l'égard de l'un des débiteurs d'une rente. Peut-on l'opposer aux autres, parce qu'ils sont copropriétaires par indivis de l'immeuble hypothéqué pour sûreté de la rente? Non, dit la cour de Bruxelles; la prescription ne s'étend pas d'une personne à une autre; si le code ne pose pas ce principe en termes formels, il résulte incontestablement des exceptions que la loi y apporte; parmi ces exceptions ne se trouve pas l'indivision entre cohéritiers, ce qui est décisif (3). Il en serait ainsi lors même que l'action aurait été dirigée contre l'héritier détenteur de l'immeuble hypothéqué, car l'hypothèque n'empêche pas la division de la dette (art. 2249, 2ᵉ alinéa).

II. *Les exceptions.*

149. Le code ne pose pas le principe que l'interruption ne s'étend point d'une personne à une autre, mais il le consacre implicitement par les exceptions qu'il y apporte. Ces exceptions sont relatives à la solidarité et à l'indivisi-

---

(1) Paris, 8 juin 1825 (Dalloz, au mot *Prescription*, n° 630).
(2) Limoges, 8 janvier 1839 (Dalloz, *ibid.*, n° 630, 4°).
(3) Bruxelles, 2 juin 1850 (*Pasicrisie*, 1850, 2, 219).

bilité. Nous les avons déjà rencontrées ; il suffit de renvoyer à ce qui a été expliqué ailleurs.

Aux termes de l'article 1199, « tout acte qui interrompt la prescription à l'égard de l'un des *créanciers solidaires* profite aux autres créanciers » (t. XVII, n° 263).

« L'interpellation faite à l'un des *débiteurs solidaires,* ou sa reconnaissance interrompt la prescription contre tous les autres » (art. 2249) (t. XVII, nᵒˢ 304-307).

Quand les droits, soit réels soit personnels, sont indivisibles, l'interruption de la prescription opérée contre un seul des intéressés a effet à l'égard des autres. Ce principe résulte, en matière réelle, de l'article 709 (t. VIII, n° 320), et, en matière personnelle, de l'article 2249, 2ᵉ alinéa (t. XVII, n° 396).

Le code admet, conformément à la doctrine de Pothier, une indivisibilité de payement, mais il ne donne pas le nom d'*indivisibilité* à des obligations qui, en réalité, sont divisibles. Il suit de là que l'exception concernant l'interruption de la prescription des obligations indivisibles ne s'applique pas à l'indivisibilité de payement (t. XVII, n° 423).

150. L'application de ces principes aux dettes hypothécaires est controversée. Après avoir établi le principe que les héritiers ne sont tenus de payer la dette que pour la part dont ils sont tenus comme représentant le débiteur, l'article 1221 ajoute que ce principe reçoit exception 1° dans le cas où la dette est hypothécaire ; l'héritier qui possède le fonds hypothéqué à la dette peut être poursuivi pour le tout sur le fonds hypothéqué, sauf son recours contre ses cohéritiers. Quel est le sens de cette exception ? Nous avons enseigné, et c'est l'opinion générale, que la disposition de l'article 1221, 1°, n'est que l'application des principes qui régissent l'action hypothécaire. Le créancier hypothécaire a une action pour le tout contre tout détenteur de l'immeuble hypothéqué, mais il ne peut agir hypothécairement contre le tiers détenteur que s'il a conservé son action personnelle contre le débiteur. Ce principe s'applique-t-il à l'héritier ? Celui-ci est débiteur personnel, mais seulement pour sa part héréditaire ; s'il la paye, il devient étranger à la dette, il n'est plus qu'un tiers détenteur ; à ce titre, il est assujetti à l'action hypothécaire pour le tout, à condition que le créancier ait conservé son action personnelle pour le tout. Si le créancier poursuit le détenteur du fonds hypothéqué, mais qu'il néglige de poursuivre les autres héritiers, ceux-ci pourront lui opposer la prescription; la dette sera éteinte pour leurs parts héréditaires. Pourra-t-il encore poursuivre pour le tout l'héritier détenteur de l'immeuble hypothéqué? Non, car il n'est plus créancier que pour sa part; or, l'hypothèque est l'accessoire de la créance, et la garantie accessoire ne peut point dépasser l'obligation principale. S'il y a trois héritiers et que la dette soit de 12,000 francs, le créancier qui a négligé de conserver son action personnelle contre les deux héritiers qui ne sont pas tenus hypothécairement n'aura plus qu'une créance de 4,000 francs contre l'héritier détenteur du fonds hypothéqué (t. XVII, n° 407).

Telle est l'opinion généralement suivie. On objecte que l'héritier détenteur du fonds hypothéqué n'est jamais un tiers détenteur, alors même qu'il payerait la part dont il est tenu dans la dette; il est le représentant du défunt, et c'est comme tel qu'il peut être poursuivi pour le tout, par exception au principe de la division des dettes (1). Nous avons répondu ailleurs à l'objection (t. XVII, n° 408); cette interprétation de l'article 1221 est en opposition avec la tradition, ce qui suffit pour la rejeter, puisque les auteurs du code ont suivi en cette matière la doctrine de Pothier. On invoque le texte de la loi. Si le texte était aussi clair qu'on le dit, il est évident que la tradition perdrait toute autorité. Mais le texte ne dit pas ce qu'on lui fait dire. C'est comme possesseur du fonds hypothéqué que l'héritier doit payer toute la dette; ce n'est pas là une obligation personnelle dont il serait tenu comme représentant du débiteur; à ce titre, il ne doit que sa part dans la dette. Le créancier a donc contre lui deux actions très-distinctes, l'action personnelle et l'action hypothécaire. La première se divise, l'héritier n'est débiteur que de sa part hérédi-

---

(1) Vazeille. n° 244; Aubry et Rau, t. II, p. 360. note 64, § 215. En sens contraire, les auteurs cités par Aubry et Rau et Mourlon. *Répétitions*, t. III, p. 781, n° 1883; Leroux de Bretagne, t. I. p. 387. n° 571.

taire : la seconde est indivisible, mais en quel sens? Tant que la dette subsiste pour le tout, le créancier peut agir hypothécairement pour le tout; mais si la dette s'éteint partiellement, soit par le payement, soit par la prescription, le créancier ne peut plus poursuivre le détenteur hypothécaire que dans la limite de ce dont il est créancier: créancier de 4,000 francs, il ne peut pas poursuivre l'héritier pour 12,000 francs. On invoque le texte, et le texte dit que l'héritier tenu de payer toute la dette a un recours contre ses cohéritiers; cela suppose que la dette existe pour le tout; donc si elle est éteinte pour les deux tiers, le créancier ne peut avoir action contre l'héritier détenteur de l'immeuble que pour le tiers dont celui-ci est tenu personnellement; il n'a point d'action pour les deux autres tiers, car si l'héritier était tenu de les payer, il n'aurait pas de recours contre ses cohéritiers, or il n'est tenu pour le tout que dans la supposition qu'il ait un recours.

151. « L'interpellation faite au débiteur principal ou sa reconnaissance interrompt la prescription contre la caution » (art. 2250). Cette disposition tranche une controverse qui existait dans l'ancien droit. Les auteurs de la loi ont consacré l'opinion de Pothier; nous doutons que ce soit la bonne. Dans l'opinion que le code a suivie, on dit que la dette de la caution est identique avec celle du débiteur principal, de même que la dette des divers codébiteurs solidaires est une seule et même dette. Il est facile de répondre à cette argumentation qui repose sur une erreur; la dette de la caution n'est pas identique à celle du débiteur principal; ce qui le prouve, c'est que la dette se divise entre plusieurs cautions, tandis qu'elle ne se divise jamais entre des codébiteurs solidaires. Pothier donne une autre raison. Le cautionnement, dit-il, est un contrat purement accessoire; le droit du créancier contre la caution est donc le même que celui qu'il a contre le débiteur principal. Sans doute la chose due est la même, mais cela n'empêche pas qu'il y ait deux débiteurs différents; donc il y a lieu d'appliquer le principe que la prescription ne s'étend pas d'une personne à une autre. L'article 2034 conduit à une conséquence toute contraire à la disposition de l'article 2250;

il pose en principe que l'obligation résultant du cautionnement s'éteint par les mêmes causes que les autres obligations ; c'est considérer le cautionnement comme une obligation distincte et séparée de celle du débiteur principal. Voilà une opposition de principe entre les deux articles, et le principe de l'article 2034 conduit naturellement à une conséquence différente. Si le cautionnement s'éteint par les causes générales prévues par l'article 1234, il doit aussi s'éteindre par la prescription, qui est comprise parmi ces causes, à moins que la prescription n'ait été interrompue contre la caution (1).

152. Il n'est pas inutile d'insister sur ce débat, quoiqu'il soit vidé, car il y a une question analogue que le code n'a point tranchée, c'est celle de savoir si l'interpellation faite à la caution interrompt la prescription contre le débiteur principal. La question est controversée. En théorie, la solution n'est pas douteuse. Les deux obligations du débiteur et de la caution étant distinctes, il faut appliquer le principe que l'interruption ne s'étend pas d'une personne à une autre. L'article 2250 déroge, il est vrai, à cette maxime, mais l'exception ne porte que sur l'interpellation faite au débiteur principal, elle ne porte pas sur l'interpellation faite à la caution ; par cela seul qu'on n'est pas dans l'exception, on reste sous l'empire de la règle (2). Il y a cependant un motif de douter, et il est sérieux. Sans doute la disposition de l'article 2250 est exceptionnelle, mais le même motif qui a engagé Pothier à étendre à la caution l'effet de l'interpellation faite contre le débiteur peut être invoqué pour étendre au débiteur l'effet de l'interpellation faite contre la caution. En effet, Pothier ne se borne pas à dire que l'obligation de la caution est accessoire, il en déduit cette conséquence que la créance contre la caution est la même que celle que le créancier a contre le débiteur principal ; et c'est en vertu de ce principe qu'il décide que

___

(1) Pothier, *Des obligations,* n° 698. Comparez Leroux de Bretagne, t. I, p. 390, n° 578.

(2) Voyez les sources dans Aubry et Rau, t. II, p. 361, note 66, § 215. Il faut ajouter, dans le sens de notre opinion, Mourlon, *Répétitions,* t. III, p. 783, n°s 1888-1891.

l'interpellation contre le débiteur principal vaut interpellation contre la caution. En vertu du même principe, il faudrait décider que l'interpellation contre la caution vaut
interruption contre le débiteur principal. Malgré ce motif
de douter, nous maintenons la règle qui domine la matière
de l'interruption : elle ne s'étend pas d'une personne à une
autre, sauf en cas de solidarité et d'indivisibilité. L'article 2250 est une exception à cette règle ; à ce titre, on ne
peut pas l'étendre. Vainement invoque-t-on le principe de
l'identité de la dette du débiteur et de la caution ; ce principe est faux, le vrai principe est celui que d'Argentré et
Dunod ont posé. Les deux obligations, dit d'Argentré, sont
diverses de leur nature et dans l'exercice des droits du
créancier. Le doute naît, ajoute Dunod, de ce que les deux
obligations ont la même origine et que l'une est accessoire
de l'autre ; mais cela n'empêche pas que ce ne soient réellement deux obligations, et l'accessoire peut, en ce cas,
être séparé du principal (1).

153. Nous avons toujours supposé, en traitant des
effets de l'interruption civile, que le créancier interpellait
le débiteur ; ce qui implique une citation en justice, un
commandement ou une saisie. En est-il de même de la reconnaissance que le débiteur ou le possesseur fait des droits
de celui contre lequel il a commencé à prescrire? Quant au
principe, il n'y a pas de doute : la reconnaissance est un
aveu, et l'aveu ne peut être invoqué que par celui au profit
duquel il est fait. Ce principe est confirmé par les exceptions que le code y apporte. En parlant de l'interruption
de la prescription contre les débiteurs solidaires, l'article 2249 dit : « L'interpellation faite à l'un des débiteurs
solidaires, ou sa *reconnaissance,* interrompt la prescription
contre tous les autres. » Les deuxième, troisième et quatrième alinéas de l'article 2249 mettent également la *reconnaissance* du débiteur sur la même ligne que l'interruption ; et comme il y est aussi question de l'indivisibilité, on
peut poser en principe que les exceptions reçoivent leur
application indistinctement à tous les modes d'interruption.

(1) D'Argentré, art. 266, *De l'interruption,* ch. III, n° 2, p. 1040. Dunod,
part. I, ch. IX, p. 60.

L'article 2250 confirme cette interprétation ; il a soin d'ajouter à l'interpellation faite au débiteur principal la *reconnaissance* du débiteur (1). Nous nous bornons ici à poser le principe ; plus loin nous verrons qu'il y a des différences entre la reconnaissance et les autres modes d'interruption civile en ce qui concerne les effets de l'interruption.

III. *Des exceptions virtuelles.*

154. Outre les exceptions que le texte du code consacre, on admet des exceptions virtuelles. On entend par là que le principe reçoit des modifications en vertu de la volonté tacite du législateur. D'après le droit strict, il est très-douteux qu'il puisse y avoir des exceptions virtuelles. Quand le législateur lui-même a établi des exceptions, en admettre d'autres n'est-ce point déroger à la volonté expresse du législateur en s'autorisant d'une volonté tacite toujours douteuse, ce qui conduit à déroger à la loi, c'est-à-dire à la faire sous le nom du législateur ? Dans l'espèce, la question ne se présente pas d'une manière aussi claire. La loi ne dit rien de l'effet de l'interruption ; ce sont les interprètes qui ont établi le principe d'après lequel l'interruption ne s'étend pas d'une personne à une autre ; ils ont confirmé cette règle en s'appuyant sur les exceptions que la loi y apporte. Toujours est-il que ces exceptions ne sont pas des dérogations à une loi ; il n'y a pas de loi, ce qui laisse plus de latitude à l'interprète. Il n'y a que des dispositions particulières qui étendent l'interruption d'une personne à une autre ; si dans d'autres dispositions de la loi on trouve des cas où l'interruption doit aussi être étendue, pourquoi n'admettrait-on pas ces modifications à un principe que la loi ne formule point et qui n'a, par conséquent, qu'une autorité doctrinale ?

155. On admet que la saisie immobilière interrompt la prescription à l'égard de tous les créanciers à partir du moment où elle devient commune à tous. Cette exception, à vrai dire, n'en est pas une. La saisie interrompt la pres-

(1) Aubry et Rau, t. II, p. 361, note 67, § 215.

cription au profit du saisissant à partir du commandement
qu'il fait au débiteur. Tant que les autres créanciers ne
sont pas mis en cause, la prescription continue à courir
contre eux; ils ne peuvent pas invoquer la saisie, puisqu'ils
y restent étrangers. Mais le code de procédure (art. 695)
voulait que la saisie fût notifiée à tous les créanciers inscrits; cette notification est remplacée, en vertu de la loi
du 15 août 1854 (art. 33), par une sommation faite aux
créanciers de prendre connaissance du cahier des charges,
d'y contredire, s'il y échet, et d'intervenir, s'ils le trouvent
convenable, sur la demande dirigée contre le saisi. A partir
de cette sommation, la saisie devient commune à tous les
créanciers; le saisissant ne peut plus s'en désister sans le
consentement des créanciers inscrits; donc ils sont tous
saisissants; et puisque la saisie interrompt la prescription à
l'égard du créancier qui a commencé la procédure, elle doit
l'interrompre aussi en faveur des créanciers auxquels elle
devient commune. C'est plus qu'identité d'intérêt, c'est identité de droit; ce qui est décisif. Il y a cependant une différence entre le créancier saisissant et les autres créanciers,
c'est que la prescription n'est pas interrompue en faveur de
ceux-ci par la saisie, ni par le commandement qui l'a précédée, parce que ces actes leur sont étrangers; elle l'est
seulement du jour qu'ils sont devenus parties dans la poursuite d'expropriation; donc du jour de la sommation qui
leur est faite (1).

Nous disons que ce n'est pas là une exception au principe. Si l'interruption résultant de la saisie profite aux
créanciers qui y sont restés étrangers, ce n'est pas en vertu
de la saisie, c'est parce que cette saisie leur devient commune, et elle ne leur profite qu'à partir du moment où elle
leur devient commune; ils sont saisissants à partir de la
sommation, donc la prescription est interrompue en leur
faveur par application du droit commun. Il n'y a qu'une
chose qui leur est spéciale, ils deviennent saisissants sans
avoir pratiqué de saisie; cela tient à la procédure; du

---

(1) Ce point est cependant controversé. Leroux de Bretagne, t. I, p. 385,
n° 569. Aubry et Rau, t. II, p. 362, note 70, § 215.

moment qu'ils sont parties dans la procédure, le droit commun leur devient applicable.

156. Le défendeur forme, dans le cours d'une instance, une action récursoire contre le garant; cette action en garantie profite au demandeur principal. Cela a été jugé ainsi par la cour de cassation dans l'espèce suivante. Action en délivrance de cotons contre un négociant à qui la marchandise avait été confiée. Le défendeur agit en garantie contre le détenteur des cotons; l'assignation portait qu'il demandait la délivrance des cotons afin de pouvoir les délivrer lui-même au propriétaire. Les deux instances sont jointes et l'instruction dure plusieurs années. Enfin le propriétaire forme une demande directe en revendication contre le détenteur des marchandises. Celui-ci oppose la prescription; le demandeur soutient qu'elle a été interrompue. On lui répond que l'action en garantie intentée contre le détenteur des cotons n'a profité qu'au défendeur primitif, et non aux propriétaires. Il a été jugé que l'interruption profitait au demandeur primitif. La raison en est que l'action en garantie se confondait avec l'action en restitution qui appartenait au propriétaire; le garant exerçant l'action du propriétaire, l'interruption résultant de l'action devait profiter au propriétaire. Il est vrai que l'action du garant n'était pas une action en revendication; mais peu importe, la restitution n'en était pas moins demandée dans l'intérêt du propriétaire en cause; l'action lui aurait profité si le garant avait restitué les cotons; partant, l'interruption résultant de l'action devait aussi lui profiter (1). Ce cas n'est pas non plus une exception au principe; bien que le recours en garantie, formé par le défendeur dans l'intérêt du demandeur au principal, profite à celui-ci, on ne peut pas dire que l'interruption est étendue d'une personne à une autre; c'est dans son intérêt tout ensemble et dans celui du demandeur que l'action en garantie a été formée; l'intérêt étant commun et le droit étant commun, il serait impossible de scinder les conséquences de l'action et de déci-

_____

(1) Rejet, 16 février 1820 (Dalloz, au mot *Prescription*, n° 646). Troplong, n° 642.

der que la restitution profitera au demandeur, tandis que l'interruption ne lui profiterait point.

153. Un fonds grevé d'usufruit est vendu par celui qui n'en a pas la propriété ; le tiers acquéreur se trouve en voie de le prescrire. Le propriétaire fait des actes interruptifs : profitent-ils à l'usufruitier ? Et les actes d'interruption faits par l'usufruitier profiteront-ils au nu propriétaire ? Proudhon dit qu'il faut d'abord distinguer entre l'interruption naturelle et l'interruption civile. Il n'y a aucun doute quant à l'interruption naturelle ; tous ceux qui y ont intérêt peuvent s'en prévaloir (n° 145) ; peu importe donc que le tiers acquéreur ait été privé de sa jouissance par le nu propriétaire ou par l'usufruitier, il ne peut plus invoquer sa possession, ni contre l'un ni contre l'autre. Cela est aussi fondé en raison ; il possédait à titre de propriétaire, donc comme réunissant la nue propriété et l'usufruit ; la dépossession lui a enlevé sa possession pour le tout. Il serait absurde de dire que le nu propriétaire l'a seulement privé de sa possession de nu propriétaire et que l'usufruitier l'a seulement dépouillé de sa possession d'usufruitier ; le tiers ne possédait ni comme nu propriétaire ni comme usufruitier, il possédait à titre de propriétaire absolu ; c'est cette possession-là qu'il a perdue, et qu'il ne peut plus invoquer contre personne.

Il y a quelque doute pour l'interruption civile. Proudhon pose comme principe que l'interruption doit profiter aux tiers dans tous les cas où il y a entre eux et celui qui a interrompu la prescription une corrélation d'intérêts telle, que l'action de l'un doive servir à l'autre. Cela nous paraît trop absolu ; il faut plus qu'une communauté d'*intérêt,* il faut une communauté de *droit.* Existe-t-elle dans l'espèce ? Quand le propriétaire revendique le fonds contre le tiers détenteur, le trouble éprouvé par ce dernier sera nécessairement total ; il concerne la jouissance par cela seul qu'il concerne la propriété. En effet, quant au tiers possesseur, les deux éléments de la propriété sont confondus, et ils sont inséparables ; il jouit parce qu'il se croit propriétaire ; s'il n'est pas propriétaire, il n'a pas le droit de jouir ; donc le troubler ou l'interpeller comme n'étant pas propriétaire, c'est le troubler ou l'interpeller comme n'étant pas usufruitier. En ce sens, Proudhon dit que le droit du possesseur est indivisible. Y a-t-il aussi indivisibilité à l'égard du nu propriétaire qui revendique? En apparence, non, puisqu'il n'a pas l'usufruit; en réalité, oui, car le démembrement de son droit n'est que temporaire; virtuellement il a droit à l'usufruit, qui se réunira à la propriété lorsque, par une cause quelconque, l'usufruit viendra à s'éteindre. Dans ses rapports avec l'usufruitier, le propriétaire ne peut agir que comme nu propriétaire; dans ses rapports avec un tiers acquéreur qui est en voie de prescrire la toute propriété, le nu propriétaire peut agir en vertu de son droit absolu de propriété; le possesseur ne peut pas lui opposer qu'il n'a pas l'usufruit, car il ne peut pas exciper du droit d'un tiers; et quant à lui, dès qu'il n'est pas propriétaire, il est sans droit aucun, il ne peut pas plus réclamer l'usufruit que la nue propriété.

La question paraît plus douteuse quand c'est l'usufruitier qui agit contre le tiers possesseur. Il ne peut jamais prendre le rôle du propriétaire; mais, dans l'espèce, il conteste le droit de propriété du possesseur par cela seul qu'il prouve qu'il a l'usufruit du fonds que le tiers possède. En effet, le tiers possesseur n'a le droit de jouir que s'il est propriétaire; contester son droit de jouissance, c'est contester son droit de propriété; donc l'action de l'usufruitier le trouble pour le tout, à ce point qu'il est impossible de séparer, en ce qui le concerne, la jouissance de la propriété. Quant à l'usufruitier, s'il ne peut pas agir comme propriétaire, il peut cependant et il doit conserver les droits du propriétaire; il est garant des prescriptions qui s'accomplissent au préjudice du propriétaire : cet intérêt lui donne le droit d'agir. En définitive, et c'est là le motif de décider, le droit dont la prescription est interrompue ne comporte pas de division; c'est le droit de propriété en son entier qui se prescrivait, c'est le droit en entier dont la prescription a été interrompue (1).

158. On admet encore que l'interruption faite par le

---

(1) Proudhon, *De l'usufruit*, t. IV, p. 552, nᵒˢ 2160-2163.

créancier gagiste ou antichrésiste profite au propriétaire de l'objet donné en nantissement (1). Le créancier et le propriétaire ont le même intérêt à ce que la prescription soit interrompue; ils ont plus qu'un intérêt commun, leur droit est identique. Vainement le créancier nanti du gage interromprait la prescription à son profit, si elle n'était pas interrompue en faveur du propriétaire; car la prescription, en s'accomplissant contre le propriétaire, ferait tomber le droit réel consenti par le possesseur dépouillé de son droit; donc l'interruption ne peut profiter au créancier que si elle profite au débiteur. C'est, en définitive, d'un seul et même droit qu'il s'agit; pour que le gage soit valable, il faut que le débiteur soit propriétaire, et pour qu'il soit propriétaire, il faut que la prescription qui courait contre lui soit interrompue.

159. Enfin l'on enseigne que l'interruption faite par l'héritier apparent ou contre lui profite à l'héritier véritable, ou peut lui être opposée (2). Nous avons dit ailleurs combien la doctrine et la jurisprudence sont incertaines en ce qui concerne les droits de l'héritier apparent. Dans notre opinion, il n'a aucun droit de représenter la succession; le seul texte qui semble lui reconnaître un droit, l'article 1240, valide le payement fait par le débiteur de bonne foi à l'héritier apparent; cette disposition a pour objet de sauvegarder les droits et les intérêts du débiteur (t. IX, n° 557); s'il peut payer valablement, en faut-il conclure que l'héritier, créancier apparent, peut interrompre la prescription en agissant contre le débiteur? C'est déjà dépasser la loi. Elle dit que le créancier apparent doit recevoir le payement que le débiteur lui offre, elle ne dit pas que l'héritier apparent peut obliger le débiteur à payer et, par suite, interrompre la prescription. Dans la rigueur des principes, la prescription court contre le véritable héritier; en effet, c'est à lui que l'action appartient, et là où il y a action, il y a prescription. La prescription court aussi en faveur de l'héritier véritable, car les créanciers peuvent agir contre

(1) Aubry et Rau, t. II, p. 362, § 215.
(2) Vazeille, n° 249, et tous les auteurs.

lui; s'ils agissaient contre l'héritier apparent, il n'y aurait pas d'interruption, car ils n'ont pas agi contre le véritable débiteur.

N° 3. EFFET DE L'INTERRUPTION SUR LE COURS DE LA PRESCRIPTION.

160. L'interruption de la prescription produit un double effet quant au temps pendant lequel la prescription doit courir. D'abord elle efface et rend inutile le temps qui a couru au moment où elle se produit; en second lieu, elle n'empêche pas qu'une nouvelle prescription puisse commencer. Reste à déterminer le moment précis où la prescription a été rompue et celui où elle recommence à courir. Ces moments varient d'après les diverses causes d'interruption.

161. L'interruption naturelle se fait quand le possesseur est privé de la jouissance de la chose pendant plus d'un an (art. 2243). La loi ne fixe pas le moment précis où l'interruption a lieu, ce n'est pas un an, ce n'est pas un an et jour, c'est plus qu'un an. Il suffit donc que la dépossession ait duré pendant un an et quelques heures, ou même quelques minutes. Quand l'interruption recommencera-t-elle à courir? Du jour où l'ancien possesseur rentrera en possession. Une nouvelle possession s'ouvre alors et, par suite, une nouvelle prescription.

162. L'interruption civile se fait d'abord par une citation en justice. Cette citation étant un acte juridique, le moment où elle se fait est déterminé par l'acte, qui doit être daté, et cette date est certaine, puisque l'acte est authentique. Jadis on exigeait qu'il y eût contestation en cause; le code ne parle pas de litiscontestation, il n'est pas même nécessaire que le défendeur ait comparu. Le texte de l'article 2244 est précis: C'est la citation en justice qui interrompt la prescription, donc elle est interrompue à partir de l'ajournement (1).

L'interruption de la prescription résultant de la citation en justice a ceci de particulier qu'elle se prolonge au delà

_____
(1) Aubry et Rau, t. II, p. 364, note 75, § 215.

du moment où elle se fait; il est de principe que l'effet interruptif de l'instance judiciaire dure aussi longtemps que l'instance elle-même; d'où la conséquence que la prescription ne peut s'accomplir pendant la durée de l'instance, quelque longue qu'elle soit et quelque courte que soit la prescription. La loi ne le dit pas; cela était inutile, puisque le principe résulte de la nature même de cette cause d'interruption. La prescription est interrompue parce que, la prescription étant fondée sur l'inaction, elle ne peut plus courir lorsqu'il y a action; or, l'action ne consiste pas dans le simple fait de la citation; l'ajournement ouvre seulement l'action, elle se poursuit pendant toute la durée de l'instance jusqu'au jugement. Et tant qu'il y a action, il ne saurait y avoir de prescription. Donc une nouvelle prescription ne peut commencer tant que dure l'instance. La cause de l'interruption se continuant, l'effet continue aussi; ce n'est que lorsque la cause cessera que l'effet cessera également, c'est-à-dire que la prescription ne peut commencer à courir que lorsque le jugement aura mis fin à l'instance. Tel est le sens de l'adage traditionnel : *Actiones quæ tempore pereunt, semel inclusæ judicio salvæ permanent* (1).

Nous supposons que l'instance continue, c'est-à-dire que la procédure se poursuit. Mais l'instance a encore ceci de particulier, qu'elle peut tomber en péremption par défaut d'actes de procédure. Si la péremption est demandée et prononcée, l'interruption sera considérée comme non avenue (art. 2247). Mais la péremption n'a pas lieu de plein droit, il faut qu'elle soit demandée. Il se peut donc que, malgré la discontinuation des poursuites, il n'y ait pas de péremption. En faut-il conclure que l'instance se perpétuera à l'infini? Non, certes, car il en résulterait que les droits deviennent imprescriptibles du moment qu'on les fait valoir en justice. L'interruption peut durer longtemps si le procès continue, on a vu des procès durer pendant un siècle; mais du moment que le procès ne continue point, il

---

(1) Troplong, n° 683. Marcadé, t. VIII, p. 124 et suiv., n° II de l'article 2248. Aubry et Rau, t. II, p. 364, § 215, note 75.

doit y avoir une fin à l'interruption qui résulte de la citation en justice. A quel moment prendra-t-elle fin? Toute action se prescrit par trente ans. Donc l'action judiciaire aussi doit se prescrire par ce laps de temps (1).

La cour de cassation l'a jugé ainsi dans l'espèce d'une action en rescision d'un partage pour cause de lésion. Cette action dure dix ans; mais, une fois intentée, l'interruption de prescription continue pendant toute l'instance, quand même elle durerait plus de trente ans. Si l'instance était périmée, l'interruption serait considérée comme non avenue, et, par conséquent, la prescription aurait continué à courir. Mais l'instance n'est périmée que par une demande; à défaut de demande, il n'y a pas de péremption. Quelle sera, dans ce cas, la durée de l'interruption résultant de la citation en justice? Tel était l'objet de la difficulté soumise à la cour de cassation. Elle pose en principe que l'action portée en justice par une instance régulière dure autant que toutes les autres actions tant réelles que personnelles; c'est en ce sens que l'action se perpétue. L'action peut perdre son effet interruptif plus tôt, par la péremption; mais la péremption n'a pas lieu de plein droit, et elle est couverte par les actes valables faits par l'une ou l'autre des parties avant la demande en péremption. La cour fait ensuite l'application de ces principes à l'espèce. L'action en nullité avait été intentée le 28 mai 1810; le 13 juin, l'avoué du demandeur avait poursuivi l'instance; il y eut discontinuation de poursuites, mais sans demande de péremption; l'instance fut reprise le 31 juillet 1822, antérieurement à toute demande en péremption. Ainsi il n'y avait pas de péremption, et la discontinuation des poursuites n'avait pas duré pendant le temps suffisant pour que l'action judiciaire fût éteinte; donc l'instance et, par suite, l'interruption de prescription avaient continué (2).

163. Quel est l'effet du jugement sur la prescription? Si la demande est rejetée, l'interruption est regardée comme non avenue (art. 2247), et, par conséquent, la pres-

---

(1) Leroux de Bretagne, t. I, p. 357, n° 507.
(2) Rejet, 12 mai 1829 (Dalloz, au mot *Prescription*, n° 675).

cription aura continué à courir, comme s'il n'y avait pas eu
d'interruption ; ce n'est pas une nouvelle prescription qui
commence, c'est l'ancienne qui continue. Si le jugement a
accueilli la demande, le demandeur a une action pour
poursuivre l'exécution des condamnations prononcées à
son profit. Cette action se prescrit aussi, d'après le droit
commun, par trente ans. C'est une nouvelle prescription
qui commence, et qui n'a rien de commun avec la prescription de la créance dont le payement a été poursuivi en
justice. Quand même cette créance aurait été soumise à
une courte prescription, l'action née du jugement ne se
prescrira que par trente ans ; ce n'est plus l'ancienne
créance dont le demandeur poursuit le payement, c'est
l'action née du jugement dont il poursuit l'exécution (1).

164. La prescription est interrompue par une citation
en justice, quand même l'action aurait été portée devant
un juge incompétent (art. 2246). On demande à partir de
quel moment la prescription interrompue recommencera à
courir. Du moment où le juge se sera déclaré incompétent.
En effet, dès ce moment, le demandeur doit former une
nouvelle demande ; en attendant qu'il la fasse, la prescription recommence à courir, puisqu'il n'y a plus aucun obstacle qui s'y oppose. La question a été décidée en ce sens
par la cour de cassation. Il y avait, dans l'espèce, un léger
motif de douter. Le pourvoi prétendait que la nouvelle
prescription ne pouvait courir qu'à partir de la signification du jugement qui prononçait l'incompétence ; on invoquait le vieux dicton : *Paria sunt non esse et non signifi-
cari*. La cour répond que cette règle, applicable à l'exécution
des jugements, est tout à fait étrangère à la prescription.
Celui qui réclame le bénéfice d'une prescription acquise
n'est tenu de justifier d'aucune diligence ; le temps seul
opère pour lui. C'est à la partie qui allègue un fait ou un
acte interruptif à le prouver ; or, le demandeur ne peut se
prévaloir d'une demande formée devant un juge incompétent, en isolant la demande de la décision par laquelle le
juge a déclaré son incompétence. C'est à la partie de sur-

---

(1) Aubry et Rau. t. II, p. 365 et suiv., note 81, § 215.

veiller les suites de sa demande, de s'assurer de l'existence du jugement d'incompétence qui lui rend toute liberté d'agir devant le tribunal compétent; et elle doit agir, si elle veut interrompre la nouvelle prescription qui va courir, à partir du jugement qui a prononcé l'incompétence (1).

165. Le commandement interrompt la prescription à partir de sa date, mais, immédiatement après le commandement, la prescription recommence à courir; voilà pourquoi la loi ajoute que la prescription est aussi interrompue par la saisie qui suit le commandement; la saisie effacera le temps qui aura couru depuis le commandement (n° 115).

Le commandement diffère, sous plusieurs rapports, de la citation en justice. Il n'a d'effet que sur le passé, il n'a point d'effet sur l'avenir. Quand il y a citation en justice, la durée de l'interruption se prolonge pendant tout le cours de l'instance. Il n'en est pas ainsi du commandement; il n'ouvre pas une instance, c'est un acte isolé dont l'effet ne peut pas se prolonger, parce que l'acte ne se prolonge pas. Donc rien n'empêche la prescription de recommencer à courir aussitôt que le commandement est fait. Cette première différence explique la seconde : l'instance se périme, et la péremption détruit l'effet interruptif de la citation. Le commandement ne peut pas se périmer, puisqu'il ne consiste pas dans une série d'actes qui se continuent pendant toute la durée du procès. Il s'agit d'un seul et même acte qui produit son effet du moment où il est signifié à celui que l'on veut empêcher de prescrire (2).

Dunod avait une autre doctrine; il assimilait le commandement à une instance judiciaire, laquelle, si elle n'est pas périmée, interrompt la prescription pendant trente ans (3). L'assimilation n'est pas exacte. En effet, le commandement n'est pas une action qui se continue pendant le cours de l'instance et qui perpétue, par conséquent, l'interruption; c'est un acte, une fois fait, qui ne se reproduit pas et dont l'effet ne peut pas continuer. Tandis que l'in-

---

(1) Rejet, 17 décembre 1849 (Dalloz, 1850, 1, 80).
(2) Marcadé, t. VIII, p. 133, n° IV de l'article 2248. Leroux de Bretagne, t. I. p. 363, n° 518.
(3) Dunod, part. II, ch. VII. p. 171,

stance continue tant qu'elle n'est pas périmée, quoiqu'il ne se fasse aucun acte de procédure, mais d'un instant à l'autre il peut s'en faire. On a essayé de reproduire l'ancienne doctrine devant les tribunaux, mais elle a toujours été repoussée. La cour de Caen dit très-bien que le commandement doit être assimilé à l'interruption naturelle; il efface le temps qui a couru, mais il n'y a aucune raison pour que le commandement continue à interrompre la prescription; la prescription doit donc recommencer à courir après le commandement. Dans l'espèce, il s'agissait de la prescription de cinq ans établie par l'article 2277 pour les arrérages, intérêts et loyers. Quand le crédirentier signifie un commandement au débiteur, il interrompt la prescription pour les cinq années qui allaient échoir; mais s'il ne continue pas ses poursuites, une nouvelle prescription commencera à courir au profit du débiteur; de sorte que, si pendant cinq années il ne se fait pas de poursuite, le débiteur sera libéré de tous les arrérages prescrits en vertu de l'article 2277; il peut opposer la prescription pour tous les arrérages échus depuis plus de cinq ans, au moment où le crédirentier agit contre lui (1).

166. La saisie interrompt la prescription à partir du jour où elle est signifiée à celui que l'on veut empêcher de prescrire. A la différence du commandement, la saisie ne consiste pas dans un acte isolé et unique, c'est une procédure judiciaire qui se continue jusqu'à la distribution des deniers aux créanciers. La cour de Riom en a conclu que la saisie-arrêt est une véritable contestation en cause; ce qui rend applicable la maxime : *Actiones semel inclusæ judicio non pereunt.* De là suit que l'interruption résultant de la saisie dure aussi longtemps que la procédure de la saisie (2).

167. Le code met la reconnaissance sur la même ligne que les actes interruptifs de prescription qui émanent du créancier ou du propriétaire; elle doit donc, en principe,

---

(1) Caen, 3 juillet 1827; Nancy, 18 décembre 1837 (Dalloz, au mot *Prescription*, n° 676). Troplong, n° 687.
(2) Riom, 1852 (la date manque) (Dalloz, 1852, 2, 285). Comparez Aubry et Rau, t II, p. 363, et note 73, § 215.

produire le même effet; par conséquent, elle n'interrompt la prescription que pour le passé, et elle n'empêche pas une nouvelle prescription de recommencer à l'instant même.

Toutefois la reconnaissance diffère en un point essentiel des actes interruptifs, c'est un aveu du débiteur ou du possesseur; cet aveu peut constituer une novation de la créance; dans ce cas, la prescription qui recommencera à courir sera une prescription nouvelle, qui peut être différente, quant à la durée et quant aux autres conditions, de la prescription interrompue. Nous reviendrons sur ce point. La reconnaissance peut encore avoir pour effet d'empêcher une prescription nouvelle, soit temporairement, soit pour toujours. Le débiteur donne un gage à son créancier pour sûreté de la créance; il reconnaît par là l'existence de la créance, et, par suite, la prescription sera interrompue. Recommencera-t-elle à courir immédiatement après? Cela est impossible, car le gage est une convention dont les effets se continuent; c'est donc aussi une reconnaissance qui se continue, et, par suite, il ne peut pas y avoir de prescription; elle sera interrompue aussi longtemps que le créancier restera nanti du gage (1). La prescription peut même devenir impossible si l'aveu du possesseur rend sa possession précaire. Nous allons revenir sur ce point.

N° 4. INFLUENCE DE L'INTERRUPTION SUR LES CONDITIONS DE LA PRESCRIPTION.

I. *La règle.*

168. Le temps est la condition essentielle de toute prescription. Il n'est pas toujours le même; outre la prescription ordinaire de trente ans, il y a de courtes prescriptions. Il s'agit de savoir si l'interruption de la prescription a un effet sur la durée de la prescription. La question ne concerne que les courtes prescriptions; on demande si elles restent telles qu'elles étaient avant d'avoir été interrompues, ou si le délai change, de sorte que la prescription,

---

(1) Duranton, t. XXI, p. 446, n° 269, et tous les auteurs.

de courte qu'elle était, devient une prescription trentenaire.
Non, et sans doute aucun. Le texte de la loi ne prévoyant
pas la difficulté, il faut la décider d'après les principes.
Pourquoi la loi établit-elle de courtes prescriptions? La
raison en est dans la nature des créances, comme nous le
dirons plus loin; or, les créances restent les mêmes, malgré l'interruption de la prescription, celle-ci n'a rien de
commun avec la nature des créances; et si les créances
conservent la nature à raison de laquelle la loi les a soumises à une courte prescription, le délai de la prescription
doit aussi rester le même. De là suit qu'en cas d'interruption, la nouvelle prescription, qui commencera à courir à
partir de la cessation de l'interruption, s'accomplira par le
même délai que celle qui a été interrompue (1).

Nous disons que cela n'est pas douteux. Il y a cependant un arrêt en sens contraire. La cour de Toulouse se
fonde sur l'ancienne jurisprudence, que Dunod résume en
ces termes : « Non-seulement la reconnaissance de la dette
par cédule, obligation ou autre contrat, mais encore le
simple commandement ou réquisition extrajudiciaire interrompent la prescription de cinq ans; l'action est perpétuée
et étendue jusqu'à trente ans, par tous ces moyens, pour
tout ce qui n'est pas prescrit. » La cour de Toulouse en
conclut que toutes les courtes prescriptions se changent en
prescription trentenaire par l'effet de l'interruption (2). On
doit laisser de côté l'ancien droit, parce que le code ne l'a
point consacré. Restent les principes. Ils ont été très-bien
établis par la cour de Grenoble. Qu'est-ce qu'un acte interruptif de prescription? C'est un acte qui efface ou rend inutile le temps qui a couru d'une prescription; cet acte n'affecte
nullement le droit ou le titre, il proroge simplement l'action qui en dérive pendant une nouvelle période égale à
celle exigée par la loi pour prescrire cette action. Pour
qu'il y eût substitution d'une espèce de prescription à une
autre, il faudrait, au lieu d'une simple prorogation, que
l'acte interruptif eût modifié le titre ou le droit. Or, com-

(1) Troplong, n° 687. Aubry et Rau, t. II. p. 364, et note 77, § 215.
(2) Toulouse, 20 mars 1835 (Dalloz, au mot *Prescription*, n° 679).

ment concevoir que le commandement et la saisie, qui n'ont d'autre objet que l'exécution forcée du droit, apportent un changement à la nature du droit? Une créance ne change de nature que par la novation : est-ce qu'il peut y avoir novation sans volonté de nover? et celui qui poursuit l'exécution forcée de sa créance peut-il avoir l'intention de la nover (1)?

169. La bonne foi est une condition de la prescription de dix ou vingt ans. Aux termes de l'article 2269, il suffit que la bonne foi ait existé au moment de l'acquisition. Si la prescription est interrompue, et qu'ensuite elle recommence à courir, le tiers acquéreur pourra-t-il prescrire si, à ce moment, il n'a plus la bonne foi, bien qu'il fût de bonne foi au moment où il a fait l'acquisition de l'immeuble? L'affirmative est certaine, puisqu'elle est écrite dans la loi. Telle est aussi l'opinion générale, sauf le dissentiment de Troplong ; le savant magistrat, disent MM. Aubry et Rau, paraît avoir oublié que l'article 2269 n'exige la bonne foi qu'au moment de l'acquisition (2).

II. *L'exception.*

170. La reconnaissance fait-elle exception à la règle que nous venons d'établir? En principe, non, puisque la loi met la reconnaissance sur la même ligne que les actes interruptifs de prescription, et elle ne lui attribue pas un effet différent. Cela est décisif. S'il y a une exception, elle doit résulter du droit commun. En effet, dans le silence de la loi, il ne peut y avoir d'autres exceptions que celles qui sont fondées sur les principes généraux de droit. Or, les courtes prescriptions tiennent à la nature de la créance, et la créance peut changer de nature par la novation. Si donc la reconnaissance implique novation, l'ancienne créance, à courte prescription, sera éteinte et remplacée par une créance nouvelle qui se prescrit par trente ans, d'après le droit commun. Reste à savoir quand il y aura

(1) Grenoble, 6 mai 1854 (Dalloz, 1856, 2, 124). Comparez Riom, 1852 (Dalloz, 1852, 2, 285).
(2) Troplong, nos 553 et 688. Aubry et Rau, t. II, p. 365, note 78, § 215.

novation. Sur ce point, il y a une disposition formelle et fondamentale : « la novation ne se présume point, il faut que la volonté de l'opérer résulte clairement de l'acte » (art. 1273). La jurisprudence a parfois oublié le principe.

L'article 189 du code de commerce (de 1807) applique le principe aux lettres de change; les actions qui en résultent se prescrivent par cinq ans; il y a exception, et, par conséquent, on rentre dans la règle de la prescription trentenaire, lorsque la dette a été reconnue par acte séparé. La loi décide implicitement que, dans ce cas, les parties ont voulu faire novation. Hors du cas prévu par le code de commerce, il faut s'en tenir strictement au principe établi par le code civil et n'admettre la novation et, par suite, la transcription trentenaire, que lorsque telle est la volonté certaine des parties intéressées.

171. La loi soumet les loyers à une prescription spéciale de cinq ans, pour punir la négligence du créancier. S'il y a un commandement ou une saisie, la prescription est interrompue; on suppose que, de fait, il y a une reconnaissance tacite de la dette, cette reconnaissance vaudra-t-elle novation et emportera-t-elle un changement de prescription qui ne serait point résulté du simple commandement? On l'a prétendu, mais la prétention n'a pas été accueillie. La reconnaissance tacite, dit la cour de Grenoble, se réfère au titre primitif qu'elle continue et confirme, ce qui exclut toute volonté de nover (1). Cette décision n'est-elle pas trop absolue? La novation peut être tacite; donc la reconnaissance tacite peut valoir novation; cela dépend des circonstances de la cause; on ne peut pas dire, *a priori*, que la reconnaissance tacite n'emporte jamais un changement de dette; ce serait se mettre en opposition avec les principes qui régissent la novation. Nous renvoyons à ce qui a été dit au titre des *Obligations* (t. XVIII, n°s 260, 266 et suiv.).

Si le débiteur reconnaît, par écrit, la dette sujette à la prescription quinquennale, y aura-t-il novation en ce sens que la prescription de cinq ans fera place à la prescription

(1) Grenoble, 6 mai 1854 (Dalloz, 1856, 2, 124).

trentenaire? La jurisprudence est en ce sens (1). On peut dire que l'on est hors du cas prévu par l'article 2277, par cela seul qu'il y a reconnaissance formelle, puisque cela suppose que le créancier a agi; or, la loi a pour but de le punir de son inaction. Cependant nous préférerions nous en tenir au principe de la novation. L'article 1273 ne distingue pas : il n'y a pas novation sans volonté de nover. Il faut donc toujours voir si celui qui reconnaît une dette a l'intention de changer la nature de la dette, en remplaçant la prescription de cinq ans par la prescription trentenaire.

Il a été jugé que la déclaration d'effets de commerce faite par le souscripteur dans un inventaire, constitue une reconnaissance et a pour effet de changer le délai de la prescription. Cette décision est critiquée par les auteurs (2). Nous n'oserions ni l'approuver ni la désapprouver ; c'est une question d'intention, donc essentiellement de fait; or, le juge, qui se trouve en face des faits, est mieux à même de les apprécier que l'interprète qui décide d'après une relation nécessairement incomplète des circonstances de la cause. Il a été jugé encore que le débiteur qui se laisse saisir et ne s'oppose point à ce que le créancier se paye sur le prix de la chose saisie, d'une partie des intérêts, fait une reconnaissance qui rend les intérêts encore dus, prescriptibles seulement par trente ans. Cet arrêt a aussi été critiqué. Pour changer les conditions de la prescription, dit Troplong, il ne suffit pas qu'il y ait reconnaissance; il faut encore que la reconnaissance soit telle, qu'elle crée un nouveau titre et anéantisse le précédent ou le rende inutile (3). Le principe est juste, mais l'application doit être faite d'après les faits de chaque cause.

172. La reconnaissance a encore un effet particulier en ce qui concerne l'usucapion. Celle-ci exige la bonne foi et la possession à titre de propriétaire. Si la reconnaissance emporte novation, en ce sens que le possesseur re-

(1) Voyez, outre l'arrêt précité (note 1, p. 178), Paris, 10 juillet 1852 (1852, 2, 286).

(2) Paris, 12 février 1853 (Dalloz, 1853, 2, 88). Comparez Dalloz, *Répertoire*, au mot *Prescription*, n° 681, et Aubry et Rau, t. II, p. 365, note 79.

(3) Nancy, 16 mars 1834 (Dalloz, au mot *Prescription*, n° 639, 2°). Troplong, n° 698.

nonce à la prescription qu'il avait commencée et qu'il reconnaît les droits du propriétaire, il se constitue par cela même de mauvaise foi, et il ne peut plus invoquer l'usucapion par dix ou vingt ans, la bonne foi lui faisant défaut, et la bonne foi doit exister au moment où il commence une nouvelle prescription. Il pourra seulement prescrire par trente ans (1). Son titre même peut être vicié dans son essence et rendre toute prescription impossible; c'est ce qui arrive s'il reconnaît que sa possession est précaire, la précarité empêchant la prescription (2). Nous reviendrons sur ce point.

CHAPITRE III.

DE L'EFFET DE LA PRESCRIPTION.

§ Ier. *Principe.*

173. Aux termes de l'article 2223, « les juges ne peuvent pas suppléer d'office le moyen résultant de la prescription ». En d'autres termes, la prescription n'opère pas de plein droit, elle doit être opposée par celui qui peut l'invoquer. Quel est le fondement de ce principe? Voici l'explication que donne l'orateur du gouvernement dans l'Exposé des motifs : « La prescription n'est, dans le langage du barreau, qu'une fin de non-recevoir, c'est à-dire qu'elle n'a point d'effet si celui contre lequel on veut exercer le droit résultant d'une obligation ou contre lequel on revendique un fonds, n'oppose pas cette exception. Telle, en effet, doit être la marche de la justice. Le temps seul n'opère pas la prescription; il faut qu'avec le temps concourent ou la longue inaction du créancier, ou une possession telle que la loi l'exige. Cette inaction ou cette posses-

(1) Duranton, t. XXI, p. 179, n° 118.
(2) Aubry et Rau, t. II, p. 365, § 215.

sion sont des circonstances qui ne peuvent être connues et vérifiées par les juges que quand elles sont alléguées par celui qui veut s'en prévaloir (1). » La justification laisse à désirer. Quand la loi dit que le juge ne peut pas suppléer d'office le moyen de prescription, elle suppose naturellement que la prescription est certaine, car il allait sans dire que le juge ne peut décider la contestation par un moyen qui n'est pas prouvé. Et, en réalité, il n'est pas exact de dire que l'inaction du créancier ou du propriétaire ne peut être connue du juge que lorsque la partie intéressée l'allègue et la prouve ; elle peut résulter avec évidence des faits de la cause, et néanmoins le juge ne pourra pas la suppléer.

Les auteurs donnent généralement un autre motif, sauf Troplong, qui soutient que la disposition de l'article 2223 n'a plus de raison d'être dans notre droit moderne. On dit que la prescription soulève un scrupule de conscience ; elle peut, à la rigueur, être invoquée par le débiteur qui sait que la dette n'est pas payée, ou par le possesseur qui sait qu'il n'est pas propriétaire. L'honnêteté doit l'empêcher de faire valoir un moyen légal que la conscience réprouve. A défaut d'honnêteté, la crainte de l'opinion publique peut l'arrêter, et il ne faut pas que la loi vienne au secours de ceux qui ne sont honnêtes que par respect humain, cette honnêteté de ceux qui n'ont pas de conscience, comme le dit Marcadé. C'est dire que le juge doit s'abstenir et laisser agir la conscience, quand ce ne serait que la conscience des gens malhonnêtes (2).

174. Le principe est formulé dans des termes absolus qui ne comportent aucune distinction, et il en est de même des motifs de la loi, quel que soit celui que l'on adopte. Il suit de là que le principe reçoit son application aux courtes prescriptions aussi bien qu'à la prescription trentenaire, ou à l'usucapion de dix ou vingt ans. La jurisprudence est en ce sens ; elle rejette la prescription d'office, dans tous les

_____

(1) Bigot Préameneu, Exposé des motifs, n° 2 (Locré, t. VIII, p. 346).
(2) Marcadé, t. VIII, p. 16. n° I de l'article 2223. Mourlon. *Répétitions,* t. III, p 728, n° 1767. Leroux de Bretagne, t. I, p. 26, n° 26. Comparez Troplong, n°s 84-87.

cas, quand il s'agit de la prescription de cinq ans de l'article 2277(1), et en matière commerciale(2), ainsi que dans les matières spéciales, telles que l'enregistrement (3). Dunod admettait une exception pour la prescription de dix ans que les ordonnances établissaient à l'égard des actions en nullité. Il va sans dire que cette exception n'est plus admissible; Merlin dit, avec raison, que rien ne justifierait l'exception : la bonne foi n'en admet aucune (4).

Le principe recevrait même son application si le débiteur ou le possesseur était un mineur (5). Il y a un motif de douter, c'est que celui qui n'oppose pas la prescription quand elle est acquise, y renonce; or, le mineur n'a pas le droit d'y renoncer, et ceux qui le représentent n'ont pas capacité de le faire. Toutefois l'opinion générale doit être suivie; on ne peut admettre une exception à une règle qui n'en comporte point.

175. La prescription devant être opposée par la partie intéressée, naît la question de savoir quand elle doit être opposée. L'article 2224 décide la difficulté en ces termes : « La prescription peut être opposée en tout état de cause, même devant la cour d'appel, à moins que la partie qui n'aurait pas opposé le moyen de la prescription ne doive, par les circonstances, être présumée y avoir renoncé. » Il est de principe que les exceptions péremptoires peuvent être opposées dans tout le cours du procès; on entend par là les exceptions qui détruisent l'action et la rendent absolument inefficace. Telle est la prescription (6). On ne peut pas objecter à celui qui n'oppose pas la prescription dès le début du procès, qu'il y a renoncé, car il peut l'ignorer, et quand même il en aurait connaissance, il peut lui répugner de se prévaloir d'une exception qui, en fait, est mal vue, parce qu'elle paraît souvent con-

(1) Rejet, 5 mars 1827 (Dalloz, au mot *Prescription*, n° 98). Cassation, 26 février 1861 (Dalloz, 1861, 1, 481). Rejet, cour de cassation de Belgique, 15 mars 1877 (*Pasicrisie*, 1877, 1. 281).
(2) Cassation, 2 janvier 1855 (Dalloz, 1855. 1, 13).
(3) Cassation. 31 mai 1847 (Dalloz, 1847, 4, 379).
(4) Merlin, *Répertoire*, au mot *Prescription*, sect. I, § III, n° II.
(5) Leroux de Bretagne, t. I, p. 28, n° 27, et tous les auteurs.
(6) Duranton, t. XXI, p. 201, n° 134.

traire à l'équité et à la bonne foi. La partie intéressée commence par proposer les autres moyens de défense qu'elle peut opposer, et se réserve la prescription pour le cas où ces moyens ne réussiraient point. Il est arrivé que la prescription a été opposée à la veille d'un arrêt définitif, alors que l'instance avait duré plus de vingt-sept ans (1).

176. Toutefois cela n'est pas sans danger. On peut opposer à celui qui a négligé de se prévaloir de la prescription qu'il y a renoncé; l'article 2224 le dit. De là une difficulté qui peut être très-grande en fait : quand y a-t-il renonciation? Il ne peut être question que de la renonciation tacite; il faut donc appliquer ce que nous dirons plus loin de cette renonciation. L'article 2224 s'exprime mal en disant que l'on peut, par les circonstances, être *présumé* avoir renoncé à la prescription : jamais une renonciation ne se présume, car on ne présume pas que celui qui a un droit l'abdique; il faut s'en tenir à la définition que l'article 2221 donne de la renonciation tacite : elle résulte d'un *fait* qui suppose l'abandon du droit acquis. Celui qui pourrait opposer une prescription dont momentanément il ne veut pas se prévaloir, doit donc se garder de poser aucun fait d'où l'on pourrait induire une renonciation. Quels sont les faits qui supposent l'abandon de la prescription? Il est impossible de répondre *a priori* à cette question; les faits viennent souvent démentir les plus savantes théories. Cela est arrivé à un de nos bons auteurs. Duranton établit fort bien que celui qui offre de payer renonce à la prescription, car on n'offre pas de payer ce que l'on ne doit pas. Il ajoute qu'il en serait de même si un débiteur cité en conciliation offrait au créancier, à titre d'arrangement ou de transaction, une certaine somme pour que celui-ci se désistât de sa prétention, sans se réserver d'ailleurs le droit de lui opposer la prescription pour le surplus et sans dire non plus qu'il ne doit que cela, qu'il n'entend payer que cela : il reconnaîtrait ainsi la dette et renoncerait tacitement a la prescription. Cela paraît très-logique; mais les faits ne se présentent jamais tels que les auteurs les supposent. Dans

(1) Rejet. 4 juillet 1821 (Dalloz, au mot *Prescription*, n° 126).

une espèce à peu près identique à celle que Duranton a
proposée, le premier juge a décidé en sens contraire. Un
huissier actionna un client en payement d'une somme de
256 francs, montant de différents exploits qu'il disait avoir
signifiés pour son compte. Par acte extrajudiciaire, le défendeur signifia au demandeur qu'il déniait formellement
lui avoir donné mandat de dresser aucun des exploits dont
il réclamait le coût; mais que, afin d'éviter les ennuis d'un
procès, il voulait faire un sacrifice et lui offrait une somme
de 160 francs pour frais de trois actes. L'huissier n'ayant
pas accepté l'offre, le défendeur la réitéra à l'audience;
puis sous le bénéfice de ces offres, et toujours en protestant ne rien devoir, il opposa la prescription. Le tribunal
l'admit par le motif que les offres n'étaient pas une reconnaissance positive de l'existence de la dette, mais un
sacrifice pour se soustraire aux ennuis et aux frais d'un
procès. Sur le pourvoi, il intervint un arrêt de rejet. La
cour de cassation dit que le jugement attaqué n'avait fait
qu'interpréter l'offre du défendeur et qu'il était dans le
droit du tribunal de déclarer, comme il l'avait fait, qu'une
offre motivée à titre de sacrifice et pour éviter un procès
ne contenait pas une reconnaissance de la dette, et, par
suite, n'empêchait pas le défendeur de se prévaloir de la
prescription (1).

177. L'article 2224 dit que la prescription peut être
opposée même devant la cour d'appel. Cela implique que
la défense au fond n'empêche pas de se prévaloir de la
prescription. C'est parce que cette défense n'a point réussi
que la partie intéressée se décide à se prévaloir de la prescription en appel. Le tribunal de la Seine avait repoussé
la prescription dans une affaire peu favorable à celui qui
l'alléguait, en se fondant sur ce que la prescription ne pouvait
être opposée que lorsque les choses étaient entières, tandis
que, dans l'espèce, le défendeur avait défendu au fond. Cette
décision a été cassée, parce que le tribunal avait considéré
le moyen de prescription comme devant être proposé *rebus*

---

(1) Rejet, 12 mars 1844 (Dalloz, au mot *Prescription*, n° 115). Duranton,
t. XXI, p. 212, n° 137.

integris, et préalablement à toutes autres exceptions et défenses, ce qui, dit la cour, est une erreur et une violation de l'article 2224 (1). Dans une autre espèce, la cour d'Amiens avait rejeté la prescription, parce que les parties avaient contesté au fond, et que le défendeur n'avait pas même allégué avoir payé la dette pour laquelle il était poursuivi. Sur le pourvoi il intervint un arrêt de cassation. On peut, dit la cour, contester au fond, et néanmoins opposer la prescription, sans cela il serait impossible de s'en prévaloir en appel. Et aucune disposition de la loi n'oblige celui qui oppose la prescription à alléguer qu'il a payé, sauf à celui à qui la prescription est opposée à déférer le serment dans les cas où la délation est autorisée par la loi (2).

178. La loi dit que la prescription peut être opposée en tout état de cause. Cela suppose qu'il y a encore une cause pendante. S'il y a eu jugement en dernier ressort, il ne peut plus être question d'opposer la prescription (3). Cela est d'évidence. En faut-il conclure que la prescription peut être opposée tant que le jugement définitif n'est pas intervenu? Il a été jugé que la prescription ne peut plus être opposée après que les parties ainsi que le ministère public ont été entendus, et que les magistrats délibèrent en la chambre du conseil (4). On a contesté ce principe par le motif que la cause est pendante tant qu'il n'y a pas de jugement (5). Toutefois une règle de procédure met obstacle à ce que la prescription soit opposée pendant le délibéré, c'est qu'il ne peut plus être signifié de conclusions après qu'une cause a été déclarée entendue; or, il faut des conclusions pour que la prescription soit soumise au juge. Cela nous paraît décisif.

179. En disant que la prescription peut être opposée même en appel, l'article 2224 décide implicitement qu'on

---

(1) Cassation. 5 juin 1810 (Dalloz, au mot *Prescription*, n° 116).
(2) Cassation. 27 juin 1855 (Dalloz, 1855, 1, 290).
(3) Dunod, part. I, ch. XIV, p. 110.
(4) Orléans, 23 décembre 1822 (Dalloz, au mot *Instruction par écrit*, n° 33, 2°). Pau, 19 août 1850 (Dalloz, 1851, 2, 5).
(5) Troplong, n° 95; Marcadé, t. VIII. p. 41, n° I de l'article 2225. Comparez, en sens contraire, Duranton, t. XXI, p. 202, n° 135; Leroux de Bretagne, t. I, p. 33, n° 35.

ne peut pas s'en prévaloir pour la première fois en cassation. La raison en est que la cour de cassation n'est pas un troisième degré de juridiction; elle est uniquement appelée à décider si le jugement ou l'arrêt attaqué a violé la loi; or, il n'y a point de loi violée dans l'espèce, puisque le premier juge ne peut connaître de la prescription que si la partie intéressée l'oppose. Mais si la décision attaquée était cassée pour un autre motif, la prescription pourrait être proposée devant la cour de renvoi, puisque le procès recommence comme s'il n'y avait jamais eu de débat (1). La jurisprudence de la cour de cassation est constante en ce sens; elle applique le principe à toute espèce de prescription et en toute matière (2).

186. Les arrêts assez nombreux qui rejettent la prescription parce qu'elle n'a pas été opposée devant le juge du fait ne décident pas la question de droit : elle n'est pas controversable; la cour se borne à dire que rien ne prouve que la prescription ait été opposée devant le premier juge. Sur ce point, il y a souvent difficulté. Quand on dit que la prescription doit être opposée, cela ne signifie pas autre chose que ce que dit l'article 2223, à savoir que les juges ne peuvent pas la suppléer d'office; il faut qu'elle soit demandée par les parties; partant, il doit y avoir des conclusions à cet égard. Est-ce à dire que les conclusions doivent porter en termes formels que la partie oppose la prescription? La loi n'exige pas cela, elle ne prescrit aucune forme sacramentelle; il suffit donc que la prescription soit opposée (3). Il n'y a aucun doute quant au principe; l'application est une question d'interprétation des conclusions prises par les parties.

La partie, dans ses conclusions, demande à faire preuve d'une possession paisible et sans trouble. C'est opposer la prescription, puisque, dans l'usucapion, la prescription se fonde sur une possession paisible et sans trouble (4).

---

(1) Marcadé, t. VIII, p. 41, n° I de l'article 2225.
(2) Voyez les arrêts dans le *Répertoire* de Dalloz, au mot *Cassation*, n°s 1901 et 1902.
(3) Marcade, t. VIII, p. 29, n° III de l'article 2223.
(4) Rejet, 16 novembre 1842 (Dalloz, au mot *Prescription*, n° 81). Comparez Rejet, 29 novembre 1876 (Dalloz, 1877, 1, 152).

181. Le débiteur demande la validité d'offres réelles. Il n'y avait compris que le montant de cinq années d'intérêts, en donnant comme motif qu'un créancier ne pouvait exiger que cinq années d'intérêts de son débiteur. La cour de cassation a jugé que le débiteur avait opposé la prescription pour les intérêts des autres années. En effet, dire que le débiteur ne doit que cinq années d'intérêts, c'est opposer la prescription pour les intérêts qui excèdent les cinq années (1).

Dans l'arrêt que nous venons de citer, la cour de cassation dit « que l'on peut considérer comme expressément demandé ce qui virtuellement, mais nécessairement, dérive de la demande formée en termes exprès, parce que les faits sont plus puissants que les paroles ». C'est dire que la demande tacite équivaut à la demande expresse. Le principe est exact, mais avec la restriction que la cour y met; il faut toujours une demande expresse, puisqu'il faut des conclusions, et l'on ne conçoit pas des conclusions tacites. Seulement ces conclusions, formelles quant à la demande qui y est formulée, peuvent contenir virtuellement une demande qui n'y est pas exprimée; elle n'en est pas moins formelle si elle y est *nécessairement* contenue.

Une fabrique réclame plusieurs années d'arrérages d'une rente. Le débiteur soutient que le titre de la rente est prescrit; il n'oppose pas spécialement la prescription quant aux arrérages. Jugement qui condamne le débirentier à payer douze années d'arrérages. Pourvoi; arrêt de cassation, après délibéré en chambre du conseil. Le débiteur, dit la cour, a opposé devant les premiers juges que le titre de la rente dont on lui réclamait les arrérages était prescrit. Or, la prescription des arrérages est nécessairement comprise dans l'exception de prescription du titre lui-même, puisque les arrérages se trouveraient prescrits si le titre l'était; donc la prescription avait été opposée, et, en ne la prononçant pas, le premier juge avait violé la loi (2).

_____

(1) Rejet. 10 mars 1841 (Dalloz, au mot *Prescription*, n° 100).
(2) Cassation, 26 février 1822. Dans le même sens, Cassation, 13 mai 1823 (Dalloz, au mot *Prescription*, n° 101) Merlin, *Répertoire*, au mot *Prescription*, sect. I, § III, n° III.

Le débiteur soutient, en première instance, que la dette est prescrite. Sur l'appel du créancier, le débiteur conclut expressément et formellement à ce que la cour confirme le jugement en en adoptant les motifs. C'était demander implicitement, mais nécessairement, que la cour déclarât la dette éteinte par prescription (1). Il ne faudrait pas conclure de là que, dans tous les cas où la prescription a été invoquée en première instance, il est inutile de l'invoquer de nouveau en appel. Dans l'espèce, la prescription avait réellement été opposée en appel; et elle doit être opposée, puisque l'appel anéantit le premier jugement; si elle n'est pas opposée, la cour ne peut la suppléer. Dans une instance sur une réclamation de droits d'usage, les communes usagères invoquent la prescription. Le tribunal ne statua point sur ce moyen à l'égard de quelques-uns des usagers, qui interjetèrent appel du jugement. Devant la cour, les communes se bornèrent à demander la confirmation du jugement de première instance, sans reproduire le moyen tiré de la prescription; ce que l'arrêt déclarait expressément dans ses motifs. Dès lors la cour ne devait pas statuer sur le moyen résultant de la prescription, car on ne l'invoquait point devant elle (2).

La demande virtuelle peut-elle résulter des motifs sur lesquels la partie intéressée base ses conclusions? Oui, si ces motifs impliquent nécessairement la prescription. Le propriétaire d'un moulin réclame une servitude d'aqueduc sur le fonds d'un voisin. Il se fonde sur ce que son moulin existe depuis plusieurs siècles et que les levées de la rivière, même sur le fonds du défendeur, ont été manifestement disposées pour les besoins et le roulement de l'usine, et cela de toute antiquité. Il résultait de ces conclusions que le demandeur invoquait la prescription, quoiqu'il ne la mentionnât pas, mais il en établissait les conditions et les caractères : c'était bien se prévaloir de la prescription, comme l'a jugé la cour de cassation (3).

182. Les cours se montrent plus ou moins faciles à

---

(1) Rejet, 3 janvier 1833 (Dalloz, au mot *Prescription*, n° 108).
(2) Rejet, 4 février 1857 (Dalloz, 1857, 1, 257).
(3) Rejet, chambre civile, 3 août 1870 (Dalloz, 1870, 1, 358).

admettre la prescription d'après la faveur de la cause. C'est ainsi qu'on s'explique une décision de la cour de Rouen, qui déclara l'action prescrite, bien que le défendeur se fût borné à dire « qu'à raison du long silence de son adversaire, on pouvait s'étonner avec raison qu'il eût formé une action aussi tardive, et que *peut être, à la rigueur,* il serait *possible* d'invoquer la prescription ». L'arrêt a été cassé, et il devait l'être. Il faut nécessairement que la prescription soit opposée; or, dans l'espèce, elle ne l'était point; car dire qu'il serait peut-être possible de l'invoquer, c'est dire qu'on ne l'invoque point; cela impliquait même un doute sur le point de savoir si la prescription était accomplie; dès lors il ne pouvait être question de l'opposer (1).

Le défendeur conclut au rejet de la demande « par *fins de non-recevoir* et par *voies et moyens de droit* ». Ces mots vagues, dit la cour de cassation, ne suffisent point pour tenir lieu de l'exception expresse de prescription. Si des équipollents suffisent, parce qu'il n'y a pas de termes sacramentels, au moins faut-il qu'il y ait des termes qui mettent la partie adverse à même d'apprécier les caractères de la possession et les causes d'interruption et de suspension qui peuvent être alléguées; il faut donc qu'il ne soit point douteux que la prescription est invoquée. Dans l'espèce, on pouvait tout au plus supposer que le défendeur entendait se prévaloir de la prescription : ce ne sont pas là des conclusions (2).

Il faut ajouter que les conclusions doivent être prises en justice. Lors du préliminaire de conciliation, le défendeur invoque la prescription de cinq ans; il fait défaut devant le tribunal de première instance; il a été jugé que le tribunal ne pouvait pas admettre la prescription (3). Cela nous paraît évident, non pas, comme le dit l'arrêtiste, parce que, en ne comparaissant pas devant le tribunal, le défendeur reconnaissait qu'il avait à tort opposé la prescription, mais parce qu'en réalité il ne l'avait pas opposée;

---

(1) Cassation, 18 avril 1838 (Dalloz, au mot *Prescription,* n° 102).
(2) Rejet, 14 novembre 1822 (Dalloz, au mot *Prescription,* n° 103).
(3) Aix. 22 messidor an .XIII (Dalloz, au mot *Prescription,* n° 105).

en effet, en conciliation on ne prend pas de conclusions, il n'y a ni demande ni défense proprement dites, il y a une tentative de prévenir le procès; ce qui exclut toute idée de débat sur le fond du droit, partant, toute exception.

§ II. *De la renonciation à la prescription.*

N° 1. QUAND PEUT-ON RENONCER A LA PRESCRIPTION ?

183. « On ne peut, d'avance, renoncer à la prescription; on peut renoncer à la prescription acquise » (art. 2220). Pourquoi ne peut-on pas renoncer d'avance à la prescription? En général, les parties peuvent disposer. de leurs droits, même futurs, et régler, comme elles l'entendent, leurs intérêts quels qu'ils soient. Cette liberté, qui est la base de notre ordre civil, reçoit une exception. Aux termes de l'article 6, on ne peut déroger, par des conventions particulières, aux lois qui intéressent l'ordre public. Par ordre public, on entend aussi l'intérêt public; de là une formule plus générale du principe, c'est qu'on ne peut pas déroger au droit public. C'est en ce sens que l'orateur du gouvernement dit, dans l'Exposé des motifs : « La prescription étant nécessaire pour maintenir l'ordre social, elle fait partie du droit public, auquel il n'est pas libre à chacun de déroger. » Bigot-Préameneu donne encore d'autres motifs pour expliquer le principe de l'article 2220, et les auteurs en donnent aussi qui sont plus ou moins contestables : à quoi bon chercher de mauvaises raisons quand il y en a une écrite dans la loi et qui est décisive (1)?

On peut renoncer à la prescription acquise, parce que, dans ce cas, il n'y a plus que des intérêts privés en cause; l'intérêt public ne demande qu'une chose, c'est que les actions aient un terme; il ne demande pas que celui qui est à l'abri de l'action, s'il veut opposer la prescription, soit forcé de le faire. Il y a, au contraire, un intérêt social à ce que les particuliers agissent sous l'inspiration d'une

---

(1) Bigot-Préameneu, Exposé des motifs, n° 1 (Locré, t. VIII, p. 345). Duranton, t. XXI, p. 175, n° 114. Mourlon, *Répétitions*, t. III, p. 731, n° 1775. Marcadé, t. VIII, p. 20, n° I de l'article 2220.

conscience éclairée; or, il se peut que la prescription ne soit pas en harmonie avec la justice; si le débiteur sait qu'il n'a point payé, la conscience lui fait un devoir de ne pas se prévaloir de la prescription ét de renoncer à une exception que l'ordre social exige, mais que l'équité particulière réprouve. On rentre donc dans le droit commun, qui permet à chacun de disposer de ses droits comme il veut.

Le code ne dit rien de la renonciation à la prescription qui est en voie de s'accomplir, il règle cette matière en traitant des causes qui interrompent la prescription; parmi ces causes se trouve la reconnaissance que le débiteur fait du droit de celui contre lequel il prescrivait. La reconnaissance est une renonciation; elle efface le temps qui a couru, temps qui est acquis au débiteur, mais elle ne peut pas porter sur le temps qui courra, car ce serait renoncer d'avance à la prescription; ce que l'article 2220 défend.

184. La prescription étant d'ordre public, en faut-il induire que toutes espèces de conventions concernant le délai dans lequel un droit doit être exercé sont prohibées? L'article 2220 ne fait qu'appliquer une règle de droit commun écrite dans l'article 6. C'est ce principe qui décide de la validité de la convention; si les parties ont dérogé à des lois qui concernent l'ordre public, ou, en termes plus généraux, si leurs conventions sont contraires à l'intérêt public, elles sont par cela même frappées de nullité; tandis qu'elles sont valables si l'intérêt général n'est pas en cause.

L'article 1660 défend de stipuler le pacte de rachat pour un terme excédant cinq années; si la clause a été stipulée pour un temps plus long, elle est réduite à ce terme; mais rien n'empêche de le stipuler pour un terme moins long. Il ne s'agit pas ici d'une prescription proprement dite, il s'agit d'un délai conventionnel; la loi impose une limite aux parties contractantes dans un intérêt public, celui de la stabilité des propriétés; mais elle leur laisse la liberté, qui est de droit commun, dès que l'intérêt de la société n'est pas en cause. Le délai peut être fixé selon les convenances des parties, pourvu qu'il ne dépasse pas le terme de cinq années; elles peuvent donc, après avoir fixé un délai de deux ans, l'étendre à cinq ans. Nous renvoyons à ce qui a été dit, sur ce point, au titre de la *Vente*. C'est l'application du principe de l'article 6 : les conventions sont valables en tant qu'elles ne blessent pas l'intérêt général (1).

La cour de cassation a appliqué ce principe aux délais qui sont stipulés par les polices d'assurances pour les actions en payement de perte ou dommage causé par le sinistre ; d'ordinaire le contrat porte que l'action est prescrite par un an, à compter de l'incendie. Ces clauses sont-elles valables ? Il y a un motif de douter. En principe, toute action naissant d'un contrat dure trente ans ; les parties dérogent donc à une règle fondamentale en matière de prescription : n'est-ce pas déroger à une loi d'ordre public ? La cour de Paris l'a jugé ainsi. « La prescription, dit-elle, est une disposition d'ordre public ; elle repose sur ce principe que le débiteur s'est libéré, mais a perdu la preuve de sa libération ; il n'est pas permis d'y renoncer à l'avance, et, comme conséquence, il ne peut être permis d'en avancer l'époque, en disposant que le débiteur sera présumé s'être libéré dans le délai d'un an et avoir perdu la preuve de sa libération ». Sur le pourvoi, l'arrêt a été cassé, par le motif que la clause litigieuse ne blessait en rien l'ordre public. La cour de cassation a encore cassé un arrêt de la cour de Dijon qui avait annulé une clause d'assurance fluviale portant que toute action en recouvrement des pertes, avaries ou frais devait être formée, sous peine de déchéance, dans les trois mois à compter du sinistre. La cour de cassation dit que la condition mise à l'exercice des droits de l'assuré ne blesse en rien l'ordre public ; que l'article 2220, loin d'en recevoir aucune atteinte, se concilie parfaitement avec la stipulation qui tend à renfermer l'exercice de certaines actions dans des limites plus étroites que celles de la prescription ordinaire ; notamment lorsqu'on stipule que les actions dérivant d'un contrat d'assurances contre les risques de la navigation fluviale devront être exercées dans un délai plus court que celui qui est fixé

---

(1) Leroux de Bretagne, t. I, p. 46, n° 51. Marcadé, t. VIII, p. 21, n° I de l'article 2220. Troplong, n° 44.

par l'article 432 du code de commerce. Cette clause s'explique et se justifie par la rapidité des communications à l'intérieur; licite en elle-même, elle rentre sous l'application de l'article 1134, qui veut que les conventions légalement formées tiennent lieu de loi aux parties. La cour de Nancy s'est prononcée dans le même sens; la cour dit que la déchéance conventionnelle n'a rien de contraire à l'ordre public, la durée de l'existence d'un droit étant susceptible d'être réglée par la même convention qui lui a donné l'existence (1). L'arrêt de la cour de cassation dont nous avons transcrit les motifs est moins absolu, il décide d'après les circonstances particulières de la cause. Nous croyons que telle est la vraie doctrine (2); le principe est que toute convention qui déroge à une loi d'ordre public est nulle; il faut donc voir, dans chaque espèce, si l'ordre public y est intéressé.

185. Dans le cours d'une instance, les parties font un compromis. Il y est dit que si l'arbitrage devenait sans objet, pour quelque cause que ce fût, la demanderesse reprendrait les errements de l'instance par elle formée, sans qu'aucune prescription ou péremption de procédure pût lui être opposée par l'autre partie. Cette clause fut attaquée comme contraire à l'article 2220, en ce qu'elle emportait renonciation à une prescription ou à une péremption non acquise. La cour de Toulouse se prononça pour la validité de la clause. En effaçant, par leurs stipulations, dans le calcul du temps utile à prescrire, celui qui devait s'écouler depuis la signature du compromis jusqu'au jour assigné à la fin de l'arbitrage, les parties ne renonçaient pas à une prescription non encourue; elles retardaient seulement la marche de la prescription en la suspendant aussi longtemps que durerait l'arbitrage. Elles entendaient si peu renoncer à la prescription, que, dans le cas où l'arbitrage n'aboutirait pas, la prescription devait recommencer à courir. La cour avoue que la clause serait illicite si elle devait

---

(1) Paris, 19 décembre 1849 (Dalloz, 1850, 2, 40), et Cassation, 1er février 1853 (Dalloz, 1853, 1, 77). Cassation. 16 janvier 1865 (Dalloz, 1865, 1, 11). Nancy, 25 juillet 1851 (Dalloz, 1852, 2, 67).
(2) Leroux de Bretagne, t. 1, p. 48, n° 52.

équivaloir à l'abandon anticipé d'une prescription ou l'empêcher de s'accomplir ; mais, dans l'espèce, les parties en-
rayaient seulement le cours d'une prescription, sans se
priver éventuellement de son bénéfice ; le terme de la prescription était retardé, mais il devait échoir si la partie
intéressée ne veillait pas à ses droits. On pourrait objecter
que suspendre le cours de la prescription, c'est encore déroger à une loi d'ordre public, puisqu'il est de principe que
la prescription n'est suspendue que pour les causes prévues par la loi (art. 2251). La cour répond que, pendant
les deux mois fixés pour l'arbitrage, les parties s'étaient
mises dans l'impossibilité d'agir ; si néanmoins la prescription avait couru contre elles, l'arbitrage aurait compromis leurs droits ; pour mieux dire, elles n'y auraient pas
consenti. S'il est permis aux parties de compromettre, il
doit aussi leur être permis de suspendre le cours de la
prescription (1). Il faut ajouter que, d'après le droit commun, la prescription est interrompue par l'instance portée
devant les arbitres, et que l'interruption continue pendant
l'instance ; la clause litigieuse ne faisait donc qu'étendre au
compromis ce que la loi dit de la citation en justice. En
définitive, la cour de Toulouse a appliqué à l'espèce le
principe consacré par la cour de cassation : la convention
n'avait rien de contraire à l'ordre public, donc elle était
valable.

186. Nous avons supposé jusqu'ici qu'il s'agit de la
renonciation à une prescription extinctive. Est-ce à dire
que le principe de l'article 2220 ne reçoive point d'application à la prescription acquisitive? Les auteurs s'accordent
à enseigner que la disposition est générale et s'applique,
par conséquent, à toute prescription ; mais ils avouent que
cette application sera très-rare. Cela est si vrai, que les
exemples mêmes que la doctrine a imaginés donnent lieu à
controverse (2). Nous croyons inutile d'entrer dans ce débat ; il y a assez de difficultés dans notre-science ; à quoi

_____

(1) Toulouse, 18 mai 1868 (Dalloz, 1868, 2, 108).
(2) Marcadé, t. VIII, p. 21, n° II de l'article 2220. Mourlon, t. III, p. 732,
n°ˢ 1777 et 1778. Duranton. t. XXI, p. 179, n° 118.

bon s'arrêter à des hypothèses d'école que la vie réelle ignore?

187. L'article 2220 s'applique-t-il aux déchéances résultant de l'expiration des délais fixés par les lois de procédure? On demande, notamment, si la partie intéressée peut renoncer à la déchéance du délai d'appel. Merlin a varié sur la question; après avoir soutenu que la renonciation est nulle comme contraire à l'ordre public, il s'est prononcé pour la validité, par le motif que la déchéance accomplie du droit d'appel n'est autre chose qu'une prescription acquise, à laquelle la partie intéressée peut renoncer; ce qui rendra l'appel recevable. Nous préférons la première opinion de Merlin. Dès que le délai d'appel est expiré, le jugement acquiert l'autorité de chose jugée; ce qui empêche la cour d'en connaître. Il est vrai que la partie qui a obtenu gain de cause peut renoncer au bénéfice du jugement en ce qui concerne son intérêt privé, mais la question de savoir si la cour peut connaître d'une contestation définitivement jugée n'est pas d'intérêt privé, elle tient au droit public; ce qui est décisif (1).

N° 2. COMMENT SE FAIT LA RENONCIATION.

188. « La renonciation à la prescription est expresse ou tacite » (art. 2221). C'est le droit commun, qui régit toute manifestation de volonté et, notamment, la renonciation, sauf dans les cas où la renonciation est un acte solennel, tel que la renonciation à une succession. Qu'elle soit expresse ou tacite, la renonciation à la prescription est une manifestation unilatérale de la volonté de celui qui renonce; il n'est pas requis que le créancier ou le propriétaire. au profit duquel la renonciation se fait, l'accepte. Il faut appliquer ici ce que nous avons dit de la reconnaissance interruptive de la prescription, reconnaissance qui est une renonciation au temps pendant lequel la prescription avait couru (n°s 121-122). Cela est généralement

---

(1) Troplong. n° 51, et, en sens divers, les autorités qu'il cite. Il faut ajouter Marcadé, t. VIII, p. 27, n° IV de l'article 2220.

admis (1). Il y a cependant une objection très-sérieuse : la renonciation n'implique-t-elle pas la translation du droit qui était acquis ou éteint par la prescription? Et si c'est un acte translatif de propriété, n'en faut-il pas conclure que le concours de consentement est nécessaire? Nous reviendrons plus loin sur ces difficultés.

189. Quand y a-t-il renonciation *expresse?* Duranton répond qu'elle résulte des actes intervenus entre les parties, et dans lesquels le débiteur ou le détenteur a déclaré renoncer au droit qu'il avait d'invoquer le moyen de prescription (2). Cette définition, reproduite par Troplong, confond le fait juridique de la renonciation avec la preuve littérale de la renonciation; ce qui implique une double erreur. La renonciation peut être expresse, sans qu'il y ait un écrit; quant à la preuve, elle se fait d'après le droit commun, elle peut donc se faire par témoins. Aucune condition de forme n'est requise pour la validité de la renonciation (3). On a prétendu qu'il fallait observer les formalités prescrites par l'article 1338 pour l'acte confirmatif. C'est une nouvelle confusion dont la cour de cassation a fait justice. Il est vrai que la confirmation contient une renonciation, mais toute renonciation n'est pas une confirmation. La confirmation suppose qu'une convention est viciée, et que de ce vice résulte une action en nullité à laquelle la partie intéressée renonce. Dans la renonciation à la prescription, il ne s'agit pas d'effacer un vice, mais de reconnaître l'existence d'une dette qui était prescrite avec l'intention de considérer la prescription comme non avenue. Le pourvoi faisait encore une autre confusion; il supposait qu'un acte confirmatif est nécessaire pour la validité de la confirmation; ce qui est une erreur; il n'y a que l'écrit destiné à constater la confirmation que la loi soumet à des formalités spéciales. Ces formalités ne peuvent pas être exigées pour la validité d'une renonciation à la prescription, lorsque le débiteur ou le possesseur constatent leur

---

(1) Leroux de Bretagne, t. I, p. 49, n° 56.
(2) Duranton. t. XXI. p. 180, n° 119. Comparez Troplong, n° 52.
(3) Marcadé, t. VIII. p. 29. n° V de l'article 2222. Leroux de Bretagne, t. I. p. 48. n° 55.

volonté par écrit; une déclaration de volonté, faite dans n'importe quels termes, suffit (1).

190. Quand la renonciation est expresse, la partie intéressée peut la subordonner à des conditions; c'est le droit commun. Dans un exploit d'offres réelles, le débiteur avait compris tous les intérêts échus, même ceux qui étaient prescrits en vertu de l'article 2277; mais ces offres étaient faites expressément sous la condition que le créancier les accepterait; et le débiteur déclarait formellement que si ses offres n'étaient pas acceptées, il se réservait le droit d'opposer la prescription de l'article 2277. La renonciation à la prescription était donc conditionnelle; or, les offres ne furent pas acceptées, et, sur la demande du créancier, le tribunal les annula; dès lors, la renonciation tombait. Vainement le créancier s'emparait-il d'un acte d'avoué par lequel le débiteur déclarait avoir renoncé à la prescription; la cour de Liége dit très-bien que cette déclaration se rapportait aux offres, lesquelles prouvaient que la renonciation avait eu lieu sous une condition qui ne s'était pas accomplie (2).

191. L'article 2221 définit la renonciation tacite : elle résulte d'un fait qui suppose l'abandon du droit acquis. Quand peut-on dire qu'un fait suppose l'abandon d'un droit? C'est une question d'appréciation, puisqu'il s'agit de savoir si le débiteur a manifesté la volonté de renoncer en posant le fait que le créancier invoque pour en induire la renonciation. Seulement on doit appliquer la règle qui régit toute renonciation tacite; le code la formule en définissant l'acceptation tacite de la succession : il faut, dit l'article 778, que l'acte du successible *suppose nécessairement son intention d'accepter.* De même il y a renonciation tacite à la prescription quand le fait ne peut recevoir d'autre interprétation que celle de vouloir renoncer. C'est en ce sens qu'il faut entendre un arrêt de la cour de cassation qui a été injustement critiqué. La cour dit d'abord que la renonciation ne peut pas s'établir par des *inductions*; plus loin, il est dit qu'elle ne peut se prouver que par *des aveux, affir-*

---

(1) Rejet, chambre civile, 8 mars 1853 (Dalloz. 1854, 1, 336).
(2) Liege, 3 avril 1864 (*Pasicrisie*, 1865, 2, 78).

mations ou consentements (1). L'expression n'est pas exacte, car les mots *aveux* et *affirmations* impliquent une déclaration de volonté par paroles; ce qui exclut la volonté tacite. Quoi qu'il en soit, il ne saurait y avoir de doute sur la pensée de la cour; elle veut écarter les simples probabilités ou présomptions de fait; la volonté tacite doit être aussi certaine que la volonté expresse. Les cours d'appel se sont prononcées pour la même interprétation. Il faut entendre l'article 2221 eu ce sens, dit la cour de Caen, que le fait doit être de telle nature, qu'il ne laisse aucun doute sur l'intention d'abandonner le droit acquis par la prescription (2).

Troplong critique la décision de la cour de cassation en lui faisant dire que le juge ne peut admettre une renonciation tacite que s'il y a des *aveux*, des *affirmations* et des *consentements*. Marcadé va plus loin et dit que la doctrine de la chambre des requêtes est *profondément fausse* et qu'elle aboutit à *la plus grave hérésie*. Et quelle est, d'après ces auteurs, la véritable doctrine? C'est au fond celle de la cour. Ecoutons Troplong. « Tout ce qui portera avec soi la *conséquence nécessaire* que la prescription a été abandonnée sera une preuve suffisante qu'il y a eu renonciation tacite. » Quand donc la loi dit que le fait doit supposer l'abandon du droit acquis, il faut l'entendre en ce sens que le juge ne doit admettre « *que ce qui fait supposer nécessairement cet abandon* (3). » Nous croyons que la cour n'a pas voulu dire autre chose. Il est même à remarquer que Troplong ajoute à la rigueur de la loi; l'article 2221 ne dit pas que l'acte doit faire supposer *nécessairement* l'abandon du droit acquis. Mais telle est bien la pensée du législateur, car il est de l'essence de la renonciation tacite que le fait ne puisse recevoir une autre interprétation. Telle est aussi l'opinion d'un conseiller à la cour de cassation, qui semble également critiquer

---

(1) Rejet, 15 décembre 1829 (Dalloz, au mot *Effets de commerce*, n° 810, 2°).

(2) Caen, 20 novembre 1859 (Dalloz, 1860, 2, 100). Comparez Orléans, 16 février 1865 (Dalloz, 1865, 2, 60).

(3) Troplong, n° 56. Marcadé, t. VIII, p. 31 et suiv., n° V de l'article 2222.

la jurisprudence de la chambre des requêtes, et qui finit
par dire : « Si les faits peuvent se concilier avec l'intention de conserver le droit acquis, le juge devra les interpréter en ce sens. » C'est l'application du vieil adage :
Nemo enim res suas jactare facile præsumitur. Mais si
les faits ne peuvent s'expliquer que par l'abandon de ce
droit, le juge admettra la renonciation tacite (1).

192. Troplong ajoute que la loi s'en rapporte à la
prudence du juge et à son bon sens. Marcadé, qui paraît
n'avoir écrit son Commentaire sur le titre de la *Prescription* que pour combattre Troplong, le contredit aussi sur
ce point, en ce sens que, selon lui, l'appréciation du fait
d'où l'on induit la renonciation appartient exclusivement
au premier juge ; tandis que, d'après le savant magistrat,
la cour de cassation serait compétente pour redresser et
casser la fausse appréciation des cours d'appel (2). Les
arrêts de cassation ne manquent point en cette matière, et,
à notre avis, la cour suprême est parfaitement dans son
droit. Nous allons parcourir quelques espèces dans lesquelles la cour est intervenue, tantôt cassant l'arrêt attaqué, tantôt rejetant le pourvoi : ce sont des applications
des principes que nous venons d'établir.

Le débiteur commence par déclarer qu'il ne doit rien.
Après avoir proposé plusieurs fins de non-recevoir, il oppose la prescription. La cour de Paris la rejeta, d'abord
parce que le débiteur aurait dû faire valoir son exception
in limine litis, ce qui est une erreur certaine. La cour
ajoute qu'avant d'invoquer la prescription, le débiteur
avait soutenu ne rien devoir d'après les pièces produites ;
elle conclut de là qu'il a fait abandon du moyen qu'il pouvait tirer de la prescription. Sur le pourvoi en cassation,
cet arrêt a été cassé, après délibéré en chambre du conseil : « La prétention du défendeur de ne rien devoir, dit
la cour, n'a en soi rien d'incompatible avec celle de la
prescription de la dette. » Troplong ajoute ce commentaire : « Puisque la prescription est un moyen de libéra-

_____

(1) Leroux de Bretagne. t. I. p. 50, n° 57, et p. 57, n° 61. Voyez un
exemple dans Liége. 27 novembre 1823 (*Pasicrisie,* 1823, p. 542).
(2) Marcadé, t. VIII, p. 30, n° V de l'article 2222. Troplong, n° 56.

tion, on peut dire qu'elle est l'une de ces causes sur lesquelles le défendeur se fonde pour soutenir qu'il ne doit
rien. » Au moins cette défense ne suppose pas l'abandon
du droit acquis par la prescription ; il suffit qu'elle puisse
recevoir une autre interprétation pour qu'il ne soit pas
permis au juge d'en induire une renonciation tacite. La
cour de Paris avait donc violé l'article 2221 en décidant
que le fait supposait l'abandon du droit (1).

Le défendeur à une action en délivrance d'une hérédité
déclare, devant le juge de paix, qu'il consent à abandonner
au demandeur *ce qui lui revient* ; il propose de nommer un
arbitre. Plus tard, il oppose la prescription. Y avait-il
renonciation? La cour de Lyon se prononça pour la négative ; sur le pourvoi, il intervint un arrêt de rejet. En effet,
dire que l'on abandonnera au réclamant ce qui lui revient
signifie qu'on lui délaissera ce qui lui revient légitimement
d'après les règles du droit ; on pouvait du moins l'interpréter ainsi, ce qui suffisait pour écarter la renonciation
tacite (2).

Quand le premier juge motive sa décision sur une interprétation de volonté, la cour de cassation déclare l'appréciation souveraine et rejette le pourvoi. Le défendeur offre
une portion de la somme réclamée, mais il ajoute que c'est
à titre de sacrifice et pour éviter un procès. Est-ce une renonciation à la prescription? Non, dit le premier juge, en
interprétant l'intention du défendeur. Cette appréciation a
été déclarée souveraine par la chambre des requêtes (3).

Mais la cour suprême ne décide pas toujours que l'appréciation des juges du fait est souveraine. Elle constate
les faits tels qu'ils sont rapportés dans l'arrêt attaqué, avec
toutes les circonstances de la cause ; puis elle examine si
les faits ont été bien appréciés au point de vue des principes qui régissent la renonciation. Enfin vient la conclusion que, dans les circonstances rappelées, la cour d'appel

---

(1) Cassation, 19 avril 1815 (Dalloz, au mot *Prescription*, n° 66).
(2) Rejet, 16 mars 1831 (Dalloz, au mot *Prescription*, n° 78), critiqué
par Troplong, approuvé par Dalloz.
(3) Rejet, 12 mars 1844 (Dalloz, au mot *Prescription*, n° 115). Comparez
Rejet, 27 janvier 1829, chambre civile (Dalloz, *ibid.*, n° 73).

a pu déclarer qu'il n'existait pas, dans les actes émanés des parties défenderesses, de volonté ni d'intention de renoncer à la prescription acquise, et qu'en le jugeant ainsi, la cour n'a pas violé l'article 2221. Il s'agissait, dans l'espèce, d'une demande en partage ; la cour de Pau décida, en se fondant sur les circonstances de la cause, que cette demande, quoique formée contre tous les héritiers apparents, n'emportait pas, de la part du demandeur, renonciation à la prescription qui pouvait avoir frappé les droits de quelques-uns des défendeurs (1).

193. Les renonciations tacites donnent lieu à de nombreuses contestations. Peut-on les prévenir en faisant des protestations et des réserves au moment où l'on pose un acte qui pourrait être considéré comme un abandon du droit acquis? Les praticiens donnent ce conseil. En principe, les clauses dites réservatoires sont inutiles. Si l'acte posé par le débiteur n'implique pas nécessairement la volonté de renoncer, le juge n'admettra pas la renonciation, quand même il n'y aurait aucune réserve. Par contre, si l'acte ne peut pas recevoir une autre interprétation que celle d'une renonciation, le juge ne tiendra aucun compte des réserves, en vertu du vieil adage que les protestations contraires à l'acte sont inopérantes. Un arrêt de la cour de Gand en offre un exemple. Le débiteur avait reconnu formellement une partie de la dette ; quant à l'autre, il subordonnait sa reconnaissance à l'administration d'une preuve, puis il invoquait la compensation, laquelle équivaut au payement. La cour dit que ces faits supposent *nécessairement* l'abandon le plus complet du droit que donne la prescription et, partant, la renonciation tacite à ce droit. Il est vrai que le débiteur avait accompagné ses conclusions de protestations et de réserves. Cette clause, dit la cour, était vaine ; elle ne pouvait détruire les faits posés par le débiteur, et ces faits avaient la force d'une renonciation expresse ; or, il est contradictoire de dire : Je renonce à la prescription et je me réserve de la faire valoir. « *Protestatio contra factum nihil relevat* (2). »

----

(1) Rejet, chambre civile. 9 avril 1862 (Dalloz. 1862, 1, 279).
(2) Gand, 3 novembre 1860 (*Pasicrisie,* 1861, 2, 43).

194. « Celui qui ne peut aliéner ne peut renoncer à la prescription acquise » (art. 2222). Cette disposition soulève une difficulté de principe : la renonciation est-elle une aliénation?

I. Qu'est-ce que la renonciation?

195. L'article 712 porte que la prescription est un moyen d'acquérir la propriété; la loi la met sur la même ligne que les autres modes d'acquisition, l'accession, la succession, les donations, les contrats; elle ne diffère des modes prévus par l'article 711 qu'en un point, c'est que la succession, la donation entre-vifs ou testamentaire et les conventions sont tout ensemble translatives et acquisitives de propriété; tandis que l'accession et la prescription, dont il est parlé à l'article 712, sont seulement un titre d'acquisition, sans qu'il y ait une transmission. Toujours est-il que, lorsque les conditions requises pour la prescription sont accomplies, le possesseur est propriétaire, aussi bien qu'il l'est en vertu d'une vente, d'un testament ou d'une donation. C'est ce que dit l'article 2219 : « La prescription est un *moyen d'acquérir* par un certain laps de temps et sous les conditions déterminées par la loi. » Si le possesseur qui a rempli ces conditions renonce à la prescription, il abdique la propriété qu'il vient d'acquérir en vertu de la loi; donc il aliène.

Telle était la doctrine de Dunod. Il demande si l'on peut renoncer à la prescription. A cette question il répond, comme le fait le code Napoléon, en distinguant si la prescription est acquise ou si elle ne l'est pas. Si elle est acquise, la partie qui en aurait dû profiter y peut renoncer. Qu'est-ce que cette renonciation? Est-ce une aliénation? Dunod ne met pas même la chose en doute, il explique seulement comment se fera cette aliénation. Dans l'ancien droit, il fallait la tradition pour la transmission de la propriété : faut-il aussi la tradition pour que la renonciation à la prescription transmette la propriété? Dunod répond que la seule renonciation a effet en choses incorporelles et en actions personnelles. Mais s'il s'agissait d'un bien corporel, il semble, dit-il, qu'il faudrait un nouveau titre et une nouvelle tradition pour transférer le domaine à un autre, après qu'il aurait été acquis par une prescription consommée (1). Les auteurs du code ont-ils consacré cette doctrine? Nous répondrons, comme Dunod, que tel semble être le sens des textes que nous venons d'invoquer. L'article 2221, relatif à la renonciation, est conçu en ce sens: la renonciation tacite résulte d'un fait qui suppose l'*abandon du droit acquis*. Donc lorsque le possesseur renonce à la prescription, il abandonne un *droit acquis*. Ce droit acquis ne saurait être que le droit de propriété; le droit était dans le patrimoine du possesseur, puisqu'il était acquis; il en sort par la renonciation; partant, il y a aliénation.

196. Il en est de même de la prescription extinctive. L'article 1234 la place parmi les modes d'extinction des obligations; il la met sur la même ligne que le payement; donc elle éteint la dette. C'est ce que dit l'article 2219 : « La prescription est un moyen de *se libérer* par un certain laps de temps et sous les conditions déterminées par la loi. » Quand ces conditions sont remplies, le débiteur est libéré. Si, étant libéré, il renonce à la prescription, il abandonne un droit acquis : ce sont les termes de l'article 2221, ce qui implique un acte d'aliénation. Dunod le dit : La renonciation a effet en actions personnelles par la seule volonté de la partie qui renonce; il ne fallait ni titre ni tradition, puisqu'on ne transmettait pas la propriété d'une chose corporelle. Toujours est-il que le créancier, par l'effet de la prescription, avait perdu sa créance; elle était éteinte; par l'effet de la renonciation, la créance revit; un droit qui était sorti du patrimoine du créancier par la prescription y rentre par la renonciation; en ce sens, il y a aliénation.

197. N'est-ce pas ainsi qu'il faut entendre l'article 2222, aux termes duquel celui qui ne peut aliéner ne peut renoncer à une prescription acquise? Les auteurs modernes ont une autre théorie. Ils n'admettent pas que la prescription

---

(1) Dunod, part. I, ch. XIV, p. 111.

opère de plein droit une acquisition de propriété ou une libération de la dette. Le possesseur ou le débiteur ont seulement le droit d'acquérir la propriété ou la libération; pour qu'ils soient propriétaires ou pour qu'ils soient libérés, il faut une condition essentielle, c'est qu'ils manifestent la volonté de profiter de la prescription; ils doivent l'invoquer, sinon elle n'opère pas. Tant qu'ils ne l'ont pas invoquée, il n'y a point de prescription, pas d'acquisition de la propriété, pas de libération; donc aucune aliénation (1).

Remarquons d'abord que cette théorie est en opposition avec le texte de la loi. L'article 2221 dit que la renonciation est l'abandon d'un *droit acquis,* et les auteurs disent que le droit n'est pas acquis. De plus, la doctrine nouvelle est contraire à la tradition, du moins avec l'opinion de Dunod, dont l'autorité est grande en cette matière; on a essayé de l'écarter, mais on n'y est parvenu qu'en faisant dire à Dunod le contraire de ce qu'il dit. Il parle d'une prescription *acquise, consommée;* cela signifie, dit-on, que la partie qui a prescrit a opposé la prescription; or, une fois qu'elle l'a opposée, elle devient naturellement propriétaire ou elle est définitivement libérée; si, après cela, elle renonce, elle abdique un droit, elle aliène (2). Il n'y a pas un mot de cette théorie dans Dunod; pour s'en convaincre, il suffit de lire ce qu'il dit de la prescription qui n'est *pas acquise.* Il entend par là celle qu'il est question d'acquérir; il n'est pas permis d'y renoncer, dit-il, et de convenir qu'elle n'aura pas lieu; et il en donne pour raison que l'on ne peut pas renoncer à ce qui est de droit public avant que ce droit ait reçu son application à chaque fait particulier. La distinction que Dunod fait entre la prescription *acquise* et la prescription *non acquise* est donc celle que le code a formulée dans l'article 2220. La doctrine du code étant celle de Dunod, il en faut conclure que l'*abandon du droit acquis,* dont parle l'article 2221, est un acte d'aliénation.

198. Que dit-on à l'appui de l'opinion contraire? Elle

(1) Duranton, t. XXI, p. 222, n° 144. Mourlon, *Répétitions,* t. III, p. 728, n°ˢ 1767-1770.
(2) Marcadé, t. VIII, p. 38, n° VII de l'article 2222.

se fonde sur l'article 2223, d'après lequel « les juges ne peuvent pas suppléer d'office le moyen résultant de la prescription ». On induit de là que la prescription n'opère pas de plein droit, qu'elle doit être opposée et que, jusqu'à ce qu'elle ait été opposée, elle ne produit aucun effet. Le possesseur ne devient donc propriétaire que lorsqu'il a opposé la prescription, et le débiteur n'est libéré que lorsqu'il l'a opposée. Ainsi l'opposition de la prescription est une des conditions requises pour que la prescription opère son effet; tant que cette condition n'est pas remplie, il n'y a pas de prescription; or, la loi suppose que la renonciation se fait avant que la partie intéressée se soit prévalue de la prescription; donc cette renonciation n'est pas une aliénation : elle ne transmet aucun droit à l'ancien propriétaire, car celui-ci n'a pas cessé d'être propriétaire : elle ne donne aucun droit au créancier, car celui-ci a toujours été créancier.

A notre avis, cette interprétation de l'article 2223 fait dire à la loi autre chose que ce qu'elle dit. La loi suppose que le propriétaire agit contre le possesseur, il revendique son héritage; le possesseur a rempli les conditions requises pour la prescription, il a possédé pendant le temps et sous les conditions déterminées par le code civil, mais il n'oppose pas la prescription : le juge peut-il, doit-il la suppléer d'office? Telle est la question que l'article 2223 décide, et il la décide en donnant satisfaction au scrupule de conscience que la prescription soulève. Il y a conflit entre la légalité et la moralité; il n'appartient pas au juge de le vider; c'est au possesseur à interroger sa conscience et à agir en conséquence. Ce même conflit se présente dans la prescription extinctive, et il reçoit la même solution. Est-ce là une condition requise pour que la prescription produise ses effets? La loi ne dit pas cela, elle dit tout le contraire. En effet, la théorie que nous combattons implique qu'au moment où le possesseur et le débiteur renoncent à la prescription, ils ne l'ont pas encore opposée; ils n'auraient donc aucun droit; le propriétaire et le créancier conserveraient toujours leur droit à l'héritage ou à la créance; partant, la renonciation à la prescription ne serait pas l'abandon d'un droit. Or, l'article 2221 dit que la renonciation est l'abandon d'un droit acquis ; si le possesseur, si le débiteur ont un droit acquis, on doit leur appliquer l'article 2219, ils ont acquis la propriété de l'héritage ou la libération de la dette ; et si c'est un droit acquis, comment l'ancien propriétaire aurait-il conservé son droit de propriété, et le créancier son droit de créance? Peut-il y avoir un droit acquis au possesseur sur un fonds qui est resté dans le domaine du propriétaire? Peut-il y avoir un droit acquis à la libération au profit du débiteur, alors que le créancier conserve tous ses droits? La théorie nouvelle efface du code la définition qu'il donne de la renonciation dans l'article 2221. Nous ajoutons qu'elle interprète à faux l'article 2223 sur lequel elle s'appuie.

L'article 2223 suppose un débat judiciaire; or, il se peut qu'il n'y en ait point ; le propriétaire ne revendique pas, le créancier n'agit pas. N'étant pas poursuivis, le possesseur et le débiteur ne peuvent pas opposer la prescription ; l'article 2223 est donc sans application possible. Qu'en va-t-il résulter? Dans la théorie que nous combattons, il faudrait dire que le possesseur n'est pas devenu propriétaire, que le débiteur n'est pas libéré. Quand donc le possesseur acquerra-t-il la propriété? quand le débiteur aura-t-il acquis sa libération? La propriété de l'héritage et le droit à la libération resteront en suspens tant que le propriétaire et le créancier resteront dans l'inaction, et cette inaction peut durer cinquante ans, cent ans. Est-ce là ce que le législateur a voulu en établissant la prescription? Il a voulu consolider les possessions, et voilà un possesseur qui possède pendant cinquante ans et néanmoins il n'est pas propriétaire; voilà un débiteur contre lequel le créancier n'a point agi pendant cinquante ans et néanmoins il n'est pas libéré. Le propriétaire et le créancier pourront donc agir après un demi-siècle, après un siècle d'inaction ; et c'est seulement quand ils agiront que le possesseur et le débiteur profiteront de la prescription! Non, ce n'est pas là ce que le législateur a voulu. Quand le temps déterminé par la loi est écoulé et que les conditions de prescription sont remplies, il y a *droit acquis* pour le possesseur et pour le débiteur, quand même ceux-ci n'auraient pas été dans le cas d'opposer prescription.

199. Notre opinion, bien qu'appuyée sur la tradition et sur les textes, est isolée. Nous devons cependant, dans l'intérêt des principes, en déduire les conséquences. Quand on dit que la renonciation est une aliénation, ou, comme le dit la loi, un abandon du droit acquis, il ne faut pas en induire que c'est un acte translatif de propriété. Le code distingue les actes par lesquels la propriété *se transmet et s'acquiert* et les actes par lesquels la propriété s'acquiert sans être transmise (art. 711 et 712); dans cette seconde catégorie il range la prescription et l'accession; celui qui prescrit devient donc propriétaire sans que la propriété lui ait été transmise. S'il renonce à la prescription, il manifeste la volonté de ne pas devenir propriétaire, et, en réalité, il ne l'aura jamais été, car il ne peut pas devenir propriétaire malgré lui. De là suit que la renonciation, tout en étant une aliénation, est un acte unilatéral; ce n'est ni une vente, ni une donation, celui qui renonce dit seulement qu'il n'entend pas être propriétaire. Il ne faut donc pas de concours de volontés pour que la renonciation soit valable (n° 188); et la renonciation à la prescription acquisitive, n'étant pas un acte translatif de propriété, ne doit pas être transcrite. Ces conséquences sont en harmonie avec le texte de la loi; elle admet une renonciation tacite, ce qui rend la transcription impossible; elle fait résulter la renonciation tacite d'un fait, ce qui exclut le concours de volontés, puisque le fait est un acte posé par le débiteur ou le possesseur. On peut comparer, sous ce rapport, la renonciation à la prescription avec la renonciation à une succession; l'héritier est saisi de la propriété et de la possession de l'hérédité, il abdique donc un droit acquis; néanmoins il n'y a point d'acte translatif de propriété, ni concours de consentement, ni transcription.

Toutefois il y a doute. Nous croyons que la vraie théorie est celle de Dunod. Il exige la tradition pour que la renonciation produise son effet, donc un concours de volontés, et par conséquent nécessité de transcrire. Si nous n'admettons pas cette théorie, c'est qu'il est impossible de la concilier avec les textes du code, lesquels, comme nous venons de le dire, impliquent que la renonciation est un fait unilatéral, ce qui exclut l'idée d'un acte translatif de propriété. En définitive, la doctrine du code est indécise et en un certain sens contradictoire. D'une part il dit que la prescription engendre un droit acquis, donc la propriété ou la libération ; logiquement il en faut conclure que la renonciation à la prescription est la renonciation à la propriété ou à la libération ; et partant, il faudrait pour la consommer le concours de volontés du possesseur et du propriétaire, du débiteur et du créancier, et, par suite, la transcription serait nécessaire pour que l'aliénation eût effet à l'égard des tiers, car c'est la renonciation à un droit réel immobilier. Mais, d'autre part, le code se contente d'un simple fait, d'où l'on induit la renonciation par voie de raisonnement; or, un fait n'est point un concours de volontés, et un fait ne se transcrit point. Il résulte de là que le principe que nous soutenons contre les auteurs modernes reste à l'état d'abstraction ; le texte de la loi s'opposant à ce que l'on accepte les conséquences qui en découlent. La seule conséquence que la loi elle-même semble consacrer est celle que l'article 2222 formule, en disposant que celui qui ne peut aliéner ne peut renoncer à la prescription acquise. Nous allons voir que cette disposition ne s'explique que si l'on admet que la renonciation à la prescription est une aliénation.

II. *Condition requise pour la validité de la renonciation*

200. L'article 2222 dit que celui qui ne peut pas aliéner ne peut pas renoncer à la prescription acquise. Pourquoi la loi exige-t-elle la capacité d'aliéner? Si l'on admet avec Dunod que la renonciation est une aliénation, la conséquence en doit être que pour renoncer à la prescription il faut avoir la capacité d'aliéner. Dans l'opinion générale, on dit que la renonciation n'est pas une aliénation ; le propriétaire et le créancier conservent les droits qu'ils avaient, rien n'y est changé. Si tel est le système de la loi, on ne voit pas de raison pour exiger que celui qui renonce soit capable d'aliéner. Les auteurs sont très-embarrassés pour motiver la disposition de l'article 2222. La renonciation, dit Duranton, est l'abandon du droit d'être libéré ou du droit de pouvoir garder la chose et d'en devenir ainsi propriétaire incommutable ; la loi a donc raison d'exiger que ce droit ne puisse être abdiqué que par ceux qui peuvent aliéner (1). Cette justification ne pénètre pas au fond de la difficulté. Comment se fait-il que celui qui n'aurait qu'un mot à dire pour être libéré ou pour devenir propriétaire, ne veut pas dire ce mot ? Pourquoi se laisse-t-il condamner ? ou pourquoi prend-il l'initiative en renonçant à se prévaloir de la prescription ? Ce ne peut être que par scrupule de conscience. S'il en est ainsi, la loi aurait dû permettre à tous ceux dont la conscience est éclairée, d'obéir à sa voix, sans considérer s'ils ont ou non la capacité d'aliéner. Qu'est-ce que le cri de la conscience a de commun avec la capacité juridique ? Il y a des interprètes qui ont aperçu la difficulté, mais la solution qu'ils en donnent confond le droit et la morale, et elle ne prouve qu'une chose, c'est l'impossibilité d'expliquer l'article 2223 quand on reste sur le terrain du droit, comme la loi le fait. La prescription, dit-on, peut être un moyen très-légitime et très-moral de repousser l'action du créancier ou du propriétaire ; c'est quand le défendeur est réellement libéré ou a réellement acquis la propriété de l'héritage qu'il possède ; mais il a perdu les preuves de son droit, ou il n'en a jamais eu ; il se défend alors contre la mauvaise foi du demandeur en lui opposant la prescription. Mais il peut aussi être sans droit ; alors la conscience lui défend d'invoquer la prescription. L'invoquera-t-il ou y renoncera-t-il ? L'incapable, dit-on, ne saurait distinguer si la prescription est juste ou injuste. « Il s'agit d'une question de conscience qu'il ne peut résoudre légitimement, puisqu'il ne jouit pas d'un discernement libre et éclairé (2). » Que l'on mette cette justification en regard du texte, et l'on se convaincra que l'explication n'explique rien. Le code n'exige pas un *dis-*

(1) Duranton, t. XXI, p. 192, n° 126. Marcadé, t. VIII, p 38, n° VIII de l'article 2222. Leroux de Bretagne, t. I, p. 59. n° 68.
(2) Mourlon, *Répétitions*. t. III. p. 735, n° 1733.

cernement libre et éclairé, il exige la capacité d'aliéner. Or, il y a des incapables qui ne peuvent aliéner bien qu'ils jouissent de la plénitude de leur intelligence et du sens moral. Est-ce qu'un mineur émancipé, est-ce qu'une femme mariée, est-ce qu'un interdit même, dans un intervalle lucide, n'ont pas le sentiment du juste et de l'injuste? Cependant ils ne peuvent pas renoncer à la prescription.

201. Du principe que celui qui ne peut aliéner ne peut renoncer à la prescription il résulte que les incapables ne peuvent pas renoncer. Sous le nom d'*incapables*, il faut comprendre non-seulement ceux qui sont frappés d'une incapacité générale et absolue, tels que les mineurs, les interdits et les femmes mariées, mais aussi les incapables qui jouissent d'une certaine capacité : tels sont les mineurs émancipés, les personnes placées sous conseil et les femmes séparées de biens. Ces incapables ont le pouvoir d'administrer leurs biens et de s'obliger dans les limites de leur administration; la femme peut même disposer de son mobilier et l'aliéner; ils jouissent de leurs revenus; néanmoins ils ne peuvent pas renoncer à la prescription, parce qu'ils n'ont pas la capacité d'aliéner.

On objecte, quant au mineur émancipé, qu'il peut toucher ses revenus; par conséquent, disposer des arrérages et intérêts qu'il perçoit; ce qui lui donne la capacité requise par l'article 2223 pour renoncer à la prescription (1). Il nous semble que c'est mal raisonner. C'est en vertu de son pouvoir d'administration que le mineur émancipé touche ses revenus et en dispose; sa capacité est donc limitée à des actes à titre onéreux qui lui procurent une utilité quelconque, un profit pécuniaire. Telle n'est certes pas la renonciation à la prescription. Nous avons établi que c'est une aliénation (n°⁵ 195 et 196); il faut ajouter que cette aliénation se fait sans compensation aucune; en ce sens, on doit l'assimiler à un acte à titre gratuit. Or, le mineur émancipé ne peut pas donner; car donner, au point de vue de l'utilité, c'est perdre. Notre conclusion est que le mi-

---

(1) Duranton, t. XXI, p. 193, n°ˢ 128 et 129. Leroux de Bretagne, t. I, p. 61, n° 71.

neur émancipé ne peut jamais renoncer à une prescription
acquise; il ne le pourrait pas même en observant les formalités que la loi prescrit pour les aliénations; il est, sous
ce rapport, assimilé à un mineur non émancipé, et nous
allons voir que le mineur ni son tuteur ne peuvent renoncer à une prescription, pas même avec l'autorisation du
conseil de famille et l'homologation du tribunal.

On fait une exception analogue pour la femme séparée
de biens; l'article 1449 porte qu'elle peut disposer de son
mobilier et l'aliéner; de là on conclut qu'elle peut, sans
l'autorisation de son mari, payer une dette prescrite (1).
C'est, en apparence, l'application littérale de l'article 2222.
Mais il y a encore un autre principe concernant l'incapacité de la femme mariée : même séparée de biens, elle ne
peut donner (art. 217 et 905). Sa capacité, en cas de séparation, se limite donc, comme celle du mineur émancipé,
aux actes à titre onéreux qui lui sont profitables; quand
elle vend des effets mobiliers, elle touche un prix; quand
elle renonce à la prescription, elle ne reçoit rien en compensation; donc elle dispose à titre gratuit; ce qui décide
la question.

202. Du principe établi par l'article 2222 il suit encore
que les administrateurs des biens d'autrui ne peuvent pas
renoncer à la prescription, car ils n'ont pas le pouvoir
d'aliéner. Tels sont les tuteurs et les maris administrateurs légaux des biens de leurs femmes. Pour le tuteur, il
y a une difficulté qui donne lieu à controverse. La loi lui
permet d'aliéner les immeubles du mineur avec autorisation du conseil de famille et homologation du tribunal; en
faut-il conclure qu'il peut renoncer à la prescription en
remplissant ces formalités? C'est l'opinion que Marcadé
soutient contre Troplong. Il y a un motif péremptoire pour
la rejeter : le texte de la loi. Marcadé oublie que le conseil
de famille et le tribunal n'ont pas un pouvoir absolu d'autoriser l'aliénation que le tuteur voudrait faire; ils ne peuvent accorder l'autorisation que pour cause d'une nécessité
absolue ou d'un avantage évident : peut-il y avoir *nécessité*

---

(1) Duranton et Leroux de Bretagne (note 1 de la p. 210).

absolue de renoncer à la prescription? et où est l'*avantage
évident,* c'est-à-dire pécuniaire, d'un acte qui se résume en
une *perte évidente?* L'incapacité du tuteur, comme celle des
administrateurs, en général, est tout aussi grande si l'on
consulte l'esprit de la loi. Il n'y a qu'une raison qui puisse
expliquer et justifier l'abandon d'un droit acquis par la
prescription, c'est le scrupule de conscience quand la prescription se trouve contraire à l'équité; or, celui qui administre les biens d'autrui n'a aucune qualité pour décider
des cas de conscience, et les conseils de famille ainsi que
les tribunaux sont également incompétents : le juge n'a
pas pour mission d'autoriser des sacrifices que la délicatesse commande, il doit, dans l'espèce, refuser l'autorisation que le tuteur demanderait puisqu'il n'y a pas nécessité
absolue ni avantage évident (1).

203. La jurisprudence a fait d'autres applications du
principe consacré par l'article 2222. Les administrateurs
conventionnels peuvent-ils renoncer à la prescription? La
négative est écrite dans l'article 1988, aux termes duquel
le mandat conçu en termes généraux n'embrasse que les
actes d'administration; s'il s'agit d'*aliéner* ou d'hypothéquer, ou de quelque autre *acte de propriété,* le mandat
doit être exprès. À plus forte raison, un mandat général
ne suffit-il pas quand il s'agit d'abdiquer un droit acquis
sans aucune compensation. Il a été jugé, en conséquence,
qu'il n'appartient pas au directeur et à l'administrateur
d'une société de renoncer à une prescription acquise (2).

Les personnes dites civiles peuvent-elles renoncer à la
prescription? Elles ne peuvent aliéner que sous les conditions déterminées par la loi, et ces aliénations sont nécessairement des actes à titre onéreux. Cela exclut déjà une
renonciation qui tient de l'acte à titre gratuit, puisqu'elle
ne procure aucun avantage pécuniaire à celui qui la fait.
L'esprit de la loi ne laisse aucun doute. Celui qui renonce
à la prescription sacrifie son intérêt à un scrupule de con-

---

(1) Troplong, nos 80 et 81. Mourlon, *Répétitions,* t. III, p. 735, no 1785.
Leroux de Bretagne, t. I, p. 59, no 69. En sens contraire, Marcadé,
t. VIII, p. 38, no VIII de l'article 2222.
(2) Bruxelles. 6 août 1868 (*Pasicrisie,* 1870, 2. 287).

science; or, les personnes civiles sont des êtres fictifs : peut-il être question de conscience quand il s'agit d'une fiction légale? La capacité de ces personnes fictives est strictement définie, puisqu'elles n'existent que dans les limites déterminées par la loi; il faudrait donc un texte qui les autorise à renoncer à la prescription. Il a été jugé que les communes ne peuvent pas renoncer à une prescription acquise (1). La cour de Liége a encore décidé que la renonciation à une prescription par un bureau de bienfaisance, sans autorisation suffisante, est nulle (2). A notre avis, aucune autorisation ne serait suffisante, car le bureau de bienfaisance ne peut pas renoncer à ses droits à titre gratuit; il faut appliquer aux corps moraux, et *a fortiori*, ce que nous venons de dire du tuteur (n° 202).

N° 4. EFFET DE LA RENONCIATION.

204. L'article 2219 dit que la prescription est un moyen d'acquérir ou de se libérer. Si l'on s'en tient à cette disposition, il faut dire que la prescription est une aliénation, par suite, que l'ancien propriétaire avait perdu son droit de propriété, et qu'il le recouvre par la renonciation du possesseur; ce qui implique une mutation de propriété avec toutes ses conséquences (art. 712). Il en est de même du créancier contre lequel le débiteur a prescrit; il avait perdu sa créance par la prescription; son droit est éteint, dit l'article 1234, il le recouvre par la renonciation du débiteur; la renonciation implique donc l'acquisition d'un droit. Nous avons dit plus haut que cette interprétation des articles 2219, 712 et 1234 n'est pas admise. Dans l'opinion générale, la prescription ne devient un titre d'acquisition ou de libération que lorsque le possesseur ou le débiteur l'oppose au propriétaire ou au créancier qui agissent contre eux. Lors donc que le possesseur et le débiteur renoncent à la prescription, il ne se fait aucune aliénation, aucune acquisition; malgré la prescription, le propriétaire

(1) Liége, 23 avril 1846 (*Pasicrisie*, 1848, 1, 289).
(2) Liége, 1er août 1840 (*Pasicrisie*, 1840, 2, 189).

et le créancier avaient conservé leurs droits ; ils n'acquièrent rien lorsque le débiteur ou le possesseur renoncent,
ils restent dans la situation où ils étaient avant la renonciation (n° 197) (1).

205. La prescription et la renonciation qui y est faite
soulèvent encore une autre difficulté qui fait l'objet d'une
controverse interminable. On demande si la prescription
éteint l'obligation naturelle du possesseur et du débiteur.
Dans l'opinion générale que nous venons de résumer, il
faudrait dire que la prescription par elle seule ne donne
aucun droit au possesseur et au débiteur; elle ne devient
un moyen d'acquérir et de se libérer que lorsque la partie
intéressée l'oppose; donc jusque-là l'obligation du possesseur et du débiteur subsiste, puisque les droits du propriétaire et du créancier subsistent; ils sont tenus plus que
d'une obligation naturelle, le lien civil est maintenu jusqu'à ce qu'ils trouvent bon de le rompre en opposant la
prescription. Dans cette théorie il ne peut être question
d'une obligation naturelle survivant à la prescription, que
lorsque le possesseur ou le débiteur s'en sont prévalus.
Ils l'ont opposée, c'est leur droit, mais il se peut que ce
droit légal soit en opposition avec la justice; le possesseur
sait qu'il n'est point propriétaire, le débiteur sait qu'il n'a
point payé. Le devoir de conscience subsiste donc malgré
l'effet légal que la prescription a produit. Est-ce là une
obligation naturelle? La question est controversée. Nous
disons que la controverse est interminable; en effet, l'on
ne s'entend pas sur la notion de l'obligation naturelle,
de sorte qu'il est impossible de dire que tel devoir constitue une obligation naturelle. Dans l'opinion que nous
avons enseignée, la question implique une hérésie, car elle
confond l'ordre moral avec l'ordre légal, les devoirs im-
parfaits avec les devoirs parfaits : un devoir de conscience
n'est pas une obligation. Si l'on admet la doctrine que nous
avons enseignée, la question que l'on discute à perte de
vue n'en est plus une. Quand la prescription est acquise,

---

(1) Marcadé, t. VIII, p. 36, n° VII de l'article 2222. Leroux de Bretagne,
t. I, p. 66, n° 78.

le possesseur est devenu propriétaire, le débiteur est libéré ;
à notre avis, cet effet se produit sans que la partie intéressée doive opposer la prescription en justice (n° 198). Le
possesseur devenu propriétaire, le débiteur libéré restent-
ils tenus de l'obligation naturelle de restituer la chose et
de payer la dette? La question n'a point de sens. Conçoit-
on que le législateur dise au possesseur : « Quand vous
aurez possédé pendant le temps requis et sous les conditions déterminées, vous serez propriétaire, et néanmoins
vous avez l'obligation naturelle de restituer la chose? »
Dunod répond, et avec grande raison, qu'une fois la propriété acquise légalement, il ne peut être question d'une
obligation quelconque de l'abdiquer. Il en est de même de
la libération dans la prescription extinctive : il est contradictoire que la loi déclare le débiteur libéré par les raisons les plus graves d'ordre social, et qu'ensuite elle
admette une obligation quelconque de payer (1). A plus forte
raison ne peut-il être question d'une obligation naturelle
après que le possesseur ou le débiteur ont opposé la prescription; tout est consommé dans ce cas, le possesseur est
devenu propriétaire, le débiteur est définitivement libéré :
la loi peut-elle défaire sa propre œuvre en maintenant, à
charge du propriétaire et du débiteur, un lien naturel? Il
ne peut pas y avoir de lien naturel contre l'ordre social.

Cependant la plupart des auteurs enseignent que la prescription, fût-elle opposée, laisse subsister une obligation
naturelle. C'est qu'ils confondent l'obligation naturelle avec
le devoir de conscience, et ce devoir personne ne songe à
le nier; mais le scrupule de conscience n'a rien de commun avec le droit. Nous renvoyons à ce qui a été dit au
titre des *Obligations*. Il est inutile de renouveler le débat
en ce qui concerne la prescription, c'est un débat d'école
que la vie réelle ignore. Tout ce qui intéresse l'application
du droit, c'est que la prescription, quoique acquise, peut
perdre ses effets par la renonciation; et si le possesseur
ou le débiteur renoncent, ils seront censés n'avoir jamais
eu de droit; par conséquent, ils resteront tenus comme ils

(1) Dunod, part. I, ch. XIV, p. 108. Comparez Troplong, n°s 29-32.

l'étaient, civilement; et là où il y a une obligation civile, il ne saurait être question d'une obligation naturelle (t. XVII, n° 12).

206. Quand on dit que rien n'est changé à la situation des parties intéressées par la renonciation, on suppose que telle est leur intention, mais leur volonté peut aussi être différente. Elles peuvent faire novation; dans ce cas, une · dette nouvelle prend la place de la dette ancienne; cette nouvelle dette, si elle n'est pas immédiatement acquittée, sera soumise à la prescription générale de trente ans, bien que l'ancienne dette fût soumise à une courte prescription. Telle est la dette qui naît d'une lettre de change; elle se prescrit par cinq ans. Le débiteur renonce à la prescription. Quel sera l'effet de la renonciation? Cela dépend de l'intention du débiteur; s'il renonce simplement à la faculté d'opposer la déchéance, rien ne sera changé à la nature de la dette, ce sera toujours une dette prescriptible par cinq ans; mais si les parties entendent faire novation, la dette nouvelle se prescrira par trente ans. Quand y aura-t-il novation? On applique les principes généraux qui régissent la novation; elle ne se présume pas, le juge ne peut l'admettre que si elle résulte clairement de ce qui se fait entre les parties. Nous renvoyons à ce qui a été dit de la reconnaissance interruptive de la prescription; c'est aussi une renonciation, et elle peut également avoir pour effet de nover l'ancienne dette (n° 167) (1).

207. A l'égard de qui la renonciation a-t-elle effet? Celui qui renonce à la prescription abandonne un droit acquis; cette renonciation n'a d'effet que contre celui de qui elle émane (2). Quoique la renonciation soit un fait unilatéral, elle résulte néanmoins d'un consentement, d'une manifestation de volonté; or, il est de l'essence du consentement de former un lien contre celui qui consent; ce lien ne peut être étendu à des tiers, ni dépasser les limites de la volonté qui l'a formé. On peut donc appliquer, par analogie, à la renonciation ce que la loi dit des conventions : elles tiennent lieu de loi à ceux qui les ont faites (art. 1134),

---

(1) Troplong, n°s 75-77. Marcadé, t. VIII, p. 36, n° VII de l'article 2222.
(2) Liége, 23 février 1835 (*Pasicrisie*, 1835, 2, 72).

mais elles n'ont d'effet. qu'entre les parties contractantes (art. 1165) ; et cet effet ne peut dépasser l'objet de la convention, car hors de la convention il n'y a pas de consentement, et sans consentement il n'y a point d'obligation.

La jurisprudence a fait l'application de ces principes à la renonciation. Une veuve reconnaît, dans un inventaire, une dette au profit d'un huissier ;· cette reconnaissance n'a aucun effet à l'égard des héritiers du mari, puisqu'ils y sont restés étrangers ; elle ne peut être opposée qu'à la veuve (1). Le débiteur intervient à l'acte de cession de la créance, dans le but unique de dispenser le cessionnaire de faire la signification du transport et de lui donner l'assurance que les créances cédées· n'étaient pas frappées d'opposition. Peut-on se prévaloir de cette reconnaissance de la dette par le débiteur pour en. induire que celui-ci renonce à la prescription des intérêts? Non, certes, car ce serait étendre la reconnaissance et la renonciation qui en résulte à des droits que les parties contractantes n'avaient pas en vue, et sur lesquels aucun consentement n'a été donné (2).

208. Ce principe s'applique aussi aux codébiteurs solidaires. Il y a, sous ce rapport, une différence entre la reconnaissance interruptive de la prescription et la reconnaissance qui intervient après que · la prescription est acquise. Aux termes de l'article 2249, la reconnaissance de l'un des débiteurs solidaires interrompt la prescription contre tous les autres ; c'est un des effets de la solidarité. Il n'en est pas de même de la prescription acquise ; dans ce cas, la dette est éteinte et, par conséquent, il n'y a plus de débiteurs solidaires, tous sont libérés ; si l'un d'eux renonce à sa libération, cette renonciation ne peut avoir aucun effet à l'égard des autres, puisqu'il n'y a plus aucun lien de solidarité entre eux (3). A plus forte raison en serait-il ainsi d'une dette divisible et non solidaire, il y a

---

(1) Cassation, 10 mai 1836 (Dalloz, au mot *Prescription*, n° 91).

(2) Rejet, chambre civile, 2 juin 1835 (Dalloz, au mot *Prescription*, n° 1078).

(3) Paris, 8 pluviôse an x (Dalloz, au mot *Prescription*, n° 624), et 9 février 1833 (Dalloz, au mot *Avoué*, n° 116). Comparez Pothier, *Des obligations*, n° 665.

alors autant de dettes différentes que de personnes obligées ; ce que l'une d'elles fait est étranger aux autres (1).

N° 5. EFFET DE LA RENONCIATION A L'ÉGARD DES CRÉANCIERS.

I. *Droits des créanciers quand le débiteur renonce.*

209. L'article 2225 porte : « Les créanciers ou toute autre personne ayant intérêt à ce que la prescription soit acquise peuvent l'opposer; encore que le débiteur ou le propriétaire y renonce. » Cette disposition a donné lieu à de grandes controverses. Elle se rattache aux articles 1166 et 1167, qui déterminent les droits que les créanciers ont à l'égard des actes faits par leur débiteur. L'orateur du gouvernement dit dans l'Exposé des motifs : « Ce serait une erreur de croire que la prescription n'a d'effet qu'autant qu'elle est opposée par celui qui a prescrit, et que c'est au profit de ce dernier une faculté personnelle. La prescription établit ou la libération, ou la propriété; or, les créanciers peuvent, ainsi qu'on l'a déclaré au titre des *Obligations,* exercer les droits et les actions de leurs débiteurs, à l'exception de ceux qui sont exclusivement attachés à la personne; la conséquence est que les créanciers peuvent l'opposer, quoique le débiteur ou le propriétaire y renonce. » Ces paroles sont remarquables. Bigot-Préameneu commence par poser en principe que la prescription produit son effet sans qu'elle soit opposée par le débiteur ou le propriétaire; la libération ou la propriété sont donc acquises de plein droit du moment que les conditions déterminées par la loi sont remplies. C'est la doctrine que nous avons enseignée, contre l'opinion généralement suivie (nos 195-198). Le texte de l'article 2225 la confirme, et prouve que la théorie exposée par l'orateur du gouvernement est bien celle de la loi. En effet, l'article 2225, en parlant du possesseur qui a prescrit, le qualifie, non de possesseur, mais de *propriétaire;* celui qui renonce à la prescription est donc propriétaire au moment où il renonce.

(1) Liége, 23 février 1835 (*Pasicrisie,* 1835, 2, 72).

C'est dire que la prescription a produit son effet; la propriété est acquise au possesseur, et, par suite, la chose prescrite est devenue le gage des créanciers. Après cela, le propriétaire renonce au droit qui lui est acquis : quel sera l'effet de cette renonciation à l'égard des créanciers? Ici le doute commence, parce que la doctrine du code concernant la renonciation est douteuse (n° 199). Si la renonciation emportait une transmission de propriété, il faudrait dire que les créanciers chirographaires n'ont plus aucun droit à la chose que leur débiteur a aliénée, mais il faudrait dire aussi que cette aliénation ne peut leur être opposée tant qu'elle n'est pas transcrite, quand il s'agit d'un droit réel immobilier. Telle n'est point la théorie du code. Il faut donc laisser de côté l'idée d'une translation de propriété résultant de la renonciation du possesseur devenu propriétaire. Celui-ci renonce simplement aux effets que la prescription avait produits en sa faveur. Reste à savoir quel va être l'effet de cette renonciation à l'égard des créanciers. Si le propriétaire abandonne un droit acquis, c'est par scrupule de conscience; or, il lui est bien permis de renoncer, par un sentiment de délicatesse, à un droit qui lui appartient, il ne lui est pas permis d'y renoncer au préjudice de ses créanciers. Ici il y a un nouveau motif de douter. En principe, les créanciers chirographaires ne sont pas des tiers, ils sont les ayants cause de leur débiteur, et ils n'ont d'autres droits que lui. On aurait pu conclure de là que la renonciation du propriétaire peut être opposée à ses créanciers. C'est ce doute que l'article 2225 résout en faveur des créanciers; ils peuvent se prévaloir de la prescription et exercer leur droit sur l'héritage que leur débiteur a acquis par la prescription, encore que celui-ci y renonce. La décision se justifie très-bien si l'on songe que c'est par un pur scrupule de conscience que le propriétaire fait l'abandon d'un droit acquis; cette délicatesse est très-louable, mais à une condition, c'est qu'elle ne lèse pas les créanciers et qu'elle ne leur enlève pas un bien qui était devenu leur gage; il n'est pas permis au propriétaire débiteur d'être scrupuleux aux dépens de ses créanciers. Pour que le conflit se présente, il faut supposer que le débiteur est insolvable; et quand un débiteur insolvable abandonne une valeur qui fait partie de son patrimoine, ce n'est pas lui qui fait un sacrifice, ce sont ses créanciers qui, en réalité, le font; or, il n'appartient pas au débiteur d'imposer à ses créanciers une perte par un sentiment de délicatesse qui cesse d'être louable quand le débiteur est scrupuleux aux dépens de ses créanciers (1).

210. D'après cette interprétation, les créanciers de celui qui renonce à la prescription peuvent faire valoir le droit qui en résulte, malgré la renonciation; ils n'ont pas besoin d'en demander la nullité comme étant faite en fraude de leurs droits. Telle n'est point l'opinion généralement suivie. On considère l'article 2225 comme l'application des articles 1166 et 1167. Le débiteur qui renonce à la prescription fait un acte en fraude de ses créanciers, en ce sens qu'il leur cause un préjudice, puisqu'il leur enlève un bien qui faisait partie de leur gage. En vertu de l'article 1167, les créanciers peuvent demander la nullité de cet acte, par cela seul qu'il leur est préjudiciable, sans être tenus de prouver la fraude, puisque, dans le système du code, le simple préjudice suffit pour que les créanciers puissent attaquer les actes à titre gratuit faits par leur débiteur; une fois la renonciation annulée, les créanciers agiront en vertu de l'article 1166, qui leur permet d'exercer tous les droits de leur débiteur (2). La jurisprudence est en ce ans (3).

Il y a bien des objections à faire contre cette explication. L'action paulienne qui appartient aux créanciers suppose que le débiteur a fait avec un tiers une convention dans le but de les frustrer; cette action s'exerce contre le tiers comme partie contractante à la convention. Or, la renonciation est un acte unilatéral. Il est vrai que l'arti-

---

(1) Mourlon, *Répétitions*, t. III, p. 740, note 2. Comparez, *ibid.*, n° 1797, l'opinion de Valette.

(2) Duranton, t. XXI. p. 223, n°s 145-150. Troplong, n° 101. Marcadé, t. VIII, p. 44, n° II de l'article 2222.

(3) Rejet, 23 mars 1843 (Dalloz, au mot *Prescription*, n° 137). Rejet, chambre civile, 21 décembre 1859 (Dalloz, 1861, 1, 265). Bordeaux, 13 décembre 1848 (Dalloz, 1849, 2, 158). Orléans, 27 février 1855 (Dalloz, 1855, 2, 234).

cle 788 donne aux créanciers le droit de demander la nullité d'une renonciation à une succession, ce qui est aussi
un acte unilatéral; mais il est difficile d'argumenter de
cette disposition, que les uns considèrent comme une application de l'article 1166, les autres comme une dérogation
à cet article, et une troisième opinion le rattache à l'article 1167. En supposant même qu'il y ait lieu à l'action
paulienne, les créanciers devraient prouver la fraude de
celui qui renonce à la prescription, car la fraude est la
base de l'action que l'article 1167 accorde aux créanciers.
Et comment prouveraient-ils la fraude, alors que le débiteur ou le propriétaire ont obéi à un scrupule de conscience?
On ne se trouve donc ni dans le texte ni dans l'esprit de
l'article 1167.

Il y a encore une autre interprétation de l'article 2225,
celle de Vazeille adoptée par la cour de Paris. Nous croyons
inutile de la discuter et même de l'exposer, puisque tout
le monde est d'accord que c'est une erreur (1). A quoi bon
renouveler à perpétuité un débat qui est vidé?

II. Des tiers intéressés autres que les créanciers.

211. L'article 2225 donne à toute personne ayant intérêt à ce que la prescription soit acquise le droit de l'opposer, encore que le débiteur ou le propriétaire y renonce.
Quelle en est la raison? Quand la loi autorise toute personne à agir, en exerçant un droit qu'elle consacre, cela
suppose que ce droit est d'intérêt général ou d'ordre public : telle est la prescription établie pour consolider les
possessions ou pour mettre fin aux actions. Mais pour que
toute personne puisse s'en prévaloir, alors que le débiteur
ou le possesseur y renoncent, il faut encore que la prescription opère de plein droit, en vertu de la loi, de sorte
qu'il en résulte un droit acquis au profit de tous ceux qui
ont intérêt à l'opposer; tous ayant un droit en vertu de
la loi, ce droit ne peut leur être enlevé par la renoncia-

---

(1) Voyez la réfutation que Duranton, t. XXI, p. 231, n° 150, et Leroux
de Bretagne, t. I, p. 35, n° 37, ont faite de cette opinion.

tion de l'un des intéressés. Chacun est libre de renoncer aux droits établis en sa faveur ; par contre, on ne peut pas renoncer aux droits qui appartiennent à des tiers. La dette prescrite était garantie par un cautionnement ; dès que la prescription est acquise, le débiteur et la caution peuvent s'en prévaloir ; si le débiteur y renonce, la dette subsistera à son égard, mais elle est aussi éteinte à l'égard de la caution ; celle-ci est donc libérée, et il n'appartient pas au débiteur de faire revivre son obligation. Le possesseur devenu propriétaire par la prescription vend l'héritage qu'il a usucapé ; l'acquéreur devient propriétaire ; le possesseur pourra encore renoncer au bénéfice de la prescription au profit du propriétaire originaire, mais cette renonciation n'a aucun effet à l'égard du tiers acquéreur, lequel a un droit acquis sur l'immeuble.

212. Quelles sont les personnes ayant intérêt à opposer la prescription ? Ce sont avant tout les héritiers et successeurs universels de celui qui a renoncé. Ceux-ci se trouvent dans une situation particulière ; ils peuvent exercer tous les droits qui appartenaient au défunt, mais ils ne peuvent pas exercer, comme représentants du défunt, des droits que leur auteur n'avait plus ; or, en renonçant à la prescription, le défunt a abandonné le droit qui lui était acquis ; dès lors les héritiers ou successeurs universels ne peuvent pas se prévaloir de la prescription.

Les héritiers contractuels, ou donataires universels par contrat de mariage sont, en général, assimilés aux héritiers légitimes ou testamentaires ; ils ont cependant un droit que ceux-ci n'ont point. Si le donateur dispose à titre gratuit d'un objet compris dans la donation, l'institué peut agir en nullité, à moins que la donation ne soit faite pour sommes modiques, à titre de récompense ou autrement (art. 1083). On demande si la renonciation à la prescription doit être considérée comme une libéralité dans le sens de l'article 1083. La négative nous paraît certaine. Il est vrai que cette renonciation n'est pas un acte à titre onéreux, mais on ne peut pas dire non plus que ce soit une donation, puisque la loi admet la renonciation tacite. On objecte que la remise d'une dette est une libéralité soumise aux principes des donations, quoiqu'elle puisse aussi être tacite. Nous répondons que la remise d'une dette suppose un droit auquel on renonce par esprit de libéralité, tandis que la renonciation à la prescription se fait par un scrupule de conscience. Or, il n'y a pas de donation sans volonté de donner. Aussi est-il admis généralement que l'on peut renoncer à la prescription au profit de ceux qui sont incapables de recevoir à titre gratuit. La renonciation est donc un acte à part; la loi n'exige qu'une condition de capacité, celle d'aliéner; or, le donateur qui fait une institution contractuelle conserve le droit de disposer des biens qui y sont compris : cela est décisif (1).

213. Les ayants cause à titre particulier, acheteurs, donataires, ont intérêt à opposer la prescription, quand leur auteur y renonce après avoir transmis les droits qu'il avait sur un héritage. Si, lors de la vente ou de la donation, la prescription était acquise, l'acheteur et le donataire sont devenus propriétaires, ils ont un droit acquis dont leur auteur ne peut plus les dépouiller. Si la prescription n'a été acquise que postérieurement, les acquéreurs peuvent s'en prévaloir directement, en profitant de la jonction de possession dont nous traiterons plus loin. La renonciation du vendeur ou du donateur ne peut pas leur nuire, car ils invoquent la prescription de leur chef, et non comme ayants cause (2). Il n'y a aucun doute quant au principe, mais les lois nouvelles qui ont ordonné la transcription des actes translatifs de droits réels immobiliers soulèvent une difficulté. Le vendeur renonce à la prescription avant que l'acheteur ait transcrit : ne faut-il pas dire que, dans ce cas, la renonciation est valable, comme tout acte de disposition que le vendeur ferait, puisque le vendeur est toujours propriétaire à l'égard des tiers? L'argumentation cloche, car elle suppose que la renonciation est un acte translatif de propriété; or, dans le système du code, celui qui renonce à la prescription abandonne simplement un droit acquis, sans que l'on puisse dire qu'il transmet la

_____

(1) Leroux de Bretagne, t. I, p. 38, n° 41; Vazeille, n° 349. Comparez Troplong, n° 105.
(2) Duranton, t. XXI, p. 238, n° 152, et tous les auteurs.

propriété de la chose à celui qui profitera de la renonciation (n°s 195-199). Dès lors le principe de la transcription ne peut pas recevoir son application, car il suppose que le second acquéreur, auquel le propriétaire vend l'immeuble qu'il avait vendu à un premier acquéreur qui a négligé de transcrire, a opéré la transcription; si la loi lui donne la préférence, c'est parce qu'il transcrit; or, la renonciation ne doit pas être transcrite; partant, le principe de la transcription ne peut recevoir d'application (1).

214. La caution peut opposer la prescription à laquelle le débiteur principal aurait renoncé. Si l'on admet le principe que la prescription opère de plein droit, la décision est évidente. La caution est libérée, ainsi que le débiteur principal, du moment que la prescription est accomplie; le débiteur peut bien renoncer au bénéfice de la prescription en ce qui concerne ses intérêts, il ne peut pas enlever à la caution la libération qui lui est acquise. La caution n'a pas même besoin d'invoquer l'article 2225; elle a droit à la libération par cela seul que le créancier n'a pas agi contre elle, puisque, aux termes de l'article 2034, l'obligation qui résulte du cautionnement s'éteint par les mêmes causes que les autres obligations (2).

Il en est de même des codébiteurs solidaires. La cour de cassation a appliqué le principe dans une espèce où le codébiteur était intéressé à se prévaloir de la prescription du chef de son codébiteur. Un billet à ordre est souscrit par deux époux obligés solidairement. Le mari était marchand; son obligation se prescrivait, par conséquent, par cinq ans (code de com., art. 189). La femme n'était pas marchande; son obligation ne se prescrivait que par trente ans. Après la mort du mari, la femme fut poursuivie dix ans après l'échéance du billet. De son chef, elle n'aurait pu opposer la prescription, puisque la prescription trentenaire n'était pas accomplie; elle opposa la prescription du chef du mari, son codébiteur, en invoquant l'article 1208, lequel permet au codébiteur solidaire poursuivi par le

---

(1) Leroux de Bretagne, t. I, p. 39, n° 42.
(2) Bruxelles, 26 juin 1818 (*Pasicrisie,* 1818, p. 129).

créancier d'opposer toutes les exceptions qui résultent de la nature de l'obligation et qui sont communes à tous les codébiteurs. Il y avait un motif de douter. La prescription est, en général, une exception commune à tous les codébiteurs, puisqu'elle éteint la dette; mais, dans l'espèce, il y avait deux prescriptions, l'une dont le mari pouvait se prévaloir à titre de marchand : n'en fallait-il pas conclure que l'exception lui était personnelle? La cour de cassation répond que la prescription quinquennale est fondée sur une présomption de payement; elle éteint donc la dette comme si celle-ci avait été payée ; or, les codébiteurs peuvent opposer l'exception de payement, ils peuvent donc aussi opposer celle de prescription (1).

215. Le tiers détenteur d'un immeuble hypothéqué peut-il opposer la prescription acquise au débiteur personnel? Nous avons déjà répondu à la question au titre des *Hypothèques* (t. XXXI, n° 387). L'hypothèque s'éteint par l'extinction de l'obligation principale (art. 2180 ; loi hyp., art. 108), et l'obligation principale s'éteint par la prescription. Cela est d'évidence si le débiteur personnel ne renonce pas à la prescription; mais s'il y renonce, la dette subsiste : n'en faut-il pas induire que l'hypothèque subsiste également? Non ; du moment que la prescription était accomplie, l'hypothèque a été éteinte; le tiers détenteur est donc affranchi de l'hypothèque dès que la prescription est acquise; le débiteur personnel peut renoncer au droit qui lui appartient, il ne peut pas renoncer au droit qui appartient au tiers détenteur. La cour de cassation l'a jugé ainsi (2), et l'on s'étonne qu'elle ait eu à le juger, car c'est l'application pure et simple de l'article 2225.

216. Le créancier hypothécaire peut-il opposer à l'action en revendication de l'immeuble la prescription acquise au débiteur, si celui-ci y renonce? Il a été jugé que la renonciation est nulle comme faite en fraude des droits du créancier (3). Cette décision tient à la controverse qui di-

---

(1) Cassation, 8 décembre 1852 (Dalloz, 1853, 1, 80). Leroux de Bretagne, t. I, p. 41, n° 45.
(2) Rejet, 25 avril 1826 (Dalloz, au mot *Prescription*, n° 142).
(3) Bordeaux, 13 décembre 1848 (Dalloz, 1849, 2, 158).

vise la doctrine et la jurisprudence sur le fondement du principe établi par l'article 2225. Dans notre opinion, la renonciation n'est pas un acte frauduleux tombant sous l'application de l'article 1167 (nᵒˢ 209 et 210). Le débiteur qui a consenti une hypothèque sur un immeuble dont il a acquis la propriété par prescription peut renoncer à la prescription en ce qui concerne son droit; il ne peut pas y renoncer en ce qui concerne le droit du créancier hypothécaire. Celui-ci n'a donc pas besoin d'alléguer la fraude, preuve très-difficile et impossible dans l'espèce, le débiteur pouvant dire qu'il a renoncé par scrupule de conscience.

L'application du principe a donné lieu à une difficulté sur laquelle la cour de Toulouse et la cour de cassation se sont divisées. Un débiteur hypothèque un immeuble sur lequel il a un droit de propriété résoluble. La résolution est prononcée; par suite, l'hypothèque tombe (art. 2125; loi hyp., art. 73). Le propriétaire revendique l'immeuble contre un tiers détenteur; celui-ci avait acquis la propriété par la prescription; il y renonce : le créancier hypothécaire peut-il s'en prévaloir contre le propriétaire? La cour d'appel avait admis l'affirmative en se fondant sur l'article 2225 : l'intérêt du créancier hypothécaire à invoquer la prescription était évident, mais il fallait voir avant tout s'il y avait encore un créancier hypothécaire; or, la résolution des droits du débiteur avait entraîné la résolution de l'hypothèque, laquelle devait être considérée comme n'ayant jamais existé. Peu importait donc qu'un tiers détenteur pût opposer la prescription; cela était étranger au créancier hypothécaire et ne pouvait consolider l'hypothèque. Il y avait contradiction évidente, dit la cour de cassation, à prononcer la résolution des droits du débiteur qui avait concédé l'hypothèque et à maintenir l'hypothèque. L'article 2225 était hors de cause; il fallait appliquer l'article 2125, aux termes duquel la résolution des droits du concédant entraîne la résolution du droit concédé (1).

217. Le vendeur cède son prix. Il se trouve qu'il n'était pas propriétaire de l'immeuble vendu; l'acheteur acquiert

(1) Cassation, 28 août 1860 (Dalloz, 1860, 1, 354).

la propriété par la prescription décennale. On demande si le cessionnaire du prix peut opposer la prescription du chef de l'acquéreur? La cour de cassation a appliqué l'article 2225 (1), et la solution ne nous paraît pas douteuse; l'intérêt du cessionnaire est évident, et, du reste, aucun principe ne l'empêche de se prévaloir de la prescription acquise qui vient consolider son droit.

III. *Quels sont les droits des tiers?*

218. L'application de l'article 2225 soulève encore d'autres difficultés. Il y a de courtes prescriptions qui sont fondées uniquement sur la présomption de payement; c'est la raison pour laquelle les personnes auxquelles ces prescriptions sont opposées peuvent déférer le serment à ceux qui les opposent sur la question de savoir si la dette a été réellement payée (art. 2275). On suppose que le débiteur renonce à une courte prescription : les créanciers ou autres intéressés pourront-ils néanmoins la faire valoir? C'est l'avis de Duranton, et il a été adopté par la cour de Montpellier. Ne faut-il pas distinguer? Si le serment est déféré au créancier et s'il refuse de le prêter, la dette subsiste, puisque la présomption de payement tombe, et, par suite, les créanciers ou autres tiers ne peuvent s'en prévaloir. Mais si le débiteur renonce simplement à la prescription, on ne se trouve plus dans le cas prévu par l'article 2275, on reste sous l'empire de l'article 2225, et, par conséquent, les créanciers pourront opposer la prescription (2).

219. Les créanciers et autres tiers peuvent-ils se prévaloir de la prescription quand la renonciation du débiteur est consommée par le payement qu'il fait de la dette? Nous n'y voyons aucun doute. La renonciation a pour effet de considérer le droit du créancier comme n'ayant jamais été éteint; en ce sens, la renonciation est consommée dès

---

(1) Rejet, 5 mai 1851 (Dalloz, 1851, 1, 261).
(2) Duranton, t. XXI, p. 238, n° 151. Montpellier, 3 mai 1841 (Dalloz, au mot *Effets de commerce*, n° 856). Comparez Dalloz, au mot *Prescription*, n° 140), et un jugement du tribunal de la Flèche, du 13 août 1861 (Dalloz, 1861, 3, 71).

l'instant où elle est intervenue : qu'importe que le débiteur qui renonce paye immédiatement ou non? Le créancier a action contre lui; dès lors la renonciation a produit son effet. Mais elle ne produit son effet qu'à l'égard du débiteur qui renonce, elle n'en a aucun contre les créanciers ou autres tiers intéressés à s'en prévaloir; ils peuvent l'opposer sans distinguer si le débiteur a ou non payé. La cour de cassation a jugé en ce sens, et elle a décidé, en conséquence, que les créanciers peuvent faire rentrer le montant de la dette dans le patrimoine de leur débiteur pour l'exercice de leurs droits (1).

220. Les créanciers peuvent-ils se prévaloir de la prescription, malgré la renonciation, quand le débiteur a renoncé à une époque où il était encore solvable, si depuis il est devenu insolvable? Il a été jugé qu'une renonciation pareille ne constitue pas un acte préjudiciable aux créanciers; que, par conséquent, les créanciers ne peuvent pas l'attaquer (2). Cela suppose que le droit des créanciers de se prévaloir de la prescription est fondé sur l'action paulienne, laquelle ne peut être formée que s'il y a préjudice. Dans notre opinion, l'article 2225 a pour fondement le principe que la prescription opère de plein droit, qu'il en résulte un droit acquis pour tous les intéressés et que la renonciation de l'un ne peut enlever aux autres un droit qui leur est acquis. Si l'on admet cette opinion, il est indifférent que la renonciation soit ou non préjudiciable aux créanciers au moment où elle a lieu; il suffit qu'ils aient intérêt à invoquer la prescription, pour qu'on ne puisse pas leur opposer une prescription qui n'a aucun effet à leur égard.

(1) Rejet, chambre civile, 21 mars 1843 (Dalloz, au mot *Prescription*, n° 137). En sens contraire, Vazeille. n° 137, et Nancy. 25 août 1829 (Dalloz, au mot *Prescription*, n° 137. Comparez Troplong, n°s 101 et 102.
(2) Rejet, chambre civile, 21 décembre 1859 (Dalloz. 1861, 1, 265).

CHAPITRE IV.

DES CONDITIONS REQUISES POUR LA PRESCRIPTION.

ARTICLE 1er. Conditions générales.

SECTION I. — Quelles choses sont sujettes à prescription.

§ Ier. *Principe.*

221. « On ne peut prescrire le domaine des choses qui ne sont point dans le commerce » (art. 2226). Ce principe n'est-il applicable qu'à la prescription acquisitive? On pourrait le croire d'après le texte; le mot *domaine* est synonyme de propriété : dire que le domaine des choses qui ne sont pas dans le commerce ne peut pas se prescrire, n'est-ce pas dire que l'on ne peut *acquérir* par la prescription la *propriété* des choses qui sont *hors du commerce?* Si l'on s'en tenait à la lettre de la loi, il faudrait dire qu'elle ne s'applique pas à la prescription extinctive; mais le principe que la loi établit est général par sa nature, on ne peut pas plus perdre par la prescription les droits qui sont hors du commerce qu'on ne peut les acquérir. Ainsi on ne perd pas son état par la prescription, de même qu'on ne l'acquiert point par le laps de temps. Pourquoi les droits qui ne sont pas dans le commerce sont-ils imprescriptibles?

Nous avons dit ailleurs quelles choses sont dans le commerce ou hors du commerce. Une chose est dans le commerce quand elle a un maître et qu'elle peut changer de maître. Sont hors du commerce les choses qui, quoique susceptibles d'appropriation, ne peuvent pas être l'objet d'une propriété exclusive. Quant aux choses qui ne peuvent, par leur nature, devenir l'objet de la propriété, elles ne sont ni dans le commerce ni hors du commerce. Nous

XXXII.   15 renvoyons à ce qui a été dit, au titre de la *Distinction des biens* (t. VI, n° 2). Il va sans dire que les choses qui, par leur nature, ne sont pas susceptibles d'appropriation sont imprescriptibles, puisque la prescription suppose l'appropriation ou la libération d'un droit. Il en est de même des choses qui ne peuvent pas être l'objet d'une propriété exclusive : la prescription a pour objet de consolider les possessions, et il ne peut s'agir de consolider la possession d'une chose qui n'est pas susceptible d'une appropriation exclusive.

222. On formule parfois le principe en d'autres termes. Le commerce est le droit de vendre et d'acheter; en ce sens l'article 1598 dit que tout ce qui est dans le commerce peut être vendu. On en induit que tout ce qui peut être vendu est dans le commerce, et, par conséquent, susceptible de prescription. Cela est vrai en règle générale, mais cela n'est pas toujours vrai. Les servitudes discontinues ou non apparentes peuvent être vendues; en ce sens, elles sont dans le commerce, et néanmoins elles ne peuvent être acquises par la prescription (art. 691). Ainsi l'adage que ce qui est aliénable est prescriptible n'est pas exact. Ce n'est du moins pas une règle absolue, puisqu'elle reçoit des exceptions. Il en est de même de l'adage inverse, que les choses inaliénables sont imprescriptibles; vraie en général, cette règle reçoit aussi des exceptions. Ainsi le fonds dotal est inaliénable; cependant, dans certains cas, l'immeuble peut se prescrire, c'est lorsque la prescription a commencé avant le mariage; et les immeubles dotaux deviennent prescriptibles après la séparation de biens (article 1561) (1).

223. On a emprunté une autre formule à l'article 1128, qui est ainsi conçu : « Il n'y a que les choses qui sont dans le commerce qui puissent être l'objet des conventions. » On a conclu de là que les choses qui peuvent être l'objet des conventions sont les seules qui puissent être prescrites (2). Le principe ainsi énoncé est aussi trop absolu.

---

(1) Duranton, t. XXI, p. 245, n°s 157 et 158; Marcadé, t. VIII, p. 47, n° I de l'article 2226. Comparez Mourlon, *Répétitions*, t. III, p. 728, n° 1766.
(2) Leroux de Bretagne, t. I, p. 96, n° 120.

On ne tient pas compte de ce qu'il y a de trop général dans la disposition de l'article 1128. Nous en avons fait la remarque au titre des *Obligations ;* des choses qui sont hors du commerce peuvent néanmoins faire l'objet de conventions. Si donc on appliquait l'article 1128 à la prescription, il en résulterait que les choses hors du commerce peuvent être prescrites. Il faut poser autrement le principe que le législateur a entendu établir dans l'article 1128 : toutes choses peuvent faire l'objet des conventions, même celles qui sont hors du commerce, pourvu que, dans ce cas, elles n'aient pas pour objet d'en transférer la propriété. L'article 1128 a donc un sens beaucoup plus large que l'article 2226; il faut interpréter cette dernière disposition par elle-même, et non par celle de l'article 1128.

224. Les particuliers pourraient-ils, par leurs conventions, rendre prescriptibles des choses que la loi déclare imprescriptibles, et déclarer imprescriptibles les choses qui peuvent se prescrire en vertu de la loi? La négative est certaine, car la prescription est essentiellement d'ordre public, en prenant cette expression dans son sens le plus étendu; or, l'article 6 défend aux particuliers de déroger par leurs conventions aux lois qui intéressent l'ordre public. D'Argentré et Dunod, à sa suite, appliquent le principe au cas où une chose aurait été déclarée inaliénable soit par contrat, soit par testament; ils décident que cette chose pourra néanmoins être prescrite. La prohibition d'aliéner, en la supposant licite, n'imprime pas à la chose un caractère qui la tire du commerce et qui empêche un étranger de la prescrire et d'en acquérir la propriété par la possession. Ce droit est introduit pour le bien public, auquel des particuliers n'ont pas le pouvoir de déroger. Il faut, dit d'Argentré, que la prohibition soit sanctionnée par la loi (1). Telle est l'imprescriptibilité du fonds dotal : l'inaliénabilité du fonds dotal résulte, à la vérité, de la convention des époux; mais pour que cette règle, si contraire à l'intérêt général, devînt une loi pour les tiers, il a

_____

(1) D'Argentré, sur l'article 266 de la Coutume de Bretagne, cité par Dunod, part. I, ch. XII, p. 80.

fallu que la loi la consacrât; il n'appartient pas aux parties contractantes de mettre hors du commerce des biens que la loi met dans le commerce. Nous avons dit ailleurs que le législateur ne s'est résigné à admettre ce principe du droit romain que sous la pression des anciens pays de droit écrit, mais, une fois sanctionné comme règle, on doit l'admettre sous tous les régimes.

§ II. *Des choses d'ordre public.*

N° 1. LIBERTÉ.

225. Notre liberté date de la révolution de 1789; l'Assemblée constituante a la première proclamé les droits naturels de l'homme, et elle les a déclarés imprescriptibles; au point de vue du droit absolu, les conventions et possessions contraires n'étaient que des usurpations. En réalité, les conventions que les hommes de 1789 réprouvaient comme entachées de féodalité avaient été librement consenties; que dis-je? elles furent le premier pas vers la liberté. Il fallut une révolution pour compléter l'affranchissement. Nous renvoyons à nos *Etudes sur la féodalité* et sur la *Révolution*. La célèbre Déclaration des droits de l'homme s'ouvre par les dispositions suivantes : « Les hommes naissent et demeurent libres et égaux en droits. Le but de toute association politique est la conservation des droits naturels et *imprescriptibles* de l'homme. » Le préambule dit que ces droits sont *inaliénables*. Quand il s'agit de la liberté, on peut dire qu'elle est imprescriptible, parce qu'elle est inaliénable : elle n'est point dans le commerce.

Le régime féodal n'était pas, comme on le croyait en 1789, un régime de servitude; il mit, au contraire, fin à l'antique esclavage en remplaçant la dépendance résultant d'une prétendue différence de nature par la dépendance résultant des conventions. Mais cette transformation menaçait de perpétuer la dépendance féodale; il y avait encore des serfs au moment où la révolution éclata, et il restait une foule de droits féodaux attachés à la possession du sol, pour l'affranchissement desquels il eût fallu une convention entre le suzerain et les détenteurs du sol, ou les débiteurs des redevances. Les privilégiés n'auraient jamais consenti à abdiquer volontairement leurs priviléges, ils le firent, dans la célèbre nuit du 4 août, sous la pression de la Révolution : de là datent la liberté du sol et la liberté des personnes. Il ne peut pas y avoir de conventions contraires ; l'article 686 permet aux propriétaires d'établir sur leurs propriétés, ou en faveur de leurs propriétés, telles servitudes que bon leur semble, pourvu néanmoins que ces services n'aient rien de contraire à l'ordre public, c'est-à-dire à la liberté des héritages et à la liberté des personnes. Nous renvoyons à ce qui a été dit au titre des *Servitudes*. Ce que la loi dit des conventions s'applique à la prescription ; s'il y a un droit hors du commerce, c'est la liberté ; pour mieux dire, la notion du commerce ne reçoit pas d'application à la liberté ; dès lors il ne peut être question de prescription.

226. La féodalité et ses abus ne sont plus que de l'histoire, et une histoire complétement ignorée. Qui de nous sait ce que c'est que les banalités qui firent tant souffrir nos ancêtres ? Par *ban* (*bannum*) on entendait le droit de prohiber, et ce que les seigneurs interdisaient à leurs vassaux, c'était l'usage le plus naturel de la propriété : « Défense au propriétaire de chasser sur ses terres, de pêcher dans ses eaux, de moudre à son moulin, de cuire à son four, d'aiguiser ses outils à sa meule, de faire son vin, son huile, son cidre à son pressoir, de vendre ses denrées au marché public, d'avoir pigeons dans sa fuie, lapins dans son clapier, et même étalon pour son troupeau. » Par suite, droit exclusif pour le seigneur à toutes ces jouissances. Défendre aux hommes l'usage le plus naturel de leurs facultés, les forcer à moudre leur grain au moulin du seigneur, de cuire leur pain au four banal, de faire leur vin au pressoir banal : tels étaient les abus odieux du régime féodal (1).

Ces abus sont loin de nous, quoiqu'un siècle ne se soit

---

(1) Championnière. *De la propriété des eaux courantes*, n° 332.

pas écoulé depuis leur abolition, et on ne songe guère à les rétablir. En droit, il est évident que les banalités ne sauraient revivre par une possession, quelque longue qu'elle soit; la violation de la propriété ne se légitime pas par le temps. Chose remarquable, même dans l'ancien droit, les banalités ne pouvaient s'acquérir par la simple possession; qu'elles fussent féodales ou conventionnelles, elles ne pouvaient résulter que de titres exprès et en bonne forme. Il a été jugé, par la cour de cassation, que les banalités féodales abolies par les lois des 15-18 mars 1790 ne peuvent être rétablies par une prescription, quoique non interrompue, puisqu'on ne saurait faire, par une espèce de convention tacite, ce qu'il serait illicite de faire par une convention expresse (1).

Ce qu'il y avait de plus étrange et aussi de plus odieux dans les abus féodaux, c'est de voir des évêques et des abbés exercer les droits de banalité. Dans un procès récent, une commune revendiquait l'usage d'une cession de pêche et de chasse qui lui avait été faite par les évêques de Montpellier. Il était constant que les évêques avaient concédé ces droits, non comme propriétaires privés de l'étang et des terres sur lesquels portait la concession, mais en leur qualité de seigneurs hauts justiciers du comté de Montpellier; les droits de chasse et de pêche concédés à charge de payer les droits seigneuriaux avaient donc un caractère essentiellement féodal; par suite, la cour d'Aix les déclara abolis. Vainement les habitants invoquèrent-ils la prescription; la cour refusa de les admettre à la preuve des faits de possession par eux articulés, parce que les droits sur lesquels ils se fondaient étant entachés de féodalité ne pouvaient servir de base à une possession utile (2).

(1) Rejet. chambre civile, 16 juin 1841 (Dalloz. au mot *Prescription*, n° 147).
(2) Rejet, chambre civile, 28 mai 1873 (Dalloz, 1873, 1, 365).

N° 2. DES DROITS DE PURE FACULTÉ.

227. Les concessions féodales étaient des abus aussi bien que les droits féodaux ; l'homme n'a pas besoin d'une concession pour exercer des droits qu'il tient de la nature et de la propriété. L'exercice de ces droits constitue la liberté civile, aussi précieuse que la liberté politique dont elle est une émanation. Elle consiste dans le droit de faire tout ce qui est licite. Ainsi je puis faire de ma propriété tel usage que je veux, varier à mon gré la culture de mon champ. Je ne perds pas les droits attachés à la liberté civile, par le motif que je n'en use pas pendant plus de trente ans ; de même que je ne perdrais pas la jouissance de mes droits politiques pour ne les avoir pas exercés pendant trente ans. Par cela seul qu'il s'agit de droits tenant à la liberté, l'homme peut en user ou ne pas en user ; c'est en cela que consiste la liberté ; il use donc de sa liberté en n'exerçant pas les droits qui lui appartiennent ; dès lors il ne peut s'agir de le déclarer déchu de droits dont il a fait l'usage qu'il lui plaisait de faire, même en ne les exerçant pas (1).

228. L'application de ces principes ne souffre aucune difficulté quand il s'agit de droits qui tiennent à la liberté de la personne et à la liberté des terres. Mais la difficulté est grande quand il faut distinguer les droits qui constituent des facultés, et qui, à ce titre, sont imprescriptibles, des droits qui se prescrivent. L'article 2232 dit que « les actes de pure faculté ne peuvent fonder ni possession ni prescription ». Qu'entend-on par actes de *pure faculté?* C'est un des points les plus obscurs du titre de la *Prescription.* Les facultés sont aussi des droits, et il est de la nature de tout droit que l'on est libre d'en faire ou de n'en pas faire usage. Cependant les facultés ne périssent point, quoiqu'on ne les exerce pas ; tandis que les droits s'éteignent quand on néglige de les exercer. Comment distinguera-t-on les droits prescriptibles des facultés imprescrip-

(1) Leroux de Bretagne, t. I, p. 97 n° 122.

tibles? Un de nos bons auteurs déclare qu'il a longtemps
cherché une formule qui embrassât tous les cas, et qu'il
n'en a pas trouvé qui fût pleinement satisfaisante (1). Nous
croyons qu'il faut s'en tenir à celle que d'Argentré a proposée et que Dunod a reproduite.

D'Argentré commence par dire que ce qui caractérise
les facultés, c'est qu'elles ne supposent pas un droit appartenant en propre à celui qui l'exerce ; elles sont un domaine
commun auquel tout le monde participe, ou du moins tous
ceux qui sont dans le cas d'en réclamer l'usage ; si donc
une personne en réclame la jouissance, ce n'est pas en
vertu d'un titre qui lui soit particulier, c'est en vertu d'un
titre qui lui est commun avec tous. D'où dérivent ces facultés? Ce point nous paraît essentiel pour distinguer les
facultés des droits. C'est la nature, dit d'Argentré, notre
mère à tous, qui nous donne les facultés, parce qu'elles
sont nécessaires à tous les hommes ; c'est un bien qui leur
est commun. Ne sont-ce pas là des droits analogues à
ceux dont parle la Déclaration des droits de l'homme
(n° 225), droits inaliénables et imprescriptibles, parce que
l'homme ne peut pas aliéner des facultés dont la nature
l'a investi, et sans lesquelles il ne serait plus un être libre?
D'Argentré ajoute que les facultés sont antérieures à tout
contrat, à tout commerce, en prenant le mot *commerce*
dans le sens romain. En d'autres termes, les facultés sont
attachées à la nature de l'homme, elles ne naissent pas
des conventions ; d'Argentré aurait pu ajouter qu'elles ne
sont pas établies par les lois, alors même que les lois les
consacrent, elles ont leur source dans la nature humaine.
En mettant en rapport le langage de d'Argentré et la Déclaration de 1789, nous dirons que les facultés sont l'exercice de la liberté dans son application aux relations civiles ;
voilà pourquoi, de même que la liberté, elles sont inaliénables et imprescriptibles. Nous avons vu une application
de ce principe en traitant du bornage (t. VII, n° 429) (2).

Il en est tout autrement des droits. Ce mot éveille l'idée

(1) Mourlon, *Répétitions*, t. III, p. 757, n° 1831.
(2) Le droit de couper les racines est-il de *pure faculté*, et *imprescriptible* à ce titre? Voyez le t. VIII de mes *Principes*, n° 21.

d'une obligation, et l'obligation suppose un lien particulier qui se forme par la voie des conventions, ou que le législateur établit, en se fondant sur l'intention des parties contractantes ; il ne s'agit pas de tout le monde ou de tous ceux qui auraient intérêt à exercer les droits, l'intérêt ne donne aucun droit et n'engendre aucune obligation ; il faut une volonté particulière pour créer des obligations et des droits : ils n'existent qu'en faveur d'une personne déterminée qui a stipulé le droit et contre une personne déterminée qui a contracté l'obligation corrélative, sans laquelle le droit ne serait qu'un vain mot. Les facultés appartiennent à tous, parce que tous en ont besoin ; voilà pourquoi la nature les donne à tous. Mais outre ces besoins généraux, qui engendrent des droits communs à tous, chacun peut avoir et a des besoins particuliers ; pour les satisfaire, il lui faut des droits spéciaux, il doit les stipuler. Les droits naissent des conventions ; c'est le commerce, dans l'acception latine, qui y donne naissance ; ils varient à l'infini, comme les nécessités de la vie ; chacun les stipule dans la mesure de ce qui lui est avantageux. Les droits sont donc conventionnels, tandis que les facultés sont naturelles : les droits sont une propriété particulière à ceux qui les ont stipulés pour leur avantage particulier : les facultés sont un bien commun auquel tous participent, parce que sans elles la vie civile serait impossible (1).

229. Troplong a une autre théorie ; nous devons la mentionner, ne fût-ce que pour montrer la difficulté de cette matière. D'après lui, il est de l'essence de nos facultés d'agir uniquement sur nous-mêmes et sur les choses qui sont à notre disposition ; de sorte que la faculté consisterait dans le droit que nous avons sur notre personne et sur nos biens ; en usant d'une faculté, nous n'entendons soumettre ni la personne ni les biens d'autrui à aucune obligation. Il en est autrement des droits ; ce qui les caractérise, c'est précisément l'action qu'ils nous donnent contre une personne obligée et sur les biens que notre droit affecte.

_____

(1) D'Argentré, 2e consultation, no 5, p. 2120. Dunod, part. I, ch. XII, p. 86 et 89. Comparez Leroux de Bretagne, t. I. p. 102, no 127.

A notre avis, cette théorie est fausse. Le droit est une face de la vie; or, la vie ne se concentre pas dans notre personne et dans le domaine étroit des choses qui nous appartiennent, elle se répand au dehors; il n'y a aucun acte de notre existence qui nous soit exclusivement personnel; la société est une condition de vie, et, par conséquent, un élément essentiel de notre nature. On ne concevrait pas la vie sans relations sociales; donc il n'y a point de droit solitaire.

Nous croyons inutile d'insister sur ces abstractions, il suffit de citer des facultés pour prouver qu'elles s'exercent à l'égard des tiers. Troplong reconnaît que le droit que l'article 646 accorde à tout propriétaire d'obliger son voisin au bornage de leurs propriétés contiguës est une faculté, de même que le droit qui, en vertu de l'article 815, appartient à tout communiste de demander le partage. L'auteur essaye vainement de concilier ces dispositions avec sa doctrine, les textes mêmes témoignent contre lui, puisque ces facultés ne s'exercent que par une action contre des tiers. Nous citerons encore le droit qu'a tout propriétaire joignant un mur de le rendre mitoyen (art. 661); c'est une faculté, néanmoins elle s'exerce contre des tiers. Les lois forestières donnent à l'État, aux communes et aux particuliers le droit d'affranchir leurs bois des droits d'usage moyennant un cantonnement ou une indemnité: encore une faculté qui s'exerce contre des tiers et malgré eux. Il en est de même des facultés créées par les lois portées en France et en Belgique dans l'intérêt de l'irrigation et de l'agriculture : les propriétaires peuvent obtenir soit le passage des eaux sur les fonds intermédiaires, soit le droit d'appuyer sur l'héritage du riverain opposé les ouvrages nécessaires à une prise d'eau, enfin la faculté d'aqueduc dans le cas où les fonds sont submergés ou marécageux (1). Toutes ces facultés s'exercent contre des tiers, et elles ont pour effet de grever leurs propriétés d'une charge. Elles sont imprescriptibles; tandis que, dans la théorie de Tro-

_____

(1) Leroux de Bretagne, t. I, p. 99, n° 124. Comparez le tome VII de mes *Principes*, n°s 375-416².

plong, on devrait les déclarer prescriptibles à titre de droits s'exerçant contre les tiers.

Ces exemples prouvent en même temps l'exactitude de la doctrine que nous avons empruntée à d'Argentré. Toutes les facultés que nous venons d'énumérer tiennent à l'intérêt général; quoique la loi les ait consacrées, elles ont leur premier fondement dans la nature de l'homme et dans sa mission. L'homme est appelé à exploiter les richesses que le Créateur a déposées dans le sol de la terre, il lui faut pour cela la plus grande liberté d'action; c'est cette liberté qui est le premier principe des facultés que la loi a organisées sans les créer. Elles appartiennent à tous, sans convention préalable, et elles sont aussi exercées dans l'intérêt de tous, car c'est par le travail de chacun que la richesse publique s'accroît. Conçoit-on qu'après trente ans on vienne dire au propriétaire qu'il n'a plus le droit de se clore, qu'il n'a plus le droit de demander le partage, qu'il n'a pas plus le droit d'améliorer ses héritages? Le temps, qui est un élément de vie et de progrès, aboutirait donc à tout immobiliser, c'est-à-dire à tuer le principe de vie!

230. La jurisprudence a confirmé la doctrine de d'Argentré. Une loi du 20 août 1790 donne aux communes le droit de contraindre les propriétaires de halles à les leur vendre, ou à les leur donner à loyer. L'Assemblée constituante, en accordant ce droit aux communes, avait en vue d'abord de supprimer les droits de halle établis par les seigneurs, puis elle voulait faciliter les approvisionnements en plaçant sous le contrôle et la surveillance de l'autorité locale les emplacements consacrés à cette destination. La loi de 1790 a donc pour objet un intérêt de liberté, d'affranchissement et un intérêt public. A ce double titre, le droit qu'elle confère aux communes doit être considéré comme une faculté imprescriptible. Néanmoins la cour de Caen a décidé que le droit des communes se prescrit par trente ans. Elle dit que ce droit ne constitue pas une simple faculté, parce que les propriétaires pouvaient, de leur côté, contraindre les communes à acheter les halles ou à les prendre à loyer; ce droit réciproque des communes et des propriétaires doit être assimilé à un droit conventionnel, et, par conséquent, il est prescriptible. Sur le pourvoi, l'arrêt a été cassé. La chambre civile dit que le droit accordé aux communes par la loi de 1790 est une simple faculté qui ne peut se perdre par le non-usage pendant trente ans. En effet, cette faculté a été créée dans un but d'utilité générale et communale, sans fixation d'aucune époque précise pour son exercice. Il eût été absurde d'en fixer une. L'utilité générale est, après trente ans, ce qu'elle était au moment où la loi a été portée; ce serait un non-sens de soumettre à la prescription un droit dont la raison d'être est permanente (1).

231. Il peut paraître singulier que des communes, c'est-à-dire des personnes civiles ou fictives, jouissent de droits que nous considérons comme donnés par la nature à tout homme. C'est qu'en réalité ce n'est pas l'être fictif qui en jouit, ce sont les habitants de la commune qui en profitent; or, ces droits rentrent dans la définition que nous avons empruntée à d'Argentré et que Dunod développe en ces termes : « Ce qui est de pure faculté n'est pas prescriptible, et cette qualité vient de la chose ou de la personne. La faculté qui vient de la chose tire son origine de la nature ou de la destination. De la nature, lorsque la faculté s'exerce sur ce que la nature a donné à tous les hommes pour en user sans se l'approprier. De la destination, lorsque des choses susceptibles par elles-mêmes d'occupation, de possession et de propriété sont affectées à l'usage de tous ou des personnes d'une certaine société; comme sont les chemins, les rues, les fontaines publiques, les communaux du lieu où l'on est habitant. On ne perd pas la liberté de se servir de ces sortes de choses, quoiqu'on n'en use pas, et l'on n'acquiert pas le droit d'en user à l'exclusion des autres, quoiqu'on en use seul (2). »

La cour de cassation a fait l'application de ces principes à une prise d'eau que le roi d'Aragon avait concédée, en 1377, dans la rivière de la Tet, à tous les bien-tenants de

---

(1) Cassation, 25 mars 1844 (Dalloz, au mot *Halles*, n° 51). Dans le même sens, Bordeaux, 30 avril 1830, critiqué par Troplong, approuvé par Leroux de Bretagne (t. I, p. 100, n° 125).

(2) Dunod, part. I. ch. XII, p. 80 et suiv. Comparez Duranton, t. XXI, p. 367, n° 232.

la commune de Thuie pour l'irrigation de leurs héritages. Quelques habitants qui avaient toujours profité de la concession voulaient en exclure d'autres qui n'en avaient jamais usé. La cour de cassation a rejeté cette prétention. Elle constate que le droit litigieux a été établi dans l'intérêt général de l'agriculture; qu'il n'a été limité ni à l'égard des biens, ni à l'égard des personnes, ni à l'égard des temps, mais qu'il a été concédé indistinctement pour tous les biens situés dans le territoire de la commune, en faveur de tous les bien-tenants du même territoire et pour tous les temps présents et à venir. Il en résultait que chaque possesseur avait le droit d'arroser toutes les fois que le genre de culture approprié à ses besoins l'exigeait. C'est en vertu de ce titre, commun à tous les habitants, que les demandeurs avaient exercé le droit litigieux; la cour en conclut qu'ils ne pouvaient acquérir par prescription un droit qu'ils n'avaient exercé qu'en vertu d'une faculté commune à tous, et que ceux qui n'avaient pas usé du droit ne l'avaient pas perdu (1).

232. Dunod pose comme principe que les droits de pure faculté peuvent se perdre par la contradiction qui y est opposée. Le principe que « la contradiction ouvre la carrière de toute prescription à tout ce qui peut être prescrit activement ou passivement » ne saurait être contesté. Mais il s'agit précisément de savoir si les facultés peuvent se prescrire; Dunod cite comme exemple les banalités et les corvées. « Celui qui soutient à un seigneur qu'il est franc, qu'il ne doit point de corvées, qu'il n'est pas sujet aux droits que l'on réclame de lui, commence à prescrire contre la mainmorte et contre les droits seigneuriaux les plus privilégiés. C'est parce que ces sortes d'actes mettent en possession du droit ou de l'exemption au vu et su de celui qui a intérêt de l'empêcher, et que cette possession étant continuée pendant le temps requis, remplit tout ce qui est essentiel aux prescriptions (2). » L'exemple nous

_____

(1) Rejet, 16 mai 1826 (Dalloz, au mot *Prescription*, n° 169). Voyez d'autres applications dans Dunod, part. I, ch. XII, p. 87 et suiv. Leroux de Bretagne, t. I, p. 102, n° 127.
(2) Dunod, part. I, ch. VII, p. 37.

paraît mal choisi. Celui qui invoque la prescription pour s'affranchir d'une banalité ou d'une corvée recouvre la liberté naturelle dont il avait été privé injustement par le pouvoir féodal; mais de là on ne saurait conclure que les droits qui nous appartiennent en vertu de notre nature, ou que le législateur consacre dans un intérêt général se prescrivent par le fait d'une contradiction. La contradiction ne peut changer l'essence d'un droit; si c'est un droit que tout homme tient de la nature, la contradiction que l'on y oppose aura-t-elle pour effet que ce droit ne soit plus un droit naturel, qu'il ne m'appartienne plus en ma qualité d'homme? Et si je cède à la contradiction, en résulte-t-il que je perdrai un droit que l'on doit supposer inhérent à ma nature? Les facultés sont d'intérêt général, d'ordre public; les contradictions qui y sont apportées sont d'intérêt privé : est-ce que l'intérêt privé va l'emporter sur l'intérêt social? Il en était ainsi sous le régime féodal, qui ne connaissait que des droits et des intérêts particuliers; il n'en saurait être de même dans notre droit moderne, lequel n'admet plus la confusion de la souveraineté et de la propriété et la subordination du droit de la société au droit des individus (1). Le principe que la contradiction ouvre la carrière de la prescription n'est vrai que dans les relations d'intérêt privé, et les facultés naturelles sont de droit public, puisqu'elles découlent de la liberté, et elles ne sont autre chose que la liberté.

233. Les facultés conventionnelles sont-elles prescriptibles? Si l'on admet le principe tel que d'Argentré le formule, il faut décider que ces droits se prescrivent. En effet, ils n'appartiennent pas à tous, mais à un seul; ce n'est pas la nature qui les établit, mais une convention particulière ; ils n'ont pas pour objet une utilité générale, c'est un créancier qui les stipule à son profit; ces droits restent donc sous l'empire de la règle qui soumet toutes les actions à la prescription. Dunod établit nettement ce principe en reproduisant les paroles de d'Argentré : « Il faut distin-

---

(1) Comparez Marcadé, t. VIII. p. 48, nº II de l'article 2227. Troplong, nº 113.

guer, dit-il, entre la faculté qui a son fondement dans la
nature, dans le droit public commun à tous ou à plusieurs
d'une même société et dans la liberté de faire ou de ne pas
faire certaines choses sans aucune préexistence de titre,
de convention ou d'action; et celle qui vient d'un titre, qui
tire son origine d'un contrat, qui est propre à celui qui a
le titre... La première de ces facultés n'est pas sujette à la
prescription; la seconde se prescrit parce qu'elle dérive
d'une convention et d'une action qui sont prescriptibles et
dans le commerce ordinaire (1). »

Les exemples donnés par Dunod se rapportent à un
ordre de choses qui n'existe plus; nous préférons citer les
applications que la jurisprudence a faites du principe. Un
contrat de 1756 contenait vente de deux objets, à savoir :
d'une grange et d'un toit à cochons, dont l'acquéreur et
son héritier ont toujours joui, et, en outre, vente d'un em-
placement non déterminé propre à construire des fours qui
n'ont pas été construits. Cette clause n'était autre chose
que la faculté vendue à l'acquéreur de faire deux fours
dans le jardin du vendeur quand bon lui semblerait. Le
droit ainsi défini était-il prescriptible? La cour de Limoges
s'est prononcée pour l'affirmative. On distingue, dit-elle,
les facultés qui dérivent du droit naturel d'avec les facultés
qui dérivent d'une convention : les premières sont imprescriptibles, mais les secondes sont soumises à la prescription de trente ans, même quand elles seraient stipulées
perpétuelles, car il n'appartient pas aux particuliers de
perpétuer l'exercice des actions que la loi a voulu rendre
temporaires (2).

Un terrain vague fut cédé en 1777, moyennant la redevance d'un cens foncier et seigneurial. L'acte portait que
le cédant et ses hoirs ou ayants cause auraient *toujours* la
faculté de rentrer dans la propriété desdites terres sans
que les preneurs pussent prétendre autre chose que les bâtiments ou plantations qu'ils pourraient avoir faites et
qu'ils auraient la faculté d'emporter. En 1858, les cession-

---

(1) Dunod, part. I, ch. XII, p. 90.
(2) Limoges, 22 mars 1811 (Dalloz, au mot *Prescription*, n° 162).

naires du propriétaire ayant déclaré qu'ils entendaient user
du droit stipulé par le contrat, les héritiers du preneur opposèrent la prescription. De là la question de savoir si la
faculté litigieuse était prescriptible : elle a été décidée
affirmativement par la cour d'Amiens et par la cour de
cassation : « Si, dit la chambre des requêtes, les *facultés
naturelles* ne se prescrivent pas par le non-usage, il en est
autrement des *facultés conventionnelles,* telles que celles
que, dans l'espèce, le cédant s'était réservée, de rentrer à
toujours dans la propriété du terrain baillé à cens ; ces facultés, comme tout autre droit qui naît d'une convention,
sont soumises à la prescription de trente ans (1). »

234. Cette dernière décision est trop absolue. La doctrine et la jurisprudence admettent qu'il y a des facultés
conventionnelles qui ne sont pas prescriptibles. C'est sur
ces modifications que reçoit la règle de la prescriptibilité
qu'il s'élève des difficultés sérieuses. Il y a une première
hypothèse qui n'offre guère de doute. Si une faculté naturelle est rappelée et stipulée dans un contrat, sous forme
de réserve, elle ne devient pas conventionnelle, car elle ne
résulte pas de la convention, l'acte ne fait que la constater ; dès lors elle ne change pas de nature, et, par suite,
elle reste imprescriptible. La seule difficulté, dans ce cas,
est de déterminer le caractère de la faculté, indépendamment de la convention.

Acte de l'an 1532 par lequel le seigneur de Montespan
concède aux habitants de la vallée de Bazeilles, comprise
dans sa seigneurie, des droits dans les forêts qui occupent
la plus grande partie de la vallée. La cour de Pau résume
la concession en ces termes : « Le seigneur abandonne les
produits de la forêt aux habitants, d'abord pour satisfaire
leurs besoins personnels, puis pour vendre à leur profit
l'excédant, avec cette réserve que ledit seigneur et ses successeurs pourront prendre des arbres dudit bois s'ils ont
un moulin à scier dans la vallée de Bazeilles. » Ce moulin
ne fut construit qu'en 1842 ; de là un débat sur le point de
savoir si la faculté réservée dans l'acte de 1532 était pres-

_____

(1) Rejet, 24 avril 1860 (Dalloz, 1861, 1, 179).

criptible ou non. Cette faculté, dit la cour de Pau, procédait du droit de propriété, indépendamment de toute convention, car le seigneur de Montespan n'avait pas abdiqué son droit de propriété; ses successeurs, les ducs d'Uzès, furent reconnus propriétaires par jugement. La cour en conclut que la faculté réservée dans l'acte de 1532 était inhérente à l'obligation principale, dont elle déterminait la portée et la limite, que dès lors elle ne pouvait tomber en prescription tant que l'obligation principale elle-même subsistait. Nous reviendrons plus loin sur le principe invoqué par la cour. L'arrêt conclut que ladite faculté était restée dans le patrimoine du propriétaire; qu'elle était un des attributs de la propriété qu'il conservait; que pour la conserver il n'avait pas besoin d'intenter une action, qu'il suffisait d'un simple fait, l'établissement de la scierie.

Pourvoi en cassation. La chambre des requêtes prononça un arrêt de rejet. Elle écarte le principe invoqué par l'arrêt attaqué et pose la question en ces termes : « Les facultés conventionnelles sont prescriptibles; mais il n'en est pas ainsi des facultés naturelles, alors même qu'elles sont énoncées ou rappelées dans un contrat, et confirmées, en tant que de besoin, dans des dispositions contractuelles. Il y a donc lieu de rechercher quel est le caractère de la réserve mentionnée dans l'acte de 1532. » Or, le propriétaire de la forêt avait certainement, avant la concession du droit d'usage qu'il fit aux habitants de Bazeilles, la faculté d'en employer les arbres pour l'alimentation d'une usine, s'il lui convenait d'en établir une, puisque ce n'était que l'exercice de son droit de propriété. La concession du droit d'usage lui a-t-elle enlevé cette faculté? Non, puisqu'il se l'est expressément réservée. Cette réserve a-t-elle changé la nature du droit du propriétaire? Non, car il est resté propriétaire; la faculté d'employer les arbres pour le service de la scierie resta donc ce qu'elle était, l'exercice de la propriété; et à ce titre elle était imprescriptible (1).

(1) Pau, 13 août 1861 (Dalloz. 1861, 2, 219), et Rejet, 2 juillet 1862 (Dalloz, 1863, 1, 26).

235. La doctrine et la jurisprudence admettent encore une autre exception. On dit que les facultés conventionnelles sont imprescriptibles quand elles procèdent de la nature et de l'essence du contrat; dans ce cas, elles peuvent être exercées tant que subsiste la convention, dont elles sont inséparables; tandis que les facultés se prescrivent quand elles ne tiennent pas à l'essence du contrat. Cette exception est de tradition (1) et la jurisprudence l'a consacrée. Elle nous paraît excessivement vague et peu justifiable. Comment distinguer les facultés qui sont de l'essence du contrat et celles qui ne sont pas de son essence? Est-ce que toutes les clauses d'une convention ne sont pas également substantielles, si l'on s'en tient à là volonté des parties contractantes? Et pourquoi les unes seraient-elles prescriptibles et les autres ne le seraient-elles pas? A notre avis, la seule distinction qui ait un fondement rationnel est celle des facultés qui ont leur principe dans la nature, qui, à ce titre, sont d'intérêt général et appartiennent à tous, et les facultés qui n'ont d'autre cause que les conventions des parties intéressées. C'est la distinction de d'Argentré; elle est déjà très-subtile, mais elle est juridique, tandis que la sous-distinction que l'on fait entre les facultés conventionnelles, selon qu'elles sont ou non de l'essence du contrat, est arbitraire; du moins elle prête à l'arbitraire, et nous ne voyons pas sur quoi elle repose.

Consultons la jurisprudence. Dans un contrat de rente perpétuelle, le débiteur s'engageait, en tout temps, s'il y était requis, de rembourser ou d'hypothéquer les rentes sur double hypothèque. Les arrérages furent exactement servis pendant trente ans. Après ce délai, le créancier demanda le remboursement ou une hypothèque. Le débiteur répondit que le droit du créancier était prescrit. Cette défense n'a pas été admise. On lit dans le jugement, confirmé par la cour de Bruxelles, que l'obligation de rembourser

---

(1) Coquille, quest. 260. t. I, p. 260. Prevot de la Jannès, *Principes de jurisprudence*, t. II, p. 399. Pothier, Coutume d'Orléans, Introduction au titre XIV *des Prescriptions*, n° 33. (Leroux de Bretagne, t. I, p. 105, n° 129.)

et de donner hypothèque est *dans la nature du contrat et sans qu'il soit besoin de la stipuler*; qu'il en était ainsi notamment d'après la jurisprudence suivie dans le lieu où le contrat avait été passé. La cour en conclut que la clause qui donnait au créancier le droit de demander le remboursement ou une hypothèque faisait partie inhérente et indivisible du contrat, et qu'elle ne saurait être prescrite, à moins que le titre entier ne fût prescrit; or, le débiteur, en payant les arrérages, avait empêché le titre d'être prescrit, par suite, il subsistait en son entier (1). Cette décision se justifie, nous semble-t-il, par la doctrine de d'Argentré; le droit du crédirentier n'avait pas besoin d'être stipulé, dit la cour, ce n'était donc pas une faculté conventionnelle, c'était un droit appartenant à tout créancier en vertu d'une constitution de rente, droit naturel, en ce sens, et indépendant de la convention.

La même cour a rendu une décision analogue dans une autre espèce, qui est, en réalité, très-différente. Une rente est constituée au denier vingt-cinq, en 1771, avec cette clause qu'après six ans à dater du contrat, le créancier pourrait l'exiger sur le pied du denier vingt. Ce ne fut qu'en 1808, plus de trente ans après l'expiration du délai de six ans stipulé dans l'acte, que le créancier demanda l'exécution de la clause. Le débiteur opposa la prescription; l'exception ne fut pas admise, par la raison que le débiteur ayant payé les arrérages, le contrat avait été conservé en son entier (2). Troplong critique cette décision. Le contrat subsistait sans doute, dit-il, dans la partie exécutée. Mais le droit stipulé dans la clause relative au taux de la remise était prescrit; c'était une clause accidentelle, le droit stipulé par le créancier ne lui appartenait qu'en vertu d'une convention particulière; donc d'après la distinction traditionnelle, c'était une faculté prescriptible (3). Dans la doctrine de d'Argentré, cela est d'évidence; on ne peut pas considérer comme faculté naturelle un droit

---

(1) Bruxelles, 10 septembre 1812 (Dalloz, au mot *Prescription*, n° 166).
(2) Bruxelles, 30 novembre 1809 (Dalloz, au mot *Prescription*, n° 167).
(3) Troplong, n° 126. Pothier, *Vente*, n° 392.

qui n'existe qu'en vertu d'une stipulation expresse faite par le créancier.

Nous citerons encore une espèce dans laquelle la prescription a été admise (1). Acte de 1578, par lequel le propriétaire d'un bois concède aux habitants d'une commune, tant pour leur chauffage que pour la nourriture de leur bétail de labour et de leurs bêtes à laine, des droits d'usage dans un bois taillis, moyennant une rente annuelle d'un quartier de blé par feu : le cédant se réservait le droit de reprendre les immeubles quand il lui plairait, à lui ou à ses successeurs, en renonçant à la perception de la rente. Cette faculté de retrait ne fut exercée qu'après deux cent soixante années. La commune opposa la prescription. L'exception a été admise par la cour de Toulouse. Elle pose en principe que les facultés conventionnelles sont essentiellement prescriptibles ; ce principe reçoit son application dans tous les cas où la clause insérée dans un acte, loin de tenir à la nature du contrat, ne lui est qu'accidentelle (2). Or, les droits d'usage concédés à une commune sont de leur nature perpétuels ; la clause qui en autorise le retrait est une exception au droit commun, exception qui n'existe que si elle a été stipulée ; en l'absence d'une clause expresse, on ne pourrait pas la sous-entendre, c'est donc un droit purement conventionnel, et partant, prescriptible. Dans la doctrine de d'Argentré, la décision est la même. En définitive, cette doctrine, plus rationnelle, suffit pour distinguer les facultés qui se prescrivent et celles qui ne se prescrivent pas.

Nº 3. DES DROITS D'INTÉRÊT GÉNÉRAL.

236. Aux termes de l'article 6 du code Napoléon, on ne peut déroger, par des conventions particulières, aux lois qui intéressent l'*ordre public*. Cette expression d'*ordre public* doit être prise dans son sens le plus général, comme nous l'avons dit en expliquant le Titre préliminaire.

---

(1) Toulouse, 4 février 1841 (Dalloz, au mot *Prescription*, nº 164).
(2) Dans le même sens, Bruxelles, 6 décembre 1843 (*Pasicrisie*, 1844, 2, 155).

Le principe de l'article 6 est applicable dans tous les cas où un intérêt public est en cause ; les particuliers peuvent régler leurs intérêts privés comme ils l'entendent. C'est là le domaine de la liberté civile ; mais il n'y aurait plus de société possible si les intérêts privés l'emportaient sur l'intérêt public ; la société n'est autre chose que la subordination des intérêts privés à l'intérêt général. De là la règle prohibitive de l'article 6. Cette règle s'étend à la prescription ; la possession, quelque longue qu'elle soit, ne peut être invoquée contre l'intérêt public, on ne prescrit pas contre l'ordre public ; c'est un axiome dont la vérité est incontestable et qui reçoit de nombreuses applications (1). Nous avons rencontré déjà les plus importantes en traitant des personnes, au premier livre du code civil.

237. L'état des hommes n'est pas dans le commerce : on ne l'acquiert pas et on ne le perd pas par la prescription (2). Il est réglé, en vue de l'intérêt général, pour la conservation de la société et pour son perfectionnement, ce qui exclut toute convention, toute possession contraire. Ainsi les droits de citoyen ne s'acquièrent ni par convention ni par prescription, et ils ne se perdent pas par le nonusage. Ce sont des droits de pure faculté par excellence ; le citoyen exerce ses droits comme il l'entend ; il les tient de sa qualité de membre d'une société politique, il ne peut les perdre que lorsqu'il est déchu de sa nationalité ; or, la nationalité ne se perd point par la prescription. Un enfant qui naîtrait d'un Français, à l'étranger, et qui y passerait toute sa vie conserverait néanmoins sa nationalité d'origine. Par contre, l'étranger né en France reste étranger ; il n'acquiert pas la qualité de Français par la possession, quelque longue qu'on la suppose ; à moins qu'il ne puisse invoquer le bénéfice d'une loi particulière, il restera étranger, ainsi que sa descendance, à l'infini. Tel est du moins le droit strict ; en fait, la puissance du temps finit par effacer la première origine de ceux qui habitent un même pays ;

---

(1) Voyez le t. I de mes *Principes*, p. 83, nos 47 et suiv., et le t. VII, p. 393, no 329.
(2) Leroux de Bretagne, t I, p. 109, no 133.

mais toujours est-il que leur état pourrait être contesté, si l'on prouvait leur origine étrangère (1).

238. Ce que nous disons de l'état politique s'applique aussi à l'état civil ; l'état civil ne peut s'acquérir ni se perdre par la prescription (2). Sur ce point nous avons un texte formel : « L'action en réclamation d'état est imprescriptible à l'égard de l'enfant » (art. 328). S'il y a un droit naturel, antérieur à toute convention et indépendant de tout contrat, c'est certes celui que donne le sang ; on n'acquiert pas le sang et on ne le perd point par la prescription. Cependant l'état civil n'est pas imprescriptible d'une manière aussi absolue que l'état politique. Des droits pécuniaires sont attachés à l'état civil ; et ces droits sont soumis à la prescription. Voilà pourquoi l'action en réclamation d'état, imprescriptible à l'égard de l'enfant, devient prescriptible à l'égard de ses héritiers (art. 329 et 330) ; ceux-ci, en réclamant l'état civil de leur auteur, n'ont en vue que d'obtenir les avantages pécuniaires qui peuvent en résulter pour eux, et tout droit pécuniaire est prescriptible. Nous renvoyons à ce qui a été dit au titre de la *Paternité et de la Filiation*.

239. On a demandé si les noms de famille peuvent s'acquérir ou se perdre par la prescription. Ces questions sont devenues très-fréquentes depuis que la manie des titres de noblesse est à la mode. Les intérêts engagés dans ces débats sont si mesquins, qu'il ne vaut pas la peine d'en parler. Toutefois il y a un intérêt moral en jeu, supérieur à celui d'une misérable vanité : c'est l'honneur attaché au nom d'une famille. Sous ce rapport, la question de prescriptibilité mérite d'attirer l'attention des jurisconsultes. Elle a fait l'objet d'un excellent réquisitoire de l'avocat général Fabre, mort procureur général à la cour de cassation.

Il y a une opinion assez généralement suivie, d'après laquelle la possession n'est d'aucune valeur en cette matière. On avoue que les noms se sont établis par voie de

---

(1) Duranton, t. XXI, p. 251, n° 161.
(2) Voyez le t. III de mes *Principes*, p. 538, et n° 485.

possession; mais dès qu'une famille a possédé un nom distinctif, à quelque époque que ce fait remonte, le nom lui est acquis et lui reste à tout jamais, sauf un changement légal, dont il ne s'agit point dans notre débat. Le principe serait donc l'immutabilité absolue, et par conséquent l'imprescriptibilité (1). Les noms se sont souvent altérés; cette transformation est l'effet de l'incertitude qui a longtemps régné sur l'orthographe des noms, tant qu'il n'y a pas eu de registres régulièrement tenus pour constater l'état civil. Peu importent ces altérations : la possession du nom transformé, quelque durée qu'elle ait eue, est inopérante. La famille peut toujours réclamer son nom primitif, et au besoin on peut la forcer à le reprendre; les noms ne sont pas dans le commerce et ils ne s'acquièrent pas par prescription.

Cette doctrine paraît très-logique; néanmoins on doit la rejeter. Toute idée de prescriptibilité ou d'imprescriptibilité est étrangère au droit ou à l'obligation qu'une famille a de porter un nom. La prescription, dit l'article 2219, est une manière d'acquérir par un *certain laps de temps*, et sous les conditions déterminées par la loi. La plus essentielle de ces conditions, c'est le temps. Ce temps, dit la loi, doit être *certain*; en effet, il a pour objet de consolider les possessions, or, un temps incertain et la certitude de la propriété sont choses incompatibles. Aussi la prescription s'acquiert à jour fixe; hier je possédais un immeuble depuis trente ans moins un jour, je n'en étais pas propriétaire; je le deviens aujourd'hui si la prescription n'est pas interrompue. En peut-on dire autant du nom? L'acquiert-on à jour fixe? Peut-on interrompre la prescription? Non. Il faut donc laisser de côté la prescription, elle n'explique point l'acquisition des noms, ni par conséquent la perte des noms par le non-usage. Quel est le véritable titre par lequel les noms s'acquièrent? C'est l'usage. On dira que l'usage s'établit aussi par la possession; cela est vrai, mais il exige bien d'autres conditions; il faut un ensemble de faits dont le nombre varie d'un cas à un autre, ainsi que le caractère; il implique un concours de volontés, et équivaut, sous

(1) Voyez les auteurs cités par Dalloz, au mot *Nom*, n° 23.

ce rapport, à la loi; il ne suffit pas que je prenne un nom
pour qu'il m'appartienne, il faut que les autres l'acceptent;
si les personnes avec lesquelles je suis en relation refu-
saient de me donner le nom que j'ai pris, l'usage ne pourrait pas s'établir, car le nom s'établit moins par le fait de
celui qui le porte que par le fait de ceux qui le lui donnent. Puisque l'usage fait loi, le nom de chaque famille
est celui qu'un usage constaté lui donne. Il suit de là que
les noms, loin d'être immuables, sont variables; car un
usage peut être remplacé par un autre usage. Le nom des
familles au XIXᵉ siècle est celui que l'usage actuel leur
donne, et non celui qu'elles portaient du temps des Gau-
lois, après l'invasion des Barbares, ou au moyen âge. Cela
est aussi fondé en raison; les noms servent à reconnaître
les personnes et à les désigner de manière que les tiers les
connaissent; or, les tiers les connaissent par le nom
qu'elles portent aujourd'hui et non par celui qu'elles portaient au XIIᵉ siècle (1).

Nous acceptons cette doctrine, mais avec une restriction.
Le décret du 6 fructidor an II a défini le nom. Le vrai
nom de chaque personne est celui qui est exprimé dans
son acte de naissance; c'est ce nom que nous avons le
droit et l'obligation de porter, à moins que l'acte de naissance n'ait été rectifié par jugement; encore le jugement
n'aurait-il d'effet qu'entre les parties. La cour de cassation
s'est prononcée en ce sens dans l'arrêt qu'elle a rendu sur
les conclusions de l'avocat général Fabre. Elle pose en
principe que la prescription est évidemment inadmissible
dans la matière des noms. Quel est, dans l'état actuel de
la législation, le nom qui appartient aux familles? Chacun
doit porter le nom de son père. Ce principe, consacré par
la loi du 6 fructidor an II, a été reproduit par l'article 57
du code Napoléon. Toutefois la cour admet que les noms
peuvent subir des altérations, non par l'effet de la prescription, mais par la force de l'usage; nous transcrivons
les termes de la décision, parce que c'est un arrêt de prin-

---

(1) Fabre, conclusions sur l'arrêt de Rejet du 15 mai 1867 (Dalloz, 1867,
1, 244).

cipe : « L'usage et la possession, qui exercent leur action inévitable sur les noms comme sur toutes choses, peuvent quelquefois être pris en considération en cette matière. Seulement la loi n'a réglé ni la durée ni les conditions de cette possession et de cet usage; il suit de là que les juges du fond apprécieront souverainement la loyauté et l'effet de ces usages, tantôt en les faisant respecter, tantôt en les ramenant à leur première origine. » Sans doute, l'usage est une question de fait, et le juge la décide souverainement, mais il faut ajouter que l'usage a force de loi et lie par conséquent le juge; il ne pourrait donc pas, tout en constatant un usage certain et loyal, rétablir le nom que l'usage a modifié.

240. Le principe que l'on ne prescrit pas contre l'ordre public est général et absolu. Il reçoit son application en matière de droits patrimoniaux (1) comme en matière d'état personnel. La jurisprudence en a fait de nombreuses applications; nous lui emprunterons quelques exemples.

Des habitants d'une commune enlèvent des herbes dans une forêt. Ils invoquent ensuite ces faits comme constituant une possession au profit de la commune, à l'effet d'acquérir le droit de recueillir les herbes. La cour de cassation a condamné cette singulière prétention; l'enlèvement des herbes, dans les bois et forêts, constitue un délit; le renouvellement de ces faits pendant trente ans perpétue et aggrave le délit, et un délit peut-il, à force d'être renouvelé, devenir un droit? Les délits sont des faits contraires aux bonnes mœurs et à l'ordre public; on ne peut pas, par des conventions, déroger à une loi qui concerne les bonnes mœurs : à plus forte raison ne peut-on pas invoquer un délit pour y fonder un droit (2).

Des personnes étrangères au droit pourraient objecter que l'usurpateur prescrit par la possession de trente ans; or, l'usurpation constitue aussi un délit, au moins civil. Nous répondons que l'usurpation n'est un délit que dans le principe de la possession, quand celle-ci est violente; aussi

(1) Le droit d'exercer le passage en cas d'*enclave* est imprescriptible (*Principes de droit civil*, t. VIII, n° 100).
(2) Rejet, 10 avril 1839 (Dalloz, au mot *Forêts*, n° 1574).

longtemps que la violence dure, il n'y a pas lieu à prescription (nᵒˢ 283 et 284); mais quand la violence cesse, l'usurpateur commence à prescrire, à raison du silence de l'ancien propriétaire, lequel néglige d'intenter les actions possessoires. Ces actions, après un an de possession paisible, appartiennent à l'usurpateur; c'est dire que celui-ci a cessé d'être usurpateur, en ce sens que la loi protége sa possession, même contre l'ancien propriétaire. Tandis que, dans l'espèce jugée par la cour de cassation, les délits se renouvelaient tous les jours.

Des concessionnaires de travaux de desséchement creusent un bassin pour servir au desséchement d'un marais; puis ils négligent d'entretenir le bassin. Le conseil de préfecture, compétent d'après la législation française, ordonna que les plantations et le gravier fussent enlevés. Pourvoi des concessionnaires, fondé sur ce que l'obligation d'entretenir ledit bassin ne leur incombait point, ou que du moins elle était éteinte par la prescription. Leur requête a été rejetée par le conseil d'Etat, d'abord par le motif que le creusement et l'entretien du bassin faisaient partie du système permanent des moyens de desséchement; partant, les concessionnaires étaient tenus de l'entretenir à perpétuité; leur négligence constituait un quasi-délit; et une obligation qui tient à l'intérêt public, puisque la salubrité de l'air en dépend, ne s'éteint point par le quasi-délit du débiteur (1).

Un décret du 8 mars 1848 a déclaré que les eaux minérales constituent une richesse publique dont la conservation n'importe pas moins à l'humanité qu'à l'intérêt national. En conséquence: le décret défend tout sondage et tout travail souterrain dans une distance de mille mètres au moins du rayon de chacune des sources minérales régulièrement autorisées. Cette défense est d'utilité publique, et, par suite, elle place à l'abri de toute prescription l'intérêt général qu'elle veut défendre. Contre cette interdiction, dit la cour de cassation, aucun fait ne peut prévaloir ni fonder une possession utile; celle-ci est essentiellement

_____

(1) Décret du 19 avril 1855 (Dalloz, 1855, 3, 33).

précaire et de tolérance ; il appartient toujours à l'autorité administrative de la faire cesser (1).

-

N° 4. LE DOMAINE PUBLIC.

I. *Principe.*

241. En parlant des *choses* que l'on ne peut pas prescrire, parce qu'elles ne sont point dans le commerce, l'article 2226 entend surtout les biens qui appartiennent au domaine public de l'Etat, des provinces ou des communes ; ces biens étant destinés à l'usage de tous, sont par cela même imprescriptibles, puisque l'appropriation privée empêcherait l'usage public, et cet usage est d'intérêt général. L'imprescriptibilité du domaine public est donc une conséquence du principe que l'on ne prescrit pas contre l'intérêt général. Nous avons exposé, au titre de la *Distinction des biens,* les principe qui régissent cette matière (t. VI, n°s 56 et 57), en renvoyant au titre de la *Prescription* les questions d'application (2).

II. *De la voie pvblique.*

242. Le principe de l'imprescriptibilité est d'évidence, et il est certain aussi qu'il s'applique à tous les biens qui dépendent du domaine public. Mais jusqu'où s'étend ce domaine et à qui incombe la preuve ? Cette question n'est pas sans difficulté. La cour de cassation l'a tranchée par une de ces présomptions que les interprètes créent pour le besoin de la cause, mais qu'il est bien difficile de justifier au point de vue légal. En bâtissant des murs ou des maisons le long des rues ou places publiques, les riverains laissent des terrains en dehors de leurs constructions : appartiennent-ils à la voie publique ou aux riverains ? La cour de cassation a jugé qu'en droit il existe *présomption légale* que ces terrains font partie de la route et, par conséquent, du domaine public imprescriptible (3). Cela est

(1) Cassation, chambre criminelle. 29 août 1856 (Dalloz, 1856. 1; 415).
(2) Comparez Leroux de Bretagne. t. I, p. 119, n°s 152 et suiv.).
(3) Rejet. 21 mai 1838 (Dalloz, au mot *Action possessoire*, n° 319). Cassation, 13 mars 1854 (Dalloz. 1854, 1, 114).

sans doute très-probable; mais une probabilité, quelque forte qu'elle soit, ne devient une présomption qu'en vertu d'une loi formelle; l'article 1350 le dit, et il donne comme exemple de présomption légale le cas où la *loi* déclare la *propriété* résulter de certaines *circonstances déterminées*. Quelle est la *loi* qui déclare, dans l'espèce, que les terrains litigieux appartiennent au domaine public? La cour dit qu'il existe *présomption légale*, mais elle ne cite pas la loi; il y aurait donc des présomptions *légales* sans *loi!* A notre avis, c'est l'Etat demandeur qui doit administrer la preuve que le terrain litigieux appartient au domaine public.

La cour de cassation admet la preuve contraire à la prétendue présomption qu'elle établit (1); il se peut donc que lesdits terrains appartiennent aux riverains. En effet, tous les jours on voit un propriétaire ne pas suivre, dans la construction d'un mur de clôture, les sinuosités du terrain et bâtir en ligne droite, de manière à laisser en dehors les anfractuosités de son terrain qui ne cessent pas pour cela de lui appartenir. D'autres propriétaires laissent en dehors de leurs constructions un terrain vague pour y déposer le fumier. Jusqu'où s'étend la propriété privée? Où commence le domaine public? Ce débat doit se vider d'après le droit commun, puisque la loi n'établit aucune présomption en faveur de l'Etat. On admet le principe contre les particuliers (2); il faut aussi l'admettre contre l'Etat, en l'absence d'une présomption légale qui y déroge. Il a été jugé qu'une fosse à fumier avait été creusée sur la voie publique, et que, par suite, le riverain ne pouvait invoquer aucune possession contraire, puisque la voie publique est imprescriptible (3). La conséquence est évidente dès qu'il est prouvé que le riverain a empiété sur le domaine public; la difficulté ne concerne que la preuve.

243. Le sous-sol de la voie publique est imprescriptible, aussi bien que la voie. Cela a été ainsi jugé par la

---

(1) Rejet, chambre civile, 28 juillet 1856 (Dalloz, 1856. 1, 307).
(2) Douai, 15 juin 1839 (Dalloz, au mot *Domaine public*, n° 47, 2°).
(3) Cassation, 25 juillet 1837 (Dalloz, au mot *Action possessoire*, n° 318).

cour de Paris (1), et la décision n'est pas douteuse, puisqu'elle est écrite dans la loi. Aux termes de l'article 552,
la propriété du sol emporte la propriété du dessous ; donc
celui qui est propriétaire du sol de la route est par cela
même propriétaire du sous-sol ; et le dessous étant considéré par la loi comme un accessoire du sol, il faut appliquer le principe que l'accessoire suit la nature du principal : l'un et l'autre sont inaliénables et imprescriptibles.
Cela est aussi fondé en raison ; si le sous-sol de la route
pouvait être prescrit, il en résulterait des dangers pour la
voie publique, puisque le propriétaire du dessous pourrait
compromettre, par ses excavations, la solidité et la sécurité de la voie qui sert à la circulation.

Dans l'espèce jugée par la cour de Paris, il s'agissait
d'une cave qui jadis avait été une dépendance d'une maison acquise par la commune pour être incorporée à la voirie. Le possesseur de la cave prétendait que la jouissance
en avait été réservée à ses auteurs, lors de l'expropriation,
à titre d'indemnité. Il demandait donc à prouver contre la
commune son droit de propriété. Mais cette preuve, il ne
pouvait la faire par la possession, puisque la cave était
une dépendance de la voie publique, et, à ce titre, imprescriptible ; il aurait dû produire le contrat intervenu entre
ses auteurs et la ville de Paris ; or, il n'existait point de
contrat, sa possession n'était donc qu'un acte de tolérance, ce qui excluait toute idée de propriété.

244. Toutes les dépendances de la voie publique participent du caractère d'imprescriptibilité des biens qui font
partie du domaine public (2). Cela est sans difficulté pour
les accessoires sans lesquels la route ne pourrait pas exister, tels que les murs de soutenement, les ponts, ponceaux,
aqueducs. Il faut appliquer le même principe aux chemins
de fer, puisqu'ils font partie de la grande voirie. On a
prétendu que l'on ne devait comprendre parmi les accessoires que les gares et les bâtiments spécialement affectés

---

(1) Paris, 11 juillet 1871 (Dalloz, 1871, 2, 148).
(2) Telles sont les servitudes de passage acquises par les communes sur
les terrains appartenant à des particuliers (t. VII de mes *Principes*,
n° 467 *bis*.

au service des voyageurs et de leurs bagages, et l'on en a conclu que les cours extérieures, uniquement destinées à l'exploitation commerciale, restaient sous l'empire du droit commun. L'erreur est palpable. En effet, les voies de communication sont placées hors du commerce, non-seulement parce qu'elles servent au transport des voyageurs, mais aussi parce qu'elles sont nécessaires pour transporter les produits de l'industrie et de l'agriculture. Donc les cours qui servent à l'exploitation commerciale sont une dépendance nécessaire du chemin de fer, aussi bien que les gares; le terrain a été acquis par voie d'expropriation, et il entre dans le domaine public, en ce sens qu'il fait retour à l'Etat à l'expiration de la concession quand il s'agit d'un chemin de fer concédé; et si le chemin de fer appartient à l'Etat, il fait partie du domaine public, aussi bien que la voie ferrée (1).

245. La conséquence de l'imprescriptibilité est que les riverains ne peuvent opposer à l'Etat ou aux concessionnaires aucune possession, quelque longue qu'elle soit, fût-elle immémoriale. Il ne peut y avoir de prescription contre le domaine public. La possession même témoigne contre ceux qui l'invoquent, car elle se fonde sur la tolérance de l'administration, et la tolérance ne fonde pas de prescription (art. 2232) (2). La possession suppose l'existence d'un titre, ou elle remplace le titre; or, dans les choses du domaine public, il ne saurait y avoir de titres; les concessions que l'Etat fait n'accordent pas de droit au concessionnaire, elles sont essentiellement révocables, donc à titre précaire (3).

Si les riverains ne peuvent acquérir un droit de propriété sur les voies publiques, ils ne peuvent, par identité de motifs, acquérir par la prescription un droit de servitude, car les servitudes sont un démembrement de la propriété, donc une appropriation, et les biens du domaine public ne peuvent devenir propriété privée ni pour le tout

---

(1) Jugement du tribunal de Bayonne, du 31 juillet 1866 (Dalloz, 1868, 1, 134).

(2) Bruxelles, 25 octobre 1851 (*Pasicrisie*, 1853, 2, 240).

(3) Bordeaux, 13 janvier 1842 (Dalloz, au mot *Prescription*, n° 187).

ni pour partie : ce serait subordonner le droit de la société à l'intérêt des individus, tandis que c'est l'intérêt particulier qui doit être subordonné à l'intérêt général (1).

III. Des eaux.

246. Les eaux donnent lieu à des difficultés particulières en ce qui concerne la prescription. Nous les avons exposées ailleurs, notamment en ce qui concerne les cours d'eau non navigables : ils sont imprescriptibles (t. VII, n° 269); ce qui n'empêche pas les conventions et les possessions de créer des rapports juridiques entre les riverains (t. VII, n°s 306-313). Les rivières navigables sont essentiellement hors du commerce; cependant les riverains y peuvent acquérir certains droits, sans préjudicier néanmoins à l'intérêt général (t. VI, n° 8-14; t. VII, n°s 254 et 255, 330-334). Ces droits naissent de concessions, révocables de leur nature; la possession, la prescription ne peuvent jamais légitimer des anticipations ou empiétements sur le lit du fleuve.

247. Cela ne fait aucun doute; la difficulté est de déterminer les limites du fleuve. La jurisprudence applique généralement le principe que la limite du lit d'un fleuve doit être déterminée par la hauteur qu'atteignent ses eaux moyennes (2). Toutefois ce principe, n'étant pas écrit dans la loi, ne forme pas une règle absolue. Le niveau des hautes eaux, dit la cour de Liége, peut être pris en considération pour fixer les limites du lit d'une rivière coulant entre des bords encaissés, uniformes et stériles; mais il n'en est plus de même quand le fleuve coule entre des rives tantôt escarpées, tantôt en pente presque horizontale, productives en certains endroits et d'une élévation constamment variable. Si l'on admettait le niveau du plenissimum flumen comme principe absolu, on s'exposerait à porter atteinte à une jouissance consacrée au profit des particuliers depuis les temps les plus reculés. La cour en conclut que la force des choses nécessite d'avoir égard à

---

(1) Rejet, 13 février 1828 (Dalloz, au mot *Prescription*, n° 188).
(2) Rouen, 16 décembre 1842 (Dalloz, au mot *Prescription*, n° 191). oyez mon t. VI, p. 15, n° 8.

la nature et à la situation particulière des lieux (1). Cette
décision n'est-elle pas trop absolue? La jouissance des riverains n'est autre chose que la possession, et la possession peut-elle être alléguée contre le domaine public?
D'après la rigueur du droit, il faut remonter à l'origine
de la possession; si, à ce moment, la possession est un
empiétement sur le fleuve, elle ne pourra créer aucun
droit, quelque longue qu'elle soit. Les faits ne pourraient
être pris en considération que s'il y avait doute sur les
limites du lit, en ce sens que ces limites auraient changé;
il faudrait alors tenir compte des anciennes possessions.
Si l'on ne parvient pas à prouver que la possession a été
légitime dans son origine, il faut s'en tenir au principe de
l'imprescriptibilité du domaine public.

248. Quand les limites du fleuve sont déterminées, il
faut appliquer le principe de l'imprescriptibilité, sans que
l'on puisse invoquer aucune possession contre le domaine
public. La jurisprudence administrative applique ce principe avec une grande rigueur. C'est l'administration qui
déclare qu'une rivière est navigable : peut-elle détruire
sans indemnité les établissements faits par des particuliers avant la déclaration de navigabilité? Oui, dit le conseil d'Etat. Cela se comprend quand la rivière est devenue
navigable sans aucun travail de main d'homme. On peut
dire que, dans ce cas, la condition des riverains change
par un événement de force majeure. Si les eaux envahis-
saient leurs terres d'une manière permanente, ils n'auraient
aucune action, c'est à eux de se défendre en élevant des
digues. Il en serait de même si un cours d'eau devenait navigable; les riverains perdraient les droits qu'ils avaient sur
les eaux, et leurs établissements deviendraient précaires,
sans qu'une action leur fût ouverte contre l'Etat, qui étend
son domaine à leurs dépens, car cela arrive sans qu'il y ait
aucun fait dommageable à imputer à l'Etat; la condition
des riverains change par la nature des choses (2). Il en est
autrement quand une rivière est devenue navigable par

---

(1) Liége, 26 décembre 1861 (*Pasicrisie*, 1863. 2. 217.)
(2) Ordonnances du conseil d'Etat du 22 octobre 1830 et du 20 juillet 1832
(Dalloz, au mot *Action possessoire*, n° 299).

des travaux d'art. L'Etat a sans doute le droit de canaliser les cours d'eau non navigables, mais les riverains ont aussi leurs droits, que l'Etat doit respecter. Dans notre opinion, les riverains ont droit à une indemnité pour le lit de la rivière qui était leur propriété en un certain sens, et qui va entrer dans le domaine public (t. VI, n° 26). A plus forte raison en est-il ainsi des établissements qu'ils auraient faits sur les eaux et que l'Etat supprimerait; c'est, à la lettre, une expropriation. Nous appliquons le même principe aux droits qui auraient été acquis par prescription; il y a même motif de décider. La jurisprudence du conseil d'Etat est contraire (1).

249. Le principe de l'imprescriptibilité s'applique aux canaux publics : ils sont hors du commerce, par cela seul qu'ils sont destinés à l'usage du public (art. 538), et, par suite, non susceptibles de prescription (2). Il en est de même des canaux concédés, parce qu'ils sont essentiellement des voies publiques par destination perpétuelle. Il faut dire des canaux ce que nous avons dit des routes : toutes leurs dépendances sont imprescriptibles. Tels seraient les rigoles alimentaires et leurs francs bords; acquis par voie d'expropriation, pour être destinés à l'usage du public, ils forment une dépendance nécessaire du canal; ce qui est décisif. L'usage, dit la cour de cassation, auquel les canaux sont consacrés dans l'intérêt général, ne permet pas de les démembrer; les parties qui les constituent forment un tout indivisible, nécessaire à leur destination. La cour ajoute qu'un canal pris dans son ensemble et avec toutes ses dépendances peut être aliéné, bien entendu en vertu d'une loi; mais tant que le canal est destiné au public, chacune de ses parties, prise isolément, est hors du commerce, parce que la propriété publique doit être conservée intacte; donc chaque partie séparée est imprescriptible (3).

---

(1) Ordonnance du conseil d'Etat du 23 avril 1823 (Dalloz, au mot *Action possessoire*, n° 299).

(2) Gand, 7 juillet 1835 (*Pasicrisie*, 1835, 2, 278).

(3) Rejet, chambre civile, 22 août 1837 (Dalloz, au mot *Domaine public*, n° 47, 4°).

IV. *Fortifications*.

250. Les terrains des fortifications appartiennent au domaine public; ils sont donc hors du commerce et, partant imprescriptibles, aux termes de l'article 2226. Aucune prescription ne peut être opposée à l'Etat, quand même elle serait fondée sur un titre. La cour de cassation l'a jugé ainsi chambres réunies. Deux cours d'appel s'étaient prononcées en faveur du possesseur qui avait acquis en vertu d'un juste titre. En supposant, disait l'arrêt attaqué, que l'immeuble revendiqué par l'Etat eût autrefois fait partie du rempart de la place de Calais, il a, depuis un temps plus que suffisant pour la prescription, changé de nature et de destination. Le défendeur possédait l'immeuble litigieux depuis plus de dix ans en vertu d'un juste titre; il pouvait donc, dit la cour de Paris, invoquer la prescription de l'article 2265. Cette décision a été cassée, comme l'avait été celle de Douai; l'arrêt de cassation rétablit les vrais principes. Les remparts des places de guerre font partie du domaine public et demeurent inaliénables et imprescriptibles tant qu'ils n'ont pas régulièrement changé de nature et de destination (loi des 8-10 juillet 1791, titre IV, art. 12). Dès lors aucun acte de possession sur un terrain militaire ne saurait être utilement invoqué contre l'Etat. Les tribunaux saisis d'une demande en revendication d'un terrain domanial ne peuvent discuter les titres privés, ni les faits ou actes de possession qu'après avoir déterminé le caractère du terrain litigieux : est-il domanial, les titres et la possession viennent à tomber. Or, dans l'espèce, le terrain était revendiqué comme dépendance du rempart d'une place de guerre; la cour de Paris devait donc juger la question de domanialité avant d'apprécier l'effet légal des titres et des possessions. En s'appuyant sur la prescription, alors qu'il s'agissait d'un immeuble revendiqué comme domanial, la cour avait fait une fausse application de l'article 2265 et violé les articles 2226 et 540 (1).

(1) Cassation, 27 novembre 1835 (Dalloz, au mot *Domaine public*, n° 44).

251. Les souterrains des remparts font partie du domaine public, puisque la propriété du sol comprend la propriété du dessous. Cela a été ainsi jugé par la cour de cassation. Le défendeur invoquait une disposition de la loi du 8 juillet 1791, aux termes de laquelle toutes personnes jouissant actuellement de maisons, bâtiments ou clôtures qui déborderaient les limites de la rue militaire continueraient d'en jouir, sans être inquiétées, sauf, en cas de démolition, à ne pas outre-passer les limites dans la reconstruction. Ce texte témoignait contre celui qui l'invoquait, puisqu'il n'est relatif qu'aux bâtiments; les souterrains restent donc sous l'empire du droit rigoureux qui protége le domaine de l'Etat contre toute prescription (1).

252. Les concessions ne peuvent pas plus être invoquées que la possession, puisqu'elles sont essentiellement de pure tolérance. Cela a été jugé ainsi à l'occasion d'une concession temporaire que l'Etat avait accordée à une administration locale d'une portion des bâtiments d'une citadelle, à l'effet de tenir lieu de prison. Après de longues procédures, la cour d'Aix consacra le droit imprescriptible de l'Etat, sur lequel il ne pouvait y avoir aucun doute (2).

V. *Des églises et du domaine public ecclésiastique.*

253. On admet généralement qu'il y a un domaine public religieux ou ecclésiastique, comprenant les églises et leurs dépendances, ainsi que les cimetières (3). Il ést certain, comme le dit la cour de cassation, que, sous l'ancien régime, il était universellement admis que les édifices publics consacrés au culte n'étaient pas susceptibles d'une propriété privée. La cour ajoute que ce principe d'ordre et de droit public n'a pas été détruit ni modifié par le code civil (4). Cela est vrai d'après le droit public français, qui

---

(1) Rejet. chambre civile. 23 avril 1845 (Dalloz, 1845, 1, 270).
(2) Aix, 28 janvier 1848 (Dalloz. 1851, 1. 197).
(3) Leroux de Bretagne, t. I, p. 147, n° 192.
(4) Cassation, 5 décembre 1838 (Dalloz, au mot *Servitude*, n° 451, 1°). La cour de cassation a jugé également que les cimetieres sont une nature de biens placés hors du commerce, tant à l'égard des particuliers qu'à l'égard des communes obligées d'en respecter la destination (Cassation,

maintient un lien juridique entre l'Eglise et l'Etat, lien en
vertu duquel l'Eglise est subordonnée à l'Etat, et l'Etat
doit protection à l'Eglise. Ce lien a été rompu par la constitution belge; l'Eglise cesse d'être soumise à l'Etat; logiquement l'Etat devrait être affranchi de son devoir de
protection, ce qui aboutirait à la séparation de l'Eglise et
de l'Etat. Dans ce système, l'Eglise n'est qu'une association, capable de posséder si elle est reconnue par la loi
comme personne civile; mais les biens qu'elle possède sont
des propriétés privées, comme le sont les biens des établissements de bienfaisance. Quant aux associations religieuses non reconnues, elles ne sont pas capables de posséder. Sur ce point, il n'y a aucun doute. Mais la question
de savoir si notre constitution consacre le principe de la
séparation est très-controversée. Il y a séparation, mais
illogique. L'Eglise continue à jouir de la protection de l'Etat,
puisque ses ministres reçoivent un traitement à charge du
trésor (art. 117); et elle est cependant indépendante de
l'Etat, puisque le gouvernement n'intervient pas dans la
nomination des ministres du culte, ni dans leur installation
(art. 17). En fait, on maintient les lois favorables à l'Eglise,
donc tout l'ancien régime et, partant, les principes qui
régissaient les biens destinés à l'usage du culte. Ce régime
est-il constitutionnel? Cela nous paraît très-douteux. Nous
renvoyons, quant au principe, à notre *Etude sur l'Eglise
et l'Etat en Belgique;* quant aux difficultés que présente le
droit public ecclésiastique, notamment en ce qui concerne
les biens consacrés au culte, elles sont étrangères à l'objet
de notre travail.

254. Ce qui prouve que la domanialité n'est pas de l'essence des édifices consacrés au culte, c'est qu'il y a des
églises destinées au service du culte protestant qui sont la
propriété de ceux qui les ont construites; ce sont les tem-
ples des sectes qui n'appartiennent pas à l'Eglise officielle
et qui ne sont pas subsidiées par l'Etat. Elles ne jouissent
pas de la personnification, et sont, par conséquent, incapables de posséder.

10 janvier 1844, Dalloz, au mot *Action possessoire,* n° 332). Comparez les
arrêts cités par Dalloz, au mot *Prescription,* n° 197.

Même dans l'Eglise catholique il y a des chapelles privées où l'on célèbre le culte romain, et qui sont néanmoins des propriétés particulières (1). C'est une singularité remarquable qui ne se rencontre pas dans les autres biens destinés à un usage public. Il y a donc des édifices qui, quoique destinés au culte, sont dans le commerce, comme toute propriété privée, et, par conséquent, aliénables et prescriptibles.

255. Il faut appliquer aux églises ce que nous avons dit des autres biens qui dépendent du domaine public : si les églises sont imprescriptibles, il en est de même des accessoires qui en font partie intégrante. Tels sont les murs, piliers, contre-forts, fondations ; ils participent de la nature du bâtiment principal, et, comme lui, sont hors du commerce et à l'abri de toute prescription. Il n'en est pas de même des terrains qui sont, à la vérité, une dépendance de l'Eglise, en ce sens qu'ils appartiennent à la fabrique, mais sans être nécessaires à l'édifice consacré au culte : telle serait une cour attenante à l'église. La cour de cassation a jugé que ces terrains pouvant être détachés de l'église sans que celle-ci cessât de rester entière et continuât à rester affectée à sa destination, on ne pouvait pas dire qu'ils fussent consacrés au culte ; donc ils sont prescriptibles (2).

256. Que faut-il dire des objets employés au culte divin? La cour de cassation de Belgique a décidé qu'aucune loi ne déclare hors du commerce les vases sacrés, les ornements et les autres accessoires du culte, lors même qu'ils appartiennent à une fabrique d'église (3). Nous doutons que le motif soit péremptoire. Y a-t-il une loi qui mette les églises hors du commerce? Cependant la doctrine et la jurisprudence les considèrent comme imprescriptibles, par la raison qu'elles sont affectées au public pour l'exercice du culte. Troplong dit qu'en droit romain les accessoires du culte étaient imprescriptibles en vertu de la consécration du prêtre, mais que cette doctrine est étrangère au droit français ; les accessoires du culte, d'après lui, ne sont pas

(1) Orleans. 25 juillet 1846 (Dalloz, 1846. 2, 150).
(2) Rejet. chambre civile. 7 novembre 1860 (Dalloz, 1860, 1, 484).
(3) Rejet, 4 décembre 1839 (*Pasicrisie*, 1839. 1, 252).

publics, en ce sens qu'ils ne sont pas à l'usage de tous; donc ils restent dans le commerce. Leroux de Bretagne distingue; il admet que les vêtements sacerdotaux, le linge d'église, les ornements et autres accessoires destinés à la parure des autels et à l'éclat des cérémonies religieuses sont aliénables et prescriptibles, mais il maintient l'imprescriptibilité pour les vases sacrés et pour les reliques. Si un manuscrit de la Bibliothèque royale est imprescriptible, dit-il, comment refuser le même privilége aux reliques de la vraie croix déposées par saint Louis dans la Sainte-Chapelle (1)? Il y a une différence. Un autographe de Molière est une relique et un souvenir précieux d'un grand génie : on n'en trafique pas. Les reliques, au contraire, ont été inventées ou sont exploitées par la cupidité cléricale : peut-on considérer comme hors du commerce des objets fabriqués qui servent au plus honteux commerce, celui qui trafique de la bêtise humaine et la perpétue?

257. Les fabriques d'église ont soutenu, contre l'Etat, que les archives, titres, registres provenant des corporations religieuses supprimées leur appartenaient comme en ayant prescrit la propriété par la prescription de trente ans. Il s'agissait de registres d'une abbaye qui avaient été celés au domaine. La cour de Bruxelles a jugé que les archives des corporations supprimées étaient devenues propriété de l'Etat, et faisaient, par conséquent, partie des archives publiques; partant, du domaine public. Les détenteurs ne pouvaient donc pas invoquer la prescription; ils ne le pouvaient pas même d'après le droit commun, car ils étaient possesseurs précaires, puisqu'ils avaient celé des objets qu'ils étaient obligés par la loi de restituer à l'Etat (2).

VI. *Qui peut se prévaloir de l'imprescriptibilité du domaine public?*

258. L'imprescriptibilité du domaine public n'est pas absolue, en ce sens qu'elle puisse être invoquée par tous ceux qui y ont intérêt; l'Etat seul, ou la province et la

---

(1) Troplong, n° 172. Leroux de Bretagne, t. I, p. 150, n° 197.
(2) Bruxelles, 8 juillet 1835 (*Pasicrisie*, 1835, 2, 280).

commune dans le domaine desquels les biens se trouvent peuvent s'en prévaloir; les particuliers ne sont pas les représentants de l'intérêt général, et ils ne peuvent pas l'invoquer quand il s'agit de relations d'intérêt privé. Il a été jugé que la possession, par un particulier, d'un immeuble dépendant du domaine public peut servir de base à une action possessoire, en cas de trouble apporté à cette possession par un autre particulier. Le premier juge s'y était trompé; il avait repoussé la demande par le motif que le terrain dont il s'agissait faisait partie du domaine public, et ne pouvait, dès lors, être l'objet d'une jouissance privée. C'était faire une fausse application du principe que les biens du domaine public sont hors du commerce. Il ne s'agissait pas au procès des droits de l'Etat, à l'égard duquel il est très-vrai qu'une possession quelconque ne saurait être que précaire. Le litige était entre particuliers, et se bornait à des intérêts privés; dans ce cas, la possession invoquée n'est pas nécessairement précaire, elle ne l'est que si elle ne réunit pas en fait les conditions légales d'une possession utile (1).

VII. *Quand cesse l'imprescriptibilité?*

259. L'imprescriptibilité du domaine public n'est pas perpétuelle. Les biens qui le composent rentrent dans le commerce et deviennent prescriptibles quand ils cessent d'être destinés à l'usage public qui les plaçait hors du commerce; ils entrent alors dans le domaine privé de l'Etat, des communes et des provinces, lequel est prescriptible (t. VI, nos 58, 49, et, 67). C'est de ces biens que parle l'article 2227, en disant que l'Etat et les communes sont soumis aux mêmes prescriptions que les particuliers et peuvent également les opposer.

Quand une chose cesse de faire partie du domaine public, elle rentre dans le commerce; elle peut donc devenir propriété privée par la prescription. Reste à savoir à partir de quel moment la chose devient prescriptible, et s'il

---

(1) Cassation, 18 décembre 1865 (Dalloz. 1866, 1, 224). Comparez Cassation, 6 mars 1855 (Dalloz, 1855, 1, 82).

faut un acte de l'autorité administrative pour que les biens
qui appartiennent au domaine public cessent d'en faire
partie. Nous avons examiné la question au titre de la *Dis-*
tinction des biens (t. VI, n° 59).

SECTION II. — De la possession.

§ Ier. *Notions générales*.

260. La possession fait l'objet du chapitre II du titre
de la *Prescription*. Pothier avait consacré un traité spécial à cette importante matière. D'après la classification
du code Napoléon, on pourrait croire que la possession n'a
d'autre effet que la prescription. C'est, il est vrai, au point
de vue du droit civil, l'intérêt le plus pratique que présente cette matière; toutefois la possession joue un rôle
dans l'acquisition des fruits (art. 549, 550), et quand il
s'agit de déterminer les droits du possesseur évincé sur les
constructions et plantations qu'il a faites (art. 555). Dans
les successions, la saisine (art. 724), c'est-à-dire la transmission de la possession qui se fait de plein droit aux héritiers, a des conséquences très-importantes. La possession
est garantie par des actions qui lui sont spéciales. Les actions possessoires sont en dehors des limites de notre travail. Nous avons parlé ailleurs de la saisine et des droits
du possesseur évincé; pour le moment, nous avons à nous
occuper de la possession en général et des conditions requises pour qu'elle puisse servir de base à la prescription.

261. La possession et la propriété sont d'ordinaire réunies dans les mains d'une seule et même personne, le
propriétaire; dans ce cas, la possession n'est que l'exercice du droit de propriété, et elle ne produit pas d'effets
qui lui soient particuliers, sauf en matière de saisine. Mais
il arrive que la possession est séparée de la propriété.
Une route est abandonnée; le terrain, rentré dans le domaine de l'État, de la province et de la commune, devient
prescriptible. Si les riverains l'usurpent, ils en acquièrent
la possession; cette possession leur donnera les actions

possessoires et pourra conduire à la prescription si l'Etat néglige de faire valoir ses droits contre les possesseurs. La possession est alors séparée de la propriété. Elle l'est encore quand celui qui n'est pas propriétaire d'une chose l'aliène. Si c'est une chose mobilière, il suffit que l'acquéreur soit mis en possession pour en devenir propriétaire s'il est de bonne foi (art. 2279); est-elle immobilière, l'acquéreur aura la possession, la propriété restant à l'ancien propriétaire. Cette séparation de la possession et de la propriété durera aussi longtemps que le propriétaire n'aura pas fait valoir ses droits ou que l'acquéreur n'aura pas acquis la propriété par la prescription. C'est la possession qui forme la base de la prescription acquisitive; elle en est même l'unique fondement quand le possesseur n'a ni titre ni bonne foi; quand il a un titre et la bonne foi, la possession est encore un élément essentiel sans lequel il ne peut prescrire. Nous avons dit plus haut le motif pour lequel la loi confirme la possession au préjudice de la propriété (n° 5). Dans la prescription extinctive, la possession ne joue aucun rôle; on ne peut pas dire que le débiteur possède; alors même qu'il s'agit de l'extinction des servitudes, le propriétaire du fonds servant n'invoque pas sa possession, il invoque l'inaction du propriétaire de l'héritage dominant.

262. L'article 2228 définit la possession en ces termes : « C'est la détention ou la jouissance d'une chose ou d'un droit que nous tenons ou que nous exerçons par nous-mêmes, ou par un autre qui la tient ou qui l'exerce en notre nom. » Cette définition comprend ce que, dans l'ancienne jurisprudence, on appelait la possession et la quasi-possession. La possession est un acte corporel qui ne s'exerce que sur des choses corporelles; on ne peut pas dire des droits qu'on les possède. Il y a cependant des droits qui s'acquièrent par la prescription. Telles sont les servitudes qui, d'après l'article 690, s'acquièrent par la possession de trente ans; on ne possède pas, à vrai dire, une servitude, on en jouit; le droit, chose incorporelle, n'étant pas susceptible d'une appréhension corporelle. La jouissance des droits tenant lieu de la possession que l'on a d'une chose corporelle, on l'appelle quasi-possession. Le code n'a pas consacré cette terminologie; il qualifie de possession la jouissance d'un droit aussi bien que la détention d'une chose corporelle; et en parlant des servitudes, il dit qu'elles s'acquièrent par une possession de trente ans. Nous ne voyons pas pourquoi les auteurs continuent à se servir d'une expression que la loi ignore.

263. La possession implique donc ou la *détention* d'une chose ou la *jouissance* d'un droit. Détenir veut dire tenir dans la main, avoir en sa puissance; et le mot *jouir* a une signification analogue. En ce sens la possession implique l'idée d'une détention à titre de propriétaire. Le mot *détention* a encore une autre signification plus large; il se dit de celui qui détient une chose, sans qu'il puisse avoir la pensée d'en être propriétaire : tels sont les détenteurs à titre précaire, locataires, fermiers, usufruitiers même, et les dépositaires de choses mobilières; le code dit qu'ils *possèdent pour autrui*, eux-mêmes ne possèdent donc pas; c'est le maître, le propriétaire, le déposant qui possèdent par leur intermédiaire : ils ont la détention, ils n'ont pas la possession.

Un auteur qui aime les opinions singulières et qui vise à l'originalité, Troplong a soutenu que, dans la doctrine du code, les détenteurs précaires sont aussi des possesseurs, de sorte que toute détention serait une possession. Il est vrai que le code civil n'a pas la rigueur du droit romain; néanmoins il ne confond point ce que, dans le droit romain et dans l'ancienne jurisprudence, on distinguait soigneusement, la possession et la détention. Il importe d'abord de constater la doctrine de nos anciens jurisconsultes qui ont servi de guide au législateur français. Pothier commence par distinguer la possession civile de la possession naturelle. Il entend par possession civile la possession de celui qui possède une chose comme lui appartenant en propriété, soit qu'il en soit effectivement le propriétaire, soit qu'il ait quelque juste sujet de croire qu'il l'est : telle est la possession qui procède d'un titre translatif de propriété. La possession naturelle est la possession de celui qui possède sans titre ou à un autre titre que celui de propriétaire :

telle est la possession d'un voleur, d'un usurpateur ou
d'un séquestre. Quant aux dépositaires, commodataires,
fermiers et locataires, ils n'ont pas même la possession naturelle des choses qui leur ont été confiées, prêtées, données à titre de ferme ou de loyer, parce qu'ils sont censés
tenir ces choses, non en leur nom, mais au nom de ceux
qui les leur ont remises, lesquels sont censés les posséder
par eux. Si c'est le bailleur qui possède, il s'ensuit que le
locataire ou le fermier ne possèdent pas, car il est contraire à la nature des choses que plusieurs possèdent la
même chose chacun pour le tout (1). Domat s'exprime dans
le même sens : « La simple détention d'une chose, dit-il,
ne s'appelle pas proprement possession ; ce n'est pas assez,
pour posséder, qu'on tienne une chose et qu'on l'ait en sa
puissance ; il faut l'avoir avec le droit d'en jouir et d'en
disposer comme en étant le maître ou ayant un juste sujet
de croire qu'on l'est. Car celui qui tient une chose sans
avoir ce droit, s'il la tient contre la volonté du maître,
n'est pas un possesseur, mais un usurpateur ; ou si c'est
par sa volonté, cette détention laisse au maître sa possession, et c'est lui qui possède (2). »

Les auteurs du code n'ont pas reproduit la distinction
de la possession civile et de la possession naturelle ; et ils
n'ont pas poussé la rigueur jusqu'à refuser la qualité de
possesseur à celui qui détient une chose sans titre ; toute
détention est une possession, pourvu que le détenteur ne
détienne pas la chose à titre précaire. Après avoir reproduit la disposition de l'article 2228, l'orateur du gouvernement ajoute : « Cette possession par soi-même ou par
autrui est un fait qui ne peut pas d'abord établir un droit,
mais qui indique la qualité de propriétaire. » Donc celui
dont la détention repose sur un titre précaire n'a pas la
possession. L'article 2236 consacre formellement cette
doctrine : « Ceux qui possèdent pour autrui ne prescrivent
jamais, par quelque laps de temps que ce soit. » Ici l'on
nous arrête ; la loi dit que les détenteurs précaires *pos-*

---

(1) Pothier, *De la possession.* n°s 2-5.
(2) Domat, *Lois civiles,* liv. III, tit. VII, sect. I, § 8 (p. 281).

sèdent pour autrui; donc ils *possèdent*. Pothier a d'avance répondu à cette singulière objection : si la loi dit que les détenteurs précaires possèdent pour autrui, c'est pour marquer que ce sont les bailleurs, prêteurs, déposants qui possèdent par leur intermédiaire. L'article 2236 ajoute : « Ainsi le fermier, le dépositaire, l'usufruitier et tous ceux qui *détiennent précairement la chose* du propriétaire ne peuvent la prescrire. » Quand la loi parle des fermiers, dépositaires, usufruitiers, elle ne dit plus qu'ils *possèdent*, elle dit qu'ils *détiennent précairement* la chose du propriétaire ; ils sont détenteurs, ils ne sont pas possesseurs. Troplong invoque encore l'article 2228, mais l'interprétation qu'il est obligé de donner à cette disposition, pour la concilier avec sa doctrine, témoigne contre lui. La loi qualifie, il est vrai, la possession de *détention,* mais elle ne dit pas que toute détention est une possession ; le texte implique le contraire. Nous pouvons posséder par un autre qui tient la chose en notre nom. Quels sont les tiers qui *détiennent* la chose au nom de celui qui possède par leur intermémédiaire? Ce sont précisément les détenteurs précaires. Or, si le propriétaire possède par son fermier, il est impossible, comme le dit Pothier, que le fermier ait la possession. Troplong a une autre explication : le fermier peut sous-louer, dit-il, et, dans ce cas, c'est lui qui possède par le sous-locataire. Cela n'est pas sérieux. La loi dit que c'est le propriétaire qui possède par celui qui tient la chose en son nom; donc ce n'est ni le fermier ni le sous-fermier qui possèdent, le fermier qui sous-loue n'a même plus la détention; c'est le sous-locataire qui tient la chose, et il ne la tient pas au nom du fermier qui n'a pas la possession, il la tient au nom du propriétaire qui seul possède. Nous croyons inutile de répondre aux arguments de théorie que Troplong fait valoir; quand la tradition, les travaux préparatoires et les textes sont d'accord, tout débat devrait cesser; pour mieux dire, le débat n'aurait jamais dû naître (1).

264. Il y a encore une autre controverse que la tradi-

(1) Troplong, n° 239. En sens contraire, Marcadé, t. VIII, p. 58 et suiv., n° I de l'article 2228; Leroux de Bretagne, t. I. p. 183, n° 234.

tion et les textes de la loi auraient dû prévenir. On demande si la possession est un droit dans la chose, analogue aux droits réels. Nous avons déjà rencontré la question, et nous l'avons décidée négativement avec la majorité des auteurs (t. VI, n° 82). Le témoignage de Pothier est si clair et si positif, qu'il suffit pour trancher toute difficulté. « La possession, dit-il, est un fait plutôt qu'un droit dans la chose qu'on possède. Un usurpateur a véritablement la possession de la chose dont il s'est emparé injustement; il est néanmoins évident qu'il n'a aucun droit dans cette chose. » Ailleurs Pothier dit : « Quoique la possession soit un fait plutôt qu'un droit, néanmoins elle donne au possesseur certains droits et actions par rapport à la chose qu'il possède. Ces droits résultent d'une présomption établie en faveur du possesseur qui le fait réputer propriétaire de la chose qu'il possède, tant qu'elle n'est pas réclamée par le propriétaire, et même à l'égard du vrai propriétaire qui la réclamerait tant qu'il n'a pas encore justifié de son droit (1). »

Pothier dit que cette présomption de propriété est une présomption de droit. L'expression n'est pas exacte; la loi n'établit pas une présomption de propriété en faveur du possesseur, elle attache seulement certains droits à la possession, et ce sont ces droits que les interprètes expliquent par une présomption de propriété (2). Rien de plus naturel que cette présomption. La possession est presque toujours unie à la propriété dont elle est la manifestation et l'exercice; là où la loi voit des actes de possession, tels qu'en fait le propriétaire, elle doit donc supposer que la propriété existe dans la personne du possesseur; voilà pourquoi elle attache à ces actes l'idée de droit. Il se peut que cette probabilité fasse défaut et que le possesseur ne soit pas propriétaire; c'est alors au propriétaire d'exercer ses droits. Nous avons dit ailleurs quels sont, dans ce cas, les droits du possesseur évincé.

---

(1) Pothier, *De la possession*, n° 2. Introduction à la coutume d'Orléans, tit. XVI, n° 40.
(2) Troplong, n° 237. Marcadé, t. VIII, p. 67, n° IV de l'article 2228. Leroux de Bretagne, t. I, p. 181, n° 232.

265. Quels sont les droits que la loi attache à la possession ? Les droits que l'on rapporte à la possession ne tiennent pas tous à une présomption de propriété. Il en est ainsi de l'adage, *in pari causa melior est causa possidentis*. Une contestation s'élève entre deux personnes sur la propriété d'un fonds : c'est le possesseur qui est attaqué ; il obtiendra gain de cause si le demandeur ne prouve pas son droit de propriété. Voilà certes un grand avantage qu'a le possesseur, mais il ne dérive pas d'une présomption de propriété ; c'est l'application de cet autre adage *actore non probante, reus absolvitur*. Cette règle profite à tout défendeur ; c'est au demandeur d'établir le fondement de sa demande ; s'il ne le fait pas, il succombe, et, par suite, le défendeur obtient gain de cause sans qu'il ait rien à prouver. Ce premier avantage du possesseur est étranger à la possession, considérée comme manifestation de la propriété ; c'est une conséquence des principes qui régissent la preuve.

Un second effet de la possession est que le possesseur a les actions possessoires. Quand il est troublé dans sa possession, il a une action, appelée complainte, pour être maintenu dans sa possession ; et s'il en est dépouillé violémment, il a une action appelée réintégrande, par laquelle il fera cesser cette usurpation. Pour que le possesseur ait les actions possessoires, il doit posséder depuis un an au moins, paisiblement et à titre de propriétaire ; et ces actions ne peuvent être intentées utilement que dans l'année du trouble ou de la dépossession (code de proc., art. 23). Les actions possessoires sont-elles données à raison d'une présomption de propriété? Il y a un motif d'ordre public : le trouble et la violence se traduisent en voies de fait ; or, la loi ne peut pas permettre les voies de fait, quand même elles seraient exercées par celui qui prétend avoir un droit sur la chose. S'il a un droit, qu'il le fasse valoir devant les tribunaux! Il y a encore un autre élément dans les actions possessoires. Elles ne peuvent être intentées que par celui qui a une possession annale ; on peut dire que la possession d'une année est un commencement de présomption de propriété établie en faveur de celui qui jouit, qui cultive, qui améliore ; ce sont des actes qui demandent une certaine durée ; une possession sans durée ne peut donc pas donner les actions possessoires. A vrai dire, tant que la possession n'a pas duré une année, c'est l'ancien possesseur qui conserve les actions possessoires ; donc il est impossible de les donner au nouveau possesseur ; il peut être forcé d'abandonner le fonds d'un instant à l'autre ; partant, il ne saurait y avoir une présomption de propriété attachée à sa possession.

Le possesseur gagne encore les fruits, mais il faut pour cela qu'il soit de bonne foi ; et il n'est de bonne foi que s'il possède comme propriétaire, en vertu d'un titre translatif de propriété dont il ignore les vices. Cet avantage n'est donc pas attribué à la seule possession, ni à la présomption de propriété qui s'y attache.

L'effet le plus considérable de la possession, c'est la prescription. Il y a une prescription acquisitive qui ne demande ni titre ni bonne foi, c'est la possession trentenaire seule qui est le fondement de la prescription. Il faut ajouter que c'est dans un intérêt social que la loi consolide les possessions, sans que l'on puisse dire qu'elle présume que le possesseur est propriétaire. En définitive, la présomption de propriété que l'on attache à la possession n'explique pas par elle seule les effets qui en découlent. D'autres considérations s'y mêlent. Nous les avons exposées ailleurs (1).

§ II. *De l'acquisition, de la conservation et de la perte de la possession.*

266. Le code ne traite ni de l'acquisition, ni de la conservation, ni de la perte de la possession. Il est cependant nécessaire de savoir, pour décider si un possesseur a prescrit, quand il a acquis la possession, s'il l'a conservée et s'il ne l'a pas perdue. Dans le silence de la loi nouvelle, il faut s'en tenir à la tradition ; les principes de l'ancien droit restent applicables, parce qu'ils résultent de la na-

---

(1) Duranton, t. XXI. p. 289, n° 184. Marcadé, t. VIII, p. 65, n° III de l'article 2228. Mourlon, *Répétitions*, t. III, p. 743, n° 1801.

ture même de la possession telle que nous venons de la définir.

La possession est la détention de la chose avec l'intention de l'avoir à titre de propriétaire. De là suit que, pour acquérir la possession, il faut la détention corporelle de la chose et l'intention de la posséder pour soi comme maître. Le concours de volontés suffit pour transmettre et acquérir la propriété sans qu'il y ait aucune tradition (art. 1138); tandis que l'intention sans appréhension corporelle serait insuffisante pour acquérir la possession. Par contre, le fait matériel de la détention ne suffirait point pour l'acquisition de la possession, il faut la volonté de posséder comme maître (1).

La cour de cassation a fait l'application de ces principes élémentaires dans l'espèce suivante. Il s'agissait d'un domaine possédé par indivis. L'indivision, comme nous l'avons dit au titre des *Successions*, ne fait pas obstacle à ce que le communiste acquière, par la prescription, la propriété de la totalité de l'immeuble indivis, s'il justifie avoir eu la possession exclusive de cet immeuble. Or, dit la cour, la possession ne s'acquiert que par la volonté de posséder, manifestée par l'appréhension effective de la chose. Dans l'espèce, l'un des communistes prétendait avoir acquis par la prescription la propriété exclusive des terrains, objet du litige. La cour de Montpellier avait admis cette prétention, mais l'arrêt attaqué ne relevait aucun fait constitutif d'une possession, à titre de propriétaire exclusif, des terrains litigieux ; il se bornait à déclarer que le communiste devait être considéré comme les ayant utilement possédés, tant par lui que par ses auteurs, parce que les actes de partage et de vente produits dans la cause faisaient *supposer* qu'ils avaient *entendu* posséder les terrains litigieux et les acquérir. C'était attribuer à la *simple intention présumée de posséder* les effets de la possession réelle, c'est-à-dire de l'intention manifestée par la détention ou la jouissance de la chose. L'erreur de la cour était palpable : la possession ne s'établit point par des *suppositions*,

_____

(1) Leroux de Bretagne, t. I, p. 188, n° 240.

mats par des faits ; et il ne suffit pas que l'on *entende* posséder, il faut que l'on fasse des actes de possession. L'arrêt
a été cassé (1) ; il avait méconnu le principe le plus élémentaire en fait de possession ; preuve combien les principes
les plus simples sont peu connus. C'est l'excuse des nombreux volumes que nous avons écrits, non pour établir les
principes, quelques volumes auraient suffi pour cela, mais
pour les rétablir quand ils ont été méconnus par la jurisprudence.

267. L'application du principe soulève une difficulté de
droit. Pothier dit, et cela est d'évidence, que les enfants
et les aliénés, incapables de volonté, ne peuvent acquérir
par eux-mêmes la possession ; mais ils le peuvent par le
ministère de leurs tuteurs, dont la volonté supplée à celle
qui leur manque. Il en est de même des personnes civiles
qui n'ont point de volonté. Telles sont les communes ; elles
acquièrent la possession par le ministère de leurs administrateurs (2). En faut-il conclure que les communes ne peuvent pas acquérir la possession par le fait des habitants
qui font des actes de jouissance dans l'intérêt de la commune ? La conséquence serait logique, car les habitants
n'ont aucune qualité pour représenter le corps moral de la
commune. Toutefois on s'était écarté, déjà dans l'ancienne
jurisprudence, de la doctrine romaine que l'on traitait de
subtilité (3) ; c'était une subtilité en ce sens que les habitants constituent la commune ; si donc les habitants jouissent, pourquoi leur jouissance ne profiterait-elle pas à la
commune, c'est-à-dire à eux-mêmes comme membres de la
commune ? La pratique est restée fidèle à l'ancienne jurisprudence : tous les jours, dit Troplong, il arrive qu'une
commune prouve l'origine et la continuité de sa possession
par les actes de jouissance émanés de ses habitants (4). Un
arrêt récent de la cour de cassation a consacré la doctrine
traditionnelle.

(1) Cassation, 17 juin 1862 (Dalloz, 1862, 1, 356).
(2) Pothier, *De la possession*, n°s 46 et 47.
(3) *In foro hodie ista subtilitas cessat.* Brunemann, sur la loi I, § 22 du
titre II, livre XLI (*de acquirenda possessione*, p. 448, n° 16).
(4) Troplong, *De la prescription*, n° 257.

La loi du 10 juin 1793 (sect. IV, art. 1er) déclare les communes propriétaires des terres vaines et vagues, landes et marais situés dans leur territoire. Dans le cas où plusieurs communes seraient, depuis plus de trente ans, en possession concurremment d'un même terrain, sans titre de part ni d'autre, la loi les maintient dans le droit de copropriété qu'elles ont pu acquérir par cette jouissance promiscue, en les autorisant à rester dans l'indivision ou à demander le partage. Trois communes se trouvaient dans cette situation en 1793; à une époque très-reculée, la jouissance du marais avait été concédée par le seigneur aux habitants des villages voisins. Une décision administrative de l'année 1814 attribua le marais à deux des trois communes intéressées, mais en réservant les droits que la troisième pourrait y prétendre. Celle-ci invoqua les actes de possession faits par les habitants de la commune, en y menant paître leurs bestiaux, en coupant des joncs ou autres herbages, concurremment avec les habitants des deux autres communes. La cour d'Agen décida que cette possession plus que trentenaire suffisait pour justifier la demande de la troisième commune. Pourvoi en cassation fondé sur ce que l'arrêt attaqué avait jugé suffisants les actes de possession faits par des habitants isolés. La chambre des requêtes prononça un arrêt de rejet (1). Elle pose en principe que les communes acquièrent et conservent la possession non-seulement par ceux qui les représentent, mais encore par les habitants qui les composent. Restait à savoir si les actes de jouissance allégués par la commune étaient suffisants pour établir une possession telle que la loi l'exige. La cour de cassation pose à cet égard un autre principe, à savoir que les faits de possession doivent être appréciés eu égard à la nature du terrain possédé et de l'usage dont il est susceptible. C'est aux juges du fond de faire cette appréciation; or, dans l'espèce, ils avaient déclaré que de tout temps, et notamment depuis plus de trente ans avant la demande, les habitants de la troisième com-

_____

(1) Agen, 4 mai 1870 (Dalloz, 1871, 2, 44), et Rejet, 3 janvier 1872 (Dalloz, 1872, 1, 93).

mune avaient, concurremment avec ceux des autres communes, joui du marais litigieux, et que cette jouissance avait eu lieu *animo domini* et comme émanant du droit communal; ce qui était décisif.

268. La possession est acquise par le fait matériel de l'occupation et par l'intention. Elle doit se conserver pendant le temps voulu pour la prescription. Faudra-t-il, pour la conservation, comme pour l'acquisition, que le fait et l'intention concourent incessamment? On admettait, dans l'ancien droit, conformément au droit romain, que la seule intention suffisait pour conserver la possession, une fois qu'elle était acquise. Ici la possession emprunte ses effets au droit, en imitant le droit de propriété, dont elle est régulièrement l'expression. Le propriétaire conserve son droit par la seule intention, quand même il ne ferait pas d'acte de possession, tant qu'il ne répudie point la propriété ou qu'un tiers ne l'a point acquise par la prescription. On poussait cette analogie entre la propriété et la possession jusqu'à dire que, lors même qu'une personne aurait abandonné la culture de ses héritages, elle serait néanmoins présumée avoir voulu en retenir la possession, et qu'elle la retiendrait en effet, parce que la volonté de retenir la chose se suppose toujours. Pothier en conclut que l'on conserve la possession, alors même que l'on ne serait pas capable de volonté, et il cite comme exemple le possesseur qui serait frappé d'aliénation mentale. Il y a, en droit français, une autre application du même principe. En vertu de la maxime *le mort saisit le vif,* la possession de tout ce que le défunt possédait lors de sa mort passe, à l'instant où il meurt, à son héritier, de plein droit, avant qu'il ait manifesté aucune volonté d'accepter l'hérédité, et alors même qu'il n'aurait eu aucune connaissance de l'ouverture de la succession; il ne peut, dans ce cas, avoir aucune volonté positive de posséder les choses héréditaires, et cependant il les possède. La raison en est, dit Pothier, que l'héritier continue la personne du défunt et que la saisine n'est que la continuation de la possession qu'avait le défunt : l'héritier conserve et retient cette possession plutôt qu'il ne l'acquiert; voilà pourquoi il n'a pas besoin d'avoir une volonté positive de posséder (1).

269. L'assimilation que l'on fait entre la possession et la propriété, en ce qui concerne la conservation de la possession et la conservation de la propriété, reçoit cependant des restrictions. Alors même que le propriétaire ne ferait aucun acte de jouissance, il conserve son droit. Il n'en est pas de même du possesseur qui prescrit : il veut plus que conserver la possession, il veut acquérir la propriété par la prescription; or, pour que la possession puisse servir de base à la prescription, elle doit être continue, et elle n'est pas continue quand le possesseur cesse de jouir. La raison de la différence résulte de la situation différente du propriétaire et du possesseur : le premier n'a rien à acquérir, il veut seulement conserver, et il conserve la propriété et la possession par la seule intention : le second veut plus que conserver, il prétend acquérir la propriété en possédant; donc il faut qu'il possède, c'est-à-dire qu'il fasse les actes de jouissance que la nature de la chose exige, comme nous le dirons plus loin. La possession conservée par la seule intention, sans actes de jouissance, serait une possession discontinue; partant, le possesseur ne peut s'en prévaloir pour la prescription (2).

270. Le principe que la possession se conserve par la seule intention reçoit encore une autre exception. Pothier y ajoute cette restriction : pourvu qu'un tiers n'ait pas usurpé la possession. C'est dire que l'intention est insuffisante si, de fait, le possesseur est dans l'impossibilité d'exercer un acte de possession. Quand on dit que la seule intention suffit pour conserver la possession, on suppose que le possesseur peut, s'il le veut, faire acte de possession; mais si un tiers s'est emparé de l'héritage et le possède, l'ancien possesseur ne peut plus faire des actes de possession; dès lors sa volonté est impuissante et inefficace. Cela est d'évidence quand il s'agit de la prescription; car une possession que le possesseur a perdue par l'usurpation d'un tiers

(1) Pothier, *De la possession*, nos 55-57.
(2) Mourlon, t. III, p. 748, n° 1809.

est une possession interrompue, et la possession interrompue ne peut pas servir de base à la prescription (1).

La cour de cassation a appliqué la doctrine traditionnelle à l'action possessoire. Elle pose d'abord en principe que la possession, une fois acquise, ne se conserve par la seule intention que si cette possession intentionnelle n'est point contrariée par la possession réelle d'un tiers. En fait, les habitants d'une commune avaient fait de nombreux actes de possession sur des terrains vains et vagues ; ils y avaient mené paître leurs bestiaux, y avaient établi des chemins, pris des terres et extrait des matériaux, moyennant redevance au profit de la commune. Cette possession était-elle suffisante pour donner les actions possessoires ? Celui qui se prétendait propriétaire du terrain soutenait, de son côté, qu'il avait conservé la possession en payant l'impôt. La possession intentionnelle était donc en conflit avec la possession réelle : laquelle devait l'emporter ? Celle des habitants de la commune, dit la cour ; car ils avaient fait publiquement, à titre de propriétaires, sous les yeux et sans aucune opposition du prétendu propriétaire, tous les actes de possession et recueilli tous les produits dont les terrains litigieux étaient susceptibles ; le payement de l'impôt par celui qui s'en disait le propriétaire ne constituait qu'une possession intentionnelle, impuissante en face d'une possession réelle qui y était contraire (2).

271. On perd la possession, d'abord par l'abandon volontaire que l'on en fait. Ce qui a lieu par la tradition que le vendeur fait à l'acheteur ; en délivrant la chose, comme il y est obligé, il la transporte en la puissance et possession de l'acquéreur (art. 1604) ; par suite, il perd la possession. Peu importe que la tradition soit réelle ou consensuelle : le vendeur qui retient la chose à titre de bail perd la possession, car, en vertu du bail, il possède à titre précaire, c'est-à-dire qu'il possède pour l'acheteur. Les auteurs ajoutent que le possesseur peut perdre la possession par un abandon volontaire, sans la transférer à un

---

(1) Leroux de Bretagne, t. I, p. 195, n° 251.
(2) Rejet. 20 mai 1851 (Dalloz, 1851, 1, 260).

tiers : quand il jette les choses mobilières qu'il ne veut plus posséder, ou bien quand il laisse en friche un héritage qu'il ne veut plus avoir. C'est de la théorie d'école. Dans les tristes temps de la décadence romaine, on voyait les habitants déserter leurs maisons et leurs terres ; le monde romain serait devenu un désert et serait mort d'inanition si les Barbares n'étaient venus le repeupler et lui rendre la vie. Il n'en est plus ainsi de nos jours ; on ne voit plus de maisons désertées et des champs abandonnés par ceux qui n'en veulent plus être propriétaires.

La possession se perd encore, malgré le possesseur, quand un tiers s'empare de son héritage. Nous venons de dire (n° 270) que l'intention seule ne suffit point pour conserver la possession, quand la chose est usurpée par un tiers. L'ancien possesseur doit avoir soin, dans ce cas, d'agir au possessoire dans l'année du trouble ; il sera rétabli alors dans sa possession et il sera censé ne l'avoir jamais perdue ; mais s'il n'agit pas dans l'année, les actions possessoires appartiendront au nouveau possesseur, et l'ancien aura perdu tous les avantages attachés à la possession ; quand même il la recouvrerait plus tard, il ne pourrait plus se prévaloir de l'ancienne possession, puisqu'elle a été interrompue, et l'interruption efface la possession, en ce sens qu'une possession interrompue ne peut servir de base à la prescription (1).

272. La cour de cassation a appliqué ces principes à l'action possessoire. Une commune vend à une société ardoisière le tréfonds de huit hectares de terrains communaux et le droit de se servir des embouchures qui s'y trouvaient. Une autre société ferme l'une des embouchures par une porte fermée à clef qui ne permettait plus de pénétrer dans l'ardoisière par ladite embouchure. Action en complainte de la société concessionnaire ; admise par le juge de paix, elle fut rejetée en appel, et, sur le recours en cassation, cette décision a été maintenue. Il s'agissait de savoir qui était possesseur. Or, le jugement constatait que, depuis son acte d'acquisition, la société concessionnaire

---

(1) Mourlon, *Répétitions*, t. III, p. 748, n⁰ˢ 1810-1812. Leroux de Bretagne, t. I. p. 196, n⁰ˢ 255 et 256.

n'avait fait aucun acte matériel de possession sur le terrain litigieux; tandis que l'ancienne société posait en fait et offrait de prouver que depuis 1862 elle avait accompli sur lesdits terrains des actes significatifs d'une possession caractérisée, et cette affirmation n'avait pas été contredite par la partie adverse, laquelle n'avait point offert la preuve contraire. La société concessionnaire objectait qu'ayant acquis la possession, elle la conservait par la seule intention. C'était mal poser la question; on ne niait pas qu'elle eût eu la possession, mais on prétendait qu'elle l'avait perdue; la cour de cassation dit qu'il était de principe, dans l'ancien droit, que la possession se perdait *solo corpore*, quelle que fût la persistance de l'intention, lorsqu'un tiers s'était mis en possession réelle de l'immeuble contesté; la législation nouvelle a confirmé ces principes. En effet, il résulte de l'article 23 du code de procédure, combiné avec l'article 2229 du code Napoléon, que la complainte possessoire n'est recevable que lorsqu'elle a été formée dans l'année du trouble par celui qui, depuis une année au moins, était en possession paisible, publique, continue, non interrompue, non équivoque et à titre de propriétaire; or, dans l'espèce, la société concessionnaire avait perdu cette possession; ce qui était décisif (1).

§ III. *Des conditions requises pour que la possession puisse servir de base à la prescription.*

278. Le chapitre II de notre titre traite de la possession; il détermine les conditions requises pour que la possession puisse servir de base à la prescription. Le chapitre III est intitulé : *Des causes qui empêchent la prescription;* il s'y agit de la possession à titre précaire. Ces deux chapitres concernent donc la possession qui sert de base à la prescription acquisitive; ils sont étrangers à la prescription extinctive; celle-ci ne se fonde pas sur la possession, elle se fonde sur l'inaction du créancier. Une cour d'appel s'y est trompée dans l'espèce suivante. Deux communes étaient

_____

(1) Rejet, 13 mars 1867 (Dalloz. 1867, 1, 399).

en contestation, depuis des siècles, sur la propriété de terrains vains et vagues. Un arrêt du conseil de 1683 décida le litige. Une délimitation fut faite contradictoirement 'en exécution de cet arrêt. L'une des communes prétendit qu'une erreur s'était glissée dans la délimitation de 1684; l'autre opposa contre cette erreur supposée la prescription résultant du temps écoulé depuis le procès-verbal de délimitation. La cour de Pau rejeta l'exception de prescription, en se fondant sur ce que la commune n'avait pas eu la jouissance exclusive et paisible des tènements litigieux. Cette décision a été cassée. L'arrêt attaqué, dit la chambre civile, a confondu deux prescriptions d'une nature toute différente. La prescription opposée par la commune contre l'action tendante à la rectification de la prétendue erreur commise en 1684 n'était pas la prescription à l'effet d'acquérir les tènements litigieux par la possession desdits terrains, mais la prescription à l'effet de se soustraire à la rectification et, par suite, à la modification de l'acte de délimitation de 1684, qui lui reconnaissait la propriété des terres litigieuses. La première prescription serait une prescription acquisitive, pour laquelle il faudrait une possession ayant les caractères déterminés par l'article 2229; tandis que la seconde prescription, celle dont il s'agissait au procès, était la prescription extinctive, qui s'accomplit par la seule expiration du temps, sans aucune autre condition. La commune invoquait un acte qui lui conférait la propriété ; c'est cet acte qui était attaqué par la partie adverse ; elle avait trente ans pour l'attaquer; après les trente ans, l'action était prescrite, par cela seul que la commune n'avait point agi ; l'autre n'avait pas besoin d'invoquer une possession exclusive des terrains litigieux, car elle ne se fondait pas sur la prescription acquisitive, elle se fondait sur le titre de 1684. L'article 2229 était donc hors de cause, il fallait appliquer le principe de la prescription extinctive; l'action intentée pour obtenir une modification de la délimitation de 1684 était éteinte par le seul laps de temps, comme toute action personnelle (1).

_____

(1) Cassation, 21 décembre 1858 (Dalloz, 1858, 1, 28).

274. L'article 2229 dit que, « pour pouvoir prescrire, il faut une possession continue et non interrompue, paisible, publique, non équivoque et à titre de propriétaire ». Ces conditions sont requises, quelle que soit la prescription acquisitive que l'on invoque, celle de trente ans (art. 2262), sans titre ni bonne foi, ou celle de dix à vingt ans (art. 2265), fondée sur la bonne foi et le juste titre. Toute prescription acquisitive est basée sur la possession, et toute possession doit avoir les caractères déterminés par la loi. Quelle est la raison pour laquelle la possession doit réunir toutes ces conditions? Dunod répond que la possession doit être de telle nature que les parties intéressées en soient averties, afin qu'elles puissent la contredire et l'interrompre. Le possesseur prescrit contre le propriétaire ; celui-ci peut interrompre la prescription, et l'empêcher ainsi de s'accomplir. C'est une garantie pour la propriété contre l'usurpation. Pour qu'elle soit efficace, il faut que la possession que l'on pourra un jour invoquer contre le propriétaire soit connue de lui ; cela ne suffit point ; il faut qu'elle annonce, par ses caractères, que le possesseur entend être le propriétaire et qu'il agit comme tel. A quoi tend cette possession qui, si elle continue, pourra être opposée au propriétaire? Il s'agit, dit Proudhon, d'opérer l'expropriation du véritable maître du fonds ; il faut donc que celui-ci soit suffisamment averti du danger qui le menace ; il faut qu'il sache qu'un tiers occupe son héritage et qu'il l'occupe avec l'intention d'en disputer la propriété au propriétaire ; il faut donc que la possession soit telle, qu'elle mette le propriétaire en demeure d'agir (1). Nous allons examiner les diverses conditions exigées par la loi, elles ont toutes pour objet d'éveiller l'attention du propriétaire menacé, et de le forcer à agir s'il est réellement propriétaire.

N° 1. LA POSSESSION DOIT ÊTRE CONTINUE.

275. La possession doit être continue, en ce sens que le possesseur doit faire les actes réguliers de jouissance

_____

(1) Dunod, part. I, ch. IV, p. 16. Proudhon, *De l'usufruit*, t. VIII, p. 335, n° 3577.

qu'un propriétaire, bon père de famille, fait sans discontinuation, afin de tirer de l'héritage toute l'utilité qu'elle
peut lui procurer. C'est l'application du principe que nous
venons d'établir. La possession de celui qui prescrit doit
être la manifestation du droit qu'il prétend avoir sur la
chose et qu'il réclamera quand la prescription sera accomplie ; or, s'il est réellement propriétaire, il doit jouir comme
jouit un propriétaire, non pas un homme négligent, mais
un bon père de famille ; car il ne faut pas oublier que la
possession tend à exproprier celui qui est ou se prétend
propriétaire ; il faut donc que, pendant tout le temps requis
pour la prescription, le possesseur ait fait des actes de
possession qui frappent l'attention du propriétaire et le
mettent en demeure d'interrompre la prescription qui court
contre lui.

Nous avons ajouté que les actes de jouissance doivent
se faire sans discontinuation, de manière que le possesseur
tire de l'héritage l'utilité qu'il doit procurer à un bon père
de famille. La continuité n'est donc pas la jouissance incessante et sans intervalle aucun ; une jouissance pareille serait
impossible. Les auteurs citent les pâturages qu'on abandonne pendant une grande partie de l'année et dont on
conserve néanmoins la possession, encore que le maître ne
laisse personne au chalet pour l'occuper en son nom.
L'exemple est caractéristique, mais il ne se présente que
dans les pays de montagnes ; on n'a pas besoin d'aller en
Suisse pour trouver des applications de notre principe :
est-ce qu'un cultivateur ne possède pas son champ en y
faisant les travaux nécessaires et habituels, sans qu'il l'occupe jour et nuit, à tous les instants ?

Il suit de là que la possession ne sera discontinue que
si elle a été temporairement désertée ou abandonnée par
celui qui prétend s'en prévaloir, ou s'il a laissé des intervalles dans sa jouissance, intervalles assez éloignés pour
nuire à la notoriété que doit avoir la possession dans l'intérêt du propriétaire contre lequel la prescription s'accomplit.

276. On demande quel est l'espace de temps qui doit
se trouver dans la cessation de la jouissance pour rendre

la possession discontinue. La question est singulière, et la réponse qu'y faisaient les anciens docteurs est plus singulière encore. Qui ne voit que c'est là une difficulté de fait qu'on essayerait vainement de résoudre *a priori?* Comment prévoir les mille circonstances de lieux et de terrains qui déterminent la nature de la jouissance et, par conséquent, des actes de possession ainsi que de leur continuité? Les anciens docteurs, qui voulaient tout décider *a priori*, tentèrent cette œuvre impossible; ils fixèrent donc à dix ans l'intervalle qui pouvait se trouver entre les divers actes de possession, sans rendre la possession discontinue, mais elle cessait d'être continue quand plus de dix ans s'écoulaient entre deux actes (1). Nous sommes étonné de voir Dunod reproduire cette distinction absurde sans protestation au nom du droit et du bon sens. Proudhon se contente de renvoyer à Dunod (2). Si l'on voulait rendre le droit ridicule, on ne pourrait pas mieux s'y prendre. Hâtons-nous d'opposer à ces aberrations de la doctrine les décisions de la jurisprudence, laquelle prend appui sur la réalité des choses.

La cour de cassation pose le principe en ces termes : « La possession s'exerce suivant la nature de l'objet auquel elle s'applique. » Principe aussi juridique que rationnel. La possession est de fait; c'est donc le fait qui décide par quels actes elle se manifeste. De là la cour conclut que « la possession qui ne se manifeste qu'à de certains intervalles, par des faits distincts plus ou moins séparés, n'en est pas moins continue, par cela seul qu'elle a été exercée dans toutes les occasions et à tous les moments où elle devait l'être ». Dans l'espèce, il s'agissait de la jouissance du varech, plante marine qui croît sur les rochers. Deux communes se la disputaient : laquelle avait la possession? Le pourvoi soutenait que la possession n'était pas continue et qu'elle ne pouvait l'être, puisque la récolte du varech ne se fait qu'une fois par an. C'était très-mal raisonner; il faudrait dire, en argumentant ainsi, qu'il y a des choses

(1) Proudhon, *De l'usufruit*, t. VIII. p. 334, n° 3576.
(2) Dunod, part. I, ch. IV, p. 17. Proudhon, t. VIII, p. 337, n° 3578.

imprescriptibles, notamment les bois, puisque les coupes ne peuvent se faire que tous les dix ans. La cour de cassation répond que la récolte annuelle du varech constitue une possession continue lorsqu'elle n'a été ni troublée ni interrompue aux époques où elle a dû se faire (1).

La cour de Nancy a fait une application intéressante de ce principe. Il s'agissait de la prescription d'un passage pour l'exploitation et la vidange d'une forêt. Pendant tout le laps de temps invoqué pour la prescription, on n'avait usé du passage que deux fois; ainsi deux actes de possession en trente ans. On prétendait que cette possession n'était pas continue. La cour répond que les actes de possession et leur fréquence varient d'une propriété à l'autre; pour fonder un droit de prescription en faveur d'un propriétaire de bois, on ne pouvait raisonnablement exiger que les actes possessoires dont ce genre de propriété est susceptible. Dans l'espèce, il y avait encore d'autres circonstances qui venaient à l'appui de la prescription; il est inutile de les signaler (2).

Le même principe reçoit son application à un cas qui se présente plus fréquemment. Il y a des terrains connus sous différents noms, landes, brandes, bruyères, qui ont cela de commun, qu'ils ne se prêtent pas à une culture régulière; la seule jouissance qu'ils comportent, c'est le pacage, ou le profit des joncs et bruyères. Il a été jugé que ces actes de possession suffisent s'ils sont continus; la cour en donne un motif péremptoire, c'est que les terrains, à raison de leur nature, ne sont pas susceptibles d'une autre jouissance (3).

277. La continuité de la possession, comme tous les autres caractères que l'article 2229 exige, est une question de fait plutôt que de droit. C'est le juge du fond qui décide les difficultés qui se présentent dans l'application du principe. La cour d'Aix avait jugé en fait que les actes de possession invoqués par une commune n'étaient pas très-nom-

---

(1) Rejet, chambre civile, 5 juin 1839 (Dalloz, au mot *Prescription*, n° 182).

(2) Nancy, 23 avril 1834 (Dalloz, au mot *Prescription*, n° 310).

(3) Limoges. 26 mars 1838 (Dalloz, au mot *Prescription*, n° 310).

breux, qu'ils .étaient séparés par de longs intervalles et pouvaient s'expliquer par la tolérance d'un propriétaire absent ou négligent; d'où suivait qu'on ne pouvait y voir nécessairement l'exercice d'un droit prétendu. Sur le pourvoi en cassation, il intervint un arrêt de rejet rendu au rapport du conseiller d'Ubexi. Après avoir rapporté les faits constatés par l'arrêt attaqué, la chambre des requêtes dit que ces faits n'impliquaient point nécessairement l'exercice d'un droit prétendu. Tel est le vrai principe qui doit servir à interpréter tous les caractères de la possession; il faut que la possession manifeste la prétention du possesseur de l'exercer à titre de droit, afin que le propriétaire sache qu'on veut l'exproprier. La cour applique ce principe à la continuité : « S'il est vrai, dit-elle, que la continuité de la possession n'a rien d'absolu et doit s'apprécier plus ou moins rigoureusement, suivant la nature du droit que l'on prétend avoir été prescrit, et la jouissance dont il était susceptible, du moins faut-il toujours, pour que la possession puisse opérer la prescription, qu'elle se soit manifestée par des actes suffisamment répétés pour avertir le propriétaire qu'elle menace son droit, et le mettre en demeure de la contredire. » Sous ce rapport, dit la cour de cassation, les juges du fond ont un pouvoir souverain d'appréciation.

Nº 2. LA POSSESSION NE DOIT PAS ÊTRE INTERROMPUE.

278. Qu'entend-on par une possession interrompue? La possession est interrompue lorsque la prescription a été interrompue soit naturellement, soit civilement. Cette interruption a pour effet de rompre ou de briser la possession; celle qui a couru jusqu'à l'interruption est considérée comme non avenue, ce n'est que la possession future qui pourra être invoquée. Nous renvoyons à ce qui a été dit sur l'interruption de la prescription (n° 77).

279. Il ne faut pas confondre la possession *interrompue* avec la possession *discontinue*. La discontinuité est un fait d'abstention du possesseur qui néglige d'exercer son droit; cette négligence fait supposer qu'il n'a pas de droit à la chose, car le propre de ceux qui ont un droit n'est point d'en négliger l'exercice. L'interruption est d'ordinaire un acte par lequel le propriétaire revendique son droit, soit en expulsant le possesseur comme un usurpateur, soit en procédant contre lui par voie d'action judiciaire. Si le possesseur souffre l'interruption naturelle sans former une action possessoire pour réprimer le trouble, il reconnaît par cela même qu'il est sans droit ; dès lors il ne peut se prévaloir de la possession interrompue comme manifestation de son droit. Quant à l'interruption civile, l'issue du procès décide laquelle des deux parties est dans son droit. L'interruption de la prescription se fait encore par la reconnaissance que le possesseur fait des droits de celui contre lequel il avait commencé à prescrire ; c'est une abdication de la possession, qui, dès lors, devient inutile pour la prescription. La discontinuité n'est pas une reconnaissance des droits du propriétaire ; mais la possession discontinue ne manifestant pas la prétention à un droit, le propriétaire n'a aucune raison d'agir pour interrompre une prescription qui, en réalité, ne court pas contre lui.

La possession discontinue n'est pas une possession interrompue ; le possesseur qui ne jouit que par intervalles ne perd pas la possession, mais il n'a pas une possession utile à la prescription ; tandis que l'interruption a pour effet d'annuler et d'effacer la possession. Quand l'interruption est civile, le défendeur continue à posséder pendant l'instance ; c'est le résultat du procès qui décidera si cette possession est utile à la prescription. Elle sera utile si la demande est rejetée ; si la demande est admise, la possession de fait que le défendeur a eue après l'acte interruptif n'a plus aucune valeur ; on ne peut pas dire que sa possession a été continue, car il n'a pas eu de possession (1).

N° 3. LA POSSESSION DOIT ÊTRE PAISIBLE.

280. L'article 2229 dit que la possession doit être paisible, et l'article 2233 porte que « les actes de violence ne

---

(1) Marcadé, t. VIII, p. 84, n° II de l'article 2234. Leroux de Bretagne, t. I, p. 224, n° 287.

peuvent fonder une possession capable d'opérer la prescription ». Ces deux dispositions établissent-elles des conditions différentes? La question est controversée; il nous semble que le texte la décide. Il est difficile de croire que deux articles qui se suivent disent la même chose, et que le second répète ce qu'a dit le premier. Les termes, d'ailleurs, ont une signification différente; le mot *paisible* marque un état permanent, comme toutes les conditions que l'article 2229 exige. La possession doit être continue et non interrompue pendant toute sa durée, et elle doit, aussi longtemps qu'elle dure, être publique, non équivoque et à titre de propriétaire. De même la possession doit être paisible pendant tout le cours de la prescription. L'article 2233 est conçu dans un sens différent; on ne comprend pas qu'une possession soit violente pendant trente ans; la violence est un acte momentané; on l'emploie pour se mettre en possession quand on éprouve de la résistance; c'est en ce sens que l'article 2233 dit que les *actes* de violence ne peuvent *fonder* une possession utile à la prescription; mais la violence cesse nécessairement, et dès qu'il n'y a plus d'*actes* de violence, la possession utile à la prescription commence. Une possession violente n'est donc pas un état permanent, comme le serait une possession discontinue ou une possession à titre précaire; c'est une possession qui a commencé par la violence; le temps pendant lequel la violence a duré ne compte point au possesseur pour prescrire. Tel est le sens naturel du texte, et telle est aussi l'interprétation généralement admise (1).

281. Quand la possession est-elle paisible? Quand ne l'est-elle point? Le mot *paisible* marque une jouissance qui n'est point troublée. Il peut y avoir un trouble de droit et un trouble de fait. Le trouble de droit suppose une action judiciaire; ce n'est pas de ce trouble que la loi entend parler, car la demande en justice interrompt la prescription

(1) Vazeille, n° 44. Troplong, n° 350. Marcadé, t. VIII, p. 86, n° IV de l'article 2229. Mourlon, t. III, p. 751, n° 1818. Leroux de Bretagne, t. I, p. 228, n° 293. En sens contraire, Aubry et Rau, t. II, p. 97, et note 23. Comparez Duranton, t. XXI, p. 323, n° 208. La jurisprudence est d'accord avec la doctrine. Voyez, plus loin, n° 282.

et, par suite, la *possession* est *interrompue; or*, la loi distingue la possession *non interrompue* et la possession *paisible*. Reste le trouble de fait, qui a le même objet que le trouble de droit, mais qui se manifeste par des actes différents. Celui qui se prétend propriétaire n'agit pas en justice, parce que les titres lui manquent; il essaye d'expulser le possesseur ; s'il y réussissait, et si la dépossession durait un an, il y aurait de nouveau possession interrompue (art. 2243) ; il faut donc supposer qu'il ne réussit point à déposséder le possesseur. Mais il renouvelle ses tentatives, ou, sans vouloir expulser le possesseur, il s'empare des fruits de la chose. Ces entreprises répétées rendent la possession non paisible, sans que l'on puisse dire qu'elle est violente ; car la possession n'a pas commencé par la violence, nous le supposons, et, d'un autre côté, celui qui repousse la force par la force n'use pas de violence, ni dans le sens légal de l'article 2233, ni dans le sens ordinaire du mot. Mais si la possession n'est pas violente, elle est troublée. On a dit qu'il n'y avait aucune raison pour considérer ce trouble comme un vice de la possession, puisque le possesseur use de son droit en repoussant la violence. C'est oublier les motifs pour lesquels la loi exige que la possession réunisse certains caractères pour être utile à la prescription ; il faut que la possession soit la manifestation d'un droit dans la chose ; or, le trouble de fait que le possesseur se borne à réprimer par le fait rend douteux le droit du possesseur. S'il était propriétaire, il ne se bornerait pas à repousser la force par la force, il agirait en justice contre l'auteur du trouble ; son inaction témoigne contre lui, car le vrai propriétaire n'y mettrait pas cette longanimité ; cette conduite du possesseur témoigne peu de confiance dans son droit. La loi n'a pas pu considérer comme manifestation du droit une possession qui est sans cesse contestée, sans que le possesseur invoque l'appui de la justice.

282. Quels sont les faits qui constituent le trouble? Troplong décrit l'état de trouble dans les termes suivants : « Le possesseur est tous les ans vexé par un rival qui, se proclamant hautement propriétaire, descend en armes sur les lieux, s'empare des récoltes ; il faut autant de fois livrer combat pour vaincre ses agressions... Une possession qui ne peut se défendre que les armes à la main, qui ne se continue que par la supériorité des forces, n'est pas une possession paisible. » Cela est d'évidence, mais nous doutons que ce cas se soit jamais présenté, du moins entre particuliers (1). Notre état social n'est plus l'état de guerre de la féodalité, ni l'état révolutionnaire de la république romaine ; c'est un état de paix, il n'y a de luttes que devant les tribunaux. Toutefois les scènes de violence que Troplong a imaginées se présentent parfois quand des communes se disputent des terrains vains et vagues ; l'ignorance complète des notions les plus simples du droit et la grossièreté des mœurs expliquent ce recours annuel à la force. La jurisprudence n'offre pas d'autres exemples de possessions troublées ; il suffira d'en citer quelques-uns pour constater le sens que la pratique judiciaire donne à l'expression de *possession paisible*.

Deux communes se disputent la possession de terrains vains et vagues. La cour de Limoges pose en principe qu'une possession ne peut être regardée comme paisible si elle a été contrariée par une résistance à main forte, et consistant soit en *faits multipliés,* soit en réclamations faites devant une autorité compétente. Dans l'espèce, il y avait eu une instance administrative, à laquelle il ne fut donné aucune suite (2). L'administration est incompétente pour décider des questions de possession et de propriété, et il est rare que les communes commencent par une procédure judiciaire ; leur premier mouvement est toujours de recourir à la violence. Les terrains que l'on se dispute ne servent d'ordinaire qu'en pâturages ; les habitants des communes rivales font pacager leurs bestiaux sur les landes litigieuses, et alors la lutte commence, et elle se répète aussi souvent que les pâtres se rencontrent. Une possession sans

---

(1) On trouve un exemple moins poétique d'une possession non paisible, dans un arrêt de la cour de Gand, du 12 janvier 1846 (*Pasicrisie,* 1846, 2, 107).
(2) Limoges, 15 mai 1840 (Dalloz, au mot *Prescription,* n° 513).

cesse entravée par la force n'est pas une possession paisible, dit la cour de Riom (1).

Si le trouble était momentané et ne se reproduisait point, on ne pourrait pas dire que la possession est troublée et qu'elle ne peut servir à la prescription. La cour de cassation a jugé que le trouble apporté à la possession n'empêche pas qu'elle soit paisible lorsqu'il résulte de faits isolés, et que le possesseur a immédiatement porté plainte en justice (2). Le recours à la justice est le moyen légal de réprimer le trouble et de conserver à la possession son caractère paisible; un trouble réprimé judiciairement n'est plus un trouble, la possession est sanctionnée, au contraire, par la justice.

Nº 4. LA POSSESSION NE DOIT PAS ÊTRE ENTACHÉE DE VIOLENCE.

283. En quel sens la violence vicie-t-elle la possession? Nous avons d'avance répondu à la question en établissant la différence entre la possession qui n'est pas paisible et la possession qui est entachée de violence (n° 280). Toute violence ne rend pas la possession violente. L'article 2233 implique une distinction : la violence ne peut pas *fonder* une possession utile à la prescription. Cela suppose que l'on s'est mis en possession en employant la violence. La loi réprouve cette violence; la force ne peut créer aucun droit. Mais il y a une violence légitime ; celui qui repousse la force par la force pour conserver sa possession n'a pas une possession violente, car il n'a fait qu'user du droit de légitime défense. Seulement la possession pourra n'être pas paisible si la violence se renouvelle et que le possesseur ne recoure pas à la justice pour faire cesser le trouble.

Quand y a-t-il violence? La loi ne la définit pas en cette matière. Au titre des *Obligations,* le législateur admet une violence morale résultant de menaces, quand elles sont de nature à faire impression sur une personne raisonnable

---

(1) Riom, 23 décembre 1854 (Dalloz, 1855, 2. 134).
(2) Rejet, 24 mars 1868 (Dalloz, 1869, 1, 83). Comparez l'arrêt précité (note 2, p. 293) de Limoges.

(art. 1112). Cette violence suffirait-elle pour vicier la possession? L'affirmative ne nous paraît pas douteuse. C'est un moyen illégitime de se mettre en possession que de menacer l'ancien possesseur de violences sur sa personne et sur ses biens; celui qui recourt à ces voies-là fonde la possession sur une violence morale, et cette violence vicie la possession aussi bien que les obligations (1).

284. « La possession utile ne commence que lorsque la violence a cessé (art. 2233). » Il en était autrement en droit romain : l'usurpateur qui avait eu recours à la violence ne pouvait jamais prescrire; il y avait plus, la violence infectait la chose même, de sorte qu'un tiers acquéreur de bonne foi ne pouvait pas même la prescrire. Les auteurs français trouvent cette doctrine trop sévère (2); il nous semble qu'elle est plus morale et plus juridique que celle du code. La force est l'ennemie mortelle du droit; là où elle règne, le droit n'est plus qu'un vain mot. Or, n'est-ce pas donner un effet juridique à la force et encourager la violence que de dire aux hommes audacieux qui ne reculent devant rien : « Vous pouvez hardiment recourir à la violence pour vous emparer d'un héritage, pourvu que vous soyez le plus fort, on ne vous résistera pas longtemps; et dès que la résistance cessera, vous commencerez à prescrire. » Il paraît étrange, au premier abord, que la violence entache la chose même et qu'un tiers de bonne foi ne puisse pas la prescrire. A notre avis, c'est un hommage rendu au droit et une flétrissure de la violence : là où il y a violence, il ne peut pas naître de droit; rien de plus moral. Et qu'on n'oublie pas que la société repose sur le respect que les hommes doivent avoir pour le droit; légitimer la possession dès que la force a cessé, c'est légitimer la force même, en ce sens du moins que les hommes ne reculeront plus devant la violence, puisqu'ils peuvent espérer que, la violence cessant, ils verront leur entreprise illégale consacrée par la loi. Il y a là une profonde atteinte portée au droit et au respect qu'il doit inspirer.

(1) Leroux de Bretagne, t. I, p. 229, n° 294.
(2) Duranton, t. XXI, p. 324, n° 209. Marcadé, t. VIII. p. 87, n° IV de l'article 2234. Leroux de Bretagne, t. I, p. 230, n° 296.

Il ne faut pas dépasser l'indulgence trop grande que la loi témoigne au possesseur violent. La violence peut subsister, alors même qu'il ne se fait plus aucun acte de force. Si la violence morale, sans violence matérielle, suffit pour vicier la possession (n° 283), à plus forte raison la crainte que les actes de violence ont dû inspirer au possesseur expulsé doit-elle empêcher la prescription de commencer. Quand la violence cesse, dit-on, rien n'empêche le possesseur dépossédé d'agir en justice; et s'il n'agit point, son inaction prouve qu'il est sans droit. Il y a du vrai dans cette justification de la loi, mais elle suppose que la personne violentée a recouvré son entière liberté. Aussi longtemps qu'elle peut craindre de nouveaux actes de violence, au cas où elle agirait en justice, la violence ne cesse point, à vrai dire, et, par conséquent, la prescription ne peut pas commencer. Il faut de plus, pour que le nouveau possesseur puisse se prévaloir de sa possession. qu'il ait possédé pendant une année (code de proc., art. 23); pendant cette année, les actions possessoires appartiennent au possesseur expulsé (1).

285. La violence est-elle un vice absolu ou un vice relatif? On enseigne généralement que le possesseur peut opposer sa possession violente à un tiers contre lequel il n'y aurait eu aucun acte de violence. Cette doctrine nous paraît très-douteuse. J'emploie la violence pour expulser le possesseur, puis un tiers revendique le fonds contre moi : il ne peut pas, dit-on, invoquer contre moi la violence, parce qu'à son égard ma possession n'a rien de violent; ce serait se prévaloir du droit d'autrui (2). Non, c'est invoquer le droit de la société et les principes sur lesquels repose la prescription. La société est intéressée, au plus haut degré, à ce que les hommes ne recourent pas à la violence, et la prescription n'a d'autre fondement que l'intérêt social; le législateur consolide les possessions pour donner de la certitude à la propriété : peut-il conso-

_____

(1) Leroux de Bretagne, t. I, p. 231, n° 296. Aubry et Rau, t. II, p. 97, § 180.
(2) Duranton, t. XXI, p. 333. n° 210, et tous les auteurs, sauf Delvincourt.

lider une possession acquise par la violence? Tout ce que
l'on peut dire en faveur de la doctrine traditionnelle, c'est
que le tiers qui n'a subi aucune violence n'a jamais été
empêché d'agir. Cela est vrai; mais la prescription ne
règle pas des intérêts purement privés, elle tient avant
tout à l'intérêt général; c'est donc sur ce terrain que la
question doit être posée, et, ainsi considérée, il faut la décider contre le spoliateur; sa spoliation ne peut lui profiter
contre personne, parce que la violence exclut le droit.

Nº 5. LA POSSESSION DOIT ÊTRE PUBLIQUE.

286. Tous les auteurs citent la disposition de la coutume de Melun, d'après laquelle la possession doit avoir
été exercée « au vu et au su de ceux qui l'ont voulu voir et
savoir ». Cela suppose que la possession est publique dès
que les tiers intéressés ont pu la connaitre, quand même
de fait ils ne l'auraient pas connue. Il est vrai que, ne
l'ayant pas connue, ils n'ont pas pu agir pour interrompre
la prescription. Cela prouve que la possibilité d'agir n'est
pas une considération décisive en cette matière. Pourquoi
la possession doit-elle être publique? Dunod répond: Parce
qu'elle doit être, telle que les maîtres qui usent de leurs
biens ont coutume de l'avoir et de l'exercer. C'est là le
principe essentiel. La prescription est établie en faveur du
possesseur pour consolider sa possession; il faut donc que
sa possession implique l'idée d'un droit; or, le propriétaire
ne se cache pas pour jouir, il agit comme on a coutume
d'agir; et la possession, consistant en actes extérieurs, est
publique de sa nature; voilà pourquoi le maître jouit publiquement. Il en doit être du même du possesseur. Dès
que sa possession a ce caractère de publicité, le possesseur
peut l'invoquer contre le propriétaire, quand même celui-
ci ne l'aurait pas connue. Sans doute, la loi doit tenir
compte des intérêts du propriétaire; mais, quand la possession est publique, le propriétaire n'a pas le droit de se
plaindre; il est présumé, dit Dunod, avoir su ce qu'il a pu
savoir; c'est à lui de s'informer de ce qui l'intéresse, et s'il

ne le fait pas, il doit subir les conséquences de sa négligence (1). La jurisprudence est en ce sens (2).

287. La publicité est un état permanent, de même que
la continuité et les autres caractères que l'article 2229
exige pour que la possession soit utile à la prescription
(nos 274 et 275). Cela résulte du motif pour lequel la loi veut
une possession publique. Elle doit être l'image parfaite de
la jouissance que le maître exerce, et certes il n'y a point
de maître qui se cache pour jouir de sa chose. Une pareille
manière d'agir chez un possesseur témoignerait contre lui.
Il faut toujours se rappeler que la possession tend à exproprier le vrai propriétaire; il faut donc une possession qui
s'annonce comme l'expression de la propriété. On doit être
plus sévère pour le possesseur que pour le propriétaire;
celui-ci peut, à la rigueur, jouir clandestinement si tel est
son bon plaisir, mais le possesseur doit affirmer sa possession et la manifester; dès qu'il se cache, il est suspect,
et une possession suspecte ne saurait fonder une prescription.

Cependant Dunod enseignait le contraire. Il faut remonter à l'origine de la possession, dit-il, pour juger s'il y a
clandestinité. Ainsi quand on a d'abord possédé publiquement, quoiqu'on cache sa possession dans la suite, on ne
laissera pas de prescrire; celui, au contraire, qui a possédé au commencement, en se cachant, une chose qu'il
savait n'avoir pas justement acquise, ne la prescrira point,
quand même il aurait dénoncé, dans la suite, sa possession
au propriétaire (3). Dunod oublie son principe. C'est une
possession de maître que la loi exige, donc une possession
qui ne se cache point, qui se produit au grand jour, parce
qu'elle n'a rien à craindre; et le possesseur doit agir publiquement pendant toute la durée de la prescription, car
sa possession doit toujours être la manifestation du droit
qu'il prétend avoir, et le propriétaire doit toujours être
averti.

---

(1) Dunod, part. I, ch. VI, p. 33.
(2) Cassation, 10 juillet 1821 (Dalloz, au mot *Servitude,* n° 886).
(3) Dunod, part. I, ch. VI. p. 32. Comparez Pothier, *De la possession,*
nos 28 et 29. En sens contraire, tous les auteurs modernes. Aubry et Rau,
t. II, p. 96, et note 20, § 180. Leroux de Bretagne. t. I, p. 234, n° 301.

288. La clandestinité est un vice de la possession qui la rend inutile à la prescription. Il faut dire du vice ce que nous avons dit de la qualité (n° 286); il existe par cela seul que le possesseur se cache pour jouir de sa chose. D'ordinaire la clandestinité empêche que le propriétaire ne soit averti de la possession dont on entend se prévaloir contre lui. Mais cette considération n'est point décisive; la possession est publique, quoique le propriétaire ne l'ait point connue; elle est clandestine, quand même il en aurait eu connaissance. En effet, la loi ne dit pas que la possession est clandestine quand le propriétaire l'ignore, et qu'elle est publique quand il la connaît; il faut donc remonter au principe. Le législateur, en établissant les prescriptions, a voulu consolider les possessions, mais il n'entend les consolider que si elles sont la manifestation d'un droit; or, une possession qui se cache accuse l'absence de tout droit; donc elle ne saurait servir à la prescription.

Les faits de possession clandestine sont très-rares. C'est une théorie d'école. La possession est publique de sa naure; nous ne connaissons pas dans la jurisprudence un cas bien prononcé de possession clandestine (1); quant aux exemples que les auteurs ont imaginés, il est inutile de les mentionner (2). Le seul intérêt pratique que la théorie de la clandestinité présente concerne les anticipations que les cultivateurs commettent en faisant les labours. Est-ce une possession clandestine à raison de la difficulté qu'il y a de s'en apercevoir? La cour de Paris a jugé que les usurpations de terre qui se font graduellement en labourant sont presque toujours imprescriptibles et ne donnent lieu qu'à une possession clandestine. Une pareille possession, ajoute la cour, ne peut jamais faire supposer, de la part du propriétaire, l'abandon de ses droits et servir de base à la prescription (3). Les auteurs combattent, avec raison, cette doctrine. Il faut d'abord laisser de côté la théorie de la

(1) Comparez Paris, 17 mai 1825 (Dalloz, au mot *Prescription*, n° 322, se borne à citer l'arrêt).
(2) Duranton, t. XXI, p. 345, n°ˢ 217 et 218. Mourlon, *Répétitions*, t. III, p. 753, n° 1825.
(3) Paris, 28 février 1821 (Dalloz, au mot *Prescription*, n° 323). Comparez Dunod, part. I, ch. XII, p. 98. Vazeille, n° 46.

prescription qui se fonde sur l'abandon présumé que le propriétaire fait de ses droits; la loi ignore cette prétendue présomption, et, en fait, il n'y a jamais eu de présomption moins probable. Reste la difficulté de constater les usurpations; ce n'est pas là une raison de déclarer la possession clandestine : peut-il être question de clandestinité alors que le possesseur cultive au grand jour (1)?

289. Le vice de clandestinité est-il absolu ou relatif? Les auteurs ne sont pas d'accord. Les uns disent que la clandestinité est un vice purement relatif qui n'est susceptible d'être opposé que par ceux qui n'ont pu connaître la possession (2). Il nous semble que le principe ainsi formulé est en opposition avec la théorie de la possession considérée comme fondement de la prescription. En exigeant qu'elle ait certains caractères, la loi n'a pas en vue l'intérêt de celui contre lequel la prescription s'accomplit; du moins cet intérêt n'est pas la considération essentielle; en effet, la prescription n'est point établie dans un intérêt privé; ce n'est pas une récompense que la loi accorde au possesseur, ni une peine dont elle frappe le propriétaire négligent, c'est, avant tout, dans un intérêt social qu'elle consolide les possessions et qu'elle donne la préférence au possesseur sur le véritable propriétaire (n° 5). Mais pour que la possession puisse et doive être consolidée, il faut qu'elle soit l'expression d'un droit; or, le possesseur qui se cache témoigne par cela même qu'il n'a point de droit; donc le législateur ne peut ni ne doit maintenir sa possession à titre de droit (n° 287). Qu'importe qu'un tiers connaisse la possession? Dès qu'elle est clandestine, elle n'est pas la manifestation d'un droit; l'intérêt social n'exige plus qu'on préfère le possesseur au propriétaire de la chose, il n'y a plus en présence que le fait et le droit; or, le droit doit l'emporter sur le fait.

Il y a des auteurs qui s'expriment en termes moins absolus; ils ne disent pas que le vice de clandestinité est

_____

(1) Troplong, n° 352. Leroux de Bretagne, t. I, p. 235, n° 303.
(2) Aubry et Rau, t. II, p. 96, et note 22. Duranton, t. XXI, p. 343, n° 215. Pothier, *De la possession*, n° 96.

relatif, ils disent qu'il peut n'être que relatif (1). Au fond, c'est le même principe; si la possession a été cachée à tout le monde, tous peuvent l'opposer, et, partant, le vice sera absolu. C'est dire que le vice ne peut être opposé par ceux qui ont eu connaissance de la possession. Troplong hésite entre les deux opinions; ses incertitudes prouvent que la doctrine généralement suivie n'est pas très-solide. Il commence par exposer la théorie traditionnelle, puis il dit qu'il y a dans ce système quelque chose de trop absolu : il veut que l'on se montre plus sévère quand il s'agit d'adjuger définitivement la propriété que lorsqu'il est seulement question des actions possessoires. La distinction nous paraît juste. Dans les actions possessoires, c'est le fait qui domine, c'est-à-dire l'intérêt particulier de ceux qui se disputent la possession; la loi se prononce pour celui qui a le fait en sa faveur. Il n'en est pas de même dans le débat qui s'agite au pétitoire entre le possesseur et le propriétaire. Si, dans ce cas, la loi se prononce en faveur de la possession contre le droit, c'est que la possession a des caractères tels, qu'elle doit être consolidée; et le plus essentiel de ces caractères, celui dans lequel toutes les conditions se résument, est que le possesseur ait agi comme agit un maître; de sorte que la possession devient l'image de la propriété, dont elle est régulièrement la manifestation. Troplong s'écarte, après cela, de son principe; il ne veut pas que l'on juge la clandestinité avec des idées trop inflexibles, il se plie aux faits : le juge, dit-il, doit considérer les faits de possession sous un point de vue relatif (2). A notre avis, c'est introduire l'équité et ses considérations là où doit régner le droit dans sa rigueur.

Nᵒ 6. LA POSSESSION DOIT ÊTRE NON ÉQUIVOQUE.

290. Une possession est équivoque quand par sa nature elle est douteuse, de sorte que l'on ne sait point si elle est la manifestation d'un droit appartenant au possesseur ou si elle est un pur fait. Telle est la possession d'un com-

---

(1) Leroux de Bretagne, t. I, p. 233, nᵒ 300.
(2) Troplong, *De la prescription*, nᵒ 370.

muniste. Celui qui possède la chose par indivis avec d'autres possesseurs fait des actes de possession, qu'il invoque ensuite comme manifestation du droit de propriété qu'il réclame contre ses copossesseurs. Sa possession sera presque toujours équivoque. Ce peut être, et ce sera d'ordinaire une possession de communiste, ce qui est exclusif d'une possession à titre de propriétaire ; car la propriété est un droit absolu, tandis que la possession de communiste implique un droit commun à d'autres personnes. Toutefois la possession du communiste peut aussi être la manifestation d'un droit qui lui est propre ; car, en principe, rien n'empêche le communiste de prescrire. Mais sa position est fausse ; on pourra lui objecter que s'il a possédé, c'est à titre de communiste ; si les faits qu'il allègue ne sont pas exclusifs du droit de ses copossesseurs, il ne pourra pas les invoquer. Il arrivera très-souvent que les faits seront équivoques, c'est-à-dire que l'on ne saura pas si le possesseur a possédé à titre de communiste ou à titre de propriétaire exclusif : c'est la possession équivoque qui, d'après l'article 2229, ne peut pas servir de base à la prescription.

La jurisprudence est en ce sens. Plusieurs communes possèdent en commun des droits d'usage dans une forêt. L'une d'elles intente une action en partage, les autres lui opposent la prescription. Les actes de possession ne manquaient point ; mais les possesseurs avaient-ils agi comme propriétaires exclusifs ou à titre de communistes ? Il fut jugé que leur possession était *promiscue* et équivoque, et, partant, impropre à fonder une prescription. Sur le pourvoi, il intervint un arrêt de rejet (1). La jurisprudence appelle possession *promiscue* celle que des copossesseurs exercent à ce titre, de sorte que l'on doit croire que leur jouissance est la manifestation d'un droit qui leur est commun ; tant que les droits sont confondus, la possession est aussi confondue ; en ce sens, elle est promiscue et ne peut servir de fondement à la prescription. Il y a de nombreux arrêts qui l'ont jugé ainsi (2). Il ne faut pas en in-

(1) Rejet, 8 août 1870 (Dalloz, 1872, 1, 17).
(2) Rejet, 9 mai 1827 (Dalloz, au mot *Succession*, n° 1505, 1°) ; 24 juillet 1839 (Dalloz, au mot *Forêt*, n° 1910).

duire que le communiste ne peut jamais prescrire ; l'article 816 dit le contraire ; nous renvoyons à ce qui a été dit', au titre des *Successions*, sur la prescription de l'action en partage (t. X, nᵒˢ 260-269). Les cohéritiers peuvent prescrire, ainsi que tout communiste ; seulement la prescription sera plus difficile pour eux, puisqu'elle est équivoque à raison de la situation où ils se trouvent. La jurisprudence est en ce sens. « Comme tout possesseur ordinaire, dit la cour de cassation, le copropriétaire par indivis, qui jouit exclusivement et pendant trente ans d'une portion de la chose commune, acquiert, par la prescription, la propriété exclusive de cette portion. » Dans l'espèce, l'arrêt attaqué constatait que la possession de la forêt litigieuse n'avait pas été commune ni promiscue ; qu'au contraire il résultait de tous les documents du procès que l'une des communes avait possédé la forêt exclusivement et *animo domini* depuis plus de trente ans ; ce qui était décisif (1).

291. Il se présente une difficulté de droit pour la possession des communistes. Peut-elle servir de base à la prescription sans que le titre du possesseur ait été interverti? L'affirmative n'est pas douteuse ; d'après l'article 2238, la possession à titre précaire doit être intervertie pour qu'elle puisse être utile à la prescription ; mais la loi n'exige pas cette interversion pour la possession de communiste, et il est d'évidence que le communiste n'est pas un possesseur à titre précaire, puisqu'il possède comme copropriétaire ; ce qui est précisément l'opposé de la possession à titre précaire. Cependant la cour de Lyon avait jugé que la possession que les habitants de divers villages avaient eue ne pouvait, de commune et indivise qu'elle était, devenir séparée et exclusive qu'autant qu'on produirait un titre qui l'aurait changée ou modifiée ; mais que tant que cette production ne serait point faite, la possession à titre de communiste n'avait pu changer de nature, ni profiter à l'une des communes au détriment des autres. Pourvoi en cassation fondé sur ce que l'arrêt attaqué avait

---

(1) Rejet, 25 mars 1851 (Dalloz, 1854, 5, 578). Comparez Rejet. 19 février 1872 (Dalloz. 1872, 1, 272).

exigé d'un communiste une interversion de son titre pour
qu'il pût prescrire contre ses copropriétaires, bien que le
code n'ordonne l'interversion de titre que pour les détenteurs
à titre précaire. Il y avait violation de la loi, et l'arrêt
aurait dû être cassé s'il n'avait ajouté un motif de fait à
l'appui de sa décision. La cour de cassation dit qu'en
droit le détenteur précaire ne peut se changer à lui-même
la cause et le principe de sa possession, mais que le communiste qui, en cette qualité, possède la chose *animo domini* comme propriétaire, n'a pas besoin d'un titre nouveau pour la prescrire en totalité contre son communiste ;
il suffit que sa possession ait été, pendant tout le temps
requis pour prescrire, exclusive de tous actes de possession des autres communistes. Or, dans l'espèce, la cour
de Lyon, après avoir posé en principe que le titre du
communiste devait être interverti pour qu'il pût prescrire,
ajoutait que les habitants des diverses communes intéressées avaient fait des actes de jouissance dans l'île litigieuse, soit en y menant des bestiaux en pâturage, soit en
y coupant des bois, et surtout en y plantant des vergnes,
acte qui ne pouvait être fait qu'à titre de propriétaire. Il
y avait donc possession promiscue, partant, impossibilité
de prescrire (1).

292. La possession des communistes peut devenir une
possession exclusive sans qu'il y ait une interversion de
titre ; s'il n'y a pas d'interversion de droit, il s'opère néanmoins une interversion de fait. C'est ce qui rend la question si difficile. La cour de Dijon a très-bien posé le principe : « Pour prescrire entre copropriétaires, il faut, de la
part de celui qui prétend acquérir à titre privatif, des actes
extérieurs et contradictoires, agressifs et persévérants,
qui, par une manifestation non équivoque, mettent l'associé en demeure de défendre son droit ; autrement il est
censé représenter la communauté et jouir, en vertu de son

_____

(1) Cassation, 26 août 1856 (Dalloz, 1856, 1. 340. L'arrêt a été cassé pour
un autre motif). Un arrêt de rejet récent, du 16 décembre 1873. semble
exiger l'interversion du titre. en disposant que le communiste doit opposer une *contradiction formelle* aux droits des autres communistes (Dalloz,
1876, 1. 76). Toutefois la cour ne dit point en quoi doit consister cette *contradiction.*

titre, aussi bien pour elle que pour lui-même (1). » On voit
que la cour exige une espèce d'interversion résultant des
caractères plus prononcés de la possession. Cela est très-
juridique. La cour de Dijon ne dit pas que le titre doit
être interverti; mais la possession est nécessairement intervertie, puisque le possesseur cesse de posséder comme
communiste et qu'il commence une autre possession à titre
de propriétaire exclusif. La difficulté est non de droit,
mais de fait. Tant que la jouissance est promiscue, il ne
peut être question de prescription, car si celui qui prétend
posséder à titre de propriétaire exclusif avait réellement
un droit de propriété, il ne souffrirait point que ses anciens cocommunistes continuent à posséder concurremment avec lui; une jouissance promiscue est incompatible
avec une jouissance exclusive. Quand la jouissance est-
elle promiscue? Il est impossible de décider *a priori* une
question qui dépend de l'appréciation des faits. D'ordinaire elle se présente pour la jouissance de communaux;
mais les faits varient à l'infini, et tous les jours il s'en produit avec des circonstances nouvelles auxquelles la théorie
n'aurait point songé. Nous citerons une espèce dans laquelle est intervenu un arrêt de cassation, après délibéré
en chambre du conseil. Le terrain litigieux touchait à deux
héritages, il était de peu de valeur, et ses faibles produits
étaient perçus tantôt par l'un des voisins, tantôt par l'autre;
les deux parties en cause avaient coupé des pins, enlevé
de la litière, écorcé des chênes-liéges, fait pâturer leurs
bestiaux. La possession était donc incertaine, promiscue;
chacune des parties l'invoquait en sa faveur et aucune
d'elles n'avait réclamé contre les actes émanés de l'autre
partie. La cour de cassation dit qu'une possession non exclusive, promiscue, balancée par le concours sur les mêmes
lieux d'une possession contraire, ne saurait constituer une
possession légale ni en présenter les caractères principaux
et essentiels. Vainement objectait-on que les actes de possession de l'une des parties avaient été plus nombreux,

(1) Dijon, 9 août 1867 (Dalloz. 1870, 1, 151). La chambre civile a rejeté
le pourvoi, en se fondant sur l'appréciation de fait de l'arrêt attaqué, qui
est souveraine en cette matière.

plus anciens, mieux caractérisés que ceux de l'autre partie, et que les actes de jouissance de celle-ci avaient eu, à
l'origine, pour cause une erreur sur la limite des deux
fonds. La cour répond que ces circonstances n'empêchaient
pas que la possession eût été promiscue, et ne réunissait
pas en faveur du demandeur les conditions précises et rigoureuses de la loi (1).

293. Nous avons insisté sur la jurisprudence; la doctrine donne une autre définition de la possession équivoque,
dont on ne trouve aucune trace dans les arrêts, ce qui la
rend déjà suspecte. Les auteurs enseignent que la possession non équivoque ne forme pas un caractère particulier
de la possession exigée pour la prescription, c'est la confirmation des autres qualités : la possession non équivoque,
d'après eux, est celle dont tous les caractères, publicité,
continuité, sont bien manifestes et n'ont rien de douteux;
de sorte que la possession serait équivoque quand elle
n'est pas suffisamment continue, publique, paisible. Nous
remarquerons d'abord que cette interprétation est en opposition avec le texte; la loi place le caractère de possession équivoque sur la même ligne que les autres, donc elle
le considère comme un caractère distinct qui ne se confond
pas avec les autres. Si on l'interprète comme font les auteurs, la disposition est inutile, car il allait sans dire que
la possession n'est plus paisible, ni publique, ni continue,
quand il y a doute sur l'existence de ces caractères. C'est
une question de preuve, et il est évident que les caractères
de la possession doivent être établis d'une manière certaine. Dans l'opinion générale, on confond les caractères
que doit avoir la possession avec la preuve que ces caractères existent. De là le dissentiment qui règne entre les
auteurs sur le caractère équivoque de la continuité. Les
uns disent que la continuité n'est jamais équivoque, puisqu'il suffit de prouver que l'on possède maintenant et que
l'on a possédé anciennement; le possesseur qui fait cette
double preuve est présumé avoir possédé dans le temps intermédiaire (art. 2234). De là suit, dit-on, que la conti-

_____

(1) Cassation, 9 décembre 1856 (Dalloz, 1856, 1, 438).

nuité se prouve par présomptions, elle ne saurait donc être équivoque. Non, disent les auteurs, la présomption ne suffit point, puisqu'elle admet la preuve contraire ; si cette preuve est faite, la possession sera discontinue ; si elle n'est point faite, la possession sera continue ; mais la preuve pourra laisser quelque doute, il peut y avoir eu des intermittences dans la possession : sont-elles suffisantes ou non pour établir la discontinuité? Il suffit qu'il y ait doute sur ce point pour que la possession soit équivoque (1). On voit, par cette controverse, que le débat porte uniquement sur la preuve ; or, il est peu logique de confondre les caractères de la possession avec la preuve de ces caractères ; cela serait surtout illogique de la part du législateur. L'interprétation que nous avons empruntée à la jurisprudence donne à la loi une signification précise, et sur laquelle il était nécessaire de se prononcer.

Nº 7. LA POSSESSION DOIT ÊTRE A TITRE DE PROPRIÉTAIRE.

294. Que signifient ces mots : *posséder à titre de propriétaire?* La loi n'entend pas dire que le possesseur doit être propriétaire, ou du moins posséder en vertu d'un titre translatif de propriété. Ce qui le prouve, c'est que le code admet la prescription acquisitive de trente ans, laquelle ne suppose pas de titre ; elle ne suppose pas même la bonne foi, de sorte que l'on peut avoir une possession à titre de propriétaire, tout en sachant que l'on n'a pas la propriété de la chose que l'on possède. Un usurpateur peut avoir une possession utile à la prescription ; il possède à titre de propriétaire, en ce sens qu'il manifeste, par des actes de jouissance, qu'il entend être propriétaire. C'est là le caractère essentiel que la possession doit avoir pour que le possesseur puisse prescrire ; la possession doit manifester sinon le droit, du moins la prétention au droit ; si la loi la consolide, c'est uniquement parce que le possesseur a agi comme s'il était propriétaire. Ce n'est pas à dire que ce

---

(1) Marcadé, t. VIII, p. 91, nº VII de l'article 2234 ; Leroux de Bretagne, t. 1, p. 243, nº 342. Comparez Mourlon, *Répétitions,* t. III, p. 755, nº 1829.

dernier caractère exigé par l'article 2229 se confonde avec les autres; la loi en fait un caractère à part pour distinguer la possession de celui qui prétend être propriétaire, et la possession de celui qui, en vertu de son titre, ne saurait avoir cette prétention : tels sont les possesseurs précaires, c'est-à-dire ceux qui possèdent pour autrui. La loi décide qu'ils ne prescrivent jamais, par quelque laps de temps que ce soit, leur titre même s'opposant à ce qu'ils puissent avoir la volonté de posséder à titre de propriétaire. Ainsi quand la loi dit que pour prescrire il faut posséder à titre de propriétaire, cela signifie que celui qui possède à titre précaire ne peut pas prescrire. Nous reviendrons sur les possesseurs précaires; pour le moment, il faut expliquer le principe et les conséquences qui en résultent.

295. Le titre de propriétaire implique le droit de propriété, tel que le code civil le définit, le droit de jouir et disposer des choses de la manière la plus absolue. Il y a une propriété qui est nécessairement limitée, c'est celle des copropriétaires par indivis. De ce que cette propriété n'est pas celle de l'article 544 faut-il conclure qu'elle ne peut être acquise par prescription? Ce serait très-mal raisonner et faire une fausse application du principe de l'article 2229. Pour prescrire, il faut posséder à titre de propriétaire, en ce sens que celui qui ne peut pas avoir la volonté de posséder comme propriétaire ne saurait prescrire. Mais on peut posséder comme communiste et avoir la volonté de posséder à ce titre; pourquoi, si cette possession dure pendant le temps requis et si, du reste, elle réunit les autres caractères exigés par la loi, ne serait-elle pas utile pour la prescription? La jurisprudence est en ce sens (1).

Pendant un temps plus que suffisant pour prescrire, les habitants d'une commune avaient fait des actes nombreux de propriétaires sur une lande, concurremment avec les habitants d'une autre. commune, en y conduisant pâturer

(1) Rejet, cour de cassation de Belgique, 23 décembre 1852 (*Pasicrisie* 1853, 1, 133).

leurs troupeaux, en y coupant de la litière, en cultivant des terrains, en enlevant des terres propres aux constructions ; tous ces actes de jouissance étaient communs aux habitants des deux communes, qui se disputaient la propriété de la lande. La cour de Limoges en conclut que les deux communes ayant eu une possession commune et promiscue, la conséquence de la possession devait être une propriété promiscue, c'est-à-dire commune. Cette décision a été confirmée par un arrêt de rejet (1). Elle est très-juridique. Il est de principe que la prescription est déterminée par la possession : quand la possession n'est pas exclusive, elle ne peut pas conduire à la prescription de la propriété au profit du possesseur : une possession de communiste doit avoir pour conséquence une prescription d'une propriété commune, c'est-à-dire de la copropriété.

Il y a un arrêt de la cour de cassation qui paraît contraire à cette décision ; en réalité il porte sur une question différente. Une commune prétend avoir acquis par la prescription la copropriété d'un terrain dont la propriété appartenait à un particulier. Elle invoquait des faits de possession ; de son côté, le propriétaire avait fait des actes de jouissance. Etait-ce là cette possession commune, promiscue, qui engendre la copropriété ? Non, il y avait deux possessions diverses, l'une, celle du propriétaire, à titre exclusif, ce qui excluait tout droit contraire ; l'autre, celle des habitants de la commune ; cette dernière différait de la possession du propriétaire, ce n'était pas une possession à titre de propriétaire exclusif, puisque le propriétaire n'avait pas cessé de jouir de la lande ; ce n'était pas une possession promiscue, puisque la possession du propriétaire, exclusive de sa nature, ne pouvait s'allier à celle de la commune ; donc, en définitive, la commune n'avait ni possession exclusive, ni possession commune, partant, elle ne pouvait prescrire à aucun titre. L'arrêt attaqué en concluait que les actes de possession de la commune n'étaient que des actes de tolérance, lesquels ne fondent pas de prescrip-

---

(1) Rejet, 22 février 1870 (Dalloz, 1870, 1, 425). Comparez Limoges, 10 juin 1840 (Dalloz, au mot *Prescription*, n° 334).

tion, et la cour de cassation confirma cette interprétation (1).

296. L'article 2232 consacre une application du principe de l'article 2229; il porte que « les actes de pure faculté et de simple tolérance ne peuvent fonder ni possession ni prescription ». Nous avons dit plus haut ce que l'on entend par actes de pure faculté (n°s 227-235); on ne peut les invoquer ni pour la prescription acquisitive ni pour la prescription extinctive. Voici une application empruntée à Dunod. Il cite les choses que la nature a données à tous pour en user sans se les approprier, tels que les éléments. L'exemple est mal choisi, car les éléments sont en dehors de toute prescription, la prescription ne pouvant s'appliquer qu'aux choses susceptibles d'appropriation. Pour qu'il puisse être question de prescription, il faut supposer que les choses sont susceptibles d'appropriation, mais qu'elles sont affectées à l'usage de tous ou des habitants d'une communauté; celui qui en use n'acquiert pas le droit d'en user à l'exclusion des autres, quoiqu'il en use seul. Dunod admet une exception pour le cas où la possession serait de temps immémorial, s'il y avait eu contradiction expresse (2). Cette exception ne serait pas admissible en droit moderne, car l'article 2234 est conçu en termes absolus, et il ne peut pas y avoir d'exception à la loi, à moins qu'elle ne résulte des principes; or, les principes ne permettent pas la prescription des droits de pure faculté dans l'exemple que donne Dunod, puisque ce serait prescrire contre l'intérêt général.

297. « Les actes de simple tolérance ne fondent ni possession ni prescription » (art. 2232). C'est une autre conséquence du même principe. La tolérance exclut l'idée de droit; or, la prescription implique que les actes sur lesquels elle se fonde sont la manifestation d'un droit. C'est pour ce motif que la loi n'admet pas l'acquisition par prescription des servitudes discontinues (3); les actes de jouissance que

(1) Rejet, 8 avril 1850 (Dalloz, 1850, 1, 156). En sens contraire, les considérants d'un arrêt de Limoges, du 25 février 1840 (Dalloz, au mot *Prescription*, n° 376).
(2) Dunod, part. I, ch. XII, p. 80 et suiv.
(3) Comparez Bruxelles, 27 juillet 1855 (*Pasicrisie*, 1857, 2, 166). Nous

l'on pourrait invoquer pour y fonder la possession et la prescription sont le plus souvent des actes de bon voisinage,
c'est-à-dire de bienveillance, ce qui exclut tout droit et empêche par conséquent la prescription (t. VIII, n° 205) (1).

Nous disons que cette disposition de l'article 2232 est
une conséquence du principe qui exige une possession à
titre de propriétaire. La tolérance est certainement exclusive de l'idée de propriété, puisque la propriété est un
droit, tandis que la tolérance est l'absence de droit. Il est
vrai que les actes de tolérance diffèrent de la possession à
titre précaire, mais ce n'est que dans la cause des actes
de possession ; la possession précaire implique un contrat
intervenu entre le détenteur et le propriétaire, contrat qui
prouve que le détenteur possède, non pour lui, mais pour
autrui ; tandis que celui qui jouit par tolérance n'a aucun
titre, sauf un consentement du propriétaire, que celui-ci
peut retirer d'un instant à l'autre (2). Mais cette différence
entre la tolérance et la précarité ne tient pas à l'essence
de la possession ; ce qui caractérise l'une et l'autre jouissance, c'est qu'elles excluent toute idée d'appropriation ou
de droit, et il ne peut y avoir de prescription quand la
possession n'est pas la manifestation d'un droit de propriété.

298. Nous empruntons quelques applications à la jurisprudence. Est-ce qu'une commune peut acquérir par
prescription le droit de tenir une foire dans le champ d'un
particulier après la levée des récoltes ? Elle ne pourrait
prescrire qu'à titre de propriété ou de servitude ; il faut
écarter la servitude, puisque ce serait une servitude discontinue, laquelle ne s'établit point par prescription (article 691) (3). Quant à la propriété, elle ne peut s'acquérir
par prescription que lorsque la possession est à titre de

avons examiné ailleurs la question de savoir si le fait du propriétaire
d'étendre les branches d'un arbre sur le fonds du voisin est un acte de *tolérance* (t. VIII, n° 20).

(1) Voyez une autre application dans Bruxelles, 25 mars 1843 (*Pasicrisie*, 1845, 2, 340). Il s'agissait, dans l'espèce, d'un terrain vague joignant
la voie publique, dont l'autorité locale avait laissé la jouissance de fait
aux riverains.

(2) Leroux de Bretagne, t. I, p. 240, n° 309.

(3) Rennes, 15 décembre 1848 (Dalloz, 1851, 5, 405).

propriétaire, c'est-à-dire quand la possession est exclusive ; or, la commune ne possède certes pas à l'exclusion du propriétaire, puisque celui-ci ne cesse pas de posséder ; s'il permet que la foire se tienne sur son héritage, c'est dans son intérêt plutôt que dans l'intérêt de la commune, car il profite des engrais que les bestiaux déposent dans les champs dépouillés de leurs récoltes. En ce sens, la possession de la commune est de tolérance ; ce qui exclut la prescription (1).

Quand il s'agit d'actes de jouissance qui sont utiles à celui qui les fait sans causer aucun préjudice au propriétaire, la possession ne peut être invoquée ni pour les actions possessoires ni pour la prescription, parce qu'en réalité il n'y a pas de possession ; c'est un acte de tolérance qui exclut l'idée de droit et, partant, de possession juridique. Des habitants d'une commune se prétendent en possession d'extraire du lit d'un torrent les pierres et le sable que les eaux y déposent : cette possession leur donne-t-elle les actions possessoires? Non, parce que ce sont des actes de simple tolérance. Ainsi jugé par la cour de cassation (2). Cette jurisprudence suppose que les torrents et leur lit font partie du domaine de la commune ; question vivement controversée que nous avons décidée en faveur des riverains (t. VI, n°s 15-27).

Des habitants d'une commune font paître leurs troupeaux sur des terres vaines et vagues dont le produit est de peu de valeur ; ils y coupent des broussailles. Est-ce un acte de possession ou de tolérance? Si, de son côté, le propriétaire avait joui de la chose, il ne pourrait s'agir de prescription (n° 295) ; et quand même il n'aurait pas joui, la possession sera d'ordinaire de tolérance, donc insuffisante pour prescrire. Il va de soi que nous n'entendons pas le décider ainsi en droit, c'est essentiellement une question de fait ; voilà pourquoi la cour de cassation rejette régulièrement les pourvois en cette matière : les

_____

(1) Riom, 3 décembre 1844 (Dalloz, 1846, 2, 88). Grenoble, 26 août 1846 (Dalloz, 1852. 2. 220).

(2) Rejet, 29 août 1831 (Dalloz, au mot *Action possessoire,* n° 203).

juges du fond apprécient souverainement les faits (1). Les premiers juges peuvent décider que le fait d'avoir mené ses bestiaux pacager sur un terrain peut être allégué pour établir un droit de copossession sur ce terrain. De même le fait d'avoir coupé des litières sur des terres vaines et vagues, d'y avoir fagoté des épines peut être considéré comme caractérisant suffisamment une possession capable de servir de base à la complainte (2).

Nº 8. DE LA PRÉCARITÉ.

I. Qu'est-ce que la possession précaire?

299. L'expression *possession précaire* vient du droit romain, mais elle a changé entièrement de signification en droit moderne. Chez les Romains, on appelait *précaire* la possession de ceux qui l'avaient obtenue du propriétaire par leurs prières, donc comme une faveur que le maître pouvait retirer quand il le voulait. Le possesseur précaire n'avait aucun droit à l'égard de celui de qui il tenait la chose; il jouissait des interdits possessoires à l'égard des tiers. D'après l'article 2236, on entend par possesseurs précaires ceux qui possèdent pour autrui : tels sont le fermier, le dépositaire, l'usufruitier et tous ceux qui détiennent précairement la chose du propriétaire. La possession précaire du code civil n'est pas une possession ; le fermier ne possède pas, il détient la chose au nom du bailleur et pour lui, c'est le bailleur qui possède par son intermédiaire (n° 263). Bien que les possesseurs précaires n'aient qu'une simple détention, on ne peut pas dire que cette détention soit précaire dans le sens romain, car ils ne possèdent pas par faveur, ils possèdent en vertu d'un contrat qui leur donne un droit contre le propriétaire (3).

Il y a encore, dans notre droit moderne, des détenteurs

(1) Rejet, 26 février 1838 (Dalloz, au mot *Commune*, n° 1579, 3°), et 15 décembre 1824 (Dalloz, au mot *Prescription*, n° 360).

(2) Rejet, 8 janvier 1835 et 21 février 1827 (Dalloz, au mot *Prescription*, nᵒˢ 484 et 219), et 20 mai 1851 (Dalloz, 1851, 1, 260).

(3) Aubry et Rau. t. II, p 90 et suiv., et note 3, § 180.

que l'on peut assimiler aux possesseurs précaires du droit romain. L'Etat, les provinces, les communes peuvent concéder à des particuliers la jouissance de fonds dépendant du domaine public ; cette possession est précaire à l'égard du concédant, qui peut toujours la révoquer ; mais le concessionnaire a un droit à l'égard des tiers, contre lesquels il peut faire valoir sa possession par des actions possessoires ; il va sans dire qu'il ne peut jamais prescrire, puisque le domaine public est imprescriptible (1).

300. Les possesseurs précaires « ne prescrivent jamais, par quelque laps de temps que ce soit ; leurs héritiers ne peuvent non plus prescrire » (art. 2236 et 2237). Il importe donc beaucoup de savoir qui est possesseur précaire. Ce sont, d'après l'article 2236, tous ceux qui possèdent pour autrui ; la loi nomme le fermier, le dépositaire, l'usufruitier ; puis elle ajoute : « et tous autres qui détiennent précairement la chose du propriétaire ». Sous le nom de *fermier*, la loi comprend tous ceux qui tiennent à bail (2). Le dépositaire ne détient que des choses mobilières (art. 1918) ; le séquestre peut avoir pour objet des immeubles. Nous dirons plus loin que les meubles ne sont pas l'objet d'une prescription proprement dite ; mais celui qui les possède à titre de propriétaire peut opposer la maxime de l'article 2279 : *En fait de meubles, la possession vaut titre.* Les possesseurs précaires, tels que le dépositaire, ne peuvent pas invoquer cette maxime ; en ce sens ils ne prescrivent jamais. La jurisprudence a fait l'application du principe au séquestre et au dépôt. Les anciens auteurs citent un arrêt célèbre du parlement de Paris, du 21 avril 1561, qui condamna l'évêque de Clermont à restituer à la reine Catherine de Médicis le comté de cette ville, dont il jouissait depuis trois siècles par lui et ses prédécesseurs, parce qu'il fut reconnu que le comté avait été mis en garde, en 1202, à un évêque de Clermont, par Guy, comte de Clermont, aux droits de qui se trouvait la reine (3).

(1) Rejet, 11 mars 1868 (Dalloz, 1871, 5. 301, n° 14).
(2) Voyez un exemple dans l'arrêt de Bruxelles, du 23 décembre 1846 (*Pasicrisie,* 1847, 2, 295).
(3) Leroux de Bretagne, t. I, p. 284, n° 378.

Le conseil d'Etat applique le même principe à la caisse des dépôts et consignations : elle ne peut jamais prescrire, ni à son profit, ni au profit du trésor, par quelque laps de temps que ce soit, la propriété des sommes qu'elle reçoit en dépôt; le mot même qu'elle porte témoigne qu'elle possède pour autrui, donc à titre précaire. Il a été jugé que le dépôt d'un prix de vente à la caisse des consignations, ordonné par le préfet, a pour effet de mettre cette somme à l'abri de toute déchéance. Ce principe s'applique-t-il aux intérêts que la caisse doit payer aux déposants? On a soutenu, en faveur de la caisse, que les intérêts restaient sous l'empire du droit commun, puisqu'ils ne constituent pas un dépôt fait par le déposant. Cette prétention a été rejetée par un jugement très-bien motivé du tribunal du Havre, que la cour d'appel a confirmé, en adoptant les motifs (1). Dépositaire et débitrice du capital, la caisse est nécessairement dépositaire et débitrice des intérêts, en vertu du principe que l'accessoire suit la condition du principal. La caisse prétendait qu'elle devenait propriétaire des sommes déposées, puisqu'elle avait le droit de se servir à son profit des sommes consignées. C'était prouver trop, car, si elle devenait propriétaire du capital avec charge de restitution, elle ne serait plus dépositaire, et, par conséquent, elle pourrait opposer la prescription, comme tout débiteur. La vérité est que les dépôts faits à la caisse sont régis par des principes spéciaux, mais toujours est-il que la caisse ne cesse jamais d'être dépositaire; ce qui exclut toute prescription pour la dette naissant du dépôt; par conséquent, pour les intérêts aussi bien que pour le capital.

301. Le créancier gagiste ne peut prescrire la propriété du gage. Dunod en donne une raison décisive, c'est que le créancier tient la chose au nom du débiteur, dont il reconnaît le domaine; ce qui forme un obstacle perpétuel à la prescription (2). Toutefois Dunod enseigne que le créancier qui retient le gage après que le débiteur a payé

---

(1) Jugement du 27 janvier 1870 (Dalloz, 1870, 3, 61), et Rouen, 10 août 1870 (Dalloz, 1872, 5, 49).
(2) Comparez le t. XXVIII de mes *Principes*, n° 497.

peut prescrire, puisqu'il ne possède plus la chose comme gage (1). Cela était déjà controversé dans l'ancien droit; sous l'empire du code, on ne peut plus admettre que la cause de la possession change par cela seul que la dette est éteinte; car il n'y a d'autre interversion, d'après l'article 2238, qu'une cause venant d'un tiers, ou la contradiction que le détenteur précaire oppose au droit du propriétaire; or, dans l'espèce, il n'y a ni contradiction ni titre nouveau venant d'un tiers; partant, le créancier reste ce qu'il était, détenteur précaire, et, comme tel, il ne peut prescrire la chose; le débiteur pourra donc toujours revendiquer la chose contre lui. Si le créancier aliénait la chose, le débiteur n'aurait contre lui qu'une action personnelle, laquelle est prescriptible; et il ne pourrait pas revendiquer contre le tiers possesseur de bonne foi, celui-ci étant protégé par la maxime qu'en fait de meubles, la possession vaut titre (2).

302. Les mandataires ne peuvent pas prescrire, par la même raison: ils possèdent, pour mieux dire, ils détiennent la chose précairement pour le mandant. Il a été jugé, en conséquence, que celui qui a perçu pendant plus de trente ans les arrérages d'une rente inscrite au nom d'un tiers, sans avoir un titre de propriété, doit être considéré comme ayant touché ces arrérages en qualité de mandataire du titulaire de la rente; que, dès lors, la perception des arrérages n'a été faite qu'en vertu d'un titre précaire; que, par suite, le crédirentier en peut toujours demander la restitution. Le crédirentier agit par voie de revendication, et non par l'action du mandat; celle-ci est prescriptible, l'autre ne l'est pas, parce que la détention de celui qui est porteur de l'inscription est une possession précaire (3).

303. Le principe qui régit les mandataires s'applique aux administrateurs conventionnels et légaux. On cite un

---

(1) Dunod, part. I, ch. XII, p. 92.
(2) Leroux de Bretagne, t. I, p. 285, n° 381, et le t. XXVIII de mes *Principes*, n° 555. Comparez Rejet, 24 juillet 1811 (Dalloz, au mot *Prescription*, n° 405). En sens contraire, Troplong, n° 480.
(3) Paris, 31 décembre 1840 (Dalloz, au mot *Trésor public*, n° 1153. 2°).

arrêt mémorable du parlement de Bretagne en faveur de l'hôpital de Bourgneuf contre les Cordeliers de la même ville ; ceux-ci avaient reçu en garde des biens avec charge d'en surveiller l'administration ; après une détention de plus de deux siècles, ils refusèrent de restituer les biens : le parlement les y condamna à titre de détenteurs précaires (1).

Faut-il appliquer ce principe au tuteur? Il va sans dire qu'il ne prescrit pas les biens du mineur ou de l'interdit tant qu'il administre ; mais beaucoup d'auteurs enseignent que le tuteur peut prescrire à partir du moment où la tutelle a cessé, ou à partir du moment où le compte a été rendu. D'autres disent que la prescription de dix ans tient lieu de décharge ; et comme la prescription a un effet rétroactif, Troplong en conclut que la décharge est censée avoir été obtenue à la majorité, et que, dès cet instant, le tuteur a pu commencer une possession utile (2). A notre avis, il faut dire du tuteur et de tout administrateur ce que nous avons dit du créancier gagiste (n° 301). Le tuteur est un détenteur précaire ; donc, aux termes de l'article 2236, il ne peut jamais prescrire. Il n'y a d'exception que lorsque le détenteur précaire a interverti son titre ; mais pour qu'il y ait interversion, il faut ou un nouveau titre venant d'un tiers, ou la contradiction opposée par le détenteur précaire au droit du propriétaire ; or, la cessation de la tutelle, le compte et la prescription de dix ans ne sont ni un titre nouveau ni une contradiction : ce qui est décisif. Ainsi l'action en revendication contre le tuteur est imprescriptible, puisqu'il ne peut jamais devenir propriétaire des biens de son pupille ; mais s'il les aliénait, le mineur n'aurait contre lui qu'une action en responsabilité, et celle-là se prescrit par dix ans. La jurisprudence s'est prononcée en ce sens (3). Ce que Troplong allègue en faveur de l'opinion contraire n'a aucune valeur ; ce sont des affirmations qui

(1) Poullain du Parc, *Principes de droit français*, t. VI, p. 239, n° 13.
(2) Vazeille, n° 143. Demolombe, t. VIII, n° 131. Freminville, *Traité de la minorité*, n° 365. Troplong, n°s 487 et 489.
(3) Orléans. 31 décembre 1852 (Dalloz. 1854. 2, 28). Pau. 9 février 1857 (Dalloz, 1857, 2, 81). Caen, 31 juillet 1858 (Sirey, 1859, 2, 97).

posent en principe ce qu'il s'agit de prouver. Le compte, dit-on, est une interversion venant d'un tiers ; et la preuve? La prescription tient lieu de compte, dit-on : et la preuve? En droit, on n'affirme pas, on prouve.

304. Le mari, administrateur légal des biens de la femme, est-il un détenteur précaire? On peut s'étonner de ce que la question soit posée; et ce qui est plus étonnant, c'est qu'elle est controversée. Si nous nous y arrêtons, c'est pour tenir nos jeunes lecteurs en garde contre l'abus que l'on fait de la tradition, que trop souvent on altère, ou que l'on comprend mal. Le texte et l'esprit du code ne laissent aucun doute. Sous le régime de communauté, le mari a l'*administration* des biens personnels de la femme; il n'est donc rien qu'administrateur; partant, il est détenteur précaire; ce qui décide notre question. Qu'importe que son administration cesse et qu'il continue à posséder? Ce qui caractérise la possession précaire, c'est précisément que le vice qui en résulte est indélébile; la possession précaire ne peut jamais servir à la prescription, à moins qu'elle ne soit intervertie, et il n'y a d'autres causes d'interversion qu'un nouveau titre venant d'un tiers, ou la contradiction que le détenteur précaire oppose au propriétaire. Or, la cessation de l'administration n'est ni un titre nouveau, ni une contradiction; tout ce qui en résulte, c'est que le mari est obligé de restituer les biens; l'action personnelle qui appartient à la femme est prescriptible; la revendication est imprescriptible, puisque le mari ne peut pas prescrire.

Qu'est-ce que Troplong oppose au texte de la loi? La tradition. Loyseau dit que les maris sont *seigneurs* indistinctement de tous les biens de leurs femmes. Est-ce là la tradition que les auteurs du code ont suivie? Troplong est obligé d'avouer que, d'après la doctrine de Pothier, le mari est un administrateur des propres de la femme; mais, dit-il, ce n'est là qu'une comparaison; le mari est toujours *seigneur*. Nous répondons que c'est un seigneur qui n'a d'autre pouvoir que celui d'administrer. Faut-il ajouter qu'il n'est plus question de cette *seigneurie* dans le code civil et que le mari n'est plus qu'un simple administrateur? L'article 1428 le dit, et cela devrait suffire si les interprètes avaient pour la loi le respect qu'ils devraient avoir. Quand le code dit que le mari est administrateur des propres, que vient-on nous citer Loyseau, pour faire dire au code que le mari est *seigneur* des propres, comme en droit romain il était maître de la dot?

Troplong s'empare de ce principe pour en induire que, sous le régime dotal, le mari est toujours maître de la dot. Or, il se trouve que, même en droit romain, ce principe n'était qu'une fiction. Fiction ou non, la question est de savoir si le code a maintenu la doctrine traditionnelle. Le code dit que le mari a l'*administration* des biens dotaux; donc il n'est qu'un administrateur; la fiction romaine n'a laissé qu'une seule trace dans notre législation, c'est que le mari a les actions réelles. Du reste, le code ignore la fiction romaine. Troplong est obligé d'avouer « que le droit de propriété du mari n'enlève pas à la femme la *propriété naturelle* de son apport. » Si l'on demandait au savant magistrat ce que c'est que la *propriété naturelle?* Il n'y a qu'une propriété, celle que le code civil définit; si la femme l'a, le mari ne peut pas l'avoir, et si elle appartient au mari, comment la femme l'aurait-elle (1)?

305. Par la même raison ceux qui administrent les biens d'une commune, collége échevinal ou maires, sont des détenteurs précaires. Comment pourraient-ils, dit la cour de cassation, posséder *animo domini* des biens qu'ils sont chargés d'administrer, et acquérir, par prescription, contre la commune, les droits qu'ils sont tenus de lui conserver? La cour a fait une application intéressante de ces principes élémentaires. Dans l'espèce, le mari avait commencé à posséder avant de devenir maire; le pourvoi se prévalait de ce fait en faveur des époux; la cour répond que la possession du mari est devenue précaire à partir de sa nomination; du moment où la conservation des droits de la commune propriétaire a été confiée au mari, la prescription est devenue impossible; en effet, détenteur précaire à titre d'administrateur, il ne pouvait pas agir pour

_____

(1) Troplong, nos 483 et 486. En sens contraire, tous les auteurs. Voyez notamment Marcadé, t. VIII, p. 104, no I de l'article 2241, et Leroux de Bretagne. t. I, p. 286, nos 283 et 284.

lui contre la commune, ni pour la commune contre lui-
même. Il en était de même de la femme commune er
biens : à ce titre, elle ne pouvait avoir d'autres droits que
son mari (1).

306. L'article 2236 place l'usufruitier parmi les détenteurs précaires. Cela est vrai quant au droit de propriété
qui appartient au nu propriétaire et que l'usufruitier est
obligé de conserver pour le rendre à l'expiration de sa
jouissance. Mais l'usufruitier a aussi un droit réel dans la
chose, droit qui est dans son domaine, et dont il a, par
conséquent, la possession.

L'usufruitier ne peut donc jamais acquérir la propriété
de la chose qu'il détient à titre précaire. En est-il de
même quand son usufruit vient à cesser ? Pour l'usufruitier
on ne saurait le contester, puisqu'il ne cesse pas d'être détenteur précaire. Et ce qui est vrai de l'usufruitier est vra
de ses héritiers. Dans l'ancien droit, la question était controversée; les articles 2236 et 2237 lèvent tout doute
l'usufruitier est rangé parmi les détenteurs précaires, et
l'article 2237 dit que les héritiers de ceux qui détiennen
la chose à quelqu'un des titres désignés par l'article précédent ne peuvent non plus prescrire (2). Déjà dans l'ancier
droit, d'Argentré et Dunod s'étaient prononcés en faveur de
cette opinion; la jurisprudence l'a consacrée (3).

307. Le code ne parle que des usufruitiers; il en es
de même des usagers, puisque, quant à la propriété, ils
sont aussi des détenteurs précaires. On doit en dire autan
des emphytéotes et des superficiaires; nous renvoyons à ce
qui a été dit ailleurs sur le caractère de l'emphytéose e
de la superficie. Ces principes s'appliquent aux commune
usagères. Toutefois l'application soulève quelques difficul
tés quant aux terres vaines et vagues.

Sous l'ancien régime, les seigneurs étaient propriétaire
des terres vaines et vagues comprises dans leur seigneurie
en vertu de la maxime féodale *Nulle terre sans seigneur*

---

(1) Rejet, 3 août 1857 (Dalloz, 1859, 1, 211).
(2) Leroux de Bretagne, t. I. p. 283, n° 376. Duranton, t. XXI, p. 384
n° 243.
(3) Rejet, 14 novembre 1871 (Dalloz, 1871, 1, 345).

Les lois de la révolution abolirent la féodalité, et enlevèrent aux ci-devant seigneurs tous les biens dont ils s'étaient emparés par abus de leur puissance. On considéra comme tels les terres vaines et vagues. Les lois des 10 et 11 juin 1793 contiennent à cet égard les dispositions suivantes : « Tous les biens communaux, en général, connus, dans toute la république, sous les divers noms de terres vaines et vagues,... landes, pacages, pâtis, bruyères, bois communs, vacants, marais, marécages, montagnes et sous toute autre dénomination quelconque sont communaux et appartiennent, de leur nature, à la généralité des habitants ou membres des communes ou sections de communes dans le territoire desquelles les communaux sont situés. » Les communes étaient autorisées à revendiquer tous ces biens. Pouvait-on leur opposer qu'elles en étaient usagères et qu'à ce titre elles ne pouvaient pas être propriétaires? La jurisprudence constante de la cour de cassation se prononça contre les communes usagères; en effet, les lois de 1793 n'établissaient en leur faveur qu'une présomption de propriété, et cette présomption tombait devant la preuve de la précarité de leur possession : le détenteur précaire ne peut devenir propriétaire que par une interversion de son titre (1).

Les communes peuvent avoir possédé à titre de propriétaires ou à titre d'usagères; de là une nouvelle difficulté. Celle-ci est de fait, car elle dépend de l'appréciation des actes et de la possession; il est de jurisprudence que les juges du fond ont un pouvoir souverain en cette matière (2).

Si les communes ne peuvent pas invoquer la jouissance qu'elles exercent à titre d'usagères, il en doit être de même des habitants qui exercent comme tels un droit qui appartient à la commune. Nous supposons que ce droit est un droit d'usage dans une forêt : ce sont les habitants qui l'exercent, chacun à son profit, mais tous au nom de la commune; leur possession est donc essentiellement pré-

---

(1) Rejet, 22 mars 1825, 4 avril 1826, 25 juillet 1831 (Dalloz, au mot *Commune*, n° 2118).
(2) Rejet, 1er juin 1824 (Dalloz, au mot *Commune*, n° 2045, 1°).

caire, quelque longue que soit leur possession, à moins
qu'elle n'ait été intervertie (1). Les particuliers peuvent
donc avoir une possession à titre de propriétaire, tandis
que la commune n'a qu'une possession précaire à titre
d'usagère. En droit, cela n'est point douteux, quelles que
soient les difficultés de fait, quand il s'agit de distinguer
ces deux espèces de possession. Par contre, un habitant
de la commune peut exercer un droit d'usage sur des landes
et bruyères en son propre.nom; tandis que la commune,
par la généralité de ses habitants, exerce le droit de propriété. La distinction est certes subtile, toutefois elle est
possible en droit, et la cour d'Angers l'a appliquée (2).

308. La précarité est-elle un vice absolu ou relatif?
Les auteurs s'accordent à enseigner que la précarité est
un vice absolu (3). Dans notre opinion, tous les vices qui
empêchent le possesseur de prescrire sont absolus, en ce
sens que toute personne peut s'en prévaloir, car tous sont
exclusifs d'une volonté de posséder comme possèdent les
propriétaires; et le législateur n'a pas entendu consolider
une pareille possession. Quant à la précarité, il y a un
motif péremptoire, c'est que les détenteurs précaires ne
possèdent réellement pas. Il y a cependant une objection,
c'est que la précarité résulte d'un contrat; or, les tiers
peuvent-ils se prévaloir de ce qui se passe entre les parties contractantes? L'objection est à l'adresse des auteurs
qui admettent des vices relatifs. Dans notre opinion, les
caractères de la possession utile à prescrire sont établis
dans l'intérêt général qui a légitimé la prescription; dès
lors toute partie intéressée peut s'en prévaloir.

II. *Conséquences de la précarité.*

309. La loi pose en principe que ceux qui possèdent
pour autrui et leurs héritiers ne prescrivent jamais, par
quelque laps de temps que ce soit, quand même eux et

(1) Toulouse 13 avril 1832 (Dalloz, au mot *Usage forestier*, n° 128).
(2) Angers, 27 mai 1843 (Dalloz, au mot *Prescription*, n° 428), et Rejet,
4 décembre 1844 (Dalloz, 1845, 1, 44).
(3) Duranton, t. XXI, p. 350, n° 223, et tous les auteurs.

leurs héritiers posséderaient pendant mille ans, dit Dumoulin. En effet, le titre même en vertu duquel ils détiennent la chose prouve qu'ils ne possèdent pas comme propriétaires, et qu'ils ne peuvent pas posséder comme tels, puisque leur titre constate qu'ils possèdent pour le propriétaire, auquel ils sont obligés de restituer la chose qu'ils détiennent sans la posséder, dans le sens juridique du mot. Dumoulin, en disant qu'une détention de mille ans serait toujours une détention précaire, disait en d'autres mots ce que répète, en termes plus énergiques encore, l'article 2236 : les détenteurs précaires ne prescrivent *jamais*, par *quelque laps de temps que ce soit*. C'est l'éternité, autant que les hommes peuvent parler d'éternité, puisque les héritiers succèdent au vice de leur auteur et le transmettent à leurs héritiers à l'infini. La cour de Nancy a débouté des communes de leur prétention à la propriété d'une partie de la forêt de Dieulet, bien que leur possession remontât au douzième siècle ; mais c'est précisément l'origine de leur possession qui témoignait contre elles ; le titre de concession prouvait qu'elles étaient usagères ; sept siècles de possession n'avaient pas purgé ce vice, et il ne sera jamais purgé, à moins qu'il n'y ait une interversion du titre, ce qui n'est le plus souvent qu'une restriction de théorie (1).

Bigot-Préameneu dit, dans l'Exposé des motifs, « que la règle suivant laquelle on est toujours présumé posséder au même titre doit être mise au nombre des principales garanties du droit de propriété » (2). Cela est vrai ; reste à savoir si cette garantie est en harmonie avec le principe de la prescription. La loi veut consolider les possessions, même aux dépens des droits du propriétaire : après trente ans, le possesseur l'emporte. Or, voici une possession qui dure pendant des siècles, le possesseur ignore que dans son origine son droit était précaire ; il a la volonté de posséder comme propriétaire, il est convaincu qu'il l'est. Et cependant après des siècles de possession il sera évincé par

---

(1) Marcadé. t. VIII, p. 108, n° II de l'article 2241.
(2) Bigot-Préameneu, Exposé des motifs, n° 9 (Locré, t. VIII, p. 547).

le propriétaire primitif. Cette longue incertitude de la possession n'est-elle pas en opposition avec le principe sur lequel repose la prescription? Pour justifier la loi, on dit que la possession ne doit l'emporter sur la propriété que si elle réunit les caractères qui en font la manifestation du droit de propriété. Il est vrai que les successeurs universels du détenteur précaire sont toujours des détenteurs précaires, en droit. Mais en quoi diffèrent-ils, en fait, de l'usurpateur? Celui qui par la force se met en possession d'un héritage contracte aussi l'obligation de le restituer, et cette obligation passe à ses héritiers. Néanmoins après trente ans, l'usurpateur sera préféré au propriétaire : la stabilité des possessions le veut ainsi. Pourquoi cette indulgence d'une part, et cette sévérité excessive d'autre part? Il y a là une véritable anomalie (1).

310. Il ne faut pas croire que toutes les actions qui résultent de la possession précaire soient perpétuelles. Le possesseur précaire ne peut prescrire. De là suit que la chose qu'il détient peut toujours être revendiquée contre lui; cette action est perpétuelle. Mais le propriétaire a encore une autre action qui naît du contrat intervenu entre lui et le détenteur précaire, c'est l'action personnelle; cette action reste soumise à la prescription ordinaire de trente ans. Si donc la chose périt ou si elle est aliénée, le propriétaire ne pourra pas la revendiquer contre le tiers acquéreur si celui-ci a prescrit, et il peut prescrire, comme nous allons le dire; le propriétaire n'aura qu'une action en dommages-intérêts contre le détenteur précaire, et celle-là se prescrit par trente ans. Dunod en a fait la remarque en prenant pour exemple le dépôt. Tant que la chose déposée se trouve dans les mains du dépositaire, elle ne peut être prescrite. Mais si elle n'existe plus, si elle a péri ou si le dépositaire l'a aliénée, l'action du déposant en dommages-intérêts se prescrira par trente ans (2). Ce que Dunod dit du dépositaire est vrai de tout détenteur précaire. Une pièce de terre est donnée à bail par acte authentique du

---

(1) Mourlon, t. III. p. 768, n° 1853. Marcadé, t VIII, p. 109, note.
(2) Dunod, part. I, ch. XII, p. 101 et suiv. Leroux de Bretagne, t. I. p. 282, n°ˢ 374 et 375.

15 février 1762; le fermier l'aliène. Son obligation de restitution se convertit en celle de payer la valeur de la chose et les dommages-intérêts. L'action ne fut intentée qu'en 1814, donc plus de trente ans après qu'elle avait pris naissance. Il a été jugé que l'action était prescrite (1). Il faut ajouter que la prescription de l'action personnelle court, non du jour où le détenteur précaire a aliéné la chose, mais du jour où l'action a pris naissance, c'est-à-dire du jour où le contrat a été formé. La prescriptibilité de l'action personnelle corrige ce qu'il y a de trop sévère dans l'imprescriptibilité de l'action réelle. Il est rare, entre particuliers, que les biens restent dans une famille pendant plusieurs générations; ils passent assez rapidement d'un possesseur à un autre, et comme les successeurs particuliers prescrivent, on ne voit guère de revendication exercée après des siècles. Les exemples que l'on cite datent de l'ancien droit, d'une époque où il existait des corporations qui se perpétuent et acquièrent sans aliéner:

Ce que nous venons de dire s'applique aussi à la possession de l'article 2279. En fait de meubles, la possession vaut titre, ce qui veut dire que l'on ne revendique pas les choses mobilières. Mais la maxime de l'article 2279 suppose que le possesseur possède à titre de propriétaire, comme nous le dirons plus loin; le possesseur précaire ne peut donc pas l'invoquer : c'est dire que celui de qui il tient la chose peut toujours la revendiquer contre lui et ses héritiers. Pothier en fait la remarque, en traitant du prêt à usage. L'emprunteur et ses héritiers, dit-il, ne peuvent opposer aucune prescription de temps pour se dispenser de rendre la chose prêtée lorsqu'elle se trouve en leur possession, quand même le prêt en aurait été fait depuis plus de trente ans. L'emprunteur ayant commencé à posséder à titre précaire, lui et ses héritiers continuent à posséder à ce titre; et cette possession d'emprunt, en laquelle ils sont censés être, réclame perpétuellement pour la restitution de la chose, qui doit être faite à celui qui l'a prêtée ou à ses successeurs. Telle est aussi l'opinion des auteurs mo-

_____

(1) Amiens, 18 novembre 1814 (Dalloz, au mot *Prescription*, n° 433.)

dernes (1). Elle n'est pas sans difficulté. L'obligation personnelle de l'emprunteur se prescrit par trente ans; n'est-ce pas dire qu'après ce laps de temps il n'y a plus d'emprunt? Et cependant il y a toujours un possesseur à titre d'emprunt, et il possédera éternellement à ce titre (2). Cela se concilie difficilement avec le principe qui n'admet pas la revendication des choses mobilières, en théorie du moins; car au point de vue des textes, la solution n'est pas douteuse.

311. Le principe établi par l'article 2237, que les héritiers des détenteurs précaires ne peuvent prescrire, donne lieu à une légère difficulté. On demande s'il s'applique aux successeurs irréguliers, tels que les enfants naturels. Le doute naît de l'article 756, aux termes duquel les enfants naturels ne sont point héritiers. En faut-il conclure que l'article 2237 n'est pas applicable aux successeurs irréguliers? La cour de Bruxelles répond que si la loi refuse le titre d'héritier aux enfants naturels, c'est par respect pour le mariage; cela n'empêche pas les successeurs irréguliers d'être tenus des obligations du défunt; si celui-ci était détenteur précaire, ses successeurs universels seront tenus de l'obligation de restitution, et seront par conséquent aussi des détenteurs précaires (3). C'est en ce sens que Bigot-Préameneu a expliqué l'article 2237 dans l'Exposé des motifs : « Le successeur à titre universel de la personne qui tenait la chose pour autrui n'a point un nouveau titre de possession. Il succède aux droits tels qu'ils se trouvent; il continue donc de posséder pour autrui, et conséquemment il ne peut pas prescrire. » L'orateur du gouvernement ne parle pas des *héritiers*, il oppose les *successeurs universels* aux *successeurs à titre singulier*. Telle est la vraie théorie en matière de possession précaire (4).

312. Les successeurs à titre singulier peuvent prescrire; c'est la disposition de l'article 2239, qui est ainsi

_____

(1) Pothier, *Prêt à usage*, n° 47. Duranton, t. XVII, p. 598, n° 542, et tous les auteurs.
(2) Bugnet sur Pothier, t. V, p. 18. note 2.
(3) Bruxelles, 23 février 1857 (*Pasicrisie*, 1857, 2, 177).
(4) Bigot-Préameneu, Exposé des motifs, n°s 11 et 12 (Locré, t. VIII, p. 347).

conçu : « Ceux à qui les fermiers, dépositaires et autres détenteurs précaires, ont transmis la chose par un titre · translatif de propriété, peuvent la prescrire. » La raison en est que les successeurs à titre particulier ne sont pas tenus des obligations de leur auteur; l'obligation de restitution, et, par suite, la qualité de détenteur précaire, ne passent donc point du vendeur à l'acheteur. Quand le vendeur n'est pas propriétaire, l'acheteur n'acquiert pas la propriété, mais il acquiert une possession utile à la prescription, car sa possession n'est point celle de son auteur, c'est une possession nouvelle, qui n'est point entachée du vice de précarité. On pourrait objecter que nul ne peut transmettre plus de droit qu'il n'en a : le vendeur n'ayant pas de possession utile à la prescription, comment peut-il transmettre à l'acheteur une possession autre que celle qu'il a lui-même? L'orateur du gouvernement répond que le vendeur ne transmet pas sa possession à l'acheteur; celui-ci commence une possession qui n'est point précaire, parce que son titre ne le soumet pas à l'obligation de restituer la chose; cette obligation, personnelle à son auteur, ne passe point à ses successeurs. Les successeurs à titre particulier ont un titre nouveau qui est translatif de propriété, comme le dit l'article 2239. C'est là une condition essentielle pour que les successeurs particuliers puissent prescrire; car si leur titre les soumettait aussi à restituer la chose, ils seraient détenteurs précaires, et, par suite, ils ne pourraient pas prescrire. Ainsi si le fermier sous-loue ou cède son bail, il va de soi que le sous-preneur ou le cessionnaire ne peuvent prescrire, puisque leur titre les oblige à restituer l'héritage; et à raison de cette obligation qu'ils contractent, ils sont détenteurs précaires (1).

313. Dans l'ancien droit, on discutait la question de savoir si l'emphytéote pouvait, en aliénant le fonds emphytéotique, donner ouverture à la prescription en faveur de l'acquéreur. C'était un point très-important, car la même difficulté se présentait pour le vassal. Dunod expose les

_____

(1) Duranton, t. XXI, p. 404, n° 249. Leroux de Bretagne, t. I, p. 295, n° 395.

328 DE LA PRESCRIPTION.

deux opinions qui s'étaient formées, sans se prononcer. La jurisprudence mettait l'emphytéote sur la même ligne que l'usufruitier. C'est la bonne doctrine. L'emphytéote est possesseur quant à son droit d'emphytéose; il est détenteur précaire quant au droit de propriété. C'est sur ce dernier point que la controverse s'était élevée. On avait, dans l'ancien droit, transporté à l'emphytéose la distinction du domaine direct et du domaine utile qui dominait dans la propriété féodale, et l'on en concluait que l'emphytéote et le vassal ne pouvaient priver le seigneur de la possession du domaine direct (1). Il est inutile d'entrer dans ce débat, puisque notre droit moderne ignore la distinction du domaine utile et du domaine direct. Nous renvoyons à ce qui a été dit sur l'emphytéose (t. VIII, n⁰ˢ 342-345).

314. L'application des principes que nous venons d'établir soulève une autre difficulté. On pose parfois comme règle que le possesseur ne prescrit point quand il est tenu de l'obligation personnelle de rendre la chose à son véritable maître. C'est une extension du principe formulé par l'article 2236, et en l'étendant on l'altère. La loi n'admet qu'une seule possession précaire, celle des détenteurs qui possèdent pour autrui, c'est-à-dire ceux qui, en vertu de leur titre, reconnaissent le droit du propriétaire à qui ils sont tenus de restituer la chose. Tout autre possesseur n'est pas détenteur précaire et peut par conséquent prescrire. Je vends un héritage, l'acheteur me paye le prix avant la délivrance; je reste détenteur de l'immeuble et je le possède pendant trente ans, aurai-je prescrit la propriété? L'affirmative nous paraît certaine. Je suis, à la vérité, obligé de faire la délivrance de la chose à l'acheteur, mais il ne résulte pas de là que je sois détenteur précaire, car je ne détiens pas en vertu d'un titre qui me donne le droit de détenir la chose en la possédant pour le propriétaire. Je possède au contraire sans titre, ce qui exclut toute détention précaire; car les détenteurs précaires ont un titre. Or, dès que je ne suis pas détenteur précaire

---

(1) Dunod, part. I, ch. VII, p. 35 et suiv.

rien ne m'empêche de prescrire, pourvu que ma possession ait les caractères exigés par l'article 2229 (1).

315. Les détenteurs précaires peuvent prescrire si le titre de leur possession se trouve interverti, c'est-à-dire si leur titre précaire fait place à une possession à titre de propriétaire. Comment cette interversion se fait-elle? D'après l'article 2238, il faut, ou une cause venant d'un tiers, ou une contradiction opposée par le détenteur précaire au droit du propriétaire. Il n'y a pas d'autre cause d'interversion. De là suit que la détention reste précaire tant qu'elle n'est pas intervertie par l'une des causes que nous allons exposer.

III. *De l'interversion de la possession précaire.*

1. CAUSE VENANT D'UN TIERS.

316. Qu'entend-on par cause venant d'un tiers? Dunod distingue deux cas. Le changement de la possession peut être juste, comme si le fermier achète de son bailleur le bien qu'il tenait à ferme; cet achat le rendra propriétaire si la propriété appartient au bailleur, et il lui donnera la possession légitime, utile à la prescription, si l'héritage n'appartenait pas au bailleur. Il y a encore changement quand le fermier acquiert d'un tiers les fonds qu'il tenait à ferme; ce sera une interversion injuste, dit Dunod, mais qui ne laissera pas de donner ouverture à la prescription (2). La distinction est peu juridique. Dans les deux cas, il y a vente : pourquoi la vente faite par le bailleur est-elle une cause juste d'interversion, tandis que la vente faite par un tiers est une cause injuste? Pour qu'il puisse s'agir de prescription, il faut supposer qu'aucun des vendeurs n'est propriétaire; à ce point de vue, les deux causes sont d'égale nature, injustes en ce sens que les vendeurs aliènent la chose d'autrui; cela n'empêche pas la cause d'interversion d'être juste à l'égard de l'acheteur, s'il est

(1) Mourlon, *Répétitions*, t. III, p. 763. nᵒˢ 1844 et 1845. En sens contraire. Duranton, t. XXI, p. 384. nᵒ 243.
(2) Dunod, part. I, ch. VIII, p. 36.

de bonne foi ; or, il peut être de bonne foi quand il acquiert
d'un tiers aussi bien que lorsqu'il acquiert du bailleur. En
ce qui regarde la qualité de la possession, la distinction
de Dunod n'a aucune portée ; lui-même avoue que la cause
injuste donne ouverture à la prescription. Il va de soi que
si le détenteur précaire est de mauvaise foi en achetant,
soit du bailleur, soit d'un tiers, il ne prescrira que par
trente ans; toujours est-il qu'il prescrira. Voilà une cause
d'interversion que l'on pourrait appeler injuste ; mais puisque la loi admet la possession de l'usurpateur comme
utile à la prescription, elle devait admettre également l'interversion injuste, pourvu que la cause soit sérieuse ; si
ce n'était qu'une vente simulée pour échapper aux conséquences de la précarité, il ne pourrait être question de
prescription, car ce serait faire fraude à la loi ; la loi veut
une cause réelle, et non une cause frauduleuse (1).

317. Il y a un correctif à la fraude. Il ne suffit pas
qu'un acte de vente intervienne entre le détenteur précaire
et un tiers pour que la prescription devienne possible, il
faut aussi qu'une nouvelle possession commence ; car la
possession précaire fait place à une possession à titre de
propriétaire, et la différence est grande entre ces deux
possessions : l'une implique un droit supérieur à la possession du détenteur, l'autre est la manifestation du droit
de propriété que revendique le possesseur. Cette dernière
possession peut servir de base à la prescription, puisque
le détenteur cesse d'être possesseur précaire ; mais il faut
pour cela qu'elle réunisse les conditions prescrites par
l'article 2229, et ces conditions sont de telle nature, qu'elles
font obstacle à la fraude, puisqu'elles consistent en une
affirmation publique, constante, des droits du détenteur.
On suppose que le fermier achète d'un tiers le fonds qu'il
tenait à bail, mais il continue à payer ses fermages ; il a
été jugé que ce fermier ne peut point prescrire. La décision
est d'évidence ; en effet, la condition essentielle pour
prescrire est de posséder comme propriétaire, et le paye-

---

(1) Duranton, t. XXI, p. 397, n° 246. Marcadé, t. VIII, p. 111, n° IV de
l'article 2241. Leroux de Bretagne, t. I, p 298, n° 463, et p. 295, n° 396.

ment des fermages implique une détention précaire (1).

318. Faut-il, outre le titre nouveau et la possession conforme, que le détenteur précaire fasse une notification à celui de qui il tenait la chose à titre précaire, afin de l'avertir qu'il entend posséder désormais à titre de propriétaire? Dunod s'exprime en ce sens. Il suppose qu'un fermier acquiert d'un tiers les héritages qu'il tenait à ferme, puis il ajoute : « Si le fermier refuse ensuite de faire part des fruits à son maître; *s'il lui déclare qu'il ne veut plus tenir de lui ces héritages, mais qu'il en veut jouir comme des siens propres,* ce sera un changement de possession par un fait extérieur, injuste, à la vérité, mais qui ne laissera pas de donner commencement à la prescription. » Vazeille abonde dans cette opinion; il veut que le détenteur précaire signifie son nouveau titre à celui pour lequel il possédait précédemment. Cela est conforme à l'équité, mais c'est dépasser la loi, et faire la loi au lieu de l'expliquer; cette critique est de Marcadé, elle est très-juste; mais que de fois il arrive aux interprètes d'oublier leur rôle modeste pour entreprendre sur la mission du législateur! Le texte de la loi ne laisse aucun doute; il admet deux causes d'interversion, une cause venant d'un tiers et la contradiction opposée au droit du propriétaire; et, dans l'opinion de Vazeille et de Dunod, il faudrait la réunion de ces causes. Cela pouvait se soutenir dans l'ancien droit, mais cela est inadmissible en présence de l'article 2238 (2).

319. La jurisprudence est peu nombreuse en cette matière. Nous citerons un arrêt de cassation concernant le créancier gagiste. C'est un détenteur précaire; il ne peut donc prescrire et ses héritiers ne le peuvent pas non plus. Dans l'espèce, la chose engagée était sortie des mains du créancier pour entrer dans celles d'un tiers qui en avait eu la possession extérieure et publique; puis ce tiers

(1) Douai, 6 juillet 1853. cité par Leroux de Bretagne, t. I, p. 299, n° 405, d'après la jurisprudence de cette cour. 1853. p. 407. Comparez Rejet. cour de cassation de Belgique, 27 octobre 1870 (*Pasicrisie*, 1870, 1, 454).
(2) Dunod, part. 1. ch. VII. p. 36. Vazeille. n° 148. En sens contraire, Marcadé, t. VIII, p. 112, n° IV de l'article 2241. Leroux de Bretagne, t. I, p. 299. n° 406. Cassation, 24 avril 1842 (Dalloz, au mot *Prescription*, n° 441).

l'avait vendue ; les héritiers de l'engagiste la trouvèrent dans la succession de l'acheteur. Ils possédaient donc la chose en vertu d'un titre translatif de propriété ; ce qui intervertissait leur possession ; en réalité, ils n'avaient jamais été détenteurs précaires, puisqu'ils n'avaient pas reçu la chose de leur auteur ; ils commençaient une possession nouvelle qui était à titre de propriétaire (1), ils pouvaient, par conséquent, prescrire.

320. L'application de ces principes aux communes usagères donne lieu à une sérieuse difficulté. Nous avons rapporté la loi du 10 juin 1793, qui attribue aux communes les terres vaines et vagues comprises dans leur territoire (n° 292). La plupart des communes n'avaient qu'un droit d'usage sur les communaux. Le législateur révolutionnaire a-t-il entendu transformer cette possession précaire en un droit de propriété ? Non, c'eût été exproprier les anciens propriétaires au profit des communes. Tel n'était pas le but de la loi de 1793 ; elle voulait restituer aux communes des biens dont les seigneurs s'étaient emparés par abus de la puissance féodale, mais elle n'entendait pas transformer le droit d'usage en droit de propriété. Si les communes usagères ne sont pas devenues propriétaires, ont-elles du moins pu prescrire les terres vaines et vagues à partir des lois révolutionnaires ? La jurisprudence s'est prononcée en faveur des communes ; elle décide que les lois de 1792 et de 1793 ont permis aux communes d'intervertir leur qualité d'usagères de ces terres par une prise de possession *animo domini ;* ce qui leur donne le droit de prescrire la propriété par trente ans contre les propriétaires qui, pendant ce laps de temps, n'ont pas fait valoir leurs titres (2). Cela nous paraît très-douteux. Les lois de la révolution ne parlent pas des communes usagères, elles supposent que les seigneurs se sont emparés des terres vaines et vagues par abus féodal, et elles restituent, en conséquence, ces terres à leurs vrais propriétaires. Mais là où il y avait des titres de propriété, elles

---

(1) Cassation, 19 août 1842 (Dalloz, au mot *Prescription*, n° 442).
(2) Rejet, 29 novembre 1854 (Dalloz, 1855, 1, 78) ; 14 mai 1850 (Dalloz, 1850, 1, 147).

les respectent et elles maintiennent aussi les droits
d'usage qui pouvaient exister ; elles les maintiennent par
cela seul qu'elles ne les transforment pas en propriété, et
elles ne pouvaient pas les transformer en propriété sans
porter atteinte à des droits acquis. Quelle était donc la
position des communes qu'un titre déclarait usagères?
Elles n'avaient qu'une détention précaire, et elles ne pouvaient acquérir une possession utile à la prescription que
par une interversion. Les lois de 1792 et de 1793 ont-
elles été une interversion? Non, car elles ne donnaient
pas un titre nouveau aux communes usagères, elles donnaient un titre nouveau à celles qui n'étaient pas usagères,
et ce titre nouveau était un titre de propriété définitive,
sauf les exceptions prévues par la loi. Il n'y a donc pas
eu d'interversion de possession ; dès lors les communes
sont restées usagères, et, partant, elles n'ont pas pu prescrire, sauf dans le cas d'une interversion véritable.

321. Les lois révolutionnaires n'ont attribué aux communes que les terres vaines et vagues, parce que les seigneurs s'en étaient emparés abusivement en vertu de la
maxime féodale *Nulle terre sans seigneur*. Ces lois ne
concernent pas les terrains productifs; ceux-ci restent sous
l'empire du droit commun. Si les communes y avaient
un droit d'usage, elles sont restées usagères, et, par
suite, leur titre les empêche de prescrire. La cour de cassation l'a jugé ainsi, et cela n'est point douteux (1).

322. A l'égard de qui l'interversion de la possession
a-t-elle effet? Il est de tradition que le titre du possesseur
précaire est interverti à l'égard de tous. Il aurait été propriétaire à l'égard de tous si son auteur avait eu la propriété ; par la même raison, le nouveau titre doit lui permettre de prescrire à l'égard de tous, en intervertissant sa
possession (2). Seulement, en vertu des lois qui ont ordonné
la transcription des actes translatifs de propriété, il faut
que les détenteurs précaires fassent transcrire leur nouveau
titre pour pouvoir l'opposer aux tiers ; or, ils l'opposent

---

(1) Rejet. 18 juin 1851, deux arrêts (Dalloz, 1854, 5, 139, n° 15).
(2) Dunod, part. I, ch. VII, p. 36. Leroux de Bretagne, t. I, p. 301.
n° 409.

aux tiers pour réclamer une possession utile à la prescription; donc ce titre doit être transcrit.

2. CONTRADICTION.

323. Les détenteurs précaires peuvent encore prescrire quand leur possession se trouve intervertie par la
contradiction qu'ils ont opposée au droit du propriétaire
(art. 2238). Qu'entend-on par contradiction? La contradiction émane du détenteur précaire; elle a pour but et
pour effet d'intervertir sa possession, en changeant une
possession précaire en une possession à titre de propriétaire. Il faut donc que l'acte d'interversion soit une manifestation du droit que le détenteur de l'héritage prétend
avoir et une négation du droit de celui de qui il tenait
la chose. Quand y aura-t-il affirmation suffisante des
droits du possesseur et contradiction efficace des droits de
celui qui lui a transmis la chose à titre précaire? C'est une
question qui est essentiellement de fait; la loi ne définit pas
la contradiction; le juge décidera donc d'après les circonstances de la cause (1). La contradiction peut se faire
par des actes légitimes, judiciaires; le bailleur poursuit le
preneur en payement des fermages; le fermier répond
qu'il prétend être propriétaire et qu'il ne payera plus de
loyer; dès ce moment sa possession sera intervertie. La
contradiction peut aussi être matérielle et plus ou moins
violente; le bailleur se présente chez le fermier pour réclamer les fermages qui lui sont dus; le fermier dit qu'il ne doit
rien, parce que c'est lui qui est propriétaire, et il expulse
le bailleur. Si le bailleur revient à la charge et essaye de
chasser le fermier, la lutte qui s'engagera sera un conflit
violent de deux prétentions rivales; si le fermier parvient
à repousser l'agression, la possession sera certainement
intervertie (2); une nouvelle possession commencera, elle
devra réunir tous les caractères exigés par l'article 2229

---

(1) Duranton, t. XXI, p. 403, n° 248. Troplong, n° 512. Rejet, 1er avril
1835 (Dalloz. au mot *Usage*, n° 139, 2°)

(2) Rejet, chambre civile, 2 juin 1858 (Dalloz, 1858. 1, 237). Comparez
Amiens, 4 ou 5 août 1875 (Dalloz, 1877, 2, 188).

pour qu'elle puisse servir de base à la prescription. Il faut donc appliquer à la contradiction ce que nous avons dit de la première cause d'interversion (n° 317).

324. L'application la plus usuelle de ces principes se fait en matière de droits d'usage appartenant à des communes. Il ne suffit pas que les communes se comportent comme propriétaires; la contradiction que la loi exige implique une opposition contre le propriétaire. Une commune paye l'impôt comme propriétaire d'une forêt; elle y établit des gardes forestiers, elle se fait autoriser à vendre une coupe, elle dresse un procès-verbal d'aménagement: tous ces faits prouvent qu'elle se considère comme propriétaire, mais le propriétaire contre lequel la commune prétend avoir interverti sa possession n'y figure point; il peut les ignorer; il n'y a donc pas d'opposition, partant, il n'y a point de contradiction. Il faut, dit la cour de cassation dans un autre arrêt, que le droit du propriétaire soit hautement méconnu, ou manifestement contredit (1). Ces termes ne disent pas plus que ce que la loi dit, et la difficulté se résume toujours en une question de fait.

325. Les communes usagères invoquent souvent les abus de jouissance qu'on pourrait leur reprocher, si elles n'avaient qu'un droit d'usage, pour en induire que leur possession est une possession de propriétaire. Cela serait très-vrai s'il s'agissait d'apprécier les actes de jouissance en eux-mêmes; mais pour qu'il y ait contradiction dans le sens de l'article 2238, il faut plus qu'une jouissance de propriétaire, il faut que le droit du propriétaire ait été contredit; or, il se peut que le propriétaire absent ait ignoré les abus de la commune, ou qu'il les ait tolérés par négligence; toujours est-il que les faits d'abus ne constituent pas une contradiction. Dans une espèce jugée par la cour de Paris, la commune produisait un acte de l'année 1526, qui lui accordait un droit d'usage dans une forêt; l'acte déterminait soigneusement et en détail en quoi consistaient les droits des usagers; or, en fait, ceux-ci avaient joui, non

---

(1) Rejet, 7 mai 1839 (Dalloz, au mot *Prescription*, n° 445, 1°. et 6 décembre 1853 (Dalloz, 1854, 5. 583, n° 15). Poitiers, 26 février 1850 (Dalloz, au mot *Usage forestier*, n° 139, 3').

comme usagers, mais comme propriétaires; néanmoins la
cour leur appliqua le principe que l'usager ne peut jamais
prescrire; elle refusa de considérer comme une contradiction les faits d'abus dont la commune se prévalait. Ces
faits, dit l'arrêt, quoique dépassant les actes de jouissance
permis aux habitants, sont de même nature; tout ce qui
en résulte, c'est que les usagers ont profité de l'absence ou
de la négligence du propriétaire pour donner une trop
grande extension à leurs droits; ces faits ne prendraient le
caractère légal de contradiction qu'autant qu'il y aurait, de
la part des usagers, opposition formelle aux droits du propriétaire (1). La cour de cassation a admis cette interprétation; on ne saurait, dit-elle, voir une contradiction opposée au droit de propriété de l'Etat dans des abus de
jouissance commis à l'insu de l'administration; il faut que
les actes de contradiction manifestent la négation formelle
du droit de propriété de l'Etat (2). Dans un autre arrêt, la
cour insiste sur le caractère patent et non équivoque que
doivent avoir les faits d'interversion, afin qu'ils aient pu
être connus du propriétaire; et elle décide que l'on ne peut
attribuer ce caractère à quelques faits abusifs qui, se confondant avec l'usage, peuvent être considérés comme n'en
étant que l'extension; d'où suit, dit l'arrêt, que l'arrêt
attaqué, tout en reconnaissant comme constants les faits
d'abus, avait pu et dû leur laisser ce simple caractère,
sans être contraint d'y voir une contradiction qui ne lui
apparaissait pas (3).

326. Comment se prouvent les faits de contradiction?
Il y a quelque incertitude sur ce point dans la doctrine, et
il ne devrait pas y en avoir, car les principes sont certains (4). On applique le droit commun, puisque la loi n'y
déroge point au titre de la *Prescription*. Il faut donc distinguer les faits juridiques des faits matériels: les premiers
tombent sous l'application de l'article 1341, d'après lequel

---

(1) Paris, 25 mars 1851 (Dalloz, 1852, 2, 195).
(2) Cassation, 17 juin 1854 (Dalloz, 1855, 1, 261).
(3) Rejet, 28 décembre 1857 (Dalloz, 1858, 1, 113).
(4) Voyez, en sens divers, Vazeille, n° 155; Troplong, n° 514, et Leroux
de Bretagne, t. I, p. 304, n° 414.

la preuve testimoniale n'est point reçue quand la chose dépasse la valeur de cent cinquante francs ; tandis que les faits matériels se prouvent indéfiniment par témoins, la prohibition de l'article 1341 ne leur étant pas applicable. La jurisprudence est en ce sens (1); il est inutile d'y insister, puisque les principes ne laissent aucun doute.

IV. *De la prescription contre le titre.*

327. Il est de principe que l'on ne peut pas prescrire contre son titre ; les articles 2240 et 2241 expliquent en quel sens le principe doit être entendu. « On ne peut pas prescrire contre son titre, en ce sens que l'on ne peut pas se changer à soi-même la cause et le principe de sa *possession*. On peut prescrire contre son titre, en ce sens que l'on prescrit la *libération de l'obligation* que l'on a contractée. » Ainsi le principe s'applique à la prescription acquisitive, il est étranger à la prescription extinctive.

1. DE LA PRESCRIPTION ACQUISITIVE.

328. Pour acquérir par la prescription, il faut posséder à titre de propriétaire. Ceux qui possèdent pour autrui ne prescrivent jamais (art. 2229 et 2236). Les détenteurs précaires ne peuvent prescrire que lorsque le titre de leur possession se trouve interverti. Comment se fait cette interversion? Le détenteur précaire peut-il par sa seule volonté transformer sa détention pour autrui en possession à titre de propriétaire? Non, car les seules causes d'interversion que la loi admet supposent l'intervention d'un tiers qui concède un nouveau titre au détenteur, ou la contradiction au droit du propriétaire; ce qui implique aussi que le fait constituant la négation de son droit est connu du propriétaire et souffert par lui. De là suit que le seul changement de volonté du détenteur, quand même il se produirait par des actes extérieurs, n'intervertirait pas son titre; il res-

(1) Montpellier, 26 avril 1838 (Dalloz, au mot *Prescription*, n° 448). Bruxelles, chambre de cassation, 24 juillet 1824 (*Pasicrisie*, 1824, p. 151).

terait néanmoins détenteur précaire et il ne pourrait pas prescrire. Nous venons de donner un exemple remarquable de ce principe (n° 325). Une commune usagère, au lieu de jouir des droits que lui donne son titre, agit comme propriétaire, avec la volonté d'être propriétaire et elle manifeste sa volonté par le mode de sa jouissance; ces faits ne constituent pas une négation directe des droits du propriétaire; partant, ils ne constituent pas une interversion de possession. L'article 2240 formule ce principe en d'autres termes, en disant que l'on ne peut prescrire contre son titre, en ce sens que l'on ne peut pas se changer à soi-même la cause et le principe de sa possession.

329. De là le principe traditionnel que le titre est la règle des possessions, c'est-à-dire que l'on peut toujours ramener la possession à l'exécution du titre quand elle y est contraire. Dunod rapporte des applications remarquables de ce principe. Par arrêt du parlement de Besançon, les pères jésuites de Dôle furent déboutés de la propriété d'un bois, quoiqu'ils eussent fait, depuis plus de cent ans, des actes qui convenaient à la propriété; on produisit le titre primitif de leur possession, et cet acte ne leur donnait que le droit d'usage : détenteurs précaires, ils n'avaient pu, en jouissant comme propriétaires, changer la cause de leur possession.

Quand on dit que la possession peut toujours être ramenée au titre, on entend le titre primitif. Dans l'ancien droit, il arrivait souvent que les actes récognitifs altéraient le titre originaire, au lieu de le reproduire. Il a été jugé, par le parlement de Besançon, que les reconnaissances, quoique suivies d'une possession de soixante ans, devaient être réduites aux termes des titres anciens qui étaient produits; et on estima, dit Dunod, que les reconnaissances ne forment pas un nouvel engagement; qu'elles ne font que renouveler la mémoire de l'ancien titre et la conserver, et que tout ce qui s'y trouve de contraire au titre primitif doit être rejeté comme usurpé ou extorqué par force ou par surprise (1).

_____

(1) Dunod, part. I, ch. VIII, p. 50.

330. La jurisprudence nouvelle a fait de nombreuses applications du même principe, notamment en matière de droits d'usage. Il a été jugé, par la cour de Nancy, que l'usager ne prescrit jamais la propriété ; si cette qualité est attestée par des actes anciens, elle n'a pu être modifiée depuis par la possession, quelque longue et quelque étendue qu'elle fût, la commune ne pouvant pas se changer à elle-même la cause et le principe de sa possession (1). Telle est aussi la doctrine de la cour de cassation. Quelque longue qu'ait été la possession d'une commune usagère, elle ne peut prescrire la propriété d'une forêt et s'opposer en qualité de propriétaire à l'action en cantonnement formée contre elle par le véritable propriétaire. Nul, dit la cour, ne peut prescrire son propre titre, si la cause de sa possession n'a pas été intervertie (2).

Le grevé de substitution est détenteur précaire, puisqu'il doit conserver la chose pour la remettre aux appelés ; de là suit qu'il ne peut pas prescrire les biens qu'il possède à ce titre. Cela est d'évidence tant que la substitution n'est pas ouverte au profit des appelés. Il en serait de même si, après l'ouverture de la substitution, le grevé continuait à posséder les biens au lieu de les rendre aux substitués ; en effet, le titre précaire est indélébile et ne peut être effacé que par une cause d'interversion (3).

Un chanoine laïque possédait une terre qui relevait d'une prébende canonique. Simple usufruitier, il était par cela même détenteur précaire. Les lois de la révolution le privèrent de son bénéfice, ce qui ne l'empêcha pas de garder la terre et de la transmettre à ses héritiers. Action en revendication de la fabrique de l'église à laquelle appartenait la prébende. La cour de Bruxelles décida que le chanoine n'ayant eu qu'une possession précaire, toute prescription était par cela même impossible. Les héritiers faisaient une singulière objection : les lois de la révolution, disaient-ils, en abolissant les fondations et les bénéfices,

---

(1) Nancy, 29 juin 1832 et 11 mai 1843 (Dalloz, au mot *Usage forestier,* n° 127, 2° et 3°).

(2) Rejet, 3 janvier 1827 (Dalloz, *ibid.*, n° 127, 1°).

(3) Rejet, 1er février 1832 (Dalloz, au mot *Prescription,* n° 455, 2°). Comparez Leroux de Bretagne, t. I, p. 307, n° 421.

avaient interverti le titre du possesseur. La cour répond,
et la réponse est péremptoire, que le seul effet de ces lois
avait été de mettre fin à l'usufruit du chanoine, mais
qu'elles ne lui avaient pas donné un autre titre; il n'y
avait donc pas d'interversion, partant les héritiers étaient
toujours des détenteurs précaires (1).

Le riverain d'un cours d'eau demande une concession
pour l'établissement d'une usine. Opposition de la ville de
Carcassonne, par suite de laquelle la concession n'est accordée que sous la condition que la ville aurait le droit de
prendre les eaux nécessaires pour ses fontaines et que les
travaux seraient faits en partie sur les terrains des concessionnaires, moyennant une indemnité. La ville ne fit
usage de cette faculté que plus de trente ans après la date
de l'ordonnance qui la lui avait réservée. De là une exception de prescription. L'exception fut rejetée par la cour de
Montpellier. L'arrêt n'est pas très-clairement motivé. Il
y avait un motif péremptoire en faveur de la ville; c'est
que les concessions sur des cours d'eau sont essentiellement précaires et subordonnées à la volonté de l'administration; or, dans l'espèce, l'ordonnance n'avait accordé
qu'une autorisation limitée par des réserves en faveur de
la commune; les concessionnaires ne pouvaient pas invoquer la concession sans remplir la charge, puisque, en
dehors de l'autorisation, ils n'avaient aucun droit. C'est ce
que l'arrêt de rejet, rendu sur le pourvoi en cassation, établit très-bien : « L'obligation imposée aux concessionnaires de supporter dans leur propriété l'aqueduc et les
autres travaux qui devaient procurer à la ville de Carcassonne la jouissance des eaux, formait une des conditions
inhérentes à la concession même qui leur était faite; elle
en était tellement inséparable, que le temps plus ou moins
long que mettait la ville à user du droit stipulé à son profit
dans l'ordonnance ne pouvait jamais devenir pour les concessionnaires la cause d'un affranchissement incompatible
avec la nature de leur propre droit et de leur titre originaire (2).

(1) Bruxelles, 20 mai 1851 (Pasicrisie, 1854, 2, 211).
(2) Rejet, 21 février 1872 (Dalloz, 1872, 1, 237).

331. Le principe que l'on ne peut prescrire contre son titre doit être entendu avec une restriction : on peut prescrire au delà de son titre. Cela est de tradition; on a toujours admis que l'acheteur peut posséder et prescrire au delà des limites déterminées par le contrat de vente. Cette possession n'a rien de contraire au principe consacré par l'article 2240; en effet, prescrire contre son titre veut dire prescrire comme propriétaire, alors que l'on est détenteur précaire, en se changeant à soi-même la cause de sa possession. Or, l'acheteur qui possède un terrain non compris dans la vente n'est pas un possesseur précaire; il est propriétaire du fonds qu'il a acquis et possesseur à titre de propriétaire du fonds qu'il possède sans titre; il est donc dans les conditions requises pour la prescription (1). Seulement l'acheteur ne peut pas prescrire au delà de son titre par l'usucapion de dix ans, puisque celle-ci suppose un titre; or, il n'a pas de titre pour ce qu'il possède en dehors de son acte de vente; il ne pourra donc prescrire que par trente ans (2).

L'application du principe est plus délicate quand la même personne possède à titre précaire et prétend prescrire un fonds non compris dans le contrat, comme possesseur à titre de propriétaire. Tel est le fermier : on suppose qu'il étend sa jouissance sur un fonds contigu à celui qui lui a été loué; peut-il le prescrire? Il n'y a aucun obstacle dans le titre en vertu duquel il est détenteur précaire, car ce titre ne comprend pas le fonds qu'il prétend prescrire. Reste à voir si la possession qu'il a de ce fonds est une possession utile à la prescription. Ceci est une question de fait, indépendante du titre, et par conséquent du principe qui ne permet pas de prescrire contre son titre. Si le fermier croit que le fonds qu'il possède, en dehors de son titre, y était réellement compris, sa possession ne sera pas utile à la prescription, car il entendait posséder comme fermier, donc sa possession n'était pas à titre de propriétaire, et partant, il ne pourra pas s'en pré-

---

(1) Leroux de Bretagne, t. I, p. 307, n° 419. Bordeaux, 11 janvier 1828 (Dalloz, au mot *Prescription*, n° 457, 2°).
(2) Liége, 10 décembre 1835 (*Pasicrisie*, 1835, 2, 356).

valoir pour prescrire. Mais s'il savait que le fonds n'était
pas compris dans son bail, il le possédait, non comme détenteur précaire, mais comme usurpateur; or, l'usurpateur peut prescrire. On ne peut pas même dire que ce fermier possède au delà de son titre, comme un acheteur, il
possède tout à fait en dehors de son titre; il a deux possessions différentes, l'une en vertu d'un acte de bail, titre
précaire, l'autre sans contrat aucun, à titre de propriétaire, puisque l'on suppose qu'il a usurpé le terrain. Reste
à prouver que cette dernière possession présente les caractères exigés par l'article 2229 : c'est une difficulté de fait,
et elle est grande dans l'espèce.

Il y a un arrêt en sens contraire de la cour de Riom,
mais le recueil où il se trouve mentionnant simplement la
décision, sans motif aucun, on ne peut y attacher aucune
autorité (1). Dans une autre espèce, on a fait une objection
qui accuse une singulière confusion d'idées. Aux termes de
l'article 1768, le preneur d'un bien rural est tenu d'avertir
le propriétaire des usurpations qui peuvent être commises
sur les fonds; il serait absurde, dit-on, que le fermier pût
invoquer sa propre usurpation contre le propriétaire, alors
qu'il doit lui dénoncer les usurpations commises par un
tiers. Nous répondons qu'il est plus absurde encore d'invoquer contre le fermier une disposition qui n'a rien de
commun avec l'objet du débat. Il s'agit de savoir si le fermier possède et prescrit contre son titre; or, on convient
qu'il est usurpateur; c'est avouer qu'il ne possède pas à
titre précaire; il ne saurait donc être question de prescrire
contre son titre (2).

332. L'usager peut-il acquérir par la prescription des
droits d'usage plus étendus que ceux que lui donne son
titre? En supposant que l'on puisse acquérir un droit
d'usage par prescription, il faut distinguer si la commune
usagère a prescrit contre son titre, ou au delà de son titre.
Voici l'espèce dans laquelle la difficulté s'est présentée. Un
acte de 1375 accordait à une commune un droit d'usage

_____

(1) Riom, 17 décembre 1814 (Dalloz, au mot *Prescription*, n° 439).
(2) Douai, 5 décembre 1854 (Dalloz, 1855, 2, 139). Comparez Leroux de
Bretagne, t. I, p. 308, n° 422.

sur le bois taillis. La commune prétendit qu'elle avait joui à titre de propriétaire de la totalité de la forêt; elle n'en concluait pas qu'elle était devenue propriétaire, car sa détention précaire l'empêchait à jamais de prescrire; mais elle réclamait le droit à la jouissance de tous les produits, et notamment de la futaie. Cette réclamation fut rejetée par la cour de Nancy en termes énergiques; l'arrêt porte que « la futaie et le taillis croissant sur le même sol, sur le même tronc, l'usager ne pouvait prendre la futaie sans briser, avec l'arbre, l'acte qui dispose qu'il ne prendra que le taillis ». C'était dire que, la commune ayant possédé contre son titre, et non au delà de son titre, l'interversion ou le changement de sa possession n'avait point eu pour effet d'étendre son droit d'usage à la jouissance de la futaie. C'est en ces termes que la cour de cassation résume l'arrêt attaqué. Puis elle pose en principe que l'usager qui fait des actes de propriétaire cesse d'agir comme simple usager; que, dès lors, ces actes de possession, loin de pouvoir se rattacher à son titre, s'écartent, au contraire, de ce titre, qui ne cesse de protester contre une pareille possession. La cour conclut qu'en décidant que le changement apporté dans le mode de possession de la commune avait été inefficace pour lui faire acquérir des droits d'usage plus étendus que ceux qui lui étaient attribués par le titre constitutif, la cour de Nancy n'avait contrevenu à aucune loi (1).

Cette décision nous laisse un doute. Etait-ce bien le cas d'invoquer le principe que l'on ne prescrit pas contre son titre? Ce principe signifie que le détenteur précaire ne peut pas transformer sa possession à titre précaire en une possession à titre de propriétaire pour prescrire la propriété du fonds. Or, dans l'espèce, la commune ne prétendait pas avoir prescrit la propriété de la forêt, elle était usagère et elle voulait rester usagère; elle ne prescrivait donc pas contre son titre en changeant elle-même la cause de sa possession; la cause de sa possession restait ce qu'elle

_____

(1) Rejet, 15 décembre 1847, au rapport de Mesnard (Dalloz, 1847. 1, 53)

avait été, précaire. Seulement la commune soutenait que par la prescription elle avait acquis un droit plus étendu que celui que lui conférait son titre. Cette question est étrangère à la *cause* de la possession, la cause restant la même ; il s'agissait de savoir si la prescription peut étendre un droit d'usage établi par titre. Si l'on peut acquérir un droit d'usage par la prescription, on peut aussi l'étendre par la prescription ; en tout cas, l'article 2241 n'y fait point obstacle.

Il y a un autre arrêt de la cour de cassation, rendu dans un cas analogue, qui confirme nos doutes. Le titre n'accordait à la commune qu'un droit de pâturage ; la commune prétendait avoir acquis par la prescription le droit d'enlever le bois mort ou gisant. Sa prétention a été rejetée, mais il importe de constater les motifs. La chambre des requêtes commence par poser en principe que l'acquisition des droits d'usage dans les forêts de l'Etat est réglée par les lois spéciales de la matière, et non par le droit civil ordinaire. Nous ne contestons pas le principe, mais si on l'admet, il faut laisser de côté l'article 2240. La cour ajoute que (d'après ces lois spéciales sans doute) il n'a jamais été permis à des usagers d'étendre leurs droits par des actes de possession contraires à leur titre et nécessairement abusifs (1). Cela peut être vrai d'après le droit administratif, mais cela n'est point vrai d'après le droit civil ; la jouissance d'un usurpateur fonde la prescription, à plus forte raison en doit-il être ainsi de la jouissance abusive d'un usager.

2. DE LA PRESCRIPTION EXTINCTIVE.

333. L'article 2441 dit que l'on peut prescrire contre son titre, en ce sens que l'on prescrit la libération de l'obligation que l'on a contractée. A vrai dire, le débiteur qui invoque la prescription ne prescrit pas contre son titre. En effet, la prescription qu'il oppose au créancier n'a rien de contraire au titre que celui-ci produit ; le titre existait ; le

(1) Rejet, 26 juin 1849 (Dalloz, 1849, 5, 207).

débiteur le reconnaît, mais ce titre est éteint, comme s'exprime l'article 2160 (loi hyp., art. 95), et il est éteint indépendamment d'un fait quelconque du débiteur; c'est la loi qui, dans un intérêt public, le déclare éteint, parce qu'elle veut que les actions aient un terme. La prescription extinctive a donc son principe dans la négligence du créancier; preuve que le titre n'y est pour rien; il n'est donc pas exact de dire que le débiteur prescrit contre son titre. Ce que la loi a voulu marquer, c'est que le principe que l'on ne prescrit pas contre son titre ne reçoit pas d'application à la prescription extinctive. Cela encore est d'évidence, car le principe signifie que la possession à titre précaire ne peut pas, par la seule volonté du possesseur, se transformer en une possession à titre de propriétaire; or, dans la prescription extinctive, il n'est pas question de possession, ni de titre précaire, ni de titre de propriétaire.

334. Le principe que le débiteur se libère par la prescription, malgré l'existence d'un titre, s'applique-t-il au cas où l'obligation naît d'un contrat bilatéral? Cette question paraîtrait singulière si l'on ne savait que, dans l'ancien droit, la négative était enseignée par d'excellents jurisconsultes. Il suffira de citer le témoignage de Dunod; après avoir rappelé le principe qui a été consacré par l'article 2241, il dit que ce n'est pas prescrire contre son titre que d'acquérir l'exemption des obligations qu'il impose; puis il ajoute : « Il faut en excepter *le cas de la réciprocité*. En effet, si le contrat est réciproque et synallagmatique, *tandis qu'il est exécuté par l'un des contractants*, l'autre ne peut pas se défendre de l'exécuter de sa part, sous prétexte de prescription; car il n'en peut pas acquérir, en ce cas, contre le titre commun, *pendant qu'il en profite*; c'est par la règle des corrélatifs, et parce que la possession de l'un conserve celle de l'autre; ainsi, tandis que l'on paye la redevance promise pour un droit d'usage, on ne perd pas ce droit quoiqu'on n'en use pas. » Favre et le président de Salvaing s'expriment encore dans des termes plus absolus. S'il fallait prendre leurs paroles au pied de la lettre, la doctrine des *corrélatifs* ou de la réciprocité serait évidemment erronée. C'est ainsi que Merlin a inter-

prété les passages qu'il cite, et il ne lui est pas difficile de
démolir cette prétendue théorie. En général, dit-il, la prescription exerce son empire sur tout ce qui n'y est pas
expressément soustrait par la loi; et la loi ne dit nulle part
qu'une obligation cesse d'être prescriptible par cela seul
qu'elle est *corrélative* à une autre, ou, ce qui est la même
chose, par cela seul qu'elle a pour cause un contrat synallagmatique duquel dérive une autre obligation, dont elle
est elle-même la condition et qui continue d'être exécutée.
Un exemple prouvera que nous n'avons pas tort de dire
que cela est évident. Je vends un héritage et je le livre à
l'acheteur : celui-ci peut-il prescrire le prix? Les lois romaines lui reconnaissent ce droit; cependant il est certain
que l'obligation de l'acheteur de payer le prix est corrélative à celle du vendeur de faire jouir l'acheteur de la chose
vendue; or, l'acheteur jouit paisiblement de la chose; donc,
d'après la théorie des *corrélatifs,* il ne pourrait pas prescrire la dette du prix, puisqu'il profite du titre commun,
lequel est exécuté par le vendeur.

Cela est si évident que l'on se demande si la doctrine
que Merlin combat est bien celle des grands jurisconsultes
auxquels il l'attribue. N'y a-t-il pas un malentendu qui
explique ce que les anciens auteurs ont voulu dire? Nous
laissons de côté ce que les présidents Favre et de Salvaing
ont dit, parce que nous n'écrivons pas l'histoire du droit;
mais la doctrine de Dunod doit toujours être prise en considération, quand même on s'en écarterait, son traité sur
la prescription étant l'ouvrage classique en cette matière(1).
Dunod dit que tant que l'on paye la redevance promise
pour un droit d'usage, on ne perd pas ce droit, quoiqu'on
n'en use pas. Merlin convient que cela est très-vrai. Or,
Dunod cite ce cas comme un exemple de sa théorie ; si
l'application est fondée en droit, il en doit être de même
de la théorie; et s'il y a dissentiment sur la théorie entre
Dunod et Merlin, la raison n'en serait-elle pas que Dunod

(1) Nous préférons cependant d'Argentré ; c'est un esprit plus juridique
et son langage est plus net, malgré la langue morte dans laquelle il a eu
tort d'écrire. Dunod ne fait d'ordinaire que reproduire les opinions du jurisconsulte breton.

s'est mal expliqué ou que Merlin a mal interprété ses paroles? Voilà le malentendu. Dunod explique sa décision par le principe des corrélatifs; mais il ne pose pas en principe général et absolu que le débiteur, en vertu d'un contrat synallagmatique, ne peut pas prescrire, il dit que l'une des parties, par sa possession, conserve les droits de l'autre. En cela Dunod se rapproche de Merlin, sauf que Merlin explique, avec la clarté qui le distingue, ce que Dunod explique assez mal. Pourquoi l'usager qui paye la redevance stipulée conserve-t-il son droit, quoiqu'il n'en use pas? Parce que « le propriétaire du fonds grevé d'un droit d'usage ne peut pas recevoir annuellement la redevance qu'il s'est réservée pour prix de ce droit, sans reconnaître chaque année que ce droit existe, et, par conséquent, sans renoncer chaque année à l'exception qu'il pourrait tirer du long espace de temps pendant lequel l'usager s'est abstenu de l'exercer ». Voilà la règle des *corrélatifs*; elle ne tient pas au caractère *synallagmatique* des contrats d'où résultent l'obligation et le droit, elle tient à la *reconnaissance* du droit qui résulte de l'exécution du contrat, exécution à laquelle les deux parties concourent nécessairement. C'est ce que Merlin explique parfaitement. « Ce n'est qu'à cette reconnaissance que l'usager doit de conserver son droit intact. Pour nous en convaincre, supposons le cas inverse de celui dont parle Dunod. L'usager jouit constamment de son droit, mais il cesse pendant trente ans de payer au propriétaire la redevance moyennant laquelle il en avait originairement obtenu la concession. » Il est certain que l'usager aura prescrit sa dette; et Dunod l'aurait certainement décidé ainsi. Pourquoi la dette de l'usager est-elle prescrite? Parce que pendant trente ans le propriétaire du fonds n'a pas agi contre lui. Vainement le propriétaire dirait-il que l'usager ayant joui de son droit, a par là conservé le droit du propriétaire. Non, il a joui de son droit sans payer la redevance; il a donc conservé son droit en éteignant celui du propriétaire, car exercer un droit d'usage sans payer la redevance, ce n'est certes pas reconnaître la redevance et l'obligation de la payer, puisque, au contraire, en ne payant pas ladite redevance pendant trente ans, l'usager a agi comme ne la devant plus, il a protesté implicitement pendant trente ans qu'il s'en tenait pour libéré. Dunod aurait, sans doute aucun, été d'accord sur tous ces points avec Merlin (1).

335. Il est presque inutile d'ajouter que la jurisprudence est en ce sens. Une servitude est concédée moyennant une redevance annuelle. Le propriétaire du fonds dominant use de la servitude sans payer la redevance. Il en résultera que la servitude subsiste et que la redevance est éteinte. La cour de Bourges l'a décidé ainsi ; elle dit qu'il n'y a pas de contradiction à se prévaloir d'un titre comme établissant un droit en notre faveur, tout en se refusant d'acquitter les charges que ce titre impose, si ces charges sont éteintes par la prescription. Cela est décisif; la cour n'avait pas besoin d'ajouter que la prescription est fondée, dans ce cas, sur la présomption légale, soit du rachat du droit, soit de la remise ou de l'abandon du droit qu'en a fait celui à qui la redevance était due (2). Comment y aurait-il une présomption *légale* sans loi? Tout ce que la loi dit, c'est que le droit du créancier est éteint quand il n'a pas agi pendant trente ans. Ce que la cour appelle des présomptions légales n'est rien qu'une explication ou une justification de la prescription.

La cour de cassation a rendu un arrêt doctrinal précisément sur la question décidée par Dunod et discutée par Merlin. On peut prescrire contre son titre, dit la cour, sans perdre l'avantage que le titre concède, tout en se libérant de l'obligation qu'il impose. Ainsi le propriétaire concède un droit d'usage moyennant une redevance annuelle; il souffre l'exercice du droit d'usage sans réclamer le payement de la redevance, et, comme le dit la cour, « sans rien dire de la redevance, sans aucune parole, sans aucune action, sans aucun fait personnel de sa part ». Qu'en résultera-t-il? Il restera soumis au droit d'usage, et néanmoins il perdra la redevance par la prescription. Pourquoi, par contre, l'usager qui, sans user de son droit, paye la rede-

---

(1) Merlin, *Questions de droit*, au mot *Prescription*, § X, n° IV (t. XII. p. 28). Comparez Leroux de Bretagne, t. I. p. 310. n°s 427 et 428.
(2) Bourges, 4 décembre 1830 (Dalloz, au mot *Prescription*, n° 462).

vance conserve-t-il sa jouissance? Parce qu'en payant il fait un acte conservatoire de son droit; c'est un acte d'interruption de la prescription, car le propriétaire, en recevant la redevance, reconnaît nécessairement le droit d'usage en vertu duquel il·reçoit le payement (1).

L'arrêt que nous venons d'analyser ne fait aucune allusion à la théorie des corrélatifs que Merlin a cru devoir combattre. Un arrêt de la cour de Bourges y répond directement, parce que les parties s'en étaient prévalues. Il s'agissait aussi d'un droit d'usage constitué moyennant une redevance. L'usager avait exercé son droit sans payer la redevance stipulée comme prix de la concession. La cour a décidé que la redevance était prescrite et que le droit d'usage subsistait. On alléguait que le contrat constitutif de l'usage crée entre le propriétaire et l'usager une obligation réciproque, perpétuelle et imprescriptible, que l'une de ces obligations est corrélative de l'autre et que les usagers ne peuvent user de leur droit sans payer la redevance. La cour répond que, d'après l'article 2241, toute obligation se prescrit, malgré le titre; ce principe est applicable aux contrats synallagmatiques comme aux contrats unilatéraux. Les deux obligations, bien que dérivant d'un même titre et corrélatives, n'en ont pas moins une existence distincte et particulière; d'où il suit que l'une peut s'éteindre faute d'avoir été exécutée pendant trente ans, tandis que l'autre conserve toute sa force, n'ayant jamais cessé d'être exécutée (2).

§ IV. *De la preuve de la possession.*

336. Qui doit prouver la possession? Pothier répond que c'est à celui qui oppose la prescription acquisitive de faire la preuve de la possession, suivant la règle de droit: *Actori incumbit probatio* (3). L'article 1315 a consacré la règle dans des termes trop restreints, puisqu'il semble ne l'établir que pour la preuve des obligations. La règle est

(1) Rejet, 22 juillet 1835 (Dalloz, au mot *Usage forestier*, n° 155).
(2) Bourges, 16 avril 1846 (Dalloz. au mot *Usage forestier*, n° 145).
(3) Pothier, *Traité de la prescription*, n° 176.

générale de son essence, et elle n'existerait pas dans le code, qu'il faudrait néanmoins la suivre. Le demandeur doit prouver le fondement de sa demande ou de son exception, car on devient demandeur en opposant une exception. Or, le fondement de la prescription acquisitive, c'est la possession; il faut ajouter, la possession telle qu'elle est déterminée par l'article 2229 et les dispositions qui s'y rattachent. Cette preuve serait souvent très-difficile, et quand elle se fait par témoins, elle entraînerait des procédures longues et coûteuses. Pour la faciliter, la loi établit plusieurs présomptions, et l'effet de toute présomption est de dispenser de la preuve celui au profit duquel elle existe (art. 1352).

337. L'article 2229 veut que la possession soit continue, c'est-à-dire que le possesseur qui invoque la prescription doit prouver qu'il a fait des actes de jouissance réguliers pendant dix, vingt ou trente ans. Si cette preuve devait être faite directement, elle serait difficile et ruineuse. La loi établit une présomption qui la facilite singulièrement : « Le possesseur actuel qui prouve avoir possédé anciennement est présumé avoir possédé dans le temps intermédiaire, sauf la preuve contraire » (art. 2234). Toute présomption est fondée sur une probabilité; celle que la loi établit pour la preuve de la continuité repose sur un fait, c'est que la possession, quand elle est la manifestation de la propriété, s'exerce par des actes de jouissance qui se reproduisent régulièrement. La propriété est le plus considérable et le plus utile de nos droits; quand elle nous appartient, nous en tirons tout l'avantage qu'elle peut nous procurer; il en est de même quand nous avons une possession qui conduit à la prescription, puisque cette possession est l'expression du droit de propriété.

Pour que la présomption de propriété existe, la loi exige deux conditions. D'abord la possession actuelle, puis la preuve que celui qui possède lors du litige a possédé anciennement. Il faut la possession actuelle, car si celui qui se prévaut de la prescription ne possède pas au moment où il l'invoque, il est prouvé par cela même que sa possession est discontinue, ou a été interrompue par la privation de la jouissance; dans l'un et l'autre cas, la possession ne peut plus servir de base à la prescription, puisque la première condition que la loi exige fait défaut. Il faut, en second lieu, que le possesseur prouve qu'il a possédé anciennement, c'est-à-dire qu'il doit prouver quand sa possession a commencé. Qu'entend-on par possession ancienne? Suffit-il que l'on prouve un acte de possession, ou faut-il que la possession ait duré un certain temps, et quel est ce temps? La loi ne s'explique pas sur ce point; il faut donc interroger la tradition. Dunod dit qu'il faut que la possession ait été exercée par des actes publics; cela va sans dire, puisqu'une possession clandestine n'est jamais utile pour la prescription. Il faut de plus que la possession ait duré *assez longtemps* pour que les intéressés aient pu en être informés, en sorte qu'on puisse leur imputer de ne s'être pas pourvus pour en empêcher les suites et le progrès. Cela résulte de la nature même de la possession ; il n'y a pas de possession légale sans une certaine durée ; dès son origine, la possession doit réunir les caractères que l'article 2229 exige; or, ces caractères supposent une certaine durée; on ne dira pas de la possession d'un jour qu'elle a été non interrompue, paisible, publique, non équivoque et à titre de propriétaire. Reste à savoir quel est le temps pendant lequel la possession doit avoir duré. D'Argentré fixe cette durée à un an, conformément à l'ordonnance maintenue par le code de procédure, la possession annale étant requise pour donner les actions possessoires. D'après cela, il faudrait que celui qui se prévaut de la prescription prouvât une possession ancienne d'un an. Dunod ajoute : « Cette question se réduit encore souvent, dans la pratique, aux circonstances et à l'arbitrage du juge. » C'est la vraie solution en droit moderne; le code civil ne dit point que la possession ancienne doit avoir eu une durée d'un an, et d'après les principes on ne peut l'exiger. Autre est la possession requise pour que le possesseur ait les actions possessoires, autre est la possession ancienne qu'il doit prouver pour qu'il puisse invoquer la présomption de continuité; la loi ne fixe pas la durée de cette possession, et il était impossible de la fixer, puisque

c'est essentiellement une question de fait ; on doit donc,
comme le dit Dunod, s'en rapporter à l'appréciation du
juge (1).

338. La présomption de continuité admet la preuve
contraire. En quoi consiste cette preuve? La présomption
étant que la possession a été continue, la preuve contraire
doit établir qu'elle a été discontinue. Quand la possession
est-elle discontinue? Nous renvoyons à ce qui a été dit
plus haut sur les caractères que doit avoir la possession
(nᵒˢ 261 et 262). Faut-il appliquer ici le principe que la
possession se conserve par l'intention? C'est l'opinion de
Dunod. Il dit que ceux qui laissent tomber en friche l'héritage dont ils ont perçu les fruits, ou qui discontinuent
d'exercer des droits dont ils ont usé auparavant, sont encore réputés possesseurs à l'effet de prescrire jusqu'à ce
qu'un autre les déjette et interrompe leur possession. On
enseigne la même doctrine sous l'empire du code civil ; il
ne suffit pas, dit-on, pour faire cesser la présomption de
continuité, de demander à prouver que le possesseur s'est
abstenu, pendant le temps intermédiaire, d'actes extérieurs
de jouissance ; il faudra prouver que la possession a été
momentanément abdiquée par lui ou qu'elle a été interrompue, pendant un an au moins, par le fait d'un tiers (2).

Cette doctrine nous paraît contraire aux principes qui
régissent la possession continue et la preuve de cette possession. La possession doit être continue, en ce sens qu'il
faut des actes réguliers de jouissance, tels qu'en fait un
propriétaire soigneux de ses intérêts. Régulièrement le
possesseur devrait prouver qu'il a fait ces actes de possession ; la loi l'en dispense en établissant en sa faveur une
présomption de continuité. Cette présomption peut être
combattue par la preuve contraire. Quelle est la preuve
contraire à la continuité? C'est la discontinuité; or, pour
qu'une possession soit discontinue, il ne faut pas, comme
le dit Dunod, que le possesseur soit déjeté, c'est là l'inter-

---

(1) Dunod. part. I, ch. IV, p. 18. D'Argentré, sur l'article 265 de la
coutume de Bretagne, au mot *De celui qui est possesseur*, nᵒ 5 (p. 800).
(2) Dunod. part. I, ch. IV, p. 17 Leroux de Bretagne. t. I, p. 224,
nᵒ 288.

ruption naturelle, et la possession peut être discontinue sans avoir été interrompue. Bien moins encore faut-il, comme le dit Leroux de Bretagne, que le possesseur ait abdiqué la possession, ou que la possession ait été interrompue pendant un an au moins par le fait d'un tiers. C'est toujours la même confusion entre la possession discontinue et la possession interrompue; ce qui caractérise la discontinuité, c'est l'abstention du possesseur; peu importe qu'il ait eu l'intention de conserver la possession; quand il s'agit d'acquérir par la voie de la prescription, l'intention est insuffisante, il faut une possession continue, dit l'article 2229, et la continuité ne s'établit pas par l'intention. La loi se contente d'une présomption, mais la partie adverse est admise à prouver que la présomption est contraire à la réalité; que de fait la possession a été discontinue, et si cela est prouvé, le possesseur invoquerait vainement son intention; on lui répondrait qu'il aurait dû manifester cette intention par des faits réguliers de jouissance. Dira-t-on que notre interprétation est contraire à la tradition? Nous répondrons que la tradition allait plus loin; elle fixait à dix ans la conservation de la possession par l'intention. Qui oserait encore soutenir aujourd'hui que s'il était prouvé que pendant dix ans le possesseur est resté sans faire un acte de jouissance, le possesseur pourrait néanmoins soutenir qu'il a conservé la possession par l'intention? Il faut donc laisser là l'ancien droit et s'en tenir au texte du code et aux principes qui en découlent.

339. La possession ancienne fait-elle présumer la possession actuelle? Non, par la raison décisive que la loi n'établit point cette présomption, et il n'y a pas de présomption légale sans loi (art. 2228). Le législateur ne prodigue pas les présomptions, il n'en établit que lorsqu'elles sont nécessaires. On comprend la nécessité d'une présomption pour prouver la continuité pendant dix, vingt ou trente ans; mais pourquoi dispenser celui qui invoque la prescription de la preuve qu'il possède actuellement? S'il y a une preuve relativement facile, c'est celle-là; et la première condition de la prescription acquisitive n'est-elle pas que l'on possède?

Sur ce point encore, les auteurs du code se sont écartés de la tradition. Après avoir dit que la possession intermédiaire se présume, Dunod ajoute : « Il y a plus de difficulté lorsqu'on a prouvé la possession ancienne, à savoir si l'on sera censé avoir continué à posséder jusqu'à la fin, de sorte que l'on serait dispensé de prouver la possession actuelle. L'opinion commune est-qu'il suffit de prouver que l'on a possédé anciennement, pourvu qu'on *allègue* que l'on possède encore, quand même on ne le prouverait pas. » Voilà une étrange doctrine! Il s'agit de prouver la possession ; la preuve, dit Pothier, incombe à celui qui l'invoque. Est-ce qu'il suffit pour cela qu'il *allègue* avoir possédé? Est-ce que *prouver* veut dire *alléguer?* Dunod n'accepte l'opinion des docteurs qu'avec une restriction, c'est que, la question étant de fait, il faut l'abandonner à l'appréciation du juge (1) ; ce qui revient à dire qu'il n'y a plus de présomption légale, mais que le juge pourrait se décider d'après des présomptions dites de l'homme. En droit, cela peut se soutenir, puisque les présomptions simples sont admises dans les cas où la loi admet la preuve testimoniale ; mais, en fait, la possession doit régulièrement se prouver par des témoignages, car c'est un fait matériel, et non un fait moral. Telle est l'opinion de tous les auteurs (2).

La jurisprudence s'est prononcée en faveur de cette opinion dans une espèce où il y avait un motif de douter. Une commune réclamait des droits d'usage dans une forêt ; elle alléguait un titre qui remontait à l'année 1247, et elle invoquait des actes de possession. Le propriétaire soutint qu'il n'y avait pas eu d'actes réguliers de jouissance depuis plus de quarante ans avant l'introduction de l'instance et que les faits dont la commune se prévalait pour prouver sa possession n'étaient que des voies de fait. Un arrêt de la cour de Limoges donna gain de cause à la commune, en se fondant sur le titre de 1247, le titre faisant présumer que les habitants étaient en possession de leur droit et en

---

(1) Dunod, part. I, ch. IV, p. 18.
(2) Vazeille, n° 36. Troplong, n° 423. Marcadé, t. VIII, p. 86, n° 111 de l'article 2234. Leroux de Bretagne, t. I, p. 225, n° 289.

avaient joui conformément au titre. Dans cet état de choses, dit la cour, c'était au propriétaire qui opposait la prescription de la justifier; or, dans l'espèce, cette preuve n'avait pas été administrée. Cette décision a été cassée. La cour de cassation pose en principe que les droits d'usage, alors même qu'ils sont établis par titre, se perdent par le non-usage pendant trente ans. La commune était demanderesse; c'était donc à elle de prouver son droit : suffisait-il pour cela de produire un titre remontant au XIIIe siècle? La production du titre ne serait suffisante que si une présomption de possession s'attachait au titre; et il faudrait de plus que cette présomption durât jusqu'au moment de l'introduction de la demande. La cour admet que le titre prouve la possession ancienne; mais de ce que la commune avait possédé en 1247 on ne pouvait pas induire qu'elle possédait actuellement, car la loi n'établit pas la présomption que celui qui n'est pas possesseur actuel peut se prévaloir d'une ancienne possession pour en induire que sa possession s'est continuée. La cour en conclut que celui qui produit un titre prouvant une possession ancienne doit prouver qu'il possède actuellement. Or, dans l'espèce, la commune ne produisait que son titre, et la cour d'appel avait admis sa réclamation en induisant de ce titre une présomption de possession qui se serait continuée jusqu'à la demande; c'était créer une présomption, car celle que l'article 2234 établit suppose la preuve de la possession actuelle, et la commune ne prouvait pas qu'elle possédait actuellement. La cour de Limoges avait donc violé la loi en mettant à charge du propriétaire la preuve de la prescription, tandis qu'elle aurait dû imposer à la commune la preuve de sa possession (1).

Le motif de douter est que la commune avait un titre. Elle était donc propriétaire : perdait-elle sa propriété par le seul fait du non-usage? En général, la propriété ne se perd pas par le non-usage, il faut qu'un tiers possède la chose et en acquière la propriété par la prescription. Mais,

(1) Cassation, 16 février 1833, après délibéré en chambre du conseil (Dalloz, au mot *Prescription*, n° 315.)

dans l'espèce, il s'agissait d'un droit d'usage, c'est-à-dire d'une servitude; or, les servitudes s'éteignent par le non-usage pendant trente ans. La preuve du non-usage incombe au propriétaire qui soutient que son fonds est libéré; or, le propriétaire avait fait cette preuve. Dans une autre espèce, la cour de cassation a décidé qu'après trente ans le titre est éteint et ne peut plus être allégué pour en induire que l'usager a possédé; de sorte que la preuve de la possession, pour les droits d'usage remontant à plus de trente ans, incomberait toujours au possesseur. Cela nous paraît douteux. Dès qu'il y a un titre qui prouve l'existence ancienne de la servitude, celle-ci ne peut s'éteindre que par le non-usage; donc la commune usagère n'a rien à prouver, elle établit son droit en produisant son titre; c'est au propriétaire de prouver que ce titre est éteint par le non-usage; tandis que la cour de cassation dit que le propriétaire n'a rien à prouver, que la preuve de la possession incombe à l'usager. Il nous semble qu'il y a là une confusion; il ne s'agit pas de la prescription acquisitive du droit d'usage, cette prescription doit toujours être prouvée par celui qui l'invoque; il s'agit de la prescription extinctive, car la commune usagère, nous le supposons, a un titre; ce titre s'éteint par le non-usage, mais il faut que ce non-usage soit prouvé, et c'est naturellement au propriétaire de faire cette preuve (1).

340. On demande encore si la possession actuelle fait présumer la possession ancienne? La question ainsi posée n'a point de sens. Où est la probabilité que j'ai possédé il y a trente ans, par la raison que je possède aujourd'hui? Pour qu'il y ait une probabilité en ma faveur, il faut que j'aie un titre ancien et une possession actuelle qui y soit relative. On admettait, dans l'ancien droit, que, dans ce cas, le possesseur est présumé avoir possédé à partir de la date du titre (2). Le code ne reproduit pas cette présomption. Mais rien n'empêche les tribunaux de l'invoquer comme présomption simple; il y a, en effet, une grande probabilité

(1) Cassation, 3 août 1833 (Dalloz, au mot *Prescription*, n° 315.
(2) Dunod, part. I, ch. IV, p. 19. et les autorités citées par Leroux de Bretagne, t. I. p 226, note 1.

que celui qui a un titre avait aussi la possession du droit que le titre constate (1). Seulement il faut ajouter que les tribunaux ne pourraient se décider d'après ces probabilités de fait que dans les cas où la loi admet la preuve testimoniale (art. 1353). C'est à tort que la cour de cassation de Belgique dit que la présomption dont il s'agit est un principe aussi certain que celui consacré par l'article 2234; cet article établit une présomption légale, tandis que la présomption traditionnelle n'est pas établie par la loi (2).

341. Les articles 2230 et 2231 établissent des présomptions relatives à la possession à titre de propriétaire et à titre précaire : « On est toujours présumé posséder pour soi et à titre de propriétaire. » C'est la plus naturelle des présomptions. En effet, la possession est régulièrement la manifestation de la propriété; ce sont deux idées qui, dans le langage usuel, se confondent, parce que le possesseur d'un héritage en est d'ordinaire le propriétaire. Se fondant sur cette grande probabilité, la loi présume que l'on possède à titre de propriétaire. Il eût été difficile d'exiger une preuve directe, les faits de possession sont les mêmes, qu'il s'agisse d'un fermier ou d'un propriétaire; donc par eux-mêmes ces faits n'auraient pas donné au juge la preuve que le possesseur possède à titre de propriétaire; il en serait résulté une possession équivoque et, partant, inutile pour la prescription.

Cette première présomption est favorable au possesseur, et elle est dans l'esprit de la loi qui, en établissant la prescription acquisitive, a voulu consolider les possessions. Mais la loi admet la preuve contraire, et elle a dû l'admettre, puisqu'il y a bien des possessions qui reposent sur un titre précaire. L'article 2230 ajoute donc : « s'il n'est prouvé qu'on a commencé à posséder pour un autre »; c'est-à-dire à titre précaire. La loi dit que la preuve contraire se fait en établissant que le possesseur a *commencé* par être un détenteur précaire; en effet, c'est à l'origine de la possession qu'il faut toujours remonter (n° 329), parce

---

(1) Troplong, n° 424. Marcadé, t. VIII, p. 86. n° III de l'article 2234. Leroux de Bretagne, t. I, p. 225, n° 290.
(2) Rejet. 7 janvier 1842 (*Pasicrisie*, 1842, 1, 111).

que la possession peut toujours et doit être ramenée à son origine. L'origine est décisive, car l'article 2231 ajoute cette nouvelle présomption : « Quand on a commencé à posséder pour autrui, on est toujours présumé posséder au même titre, s'il n'y a preuve du contraire. » Pourquoi la possession précaire est-elle présumée continuer? Parce que telle est la probabilité; quand un fermier prend une terre à ferme, il continue à la tenir à ce titre, et ses enfants lui succèdent dans cette jouissance. Il se peut, à la vérité, que le fermier devienne propriétaire en achetant l'héritage qu'il tenait à ferme, mais ce sera à lui de le prouver; la loi l'admet à la preuve contraire; mais elle la limite, en ce sens que le possesseur précaire ne peut prescrire que si son titre est interverti; et l'article 2238 n'admet que deux causes d'interversion, un titre nouveau ou la contradiction opposée par le possesseur au droit du propriétaire. La présomption est donc celle-ci : tout possesseur précaire est présumé posséder pour autrui, à moins qu'il ne prouve que son titre est interverti. « La raison en est, dit l'Exposé des motifs, que la détention ne peut être à la fois pour soi et pour autrui; celui qui détient pour autrui perpétue et renouvelle à chaque instant la possession de celui pour lequel il tient, et le temps pendant lequel on peut tenir pour autrui étant indéfini, on ne saurait fixer l'époque où celui pour lequel on tient serait dépossédé (1). » Cela est vrai dans la subtilité du droit, mais cela ne justifie point le principe que la possession précaire est éternelle. Nous renvoyons à ce qui a été dit plus haut (n° 309).

342. Ces présomptions sont les seules que la loi établit. Hors des cas prévus par les articles 2234, 2230 et 2231, on rentre dans le droit commun qui régit les preuves; le demandeur ou le défendeur qui allèguent un fait, en matière de possession, doivent en faire la preuve. Le possesseur établit une possession continue en s'aidant de la présomption de l'article 2234. Sans nier les faits de jouissance qui ont commencé la possession, ni la possession actuelle, le propriétaire soutient qu'il a interrompu la

---

(1) Bigot-Préameneu, Exposé des motifs, n° 9 (Locré, t. VIII, p. 347).

prescription : c'est naturellement à lui de prouver l'interruption, et il ne peut faire cette preuve qu'en établissant que la prescription a été interrompue par l'une des causes déterminées par la loi (1). Si le propriétaire prétend que la prescription alléguée et prouvée par le possesseur est insuffisante, parce que la prescription a été suspendue en sa faveur, il devra prouver une cause légale de suspension. Il en est de même de tous les faits. Le propriétaire oppose au possesseur que sa possession a été violente à son origine, ou qu'elle a été troublée, il devra fournir la preuve de la violence ou du trouble (2).

343. Comment se prouvent les divers faits qui concernent la possession? On applique le droit commun. Les faits matériels se prouvent par témoins, quel que soit le montant pécuniaire du litige; tandis que les faits juridiques doivent s'établir, en principe, par écrit; et il faut même un écrit authentique si le fait litigieux doit, d'après la loi, être constaté par un officier public : telle serait une interruption de prescription résultant d'une citation en justice ou d'un commandement. D'ordinaire il s'agit de prouver des faits de possession; ces faits sont des faits matériels ou purs et simples auxquels ne s'applique point la disposition prohibitive de l'article 1341; la preuve testimoniale sera donc indéfiniment admissible (3). On applique, dans ce cas, les principes qui régissent les enquêtes. Il ne suffit pas que les faits soient par leur nature susceptibles d'être prouvés par témoins pour que le juge doive ordonner une enquête; il faut encore que les faits soient pertinents, et c'est au juge du fond de décider si les faits, en les supposant prouvés, sont probants; c'est donc à lui d'en admettre ou d'en rejeter la preuve. Un arrêt décide que la possession alléguée par les demandeurs était invraisemblable et démentie par leurs propres productions. Cette déclaration, dit la cour de cassation, est souveraine; il serait frustratoire de faire des enquêtes sur des faits qui n'existent pas,

---

(1) Cassation, 7 août 1833 (Dalloz, au mot *Usage*, n° 518).
(2) Leroux de Bretagne, t. I, p. 258, n° 337.
(3) Pothier, *De la prescription*, n° 177.

de l'aveu de ceux qui demandent à en faire preuve (1). Il
est de jurisprudence constante que les décisions des premiers juges, portant que les faits articulés ne sont ni pertinents ni concluants, sont souveraines et ne peuvent être
revisées par la cour de cassation (2). Comment se fait-il
que, malgré cette jurisprudence constante, la cour de cassation soit saisie si souvent de ces questions de fait? C'est
qu'il y a une objection très-spécieuse et qui peut parfois
être fondée en fait. Une partie qui prétend avoir prescrit
un immeuble offre de prouver qu'elle a fait sur cet immeuble tels actes de possession et, en général, tous les actes
de maître; le juge rejette néanmoins la preuve. Pourvoi;
le demandeur soutient que si l'on allègue des faits propres,
s'ils étaient prouvés, à justifier le droit, les tribunaux sont
obligés d'en ordonner la preuve. La cour de cassation répond que les tribunaux ont un pouvoir discrétionnaire en
cette matière, puisqu'ils sont appelés à décider si les faits
ont ce caractère probant; leur décision, à cet égard, est
nécessairement souveraine (3). Il est impossible que la cour
suprême contrôle ces décisions, parce qu'elles gisent en
fait. La cour d'appel rejette la preuve des faits articulés,
parce que les actes de possession, en les supposant prouvés, ne seraient que des actes de tolérance; elle peut avoir
tort de ne pas écouter les témoins, puisque c'est seulement
par les témoignages que le caractère des faits peut être
établi; mais ce ne sera qu'un mal jugé que la cour de cassation n'a pas mission de reviser (4).

344. Les tribunaux jouissent de ce pouvoir souverain,
non-seulement pour l'admission de la preuve, mais aussi
pour l'appréciation de la preuve que les parties intéressées
ont faite. Dans une espèce où l'État revendiquait les relais
qui séparaient des salines de la mer, la cour d'Aix rejeta
la revendication, en se fondant sur la prescription. Sur le
pourvoi, la chambre des requêtes prononça un arrêt de

---

(1) Rejet, chambre civile, 6 février 1872 (Dalloz, 1872, 1, 101).
(2) Rejet, 11 novembre 1861 (Dalloz, 1862, 1, 94).
(3) Rejet, 3 janvier 1832 (Dalloz, au mot *Prescription*, n° 376, 3°).
(4) Rejet, chambre civile, 23 juin 1834, et 25 juin 1842 (Dalloz, au mot
Prescription, n°ˢ 375 et 376).

rejet : « Attendu qu'il est constaté par l'arrêt attaqué qu'il résulte des titres, des actes, des enquêtes et de tous les documents du procès que les propriétaires des salines d'Hyères ont eu, pendant plus de trente ans, avant l'exploit introductif d'instance, la possession continue, non interrompue, paisible, non équivoque, publique et à titre de propriétaire des terrains revendiqués au nom de l'Etat; attendu que, lorsqu'il s'agit d'apprécier les faits constitutifs de possession, susceptibles ou non de faire acquérir la prescription, les cours d'appel ont un pouvoir discrétionnaire qui échappe à la censure de la cour de cassation(1). »

Il s'est présenté des cas où la chambre des requêtes a admis le pourvoi et où la chambre civile l'a rejeté. En voici un exemple. La loi veut que la possession soit continue pour que le possesseur puisse prescrire, mais elle n'a pas déterminé les faits constitutifs de la continuité. On a demandé si la conservation des vestiges d'une construction détruite constitue un fait de possession. Le silence de la loi est décisif; il en résulte que les juges du fond ont un pouvoir souverain d'appréciation : comment y aurait-il une loi violée alors qu'il n'y a point de loi? Lors donc que le juge, appréciant les faits, déclare que les vestiges allégués comme constituant un fait de possession ne sont pas une interpellation au propriétaire et n'établissent pas la preuve de la possession, sa décision échappe à la censure de la cour suprême (2).

§ V. *Étendue de la prescription.*

345. La possession est la base de la prescription. Il y a encore d'autres conditions requises lorsque la prescription a lieu avec titre et bonne foi; toujours est-il que la possession est l'élément essentiel, car c'est la possession que la

---

(1) Rejet, 18 avril 1855 (Dalloz, 1855, 1, 205). Comparez Rejet, 1er août 1876 (Dalloz, 1877, 1, 88).

(2) Rejet, chambre civile, 14 mars 1854 (Dalloz. 1854. 1, 116). Comparez, en ce qui concerne les actes de tolérance. Rejet, chambre civile, 2 décembre 1873 (Dalloz, 1874, 1, 295).

loi veut consolider, c'est au possesseur que la loi donne la
préférence sur le prétendu propriétaire. La possession
étant le principe de la prescription, il en résulte que l'effet
de la prescription, en ce qui concerne son étendue, doit
aussi dépendre de l'étendue de la possession. De là l'adage
traditionnel : *Tantum præscriptum quantum possessum.*
Nous en avons vu des applications au titre des *Servitudes*
(t. VIII, n° 236). Dans l'ancien droit, il était d'un usage
journalier, parce que la distinction, née du régime féodal,
entre le domaine direct et le domaine utile existait toujours
dans les rapports de vassal à seigneur. D'un autre côté, il
y avait bien des droits sujets à prescription qui aujourd'hui
sont considérés comme imprescriptibles : telle était la justice
seigneuriale, qui variait d'étendue selon qu'elle était haute
ou basse : tels étaient encore les droits attachés à un titre
épiscopal. Ces droits variant d'étendue, la prescription qui
les faisait acquérir variait également : on acquérait par la
prescription ce que l'on avait possédé, le domaine utile, si
l'on avait prescrit contre un vassal ; de sorte que le possesseur prenait la place du vassal et succédait à ses obligations
en même temps qu'à ses droits. Les seigneurs avaient-ils
possédé la justice basse, ils ne pouvaient réclamer que
cette justice, et non les droits de la haute justice. Il en
était de même des évêques : ils acquéraient par prescription ce qu'ils avaient possédé. Tout cela n'est plus que de
l'histoire, mais le principe est resté dans notre droit, il
découle de la nature même de la prescription : fondée sur
la possession, elle ne peut point dépasser la possession (1).

La prescription s'applique donc dans un sens restrictif.
Au premier abord, cela paraît contraire au but que le législateur a eu en vue : il veut consolider les possessions et
les mettre à l'abri de toute action en revendication de la
part de celui qui se prétend propriétaire ; établie dans un
intérêt général, elle est essentiellement favorable. N'est-ce
pas le cas d'invoquer le vieux dicton : *Favores ampliandi?*

---

(1) D'Argentré, sur l'article 271 de la coutume de Bretagne, au mot
Seigneurie, nᵒˢ 4 et 5 (p. 1122).

Non, le droit des individus domine l'intérêt général, le plus grand intérêt qu'ait la société, c'est que le droit soit respecté ; or, la prescription dépouille le propriétaire, elle fait acquérir au possesseur le bien d'autrui; elle doit donc être resserrée dans de justes bornes, quelque favorable qu'elle soit. C'est la remarque de Dunod. Voilà pourquoi, dit-il, on tient pour maxime que la prescription ne s'étend qu'à ce qui a été précisément possédé : *Tantum præscriptum, quantum possessum.* Je prescris la propriété d'un héritage qui est grevé d'une servitude ; le propriétaire du fonds dominant a continué à l'exercer pendant que je prescrivais : si la prescription s'accomplit, quel sera le droit que j'aurai acquis? Je serai propriétaire du fonds grevé de servitude ; le propriétaire de l'héritage a perdu son droit et moi je l'ai acquis; mais le fonds dominant n'a pas perdu le sien, puisque je ne l'ai pas possédé (1). Que demande l'intérêt général, dans l'espèce? Que ma possession soit maintenue ; elle l'est ; mais l'intérêt général exige aussi que le droit du fonds dominant soit respecté ; si l'on étendait à la servitude la prescription du fonds, on violerait le droit du propriétaire de l'héritage dominant, et le respect du droit est le premier des intérêts, comme il est le premier devoir de la société. Dunod conclut que l'on ne peut pas, en cette matière, argumenter par identité de raison, c'est-à-dire par voie d'analogie; il en donne cet exemple : « Celui qui a prescrit un *péage* sur les gens de pied seulement ne l'aura pas sur les gens de cheval. » Voilà encore un droit qui tombait jadis en prescription et qui aujourd'hui est hors du commerce, comme tenant à l'ordre public. Notre constitution porte qu'aucune rétribution ne peut être exigée des citoyens qu'à titre d'impôt, au profit de l'Etat, de la province ou de la commune ; et les impôts ne peuvent être établis que par une loi (art. 113 et 110).

346. Le principe, *Tantum præscriptum, quantum possessum,* suppose une prescription dont la possession est la base, donc une prescription acquisitive. Il reçoit aussi son application aux droits qu'une personne possède et

---

(1) Dunod, part. I. ch. IV, p. 23.

qui peuvent être éteints ou diminués par le non-usage.
Telles sont les servitudes; aux termes de l'article 708,
« le mode de la servitude peut se prescrire comme la servitude même et de la même manière. » La possession peut
donc être invoquée pour acquérir un droit, et elle peut
servir pour conserver les droits que l'on a. Cette distinction est importante pour l'application de la maxime traditionnelle dont nous exposons la signification et la portée.
D'Argentré en a fait la remarque, et Dunod après lui. On
doit se montrer exigeant et difficile quand il s'agit d'acquérir un droit contre le propriétaire, car, dans ce cas, la
prescription dépouille le propriétaire et l'exproprie; tandis
que l'on doit se montrer facile quand il s'agit de conserver
un droit, puisque alors la possession tend à empêcher le
propriétaire d'être dépouillé. Quand on prescrit contre
quelqu'un qui a un droit universel composé d'espèces différentes, on ne prescrit contre lui que les espèces particulières dont on a joui. Dunod donne un exemple qui fait
bien comprendre le principe. En matière de juridiction,
celui qui ne fait que des actes de basse justice ne prescrit
ni la moyenne, ni la haute; celui qui n'exerce la juridiction qu'au civil ne la prescrit pas au criminel; celui qui
n'en jouit qu'au premier degré ne l'acquiert pas au second;
celui qui n'a possédé que la juridiction contentieuse n'a
pas acquis la gracieuse. Il n'en est pas de même, continue
Dunod, quand il s'agit de conserver le droit universel, car
celui à qui il appartient en retient plus facilement la possession qu'il ne la perd. Les actes d'une espèce la lui conservent pour toutes les autres et pour tout le genre; le
tiers qui prescrit une espèce ne prescrira point les autres(1).
C'est une conséquence rigoureuse du principe que l'on ne
prescrit que ce que l'on possède, et l'on ne perd par le
non-usage que ce que l'on ne possède pas.

Nous empruntons quelques applications à la jurisprudence moderne. Les communistes ont le droit d'user de
la chose commune pour tous les avantages qu'elle peut

_____

(1) D'Argentré, sur l'article 271 de la coutume de Bretagne, au mot
Seigneurie, n° 6, p. 1123. Dunod, part. I, ch. IV, p. 23 et 24. Comparez
Leroux de Bretagne, t. I, p. 247, n° 323.

procurer : faut-il qu'ils jouissent de tous ces profits pour
conserver leur droit? Non, il est de la nature de leur droit
qu'ils en usent suivant leurs besoins et selon leurs convenances ; pourvu qu'ils en usent, ils possèdent et exercent
leur droit et, partant, ils le conservent. La cour de cassation l'a jugé ainsi dans une espèce où il existait un droit
de propriété commune sur un canal dérivé d'un cours d'eau ;
quelques-uns des communistes prétendaient avoir acquis
la propriété contre les autres ; il s'agissait donc pour les
uns d'acquérir contre leurs copropriétaires et pour les
autres de conserver leur droit ; les premiers alléguaient
le non-usage des défendeurs pendant trente ans, et des
actes agressifs, envahissants, emportant contradiction au
droit du copropriétaire. La cour de cassation dit que l'arrêt attaqué avait souverainement et justement jugé que
les défendeurs n'avaient fait que restreindre, selon leurs
convenances et leurs besoins personnels, l'usage de l'eau
amenée par le canal sur leurs fonds, et qu'il suffisait de
cet usage pour ne pas perdre ni même diminuer leur droit
de propriété sur ces mêmes eaux, rien ne les empêchant de
changer à leur gré leur mode de jouissance. Quant aux
faits de possession exclusive ou agressive que les demandeurs alléguaient, la chambre des requêtes dit que ces
faits doivent être jugés avec rigueur, parce qu'ils auraient
eu lieu de communiste à communiste ; l'on peut ajouter,
avec d'Argentré et Dunod, que l'on ne peut pas admettre
facilement qu'un copropriétaire dépouille l'autre, puisque
les copropriétaires sont, en général, censés posséder les
uns pour les autres (1). Dans un arrêt postérieur, la cour
de cassation, chambre civile, résume cette doctrine en disant que l'exercice du droit, restreint suivant les convenances du communiste, ne suffit pas pour restreindre le
droit lui-même (2).

347. D'Argentré apporte une exception à la règle
d'après laquelle la prescription doit s'appliquer restrictivement. S'il s'agit d'accessoires qui ne forment qu'un seul

(1) Rejet, 11 août 1859 (Dalloz, 1860, 1, 391).
(2) Rejet, 29 juillet 1863 (Dalloz, 1864, 1, 293).

tout avec la chose principale, de sorte qu'ils y sont insé-
parablement unis, on prescrit l'accessoire en même temps
que le principal, bien que le possesseur n'ait pas eu une
possession spéciale de l'accessoire. Cette exception paraît
détruire la règle; cependant elle est très-juridique, quoique subtile. Pour prescrire, il n'est pas nécessaire de posséder chaque partie de la chose que l'on possède. Si la
maison contient des souterrains ou des greniers étendus
dont je n'use point, où je n'ai jamais mis le pied, dira-t-on
que je ne les ai pas acquis par prescription? On ne possède pas séparément chaque partie d'un édifice, de même
que l'on ne possède pas séparément chaque motte de
terre d'un champ, on possède l'héritage d'après ses besoins et ses convenances, et on le possède avec ses accessoires quand ces accessoires en sont inséparables. Telle
serait l'alluvion : elle se forme imperceptiblement, et à
mesure qu'elle se forme, elle accroît au fonds et doit profiter à celui qui est propriétaire ou possesseur du fonds ;
on ne peut pas exiger que le possesseur fasse à tout instant
acte de possession des globules de terre qui viennent s'ad-
joindre à un héritage, ce serait exiger l'impossible. La
force des principes domine ici le fait : l'accessoire suit la
condition et la nature du principal (1). Mais si le droit domine le fait, il ne doit pas être contraire au fait; Dunod
précise très-bien les conditions sous lesquelles la possession du principal vaut possession de l'accessoire. « La
prescription du principal, dit-il, n'emporte celle de l'accessoire que quand ils sont inséparables ; que l'accessoire est
d'une conséquence nécessaire au principal, et qu'il y a été
uni au commencement de la prescription (2). » Ce dernier
point est très-important et très-délicat quand il s'agit de
terres d'alluvion. Il n'y a aucun doute quant aux terres
d'alluvion déjà formées lorsque la prescription a commencé.
Quant aux alluvions qui se forment pendant le cours de la
prescription, le principe de Dunod reçoit encore son application sans difficulté si l'alluvion a commencé seulement

(1) D'Argentré, sur l'article 271, au mot *Seigneurie*, n° 13, p. 1125.
(2) Dunod, part. I, ch. IV. p. 24. Leroux de Bretagne, t I, p. 249, n° 324.

à se former au milieu d'une prescription qui court; on ne peut, en ce cas, attribuer les terres de nouvelle formation au possesseur, puisqu'il ne les a réellement pas possédées pendant tout le temps requis pour la prescription. Mais si l'alluvion a déjà commencé avant la prescription, ne-doit-elle pas profiter à celui qui prescrit, sans distinguer le moment précis où elle s'est formée? On pourrait le soutenir en vertu du principe de l'accession et en se fondant sur ce que l'alluvion se fait imperceptiblement. Toutefois nous préférons l'opinion plus rigoureuse de Dunod. L'alluvion, quoiqu'elle se fasse d'une manière imperceptible, peut très-bien se distinguer des terres auxquelles elle accroît. Or, le possesseur qui commence à prescrire en 1877 ne possède pas les alluvions qui se forment dans les années suivantes pendant tout le cours de la prescription; donc il ne peut pas les acquérir par la prescription.

Quand les diverses parties de la chose ne forment pas un même tout, il n'y a plus de doute, elles se possèdent et se prescrivent séparément. Celui, dit Dunod, qui n'aura possédé que la moitié d'un héritage n'aura prescrit que cette moitié. Le principe s'applique aux démembrements de la propriété. On peut acquérir une servitude par prescription; dans ce cas, la prescription ne s'étend pas au delà du droit que le possesseur a exercé.

348. Peut-on prescrire la propriété du dessous sans prescrire la superficie? L'article 552 porte que la propriété du sol emporte la propriété du dessus et du dessous à titre d'accessoire; mais de là il ne faudrait pas conclure que le dessous est inséparable du dessus. Sans doute, le possesseur de la superficie possède régulièrement le dessous; dans ce cas, on applique le principe de l'accessoire. Mais il se peut que le dessous soit possédé séparément; dès lors il y aura lieu à une prescription séparée. La loi elle-même le dit; aux termes de l'article 553, un tiers peut acquérir la propriété, par prescription, soit d'un souterrain sous le bâtiment d'autrui, soit de toute autre partie du bâtiment. Nous renvoyons à ce qui a été dit au titre de la *Propriété*. Il a été jugé que celui qui use pendant trente ans d'une fosse d'aisance établie sous la maison du voisin, au moyen de conduits inédifiés dans cette maison, acquiert la propriété de la fosse; il va de soi que la possession devra réunir les caractères déterminés par l'article 2229; notamment elle doit être publique (1).

349. Peut-on prescrire des arbres séparément du sol dans lequel ils sont plantés? Il y a un motif de douter; les arbres sont l'accessoire du sol, dans lequel ils puisent leur nourriture et hors duquel ils n'existeraient point. L'accessoire, dans ce cas, paraît tellement inséparable du principal, que l'on ne conçoit pas de prescription distincte. De plus, l'arbre, considéré comme séparable du sol, est un meuble; or, les meubles ne se prescrivent pas en droit français. Enfin il y a une difficulté particulière en ce qui concerne les arbres plantés sur les grandes routes: celles-ci sont imprescriptibles; n'en faut-il pas conclure que les arbres aussi ne peuvent être acquis par la prescription? Ces doutes doivent être écartés, parce qu'il y a une loi formelle qui implique que les arbres peuvent être prescrits sans le sol; c'est le décret du 28 août 1792 (art. 15), portant que tous les arbres existants sur les places des villes, bourgs et villages, ou dans les marais, prés et autres biens dont les communes ont ou recouvreront la propriété, sont censés appartenir aux communautés, sans préjudice des droits que des particuliers non seigneurs pourraient y avoir acquis par titre ou *prescription*. La loi considère donc les arbres comme susceptibles de prescription, quoiqu'ils soient plantés sur des terrains qui font partie du domaine public des communes. Cela est décisif. La cour de cassation s'est prononcée en faveur de la prescription. Elle pose en principe que les arbres sont immeubles, comme le sol lui-même dans lequel ils sont plantés, tant qu'ils n'en ont pas été séparés (art. 520, 521 et 553). Cela n'est pas tout à fait exact, car la vente d'une coupe de bois est mobilière, quoique, lors de la vente, les arbres soient encore attachés au sol; mais cette mobilisation n'a d'effet qu'entre les parties, puisqu'elle a lieu en vertu d'un contrat; à l'égard des tiers, l'arbre reste immeuble tant

(1) Rejet, 22 octobre 1811 (Dalloz, au mot *Servitude*, n° 36.

qu'il est attaché au sol (1). D'après l'article 553, les plantations sont présumées faites par le propriétaire du terrain et lui appartenir ; mais l'article ajoute que cette présomption cesse lorsque le contraire est prouvé. Il est donc possible que la propriété des arbres, en vertu de titres ou de conventions, appartienne à d'autres qu'au propriétaire du sol. La loi de 1792 et le décret du 9 ventôse an XII admettent que les arbres appartiennent aux riverains des chemins publics. Si la propriété distincte des arbres peut être acquise par titres ou résulter de la loi, elle peut par cela même être acquise par prescription, l'office de la prescription étant de suppléer au titre. Le jugement attaqué s'était prévalu du texte de l'article 553, qui ne parle pas de la prescription des plantations ; la cour répond que, d'après cette disposition, la présomption de propriété des plantations en faveur des propriétaires du sol s'efface en présence de preuves contraires ; cette preuve contraire peut être faite pour établir la possession qui mène à la prescription, aussi bien que pour établir la propriété (2).

Si les arbres existants sur un chemin public peuvent être prescrits, il en doit être de même, et à plus forte raison, des arbres plantés sur un terrain privé ; il y a un doute de moins, c'est que le fonds est prescriptible. La doctrine et la jurisprudence sont en ce sens (3).

SECTION III. — Du temps requis pour prescrire.

§ Ier. *Comment le temps se calcule.*

350. L'article 2260 établit le principe fondamental en cette matière : « La prescription se compte par jours et non par heures. » Au titre de la *Prescription*, il n'est pas question d'un temps consistant en jours ; le temps est de dix, vingt ou trente ans, et dans les courtes prescriptions,

---

(1) Comparez le t. V de mes *Principes*, n°s 429-432.
(2) Cassation, 18 mai 1858 (Dalloz, 1858, 1, 218) Comparez Rejet, chambre civile, 7 novembre 1860 (Dalloz, 1860, 1, 486).
(3) Leroux de Bretagne, t. I, p. 251, n° 329. Caen, 14 juillet 1825 (Dalloz, au mot *Prescription*, n° 256). Rejet, 23 décembre 1861 (Dalloz, 1862, 1, 129).

d'un mois à cinq ans. Mais les années et les mois se composent d'heures ; il importe donc de savoir comment on compte les jours : c'est la base du calcul du temps en matière de prescription. Je commence à posséder le 1er août 1876 à midi : la prescription court-elle à partir de ce moment jusqu'au 1er août 1886 à midi, s'il s'agit d'une usucapion avec titre et bonne foi? Non, car la loi dit que la prescription ne se compte pas par heures. Au point de vue mathématique, ce serait le calcul le plus exact. En comptant par jours, on aboutit nécessairement, comme nous allons le dire, à dépasser la durée légale de la prescription, puisque la partie du jour où la prescription a commencé n'est pas comptée : le temps de la prescription sera donc de dix ans, dans l'espèce, plus les six heures du premier jour que l'on ne compte pas. N'était-il pas plus juridique de s'en tenir au calcul mathématique? Oui, si ce calcul avait été possible. Bigot-Préameneu dit, dans l'Exposé des motifs, qu'une heure est un espace de temps trop court et qui ne saurait même être uniformément déterminé. C'est mal formuler la pensée de la loi. Il eût été très-difficile, pour ne pas dire impossible, de fixer avec certitude l'heure à laquelle une prescription a commencé (1). Consulte-t-on les actes? Ils sont datés, non par heure, mais par jour. A-t-on recours aux témoignages, et telle est la règle, puisqu'il s'agit d'un fait, où trouvera-t-on des témoins qui après dix, vingt ou trente ans se rappelleront l'heure à laquelle un fait de possession a eu lieu? Il fallait donc renoncer à l'exactitude mathématique et se contenter de la preuve que la prescription a commencé tel jour.

351. La prescription se compte par jours. De là suit qu'un jour ne compte dans le calcul du temps requis pour la prescription que lorsqu'il est complet, c'est-à-dire lorsque les vingt-quatre heures qui forment le jour sont écoulées. L'article 2261 le dit pour le dernier jour du terme : la prescription est acquise quand ce jour est accompli. Pourquoi les auteurs du code ont-ils cru nécessaire de s'expliquer sur le dernier jour du terme? C'est parce que

_____

(1) Mourlon, _Répétitions_, t. III, p. 797, n° 1920.

dans l'ancien droit on n'appliquait la règle qu'à la prescription extinctive, qui n'était acquise que lorsque le dernier
jour du délai légal était expiré; tandis qu'il suffisait que
ce jour fût commencé quand il s'agissait de l'usucapion
par dix ou vingt ans. L'orateur du gouvernement dit que
cette distinction était plus subtile que fondée en raison :
« L'ancien propriétaire contre lequel on prescrit un fonds
n'est pas moins favorable que le créancier contre lequel on
prescrit la dette. Il était plus simple et plus juste de décider que la prescription n'est, dans aucun cas, acquise que
quand le dernier jour du terme est accompli. »

352. La loi ne dit rien du premier jour du terme. C'est
que l'on s'accordait, dans l'ancien droit, à ne pas comprendre dans le délai de la prescription les quelques heures du
premier jour où la prescription avait commencé; le temps
ne commence à courir que le lendemain. C'est la conséquence rigoureuse du principe que le temps ne se compte
pas par heures, mais par jours ; les quelques heures du
jour où la prescription commence ne formant qu'une fraction de jour, on ne peut pas en tenir compte, on ne le pourrait que si la prescription se comptait par heures; si l'on
calculait ainsi, une prescription commencée à midi s'achèverait à midi; mais, la loi ayant dû renoncer à ce calcul
exact, les heures du jour où la prescription a commencé
deviennent inutiles; la conséquence forcée en est que cette
fraction de jour n'est pas comptée.

Merlin s'est prononcé pour l'opinion contraire ; il veut
que le premier jour, quoique incomplet, compte pour la
prescription; son opinion, qui était isolée, a trouvé un dé-
fenseur, comme toutes les doctrines singulières. Nous
croyons inutile de renouveler ce débat, il est vidé (1). Le
principe établi par l'article 2261 suffit pour trancher la
difficulté. La possession commence à midi : les douze
heures qui s'écoulent jusqu'à la fin du jour peuvent-elles
compter? A titre d'heures, non, puisque la prescription ne
se compte pas par heures. A titre de jour, pas davantage,

_____

(1) Voyez les sources dans Aubry et Rau, t. II, p. 325, note 2, § 212. Il
faut ajouter, dans le sens de l'opinion générale, Mourlon. *Répétitions*,
t. III, p. 799, n⁰ˢ 1921 et 1922. Leroux de Bretagne, t. II, p. 5, n° 726.

car douze heures ne forment pas un jour. Dira-t-on que, pour ne pas faire perdre un demi-jour à celui qui prescrit, on doit le compter comme un jour accompli? Ce serait une fiction, car le possesseur serait censé avoir possédé pendant la première moitié du jour, alors qu'en réalité il ne possédait pas; or, la loi seule a le droit de créer des fictions. Cela est décisif (1).

La jurisprudence est en ce sens (2). Il y a un arrêt en sens contraire de la cour de cassation de Belgique qui a confirmé un arrêt de Bruxelles très-mal motivé. « En disposant, dit-elle, que le dernier jour du terme ne doit être compté que lorsqu'il a été accompli, le législateur a admis virtuellement une disposition contraire pour le premier jour (3). » Voilà un des plus mauvais arguments *a contrario* que nous ayons rencontrés; l'article 2261 est une application du principe établi par l'article 2260; et n'est-il pas de l'essence des principes de s'appliquer à tous les cas? Si la loi s'explique sur le dernier jour, c'est qu'elle a voulu déroger à l'ancien droit; et si elle ne s'explique pas sur le premier jour, c'est qu'elle a voulu maintenir la doctrine traditionnelle, conforme, du reste, au principe consacré par l'article 2260. Nous citons la décision de la cour de Bruxelles comme témoignage contre l'argumentation *a contrario*.

Sur le pourvoi, il intervint un arrêt de rejet rendu au rapport d'un excellent jurisconsulte, M. Leclercq, et sur les conclusions conformes de l'avocat général Defacqz, dont le nom est une autorité. La cour de cassation laisse là l'argument *a contrario* de l'arrêt attaqué. Elle pose en principe que, dans l'interprétation des lois, les mots doivent, sauf les cas où le législateur en dispose autrement, être entendus dans le sens qui leur est attribué par l'usage à l'époque où ils sont employés. Or, l'article 2260 est la traduction littérale d'une loi romaine, excepté en ce qui con-

_____

(1) Duranton distingue entre la prescription extinctive et l'usucapion (t. XXI, n° 338), distinction tout à fait arbitraire, qui n'a pas trouvé faveur (Marcadé, t. VIII, p. 177, note; Aubry et Rau, t. II, p. 325, note 2).
(2) Rejet. 3 mai 1854 (Dalloz, 1854, 1, 324); Cassation, 27 juin 1854 (Dalloz, 1855, 1, 261).
(3) Bruxelles, 6 juillet 1833 (*Pasicrisie*, 1833, 2, 193).

cerne le dernier jour de la prescription, pour lequel l'article 2261 y déroge expressément ; le sens des termes de la loi n'était l'objet d'aucun doute lors de la rédaction du code civil, ils comprenaient comme un jour entier dans le délai de la prescription le jour où commençait la possession. La cour en conclut que ces termes doivent être entendus de même aujourd'hui dans l'article 2260, et que, par suite, le jour où l'acquéreur d'un immeuble en a pris possession doit compter dans le calcul du délai requis pour prescrire (1). Ainsi la cour se fonde sur la tradition romaine pour expliquer l'article 2260. Est-ce bien dans le Digeste que les auteurs du code ont puisé cette disposition? Il y a encore une autre tradition, celle des coutumes; et que dit l'oracle dn droit coutumier? Dès le XVIe siècle, l'usage était contraire au droit romain; Dumoulin dit que l'on suivait la règle que le premier jour du délai n'est pas compris dans le délai (2). L'autorité de Dumoulin, pour mieux dire, de la tradition coutumière, est décisive, et elle nous dispense de continuer cette discussion; car le code procède, non du droit romain, mais des coutumes.

353. Il y a une courte prescription de six mois (article 2271). Le code ne dit pas comment on compte les mois; est-ce d'après le calendrier grégorien? ou comprend-on par un mois un espace uniforme de trente jours? Lors de la publication du code civil, le calendrier républicain existait encore; tous les mois étaient de trente jours, sauf celui de fructidor, qui comprenait de plus les cinq jours complémentaires. L'article 2261 prévoyait la difficulté et la décidait en ces termes : « Dans les prescriptions qui s'accomplissent par mois, celui de fructidor comprend les jours complémentaires. » Ainsi le mois de fructidor ne comptait que pour un mois, quoiqu'il se composât de 35 jours et de 36 dans les années bissextiles. Cette disposition fut retranchée dans l'édition nouvelle du code Napoléon qui se fit en 1807, le calendrier républicain ayant été aboli; on aurait dû la remplacer par une disposition nouvelle por-

(1) Rejet, 27 octobre 1834 (*Pasicrisie*, 1834, 1, 310).
(2) *De consuetudine communiter observatur quod dies a quo præfigitur terminus, non computatur in termino.*

tant que les mois et les années se compteraient d'après le calendrier grégorien. Le silence de la loi ne tarda pas à donner lieu à une difficulté en matière criminelle. Un délit forestier avait été constaté par un procès-verbal du 31 mai 1811; l'action devait être intentée au plus tard dans les trois mois en vertu de la loi du 15 septembre 1791 (tit. IX, art. 8). Elle le fut le 31 août. La cour de Florence décida que l'action était tardive en calculant que chaque mois devait se composer de 30 jours; or du 31 mai au 31 août, il s'était écoulé plus de 90 jours. Si, au contraire, on comptait les mois de quantième à quantième, sans tenir compte du nombre inégal de jours qui composent les mois dans le calendrier grégorien, on était encore dans le délai, puisque le délai n'avait commencé à courir que le 1er juin. La cour de cassation décida que, le calendrier grégorien étant celui de l'empire français, il fallait compter les mois tels qu'ils étaient composés, date par date, ou, comme on dit, de quantième à quantième, et non par un nombre fixe de jours. En effet, le nombre fixe et égal de 30 jours serait une fiction dans le système grégorien; or, une fiction ne peut être établie que par la loi. Dans le silence de la loi, il fallait s'en tenir à la réalité, c'est-à-dire prendre des mois inégaux, comme le voulait, du reste, l'article 2261, tel qu'il avait été primitivement rédigé. L'arrêt attaqué invoquait le droit romain; c'était oublier que le droit romain est abrogé. Il n'y a qu'une seule disposition dans nos codes qui compte les mois par trente jours, c'est l'article 40 du code pénal de 1811, portant que la peine d'un mois d'emprisonnement est de trente jours; c'est une exception, dit la cour, et elle confirme la règle (1).

354. Les années ont une durée uniforme, d'après le calendrier grégorien, sauf l'année bissextile, qui comprend 366 jours. Il faut appliquer aux années le principe que la cour de cassation a consacré pour le calcul des mois, c'est-à-dire les prendre telles qu'elles sont fixées par le calendrier grégorien; l'année bissextile n'est pas un an plus un

---

(1) Cassation, chambre criminelle, 4 arrêts, du 27 décembre 1811 (Dalloz, au mot *Prescription criminelle*, n° 24). Dans le même sens, Merlin, *Répertoire*, au mot *Mois*, et tous les auteurs.

jour, c'est une année; or, les lois, en matière de prescription, exigent un an et non pas tel nombre de jours ; donc, dans les années bissextiles, l'année comprendra un jour de plus (1).

355. Il se présente encore une difficulté. On suppose que le dernier jour du délai est un jour férié; doit-on le compter pour la prescription? Oui, et sans doute aucun ; il faudrait une loi pour que l'on fût dispensé de le compter ; car ce serait déroger à la loi, et les interprètes n'ont pas ce droit-là. On objecte que le dernier jour sera inutile au créancier ou au propriétaire, puisqu'il ne pourra pas interrompre la prescription. L'objection prouve trop, car il faudrait, pour la même raison, décompter tous les jours fériés. La loi n'entre pas dans ces détails. D'ailleurs le code de procédure permet de faire des significations les jours de fête, avec la permission du juge (art. 1037). C'est l'opinion générale, sauf le dissentiment de Grenier (2).

§ II. *De la jonction des possessions.*

356. « Pour compléter la prescription, on peut joindre à sa possession celle de son auteur, de quelque manière qu'on lui ait succédé, soit à titre universel ou particulier, soit à titre lucratif ou onéreux » (art. 2235). C'est ce qu'on appelle la jonction des possessions. Si un immeuble a été vendu successivement à plusieurs personnes, le dernier acquéreur peut se prévaloir de la possession de tous les acheteurs qui l'ont précédé; de sorte qu'il aura accompli la prescription trentenaire, quand même il n'aurait possédé que pendant un an, si ses auteurs ont possédé pendant vingt-neuf ans. Quel est le motif sur lequel se fonde la jonction des possessions? On dit que cette règle a été introduite par l'équité plutôt que par les principes rigoureux du droit (3). Cela serait vrai si la prescription était établie

---

(1) Merlin, *Répertoire*, au mot *Jour bissextile*, et tous les auteurs.
(2) Voyez les sources dans Aubry et Rau, t. II, p. 326, note 5, § 212, et Marcadé, t. VIII, p. 178, n° III de l'article 2261.
(3) Leroux de Bretagne, t. I, p. 262, n° 346.

uniquement dans l'intérêt du possesseur ; mais on oublie qu'en profitant au possesseur, la prescription dépouille le propriétaire, donc ce qui est équitable pour l'un serait une iniquité à l'égard de l'autre. Cela prouve qu'il faut laisser de côté les considérations d'équité dont on a tant abusé en matière de prescription ; c'est sur l'intérêt de la société que la prescription se fonde ; il importe à la société que les possessions soient stables : il faut donc les consolider. Partant, c'est la possession qu'il faut considérer plutôt que le possesseur. Dès que la possession a duré trente ans, elle doit l'emporter sur les droits de celui qui se prétend propriétaire, peu importe qui a possédé. La jonction des possessions est donc en harmonie avec le but que le législateur a eu en vue en établissant la prescription.

357. Voilà pourquoi la jonction des possessions a toujours lieu, quel que soit le titre du possesseur ; qu'il ait acquis à titre gratuit ou à titre onéreux, cela est indifférent. L'équité pourrait réclamer de ce qu'un donataire ou un légataire est préféré au propriétaire ; mais on n'écoute pas l'équité en cette matière ; et au point de vue du droit la position du donataire est aussi favorable que celle de l'acheteur. En principe il n'y a pas à distinguer non plus si le possesseur est un successeur à titre universel ou à titre particulier. On a critiqué, sous ce rapport, la rédaction de l'article 2235, comme si la loi entendait dire qu'il n'y a aucune différence entre les divers successeurs (1). C'est faire dire à la loi ce qu'elle ne veut pas dire ; elle ne s'occupe pas des conditions requises pour qu'il y ait jonction des possessions, elle pose seulement le principe qu'il y a lieu à jonction pour tout successeur ; et dans ces termes généraux, la disposition de l'article 2235 est exacte. Mais, dans l'application du principe, quand il s'agit des conditions sous lesquelles se fait la jonction, il faut distinguer entre les successeurs universels et les successeurs à titre particulier.

Le successeur à titre particulier commence une nouvelle possession, tandis que le successeur universel continue la

(1) Marcadé, t. VIII, p. 194, n° I de l'article 2235.

possession de son auteur. Telle est la différence essentielle entre les deux espèces de successeurs. Elle résulte de la nature même des titres dans lesquels la possession a son principe. Le successeur universel succède non-seulement aux droits de son auteur, il succède aussi à ses obligations ; sa situation est donc en tout celle du défunt : s'agit-il de possession, il continue celle que le défunt a commencée. Cela est d'évidence quand les successeurs universels ont la saisine, puisqu'ils continuent la personne du défunt, lequel leur transmet la possession au moment même où il meurt : *le mort saisit le vif*. Il y a des successeurs universels qui n'ont pas la saisine et qui doivent demander l'envoi en possession ; mais cet envoi n'est pas une possession nouvelle, les tribunaux qui prononcent l'envoi n'ont aucune qualité pour transmettre la possession ; ils ne font jamais que reconnaître les droits des parties ; en envoyant en possession les successeurs irréguliers, le juge déclare quel est leur droit ; ils acquièrent la propriété quand le défunt était propriétaire, ils acquièrent la possession telle que le défunt l'avait s'il était simple possesseur. Peu importe qu'ils ne gagnent pas les fruits, cela est étranger à la transmission qui s'opère à la mort ; elle se fait toujours de tous les droits que le défunt avait sur la chose, donc de la possession utile à la prescription, quand il n'avait que cette possession (1).

Il en est autrement du successeur particulier. On l'appelle l'ayant cause de son auteur, il n'est pas son représentant ; l'acheteur tient son droit du vendeur, mais il ne le représente point ; il n'est pas tenu de ses obligations. De là suit qu'il commence une possession nouvelle. Il n'y a aucun lien juridique entre cette possession et celle de son auteur, sinon qu'elles peuvent être jointes pour compléter la prescription.

358. Du principe que le successeur universel continue la possession, tandis que le successeur particulier commence une possession nouvelle, suit que la jonction des possessions se fait sous des conditions différentes dans les

---

(1) Duranton, t. XXI, p. 377, n° 239, et tous les auteurs.

deux cas. L'héritier continue la possession par l'effet de la
loi, sans aucun acte de volonté de sa part, sauf qu'il peut
renoncer à la succession, et, dans ce cas, il est censé
n'avoir jamais été héritier; mais s'il accepte, il ne dépend
plus de lui de changer la possession du défunt, en ce sens
qu'il pourrait commencer une possession nouvelle, au cas
où celle du défunt ne serait pas utile pour la prescription.
La continuation de la possession est la suite nécessaire de
son acceptation; qu'il le veuille ou non, il est possesseur,
avec les caractères qu'avait la possession du défunt; celle-ci
était-elle vicieuse, la sienne le sera également; il ne dépend pas de lui de répudier la possession du défunt pour
en commencer une nouvelle, car les deux possessions n'en
font qu'une. Ce que nous disons de l'héritier est vrai de
tous les successeurs universels.

La position du successeur particulier est toute différente.
Il ne continue pas la possession de son auteur, il en commence une nouvelle; les deux possessions peuvent être
jointes si l'une et l'autre réunissent les conditions requises
pour la prescription; mais le successeur peut aussi répudier la possession de son auteur si celle-ci était vicieuse,
tandis que la sienne est exempte de vices. Par contre, si
la sienne est vicieuse, il ne peut pas la joindre à celle de
son auteur, car les deux possessions restent distinctes
quoique l'une soit jointe à l'autre. Cela implique que chacune doit être utile à la prescription pour que la jonction
puisse se faire (1).

359. Le code contient une application de ce principe.
Aux termes de l'article 2237, les héritiers d'un détenteur
précaire ne peuvent pas prescrire, tandis que l'article 2239
permet aux successeurs à titre particulier d'un détenteur
précaire de commencer une nouvelle prescription. Les successeurs universels d'un fermier succèdent à l'obligation
contractée par le fermier de restituer l'héritage qu'il avait
pris à ferme; le vice de précarité se transmet donc de l'auteur aux successeurs. Vainement voudraient-ils répudier
la possession vicieuse de leur auteur; ils ne le peuvent,

_____

(1) Leroux de Bretagne, t. I, p. 267, n° 352, et tous les auteurs.

puisque leur possession se confond avec celle du défunt. Les successeurs à titre singulier, au contraire, peuvent prescrire malgré le vice de précarité qui entachait la possession de leur auteur ; seulement la jonction de leur possession avec celle de leur auteur ne pourra se faire, puisque la possession de leur auteur n'était pas utile pour la prescription ; mais rien ne les empêche de commencer une prescription nouvelle, car leur titre n'est pas précaire. Leur objectera-t-on qu'ils succèdent à un détenteur précaire, on répond que cette succession est à titre particulier, par suite ils ne succèdent pas aux obligations de leur auteur, ils ne sont donc pas tenus à restitution, en vertu de leur titre, partant ils ne sont pas détenteurs précaires, ils sont détenteurs à titre de propriétaire : ce qui est décisif.

366. Ce principe s'applique-t-il à tous les vices ? Il y a des vices qui s'effacent, quoique la chose soit toujours possédée par la même personne ; ces vices peuvent aussi s'effacer chez les successeurs universels. La possession commence par être violente ; tant que la violence dure, il ne peut y avoir de prescription, mais lorsque la violence cesse, la possession utile commence (art. 2233). Si la possession du défunt était violente, mais que celle du successeur cesse de l'être, celui-ci pourra-t-il commencer à prescrire ? L'affirmative n'est point douteuse. C'est une seule et même possession, il est vrai, mais elle peut changer de caractère chez le même possesseur, donc aussi chez l'héritier du possesseur. Quant au successeur à titre particulier, il n'y a pas même de question.

Il en est de même du vice de clandestinité ; tant que la possession est clandestine, elle ne peut servir de base à la prescription ; elle devient utile quand le possesseur fait des actes publics de jouissance. Si le défunt possédait clandestinement, l'héritier pourra néanmoins prescrire si sa possession est publique. Que l'on n'objecte pas que l'héritier ne peut avoir une autre possession que celle du défunt ; cela est vrai quand il s'agit d'un vice que le défunt ne pouvait effacer par sa volonté ; cela n'est pas vrai des vices que le défunt pouvait faire disparaître ; si le défunt le pouvait, son héritier le peut aussi.

Telle est encore la discontinuité et le trouble qui rend la possession non paisible. Le défunt peut, quand il le veut, rendre sa possession continue de discontinue qu'elle était, donc son héritier a le même droit. Quant au trouble qui rendait la possession du défunt non paisible, il peut venir à cesser; peu importe à quel moment, ainsi pendant que le défunt possède ou pendant que l'héritier possède.

361. Il y a quelque difficulté pour la mauvaise foi. C'est un vice qui infecte le possesseur plutôt que la possession. Pour acquérir par la prescription de dix à vingt ans, il faut la bonne foi; mais il suffit qu'elle ait existé lors de l'acquisition (art. 2265 et 2269). Si le successeur universel est de bonne foi, tandis que son auteur était de mauvaise foi, il ne peut pas y avoir de jonction; et de plus, le successeur universel ne pourra pas commencer une nouvelle prescription, puisque sa possession se confond avec celle du défunt, et le successeur lui-même se confond avec son auteur; cela est certain quand le successeur universel a la saisine, puisque, dans ce cas, le successeur continue la personne du défunt. Et quand même le successeur ne serait pas saisi, il ne peut se prévaloir de sa bonne foi, car, aux termes des articles 2269 et 2265, la bonne foi doit exister au moment de l'acquisition, ce qui suppose une possession nouvelle; or, la possession du successeur universel n'est point nouvelle; donc il ne peut se prévaloir de sa bonne foi. Par contre, la mauvaise foi du successeur universel ne lui nuit point, car il n'y a qu'une possession et un possesseur; or, la mauvaise foi qui survient dans le cours d'une possession ne peut pas être opposée au possesseur; donc elle ne peut l'être au successeur universel. L'équité et la morale même réclament contre cette doctrine, mais, comme nous le dirons plus loin, c'est le principe consacré par le code qui est en opposition avec les exigences d'une morale sévère; dès qu'on l'admet, il en faut admettre les conséquences.

Le successeur à titre particulier peut, s'il est de bonne foi, commencer une prescription nouvelle, quoique son auteur soit de mauvaise foi. Sur ce point, il n'y a aucun doute. Mais que faut-il décider si l'auteur était de bonne foi et que le successeur soit de mauvaise foi? La jonction des possessions ne pourra pas se faire, puisque le successeur commence une nouvelle possession, et la loi veut qu'il soit de bonne foi au moment de l'acquisition. On objecte que la mauvaise foi qui survient pendant le cours d'une prescription n'empêche pas le possesseur de prescrire. Cela est vrai du possesseur qui accomplit lui-même la prescription : il a acquis de bonne foi, et il eût été trop sévère, dit-on, de lui défendre la prescription, quand, dans le cours de sa possession, il apprend que la chose n'appartenait pas à son auteur. On conçoit cette indulgence pour un seul et même possesseur; on ne la conçoit plus chez celui qui est de mauvaise foi au moment où il acquiert la chose; pour le coup, l'immoralité serait flagrante. Il y a une autre objection qui, en apparence, est plus juridique. La loi admet la jonction des possessions; par suite de cette jonction, il se forme une possession totale de dix à vingt ans que la loi confirme; dès lors il doit suffire, dit-on, que la bonne foi existe au commencement de cette possession. On répond, et la réponse est péremptoire, que la possession totale se compose, en réalité, de plusieurs possessions particulières et distinctes; or, chacune de ces possessions doit être de bonne foi à son commencement. Le dernier possesseur profite de toutes les possessions antérieures, pourvu qu'à leur origine les possesseurs aient été de bonne foi, alors même que leur bonne foi aurait cessé pendant le cours de leur possession. Ainsi on respecte et on applique le principe de la jonction des possessions dans les limites de la loi. Aller plus loin, c'est violer la loi aussi bien que la morale, car c'est encourager et récompenser la fraude; le dernier vendeur peut être de mauvaise foi ainsi que le dernier acquéreur; ils s'entendent pour dépouiller le propriétaire, et naturellement les conditions de la vente seront plus favorables, puisqu'il y a une cause d'éviction prévue par les parties : est-ce que la loi doit prêter la main à de pareils calculs? On dira que la loi consolide la longue possession plutôt qu'elle ne favorise le possesseur. Cela est vrai; et, à notre avis, la loi va même trop loin en consolidant une possession qui peut avoir été de mauvaise foi pendant dix-neuf ans sur vingt. Mais l'indulgence doit se concilier avec les principes, et les principes ne permettent pas de joindre une possession de mauvaise foi à une possession de bonne foi. Il restera encore au possesseur la prescription trentenaire, pour laquelle la bonne foi n'est pas requise, ce qui permet au possesseur de mauvaise foi de joindre sa possession à celle de son auteur, que celui-ci ait été de bonne foi ou de mauvaise foi (1).

362. L'article 2235 dit que l'on peut joindre à sa possession celle de son auteur. Que faut-il entendre par auteur? On entend généralement par auteur celui de qui le possesseur tient l'héritage qu'il possède, celui qui le lui a transmis. La définition a été critiquée, et on l'a complétée en ce sens que l'auteur serait celui à qui le possesseur actuel a légalement et régulièrement succédé dans la possession (2). A notre avis, la définition traditionnelle suffit. Marcadé dit qu'elle est trop restreinte, et il cite cet exemple à l'appui de son allégation. Je suis exproprié pour cause d'utilité publique d'un immeuble que je possédais; celui au profit duquel je suis exproprié a le droit d'invoquer ma possession, donc je suis son auteur; et cependant, dans l'opinion traditionnelle, on ne peut pas dire que je lui aie transmis l'héritage, puisque c'est malgré moi et sans aucun concours de ma part que le bien est arrivé dans ses mains. Le critique qui reproche à la doctrine générale d'être erronée commet lui-même une erreur. Le possesseur exproprié transmet la propriété ou les droits qu'il a sur la chose à celui qui l'acquiert : en vertu de quel contrat? En vertu d'une vente. Qu'importe qu'il soit exproprié malgré lui? Celui dont les biens sont saisis et vendus est aussi exproprié malgré lui; cependant il y a vente. Quoique le propriétaire soit forcé de consentir, il ne consent pas moins; en cas d'expropriation pour cause d'utilité publique, la chose est évidente; le propriétaire débat le prix avec celui

---

(1) Voyez les sources dans Aubry et Rau, t. II, p. 385, note 37, § 218. Il faut ajouter Leroux de Bretagne, t. I, p. 267, n° 352. Liége, 13 mars 1850 (*Pasicrisie*, 1850, 2, 275)

(2) Troplong, n°s 428 et 444. Comparez Marcadé, t. VIII. p. 100. n° III de l'article 2235. Leroux de Bretagne, t. I, p. 270, n° 356.

qui l'exproprie; si les parties parviennent à s'entendre sur l'indemnité, il y a vente volontaire; si elles ne s'entendent pas, le prix est fixé en justice, mais il y a toujours vente, donc transmission de la chose; par conséquent, le vendeur est auteur dans le sens traditionnel du mot.

363. L'expropriation pour utilité publique donne lieu à une autre difficulté. On demande à qui l'indemnité doit être payée? Est-ce au possesseur de l'immeuble, si la prescription n'est pas accomplie? et peut-il, pour la compléter, se prévaloir de la possession de celui qui l'a exproprié? Les deux questions doivent être décidées négativement, sans doute aucun. Il est d'évidence que l'indemnité ne peut être payée qu'au propriétaire, car c'est le propriétaire qui est exproprié, et c'est par respect pour le droit de propriété que le code civil et notre constitution veulent qu'une juste et préalable indemnité soit payée à celui qui est exproprié pour cause d'utilité publique. Reste à savoir qui est le propriétaire. C'est celui à qui la chose appartenait au moment de la vente volontaire ou forcée; or, à ce moment, on le suppose, le possesseur n'était pas devenu propriétaire. Vainement invoquerait-il la possession de celui qui l'a exproprié; la loi permet à l'ayant cause de joindre à sa possession celle de son auteur, elle ne permet pas à l'auteur d'invoquer la possession de l'ayant cause; et la raison en est très-simple, en cas d'expropriation; c'est que le droit du possesseur à l'héritage doit exister au moment du contrat. Cela est décisif (1).

364. L'usufruitier peut-il invoquer la possession du propriétaire auquel il succède dans la jouissance du fonds? Il ne peut pas être question pour l'usufruitier d'acquérir la propriété de la chose dont il a la jouissance, puisqu'il est détenteur précaire en ce qui concerne la propriété. Mais il peut joindre les deux possessions en ce qui concerne les avantages attachés à la possession. Il a été jugé que l'époux donataire contractuel, en cas de survie, de l'usufruit d'un immeuble appartenant à son conjoint, peut joindre la possession du défunt à la sienne, à l'effet de

---

(1) Rejet, chambre civile, 19 juin 1854 (Dalloz, 1854, 1, 242).

former la possession annuelle exigée pour l'exercice de l'action possessoire (1).

Réciproquement il faut dire que, lorsque l'usufruit fait retour à la propriété, le propriétaire peut joindre à sa possession celle de l'usufruitier. Il est vrai que l'usufruitier n'est pas l'auteur du propriétaire; mais il y a un autre motif de décider, c'est que l'usufruitier possède pour le propriétaire; celui-ci, en se prévalant de la possession que l'usufruitier a exercée en son nom, ne joint pas, à vrai dire, sa possession à celle de l'usufruitier, il invoque la possession que lui-même a eue par l'intermédiaire de l'usufruitier. Le contraire a été jugé par la cour de cassation (2). C'est un de ces arrêts dont Merlin dit qu'ils ne feront pas jurisprudence; il suffit, pour le réfuter, de constater le motif sur lequel la cour se fonde. L'usufruitier, dit-elle, possède pour lui-même et en son nom personnel en vertu d'un droit qui lui est propre, droit qui s'éteint à sa mort et dans lequel personne ne lui succède. Cela est vrai du *droit d'usufruit,* mais la cour oublie l'article 2236, aux termes duquel l'usufruitier, de même que le fermier, possède pour le propriétaire; or, le bailleur peut certes invoquer la possession du fermier, donc le nu propriétaire doit avoir le même droit. Il y a un arrêt en ce sens de la cour de Bruxelles (3).

365. Le possesseur est dépossédé pendant plus d'une année; il perd les actions possessoires, mais il agit au pétitoire et il obtient gain de cause. Peut-il ensuite se prévaloir de la possession de celui qu'il a évincé? La question est controversée. Un premier point est incontestable, c'est que le possesseur ne peut pas se prévaloir de la possession qu'il a perdue par l'interruption naturelle. Quoiqu'il l'ait ensuite emporté au pétitoire, il n'en est pas moins certain que sa possession a été interrompue; or, une possession interrompue n'est pas utile pour la prescription. On ob-

(1) Cassation, 14 décembre 1840 (Dalloz, au mot *Action possessoire,* n° 522)

(2) Cassation, après délibéré, 6 mars 1822 (Dalloz, au mot *Action possessoire,* n° 249).

(3) Bruxelles, 3 mars 1852 (*Pasicrisie,* 1853. 2, 17).

jecte que l'interruption est parfois considérée comme non avenue : tel est le cas d'une instance judiciaire, lorsque la demande est rejetée. Cela est vrai, mais la loi ne dit pas que l'effet de l'interruption naturelle cesse quand le possesseur évincé gagne au pétitoire ; ce qui est décisif.

La véritable difficulté est celle-ci. Celui qui s'est emparé du fonds, et qui a conservé la possession, a commencé une prescription nouvelle, puis il est évincé par une action en revendication. Le revendiquant peut-il joindre à sa possession celle du possesseur qu'il évince ? D'Argentré répond très-bien que, d'après la rigueur des principes, il ne le pourrait pas ; en effet, le revendiquant n'est pas l'ayant cause du possesseur qu'il évince, et celui-ci n'est certes pas son auteur. Donc il n'y a pas lieu à la jonction des possessions. Dira-t-on que le possesseur évincé a possédé pour le revendiquant ? Cela serait absurde, car le possesseur a commencé par le dépouiller, et on ne possède pas pour celui que l'on dépouille. On objecte que le revendiquant reçoit la chose du possesseur par une cause légitime et juridique : nous demanderons quelle est cette cause ? Si le tribunal a accueilli sa demande, c'est qu'il a cru que le demandeur était propriétaire ; le revendiquant tient donc son droit de celui qui lui a transmis la propriété ; le possesseur évincé n'y est certes pour rien. Cependant d'Argentré finit par se rallier à l'opinion contraire qui régnait dans la pratique. C'est à titre d'exception, et cette exception n'a d'autre fondement que le respect dû à la chose jugée. Dunod dit que la possession est censée avoir été exercée pour le revendiquant, puisque le jugement a replacé les choses dans leur premier état (1). Ce sont là des présomptions que notre droit moderne ignore. Nous préférons nous en tenir aux principes que d'Argentré a si bien établis ; il faudrait une loi pour y déroger.

366. Une difficulté analogue se présente dans le cas où

_____

(1) D'Argentré, art. 271 de la coutume, au mot *Ou autres*, nos 3 et 4, p. 1134. Dunod, part. I, ch. IV, p. 20 et suiv. Marcadé, t. VIII, p. 101 et suiv., no III de l'article 2235. Leroux de Bretagne, t. I, p. 276, nos 367-369. Troplong. nos 452 et suiv., fait une distinction qui n'a aucun fondement (voyez Marcadé et Leroux de Bretagne).

une aliénation est résolue, annulée ou rescindée. Le demandeur qui rentre en possession de l'héritage peut-il joindre à sa possession celle du défendeur? Il est certain que le possesseur dont le droit est résolu ou annulé n'est pas l'auteur de l'ancien possesseur, si l'on prend le mot *auteur* dans le sens traditionnel, qui est le vrai sens. L'acheteur ne payant pas le prix, le vendeur demande la résolution de la vente : dira-t-on que l'acheteur est l'auteur du vendeur? Cela n'aurait pas de sens. Quel est l'effet de la résolution? L'article 1183 dit que la condition résolutoire, lorsqu'elle s'accomplit, remet les choses au même état que si le contrat n'avait pas existé. Celui qui est censé n'avoir jamais eu de droit sur l'héritage peut-il en transmettre? On décide cependant que c'est par une cause légale et juridique que le vendeur succède à l'acheteur, et que, par suite, le vendeur profitera de la possession de l'acheteur (1). N'est-ce pas se payer de mots? Peut-on dire que le vendeur succède à l'acheteur, alors qu'il n'y a jamais eu de vente? Dans l'espèce, il faut s'en tenir au principe de l'article 1183; le vendeur doit être remis dans la situation où il était avant d'avoir vendu; c'est donc lui qui sera censé avoir possédé; il ne s'opère pas de jonction de possession, parce qu'il n'y a ni auteur ni ayant cause (2).

ARTICLE 2. Règles spéciales.

SECTION I. — De la prescription trentenaire.

§ Ier. *Notions générales.*

367. Aux termes de l'article 2262, « toutes les actions, tant réelles que personnelles, sont prescrites par trente ans ». La prescription trentenaire est ou extinctive ou acquisitive. Elle est extinctive lorsque, pour s'accomplir, elle n'a besoin que d'une condition, l'inaction du créancier. Il en est ainsi des actions personnelles; par cela seul que le créancier n'agit point dans le délai de trente ans, le débi-

_____

(1) Marcadé, t. VIII, p. 101, n° III de l'article 2235.
(2) Comparez ce que nous avons dit au titre de la *Vente* (t. XXIV, n° 178).

teur peut le repousser par la prescription. Quant aux actions réelles, il faut distinguer. Il y a des droits réels qui s'éteignent par le non-usage : telles sont les servitudes qui s'éteignent par le non-usage pendant trente ans (art. 706). Il en est de même de l'usufruit (art. 617), et de l'hypothèque (loi hyp., art. 108 ; code civil, art. 2180). Le droit de propriété ne s'éteint pas par le seul non-usage pendant trente ans, il faut de plus que l'héritage soit possédé par un tiers.

Cela résulte implicitement de l'article 2262. La loi dit que celui qui allègue la prescription trentenaire n'est pas obligé d'en rapporter un titre ; ce qui ne peut s'entendre que de la prescription acquisitive, puisque la prescription extinctive ne demande jamais de titre ; le débiteur prescrit, au contraire, malgré son titre, et, en ce sens, contre son titre. Celui qui invoque la prescription trentenaire ne doit pas non plus être de bonne foi : on ne peut pas, dit l'article 2262, lui opposer l'exception déduite de la mauvaise foi. Cette disposition s'applique à la prescription extinctive et à la prescription acquisitive. Le débiteur est de mauvaise foi s'il sait que la dette dont il oppose l'extinction par la prescription n'est pas payée ; le créancier ne peut pas s'en prévaloir comme d'une exception, c'est-à-dire qu'il ne pourra pas prouver que le débiteur sait que la dette subsiste, en lui déférant, par exemple, le serment sur ce point. Le possesseur est de mauvaise foi quand il sait qu'il possède sans droit aucun : tel est l'usurpateur. En définitive, l'article 2262 dit que l'on peut prescrire par trente ans sans titre ni bonne foi ; tandis que la prescription de dix à vingt ans exige le titre et la bonne foi. Les deux prescriptions acquisitives sont, du reste, fondées sur la possession ; bien que l'article 2262 ne la mentionne pas, il la suppose, puisque la prescription sans titre ni bonne foi implique que la prescription n'est fondée que sur la possession. La loi est mal rédigée, elle aurait dû distinguer entre la prescription extinctive et la prescription acquisitive. La première, basée sur la seule inaction du créancier ou de celui qui a un droit réel sur une chose, et la prescription acquisitive qui repose, non sur l'inaction du propriétaire pendant trente ans, mais sur la possession pendant trente ans.

368. L'application de ces principes a donné lieu à une difficulté qui a été portée devant la cour de cassation de Belgique. Les demandeurs concluaient à être reconnus en qualité d'actionnaires d'une société charbonnière. Il était constant que pendant soixante-douze ans ces droits n'avaient été ni exercés ni poursuivis par les demandeurs ni par leurs auteurs. Y avait-il prescription? Oui, s'il s'agissait d'une prescription extinctive. La cour de Bruxelles décida que l'action procédait du droit de propriété, et que, par conséquent, il fallait appliquer le principe que la propriété se conserve par la seule intention. C'était une erreur; la demande n'avait pas pour objet une part dans un immeuble, elle avait pour objet la jouissance d'une action dans un charbonnage, action à laquelle les demandeurs prétendaient avoir droit du chef de leurs auteurs, entrés primitivement chacun pour un douzième dans une société charbonnière. La demande était purement mobilière; elle dérivait, non de la copropriété d'un immeuble, mais du contrat de société. Il est très-vrai, dit la cour de cassation, que la possession des immeubles se conserve par l'intention quand ils sont restés plus ou moins longtemps inoccupés; mais cette règle est inapplicable à des créances, que l'on ne possède qu'en les exerçant, et que l'on perd par la prescription extinctive quand on ne les exerce pas. Ce qui caractérise cette prescription, c'est qu'elle s'accomplit par la seule inaction du créancier pendant trente ans; or, l'associé reste inactif quand il n'exerce pas son droit. Cela est décisif (1).

369. La bonne foi n'est point requise pour la prescription trentenaire. Dans l'ancien droit, la question était très-controversée; il faut nous y arrêter, parce que la moralité de notre droit moderne est en cause. D'après le droit romain, que l'on appelait jadis le *droit civil* par excellence, la bonne foi n'était pas exigée pour les prescriptions de

---

(1) Cassation, 2 mars 1860 (*Pasicrisie*, 1860, 1, 92). Liége, sur renvoi, 20 juillet 1864 (*Pasicrisie*, 1865, 2, 253). Dans le même sens, Bruxelles, 6 août 1868 (*Pasicrisie*, 1870, 2, 287).

trente et de quarante ans, la bonne foi était seulement requise pour la prescription fondée sur un titre, c'est-à-dire pour l'usucapion de dix à vingt ans. Le droit canon, au contraire, exigeait la bonne foi pour toutes les prescriptions. Dunod demande si l'on doit suivre le droit canon préférablement au droit romain en cette matière. Il y avait, sur ce point, cinq opinions différentes; nous laissons de côté les opinions moyennes pour nous en tenir à la difficulté essentielle : faut-il exiger la bonne foi pour toute prescription? On doit, disaient les uns, suivre le droit canon, de préférence à toute loi qui autorise la prescription malgré la mauvaise foi, il s'agit du salut et d'éviter le péché; or, le pape a décidé que la mauvaise foi est un péché capital; on doit donc admettre, avec le droit canon, qu'aucune prescription n'est valable sans la bonne foi. Dans la pratique, on s'en tenait au droit romain : c'était une maxime reçue dans presque toutes les coutumes que la prescription de trente ans peut être invoquée par celui qui est de mauvaise foi. Les raisons que l'on donnait en faveur de cet usage n'étaient pas très-solides. On disait que le titre et la bonne foi sont deux corrélatifs; que si l'on admet une prescription sans titre, on doit aussi dispenser le possesseur de la condition de bonne foi. La preuve de la bonne foi, ajoutait-on, est très-difficile, puisque c'est une question d'intention, et elle donnerait lieu à de nombreux procès; le bien public exige donc que l'on s'écarte d'une rigueur qui serait excessive dans le for extérieur; il faut abandonner ces scrupules à la conscience. Il n'y a rien de sérieux dans ces arguments. Le législateur peut-il protéger la mauvaise foi? Telle est la vraie question, et c'est certes une de celles qu'il suffit de poser pour les résoudre. Le bien public consiste avant tout dans l'ordre moral; or, l'ordre moral n'est-il pas profondément troublé quand la loi dit, comme le fait l'article 2262, que le possesseur de mauvaise foi l'emporte sur le propriétaire? C'est donner gain de cause à l'usurpation contre le droit. Sans doute le domaine du droit n'est pas celui de la morale, mais cela ne veut pas dire que la loi doive encourager et récompenser l'immoralité. Nous opposera-t-on le principe que nous avons suivi dans le cours de cette matière, à savoir que le droit de la société doit l'emporter sur le droit de l'individu? Nous avons répondu d'avance à l'objection. Le droit de la société ne demande pas que la mauvaise foi devienne un titre d'acquisition; loin de là, car c'est ruiner les fondements de l'ordre social que de prêter la main à l'usurpation. Ce qui fait la faiblesse de nos sociétés modernes, c'est précisément que le sentiment du droit s'affaiblit, et il en est de même du sentiment moral. De là la déplorable facilité avec laquelle s'accomplissent les coups d'État et les révolutions; il n'y a plus rien de stable, parce qu'il n'y a plus rien de sacré. Au lieu d'inscrire dans les lois la funeste maxime que la mauvaise foi devient un titre pour l'usurpateur, pourvu qu'il se soit maintenu dans son usurpation pendant trente ans, il faudrait proclamer la règle morale qui réprouve la mauvaise foi; droit et mauvaise foi sont inalliables, comme droit et violence.

Nous revenons à l'ancien droit. Dunod n'admettait pas l'opinion généralement suivie; il lui répugnait de considérer la mauvaise foi comme le principe d'un droit : la pureté de notre religion, dit-il, aurait de la peine à s'accommoder d'une loi qui semblerait autoriser un péché évident, et qui conserverait à l'auteur de ce péché le profit qui lui en reviendrait. Laissons de côté la doctrine du péché, elle n'est pas sans danger, car elle semble considérer la mauvaise foi comme étant uniquement du domaine de la conscience ou du for intérieur; or, le droit ne doit pas pénétrer dans ce for, qui lui est étranger. Il nous paraît évident que la question que nous débattons appartient au for extérieur; il s'agit de savoir si l'usurpation, si la mauvaise foi, si la fraude et le dol peuvent jamais engendrer un droit; que dis-je? s'ils peuvent l'emporter sur le droit de propriété. La propriété est la base de notre ordre social, et l'esprit d'usurpation en est l'ennemi mortel; ce ne sont pas là des débats de for intérieur, puisque l'existence de la société est en cause.

Dunod n'admettait l'opinion générale qu'avec une modification importante. La possession de trente ans, dit-il, forme une présomption de droit de la bonne foi du possesseur. Mais cette présomption admet la preuve contraire. Nous préférerions la rigueur salutaire du droit canon; il ne faut pas transiger avec la mauvaise foi; dans ces transactions, c'est toujours le droit et la morale qui succombent. Dunod rouvre la porte à la fraude en déclarant que la mauvaise foi doit être évidente, formelle et sans excuse, et que la preuve en doit être littérale, claire et certaine. Voilà bien des échappatoires dont la mauvaise foi profiterait aux dépens du droit et de la morale. Cependant la doctrine de Dunod est encore bien supérieure au relâchement moral qui a dicté l'article 2265. C'était l'avis des meilleurs jurisconsultes. Dumoulin et Coquille enseignaient que la mauvaise foi empêche la prescription de trente ans quand elle est formelle et inexcusable et lorsqu'elle rend la conscience mauvaise. Le président Favre disait aussi que la mauvaise foi formelle et évidente fait obstacle à la prescription, mais il ne voulait pas que l'on alléguât une mauvaise foi présumée; ce qui est très-juridique, et la morale n'y est pas contraire : on doit présumer la bonne foi, puisque, en fait, la bonne foi est la règle (1).

370. Faut-il appliquer ces distinctions à la prescription extinctive? Dunod dit que, dans la pratique, on n'avait aucun égard à la mauvaise foi du débiteur; on lui permettait de se prévaloir de la prescription, alors même qu'il savait que la chose était encore due. Le droit canon, d'après Dunod, ne concernait que le *possesseur* de mauvaise foi et non le *débiteur*. Celui-ci ne retient pas le bien d'autrui; en demeurant dans l'inaction, il ne fait rien qui puisse lui être imputé à péché, car ce n'est pas toujours un péché que de ne pas payer que l'on doit. Dunod conclut qu'il faut quelque fait de la part du débiteur qui le rende coupable de dol pour l'empêcher de prescrire; hors de ce cas, l'opinion commune admettait qu'il n'était pas de mauvaise foi. Cette distinction entre la prescription extinctive et la prescription acquisitive nous paraît peu solide. Il n'est pas exact de dire que le débiteur reste dans l'inaction et qu'il se borne à ne pas payer sa dette; il fait plus, il soutient qu'il

---

(1) Dunod, part. I, ch. VIII, p. 33 et suiv.

ne doit point, et il le soutient de mauvaise foi. Qu'on lui permette d'opposer la prescription quand le créancier a négligé d'exercer son droit pendant trente ans, l'intérêt de la société l'exige; mais pourquoi ne pas autoriser le créancier à déférer le serment au débiteur? Ce serait concilier les exigences de l'ordre public avec les droits de la morale.

371. Les auteurs du code se sont écartés de la doctrine traditionnelle. Ils admettent plus qu'une présomption de bonne foi; la loi ne permet pas au créancier ni au propriétaire d'opposer l'exception de mauvaise foi. Nous ne savons pas quels sont les motifs pour lesquels le code a dérogé à l'ancienne doctrine. Est-ce parce que le droit canon avait perdu toute autorité pour les hommes de la révolution qui siégeaient au conseil d'Etat? Il est vrai que la doctrine du péché a été pour l'Eglise un instrument de domination; le législateur français a eu raison de n'en tenir aucun compte. Mais il y a un ordre moral supérieur aux confessions religieuses; il importe à l'autorité des lois qu'elles ne se mettent pas en contradiction avec la voix de la conscience; et quand les consciences faiblissent, le devoir du législateur est de maintenir le principe moral dans toute sa rigueur. C'est pour ce motif que nous avons insisté, contre notre habitude, sur la critique d'une disposition qui, à notre avis, est une tache : l'ordre social est inséparable de l'ordre moral.

§ II. *De la prescription extinctive.*

N° 1. CONDITIONS.

372. Il n'y a qu'une condition requise pour l'extinction des actions, c'est que le créancier soit resté trente ans sans agir; il ne peut être question d'un titre, et la loi dit formellement que le créancier ne peut opposer l'exception de mauvaise foi au débiteur qui allègue la prescription. Le droit de la société domine ici complétement l'intérêt particulier.

Cependant la doctrine et la jurisprudence admettent que les exceptions sont perpétuelles; de sorte que les actions

seules seraient temporaires. La question se présente surtout pour l'action en nullité; nous l'avons examinée au
titre des *Obligations* (t. XIX, nᵒˢ 57-60). Une chose
est certaine, c'est que le vieil adage de la perpétuité de
l'exception n'a aucun appui dans nos textes. Le dernier
arrêt de la cour de cassation qui a été rendu sur la matière
dit que la règle *Quæ temporalia sunt ad agendum, per-
petua sunt ad excipiendum* est une maxime d'équité et de
bon sens (1). Supposons qu'il en soit ainsi : les tribunaux
peuvent-ils, au nom de l'équité et du bon sens, déroger à
la loi et faire la loi? Une jurisprudence ainsi motivée n'a
aucune autorité. Quel a été le but du législateur en consacrant la prescription, sans même tenir compte de la bonne
foi? Il a voulu mettre fin aux débats judiciaires; or, n'est-
ce pas les rouvrir et se mettre en opposition avec la loi que
d'admettre la perpétuité des exceptions? C'est chose contradictoire que d'établir la prescription pour mettre fin aux
procès et de les éterniser en déclarant les exceptions perpétuelles.

373. La prescription trentenaire est la règle : « Toutes
les actions, dit l'article 2263, se prescrivent par trente
ans. » Cela ne veut pas dire qu'il n'y ait point de plus
courtes prescriptions. Notre titre consacre des prescriptions plus courtes, et il y en a dans d'autres titres du code
civil. Ce sont des exceptions à la règle. De là suit qu'il
faut appliquer à ces prescriptions exceptionnelles le principe qui régit toutes les exceptions; on ne peut pas les
étendre, même par voie d'analogie; la règle de la prescription trentenaire doit recevoir son application dans tous les
cas où il n'y est pas dérogé par une disposition formelle.
Nous avons eu souvent l'occasion d'appliquer ce principe. Ainsi l'article 1622 limite à une année l'action en
supplément ou en diminution du prix, en cas d'excédant
ou de déficit dans la contenance de l'immeuble vendu. On
pourrait croire qu'il en devrait être de même, et à plus
forte raison, des ventes mobilières, telles que la vente d'une
coupe de bois. La négative est cependant certaine (t. XXIV,

---

(1) Rejet, chambre civile, 7 janvier 1868 (Dalloz, 1868. 1, 123).

n° 199); car on ne peut étendre à une vente mobilière l'exception que l'article 1622 établit pour les ventes immobilières. Ce serait créer une exception et, par conséquent, déroger à la loi; les interprètes n'ont pas ce droit (1).

394. Les prescriptions exceptionnelles établies dans d'autres titres du code civil donnent lieu à une difficulté, qui a été décidée par l'article 2264, mais en termes assez obscurs : « Les règles de la prescription sur d'autres objets que ceux mentionnés dans le présent titre sont expliquées dans les titres qui leur sont propres. » Cette disposition, placée dans le chapitre qui traite du temps requis pour prescrire et dans la section qui établit comme règle la prescription trentenaire, semble ne se rapporter qu'au temps exigé pour la prescription. Ainsi entendue, elle est tout à fait inutile; il va de soi que lorsque le code établit des prescriptions plus courtes que la prescription trentenaire, ces exceptions dérogent à la règle. C'est peut-être pour donner un sens à l'article 2264 que l'on a supposé que la loi entendait dire que les règles de notre titre ne reçoivent pas d'application aux prescriptions qui sont prévues par d'autres titres (2). Mais cette interprétation dépasse la loi, et elle est inadmissible, car il en résulterait que ces courtes prescriptions ne seraient pas soumises à l'interruption, telle qu'elle est réglée dans notre titre; ce qui serait absurde et contraire à tout principe. Il est de l'essence des règles générales d'être applicables à tous les cas qui peuvent se présenter, à moins qu'il n'y soit dérogé. Il faut donc décider que les règles du titre de la *Prescription* reçoivent leur application à toutes les prescriptions particulières, n'importe dans quel titre elles sont mentionnées : la place qu'une prescription occupe dans la classification du code ne peut certes pas déterminer les principes qui la régissent. Mais si la loi, en établissant une prescription particulière, dérogeait au droit commun, il faudrait naturellement s'en tenir à la dérogation. Cette difficulté s'est présentée au sujet de l'article 966; nous renvoyons à ce qui a été dit au titre des

(1) Leroux de Bretagne, t. II. p. 25. n° 763.
(2) Duranton, t. XXI, p. 568, n° 349.

Donations (t. XIII, nᵒˢ 96-98). On dira que l'article 2264 ainsi interprété est inutile; cela est vrai; les principes généraux suffisent pour résoudre toutes les questions. Mais si une disposition, entendue dans le sens littéral qu'elle présente, est inutile, ce n'est pas une raison pour lui donner un sens qui dérogerait aux principes (1).

375. L'article 2262 a donné lieu à de nombreuses applications, nous ne disons pas des difficultés, puisqu'il n'y en a pas. Nous nous bornerons à emprunter à la jurisprudence quelques exemples dans lesquels il y avait une question de droit.

Les instances judiciaires sont-elles soumises à la prescription de trente ans ? Nous avons déjà touché la question en traitant de l'interruption de la prescription (nᵒ 100). Dans notre opinion, tout droit est prescriptible, donc aussi l'instance. Il y a, à la vérité, une prescription spéciale, la péremption, mais elle doit être demandée; et si le demandeur ne donne pas suite à son action, le défendeur n'a aucun intérêt à demander la péremption. En conclura-t-on que le demandeur peut reprendre l'instance après trente ou quarante ans? Il y a des auteurs qui l'enseignent. Cette opinion n'a pas trouvé faveur. Elle est en opposition avec l'esprit de la loi, qui veut que les procès aient une fin; tandis que, dans l'opinion que nous combattons, l'instance, une fois engagée, se perpétuerait, à moins que la péremption ne fût prononcée. Le texte que l'on invoque (art. 2262) n'est pas contraire; il parle des *actions,* et l'instance, dit-on, n'est pas une action. On répond que le mot *action,* dans le sens de l'article 2262, est synonyme de droit; on doit l'interpréter ainsi, parce que l'on ne peut pas admettre que le législateur laisse certains droits en dehors de la loi universelle de la prescription (2).

La jurisprudence s'est prononcée en ce sens. Il a été jugé à plusieurs reprises par la cour de cassation que le principe de l'article 2262 est général, absolu, et s'applique

----

(1) Mourlon, *Répétitions,* t. III, p. 801, nᵒ 1931. Marcadé, t. VIII, p. 192, nᵒ I de l'article 2264

(2) Marcadé. t. VIII, p. 182, nᵒ III, et en sens divers, les auteurs qu'il cite.

par conséquent à l'instance judiciaire, de même qu'au re-- cours en cassation (1). La cour a appliqué le principe dans l'espèce suivante. Une instance avait été introduite en 1777; elle se trouva interrompue par un arrêt du parle-- ment de Paris en 1784; trois ans après, le défendeur était en droit de demander la péremption; il resta jusqu'en 1849 sans agir; la cour en conclut que le droit de deman-- der la péremption était éteint par la prescription (2). Ne fallait-il pas décider plutôt que l'instance était prescrite et que, par suite, il était inutile de recourir à la prescription spéciale que l'on appelle péremption?

376. Vente du droit de fouiller la pierre dans une par-- celle contiguë à une carrière appartenant aux acquéreurs. Cette vente avait été faite le 16 août 1822. Le 7 mai 1841 le même propriétaire vendit le droit de fouille à un tiers. Par exploit du 4 juin 1866, le second cessionnaire fut as-- signé en payement de dommages-intérêts, à raison des pierres qu'il avait extraites en vertu d'un droit de fouille qui ne lui appartenait point. Le défendeur offrit de prou-- ver qu'il était en possession, par lui et son auteur, du droit de fouille. Il obtint gain de cause en première instance, mais il succomba en appel. La cour considéra la prescrip-- tion comme acquisitive et elle la rejeta par le motif que le droit de fouille est un droit mobilier, et que les meubles ne s'acquièrent pas par la prescription trentenaire. Sur le pourvoi, il intervint un arrêt de cassation. La cour dit qu'il s'agissait de la prescription extinctive; en effet, la ques-- tion était de savoir si la première cession du droit de fouille était éteinte par le non-usage; or, le non-usage du premier cessionnaire était prouvé par cela seul que le second éta-- blissait qu'il avait exercé exclusivement le droit de fouille dans toute l'étendue du terrain litigieux, pendant plus de trente ans. Donc la cour d'appel avait eu tort de rejeter la preuve de la possession offerte par le second cessionnaire : c'était un fait décisif d'où dépendait l'issue du litige (3).

(1) Rejet, 6 mai 1856 (Dalloz, 1856, 1, 266); Rejet, chambre civile, 31 mars 1869 (Dalloz, 1869, 1, 405).
(2) Rejet, 6 juillet 1852 (Dalloz, 1852, 1, 240). Comparez Marcadé, t. VIII, p. 184, n° III de l'article 2135.
(3) Cassation, 30 mars 1870 (Dalloz, 1870, 1, 345).

377. La loi sur l'impôt foncier du 3 frimaire an VII (art. 149) établit une prescription spéciale de trois ans en faveur des contribuables. Cette prescription est-elle applicable aux tiers qui ont payé l'impôt pour le débiteur? Non, car l'action est toute différente; le tiers qui paye pour le contribuable a l'action de mandat, de gestion d'affaires, ou au moins l'action *de in rem verso*. Cette action n'a rien de commun avec la loi de l'an VII; c'est une action ordinaire qui se prescrit d'après le droit commun par trente ans. La jurisprudence applique ce principe au percepteur qui avance le montant des contributions dues par un contribuable, non comme percepteur, mais par suite des relations qui existent entre lui et le débiteur (1).

Il en est de même de toutes les autres prescriptions; on doit les limiter strictement aux cas pour lesquels elles ont été établies; en dehors de ces cas, elles n'ont plus de raison d'être. Les intérêts se prescrivent par cinq ans entre le créancier et le débiteur; si un tiers avance les deniers, il aura une action ordinaire de trente ans, parce que, à son égard, il n'y a pas une dette d'intérêts, il y a une dette ordinaire (2).

N° 2. DU TITRE NOUVEL.

378. L'article 2263 porte : « Après vingt-huit ans de la date du dernier titre, le débiteur d'une rente peut être contraint à fournir, à ses frais, un titre nouvel à son créancier ou à ses ayants cause. » Quel est le but de cette disposition? C'est de garantir le crédirentier contre le danger de la prescription; si le débiteur de la rente paye régulièrement les arrérages, le créancier n'a aucune raison d'agir contre lui; or, après trente ans, le débirentier de mauvaise foi pourrait opposer la prescription en niant qu'il eût payé la rente, et il serait difficile au créancier de prouver le payement, car les quittances qui le constatent se trouvent entre les mains du débiteur. La loi donne au crédirentier un

---

(1) Cassation, 15 mars 1841 (Dalloz, au mot *Prescription*, n° 1046, 1°). Bruxelles, 23 décembre 1829 (*Pasicrisie*, 1829, p. 342).
(2) Leroux de Bretagne, t. II, p. 27, n° 770, et les autorités qu'il cite.

moyen facile d'empécher cette prescription frauduleuse en l'autorisant à exiger un titre nouvel qui vaut reconnaissance de la dette et qui, par conséquent, interrompt la prescription au moment où elle allait s'accomplir. L'action appartient au créancier contre le débiteur. Il suit de là que celui qui n'est pas débiteur personnel ne peut pas être obligé de fournir un nouveau titre au crédirentier : tel serait un tiers détenteur de l'immeuble hypothéqué à la rente. Il peut être poursuivi hypothécairement, mais il n'est pas débiteur, donc il ne se trouve pas dans les termes de la loi (1). Nous renvoyons à ce qui a été dit, au titre des *Hypothèques,* sur la situation du tiers détenteur.

379. Le créancier peut contraindre le débiteur à lui fournir un titre nouvel vingt-huit ans après la date du titre, et le titre doit être renouvelé après ce délai, aussi longtemps que la rente subsiste. Il a donc deux ans pour se procurer un titre nouvel, soit à l'amiable, soit par voie judiciaire. D'après le projet adopté par le conseil d'Etat, le créancier ne pouvait exiger un nouveau titre qu'après vingt-neuf ans, ainsi un an avant l'accomplissement de la prescription. Le Tribunat proposa de doubler ce délai, afin de ne pas compromettre les droits du créancier (2).

Le débiteur doit fournir le titre à ses frais, par application du principe que les frais sont à charge de celui qui les occasionne. C'est une nouvelle garantie pour le créancier, qui aurait pu reculer devant les frais s'il avait dû les supporter.

380. La loi n'accorde ce droit qu'au créancier d'une rente, parce que le danger n'existe que pour les rentes qui se continuent pendant un long laps de temps. Il est rare qu'une dette ordinaire portant intérêts dure trente ans ; si cela arrivait, le créancier devrait veiller à la garantie de ses droits en se procurant une preuve du payement des intérêts, par des contre-quittances qu'il peut exiger lors du payement des arrérages. La règle s'applique-t-elle aux rentes viagères? L'affirmative résulte du texte et de l'es-

(1) Jugement du tribunal de Nivelles, du 4 janvier 1877 (*Pasicrisie,* 1877, 3, 202).
(2) Observations du Tribunat, n° 7 (Locré, t. VIII, p. 340).

prit de la loi ; elle parle des rentes en général, donc des rentes viagères aussi bien que des rentes perpétuelles, et le danger pour le créancier est le même dès que la rente dure plus de trente ans. Il s'était cependant élevé quelque doute sur la prescription de la rente viagère ; on disait qu'elle n'avait plus de capital et qu'elle ne consistait qu'en arrérages, lesquels se prescrivent par cinq ans. C'était confondre les produits du droit avec le droit à la rente. Tout droit se prescrit par trente ans, donc aussi le droit à la rente (1). Il y a une autre difficulté concernant toutes les rentes : quand la prescription commence-t-elle à courir ? Est-ce du jour du contrat ? ou est-ce du jour où les premiers arrérages échoient ? Nous renvoyons à ce qui a été dit plus haut (n° 28).

381. L'article 2263 peut-il être étendu à d'autres dettes par voie d'analogie ? Il y a quelque incertitude sur ce point dans la doctrine, et il ne devrait pas y en avoir. Le débiteur n'a d'autres obligations que celles que la loi lui impose ou celles qu'il a contractées ; et les obligations légales sont de stricte interprétation, de même que les droits légaux. Cela décide notre question. Il faut un texte pour que le débiteur soit tenu d'interrompre lui-même la prescription en faveur du créancier, en lui donnant une reconnaissance littérale de son droit. D'après le code civil, cette obligation n'incombe qu'au débirentier (2). La loi hypothécaire belge l'impose aussi au tiers détenteur d'un immeuble hypothéqué : vingt-huit ans après la date de son titre, il est tenu de le renouveler, s'il possède encore l'immeuble hypothéqué (art. 108). Nous renvoyons à ce qui a été dit sur l'extinction des priviléges et hypothèques par la prescription.

382. Il se peut que le créancier néglige de réclamer un titre nouvel. Quelle sera, dans ce cas, sa position ? Il va de soi que la rente subsiste et qu'il peut poursuivre le payement des arrérages après trente ans à partir de la

---

(1) Toulouse, 23 janvier 1828. En sens contraire, Metz, 28 avril 1819 (Dalloz, au mot *Prescription*, n° 847). Comparez Vazeille, n° 366.

(2) Marcadé, t. VIII, p. 190, n° III de l'article 2263, et en sens divers, les auteurs qu'il cite.

date de son titre. Le débiteur pourra lui opposer la prescription, sauf au créancier à prouver que la prescription
a été interrompue par le payement des arrérages. Ainsi
les parties se trouvent placées sous l'empire du droit commun ; le créancier n'ayant pas profité de la faveur exceptionnelle que la loi lui accorde, on doit lui appliquer la
règle. Comment le crédirentier prouvera-t-il que les arrérages ont été payés? On applique encore le droit commun
qui régit les preuves : le créancier peut constater le payement par des contre-quittances, il peut faire interroger le
débirentier sur faits et articles, il peut lui déférer le
serment. Il n'y a de difficulté que sur la preuve testimoniale. Quand il y a un commencement de preuve par écrit
résultant des aveux faits par le débiteur dans un interrogatoire sur faits et articles, la preuve par témoins sera
admise quel que soit le montant du litige : c'est le droit
commun (1). Si le créancier n'a point de commencement de
preuve par écrit, il faut appliquer l'article 1341, aux
termes duquel la preuve testimoniale n'est pas admise
quand il s'agit de *choses* excédant la somme de cent cinquante francs. Que faut-il entendre, dans l'espèce, par
choses? est-ce le montant des arrérages? ou est-ce le capital de la rente? On décide généralement la question dans
le dernier sens; il y a même une opinion plus rigoureuse,
d'après laquelle la preuve ne peut être faite par témoins
si les annuités réunies au capital de la rente dépassent la
somme de cent cinquante francs (2). Cela nous paraît très-
douteux. De quoi s'agit-il? Le débiteur oppose la prescription de la rente en se fondant sur ce que le créancier n'a
pas agi dans les trente ans. Ce n'est donc pas le droit du
crédirentier qui est contesté, c'est l'exercice du droit. Le
créancier soutient qu'il a exercé son droit : que doit-il
prouver? Que les arrérages lui ont été payés. Il lui suffirait de prouver un seul payement pour que la prescription
fût interrompue; donc il sera admis à établir par témoins
que des arrérages ne dépassant pas cent cinquante francs

(1) Rejet, 20 novembre 1839 (Dalloz, au mot *Prescription*, n° 609).
(2) Marcadé, t. VIII, p. 185, n° I de l'article 2263. Leroux de Bretagne,
t. II, p. 59, n° 843, et les arrêts qu'il cite.

lui ont été payés. Il en serait autrement si le droit à la rente même était contesté, c'est-à-dire si le débiteur soutenait qu'il n'y a jamais eu de rente à sa charge; dans ce cas, le créancier devrait prouver l'existence de la rente, c'est-à-dire du capital, et par conséquent la preuve testimoniale ne serait pas admise si le capital dépassait cent cinquante francs. Même dans cette hypothèse, on ne devrait point ajouter au capital le montant des annuités qui n'auraient pas été payées pendant trente ans, car il ne s'agit pas de prouver tout ce qui est dû au créancier; celui-ci doit établir l'existence de la rente, et quand celle-ci est établie, il doit prouver que la prescription a été interrompue, ce qu'il peut faire par témoins, comme nous venons de le dire, si les arrérages ne dépassent pas cent cinquante francs.

§ II. *De la prescription acquisitive.*

383. Le code civil admet deux prescriptions acquisitives, l'une par trente ans, l'autre par dix à vingt ans. Elles diffèrent quant aux conditions. La prescription trentenaire n'exige rien que la possession, tandis que pour la prescription par dix à vingt ans, il faut, outre la possession, un juste titre et la bonne foi. Du reste, les deux prescriptions ont le même effet. Il y a cependant une différence de rédaction entre l'article 2262 et l'article 2265. D'après l'article 2262, *l'action réelle*, c'est-à-dire la revendication, est prescrite par trente ans; tandis que l'article 2265 porte que celui qui acquiert de bonne foi et par juste titre un immeuble en *prescrit la propriété* par dix à vingt ans. De là on pourrait conclure que la prescription trentenaire ne donne pas de propriété au possesseur, qu'elle lui donne seulement une exception contre l'action en revendication du propriétaire. Il en était ainsi, en droit romain, lorsque le possesseur avait acquis la possession de mauvaise foi. Mais le droit français a toujours assimilé la prescription trentenaire à l'usucapion proprement dite; et les textes du code prouvent que le législateur a entendu

consacrer la doctrine traditionnelle. L'article 2219 dit
que la prescription est un moyen d'*acquérir*, et l'article 712
dispose que la *propriété* s'acquiert par prescription, sans
distinguer entre la prescription trentenaire et la prescription par dix à vingt ans. Aux termes de l'article 690, les
servitudes s'*acquièrent* par la possession de trente ans,
que la loi met sur la même ligne que le titre (art. 691).
L'article 2262 n'est pas contraire, il confirme la doctrine
traditionnelle en rejetant la distinction que l'on faisait, en
droit romain, entre la possession de mauvaise foi et la
possession de bonne foi; s'il ne dit pas formellement,
comme le fait l'article 2265, que la propriété est acquise
au possesseur, c'est que la loi comprend dans une même
disposition la prescription acquisitive et la prescription
extinctive. C'est un vice de rédaction (1).

Du reste, la volonté du législateur n'est pas douteuse.
L'orateur du gouvernement, en exposant les motifs des
articles 2262 et 2265, ne distingue pas, quant aux effets,
entre la prescription trentenaire et l'usucapion. « Dans la
prescription pour acquérir, dit Bigot-Préameneu, on n'a
point seulement à considérer l'intérêt du propriétaire, il
faut aussi avoir égard au possesseur, qui ne doit pas rester dans une éternelle incertitude; son intérêt particulier
se trouve lié avec l'intérêt général. Quel est celui qui bâ-
tira, qui plantera, qui s'engagera dans les frais de défri-
chement ou de desséchement, s'il doit s'écouler un trop
long temps avant qu'il soit assuré de n'être pas évincé?
Mais cette considération d'ordre public est nécessairement
liée à une seconde distinction entre les possesseurs avec
titre et bonne foi et ceux qui n'ont à opposer que le fait
même de leur possession. Le possesseur avec titre et
bonne foi se livre avec confiance à tous les frais d'amélioration. Le temps après lequel il doit être dans une entière
sécurité doit donc être beaucoup plus court. Quant aux
possesseurs qui n'ont pour eux que le fait même de leur
possession, on n'a point de raison pour traiter à leur égard
les propriétaires avec plus de rigueur que ne le sont les

(1) Aubry et Rau, t. II, p. 370, note 3, § 216.

créanciers à l'égard des débiteurs. L'importance attachée aux propriétés foncières pourrait même être un motif pour ne les laisser prescrire que par un temps plus long, comme on l'a fait dans quelques pays; mais d'autres motifs s'y opposent. Si le possesseur sans titre ne veut point s'exposer à des dépenses, il est déjà fort contraire à l'intérêt général que toute amélioration puisse être suspendue pendant trente ans; et, après une aussi longue révolution pendant laquelle le propriétaire doit se reprocher sa négligence, il convient de faire cesser enfin un état précaire qui nuit au bien public. » Telle est la théorie de la prescription acquisitive : elle est dominée par l'intérêt de la société; après que la prescription est accomplie, tout doit être stable. Quant à la durée de la prescription, la loi a dû faire une différence entre le possesseur qui a titre et bonne foi et celui qui n'a que le fait de la possession; mais toute différence cesse quand la prescription est consommée : la possession est consolidée, le possesseur devient propriétaire, et il doit en avoir tous les droits; l'intérêt public l'exige.

384. L'Exposé des motifs que nous venons de transcrire admet comme une chose non douteuse que la prescription de trente ans est acquisitive, et qu'elle se fonde sur le fait de la possession. On l'a contesté, en se basant sur le texte de l'article 2262; il n'y est pas parlé de possession; de là on a conclu que le propriétaire perdait son droit par cela seul qu'il ne l'exerçait point pendant trente ans. C'était se prévaloir d'une rédaction incomplète et se mettre en opposition avec le principe fondamental qui régit la propriété. Le propriétaire ne perd pas son droit par cela seul qu'il ne l'exerce point, c'est pour lui un droit d'user ou de ne pas user de sa chose; comment perdrait-il son droit en s'abstenant de jouir, alors que son droit consiste à jouir ou à ne pas jouir? Il conserve la possession et tous les droits qui y sont attachés tant qu'un tiers ne l'a pas usurpée sur lui et ne l'a pas dépossédé. C'est la doctrine unanime des auteurs anciens et modernes (1). On l'a cependant combattue,

_____

(1) Pothier, *De la possession,* nos 55 et 56, et tous les auteurs.

404 DE LA PRESCRIPTION.

et, chose singulière, au nom de l'Etat : c'est que l'Etat propriétaire peut avoir des intérêts qui sont en opposition avec l'Etat considéré comme pouvoir. L'administration des hospices de Froidmont réclamait les biens appartenant aux hospices et en revendiquait l'administration légale. A cette action, l'Etat a répondu en opposant la prescription trentenaire. Accueillie par le tribunal de première instance, cette défense a été repoussée par la cour d'appel. La cour de Bruxelles pose en principe que la propriété ne se perd pas par le non-usage; de là suit que l'action en revendication qui la protége ne se prescrit point par le seul fait du propriétaire d'avoir négligé d'user de son droit pendant un temps plus ou moins long. A l'appui de ce principe, la cour cite la doctrine de Pothier, que nous avons exposée en traitant de la possession (n° 268). Le code civil a consacré l'opinion traditionnelle; aux termes de l'article 544, la propriété est le droit de jouir et de disposer des choses de la manière la plus absolue; ce qui comprend le droit de n'en pas user, si telle est la volonté du propriétaire, et aussi longtemps que son droit n'a reçu aucune atteinte de la part des tiers. Il n'y a donc lieu à se prévaloir de la prescription contre le propriétaire revendiquant que lorsque le tiers oppose au droit du propriétaire une possession contraire réunissant les conditions exigées par l'article 2269. La cour écarte l'article 2262, en disant que l'action en revendication du propriétaire ne peut se prescrire que lorsque le droit du propriétaire est contredit, et il n'est certes pas contredit par son inaction. Sur le pourvoi, il intervint un arrêt de rejet (1).

Il n'en est pas de même des droits réels, qui sont un démembrement de la propriété. Aux termes de l'article 617, l'usufruit s'éteint par le non-usage du droit pendant trente ans; c'est l'application de l'article 706, d'après lequel les servitudes s'éteignent par le non-usage pendant trente ans. Les priviléges et hypothèques s'éteignent également par la prescription (art. 2180; loi hyp., art. 108). Cependant

---

(1) Bruxelles, 18 décembre 1873 (*Pasicrisie*, 1874, 2, 68); Rejet, 3 juin 1875 (*Pasicrisie*, 1875, 1, 278).

ces droits constituent aussi une propriété. Pourquoi la propriété démembrée se perd-elle par le non-usage, tandis que la propriété entière est conservée, quoique le propriétaire n'en use pas? C'est que le démembrement de la propriété n'est admis que pour une cause d'utilité; cela suppose que ceux qui ont un droit réel s'en servent; s'ils ne s'en servent pas, le démembrement n'a plus de raison d'être; par conséquent, le droit réel doit s'éteindre par le non-usage.

L'application du principe n'est pas sans difficulté. Il est parfois très-douteux si un droit est une propriété ou une servitude. Si c'est une propriété, il se conserve malgré le non-usage; si c'est une servitude, il se perd quand le maître du fonds n'en use pas pendant trente ans. Nous avons examiné ces questions au titre des *Servitudes* (t. VII, nᵒˢ 158-169, et t. VIII, nᵒ 305).

385. La prescription trentenaire peut être invoquée par le possesseur de mauvaise foi. Nous avons exposé le principe plus haut (nᵒˢ 369 et 371), en le critiquant. Dans l'ancien droit, on cherchait à concilier le droit avec la morale, en donnant au propriétaire le droit de prouver la mauvaise foi, et on admettait l'exception de mauvaise foi quand celle-ci était patente. Sous l'empire du code, il faut écarter toutes les distinctions; quelque grave que soit la mauvaise foi, le possesseur obtiendra gain de cause. Nous citerons quelques exemples empruntés à la jurisprudence; ils ne témoignent pas en faveur de la loi.

Une veuve meurt en 1787, laissant une fille unique; elle avait fait en 1779 un testament qui était resté secret, et par lequel elle instituait sa petite-fille héritière universelle. La fille se mit en possession des biens et en jouit, jusqu'en 1837, pendant cinquante ans. Les enfants de la légataire revendiquèrent, à cette époque, les biens qui avaient été légués à leur mère. On leur opposa la prescription: les demandeurs répondirent que la possession de leur aïeule était entachée de dol. En effet, le testament fut porté à la connaissance de celle-ci par le successeur du notaire qui l'avait reçu. Le notaire réclama le payement des honoraires dus pour l'acte, et il informa les héritiers que le testament n'était pas enregistré. La lettre fut remise à la fille de la testatrice, seule héritière connue; celle-ci, ne sachant pas lire, eut recours à un voisin, avec lequel elle se rendit chez le notaire; elle apprit qu'elle était exhérédée; elle paya les frais d'acte et d'enregistrement afin d'empêcher de nouvelles réclamations. Il fallait encore se prémunir contre l'indiscrétion du voisin; elle lui promit de dédommager les petits-enfants; c'est par cette promesse qu'elle acheta son silence. Celui-ci confia le secret à sa femme. En 1836, la fille déshéritée fit un testament par lequel elle léguait ses biens à sa fille cadette, au mépris de sa promesse. La voisine l'ayant menacée de dévoiler le secret aux parties intéressées, on lui offrit un bois pour obtenir son silence; elle refusa et avertit les petits-enfants de la testatrice. Tels étaient les faits. Le premier juge donna gain de cause aux enfants; il écarta l'article 2262, en disant que si la loi permettait de prescrire sans bonne foi, elle n'autorisait pas à employer le dol et la fraude pour se maintenir dans la possession, alors qu'elle condamne toujours la fraude et que la doctrine aussi enseigne que le dol fait exception à toutes les règles. C'était introduire dans le code les distinctions entre les divers degrés de mauvaise foi que les anciens jurisconsultes faisaient, et que le code rejette par cela seul qu'il ne les reproduit point. En appel, la décision a été réformée (1). La décision de la cour est très-juridique, mais il faut convenir que la loi qui autorise une aïeule à dépouiller ses petits-enfants par le dol et la fraude est très-peu morale.

La cour de cassation a cassé un arrêt qui avait admis l'exception de mauvaise foi dans l'espèce suivante. Vente d'un immeuble avec clause précaire. Le possesseur précaire revend à un sous-acquéreur qui avait connaissance du vice de son titre. Il posséda pendant trente ans. Pouvait-il opposer la prescription? En droit, l'affirmative est certaine (2). En morale, il est tout aussi certain que la loi ne devrait jamais donner son approbation à la mauvaise foi.

(1) Agen, 27 avril 1839 (Dalloz, au mot *Prescription*, n° 840, 1°).
(2) Cassation, 8 février 1836 (Dalloz, au mot *Prescription*, n° 840, 3°).

§ Ier. *Conditions.*

386. L'article 2265 porte : « Celui qui acquiert de bonne foi et par juste titre un immeuble en prescrit la propriété par dix ans. » C'est la plus favorable des prescriptions, puisqu'elle n'exige qu'une possession de dix ans ; mais c'est aussi celle qui est soumise aux conditions les plus rigoureuses, car, si la durée de la possession n'est que de dix ans, c'est parce que le possesseur a, en outre, un juste titre et la bonne foi ; il a fait tout ce que la loi exigeait de lui pour acquérir la propriété ; il a acquis l'immeuble en vertu d'un titre qui lui en aurait transmis la propriété si son auteur avait été propriétaire ; il n'y a aucun reproche à lui faire, puisqu'il a agi de bonne foi ; la loi a donc dû consolider sa possession après un laps de temps relativement court. Le véritable propriétaire n'a pas le droit de se plaindre, car il est en faute, il n'a pas veillé à la conservation de ses droits, il est coupable de négligence ; l'intérêt public exige que les droits du possesseur soient consolidés.

387. La prescription de dix ans ne s'applique qu'aux immeubles (1). Quant aux objets mobiliers, l'action en revendication n'est pas admise contre les possesseurs de bonne foi ; ils peuvent se prévaloir de la maxime qu'en fait de meubles, la possession vaut titre. Nous reviendrons plus loin sur ce principe qui joue un si grand rôle dans notre droit

En général, tout immeuble qui est dans le commerce se prescrit par dix ans. Une loi du 12 mai 1871, portée en France à la suite des funestes excès commis à Paris sous l'empire de la Commune révolutionnaire, a dérogé à la règle. L'exception mérite d'être mentionnée comme fait historique. La loi est ainsi conçue (art. 1) : « Sont décla-

---

(1) *Quid* des droits réels ? Voyez. sur les servitudes, t. VIII. n° 194 ; sur l'usufruit, t. VI, n° 338 ; sur l'emphytéose, t. VIII, n° 369 ; sur les hypothèques, t. XXXI, p. 369, n° n°s 383-391.)

rés inaliénables, jusqu'à leur retour aux mains du propriétaire, tous les biens meubles et immeubles de l'État, du département de la Seine, de la ville de Paris et des communes suburbaines, des établissements publics, des églises, des fabriques, des sociétés civiles, commerciales ou savantes, des corporations, des communautés, des particuliers, qui auraient été soustraits, saisis, mis sous séquestre ou détenus d'une manière quelconque, depuis le 18 mars 1871, au nom ou par les ordres d'un prétendu comité central, comité de salut public, d'une soi-disant Commune de Paris ou de tout autre pouvoir insurrectionnel, par leurs agents, par toute personne s'autorisant de ces ordres, ou par tout individu ayant agi, même sans ordre, à la faveur de la sédition. » Le second article de la loi consacre la conséquence qui résulte de l'inaliénabilité proclamée par le premier : « Les aliénations frappées de nullité ne pourront, pour les immeubles, servir de base à la prescription de dix ou vingt ans, et, pour les meubles, donner lieu à l'application des articles 2279 et 2280 du code civil. Les biens aliénés pourront être revendiqués, sans aucune condition d'indemnité et contre tous détenteurs, pendant trente ans, à partir de la cessation officiellement constatée de l'insurrection de Paris. »

388. L'article 2263 suppose que le possesseur a acquis *un immeuble*, c'est-à-dire un héritage déterminé. S'il s'agit d'une universalité, telle qu'une succession, l'action intentée par l'héritier contre le possesseur n'est pas une action en revendication, c'est une action en pétition d'hérédité, laquelle se prescrit par trente ans (t. IX, nᵒˢ 514-519). Il en serait de même si l'héritier apparent cédait son droit, car le cessionnaire serait également un héritier apparent, puisqu'il possède au même titre que le cédant (1).

Nᵒ 1. DU JUSTE TITRE.

389. Qu'entend-on par juste titre? L'orateur du gouvernement le définit dans l'Exposé des motifs en ces termes :

_____

(1) Douai, 17 août 1822 (Duranton. t. XXI, p. 587. nᵒ 369). Comparez Rejet, 9 avril 1834 (Dalloz, au mot *Prescription*, nᵒ 378, 2ᵒ).

« C'est un titre qui, de sa nature, est translatif du droit de propriété (1) ». Il est juste, en ce sens qu'il aurait transféré la propriété au possesseur si l'auteur avait été propriétaire ; mais il ne transfère pas la propriété parce que l'auteur ne peut pas transmettre à son ayant cause un droit qu'il n'a pas lui-même (2). Peu importe que le titre de l'auteur soit vicié ; cela n'empêche pas qu'il soit juste, puisqu'il est de sa nature translatif de propriété. Ainsi la mauvaise foi de l'auteur, son dol même n'empêche pas le titre d'être juste à l'égard de l'acquéreur (3). Voilà pourquoi la loi permet de prescrire à ceux qui acquièrent une chose du détenteur précaire (art. 2239). Il a été jugé qu'ils peuvent prescrire, quand même ils auraient eu connaissance de ces titres lors de l'acquisition (4) ; cela n'empêche pas le titre d'être juste ; reste à savoir si l'acquéreur est de bonne foi ; ce qui est une question de fait, comme nous le dirons en traitant de la bonne foi.

390. Le juste titre le plus usuel, c'est la vente. L'échange est un contrat tout à fait analogue à la vente (5). De même la dation en payement, car donner en payement, c'est vendre. Le payement, d'ordinaire, n'est que l'exécution du contrat ; de sorte que c'est le contrat qui constitue le juste titre ; cependant, s'il s'agit d'une chose indéterminée, la propriété en est transférée par le payement ; dans ce cas, le payement devient un juste titre. Il y a aussi des actes à titre gratuit qui forment de justes titres : tels sont la donation et le legs. En est-il de même du titre d'héritier ? L'article 711 porte que la propriété des biens s'acquiert par succession, par donation entre-vifs ou testamentaire et par l'effet des obligations ; et les jurisconsultes romains plaçaient le titre *pro hærede* parmi les justes titres. Cependant la jurisprudence s'est prononcée pour l'opinion contraire. Il y a, en effet, une grande différence entre la suc-

---

(1) Bigot-Préameneu. Exposé des motifs, n° 33 (Locré, t. VIII, p. 352).
(2) Liége, 10 juin 1840 (*Pasicrisie*, 1840, 2, 156).
(3) Paris. 13 mars 1817 et 8 juin 1825 (Dalloz. au mot *Prescription*, n°ˢ 881 et 632).
(4) Gand, 10 août 1855 (*Pasicrisie*, 1856, 2, 113). Comparez Liége, 18 février 1828 (*Pasicrisie*, 1828. p. 59).
(5) Bruxelles, 15 mars 1842 (*Pasicrisie*, 1843, 2, 365).

cession et les autres modes d'acquérir la propriété. L'héritier n'a pas un droit distinct de celui de son auteur; si celui-ci avait la possession utile pour prescrire, l'héritier la continuera; mais il ne peut pas commencer une possession nouvelle, et il n'a pas de titre nouveau, car il n'a pas d'autres droits que celui à qui il succède; si celui-ci n'avait pas de droit, l'héritier ne saurait en avoir. S'il en était autrement en droit romain, c'est parce que le juste titre se confondait avec la bonne foi, et l'héritier peut croire de bonne foi que la chose qu'il trouve dans la succession appartenait au défunt. Dans notre droit moderne, le juste titre forme une condition spéciale de la prescription; la juste croyance que le défunt était propriétaire ne serait qu'un titre putatif, et ce titre, comme nous le dirons plus loin, admis par les jurisconsultes romains, ne forme plus un juste titre dans notre droit (1).

Il a été jugé, en ce sens, que le titre d'héritier ne forme pas un juste titre en matière de prescription. En effet, dit la cour de Bruxelles, la possession de celui qui n'a pas de juste titre continuant dans la personne de son héritier avec le même défaut de juste titre, la simple qualité d'héritier ne peut effacer ce défaut, ni tenir lieu du titre que la loi requiert comme une condition essentielle pour prescrire. Le successeur universel n'a point d'autre titre que son auteur; si celui-ci n'avait point de titre, il ne pouvait prescrire que par trente ans; donc il en est de même de l'héritier (2). Il y a un arrêt, en sens contraire, de la cour de Liége (3); la cour s'appuie sur l'autorité de Voet; elle aurait pu citer également Dunod et Pothier, mais ces témoignages s'élèvent contre sa décision, puisqu'ils se rapportent à la théorie romaine, que le code civil n'a point consacrée.

391. Quelles sont les conditions requises pour que le titre soit juste? Le code semble n'en exiger qu'une seule, c'est que le titre soit valable en la forme; aux termes de

---

(1) Marcadé, t. VIII, p. 194, n° II de l'article 2269; Vazeille, n° 475; Troplong, n° 888. En sens contraire, Merlin, *Répertoire*, au mot *Prescription*, sect. I, § V, art. I, n° 2.

(2) Bruxelles, 24 janvier 1824 (*Pasicrisie*, 1824, p. 19); 29 mars 1828 (*Pasicrisie*, 1828, p. 131).

(3) Liége, 5 mars 1812 (Dalloz, au mot *Prescription*, n° 890).

l'article 2267, « le titre nul par défaut de forme ne peut servir de base à la prescription de dix et vingt ans ». Cette disposition n'a point le sens restrictif qu'elle semble avoir ; c'est l'application d'un principe général que l'orateur du gouvernement a formulé dans l'Exposé des motifs, mais d'une manière incomplète. « Le titre doit être valable, dit Bigot-Préameneu ; il ne serait pas valable s'il était contraire aux lois ; et lors même qu'il ne serait nul que par un vice de forme, il ne pourrait autoriser cette prescription. » Cela est très-vague. Qu'entend-on par titre *contraire aux lois?* quand le titre est-il nul? toute nullité suffit-elle pour que le titre cesse d'être juste? et, notamment, tout vice de forme rend-il le titre impropre à la prescription? Ces questions soulèvent de grandes difficultés. Pour les résoudre, nous remonterons à la tradition. D'Argentré a approfondi cette matière, et Dunod a résumé sa doctrine. Le jurisconsulte du XVIᵉ siècle enseigne, à l'occasion du juste titre, une théorie que nous avons reproduite au titre des *Obligations* et ailleurs. Il distingue les *actes* ou les *titres* qui n'ont aucun effet, parce qu'ils *n'existent pas aux yeux de la loi;* ils ne peuvent être confirmés, c'est le néant. Quant aux actes qui ont une *existence légale,* ils peuvent être frappés de *nullité.* Ici d'Argentré fait une nouvelle distinction : il y a des nullités absolues introduites dans l'intérêt public et que tout le monde peut faire valoir : il y a des nullités relatives établies dans un intérêt particulier, et qui ne peuvent être opposées que par ceux dans l'intérêt desquels la loi les a consacrées. Ces distinctions décident la question de savoir quels titres sont valables pour la prescription. On ne peut admettre un titre non existant, par la raison très-simple qu'il faut un titre ; et un acte inexistant n'est point un titre, c'est le néant, il ne produit aucun effet, il ne saurait donc servir de base à la prescription. Quant aux titres nuls parce qu'ils sont contraires à une loi d'intérêt public, on doit les placer sur la même ligne que les titres inexistants ; la loi ne peut admettre comme fondement de la prescription un titre qu'elle annule dans un intérêt social. Restent les titres que la loi ne déclare nuls que dans un intérêt privé ; si la partie intéressée n'en demande pas

la nullité, rien n'empêche qu'ils servent à fonder la prescription (1).

Dunod a reproduit la théorie de d'Argentré, mais en
confondant les titres inexistants et les titres nuls d'une
nullité absolue (2). Au point de vue de la prescription, la
distinction n'est pas essentielle, et il faut avouer que d'Argentré ne l'établit point d'une manière claire et nette. Nous
avons appliqué la distinction des actes inexistants et des
actes nuls dans tous les cas où la question de nullité s'est
présentée, nous la maintiendrons aussi dans la matière des
prescriptions.

392. D'Argentré appelle actes *inutiles* ceux que, dans
le langage de l'école, on appelle inexistants, ou nuls de
plein droit, ou radicalement nuls; la langue française n'a
point de terme spécial pour désigner les actes qui n'ont
point d'existence aux yeux de la loi. Le mot *inutiles* que
d'Argentré emploie est l'expression romaine, il est aussi
énergique que l'expression *inexistants*. L'idée est la même :
les actes inutiles ou inexistants sont ceux qui ne produisent
aucun effet. Quels sont ces actes? La cause qui enlève
toute force à un acte peut tenir à la personne, dit d'Argentré, quand elle n'est pas habile à consentir, ou à la chose
quand elle n'est pas dans le commerce, ou à la solennité
quand elle est substantielle, enfin à la loi quand elle prohibe un acte. C'est à peu près la doctrine que nous avons
enseignée au titre des *Obligations* et dont nous avons bien
des fois fait l'application. Il est inutile de revenir sur les
détails que nous avons exposés ailleurs. Parmi les causes
d'inexistence, il n'y en a qu'une seule qui ait un intérêt pratique dans la matière des prescriptions, c'est le défaut de
solennité; c'est aussi la seule que la loi ait cru devoir consacrer. Qu'est-ce que l'article 2267 entend par *nul par défaut de forme?*

A notre avis, il faut entendre par *forme* dans cet article
la solennité que la loi requiert dans certains actes comme

---

(1) D'Argentré, sur l'article 266 de la Coutume de Bretagne, chap 11,
n° 11, p. 900 et suiv., et sur l'article 283, au mot *Toutes rescisions*, n°* 8 et
suiv., p. 1230.
(2) Dunod, part. I, ch. VIII, p. 47 et suiv.

une condition substantielle sans laquelle l'acte n'existerait point; on les appelle, pour cette raison, des actes solennels : tels sont les donations et les testaments. Pour la donation nous avons une disposition formelle : la donation nulle en la forme, dit l'article 1339, ne peut être confirmée, il n'y a qu'un moyen de lui donner cet effet, c'est que le donateur la refasse en la forme légale. Il faut donc dire de la donation nulle en la forme ce que l'article 1131 dit des contrats sans cause : elles ne peuvent avoir aucun effet (t. XII, nᵒˢ 217-229), partant, elles ne peuvent servir de base à la prescription. Dans notre opinion, le même principe s'applique aux legs nuls en la forme; nous renvoyons à ce qui a été dit au titre des *Donations et testaments* (t. XIII, nᵒˢ 449, 450-453, 459).

Le principe est admis par tout le monde (1), en ce qui concerne les donations et les legs. Mais dans l'application il donne lieu à une difficulté sérieuse; elle vient de la disposition anomale de l'article 1340. Après avoir dit dans l'article 1339 que les donations nulles en la forme ne peuvent être confirmées, ce qui implique qu'elles sont inexistantes, le législateur dit, dans l'article suivant, que les héritiers du donateur peuvent valablement confirmer la donation en l'exécutant; ce qui revient à dire qu'à leur égard la donation est seulement considérée comme nulle, car ce qui caractérise les actes nuls, c'est qu'ils peuvent être confirmés, tandis que les actes inexistants ne sont pas susceptibles de confirmation. On demande si une donation exécutée par les héritiers du donateur peut servir de base à la prescription. La question est controversée. Un premier point nous paraît certain, d'après ce que nous venons de dire, c'est que le titre n'est plus un *titre inexistant*, c'est un *titre nul*; et cette nullité n'étant pas absolue, puisqu'elle n'est établie que dans l'intérêt des héritiers, si ceux-ci confirment, l'acte devient pleinement valable; partant, il forme un juste titre. A cela on objecte que la confirmation ne peut pas préjudicier aux droits des tiers (art. 1338); or, la donation nulle en la forme ne peut

---

(1) Leroux de Bretagne, t. II, p. 84, nᵒ 890.

pas être opposée au vrai propriétaire comme un juste titre servant de base à la prescription; donc la confirmation ne peut pas enlever au propriétaire le droit d'opposer la nullité du titre (1). Il nous semble qu'il y a là une confusion d'idées; le principe que la confirmation ne rétroagit point au préjudice des tiers signifie que si des tiers ont acquis un droit dans la chose en vertu de l'acte nul, cet acte ne peut pas leur enlever un droit acquis. Or, le propriétaire de la chose donnée n'a pas un droit résultant de la donation; son droit est antérieur à l'acte, et il peut le faire valoir malgré l'acte, en revendiquant la chose, puisque la donation est pour lui *res inter alios acta*; cet acte lui étant étranger. on ne peut pas dire que la donation lui donne un droit quelconque; par conséquent, on ne se trouve pas dans les termes du principe formulé par l'article 1339 (2).

393. Faut-il appliquer aux legs le principe qui régit les donations? Dans notre opinion, oui; le legs est inexistant lorsque le testament est nul en la forme, donc il ne constitue pas un juste titre. Mais, pour que la question puisse se présenter, il faut supposer que le legs a été exécuté et que le légataire a été mis en possession. Cette exécution est-elle une confirmation, et en résulte-t-il que le vice est purgé? Le défaut de solennité est plus qu'un vice; le vice rend seulement l'acte nul, tandis que le défaut de solennité rend l'acte inexistant; or, si la nullité se couvre par la confirmation, il n'en est pas de même de l'inexistence. Vainement invoquerait-on l'article 1340; cette disposition anomale ne peut être étendue aux legs; il faut donc maintenir le principe que le legs nul en la forme ne peut être confirmé. Toutefois nous devons dire que la tradition est contraire. Pothier enseigne que le legs devient un juste titre lorsque l'héritier le confirme; le légataire acquiert la propriété par l'exécution que l'héritier fait du testament, et la possession utile à la prescription dans le cas où la chose n'appartenait pas à l'héritier. Cette

(1) Duranton, t. XXI, p 622, nᵒˢ 379 et 380. Aubry et Rau, t. II, p. 378, et note 8, § 218. Leroux de Bretagne. t. II, p. 84, nᵒ 891.
(2) Comparez Vazeille, nᵒ 484; Troplong, nᵒ 901.

décision se fonde sur une loi romaine ; le jurisconsulte dit qu'elle a prévalu *post magnas varietates* (1). Nous comprenons ces doutes et ces hésitations. S'il est vrai que la solennité soit requise pour la substance du legs, il en faut conclure qu'il n'y a point de legs quand le testament est nul en la forme ; de là suit que l'héritier, en remettant la chose léguée au légataire, n'exécute pas le legs, il fait une nouvelle libéralité ; et, pour être valable, cette libéralité devrait être faite dans les formes prescrites par la loi. Nous préférons nous en tenir à la rigueur du principe (2).

394. L'article 2267 doit-il être limité aux formes solennelles requises pour l'existence de certains actes? On peut dire que la disposition est conçue en termes généraux ; elle parle d'un *titre nul par défaut de forme,* sans distinguer quelles sont ces formes. Mais la distinction résulte de la nature même de la condition que la loi exige pour la prescription ; elle ne dit pas que l'*acte* doit être valable en la forme, elle dit que le *titre* ne peut servir de base à la prescription quand il est nul par défaut de forme ; or, autre chose est le *titre,* autre chose est l'*acte* ou l'*écrit* qui constate le *titre.* Le *titre* est le fait juridique, contrat ou testament, par lequel la propriété est transférée ; l'*acte* est la preuve littérale du titre. Mais la nullité de l'*acte* n'entraîne pas la nullité du *titre,* sauf dans les contrats solennels ou dans les testaments ; dans les contrats non solennels, le titre n'est jamais nul par défaut de forme ; tout ce qui résulte de la nullité de l'acte, c'est qu'il ne peut servir de preuve littérale du titre ; mais le possesseur peut prouver son titre par les autres moyens de preuve admis par le code civil (3). Nous laissons de côté, pour le moment, la question de savoir si la loi hypothécaire a dérogé au code Napoléon.

La jurisprudence confond toutes les formes, et applique à toutes la disposition de l'article 2267. Il a été jugé que l'on ne pouvait considérer comme un juste titre une expédition d'un acte notarié dont la minute n'était signée ni

---

(1) Pothier, *De la prescription,* n° 88. L. 9. D. *Pro legato* (XLI, 8).
(2) Comparez Duranton, t. XXI, p. 622, n° 379.
(3) Comparez Aubry et Rau, t. II, p. 378, note 10, § 218.

par le vendeur ni par les témoins; la cour conclut que le titre était nul pour défaut de forme, parce qu'il ne pouvait valoir ni comme acte authentique, ni comme acte sous seing privé (1). C'est confondre la preuve avec le titre. Le code civil n'exige pas que le titre soit constaté par écrit pour qu'il puisse servir de base à la prescription. La vente est un titre valable dès que le contrat est parfait, quand même il ne serait dressé aucun écrit pour la constater, ni authentique ni sous seing privé. Si les parties font rédiger un écrit, c'est pour se procurer une preuve littérale de leurs conventions; mais la question de preuve est étrangère à la validité du titre; donc le titre ne peut pas être nul, parce que l'acte est nul.

La cour de cassation a jugé, dans le même sens, que la vente de biens de mineurs faite sans l'observation des formalités prescrites par la loi ne constitue pas un juste titre. L'arrêt n'est point motivé; il se borne à constater que le titre est vicieux (2). Est-ce un titre nul en la forme, dans le sens de l'article 2267? Il s'agit de formes établies dans l'intérêt des incapables; si ces formes n'ont pas été remplies, le mineur peut demander la nullité, parce que l'acte est nul en la forme (art. 1311); mais l'incapable seul a ce droit. Cela prouve qu'il ne s'agit pas de formes exigées pour l'existence du titre; la vente de biens de mineurs n'est pas un contrat solennel. Le titre n'est donc pas vicié, en ce sens qu'il soit inexistant; il est vicié dans l'intérêt des incapables qui, n'ayant pas joui des garanties dont la loi les entoure, peuvent, de ce chef, agir en nullité. Ainsi la question est de savoir si un titre nul peut servir de base à la prescription. Nous allons l'examiner; dans la théorie de d'Argentré, qui est généralement suivie, la nullité ne vicie le titre, en le rendant impropre à la prescription, que lorsque la nullité est d'ordre public, c'est-à-dire absolue; or, dans l'espèce, la nullité de la vente faite sans l'observation des formes légales est relative; ce qui est décisif.

---

(1) Angers, 19 mars 1825 (Dalloz, au mot *Prescription*, n° 900. 2°). Comparez Metz, 31 mars 1833 (Dalloz, au mot *Faillite*, n° 76)

(2) Cassation, 1er floreal an v (Dalloz, au mot *Prescription*, n° 900, 1°). Dans le même sens, Leroux de Bretagne t II, p. 87, n° 894.

395. La loi hypothécaire, en exigeant la transcription des actes translatifs de propriété immobilière, a soulevé une nouvelle difficulté qui touche aussi à une question de forme. L'acheteur peut-il invoquer l'acte de vente, comme fondement de la prescription, si cet acte n'a pas été transcrit? Nous avons dit, au titre des *Hypothèques,* qu'il ré sulte du principe consacré par la loi nouvelle que le titre n'est utile pour la prescription que lorsque l'acte a été transcrit; or, d'après notre loi, les actes ne sont admis à la transcription que s'ils sont authentiques. De là une grave dérogation au système du code civil en matière de prescription : il ne suffit pas que le titre soit valable dans le sens que nous venons de dire, il faut de plus qu'il soit constaté par acte authentique et que cet acte soit transcrit (t. XXIX, n°s 159 et 162). C'est l'opinion universellement suivie en Belgique. En France, la question est controversée (1); nous croyons inutile d'entrer dans ce débat. Nous ajouterons, à l'appui de notre opinion, que, sous l'empire de la loi du 11 brumaire an VII, il était de jurisprudence que les titres non transcrits ne pouvaient être opposés au propriétaire; or, la loi belge n'a fait que reproduire le système de publicité de la loi de brumaire (2).

396. Le code ne parle pas des titres nuls au fond. Faut-il conclure du silence de la loi que tout titre, quoique vicié, peut servir de base à la prescription? Non, car les titres nuls ne produisent aucun effet lorsqu'ils ont été annulés; c'est l'application du vieil adage que ce qui est nul ne produit aucun effet. Sous ce rapport, le titre nul doit être assimilé au titre inexistant; il n'y a que cette différence, c'est que le titre inexistant n'a pas besoin d'être

---

(1) Leroux de Bretagne, t. I, p. 94, n° 907.
(2) Lyon, 17 février 1834 (Dalloz, au mot *Prescription,* n° 900, 4°). La cour de Bruxelles a jugé, par arrêt du 21 janvier 1834 (*Pasicrisie,* 1834, 2, 22), qu'un acte de donation non transcrit pouvait servir de base à la prescription. Sous l'empire du code civil, la transcription n'était pas requise comme condition générale de la translation de la propriété à l'égard des tiers Mais elle l'était pour les donations; et, a notre avis, il aurait fallu en déduire la conséquence qu'une donation non transcrite ne peut pas servir de titre pour la transcription. Il en résultait une étrange anomalie, il est vrai, puisque la vente non transcrite formait un juste titre, mais l'anomalie est à charge du législateur.

annulé par le juge, il est nul de plein droit, comme le dit l'article 1117; tandis que les titres nuls doivent être annulés par le tribunal, et ils produisent leurs effets jusqu'à qu'ils aient été annulés. De là suit que le titre nul peut être opposé au propriétaire, sauf le droit de celui-ci d'en demander la nullité. Reste à savoir si le propriétaire peut toujours se prévaloir de la nullité du titre. Ici intervient la distinction proposée par d'Argentré. Quand la nullité est absolue, toute personne intéressée peut l'invoquer; donc aussi le propriétaire dont les droits sont menacés par la prescription appuyée sur un titre nul. Les nullités relatives, au contraire, ne peuvent être opposées que par celui dans l'intérêt duquel elles ont été établies; partant, le propriétaire ne peut pas s'en prévaloir; d'où suit que le possesseur peut opposer la prescription au propriétaire, malgré la nullité de son titre.

Ces distinctions résultent de la nature même des titres nuls, mais il importe de constater qu'elles sont de tradition. Dunod les a empruntées à d'Argentré. La difficulté est de savoir quel est le caractère des nullités, quel en est l'effet. Dunod répond que la nullité vient de la prohibition de la loi qui défend de faire certaines choses. Or, il y a des prohibitions qui sont fondées sur l'intérêt public, d'autres ont pour fondement l'intérêt des particuliers. La prohibition, dit Dunod, est faite par rapport à l'intérêt public lorsque son premier et principal objet est le bien de la société, la conservation des choses et des droits qui appartiennent au public. Il donne comme exemple les dispositions qui concernent les bonnes mœurs, les lois pénales, ou celles qui sont relatives à des choses placées hors du commerce, telles que les choses qui appartiennent au domaine public. Ici Dunod confond ce que d'Argentré distinguait; les conventions contraires aux bonnes mœurs sont plus que nulles, elles sont inexistantes (art. 1131 et 1133). Du reste, la distinction que d'Argentré faisait et que Dunod néglige de faire n'a aucune importance en matière de prescription; on peut appliquer indifféremment aux actes inexistants et aux actes nuls d'une nullité absolue ce que Dunod dit des nullités établies dans l'intérêt public : « La nullité qui résulte de la prohibition, dans ce cas, est absolue, parce que la loi résiste continuellement, et par elle-même, à l'acte qu'elle défend; elle le réduit à un pur fait qui ne peut être ni autorisé ni confirmé, et qui ne produit aucun droit, aucune action ni exception. » C'est trop dire; cela est vrai des actes inexistants, mais cela n'est pas vrai, sans réserve, des actes que la loi prohibe et annule dans l'intérêt public. Ces actes sont nuls en ce sens qu'ils sont annulables, ce qui implique l'intervention de la justice; tant que le juge ne les a pas annulés, ils produisent effet, et, par conséquent, le possesseur peut les opposer au propriétaire comme fondement de la prescription, sauf au propriétaire à demander la nullité des actes. Dans l'opinion générale qui admet la perpétuité des exceptions, il faut ajouter que le propriétaire pourra toujours opposer la nullité du titre par voie d'exception.

Il n'en est pas de même, continue Dunod, des nullités d'intérêt privé. Telle est la défense d'aliéner les biens dotaux et les biens des mineurs, la défense de contracter sans autorisation ou assistance. Ces prohibitions n'annulent pas absolument les actes qui sont faits au mépris de la loi. Dès que l'acte est translatif de propriété, il constitue un juste titre à l'égard du propriétaire; celui-ci ne peut pas se prévaloir de la nullité, parce qu'elle n'a pas été introduite en sa faveur, et nul ne peut invoquer le droit d'autrui. La difficulté est de distinguer dans quels cas une nullité est d'intérêt public ou d'intérêt privé. Dunod dit très-bien que la fin de la loi est toujours l'intérêt du public et de la société; mais la vue de cet intérêt est souvent éloignée, la loi considérant en premier lieu, dans les prohibitions qu'elle établit et les nullités qu'elle prononce, l'intérêt des particuliers. Il faut donc voir quel est l'objet principal et essentiel de la loi (1).

La doctrine de Dunod est généralement admise par les auteurs modernes. On cite comme exemples de nullités absolues les substitutions prohibées et les donations à cause de mort qui sont prohibées virtuellement (2). D'autres

(1) Leroux de Bretagne, qui suit Dunod, part. II, p. 88, nº 896.
(2) Aubry et Rau, t. II, p. 377, et note 7, § 218.

ajoutent les conventions dont la cause serait illicite (1); il est certain qu'elles ne forment pas un juste titre ; dans notre opinion, ces conventions sont plus que nulles, elles ne doivent pas être annulées ; par leur nature même elles ne peuvent produire aucun effet (art. 1131 et 1133). La jurisprudence est peu nombreuse en cette matière. Il a été jugé que l'adjudication prononcée au profit de l'avoué qui poursuit une saisie immobilière, ne peut former un titre pour la prescription, parce que la nullité est absolue (2); de même que l'aliénation consentie par le saisi après la transcription de la saisie (3).

La cour de cassation semble considérer le vice qui entache le titre du vendeur comme viciant également le titre de l'acquéreur. Dans l'espèce, il s'agissait d'une donation nulle en la forme, et partant infectée d'une nullité radicale ; l'acte était, comme on dit, inexistant. En résultait-il que l'acquéreur ne pouvait prescrire? L'arrêt le décide ainsi, et l'arrêtiste dit que l'arrêt est très-bien rendu (4). Nous ne comprenons pas que le titre de l'auteur puisse vicier le titre de l'ayant cause. Qu'importe que le titre de l'auteur soit une donation inexistante? Tout ce qui en résulte, c'est qu'il n'est pas propriétaire; son titre à lui est inexistant, mais le titre qu'il concède est juste, à moins qu'il ne soit nul par lui-même; ce qui ne ressort pas de l'arrêt. Dire que le vendeur était sans qualité ni droit pour vendre, c'est ne rien dire ; car il en est toujours ainsi quand il s'agit de prescription; si le vendeur avait qualité et droit pour vendre, l'acquéreur deviendrait propriétaire et la prescription serait inutile.

397. Pour que le titre soit juste il faut, en second lieu, d'après l'Exposé des motifs, qu'il soit, de sa nature, translatif de propriété. C'est la condition essentielle. Toute prescription acquisitive suppose que le propriétaire possède à titre de propriétaire. Dans l'usucapion de dix à vingt ans, la loi ne se contente pas de la croyance du possesseur et

---

(1) Grenoble, 22 avril 1864 (Sirey, 1864, 2, 247).
(2) Paris, 5 avril 1864 (Sirey, 1865, 2, 100).
(3) Cassation, 8 janvier 1838 (Dalloz, au mot *Prescription*, n° 900), 6°, et les observations de l'arrétiste.

de sa prétention, elle veut que cette croyance et cette prétention aient leur fondement dans un titre qui aurait transféré la propriété au possesseur si son auteur avait été propriétaire, de sorte que le possesseur doit se croire propriétaire en vertu de son titre. C'est à raison du titre et de la bonne foi qui l'accompagne que la loi abrége la durée de la prescription (1).

388. Le titre conditionnel est-il un juste titre? Lorsque le titre est sous condition résolutoire, l'affirmative n'est pas douteuse. En effet, cette condition ne suspend pas les effets du contrat; quand le contrat est translatif de propriété, tel que la vente, le créancier devient propriétaire, il a donc un titre qui lui aurait transmis la propriété si son auteur avait été propriétaire; partant, il a un juste titre dans le sens de l'article 2265. Le code applique ce principe à l'acquéreur avec faculté de rachat; il a un titre résolutoire, ce qui ne l'empêche point de prescrire contre le véritable maître, ainsi que contre ceux qui prétendraient des droits ou hypothèques sur la chose vendue (art. 1665).

Quand le titre affecté d'une condition résolutoire est résolu, il ne peut plus servir de base à la prescription. En effet, la résolution opère toujours rétroactivement, de sorte que le titre résolu est censé n'avoir jamais existé; partant, le possesseur n'a pas de titre. Nous avons vu une application de ce principe au titre des *Donations*. La survenance d'enfant opère de plein droit la révocation de la donation; dès lors le donataire possède sans titre, et s'il a aliéné la chose, le tiers acquéreur est également sans titre; il suit de là qu'il ne peut pas usucaper (t. XIII, n°s 96 et 97). Il en serait de même de la condition résolutoire expresse, qui opère également de plein droit, tandis que la condition résolutoire tacite n'a d'effet que si elle a été prononcée par le juge.

Il n'en est pas de même de la condition suspensive; elle suspend les effets du contrat, notamment en ce qui concerne la translation de la propriété. Si la vente est sous condition suspensive, l'acheteur ne devient pas proprié-

(1) Bigot-Préameneu, Exposé des motifs, n° 34 (Locré, t. VIII, p. 353).

taire ; or, si le vendeur ne lui transmet point la propriété,
il ne lui transmet pas non plus ses autres droits; régulièrement le contrat n'est pas exécuté et l'acheteur n'en peut
réclamer l'exécution. Le titre n'est donc pas, de sa nature,
translatif de propriété. On objecte que l'acheteur devient
propriétaire quand la condition s'accomplit, et que la condition rétroagit, dans ce cas, au jour du contrat; et il faut
bien supposer l'accomplissement de la condition pour que
la question de prescription puisse s'élever, car si la condition défaillit, il n'y a jamais eu de titre. Cette objection
ne tient pas compte du motif pour lequel la loi exige un
juste titre ; la condition rétroagit sans doute, en ce sens
que la propriété est transférée dès le jour du contrat, si
l'auteur est propriétaire; mais, dans notre espèce, l'auteur
ne l'est point, la question est donc de savoir si l'acheteur
qui est mis en possession pendant que la condition est en
suspens possède comme propriétaire en vertu d'un titre.
Il possède, à la vérité, mais c'est malgré le titre ; car le
titre ne lui donne pas droit à la possession actuelle; s'il
devient possesseur, c'est en vertu d'une nouvelle convention qui intervient entre les parties, et cette convention
implique l'obligation, de la part de l'acheteur, de restituer
la chose, si la condition vient à défaillir. Ce n'est certes
pas là un titre de propriétaire, c'est plutôt un titre précaire (1).

399. Un titre putatif suffit-il pour y fonder la prescription? On entend par là un titre qui n'existe point, mais que
le possesseur croit exister ; on suppose de plus que son erreur
a une juste cause (2). Pothier admettait le titre putatif ainsi
défini. D'ordinaire, dit-il, il ne suffit point, pour donner ouverture à la prescription, que le possesseur croie qu'il a un
titre quand réellement il n'en a point. Ainsi, s'il croit que
la chose lui a été vendue ou léguée, alors qu'il n'y a ni
vente ni legs, il n'a point de juste titre. Toutefois si l'opinion erronée du possesseur a un juste fondement, cette

_____

(1) Aubry et Rau, t. II, p. 379, note 12, § 218, et les autorités qu'ils citent. Leroux de Bretagne, t. II, p. 90, n° 899. En sens contraire, Duranton, t. XXI, p. 607, n° 376.
(2) D'Argentré, art. 266, ch. I, n° 5, p. 898.

opinion équivaut à un titre. C'est la doctrine romaine. Pothier donne l'exemple suivant, emprunté à Africain. Je
donne mandat de m'acheter un fonds de terre ; le mandataire me livre le fonds et dit l'avoir acheté bien qu'il n'y
eût pas de vente ; le mandat que j'avais donné est pour
moi un juste sujet de croire que la chose a été achetée.
Voilà un titre putatif (1). Le code consacre-t-il cette doctrine ? On pourrait le croire, puisque les auteurs du code
suivent généralement la tradition. Mais la tradition n'est
point constante. Pothier cite l'opinion contraire de Lemaître qui enseignait que la décision des jurisconsultes
romains ne devait pas être suivie dans les pays de coutume, par la raison que les coutumes exigent formellement
un juste titre ; or, l'opinion erronée de l'existence d'un titre
n'est point un titre. Lemaître invoquait aussi l'esprit de la
loi : on ne peut pas suppléer, dit-il, à ce que la coutume
exige, lorsqu'il s'agit de dépouiller le véritable maître au
profit du possesseur (2). Pothier aurait pu citer un jurisconsulte d'une plus grande autorité. D'Argentré s'élève
avec force contre la doctrine traditionnelle ; il s'étonne que
des hommes sérieux aient pu assimiler à un titre la vaine
opinion de l'existence d'un titre : est-ce que l'erreur peut
jamais faire droit (3)? Il y a une objection contre la théorie
romaine qui nous paraît décisive : c'est qu'elle repose sur
une fiction. Un titre putatif est certainement un titre fictif,
car, en réalité, il n'y a point de titre, on feint qu'il y en a
un ; or, il n'appartient qu'au législateur de créer des fictions
et de déterminer les conditions sous lesquelles il les admet.
Le silence du code ne suffit point pour que l'on en puisse
induire qu'il a maintenu une fiction aussi étrange. Les paroles de l'orateur du gouvernement paraissent plutôt exclure le titre putatif : « Nul, dit Bigot-Préameneu, ne
peut croire de bonne foi qu'il possède comme propriétaire
s'il n'a pas un juste titre, c'est-à-dire s'il n'a pas un titre
qui soit de sa nature translatif du droit de propriété et qui
soit d'ailleurs valable. » En cette matière on doit admettre

(1) Pothier, *De la prescription*. nᵒˢ 95-97.
(2) Lemaître, sur la Coutume de Paris, tit. VI, ch. I, sect. I.
(3) D'Argentré, art. 266, ch. I, nᵒ 6, p. 899.

difficilement que le législateur moderne ait suivi la tradition, car il a dérogé formellement à la doctrine traditionnelle. Dans l'ancienne jurisprudence, conformément au droit romain, on confondait le juste titre avec la bonne foi, en ce sens que le titre n'était qu'un moyen de prouver la bonne foi du possesseur. Dans cette doctrine, on conçoit que le titre putatif soit considéré comme suffisant, car il attestait la bonne foi du possesseur; mais le code exige le juste titre comme une condition distincte : le possesseur aurait la bonne foi la plus entière qu'il ne pourrait pas prescrire s'il n'avait point de titre. Or, celui qui a un titre putatif est, à la vérité, de bonne foi, mais il n'a certes pas de titre : ce qui est décisif. Telle est aussi l'opinion générale (1).

400. Le titre putatif que Pothier donne comme exemple est une supposition étrangère à la vie réelle. Il en est de même de l'application que les auteurs modernes font de la doctrine contraire que le code a implicitement consacrée. Ils posent en principe que le titre doit s'appliquer en réalité, et non d'une manière putative, à l'immeuble que le possesseur prétend avoir acquis par prescription. Le principe est incontestable. On l'applique à l'héritier qui, de bonne foi, a pris possession d'un immeuble qu'il croyait dépendre de l'hérédité. Ce n'est pas là un titre putatif dans le sens traditionnel, car alors même que l'immeuble aurait dépendu de l'hérédité, l'héritier n'aurait pas eu de titre, le titre d'héritier n'étant point un juste titre (n° 390). Le cas pourrait se présenter pour un acheteur dont le titre ne porte que sur une partie de l'objet possédé; il ne peut invoquer la prescription que pour la partie de l'immeuble comprise dans son titre; pour l'excédant, il n'a point de titre. Vainement dirait-on que le possesseur peut prescrire au delà de son titre, cela est vrai de la prescription trentenaire, qui n'exige pas de titre; cela n'est pas vrai de la prescription de dix ans, qui ne peut s'accomplir sans titre;

___

(1) Leroux de Bretagne, t. II. p. 81, n° 884, et tous les auteurs. Bruxelles, 23 novembre 1857 et le réquisitoire de l'avocat général (*Pasicrisie*, 1858, 2, 226).

or, si je possède au delà de mon titre, je possède sans titre, ce qui rend l'usucapion impossible (1).

Il ne faut pas confondre l'hypothèse d'une possession sans titre réel avec une hypothèse toute différente. On suppose qu'il y a un titre, mais que l'acte ne désigne pas spécialement toutes les parties de l'héritage qui fait l'objet du contrat. La loi n'exige pas cette désignation, c'est une question de preuve ; il y a titre pour toutes les choses comprises dans le contrat, quand même l'acte ne les mentionnerait pas ; sauf, en cas de contestation, à prouver qu'elles y sont comprises. La cour de cassation l'a jugé ainsi dans l'espèce suivante. Acte de donation par lequel les père et mère donnent à leur fils une terre telle qu'elle « s'étend, poursuit et comporte ». Un tiers revendique une pièce de terre qui avait toujours été considérée comme une dépendance dudit domaine. Le donataire opposa la prescription ; cette exception fut rejetée par la cour de Bourges, par le motif que le titre ne comprenait pas la désignation de l'objet litigieux. Sur le pourvoi, la décision a été cassée. Lorsqu'il s'agit d'un domaine, dit la cour de cassation, ou d'un corps de ferme, il n'est pas nécessaire, pour transférer la propriété des diverses pièces comprises dans le titre, que l'acte les désigne toutes nominativement ; il suffit de la désignation de la ferme ou du domaine, sauf à prouver que toutes les pièces de terre dont il se compose sont comprises dans les jouissances et font partie de l'exploitation du fermier. Or, dans l'espèce, le demandeur offrait de prouver que la pièce litigieuse était comprise dans la terre donnée en dot. La cour d'appel, en rejetant la preuve, avait violé l'article 2265 (2).

401. Quand le titre n'a pas pour objet de transférer la propriété, il ne peut pas servir de base à la prescription. On cite comme exemple le bail (3), et on ne devrait pas le citer, puisque c'est un titre précaire, et en vertu d'un pa-

(1) Aubry et Rau, t. II, p. 381, et notes 22 et 23. § 218. Comparez Troplong, nº 550.
(2) Cassation, 23 janvier 1837 (Dalloz, au mot *Prescription*. nº 882, 1º). Comparez Cassation, 31 janvier 1837 (Dalloz, au mot *Vente*, nº 651, 1º).
(3) Aubry et Rau t. II, p. 376, § 218.

reil titre on ne prescrit jamais, pas plus par trente ans que par-dix ans. Il y a des actes qui déclarent la propriété sans la transférer ; ils ne constituent pas un titre pour la prescription. Tel est le partage qui, d'après le code civil (art. 883), est déclaratif de propriété; il ne transfère aucun droit aux copartageants, il déclare seulement quel droit ils sont censés avoir eu depuis que l'indivision a commencé; ce n'est donc pas le partage qui est leur titre, c'est le fait juridique qui a produit l'indivision. Ce principe reçoit son application à tout partage; la cour de Bruxelles l'a appliqué à l'acte de partage d'une société que l'associé opposait à l'action en revendication en y appuyant la prescription. La cour dit très-bien que le partage est un titre légal, mais ce n'est pas un juste titre, puisqu'il ne transfère pas la propriété des biens qui en font l'objet; il déclare que le droit des copartageants remonte au jour où l'indivision a commencé; c'est donc le titre en vertu duquel les associés avaient acquis l'immeuble que le défendeur aurait dû produire pour prouver qu'il avait un juste titre (1).

L'application du principe n'est pas sans difficulté. J'apporte en société un immeuble qui ne m'appartient pas et que je possède sans titre ni bonne foi. Cet immeuble m'échoit en partage à la dissolution de la société. Puis-je invoquer la prescription? Dans cette hypothèse, la négative est évidente, car je n'ai pas de titre. Le partage déclare seulement que mon droit remonte au jour où l'indivision a commencé. Or, je n'avais aucun droit sur l'immeuble ; j'étais un possesseur sans titre et je reste possesseur sans titre. Mais, si cet immeuble était échu à un de mes associés, celui-ci pourrait-il prescrire? Il aurait un titre, car la mise en société de l'immeuble est translative de propriété, en ce sens qu'il devient la propriété commune des associés; la société étant un contrat translatif de propriété, mon associé a un juste titre, il peut par conséquent prescrire. Si moi je ne le puis pas, c'est qu'étant

_____

(1) Bruxelles, 31 octobre 1829 (*Pasicrisie*, 1829, p. 274). Comparez Bruxelles, 20 juin 1828 (*Pasicrisie*, 1828, p. 222).

possesseur sans titre au moment où je mets l'immeuble en société, je reste possesseur sans titre, puisque par la rétroactivité du partage, je suis censé l'avoir toujours possédé, avec ou sans titre. Reste à savoir à partir de quel moment la prescription commence à courir ; il faut décider que c'est à partir du jour où le contrat de société a été formé, puisque c'est de ce jour que l'associé est censé posséder la chose (1).

La cour de cassation a fait une application très-intéressante du principe au partage d'une succession. Un père fait donation à son fils d'un immeuble dont il était possesseur de mauvaise foi et sans titre. Le fils rapporta l'immeuble à la succession du père, puis il le reçut dans son lot. Pouvait-il le prescrire ? Il l'aurait pu comme donataire, puisque la donation est un juste titre, mais la donation avait été résolue par le rapport ; le fils le reçut en vertu du partage, c'est-à-dire à titre d'héritier, et ce titre n'est pas un juste titre, puisque le fils n'avait d'autre droit que son père, il était donc possesseur sans titre et de mauvaise foi (2).

Il se peut cependant qu'un partage contienne un titre translatif, et par conséquent un juste titre. Des héritiers procèdent à un partage et à une liquidation d'une communauté de vingt ans, ainsi que de tous leurs droits respectifs. L'une des parties contractantes cède à son cohéritier des biens à elle propres, en payement de ce qu'elle lui doit. Il a été jugé, et avec raison, que cet abandon était un juste titre ; en effet, ce n'est pas comme copartageant que le cessionnaire recevait ces biens, puisqu'ils n'appartenaient pas à l'hérédité, c'est comme créancier ; l'abandon était une dation en payement, laquelle équivaut à la vente (3).

402. Il y a un partage qui est tout ensemble un acte de distribution des biens partagés, et un acte translatif de

(1) Leroux de Bretagne, t. II, p. 78, nos 879 et 880. Troplong. no 886. Duranton, t. XXI, p. 592, no 372. Marcadé, t. VIII, p. 196, no II de l'article 2269.
(2) Rejet, 27 août 1835 (Dalloz, au mot *Prescription*, no 909).
(3) Bruxelles, 11 février 1846 (*Pasicrisie*, 1849, 2, 110).

propriété, c'est le partage d'ascendant. Le double caractère du partage d'ascendant donne lieu à des difficultés
presque inextricables. S'il est fait par donation entre-vifs,
peut-il servir de base à la prescription? Quand il est fait
par testament, les copartagés doivent-ils être considérés
comme héritiers ou comme légataires? Nous renvoyons au
titre des *Donations et Testaments*, où ces difficiles questions ont été examinées (t. XV, nos 73 et 74) (1).

403. La transaction est, en général, un acte déclaratif, et par conséquent elle ne forme pas un juste titre en
matière de prescription. Elle peut cependant être un acte
translatif; dans ce cas elle est utile pour prescrire. Nous
renvoyons à ce qui a été dit au titre qui est le siége de la
matière (t. XXVIII, nos 393-395).

404. Les jugements forment-ils un juste titre? En principe, non, puisqu'ils ne sont pas translatifs de propriété;
ils déclarent seulement quels sont les droits des parties;
ce sont les actes sur lesquels le juge statue qui constituent
les vrais titres des parties quand elles obtiennent gain de
cause. La cour de cassation a cependant jugé deux fois le
contraire; on a essayé d'expliquer ces décisions en les rat-
tachant à l'ancien droit, la prescription ayant commencé à
courir avant la publication du code civil; mais le second
arrêt est conçu en termes absolus; il porte « qu'un jugement passé en force de chose jugée et contradictoire est,
aux yeux de la loi, un juste titre (2) ». Si l'on demandait à
la cour quelle est cette *loi?* Un arrêtiste, après avoir constaté la jurisprudence de la cour suprême, ajoute que cette
opinion a été soutenue *avec raison* par plusieurs auteurs;
puis il rapporte les objections que d'autres auteurs ont
faites à l'appui de l'opinion contraire, et il finit par dire
que cette *dernière opinion lui paraît devoir être suivie.*
C'est le moyen de donner raison à tout le monde. On a fait
une objection spécieuse. Je revendique un immeuble; le

---

(1) Comparez Aubry et Rau, t II, p. 376, note 4, § 218. Leroux de Bretagne, t. II, p. 68, no 858.
(2) Rejet, 21 février 1827, et Cassation, 24 juillet 1835, avec les observations de l'arrêtiste (Dalloz, au mot *Prescription,* no 893) En sens contraire,
Leroux de Bretagne, t. II, p. 76, nos 875 et 876. Marcadé, t. VIII, p. 196,
no II de l'article 2269.

jugement ordonne le délaissement de l'héritage litigieux.
On dit que, par suite du contrat judiciaire qui se forme
entre les parties, celles-ci se soumettent à la décision du
juge ; on en conclut qu'il y a un concours de consentement
qui constitue un titre. Cela n'est pas exact ; les parties ne
consentent pas à ce que le juge *transfère* la propriété à l'une
d'elles ; elles consentent seulement à ce que le juge *déclare*
laquelle d'entre elles est propriétaire ; il n'y a donc aucune
translation de propriété, ni en vertu du jugement, ni en
vertu du contrat judiciaire (1). De là suit que, lorsqu'un
débat s'élève après le jugement entre celui qui se prétend
le véritable propriétaire et la partie à laquelle le juge a
adjugé l'héritage litigieux, le demandeur ne peut pas opposer au possesseur la sentence que celui-ci a obtenue, si
le possesseur fonde la prescription non sur les décisions
judiciaires, mais sur les titres qui leur ont servi de base (2).

On admet que, par exception, il y a des jugements qui
tiennent lieu de titre ; ce sont d'abord les jugements d'adjudication et, en second lieu, les jugements qui ne font
que constater le contrat intervenu entre les parties. Nous
renvoyons à ce qui a été dit, au titre des *Hypothèques*
(t. XXIX, nᵒˢ 87 et 88).

405. La loi forme-t-elle un juste titre dans le sens de
l'article 2265 ? Cette question s'est présentée plusieurs fois
devant les cours de Belgique pour la loi du 4 ventôse an IX,
qui a affecté aux hospices les domaines nationaux usurpés
par les particuliers. Cette loi ne transfère pas aux hospices
des biens déterminés ; elle ne constitue donc pas un titre
translatif de propriété pouvant servir de fondement à la
prescription. C'est une disposition à titre universel qui
permet aux hospices de se mettre en possession des biens
celés au domaine. Les biens appartenaient-ils réellement au
domaine, les hospices en sont devenus propriétaires ; mais
s'ils ne lui appartenaient pas, la loi ne donne aux hospices
aucun juste titre pour la prescription, car elle n'a pas entendu transmettre aux hospices un droit quelconque sur

(1) Aubry et Rau, t. II, p. 377, note 5, § 218.
(2) Rejet, 20 novembre 1860 (Dalloz, 1861, 1, 461).

des biens non domaniaux. La jurisprudence est en ce sens (1). Il en serait ainsi alors même qu'un jugement aurait envoyé les hospices en possession d'un bien, car les jugements ne font que déclarer les droits des parties, ils n'en créent aucun (2).

Nº 2. DE LA BONNE FOI.

406. L'article 2265 porte que celui qui acquiert de *bonne foi* et par *juste titre* un immeuble en prescrit la propriété par dix ans. Ainsi, d'après le texte de la loi, la bonne foi et le juste titre forment deux conditions distinctes de l'usucapion. Le code déroge, sous ce rapport, au droit ancien; les coutumes exigeaient aussi un juste titre, mais on interprétait cette condition en ce sens que le titre n'était considéré que comme un élément de bonne foi; de sorte que la bonne foi pouvait, à la rigueur, exister sans juste titre. De là la théorie du titre putatif (nº 399). D'après le code civil, au contraire, la bonne foi sans le titre serait insuffisante pour prescrire par dix ans (3).

Qu'est-ce que la bonne foi? Dunod répond que c'est l'ignorance du droit qu'un tiers a sur la chose que l'on prescrit (4). D'après Pothier, la bonne foi est la *juste* opinion qu'a le possesseur qu'il a acquis la propriété de la chose qu'il possède; il n'explique pas quand l'*opinion* du possesseur est *juste*. Voet complète la définition des jurisconsultes français, en ajoutant que le possesseur doit avoir la ferme confiance d'être propriétaire de la chose, parce qu'il croit que celui qui la lui a transmise en était propriétaire, et qu'il avait le droit de l'aliéner (5). Ce principe résulte de l'essence même de la bonne foi, exigée comme condition de la prescription de dix ans. La bonne foi doit être

(1) Rejet, cour de cassation de Belgique, deux arrêts du 7 juillet 1842 (*Pasicrisie*, 1842, 1, 277 et 280). Comparez Liége, chambre de cassation, 31 mars 1829 (*Pasicrisie*, 1829, p. 128). Liége, 11 août 1840 (*Pasicrisie*, 1841, 2, 55), et 29 mars 1843 (*Pasicrisie*, 1843, 2, 305).
(2) Bruxelles, 6 janvier 1841 (*Pasicrisie*, 1842, 2, 329).
(3) Marcadé, t. VIII, p. 194. nº I de l'article 2269 Aubry et Rau, t. II, p. 380, note 19, § 218.
(4) Dunod, part. I, ch. VII, p. 38. Pothier, *De la prescription*. nº 28.
(5) Voet, XLI, III, 6. Leroux de Bretagne, t. II. p. 100, nº 909.

fondée sur un titre, et le titre doit être translatif de propriété ; or, pour que le titre soit translatif de propriété,
il faut que celui de qui il émane soit propriétaire et ait la
capacité d'aliéner ; s'il n'était pas propriétaire, il n'avait
pas de titre ; donc si le possesseur sait que son auteur
n'avait point de titre, il n'a pas la bonne foi, car il ne peut
pas se croire propriétaire alors qu'il sait que son auteur
ne l'était point. De même si l'auteur n'avait pas le droit
d'aliéner et que le possesseur le sache, celui-ci n'a pas la
bonne foi, car il ne peut se croire propriétaire quand il sait
que son auteur n'a pas pu lui transférer la propriété.

408. Dunod ne s'exprime donc pas d'une manière exacte
en disant que celui qui ignore le droit d'autrui est de bonne
foi ; du moins cette définition n'est pas en harmonie avec
notre code, qui exige bonne foi et juste titre ; ce qui est
plus que l'ignorance du droit d'autrui. La bonne foi implique une croyance positive, la conviction que l'auteur
du titre était propriétaire et avait le droit d'aliéner la
chose. Si donc le titre de l'auteur était vicié, annulable,
rescindable ou résoluble, et si l'acquéreur avait connaissance de ce vice, il n'a point la bonne foi. En effet, celui
qui n'a qu'une propriété sujette à annulation, à rescision
ou à résolution ne peut transmettre qu'une propriété annulable, rescindable ou résoluble ; donc le possesseur ne
peut avoir la ferme conviction d'être propriétaire, sachant
que son auteur ne l'était point ; partant, la bonne foi lui
manque.

La jurisprudence est en ce sens. Pour pouvoir aliéner,
il faut avant tout être propriétaire, puisque la vente de la
chose d'autrui est nulle. Si l'acquéreur sait que le bien
qu'il achète n'appartenait pas à son vendeur, que c'était
un propre de sa femme, il est de mauvaise foi (1). Sur ce
point il ne saurait y avoir de doute. Il suffit même que
l'acheteur sache que le droit de propriété de son auteur
était judiciairement contesté au moment du contrat ; il ne
peut, en ce cas, avoir la conviction que le vendeur était
propriétaire et que lui l'est devenu ; dès lors il n'a pas la

---

(1) Rennes, 14 juin 1841 (Dalloz, au mot *Prescription*, n° 731).

bonne foi positive qui est exigée pour la prescription (1). Il a cependant été jugé que celui qui achète des biens, qu'il sait avoir été donnés, peut prescrire si, à raison des circonstances de la cause, il a dû croire que la donation n'avait pas été acceptée et que, par suite, le donateur était resté propriétaire (2). La décision nous paraît contestable.

408. La jurisprudence a fait de nombreuses applications de ce principe. Vente de la moitié d'un immeuble indivis, avec déclaration, de la part du vendeur, que l'autre moitié appartient à ses enfants. Postérieurement le même acheteur acquiert cette moitié du même vendeur. La première vente était du 14 juillet 1822, la seconde du 20 novembre suivant. Jugé que l'acquéreur ne pouvait se prévaloir de son ignorance, alors qu'il était averti par l'acte qu'il venait de passer que la moitié de l'immeuble appartenait aux enfants au mois de juillet; il aurait dû exiger la représentation du titre en vertu duquel le père aurait acquis cette moitié dans l'intervalle du 14 juillet au 20 novembre; ne l'ayant pas fait, il ne pouvait invoquer son ignorance comme preuve de sa bonne foi (3).

Achat d'un immeuble dépendant d'une succession; le vendeur était l'un des héritiers; il vendait donc ce qui ne lui appartenait pas; l'acheteur prétendit que son auteur était héritier apparent, et la jurisprudence admet que l'héritier apparent peut vendre. Mais, dans l'espèce, les circonstances de la cause prouvaient que l'acheteur ne pouvait pas considérer le vendeur comme héritier apparent. Les héritiers étaient au nombre de sept, frères et sœurs, tous habitant le pays; et l'immeuble que l'un d'eux avait vendu était l'un des plus importants de la succession. Comment l'acheteur aurait-il eu la ferme confiance que l'un des héritiers était seul propriétaire? Il aurait dû se faire représenter le titre du vendeur, et celui-ci n'en avait d'autre que sa qualité d'héritier pour un septième. L'arrêt de la cour de cassation qui a rejeté la prescription décennale

---

(1) Rejet, 10 juin 1812. Rennes. 10 juin 1821 (Dalloz, au mot *Prescription*, n° 915, 2°). Bordeaux. 24 décembre 1834 (Dalloz, au mot *Vente*, n° 580). Rejet, 8 août 1870 (Dalloz, 1872, 1, 17).
(2) Rejet, chambre civile. 30 juin 1845 (Dalloz, 1845. 1, 338).
(3) Bourges, 11 janvier 1839 (Dalloz, au mot *Prescription*, n° 922).

semble décider que le possesseur était sans titre; il insiste sur ce que le vendeur ne pouvait transmettre à l'acquéreur plus de droits qu'il n'en avait lui-même (1). Là n'était pas la question; il est certain que l'acheteur avait un juste titre, comme nous l'avons dit plus haut (n° 396, à la fin), mais la bonne foi lui manquait. L'arrêt ne prononce ni le mot de *juste titre,* ni le mot de *bonne foi;* il semble confondre les deux conditions de la prescription.

Le mari, après le décès de sa femme, vend un acquêt de communauté; l'acte relatait le titre d'acquisition des deux époux; de sorte que l'acquéreur devait savoir qu'il achetait un conquêt appartenant pour moitié aux héritiers de la femme : pouvait-il leur opposer la prescription décennale? La cour a jugé que l'acquéreur n'avait pas la bonne foi, parce qu'il savait, par son propre titre, que celui de son auteur était vicieux. Comment alléguer son ignorance et sa bonne foi, alors que son titre prouvait qu'il devait savoir ce qu'il prétendait ignorer (2)?

La cour dit que l'acquéreur *savait* que la moitié du bien par lui acquis appartenait aux héritiers de la femme; à vrai dire, il n'était pas établi que le possesseur sût, en achetant, que le vendeur n'était pas propriétaire de tout l'immeuble; il était plus vrai de dire qu'il *devait le savoir.* C'est une présomption de l'homme, et nous dirons plus loin que les présomptions sont admissibles en cette matière. Quand le titre du possesseur constate que l'auteur vend ce qu'il n'avait pas le droit de vendre, le défaut de bonne foi est prouvé par cela même. Adjudication d'une forêt soumise à un droit d'usage; le cahier des charges faisait mention du droit des usagers; l'adjudicataire opposa néanmoins la prescription. Jugé qu'il n'avait pas la bonne foi. En effet, obligé, en vertu de son titre, de souffrir l'exercice du droit d'usage, comment en aurait-il ignoré l'existence? Et, le connaissant, il ne pouvait avoir la conviction pleine de son droit, puisqu'il ne possédait qu'une propriété démembrée par le droit des usagers (3).

____

(1) Cassation, 8 janvier 1838 (Dalloz, au mot *Prescription,* n° 900, 6°).
(2) Bourges. 10 janvier 1826 (Dalloz, au mot *Prescription,* n° 932, 1°).
(3) Lyon, 29 juillet 1854 (Dalloz, 1855, 2, 175).

Mais, pour que les clauses de l'acte d'acquisition prouvent la mauvaise foi de l'acheteur, il faut qu'elles soient précises et qu'elles fassent connaître les droits des tiers. Il ne suffit pas d'une de ces clauses banales que les rédacteurs insèrent dans les actes sans que les parties y fassent attention. Le cahier des charges porte que l'acquéreur est tenu de supporter les servitudes actives et passives qui pourraient grever l'immeuble. Une pareille clause, qui n'a pas même de sens en ce qui concerne les servitudes *actives*, est-elle suffisante pour apprendre à l'acquéreur que le fonds est grevé d'une servitude? Elle se trouve dans tous les cahiers des charges, alors même qu'il n'existe aucune servitude sur l'héritage; elle n'apprend donc rien à l'acquéreur, et, par conséquent, elle n'empêche pas sa bonne foi (1).

409. Quand le titre de l'auteur est sujet à nullité ou à rescision, et que l'acquéreur a connaissance du vice qui l'entache, il n'a pas la bonne foi requise en matière de prescription. Le titre vicieux équivaut à l'absence de titre, et, par conséquent, le possesseur ne peut avoir cette conviction pleine et entière de son droit qui constitue la bonne foi. Cela n'est guère douteux quand la nullité est absolue, c'est-à-dire d'ordre public ou d'intérêt général; ces nullités ne se couvrent pas, et toute personne intéressée peut s'en prévaloir; le possesseur doit s'attendre à être évincé, ce qui est inconciliable avec la bonne foi que l'on exige du possesseur. Que faut-il dire des nullités relatives? Nous avons enseigné, et c'est l'opinion traditionnelle, que la nullité relative qui entache le titre du possesseur n'empêche pas qu'il ait un juste titre (n° 396). Mais ici la question est toute différente; il s'agit de savoir si le vice qui infecte le titre de l'auteur et qui est connu du possesseur permet à celui-ci d'invoquer la bonne foi. Il n'est pas de bonne foi dès qu'il sait que la propriété ne lui a pas été transmise, dès qu'il connaît les droits que des tiers ont sur la chose; or, quand il y a nullité relative, l'auteur n'a qu'une propriété annulable et ne transmet à l'acquéreur qu'une propriété soumise à la même cause de nullité. Cela suffit pour empêcher la bonne foi.

(1) Nancy, 14 mars 1842 (Dalloz, au mot *Servitude*, n° 1238).

410. Le principe est incontestable, et il ne paraît pas qu'il ait été contesté. Il n'y a eu de difficultés que pour ce qui concerne le titre sujet à résolution. La cause la plus habituelle de résolution est le défaut de payement du prix; si l'acheteur ne paye pas le prix, le vendeur peut demander la résolution de la vente et revendiquer la chose contre le tiers acquéreur. De là suit que le vendeur dont le titre est résoluble ne transmet à l'acheteur que des droits également résolubles. Celui qui n'a qu'une propriété résoluble a-t-il la bonne foi? La négative est certaine; sur ce point, il ne s'est jamais élevé de doute; mais on demande si le tiers acquéreur est de mauvaise foi par cela seul que le titre de son auteur porte que le prix n'est point payé. Il y a quelque incertitude sur ce point dans la jurisprudence. Dès que l'acheteur sait que son auteur n'a pas payé le prix de son acquisition, il n'a point la bonne foi requise (1). Qand peut-on dire que l'acheteur le sait? C'est une question de fait, et la difficulté ne porte que sur la preuve. Or, la preuve peut se faire par présomptions; donc le juge peut l'induire de la mention de l'acte constatant que le prix reste dû. La cour de Paris l'a jugé ainsi. L'exception de prescription, dit-elle, ne peut être admise, parce que le possesseur a connu, par les contrats d'acquisition de ses auteurs, que ceux-ci n'avaient pas payé le prix; la cour en conclut que, n'ayant possédé que sous la condition de ce payement, l'acquéreur est resté soumis pendant trente ans aux effets de l'action résolutoire (2). Il a été jugé, en sens contraire, que la seule énonciation, dans l'acte de revente, du titre du second vendeur, constatant que celui-ci n'avait pas payé son prix, ne suffit pas pour constituer le sous-acquéreur en mauvaise foi; il faudrait encore, dit la cour, qu'il fût prouvé que le sous-acquéreur a réellement connu que le premier vendeur n'était pas payé; ce qui n'était point justifié dans la cause (3). La cour d'Or-

---

(1) Aubry et Rau, t. II. p. 405, et notes 60 et 62, § 18. Leroux de Bretagne, t. II, p. 109, n° 932.
(2) Paris, 20 janvier 1826 (Dalloz, au mot *Prescription*, n° 932, 2°).
(3) Orléans, 14 décembre 1832 (Dalloz, au mot *Prescription*, n° 954). Comparez Bordeaux, 24 décembre 1832 (Dalloz, au mot *Prescription*, n° 934, 1°).

léans a raison de poser en principe que la seule mention que le prix n'a pas été payé n'est pas une preuve de la mauvaise foi du tiers acquéreur, mais c'est une présomption ; seulement les présomptions sont abandonnées à la prudence du juge, qui décide d'après les circonstances de la cause. Ainsi la contrariété qui existe dans la jurisprudence n'implique pas un dissentiment sur le principe, c'est une question d'appréciation. Il est difficile de critiquer des arrêts qui sont-fondés sur les circonstances de la cause ; toutefois la cour de Nîmes est allée trop loin, à notre avis, en décidant que l'acheteur qui savait que son vendeur ne s'était pas libéré était de bonne foi, parce qu'il avait eu juste sujet de croire que le prix serait payé plus tard (1). Dès que le prix n'est pas payé, le titre est résoluble, et un titre résoluble ne peut pas donner à l'acheteur la conviction qui constitue la bonne foi.

411. Il ne faut pas confondre l'hypothèse que nous venons d'examiner, c'est-à-dire le cas où le titre de l'auteur est vicié, avec l'hypothèse où le titre du possesseur est vicié. Dans ce dernier cas, il y a difficulté et controverse. Quand la nullité est absolue, il est impossible d'admettre que le possesseur soit de bonne foi ; toute partie intéressée pouvant s'en prévaloir, il doit s'attendre à être évincé ; ce qui n'est pas compatible avec la ferme conviction que l'on est propriétaire. L'orateur du gouvernement insiste, dans l'Exposé des motifs, sur les inconvénients qu'une possession incertaine a pour la société. Comment le possesseur améliorerait-il l'héritage quand il doit s'attendre, d'un jour à l'autre, à en être dépossédé ? « Tandis que le possesseur avec titre et bonne foi, dit Bigot-Préameneu, se livre avec confiance à tous les frais d'amélioration. » Voilà pourquoi la loi abrége le temps après lequel il sera dans une entière sécurité (2). Certes on ne peut pas dire cela du possesseur dont le titre est nul comme contraire à l'ordre public. Son titre l'avertit incessamment qu'il ne doit pas compter sur la stabilité de sa possession ; il ne se trouve donc pas dans

---

(1) Nîmes, 19 février 1839 (Dalloz, au mot *Prescription*, n° 934, 2°).
(2) Bigot-Préameneu, Exposé des motifs, n° 31 (Locré, t. VIII, p. 351).

les conditions voulues pour prescrire par un court laps de temps.

Ces considérations s'appliquent aussi aux nullités relatives. Qu'importe que ces nullités ne puissent être invoquées que par certaines personnes? Toujours est-il que le possesseur ne peut se croire propriétaire, puisqu'il sait que le tiers propriétaire peut le déposséder(1). Il y a des objections. La nullité relative, dit-on, n'empêche pas que le titre du possesseur soit un juste titre; il est difficile de comprendre qu'une cause qui permet au possesseur de fonder sa possession sur un juste titre le constitue néanmoins de mauvaise foi. Cela serait effectivement une anomalie si le titre se confondait avec la bonne foi; mais, dans notre droit moderne, la bonne foi est distincte du titre; dès lors il peut y avoir titre sans qu'il y ait bonne foi, et, par suite, les vices qui empêchent la bonne foi n'ont rien de commun avec le titre. S'il y a contradiction au point de vue de la théorie, il faut s'en prendre au législateur. On dit encore que la nullité relative n'empêche pas le titre de transférer la propriété lorsqu'il émane du véritable propriétaire; or, l'acquéreur ignorait les droits du véritable propriétaire, il a donc dû croire que la propriété lui était transférée; propriété annulable, il est vrai, mais la nullité peut être effacée par la confirmation. Il nous semble que l'argument témoigne contre ceux qui l'invoquent. L'acquéreur a sans doute cru que la propriété lui était transférée, puisqu'il acquiert en vertu d'un titre translatif de propriété; malgré cela, il ne peut pas se croire propriétaire, parce qu'il sait que son titre est vicié et a besoin d'une confirmation; et par cela seul qu'il a besoin d'être confirmé, il ne peut pas donner au possesseur la conviction qu'il est propriétaire. Enfin, on dit que si le possesseur sous condition résolutoire peut prescrire, il en doit être de même d'un possesseur dont le titre est annulable ou rescindable (2). Cette comparaison est-elle bien exacte? La condition résolutoire n'est pas un

(1) Troplong, nos 917-922. Marcadé, t. VIII, p. 201, no IV de l'article 2269.
(2) Aubry et Rau, t. II, p. 382, nots 24, § 218, et les auteurs qu'ils citent.

vice ; l'acquéreur est propriétaire si son auteur l'était ; il a donc la conviction d'être propriétaire, s'il se trouve que son auteur ne l'était point. Reste l'autorité de l'ancien droit. Nous la récusons, puisque les anciens auteurs confondent le juste titre avec la bonne foi. Pour s'en convaincre, on n'a qu'à lire Dunod ; c'est en traitant du juste titre qu'il décide que la nullité relative ne le vicie pas ; et il ajoute que les actes dont la nullité n'est que relative sont translatifs du domaine et forment du moins un titre putatif et coloré, à l'ombre duquel l'acquéreur peut se croire le maître et posséder de bonne foi(1). On ne peut plus en dire autant sous l'empire du code civil : un titre coloré et putatif n'a rien de commun avec la bonne foi ; celle-ci doit exister pleine et entière, indépendamment du titre.

412. Les applications que l'on fait du principe que nous combattons font naître de nouveaux doutes. On enseigne, et il y a un arrêt de la cour de cassation en ce sens, que la minorité de l'auteur n'empêche pas l'acquéreur de prescrire. Duranton avoue que cela paraît contraire à la rigueur du droit ; il admet néanmoins la bonne foi, parce qu'il y a un juste titre (2). Ce motif doit être écarté, puisqu'il confond le juste titre avec la bonne foi. On ajoute que le vendeur seul peut se prévaloir de son incapacité et demander la nullité de la vente ; or, c'est le tiers propriétaire qui oppose la mauvaise foi au possesseur, quand celui-ci se prévaut de la prescription ; il argumente donc de l'incapacité du vendeur, c'est-à-dire qu'il invoque le droit d'un tiers. Non, il soutient que le possesseur ne réunit pas les conditions requises pour prescrire ; quand le tiers propriétaire oppose au possesseur qu'il est de mauvaise foi, il n'entend pas exercer un droit qui appartient au vendeur, il exerce un droit qui lui est propre en prouvant que le possesseur n'a pas pu prescrire contre lui par dix ans, puisque l'une des conditions requises par la loi lui fait défaut. La bonne foi n'est pas une condition relative, comme on le prétend ; cela ne se conçoit guère. Il s'agit d'une

---

(1) Dunod, part. I. ch. VIII, p. 48.
(2) Duranton, t. XXI, p. 632, n° 384. Rejet, 27 février 1856 (Dalloz, 1856, 1, 189).

condition qui tient à la conscience ; or, l'homme a-t-il deux consciences, l'une à l'égard du vendeur, l'autre à l'égard du propriétaire? Jadis le parlement de Paris reprochait aux jésuites d'avoir une double conscience, parce que, ultramontains à Rome, ils étaient gallicans à Paris. Laissons cette morale-là aux casuistes, et maintenons la morale véritable dans toute sa sévérité. Celui qui est de mauvaise foi ne mérite pas que la loi prenne parti pour lui contre le propriétaire.

A plus forte raison en est-il ainsi quand le titre du possesseur est vicié par la violence et le dol. Dans la doctrine que nous combattons, on permet au possesseur de prescrire par dix ans, bien qu'il ait employé la violence et la fraude pour engager son auteur à contracter et à lui transmettre l'héritage qu'il prétend acquérir par la prescription (1). Nous demandons si c'est pour consolider l'œuvre du dol et de la violence que le législateur a établi, en faveur du possesseur, une prescription relativement courte.

413. Il y a encore un point qui est controversé. Les auteurs modernes posent presque tous comme principe que le possesseur ne peut pas invoquer l'erreur de droit pour établir sa bonne foi (2), et il y a des arrêts en ce sens (3). Ils se fondent sur des lois romaines, mal interprétées, paraît-il. MM. Aubry et Rau disent que les textes que l'on invoque se rapportent à la théorie du titre putatif, que les auteurs du code n'ont pas admise (4). Peu importe, à notre avis. Notre droit n'est pas le droit romain. Le code suit comme principe général que l'erreur de droit est assimilée à l'erreur de fait ; nous renvoyons à ce qui a été dit, au titre des *Obligations* (t. XV, nᵒˢ 505-507). Il y a des exceptions qui confirment la règle ; elles prouvent qu'il faut une disposition expresse de la loi pour que l'on ne puisse pas se prévaloir de l'erreur de droit. Le silence du code décide donc la question en ce qui regarde l'erreur de droit en matière de prescription.

(1) Duranton, t. XXI, p. 635, nᵒ 385.
(2) Duranton, t. XXI, p. 640, nᵒ 388. Troplong, nᵒ 926.
(3) Aubry et Rau, t. II, p. 383. note 29, § 218.
(4) Bruxelles, 29 mars 1828 (*Pasicrisie*, 1828, p. 131). En sens contraire, Liége, 11 juillet 1833 (*ibid.*, 1833, 2, 199).

414. Comment se prouve la bonne foi? L'article 2268 dispose que la bonne foi est toujours présumée; d'où suit que c'est à celui qui allègue la mauvaise foi de la prouver. La présomption de bonne foi est fondée sur les probabilités, comme toute présomption. Quoi qu'en disent les louangeurs du passé, la moralité n'est pas en déclin; la vraie moralité est inséparable d'une conscience éclairée. Or, nous sortons à peine des ténèbres de l'ignorance; répandez l'instruction et veillez à ce qu'elle développe aussi le sens moral, alors seulement nous aurons la vraie moralité, car les consciences aveuglées par l'ignorance, et ce qui est pire, par le fanatisme, font le mal tout en croyant faire le bien.

La présomption de bonne foi admet la preuve contraire; c'est le droit commun. Comment se fait la preuve de la mauvaise foi? La question est de savoir si la preuve testimoniale est admissible. D'après le principe établi par l'article 1341, elle ne le serait point; car la mauvaise foi est un fait juridique qui, en vertu de la règle générale, doit être prouvé par écrit. Mais la règle reçoit une exception. La preuve par témoins est admise toutes les fois qu'il n'a pas été possible de se procurer une preuve littérale; or, la nature même de la mauvaise foi rend la preuve par écrit impossible, car celui qui veut tromper se garde bien de constater son dol dans un acte. Il est même très-difficile d'établir la mauvaise foi par témoins; mais il y a une autre preuve qui est admissible dans les cas où la loi admet la preuve testimoniale, ce sont les présomptions (art. 1353); elles sont abandonnées à la prudence du magistrat. C'est d'ordinaire par des présomptions que le juge établit la mauvaise foi du possesseur. Nous en avons donné des exemples (n°s 390 et 392) (1).

La nature du fait qui doit être prouvé a encore une autre conséquence, c'est que la décision des juges du fond est souveraine. En effet, il s'agit d'apprécier la pensée de celui qui possède; c'est dans les circonstances de la cause que

_____

(1) Duranton, t. XXI, p 642, n° 390. Leroux de Bretagne. t. II. p. 107, n°s 926-928.

le juge puise la preuve de la bonne foi ou de la mauvaise
foi du possesseur; son appréciation ne peut guère être
contrôlée par la cour de cassation, à moins qu'elle n'implique une erreur de droit. Il y a un arrêt de la cour de
cassation en ce sens; elle a jugé qu'il appartient exclusivement à la cour d'appel d'apprécier les circonstances qui
déterminent l'existence de la bonne foi (1).

415. La règle que la bonne foi se présume reçoit une
exception dans le cas où le possesseur allègue une erreur
de droit. Dans notre opinion, le possesseur peut se prévaloir d'une erreur de droit qui lui a fait croire que le titre
de son auteur ou le sien était valable, alors qu'il est nul.
Mais c'est à lui de prouver l'erreur dans laquelle il a versé.
Il ne peut pas dire que la bonne foi se présume et que c'est
à la partie adverse de prouver qu'il connaissait le vice de
droit qui a pour effet de le constituer de mauvaise foi.
Quand la loi dit que la bonne foi se présume, elle entend
parler de la bonne foi de fait, car la bonne foi est, en général, une question de fait. Mais si le propriétaire à qui
la prescription est opposée prouve que le possesseur a eu
connaissance de l'acte qui constate le vice, le possesseur
qui invoque l'erreur de droit devient demandeur quant à
l'erreur de droit; partant, il doit en faire la preuve (2).

416. La bonne foi doit-elle être continue, comme la
possession? Non, l'article 2269 porte qu'il suffit que la
bonne foi ait existé au moment de l'acquisition; la mauvaise foi qui survient dans le cours de la possession n'empêche pas le possesseur de prescrire. C'est le principe romain; il en était autrement dans les pays de coutume où
l'on suivait le principe du droit canon, lequel, plus sévère
et plus moral, exigeait la bonne foi pendant tout le cours
de la prescription. Pourquoi les auteurs du code civil ontils dérogé à la tradition coutumière? L'orateur du gouvernement en donne une mauvaise raison : « Quant à la
mauvaise foi qui peut survenir pendant la prescription,
c'est un fait personnel à celui qui prescrit : sa conscience

---

(1) Rejet. 18 mai 1813 (Dalloz, au mot *Prescription*, n° 941).
(2) Comparez Aubry et Rau, t. II, p. 384, et note 30, § 218

le condamne ; aucun motif ne peut, dans le for intérieur, couvrir son usurpation. Les lois religieuses ont dû employer toute leur force pour prévenir l'abus que l'on pourrait faire de la loi civile ; et c'est alors surtout que le concours des unes dans le for intérieur et de l'autre dans le for extérieur est essentiel. Mais aussi on ne peut pas douter que la nécessité des transactions ne l'emporte sur la crainte de cet abus ; et la loi civile sur les prescriptions deviendrait elle-même purement arbitraire et incohérente si, après avoir posé des règles fondamentales, on les détruisait par des règles qui seraient en contradiction. Ce sont ces motifs qui ont empêché de conserver celle qu'on avait tirée des lois ecclésiastiques, et suivant laquelle la bonne foi était exigée pendant tout le cours de la prescription. » Il nous semble que l'orateur prouve le contraire de ce qu'il voulait prouver. La bonne foi a toujours été considérée comme l'âme de la prescription de dix ans. Il suffit, d'après le code civil, qu'elle existe au moment de l'acquisition ; de sorte qu'une possession qui a été de bonne foi pendant un instant servira à acquérir la propriété, bien que le possesseur ait ensuite été de mauvaise foi pendant tout le cours de la prescription. S'il y a quelque chose d'*arbitraire*, d'*incohérent* et de *contradictoire*, c'est bien cette règle. Le législateur abrége la durée de la possession à raison de la bonne foi ; cela implique que la possession soit toujours de bonne foi. Après cela, il permet de prescrire au possesseur dont la possession a presque toujours été de mauvaise foi (1)!

Les auteurs ou ne donnent aucun motif pour justifier cette anomalie, ou ils font appel à l'indulgence : il y aurait une sévérité excessive, dit-on, à exiger que celui qui a acquis de bonne foi un héritage et qui l'a payé y renonçât, parce qu'il apprend, dans le cours de sa possession, qu'il n'est pas propriétaire (2). C'est dire que la loi doit être plus indulgente que la morale. Cela est vrai en ce sens que la loi ne peut pas toujours condamner ce que la morale condamne ; mais quand elle établit un principe sur le fonde-

_____

(1) Comparez Troplong, n° 936.
(2) Marcadé, t. VIII, p. 99, n° II de l'article 2235. Comparez Leroux de Bretagne, t. II, p. 107, n° 924.

ment de la morale, elle doit être conséquente et être sévère jusqu'au bout. Nous ne concevons pas que le législateur soit moral au début de la prescription et qu'il soit immoral ensuite; car c'est être immoral que d'autoriser une préscription fondée sur la bonne foi, alors que le possesseur n'est pas de bonne foi. Le législateur ne doit jamais favoriser la mauvaise foi. Il est vrai qu'il consolide la possession de mauvaise foi après trente ans, mais ici on peut dire qu'il y a nécessité. On ne pouvait pas perpétuer l'incertitude des possesions en éternisant le vice de mauvaise foi : la loi l'efface après trente ans d'inaction de la part du propriétaire. Mais quand la loi déroge à la longue prescription en considération de la bonne foi du possesseur, elle tient compte de l'élément moral, elle est plus sévère pour les conditions de la possession et plus indulgente quant à la durée; dès lors sa sévérité devrait durer aussi longtemps que son indulgence; maintenir la courte durée de la prescription, tout en se relâchant de la condition sur laquelle elle se fonde, cela n'a pas de sens.

417. L'article 2269 dit que la bonne foi doit exister au moment de l'acquisition. Quel est ce moment? Quand il s'agit d'un acte entre-vifs, la propriété s'acquiert par le concours de consentement; c'est donc lors de la perfection du contrat que l'acquéreur doit être de bonne foi. Nous renvoyons à ce qui a été dit, sur les actes à titre onéreux, au titre des *Obligations*, et, sur les actes à titre gratuit, au titre des *Donations*. Cela suppose qu'il s'agit de la transmission d'une chose déterminée. Si la chose est indéterminée, la propriété ne se transfère d'ordinaire que lors de la délivrance; c'est donc à ce moment que l'acquéreur doit être de bonne foi.

Il y a quelque doute pour les legs. La propriété se transfère par l'effet du testament, et le testament s'ouvre à la mort du testateur. Cela décide la question. On objecte que l'acquisition ne se consomme d'une manière définitive que par l'acceptation du legs; d'où suivrait que c'est lors de l'acceptation que le légataire doit être de bonne foi (1).

_____

(1) Aubry et Rau, t. II, p. 384, et note 32.

La loi ne parle pas de l'acceptation du légataire, et elle pose en principe que la propriété s'acquiert et se transmet par donation testamentaire (art. 711). Il est vrai que le légataire peut répudier; s'il renonce, il n'y a plus de question; s'il accepte, il est propriétaire, non à partir de l'acceptation, mais à partir du décès du testateur; c'est donc là le moment de l'acquisition.

N° 3. DE LA POSSESSION.

418. On appelle prescription décennale la prescription acquisitive de l'article 2265. En réalité, le délai varie de dix à vingt ans. Il est de dix ans si le véritable propriétaire habite dans le ressort de la cour d'appel dans l'étendue de laquelle l'immeuble est situé, et de vingt ans s'il réside hors dudit ressort. La durée de la prescription est empruntée à la tradition romaine, suivie dans les pays de coutume. On posait comme principe que la prescription est de dix ans entre présents et de vingt ans entre absents. Les auteurs du code ont maintenu le principe, mais ils calculent d'une manière différente la présence et l'absence. D'après le droit romain, la prescription courait entre présents lorsque celui qui prescrivait et celui contre lequel on prescrivait avaient leur domicile dans la même province, sans que l'on eût égard à la situation de l'héritage. Les coutumes réputaient présents ceux qui demeuraient dans le même bailliage. Il n'y avait qu'une coutume où l'on eût égard à la distance dans laquelle l'héritage se trouvait du domicile des parties. C'est cette disposition isolée que les auteurs du code ont érigée en règle. Nous transcrivons les motifs exposés par l'orateur du gouvernement, parce qu'ils sont très-importants. « Le but que l'on se propose est de donner à celui qui possède une plus grande faveur en raison de la négligence du propriétaire, et cette faute est regardée comme plus grande s'il est présent. Mais ceux qui ne se sont attachés qu'à la présence du propriétaire et du possesseur dans le même lieu ou dans un lieu voisin n'ont pas songé que les actes possessoires se font sur l'héritage même. C'est donc par la distance à laquelle le propriétaire se trouve de l'héritage qu'il est plus ou moins à portée de se maintenir en possession ; il ne saurait le plus souvent retirer aucune instruction du voisinage du nouveau possesseur. Ces lois ont été faites dans des temps où l'usage le plus général était *que chacun vécût auprès de ses propriétés.* Cette règle a dû changer avec nos mœurs, et le vœu de la loi sera rempli en ne regardant le véritable propriétaire comme présent que lorsqu'il *habitera* dans le ressort du tribunal d'appel où l'immeuble est situé. »

Il y a une seconde dérogation à l'ancien droit : au lieu du bailliage ou de la sénéchaussée, le code prend pour point de départ le ressort des cours d'appel, qui est plus étendu que les circonscriptions administratives de l'ancien régime. La raison de la différence est dans la plus grande facilité des communications, qui permet au propriétaire de visiter plus fréquemment ses terres.

419. La distinction que l'article fait entre les présents et les absents est-elle applicable à l'Etat? On a soutenu, au nom de l'Etat, qu'il était présent là où est le siége du gouvernement, et absent ailleurs. Nous ne comprenons pas que l'on ose défendre en justice de pareilles niaiseries. Est-ce que l'Etat a un domicile dans le sens de l'article 2265? Est-il présent ici, et là absent? La cour de Bruxelles s'est donné la peine de répondre que l'Etat est présent partout, parce que partout il a des agents chargés de veiller à ses intérêts. On prescrit donc partout contre l'Etat par dix ans (1).

420. L'article 2266 prévoit une difficulté qu'il décide en d'assez mauvais termes : « Si le véritable propriétaire a eu son *domicile* en différents temps, dans le ressort et hors du ressort, il faut, pour compléter la prescription, ajouter à *ce qui manque aux dix ans de présence,* un nombre d'années d'absence double de celui qui manque pour compléter les dix ans de présence. » Qu'est-ce que la loi entend par ces mots : *ce qui manque aux dix ans de*

<hr />

(1) Bruxelles, 8 mai 1824 (*Pasicrisie*, 1824, p. 115). Liége. 31 octobre 1825 (*Pasicrisie*, 1825, p. 509),

présence? Ce qui précède explique ce que la loi veut dire : elle suppose que le propriétaire a été *présent* et *absent* dans le sens légal du mot. Il a habité dans le ressort pendant six ans, et hors du ressort pendant quatre ans ; pour compléter les six ans de présence, il manque quatre années ; comment complétera-t-on les dix ans de présence? Par un nombre d'années d'absence double : donc il faudra huit ans pour compléter la prescription, laquelle ne s'accomplira que par quatorze ans. Ainsi le principe établi par la loi est celui-ci : deux ans d'absence comptent pour une année de présence. Il est inutile de s'arrêter aux critiques que l'on a faites du texte (1), puisque tout le monde est d'accord sur le sens dans lequel il faut l'entendre.

Il résulte de l'article 2266 que le législateur a tort de qualifier l'usucapion avec titre et bonne foi, de prescription par dix *et* vingt ans; elle n'est de vingt ans que lorsque le propriétaire a toujours été absent; s'il a été présent et absent, la durée de la prescription dépassera dix ans, sans néanmoins être de vingt ans; elle sera donc de dix à vingt ans, plus ou moins longue d'après l'absence du propriétaire.

421. La *présence* et l'*absence* se déterminent-elles par la *résidence* ou par le *domicile* du propriétaire? L'article 2265 commence par dire : « Si le véritable propriétaire *habite* dans le ressort. » Puis, prévoyant l'absence, il dit : « S'il est *domicilié* hors dudit ressort. » La première expression indique la *résidence* de *fait ;* la seconde, le *domicile* de *droit.* Dans l'article suivant, la loi se sert du mot *domicile.* D'après le texte, la solution de la question reste donc douteuse. La difficulté est de savoir s'il faut entendre par *domicile* le domicile légal défini par l'article 102. Consultons d'abord la tradition. Pothier est très-explicite ; il ajoute au mot *domicile* les mots *de fait et de résidence ;* nous transcrivons le passage ; à notre avis, il est décisif : « Pour que le temps de la prescription soit censé courir entre présents, il suffit que tant le possesseur qui pres-

_____

(1) Leroux de Bretagne, t. II, p. 112, n° 940. Marcadé, t. VIII. p. 203, n° V de l'article 2269.

crit que le propriétaire contre qui on prescrit aient leur *domicile de fait et de résidence* dans le même bailliage, *quand même ce domicile ne serait pas leur domicile de droit;* et, au contraire, il ne suffirait pas que l'un et l'autre eussent leur domicile de droit dans le même bailliage, si l'un ou l'autre n'y avait pas sa *demeure actuelle* (1). »

Nous disons que la tradition est décisive, car elle est en harmonie avec l'esprit de la loi et avec les travaux préparatoires. Pourquoi les auteurs du code ont-ils dérogé à l'ancien droit en ce qui concerne la détermination de la *présence* ou de l'*absence?* Pothier vient de nous dire que l'on exigeait la résidence du possesseur et du propriétaire dans le même bailliage, sans tenir compte de la situation de l'immeuble; le législateur français a cru, et avec raison, qu'alors même que le propriétaire habiterait dans le même ressort que le possesseur, il ignorerait ce qui se passe dans son héritage, au cas où l'immeuble serait situé hors du ressort; c'est donc pour qu'il soit informé de ce qui se passe dans ses terres, que le code veut que le propriétaire habite dans le voisinage de son domaine. Or, saurait-il ce qui se passe dans la Flandre, où est situé son héritage, s'il habitait Paris, bien qu'il eût son domicile de droit à Gand? C'est en ce sens que Bigot-Préameneu explique la loi, dans le passage que nous avons cité, bien qu'il ne reproduise pas l'explication de Pothier : les discours sur le titre de la *Prescription* sont faits avec autant de négligence que le texte. L'orateur du Tribunat donne la même explication, ne laissant guère de doute quant à la pensée de la loi, mais insuffisante pour empêcher toute controverse.

De bons auteurs objectent que cette interprétation est incompatible avec l'esprit général de notre législation sur le domicile, et avec cette idée que pour le règlement des rapports juridiques dans lesquels une personne peut se trouver avec une autre, elle est toujours *censée présente* au lieu de son domicile (2). C'est donner aux principes la

(1) Pothier, *De la prescription*, n° 107.
(2) Aubry et Rau. t. II, p. 386, note 38, § 218. et, en sens divers. les auteurs et les arrêts qu'ils citent. Il faut ajouter, dans le sens de notre opi-

prépondérance sur la réalité des choses; il nous semble que les principes sont faits pour les hommes et non les hommes pour les principes. Qu'importe que le domicile de droit soit la règle générale? Cette règle peut et doit recevoir des exceptions quand c'est l'habitation plutôt que le domicile de droit qui doit être prise en considération. Nous avons rencontré une exception en matière de mariage (t. II, nos 412-417). Dans le cas de prescription, le législateur a dû aussi s'en tenir à la résidence. Je possède un immeuble à Gand, où habite le véritable propriétaire, et un immeuble à Bruxelles, où le propriétaire est domicilié. Dans l'interprétation que nous combattons, la prescription de l'immeuble situé à Gand se fera par vingt ans, bien que le propriétaire soit sur les lieux et puisse voir tout ce qui se fait; tandis que la prescription de l'immeuble situé à Bruxelles se fera par dix ans, quoique le propriétaire ne soit pas sur les lieux et ne sache point ce qui s'y passe. Quand les principes conduisent à des conséquences aussi absurdes, le législateur fait bien de laisser là les principes et de tenir compte de la réalité des choses.

422. Dans l'application il s'est présenté une difficulté que la cour de Colmar a mal résolue. L'immeuble appartient à plusieurs copropriétaires par indivis; l'un réside dans le ressort, les autres habitent hors du ressort de la cour où l'immeuble est situé : la prescription s'accomplira à l'égard du premier par dix ans, et par vingt ans à l'égard des autres. La cour de Colmar avait décidé que la prescription courait contre tous par vingt ans; c'était confondre l'indivision avec l'indivisibilité; de ce que plusieurs personnes sont copropriétaires par indivis d'un immeuble, il ne suit pas que leur droit est indivisible; leur droit reste divisible s'il porte sur une chose divisible; or, tel est un fonds de terre; donc il y a autant de droits que de parts indivises, et chacun de ces droits se prescrit par le laps de temps qui est déterminé eu égard à la présence ou à l'absence. L'arrêt a été cassé (1).

nion, Mourlon. *Répétitions*, t. III, p. 306, no 1944, et Leroux de Bretagne, t. II. p. 113. no 942.
(1) Cassation, 12 novembre 1833 (Dalloz, au mot *Prescription*, no 947).

§ II. *Effet de la prescription.*

423. Aux termes de l'article 2265, celui qui acquiert de bonne foi et par juste titre un immeuble, en prescrit *la propriété* par dix à vingt ans. Par propriété il faut entendre la propriété pleine et entière, telle qu'elle est définie par l'article 544. Si l'immeuble est grevé de charges réelles, et que l'acquéreur le possède comme libre de toutes charges, il prescrira la propriété entière, non démembrée. Vainement dira-t-on que prescrire les charges c'est se libérer et que la prescription libératoire ou extinctive est de trente ans. Qand l'article 2262 dit que les actions réelles se prescrivent par trente ans, il suppose que le possesseur acquiert la propriété sans titre ni bonne foi; dans ce cas, il faut trente ans pour prescrire la propriété de l'immeuble ainsi que les charges qui la grèvent. Mais lorsque le possesseur a titre et bonne foi, il prescrit la propriété par dix ans; et s'il a possédé la chose sans charges, il l'aura prescrite par dix ans, telle qu'il l'a possédée. En principe, on ne conçoit pas qu'une possession suffisante pour prescrire la propriété soit insuffisante pour prescrire les démembrements de la propriété (1).

424. L'application du principe a cependant donné lieu à de vives controverses. Nous avons examiné ailleurs les difficultés qui se présentent pour les servitudes réelles; il suffit de rappeler ici la décision que nous avons admise. L'article 706 ne parle que de la prescription trentenaire : en faut-il conclure qu'il exclut la prescription de dix à vingt ans? Celui qui a acquis par juste titre et de bonne foi, comme franc de toute charge, un fonds grevé en réalité d'une servitude, et qui le possède libre pendant dix à vingt ans, acquiert-il la franchise de cet immeuble? Cela peut arriver dans deux cas. J'achète un immeuble de celui qui en est le propriétaire; il est grevé d'une servitude que le vendeur ne déclare point et que j'ignore. Si je possède cet

(1) Leroux de Bretagne, t. II. p. 62, n° 847. Marcadé. t VIII, p. 207, n° VI de l'article 2269.

immeuble libre de toute charge pendant dix à vingt ans, aurai-je usucapé la liberté de mon héritage? Seconde hypothèse : j'acquiers un immeuble de celui qui n'en est pas le propriétaire avec juste titre et bonne foi; il est grevé de servitudes dont j'ignore l'existence : aurai-je usucapé la liberté du fonds après dix ou vingt ans? Dans notre opinion, les deux questions doivent être décidées affirmativement. Nous renvoyons à ce qui a été dit au titre des *Servitudes* (t. VIII, n° 314).

Les mêmes questions se présentent pour les servitudes personnelles. J'acquiers du non-propriétaire la pleine propriété d'un fonds grevé d'usufruit; si je possède avec juste titre et bonne foi pendant dix à vingt ans, j'aurai usucapé la pleine propriété, et, par suite, l'usufruit sera éteint. Seconde hypothèse : le propriétaire de la chose grevée d'usufruit me vend la toute propriété : pourrai-je acquérir l'usufruit par usucapion si j'ai acheté le fonds ignorant qu'il fût grevé d'usufruit? Oui, dans notre opinion; nous renvoyons au titre de l'*Usufruit* (t. VII, n°ˢ 90 et 91).

125. Une difficulté analogue se présente lorsque le titre en vertu duquel le possesseur a acquis l'immeuble était sujet à nullité, rescision ou résolution. On demande si, après avoir prescrit la propriété de l'immeuble, il pourra repousser par la prescription l'action intentée contre lui par suite de l'annulation, de la rescision ou de la résolution du titre de son auteur. L'affirmative est généralement enseignée, et elle nous paraît certaine. En effet, l'action formée contre lui est une revendication, et la prescription que le possesseur oppose au demandeur est la prescription acquisitive, et non la prescription extinctive. C'est là le point décisif, et pour l'établir, nous n'avons qu'à renvoyer à ce qui a été dit, au titre des *Obligations,* sur les actions en résolution et en nullité (t. XVII, n° 118, et t. XIX, n° 73).

Ce qui a embrouillé le débat, c'est que l'on enseigne d'ordinaire que les actions en résolution et en nullité peuvent être formées contre les tiers acquéreurs; ce qui semble conduire à la conclusion que la prescription est extinctive, puisqu'il s'agit d'une action personnelle. Le point de départ n'est pas exact. Une action personnelle ne peut jamais être intentée contre un tiers ; et, en réalité, l'action en résolution ne peut être formée que par le créancier contre le débiteur ; mais après que le contrat est résolu, tous les droits concédés par le propriétaire dont la propriété est résolue viennent à tomber, et, par suite, la chose peut être revendiquée contre le tiers possesseur ; l'action est donc réelle, et à toute revendication le possesseur peut opposer qu'il a prescrit la propriété.

On fait une autre objection qui paraît avoir entraîné la cour de Paris. La prescription acquisitive suppose que le possesseur a acquis l'héritage de celui qui n'en était pas le propriétaire. Si le titre du possesseur émane du vrai propriétaire, mais que celui-ci n'ait qu'une propriété résoluble ou annulable, on ne se trouve plus dans le cas de la prescription. Devant la cour de Paris, on traita l'objection de mauvaise plaisanterie. Nous croyons inutile d'y insister, puisque nous y avons déjà répondu en traitant de la prescription des servitudes réelles et personnelles. Il y a une réponse péremptoire, c'est l'autorité de Pothier, qui est aussi celle de la tradition. Pothier pose en principe que la prescription de dix ou vingt ans non-seulement fait acquérir au possesseur la propriété de l'héritage, mais elle le lui fait acquérir aussi franchement et pleinement qu'il a cru de bonne foi l'avoir ; et elle éteint de plein droit les rentes foncières, hypothèques et autres charges réelles dont l'héritage était grevé, si elles n'ont pas été déclarées à l'acquéreur par son contrat d'acquisition et s'il les a ignorées. C'était la doctrine romaine, et la coutume de Paris l'avait formellement consacrée ; l'article 114 est ainsi conçu : « Quand aucun a possédé et joui par lui et ses prédécesseurs, desquels il a le droit et cause, d'héritage ou rente, à juste titre et de bonne foi, par dix ans entre présents et vingt ans entre absents, âgés et non privilégiés, franchement et paisiblement, sans inquiétation d'aucune rente ou hypothèque, tel possesseur dudit héritage ou rente a acquis par prescription contre toutes rentes et hypothèques prétendues sur ledit héritage ou rente. » Pothier ajoute que la prescription dont parle la coutume est la prescription acquisitive, fondée sur la juste possession, et sur la juste opinion où le possesseur a été qu'il avait le domaine de cet héritage, libre et franc des hypothèques et autres charges réelles dont l'héritage était grevé et qui ne lui avaient pas été déclarées. En conséquence de cette possession de bonne foi, la loi lui fait acquérir ce qui manquait à la perfection de son domaine, en affranchissant l'héritage de toutes les charges dont il était grevé. Cela implique, comme Pothier le dit sans manifester aucun doute, que la prescription des charges a lieu, soit que le possesseur ait acquis l'héritage de celui qui en était le propriétaire et qui ne lui a pas déclaré les charges, soit qu'il l'ait acquis de quelqu'un qui n'en était pas le propriétaire. Enfin, Pothier remarque que les termes de la coutume s'appliquent à tout droit réel que des tiers peuvent avoir sur l'héritage ; il donne comme exemple le droit de rachat, c'est-à-dire une condition résolutoire qui affecte le titre du propriétaire. Si l'acheteur vend l'héritage sans donner connaissance du réméré, le tiers acquéreur en acquerra l'affranchissement par la prescription de dix à vingt ans (1). Il faut naturellement que le possesseur ait la bonne foi ; sur ce point, il se présente des difficultés que nous avons examinées plus haut (n° 410).

La jurisprudence s'est prononcée dans le même sens. Il y a un arrêt contraire de la cour de Paris que Troplong critique avec une grande vivacité. Nous nous bornons à citer un excellent arrêt de la cour de Bruxelles qui dispense de recourir aux autres décisions (2). Dans l'espèce, il s'agissait d'un possesseur qui avait acquis l'immeuble du véritable propriétaire, et il opposait la prescription de dix ans contre l'action résolutoire. On lui objectait l'article 2265, qui ne parle que de la prescription de la propriété, et non de la prescription des actions en résolution qui pourraient affecter le titre de celui qui a transmis la propriété sans faire connaître les causes d'éviction résultant de la résolution ou de l'annulation de son titre. La

(1) Pothier, *De la prescription*, n°s 126, 127, 129 et 136, et tous les auteurs modernes (Aubry et Rau, t. II, p. 387, note 41, § 218). Il faut ajouter Leroux de Bretagne, t. II. p. 63, n°s 848 et 849.

(2) Bruxelles, 18 décembre 1851 (*Pasicrisie*, 1852 2, 72). Dans le même sens, Liége, 26 novembre 1828 (*Pasicrisie*, 1828, p. 339).

cour répond qu'il ne faut pas isoler l'article 2265 de la tradition; elle transcrit l'article 114 de la coutume de Paris et constate l'interprétation que lui donnait Pothier. Puis la cour pose en principe que, dans l'ancien droit, l'effet de la prescription de dix ans était de faire acquérir au possesseur un domaine de l'héritage aussi parfait qu'il avait eu un juste sujet de le croire, en affranchissant l'héritage de tous les droits réels dont il était chargé et qui en diminuaient la perfection. Le code a-t-il dérogé à la tradition? Non; l'article 2265 ne reproduit pas les termes de la coutume de Paris, mais il en reproduit la substance en disposant que l'acquéreur prescrit la *propriété*. La cour cite encore l'Exposé des motifs, qui met sur la même ligne la prescription trentenaire et la prescription décennale, sauf que celle-ci est plus courte, à raison du juste titre et de la bonne foi du possesseur; dans tous les cas, le possesseur devient propriétaire, et son droit est à l'abri de toute éviction, de quelque cause qu'elle procède.

426. Le principe que le possesseur prescrit la propriété libre de toutes charges reçoit exception quand il s'agit d'hypothèques. Notre loi hypothécaire n'a pas maintenu la prescription de dix et vingt ans; dans l'intérêt du créancier hypothécaire, elle a dérogé au principe traditionnel en ne permettant au tiers acquéreur de lui opposer que la prescription la plus longue, celle de trente ans. Nous renvoyons à ce qui a été dit, au titre des *Hypothèques,* sur l'article 108 (code civil, art. 2180) (t. XXXI, n° 388).

L'article 966 consacre une seconde exception. Nous renvoyons au titre des *Donations et testaments* (t. XVI, n°ˢ 96 et 97).

427. De ce que le tiers acquéreur est à l'abri de l'éviction après qu'il a possédé l'héritage pendant dix ans avec titre et bonne foi, il ne faut pas conclure que son auteur est affranchi de l'action personnelle qui appartient à l'ancien propriétaire. Celui-ci ne peut plus revendiquer, puisque l'action en revendication est prescrite; mais l'action personnelle ne se prescrit que par trente ans, et elle peut être intentée contre tous ceux qui étaient tenus de rendre la chose au propriétaire en vertu d'une obligation dérivant

454 DE LA PRESCRIPTION.

d'un contrat, d'un quasi-contrat, d'un délit ou d'un quasi-délit. Si le fermier aliène la chose qu'il tenait à bail, l'acquéreur peut prescrire par dix ans, puisqu'il a un juste titre, et nous supposons qu'il est de bonne foi. Mais le fermier n'est pas dégagé par cette prescription de l'obligation qu'il a contractée de restituer la chose à l'expiration de son bail. Ne pouvant pas rendre l'héritage, qui est devenu la propriété du tiers acquéreur, il sera tenu des dommages-intérêts; cette action en dommages-intérêts se prescrit par trente ans à partir du jour où le bail est expiré, puisque c'est alors que naît l'obligation de restitution. Il en serait de même si l'usufruitier aliénait le fonds grevé d'usufruit; la situation est identique. Celui qui reçoit le payement indû d'un immeuble ne devient pas propriétaire; s'il l'aliène, l'acquéreur peut prescrire par dix ans s'il réunit les conditions légales; mais la prescription n'empêche pas celui qui a livré l'immeuble, sans le devoir, d'agir en répétition de l'indû. Si celui qui a aliéné l'immeuble était un possesseur sans titre, un usurpateur, le propriétaire a deux actions contre lui, l'action en revendication et l'action en dommages-intérêts fondée sur le délit civil, en vertu de l'article 1382. La première s'éteint quand le tiers acquéreur a possédé pendant dix à vingt ans avec titre et bonne foi; l'action personnelle dure trente ans à partir de l'usurpation, car c'est l'usurpation qui donne naissance à l'action résultant du fait dommageable (1).

428. Il résulte de là une conséquence très-importante quant aux vices de nullité relative ou de lésion dont le titre de l'auteur est entaché. Le tiers acquéreur prescrit l'action en nullité ou en rescision par dix ans s'il a titre et bonne foi; mais cette prescription n'a d'effet qu'en faveur du tiers possesseur, elle ne purge pas le vice qui infecte le titre de son auteur; celui-ci reste donc sujet à l'action en nullité ou en rescision. Il est vrai que cette prescription est aussi de dix ans, mais le point de départ pour la prescription de l'action en nullité ou en rescision

---

(I) Duranton, t. XXI, p. 647, n° 399. Vazeille, n° 489. Aubry et Rau, t. II, p. 388, et note 45, § 218. Leroux de Bretagne, t. II, p. 89, n° 897.

n'est pas toujours le même que celui de l'usucapion. Le possesseur commence à prescrire dès qu'il possède; tandis que le débiteur ne commence à prescrire que lorsque l'action du créancier est née; elle peut s'ouvrir longtemps après que le contrat a été exécuté, si le vice qui l'entache s'est prolongé, comme cela arrive en cas d'erreur, de dol ou d'incapacité. Il se peut donc que l'action en revendication soit prescrite quand le tiers acquéreur a possédé pendant dix ans, tandis que l'action personnelle du chef de nullité ou de lésion subsiste.

De là suit une autre conséquence. Le propriétaire contre lequel l'usucapion s'est accomplie n'a plus d'action en revendication contre le tiers acquéreur, mais il a une action en nullité ou en rescision contre l'auteur de celui-ci; de ce chef, il est son créancier et peut exercer tous ses droits; or, celui qui a acquis d'un auteur dont le titre était annulable ou rescindable n'a aussi qu'un droit sujet à annulation ou à rescision; il est donc soumis à une action en nullité ou en rescision; le propriétaire pourra, en vertu de l'article 1166, exercer cette action. C'est un point important en ce qui concerne les vices relatifs; la question de savoir si le tiers acquéreur dont le titre est annulable à raison d'un vice relatif peut prescrire est controversée; elle perd de son importance, par suite de l'action que le propriétaire peut exercer, en vertu de l'article 1166, contre le tiers possesseur qui aurait prescrit, en supposant, comme nous venons de le faire, qu'il ait pu prescrire (1).

SECTION III. — De quelques prescriptions particulières.

§ Ier. *Prescription de dix ans.*

429. L'article 2270 porte : « Après dix ans, l'architecte et les entrepreneurs sont déchargés de la garantie des gros ouvrages qu'ils ont faits ou dirigés. » Cette disposition reproduit l'article 1792 que nous avons expliqué au titre du *Louage.*

---

(1) Aubry et Rau, t. II, p. 388, et notes 46 et 47, § 218. Marcadé, t. VIII, p. 200, n° III de l'article 2269.

430. Il y a d'autres prescriptions de dix ans d'une grande importance, celle de l'article 475, du mineur contre son tuteur, et celle de l'article 1304, qui limite à dix ans la durée de l'action en nullité ou en rescision des conventions, dans tous les cas où la loi n'a point établi une prescription de moindre durée. Nous renvoyons aux titres de la *Tutelle* et des *Obligations*.

§ II. *Prescription de cinq ans de l'article 2277.*

Nº 1. PRINCIPE.

431. L'article 2277 porte : « Les arrérages de rentes perpétuelles et viagères, ceux des pensions alimentaires, les loyers des maisons et le prix de ferme des biens ruraux, les intérêts des sommes prêtées, et généralement tout ce qui est payable par année, ou à des termes périodiques plus courts se prescrivent par cinq ans. » Quel est le motif de cette prescription spéciale qui joue un si grand rôle dans la pratique et qui a soulevé de si vives controverses dans la théorie? Bigot-Préameneu dit qu'elle est fondée non-seulement sur une présomption de payement, mais plus encore sur une considération d'ordre public énoncée dans l'ordonnance faite par Louis XII en 1510 : on a voulu empêcher que les débiteurs ne fussent réduits à la pauvreté par des arrérages accumulés. C'est ce que dit, en effet, le préambule de l'ordonnance : « La plupart de nos sujets, au temps présent, usent d'achats et ventes de *rentes* à prix d'argent. » C'était le seul placement légal qui existât dans l'ancien droit, puisque le prêt à intérêt était défendu comme usure. L'ordonnance dit que, par suite de ces contrats de rente, « plusieurs sont mis à pauvreté et destruction pour les grands arrérages que les acheteurs laissent courir sur eux ». C'était négligence ou dol. Le bon roi dit : « Désirant pourvoir à l'indemnité de nos sujets, ordonnons que les acheteurs de telles rentes et hypothèques ne pourront demander que les arrérages de cinq ans. » Nos anciens jurisconsultes disaient, et l'orateur du gouvernement a répété, que cette courte prescription a été introduite à raison de la seule négligence du créancier, ou, comme le dit Papon sur la coutume d'Auvergne, en haine de cette négligence ; ce qui implique que l'inaction du créancier était parfois doleuse. La prescription, d'abord limitée aux arrérages des rentes, fut ensuite étendue aux loyers et fermages, puis aux rentes foncières et viagères ; enfin, par le code civil, aux intérêts et à toutes redevances payables à des termes périodiques (1).

La prescription quinquennale de l'article 2277 a donc un double fondement. Bigot-Préameneu dit qu'elle est fondée sur une présomption de payement. Ceux qui placent leurs fonds à rente ou à intérêt le font pour en retirer un profit, soit afin d'accroître leur fortune, soit afin de se procurer un revenu. Régulièrement ils veilleront à ce que les intérêts ou redevances qui doivent se payer à des termes périodiques soient acquittés à l'échéance : si le débiteur n'est pas en état de payer, ils lui feront crédit pendant quelques années, mais après cinq ans on peut certes présumer que la dette a été payée. Cependant l'orateur du gouvernement dit que ce n'est pas là le motif principal, et il importe de le constater ; c'est surtout par un motif d'humanité et pour punir la négligence inexcusable ou coupable du créancier que le législateur a limité la prescription à cinq ans. En supposant que le créancier use d'indulgence, c'est une bonté funeste, car elle est ruineuse pour le débiteur. Celui-ci n'est pas en état de payer régulièrement les intérêts au fur et à mesure de leur échéance : comment parviendrait-il à payer des intérêts accumulés pendant dix ou vingt ans ? Le législateur a voulu éviter la ruine des débiteurs gênés : c'est un motif d'humanité, donc d'intérêt public (2).

432. Le caractère essentiel de la prescription quinquennale de l'article 2277 domine le motif accessoire que l'orateur du gouvernement a donné pour l'expliquer. Il en résulte que cette prescription n'est point une présomption de payement que l'on puisse combattre par des preuves

(1) Troplong, nos 1001 et 1002. Marcadé, t. VIII, p. 222. no III de l'article 2277.
(2) Mourlon, *Répétitions*, t. III, p. 819, no 1978, et tous les auteurs.

contraires ; c'est une libération, comme la prescription générale de trente ans (1). En principe, le serment ne peut être déféré à celui qui allègue la prescription, sur le point de savoir si la dette a été payée. La loi fait exception à cette règle pour les courtes prescriptions des articles 2271-2273 (art. 2275). Cette exception ne peut pas être étendue a la prescription de cinq ans établie par l'article 2277 ; le texte et l'esprit de la loi le prouvent. La disposition de l'article 2275 est exceptionnelle, donc de stricte interprétation ; or, elle est placée avant l'article 2277, et limitée par le texte du code aux prescriptions qui précèdent : « Néanmoins ceux auxquels *ces* prescriptions seront opposées peuvent déférer le serment à ceux qui les opposent sur la question de savoir si la chose a été réellement payée. » L'esprit de la loi est d'accord avec le texte. Les courtes prescriptions des articles 2271-2273 sont fondées exclusivement sur une présomption de payement ; le débiteur qui les allègue prétend donc qu'il a payé ; dès lors le créancier doit avoir le droit de lui déférer le serment sur ce point. Il n'en est pas de même de la prescription de cinq ans de l'article 2277 ; le débiteur qui l'invoque ne prétend pas avoir payé, il soutient qu'il est libéré par la négligence du créancier, libéré par une raison d'intérêt général, et, par conséquent, d'ordre public ; ce qui exclut la délation du serment. La doctrine et la jurisprudence sont en ce sens (2).

433. Il suit du même principe que le juge doit admettre la preuve de libération résultant de la prescription, quoiqu'il fût constant que la dette n'a pas été payée, et quand même le débiteur en ferait l'aveu. Le seul moyen d'empêcher cette prescription, dit la cour de Liége (3), est de faire souscrire, en temps utile, au débiteur un engagement d'acquitter les arrérages ou intérêts. Or, le fait de reconnaître qu'ils n'ont pas été payés n'implique pas l'obligation de les payer, alors qu'ils sont prescrits. Ce serait une renonciation à la prescription acquise ; or, la renonciation ne se présume

---

(1) Montpellier, 13 mai 1841 (Dalloz, au mot *Prescription*, n° 552).
(2) Leroux de Bretagne, t. II, p. 274, n° 1234. Bruxelles, 17 mars 1814 (*Pasicrisie*, 1814, p. 34). Liége, 8 mai 1841 (*Pasicrisie*, 1841, 2, p. 99).
(3) Arrêt précité (note 2).

pas ; quand elle est tacite, elle doit résulter d'un fait qui suppose nécessairement l'abandon du droit acquis (art. 2221). La doctrine et la jurisprudence sont d'accord sur ce point. Déjà, dans l'ancien droit, Henrys disait que « le débiteur qui avouerait de n'avoir rien payé ne laisserait pas pour cela de se servir de la décharge introduite par le droit public (1) ». La cour de cassation l'a jugé ainsi dans l'espèce suivante. Un des débiteurs solidaires d'une rente constituée en 1774 reconnaît, en 1816, que les intérêts n'ont pas été payés depuis vingt-huit ans ; la lettre, écrite à la créancière, se terminait par ces mots : « Nous sommes dans l'impossibilité de satisfaire les créanciers de notre père, ce qui est pour nous un grand motif d'affliction. » La créancière resta jusqu'en 1831 sans agir ; alors elle réclama le payement de tous les arrérages échus. La demande fut rejetée. Pourvoi en cassation. La demanderesse invoquait la reconnaissance du débiteur. Cette reconnaissance, dit la cour, n'opère pas renonciation, elle ne pourrait être invoquée que comme acte interruptif de la prescription ; mais, la prescription ayant recommencé à courir, les débiteurs étaient libérés en 1831, à l'exception des cinq années qui avaient précédé la demande judiciaire (2).

La jurisprudence dès cours de Belgique est dans le même sens. Dans une affaire qui s'est présentée devant la cour de Bruxelles, le premier juge avait rejeté l'exception de prescription, parce qu'il était clairement établi que les intérêts n'avaient pas été payés. La cour d'appel réforma la décision ; la prescription de l'article 2277, dit l'arrêt, n'a pas été établie sur le fondement de la présomption que les intérêts antérieurs aux cinq dernières années auraient été payés, mais bien comme une peine contre le créancier qui reste en défaut d'exiger les intérêts qui lui sont dus ; cela est aujourd'hui une vérité constante en jurisprudence (3).

---

(1) Henrys, t. II, livre IV. chap. VI, quest. 74. Leroux de Bretagne, t. I, p. 274, n° 1234, et tous les auteurs.

(2) Rejet, 10 mars 1834, chambre civile (Dalloz, au mot *Prescription*, n° 1051, 3°). Comparez Douai, 26 janvier 1861 (Dalloz, 1861. 2. 235).

(3) Bruxelles, 25 juin 1829 (*Pasicrisie*, 1829, p. 216), et 31 juillet 1833 (*Pasicrisie*, 1833. 2, 212). Liége. 17 novembre 1820 (*Pasicrisie*, 1820, p. 237)

434. On applique aussi à la prescription de l'article 2277 le principe formulé par l'article 2224. Elle peut être opposée en tout état de cause, même en appel (1). Il faut cependant ajouter la restriction que fait cet article, c'est que le débiteur n'ait pas renoncé à s'en prévaloir en première instance, car on peut toujours renoncer à une prescription acquise. La question de savoir si la défense du débiteur en première instance implique renonciation est décidée par le juge d'après les circonstances, dit l'article 2224. La cour de Bordeaux l'a jugé ainsi dans une espèce où le débiteur avait soutenu, devant le premier juge, que la rente n'avait jamais été servie; dire que l'on n'a rien payé, alors que la rente avait été acquittée, est un acte de déloyauté; mais, dit la cour, la loi ne prend pas en considération si la dette a été payée ou non, elle a voulu prévenir la ruine du débiteur par l'accumulation des arrérages; peu importe donc qu'ils aient été payés contrairement à l'assertion du débiteur; il peut opposer la prescription tant qu'il n'y a point renoncé (2).

Dans une autre espèce, le fermier commença par soutenir en première instance qu'il devait moins de cinq années de fermages; en appel, il opposa la prescription. Il a été jugé que ce fait n'impliquait aucune renonciation, la renonciation tacite n'existant que lorsque les faits d'où on l'induit ne laissent aucun doute sur l'intention d'abandonner le droit acquis; or, le fait dont on se prévalait contre le débiteur recevait une explication très-simple, c'est que le fermier s'était trompé dans son calcul; et une erreur ne peut certes pas être considérée comme une renonciation (3).

N° 2. A QUELS CAS S'APPLIQUE LA PRESCRIPTION DE L'ARTICLE 2277.

435. Aux termes de l'article 2277, la prescription quinquennale s'applique aux arrérages de rentes et de pensions

(1) Liége, 1er juin 1836 (*Pasicrisie*, 1836, 2, 121), et 16 juillet 1835 (*Pasicrisie*. 1835. 2, 287).

(2) Bordeaux, 16 juillet 1851 (Dalloz. 1855. 2, 259). Comparez Bruxelles, 29 juillet 1863 (*Pasicrisie*, 1864, 2. 329), et 18 décembre 1823 (*ibid.*, 1823, p. 559).

(3) Caen, 20 novembre 1859 (Dalloz, 1860, 2, 100).

alimentaires, aux loyers et fermages, aux intérêts des sommes prêtées. Puis la loi ajoute : « Et généralement à tout ce qui est payable par année ou à des termes périodiques plus courts. » Il y a donc une règle générale, dont les exemples donnés par la loi ne sont qu'une application. La règle est mal formulée. Ce qui le prouve, c'est que si l'on s'en tenait à la lettre de la loi, on devrait l'appliquer à des cas que le législateur n'a certainement pas eus en vue. Puisque le texte n'exprime pas la volonté du législateur, il faut s'attacher à l'esprit de la loi pour interpréter le texte.

La première condition requise pour qu'il y ait lieu à la prescription de l'article 2277 est qu'il s'agisse de prestations périodiques. Dans l'origine, la prescription quinquennale a été établie pour les arrérages de rentes perpétuelles, ou arrérages se payant par année ou à des termes périodiques plus courts ; ils peuvent s'accumuler de manière à ruiner le débiteur, la dette s'augmentant chaque jour, sans que le débiteur se rende compte de cet accroissement imperceptible. Les intérêts des capitaux exigibles présentent le même caractère et le même danger. Il en faut dire autant des loyers et fermages, puisque le bail peut se renouveler indéfiniment par des réconductions tacites. Mais s'il s'agissait d'une dette fixe qui, d'après les conventions des parties, se répartirait en plusieurs termes payables par année ou à des termes périodiques plus courts, y aurait-il lieu à la prescription de cinq ans ? Non, car la dette d'un capital n'a rien de commun avec les prestations périodiques de l'article 2277, lequel suppose un capital produisant des prestations qui servent de revenus au créancier. Cependant si l'on s'en tenait à la lettre du texte, il faudrait appliquer la prescription quinquennale, puisque la dette est payable par année. L'application littérale de la loi doit être rejetée, dans l'espèce, puisqu'elle serait contraire à la volonté bien certaine du législateur. Il a voulu empêcher la ruine du débiteur, dont la dette augmente incessamment sans qu'il s'en rende compte. Or, peut-on dire que le débiteur est ruiné à son insu par une accumulation de prestations périodiques ? Non, car le débiteur sait ce qu'il doit au moment où il contracte, sa dette n'augmente point par la négligence du créancier; seulement il perd l'avantage d'un payement par termes, mais aussi il conserve la jouissance des sommes qu'il aurait dû payer.

Les mots *ce qui est payable par année* ne rendent donc pas la pensée du législateur; partant, il ne faut pas s'y attacher, pas plus pour restreindre la prescription quinquennale que pour l'étendre. Dès qu'il y a une dette de prestations périodiques qui augmente incessamment et qui, en s'accumulant, entraînerait la ruine du débiteur si le créancier en réclamait toutes les prestations accumulées, il y a lieu d'appliquer la disposition de l'article 2277. Tels sont les intérêts légaux et judiciaires; ils courent journellement et s'accumulent sans que le débiteur s'en rende compte; il y a donc lieu à la prescription de cinq ans, bien que ces intérêts ne soient pas payables par année ou à des termes périodiques plus courts. Nous reviendrons sur cette question, la plus controversée en cette matière. Pour le moment, nous expliquons le principe. La jurisprudence a toujours appliqué le principe en s'en tenant à l'esprit de la loi plutôt qu'à son texte. On lit, dans un excellent arrêt de la cour de Douai : « Il ressort des paroles de l'orateur du gouvernement chargé de présenter l'Exposé des motifs du titre de la *Prescription,* que la prescription de cinq ans a été déterminée par des considérations d'ordre public, et que le but du législateur, en l'inscrivant dans la loi, a été de prévenir la ruine qui pourrait résulter pour les débiteurs de l'accumulation d'un trop grand nombre d'années d'arrérages; l'article 2277 embrasse dès lors, dans la généralité de sa disposition pénale, toutes les créances de la nature de celles énumérées dans les dispositions précédentes, c'est-à-dire toutes celles qui, ayant pour objet, non des capitaux, mais des produits et des revenus périodiques, sont susceptibles de tomber en arrérages (1). » En nous écartant du texte pour l'expliquer par l'esprit de la loi, nous ne sommes pas infidèle à la règle d'interprétation que nous avons suivie dans tout le cours de ce long travail; à vrai dire, nous interprétons le

_____

(1) Douai, 4 janvier 1854 (Dalloz, 1854, 2, 136).

texte par le texte ; les exemples ou les applications que l'article 2277 donne de la règle générale qu'il pose servent à interpréter cette règle, et l'esprit de la loi vient à l'appui de cette interprétation.

I. *Les arrérages de rentes.*

436. « Les arrérages de rentes perpétuelles et viagères se prescrivent par cinq ans. » La cour de Paris a fait l'application de cette disposition au cas où le prix d'un immeuble est converti en une rente perpétuelle. Cela ne nous paraît pas douteux, puisque le texte et l'esprit de la loi sont applicables. Cependant l'arrêt a été rendu sur les conclusions contraires de l'avocat général Joubert (1). Ce qui l'a peut-être trompé, c'est que, dans l'espèce, la dette consistait primitivement en un capital ; mais peu importe au point de vue de la prescription ; qu'il y ait novation ou qu'il n'y en ait pas, toujours est-il que l'acheteur ne doit plus que des arrérages, et il les doit à perpétuité, puisque la rente est perpétuelle.

437. La prescription de cinq ans s'applique-t-elle aux rentes dues par l'Etat ? En principe, l'Etat est soumis aux mêmes prescriptions que les particuliers, et il peut également les opposer ; ce qui suffirait pour décider la question. Il y a du reste une loi spéciale du 24 août 1793 qui établit la prescription quinquennale pour les rentes perpétuelles et viagères sur l'Etat (art. 156). La seule difficulté qui se présente concerne la compétence. D'après la législation française, on décide que la juridiction administrative a une compétence exclusive en cette matière (2). D'après la Constitution belge (art. 92), les contestations qui ont pour objet des *droits civils* sont exclusivement du ressort des tribunaux ; or, les arrérages sont dus en vertu d'un contrat, ils constituent donc un droit civil, et par conséquent la question de prescription est de la compétence des tribunaux.

(1) Paris, 2 juillet 1825 (Dalloz, au mot *Prescription*, n° 1090).
(2) Ordonnance du conseil d'Etat du 28 juillet 1824 (Dalloz, au mot *Trésor public*, n° 1150)

II. *Pensions alimentaires.*

438. Le code met ces arrérages sur la même ligne que
ceux des rentes. En fait, la différence est grande ; celui
qui stipule une rente a un capital qu'il veut placer, tandis
que ceux qui ont droit à une pension alimentaire ne sont
point des capitalistes, et ils ne se trouvent guère dans le
cas de négliger le recouvrement de ce qui leur est dû et
dont ils ont besoin pour vivre. En droit, l'application du
principe aux arrérages des pensions alimentaires n'était
pas douteuse, et quand la loi pose un principe général, on
doit l'appliquer, alors même que, en réalité, le danger que
le législateur a eu en vue ne se présente pas. Dans l'ancien droit, les arrérages de pensions alimentaires se prescrivaient par trente ans (1). L'article 2277, conçu en termes
généraux, s'applique aux rentes alimentaires dues en vertu
de l'article 205. Il y a un léger motif de douter. Les aliments sont dus à raison des besoins de celui qui les réclame. S'il reste quatre années sans agir, n'en doit-on pas
conclure qu'il n'était pas dans la nécessité à raison de laquelle il a droit aux aliments ? L'objection n'est pas sérieuse ; en effet, le crédirentier a pu faire des emprunts
ou vivre à crédit ; en tout cas, c'est le débiteur qui doit
agir pour faire réduire la rente ou pour demander qu'elle
cesse. Cependant la cour de Caen a jugé que le crédirentier n'avait pas le droit d'exiger les arrérages échus, par
cela seul qu'il est resté sans agir, son inaction prouvant
qu'il n'était pas dans le besoin (2).

439. Les frais d'entretien dans un hospice, payables
par les communes qui y font recevoir un indigent, sont-ils
des pensions alimentaires ? L'affirmative n'est guère douteuse, puisque la prestation annuelle à charge de la commune sert à nourrir et à entretenir l'indigent, c'est-à-dire
à lui procurer des aliments. Et quand il y aurait un doute
sous ce rapport, dit la cour de Bruxelles, il faudrait toujours appliquer la disposition finale de l'article 2277, puis-

(1) Riom. 22 mars 1816 (Dalloz, au mot *Prescription*, n° 1063).
(2) Caen, 27 janvier 1874 (Dalloz. 1877, 2, 53).

que les frais d'entretien se liquident par trimestre, ce qui les fait tomber dans les termes de la loi : « ce qui est payable par année ou à des termes périodiques plus courts (1) ».

440. Que faut-il dire des pensions dues par l'Etat? Un arrêté du 15 floréal an XI (art. 9) contient, à cet égard, les dispositions suivantes : Les pensions dont les arrérages n'ont pas été réclamés pendant *trois ans*, à compter de l'échéance du dernier payement, *sont censées éteintes* et ne sont plus portées dans les états de payement. Si les pensionnaires se présentent après les trois années, les *arrérages* n'en commencent à courir qu'à compter du premier jour du semestre qui suit celui dans lequel ils ont obtenu le rétablissement de leur pension. » Cet arrêté établissait donc une prescription spéciale de trois ans pour les arrérages des pensions; il était évidemment illégal, puisqu'il n'appartient pas au chef du pouvoir exécutif de déroger à une loi générale.

En Belgique, on suit le droit commun. Il a été jugé par notre cour de cassation que les arrérages de la pension d'un inspecteur de l'enregistrement se prescrivent par cinq ans; l'arrêt invoque la disposition pénale de l'article 2277 (2). La cour de Bruxelles, à laquelle l'affaire a été renvoyée, s'est prononcée dans le même sens. On objectait que le code civil entendait par pensions alimentaires celles qui sont établies par convention ou par testament. La cour répond que l'Etat est soumis au droit commun et en profite; l'article 2227 en a une disposition formelle (3).

441. Faut-il assimiler les traitements à des pensions alimentaires? Le cas s'est présenté pour le traitement d'un ministre du culte qui était à charge de la fabrique. On objectait que les traitements étaient dus pour des services rendus; et l'on pouvait ajouter qu'il n'y avait pas lieu de craindre que les débiteurs se ruinassent, puisque c'étaient des administrations publiques. Ces objections trouvaient leur réponse dans l'article 2227 que nous venons de citer (n° 440).

---

(1) Bruxelles, 31 juillet 1833 (*Pasicrisie*, 1833, 2, 212)
(2) Cassation, 25 janvier 1844 (*Pasicrisie*, 1844, 1. 145).
(3) Bruxelles, 30 mars 1841 (*Pasicrisie*, 1848, 2, 23).

Peu importe encore que les traitements ne soient pas des pensions alimentaires; au fond, les traitements sont calculés de manière que les fonctionnaires comptent parmi les pauvres dans une société riche; on peut donc hardiment les assimiler à des aliments. D'ailleurs la disposition pénale de l'article 2277 est applicable, puisque les traitements se payent par année (1).

III. *Loyers et fermages.*

442. L'article 2277 dit que les *loyers* des *maisons* et le *prix de ferme* des *biens ruraux* se prescrivent par cinq ans. C'est à dessein que le législateur ne s'est pas servi des termes généraux *loyers* et *fermages*. En effet, il y a des loyers qui se prescrivent par un temps plus court. Tels sont les loyers de chambres et d'appartements: le bailleur est, dans ce cas, un hôtelier, un logeur, dont la créance se prescrit par six mois. d'après l'article 2271 (2).

443. Les loyers se prescrivent par cinq ans, en ce sens que la prescription de chaque terme commence au moment où il échoit. Nous dirons plus loin comment se comptent les cinq ans. Qu'entend-on par *loyers* et *fermages?* C'est le prix que le preneur paye pour la jouissance de la chose. Régulièrement le prix consiste en argent; quand le fermier cultive sous la condition d'un partage de fruits avec le bailleur, le contrat prend le nom de colonage. L'article 2277 est applicable à tout bail à ferme; le colon est plus intéressé encore que le fermier à ce que sa dette se paye régulièrement, parce qu'il est généralement plus pauvre; il ne faut pas cinq années de fermages accumulés pour le ruiner.

Les loyers ou fermages comprennent toutes les obligations imposées au preneur, comme prix de jouissance que le bailleur lui promet. Il arrive souvent que le bail met la contribution foncière à charge du preneur, bien que d'après la loi le propriétaire doive la supporter; le montant de l'impôt fait, dans ce cas, partie du prix que le preneur

---

(1) Liége, 19 novembre 1831 (*Pasicrisie*, 1831, p. 299).
(2) Marcadé, t. VIII, p. 226, n° IV de l'article 2277.

s'engage à payer. La loi du 23 frimaire an VII (art. 14) le décide en ce sens pour ce qui concerne les droits d'enre- gistrement. Il en est de même pour l'application de l'arti- cle 2277 ; la cour de cassation l'a jugé ainsi, et cela ne nous paraît pas douteux (1). Un fermier s'engage à faire le récolement des fossés tous les trois ans ; faute de quoi, dit l'acte, il se fera à ses frais sur le bail. Le fermier né- gligea de remplir cette obligation ; en conséquence le pro- priétaire réclama contre ses héritiers les frais faits pendant toute la durée du bail. Ces frais étaient-ils soumis à la prescription de cinq ans? Oui, dit la cour de cassation, parce que les frais de récolement étaient l'accessoire du prix du bail (2).

En cas de résiliation du bail par la faute du locataire, celui-ci est tenu de payer le prix du bail pendant le temps nécessaire à la relocation. On demande si cette indemnité est comprise parmi les loyers prescriptibles par cinq ans. Le texte de l'article 1760 décide la question, puisqu'il qualifie l'indemnité de *prix* du bail ; en effet, le *loyer* con- tinue à courir à charge du preneur pendant le délai d'usage, l'indemnité se confond donc avec le prix du bail (3).

Il en serait autrement si le fermier s'était maintenu en jouissance malgré le congé que le bailleur lui a donné. Le congé met fin au bail ; si le fermier néanmoins continue à occuper les fonds, il ne doit pas de ce chef un fermage, car il n'y a plus de bail ; il doit payer une indemnité pour indue jouissance. Cette indemnité n'est pas payable par termes périodiques, et elle n'échoit pas à des termes pé- riodiques ; ce sont des dommages-intérêts, donc une somme capitale, et non un revenu régulier ; on n'est ni dans le texte ni dans l'esprit de la disposition exception- nelle de l'article 2277 ; partant, il faut appliquer la règle de l'article 2262 (4).

(1) Rejet, 18 octobre 1809 (Dalloz. au mot *Prescription*, n° 1066).
(2) Rejet, 15 juillet 1827 (Dalloz. au mot *Prescription*, n° 1070).
(3) Grenoble, 6 mai 1854 (Dalloz, 1856, 2, 124).
(4) Liége, 7 juillet 1824 (*Pasicrisie*, 1824, p. 160).

IV. *Intérêts.*

I. DES INTÉRÊTS CONVENTIONNELS.

444. « Les intérêts des sommes prêtées se prescrivent par cinq ans » (art. 2277). En quel sens les intérêts se prescrivent-ils? La question paraît étrange; elle a cependant été portée devant la cour de cassation de Belgique. Il a été jugé, ce qui est d'évidence, que la prescription quinquennale frappe les intérêts échus; c'est le texte de la loi, car il ne peut être question d'intérêts dus avant leur échéance. Quant au droit de percevoir les intérêts, il subsiste, malgré la prescription de ceux qui sont échus; le droit du créancier existe tant qu'il n'a pas été éteint par la prescription de trente ans (1).

445. La loi semble, au premier abord, limitative quant aux intérêts en restreignant la prescription de cinq ans aux intérêts des *sommes prêtées;* mais, immédiatement après, elle établit une règle générale, dont les intérêts des sommes prêtées ne sont qu'une application : « et généralement *tout* ce qui est *payable par année,* ou à des *termes périodiques* plus courts ». Nous avons dit quel est le sens de cette règle (n° 435); dans l'application, il se présente des difficultés sur lesquelles il y a controverse et doute.

Lorsque les intérêts sont dus en vertu d'une convention, l'article 2277 est applicable si les intérêts sont payables à des termes périodiques. Sur ce point, il n'y a guère de doute; les termes généraux de la disposition finale comprennent toutes les conventions. Il y a une prestation qui joue un grand rôle dans notre état économique : ce sont les dividendes que les sociétés de commerce ou d'industrie payent aux actionnaires. Sont-ce des intérêts, et y a-t-il lieu d'appliquer la prescription de cinq ans si l'actionnaire reste plus de cinq ans sans toucher son dividende? La jurisprudence s'est prononcée pour l'affirmative, et avec raison. Dans l'espèce jugée par la cour de Douai, il s'agissait d'une société charbonnière; ces sociétés sont qualifiées de civiles par la loi, mais cela est indifférent en

---

(1) Rejet, 10 janvier 1856 (*Pasicrisie,* 1856, 1, 185).

ce qui concerne la nature du dividende. On entend par là, dit la cour, la portion d'intérêt ou de bénéfice réglée pour chaque action, soit à la fin de chaque année, soit à des époques plus rapprochées. En quoi les dividendes diffèrent-ils des intérêts? Dans l'un et l'autre cas, l'argent produit un revenu, et ce sont les prestations qui consistent en revenus que le législateur a eues en vue dans l'article 2277. Il y a cette différence que l'intérêt est fixé par la convention, et il reste invariable pendant toute la durée de la société, tandis que le dividende varie d'après les bénéfices que fait la société; d'ordinaire il dépasse l'intérêt légal de 5 p. c., mais il peut aussi être moindre; et dans des temps de crise les sociétés ne distribuent aucun dividende, ce qui fait tomber la valeur de l'action. Il y a donc placement d'un capital dans tous les cas. Les sommes prêtées à intérêt rapportent un revenu moindre, mais qui peut être garanti par des sûretés hypothécaires; tandis que ces garanties sont étrangères au placement par actions. Que le revenu soit fixe ou variable, qu'il soit assuré ou chanceux, cela est indifférent en ce qui regarde la prescription. Les dividendes, de même que les intérêts, se payent par année ou à des termes périodiques plus courts; cela est décisif au point de vue du texte. On objectait, devant la cour de Douai, qu'il arrive parfois que les dividendes ou bénéfices, au lieu d'être distribués aux actionnaires, sont employés aux besoins de la société; il se peut même que le bénéfice soit nul et qu'il y ait perte. La cour répond que ces éventualités ne changent pas la nature de la prestation; il n'en est pas moins vrai que l'actionnaire a droit à un dividende, et que ce droit se règle annuellement; ce qui rend l'article 2277 applicable. Si pendant une année il n'y a point de dividende, il va de soi qu'il ne se prescrira pas; est-il plus élevé ou moindre que l'intérêt légal, cette chance est également sans influence sur la nature du droit (1).

Le tribunal de commerce de la Seine a appliqué le

---

(1) Douai, 4 janvier 1854 (Dalloz, 1854, 2, 136). Paris, 17 juillet 1849 (Dalloz, 1852, 2, 50).

principe aux héritiers d'un actionnaire qui avaient trouvé dans la succession des actions dont les coupons n'avaient pas été détachés depuis quinze ans ; la société offrit les dividendes des cinq dernières années, et le tribunal déclara les autres prescrits (1). Cette décision est très-juridique, mais il faut avouer que nous voilà loin de l'édit de 1610 ; ce n'est plus le pauvre peuple qui profite de la prescription, ce sont de puissantes compagnies qui abusent de la prescription pour ne pas payer ce qu'elles doivent. A notre avis, le législateur devrait tenir compte de la réalité des choses et établir une règle différente pour les divers cas.

446. Il a été jugé que l'article 2277 est applicable quand le donateur d'un immeuble se réserve une somme sur la chose donnée ; c'est, au fond, un prêt, si le donataire est tenu de payer les intérêts de la somme (2).

Faut-il mettre sur la même ligne l'avance qu'un légataire de la nue propriété fait du capital des dettes que l'usufruitier doit supporter quant aux intérêts ? Les intérêts sont dus en vertu de la loi, mais la loi ne fait que consacrer les conventions tacites des parties ; et comme ces intérêts sont payables par année, pendant toute la durée de l'usufruit, on se trouve dans le texte de l'article 2277 (3).

447. Les intérêts des sommes versées à la caisse des consignations pour cautionnement se prescrivent-ils par cinq ans ? D'après le droit commun, l'affirmative est certaine, puisque ces intérêts sont payables par année Nous ne connaissons pas de loi qui déroge à cette règle. En France, elle a été consacrée tacitement par la loi du 9 juillet 1836. Cela avait été décidé ainsi par un avis du conseil d'Etat du 24 décembre 1808, approuvé le 24 mars 1809 (4).

---

(1) Jugement du tribunal de commerce du 6 mai 1870 (Dalloz, 1870, 5. 274).
(2) Toulouse, 6 août 1833 (Dalloz, au mot *Prescription*, n° 1073, 2°).
(3) Toulouse, 9 décembre 1833 (Dalloz, au mot *Usufruit*, n° 472).
(4) Ordonnance du conseil d'Etat du 28 mai 1838 (Dalloz, au mot *Prescription*, n° 1100).

2. INTÉRÊTS LÉGAUX ET JUDICIAIRES.

448. L'article 2277 ne mentionne que les intérêts des sommes prêtées, ce qui suppose un contrat; donc des intérêts conventionnels. Il y a, en outre, des intérêts légaux et des intérêts judiciaires. Aux termes de l'article 1153, les intérêts moratoires ne sont dus que du jour de la demande, excepté dans les cas où la loi les fait courir de plein droit. Quand ils sont dus en vertu de la demande, on les appelle judiciaires; quand ils sont dus de plein droit en vertu de la loi, on les appelle légaux. Ces intérêts diffèrent des intérêts conventionnels par leur nature, en ce sens que les intérêts conventionnels sont stipulés pour la jouissance d'un capital; tandis que les intérêts moratoires sont dus à titre de dommages-intérêts par le débiteur qui est en demeure d'exécuter son obligation : c'est le jugement ou la loi qui le constitue en demeure. Faut-il appliquer aux intérêts moratoires ce que l'article 2277 dit des intérêts conventionnels? La doctrine s'est prononcée pour l'affirmative, la jurisprudence est divisée. Il a été jugé, par la cour de cassation de France, que l'article 2277 est applicable à toute espèce d'intérêts, et la plupart des cours d'appel ont admis cette interprétation. Les cours de Belgique sont partagées, notamment sur la question de savoir si les intérêts du prix de vente sont soumis à la prescription quinquennale. Nous examinerons d'abord la question en termes généraux, puis nous dirons quelles sont les difficultés spéciales qui se présentent en matière de vente.

Si la question pouvait être décidée en principe, il y aurait peu de doute, nous semble-t-il. Que les intérêts soient dus en vertu de la convention ou en vertu d'un jugement ou de la loi, leur nature est toujours la même au point de vue de la prescription. Tous les intérêts courent incessamment et échoient jour par jour; tous accroissent donc la dette principale, et menacent, par conséquent, de ruiner le débiteur, si le créancier les laisse s'accumuler par son inaction et sa négligence; la conséquence est que les intérêts légaux et judiciaires doivent se prescrire par cinq ans, aussi bien que les intérêts conventionnels, la raison de décider étant identique. Reste à savoir si le texte de la loi ne s'oppose pas à l'application générale de la prescription de cinq ans à tous les intérêts, quelle que soit leur source.

Il faut d'abord écarter ce que l'article 2277 dit des intérêts des sommes prêtées ; ce n'est là qu'un exemple, et un exemple n'est jamais restrictif, à moins que la restriction ne résulte du principe. La loi ne dit point que les intérêts conventionnels se prescrivent par cinq ans ; si elle était conçue en ces termes, on aurait pu dire, comme le font les cours opposantes, que l'article 2277 consacre une exception, et que toute exception doit être limitée aux termes de la loi. Il est très-vrai que la prescription quinquennale est une exception, mais cette exception forme elle-même une règle, en ce sens que l'article 2277 dit que « *généralement tout* ce qui est *payable par année* ou à des *termes périodiques plus courts,* se prescrit par cinq ans ». Le texte même de la loi établit donc un principe *général* ; il faut l'interpréter et l'appliquer à tous les cas qui y sont compris.

La difficulté est une difficulté de texte, et elle est grande. Que faut-il entendre par ces mots : « tout ce qui est *payable par année* »? Le mot *payable* signifie ce qui doit être payé ; ainsi entendue, la disposition de l'article 2277 s'applique aux arrérages de rentes, aux pensions alimentaires, aux loyers et fermages, aux intérêts conventionnels ; toutes ces prestations se payent annuellement ou à des termes périodiques plus courts. Il n'en est pas de même des intérêts judiciaires et légaux ; ils ne se *payent* pas périodiquement, ils courent incessamment ; le débiteur peut être contraint à les payer dès que le créancier les demande, et le créancier peut les demander d'un jour à l'autre, mais on ne peut pas dire que le débiteur doit les payer à des termes périodiques. Les intérêts moratoires n'étant pas compris dans le texte de la loi, la question paraît décidée ; la disposition de l'article 2277, quoique *générale,* n'en est pas moins une exception, et les exceptions ne

s'étendent pas. On répond que, dans l'espèce, le texte de
la loi ne répond pas à l'intention du législateur. Nous en
avons déjà fait la remarque : prise à la lettre, la loi devrait être appliquée à des créances que le législateur n'a
certainement pas voulu soumettre à une prescription spéciale (n° 435); sur ce point, tout le monde est d'accord.
Cela suffit pour ébranler l'autorité du texte : on ne peut
pas l'invoquer contre la volonté du législateur. Et ce serait
également l'invoquer contre sa volonté que de ne pas l'appliquer à des dettes qui, dans l'esprit de la loi, doivent
certainement y être comprises. Tels sont les intérêts judiciaires et légaux.

Pourquoi la loi soumet-elle les intérêts à une prescription exceptionnelle? Est-ce parce que le débiteur doit les
payer tous les ans, ou tous les six mois, ou tous les tri-
mestres? La négative est si évidente que la question n'a
pas même de sens. Ce n'est pas le *payement périodique*
qui constitue un danger pour le débiteur, c'est l'accroissement incessant de sa dette ; chaque jour sa dette s'accroît,
et si le créancier ne réclame pas son payement, les prestations iront en s'accumulant et finiront par accabler le débiteur. Ce danger est certes le même, qu'il s'agisse d'intérêts moratoires ou d'intérêts conventionnels. Nos vieux
auteurs ajoutent que la prescription de cinq ans a été établie en haine de la négligence du créancier; par son inaction, il plonge le débiteur dans une funeste tranquillité,
puis il vient subitement lui demander des intérêts accumulés que le débiteur est incapable de payer. Eh bien, nous
le demandons : le créancier d'intérêts moratoires qui n'agit
point est-il moins négligent que le créancier d'intérêts conventionnels? On a essayé de le soutenir dans une consultation devenue célèbre (1). La consultation témoigne pour le
talent de l'avocat qui l'a rédigée. Mais à qui fera-t-on
croire que le créancier n'a pas été négligent, par cela seul
qu'il a poursuivi le débiteur et qu'il a obtenu un jugement
contre lui? Cela l'empêche-t-il d'être négligent s'il reste

_____

(1) Celle de Ravez et de deux avocats du barreau de Bordeaux (Dalloz,
1831, 2, 65). Merlin l'a combattue, ainsi que Troplong, Marcadé et Leroux
de Bretagne. En sens contraire, Proudhon et Duranton.

ensuite dix ou vingt ans dans l'inaction, sans exécuter la condamnation? On ajoute que le jngement est une interpellation de tous les instants qui fait obstacle à la prescription de cinq ans. Si l'on demandait aux signataires de la consultation. où il est dit que le jugement interpelle par lui-même le débiteur? C'est un mot vide de sens. Défions-nous de la phraséologie dans une science exacte. On ne saurait le nier; au point de vue de l'esprit de la loi, il n'y a aucune différence entre les intérêts conventionnels et les intérêts moratoires : le danger qui menace le débiteur est le même et la négligence du créancier est la même, donc la prescription doit être la même.

La cour de cassation a rendu de nombreux arrêts en ce sens(1). Elle répond aux objections que l'on a puisées dans le texte, que les intérêts moratoires se calculent et accroissent la créance capitale par chaque année. Il est vrai que le débiteur ne peut pas forcer le créancier à les recevoir séparément du capital ; c'est une différence entre ces intérêts et les prestations énumérées dans l'article 2277; mais cette différence n'influe pas sur le caractère des intérêts en ce qui concerne la prescription. On objectait encore que les intérêts moratoires se réunissent et s'incorporent au capital. Qu'est-ce à dire? Qu'il n'y a plus de dette d'intérêts? Cela n'aurait point de sens; car, si la dette s'accroît incessamment, c'est par les intérêts qui courent jour par jour. La cour ajoute que les intérêts moratoires deviennent payables à des termes périodiques. Cela n'est pas tout à fait exact; le débiteur peut être tous les jours forcé à payer, et chaque jour augmente sa dette; il doit les intérêts par jour, il ne les doit pas par termes d'un an, de six mois ou de trois mois; mais ce n'est pas cette périodicité du payement qui est le fondement de la prescription quinquennale, le législateur l'a établie parce que les intérêts accroissent journellement la dette; chaque jour d'inaction du créancier aggrave la situation du débiteur. Cette négligence de tous les jours est-elle moins coupable que celle du prêteur qui

(1) Voyez Dalloz, au mot *Prescription*. n° 1081, et les arrêts en sens contraire, n° 1080. Il faut ajouter Bruxelles, 18 janvier 1837 et 22 mars 1848 (*Pasicrisie*, 1837, 2, 20 ; 1849, 2, 12).

néglige de demander le payement à la fin de chaque année?

449. L'article 2277 s'applique-t-il aux intérêts du prix de vente? Aux termes de l'article 1652, l'acheteur doit les intérêts du prix de la vente jusqu'au payement du capital, s'il a été ainsi convenu lors de la vente, si la chose vendue et livrée produit des fruits ou autres revenus et si l'acheteur a été sommé de payer. Dans ce dernier cas, les intérêts sont moratoires, la sommation tenant lieu de demande judiciaire; par conséquent, la question se confond avec celle que nous venons de traiter. Si le contrat stipule que l'acheteur payera les intérêts du prix par année ou à des termes périodiques plus courts, il est difficile de ne pas appliquer l'article 2277, puisque l'on se trouve dans le texte de la loi. La cour de cassation l'a jugé ainsi; elle dit que les expressions générales dans lesquelles cet article est conçu ne permettent aucune exception et comprennent *nécessairement* dans la prescription de cinq ans les intérêts dus pour prix de vente d'immeubles, surtout quand ces intérêts sont stipulés payables par année (1). On voit que la chambre civile applique l'article 2277 aux intérêts du prix de vente, alors même qu'il n'y aurait aucune stipulation, c'est-à-dire au cas où les intérêts courent en vertu de la loi (1). Un autre arrêt de cassation dit que les intérêts stipulés payables par année sont *évidemment* compris dans les termes généraux de la loi, et que la cour de Paris, en refusant d'y appliquer la prescription de cinq ans, a formellement violé l'article 2277 (2). La chambre des requêtes s'exprime dans le même sens, sans distinguer si les intérêts du prix de vente sont stipulés ou s'ils courent en vertu de la loi (3). D'autre part, la cour de Bruxelles, en se prononçant pour l'opinion contraire, dit, en termes tout aussi énergiques, que l'article 2277 est *clairement* inapplicable aux intérêts du prix de vente (4).

(1) Cassation. 14 juillet 1830 (Dalloz, au mot *Prescription*, n° 1086). Il y a un grand nombre d'arrêts de cours d'appel en ce sens (Dalloz, *ibid.*).
(2) Cassation, 5 décembre 1827 (Dalloz, au mot *Prescription*, n° 1087).
(3) Rejet, 7 février 1826 (Dalloz, au mot *Prescription*, n° 1085), 9 juin 1829 (*ibid..* n° 1072), et 16 août 1853 (Dalloz, 1854, 1, 390).
(4) Bruxelles, 5 mai 1849 (*Pasicrisie*, 1849, 2, 240). Nous rapporterons plus loin d'autres arrêts dans le même sens.

En présence de ces assertions contradictoires, il n'est plus permis de parler d'*évidence;* toutefois nous n'hésitons pas à nous ranger à l'avis qui a prévalu dans la jurisprudence française. Où est la différence entre des intérêts stipulés payables par année et des intérêts stipulés sans que l'on y ajoute *payables par année?* La pensée des parties contractantes est certainement la même et l'effet est aussi le même; dans l'un et l'autre cas, l'acheteur payera annuellement les intérêts de son prix, tant que le prix n'est pas payé; donc on se trouve dans le texte de l'article 2277. Quand les parties n'ont pas stipulé d'intérêts, la loi les fait courir de plein droit, si la chose vendue et livrée produit des fruits ou autres revenus. Quelle est la raison de ces intérêts légaux? En matière de contrats, la loi n'impose pas sa volonté aux parties contractantes, elle ne fait que prévoir ce qu'elles veulent; or, si la chose vendue est un immeuble qui produit un revenu de 1,000 francs, il va sans dire que l'intention du vendeur n'est pas de faire cadeau de ce revenu à l'acheteur. On ne vend pas pour donner, on vend pour recevoir l'équivalent de la chose vendue. Or, le vendeur perdant la jouissance de la chose et, de plus, l'augmentation de valeur que les immeubles reçoivent en vertu d'une loi économique, il est juste que l'acheteur lui paye les intérêts en compensation de son prix; telle étant nécessairement la volonté des parties, la loi en fait une règle de la vente; ce qui dispense le vendeur de stipuler les intérêts du prix. Ces intérêts légaux sont donc, en réalité, des intérêts conventionnels. De même que les intérêts stipulés, ils se payent par an, quoique la loi ne les déclare pas payables par termes périodiques; mais comme ils sont une compensation des fruits que l'acheteur perçoit, il est naturel qu'ils soient payés chaque année, comme les fruits se perçoivent annuellement. Donc, en fait, les intérêts du prix de vente se payent périodiquement. N'est-ce pas le cas de dire, avec la cour de cassation, qu'ils sont compris *nécessairement* dans l'article 2277 (1)?

450. En Belgique, la question divise les cours de

_____

(1) Troplong, n° 1023. Leroux de Bretagne, t. II, p. 281, n° 1241.

Bruxelles et de Liége. Il y a un arrêt de cette dernière cour qui résume très-bien le débat. On ne saurait contester, dit la cour, que le législateur a voulu soumettre à la prescription quinquennale toutes les créances qui, ayant le caractère de fruits civils ou de revenus, peuvent, par leur accroissement successif, entraîner la ruine du débiteur. Distingue-t-elle entre les intérêts qui résultent de la loi et ceux qui sont stipulés par les parties ? Non ; car la dernière disposition de l'article 2277, qui contient la règle, est générale, et il n'y avait pas lieu de distinguer : on peut l'affirmer, si l'on tient compte du but que le législateur a eu en vue. Fallait-il distinguer les intérêts légaux ou moratoires des intérêts conventionnels, parce que ceux-ci ne peuvent être exigés qu'après une année, six mois ou trois mois ; tandis que les autres peuvent être exigés quand le créancier le veut? Cette distinction, encore une fois, n'aurait pas de raison d'être, puisque le danger qui menace le débiteur est toujours le même et que la négligence du créancier est la même. On objecte que les intérêts non stipulés du prix de vente forment des créances accessoires. Eh, qu'importe? Est-ce que les intérêts du prix de vente ne sont pas toujours des accessoires, qu'ils soient stipulés par les parties ou qu'ils courent en vertu de la loi? Tout intérêt suppose un capital qui le produit, donc tout intérêt est un accessoire ; ce qui n'empêche pas la créance des intérêts d'être distincte du capital ; celui-ci est fixe, tandis que les intérêts courent incessamment et augmentent tous les jours la dette du débiteur. Il n'est pas exact de dire qu'ils se confondent avec le capital, car, à la rigueur, le créancier peut les exiger jour par jour, indépendamment du capital. La seule objection qui soit sérieuse, dit la cour, s'induit du texte de la loi et du caractère exceptionnel de la prescription; on en conclut qu'il faut strictement s'en tenir à ce qui est *payable par année ou à des termes périodiques plus courts*. L'arrêt répond que l'intention du législateur et le but qu'il s'est proposé sont tellement manifestes, qu'il serait irrationnel de ne pas s'y conformer, en se laissant arrêter par le sens apparent du texte, alors que tout le monde convient que le texte ne peut pas recevoir d'application littérale, au

moins dans le cas où il s'agit de capitaux stipulés payables
par fractions. Il faut donc s'en tenir à la volonté bien certaine du législateur (1).

La cour de Bruxelles fait encore d'autres objections.
Elle dit que les intérêts, stipulés ou non, sont un supplément du prix, ce qui revient à dire qu'ils forment un capital (2). Cela est inadmissible : les intérêts sont un fruit
civil ; ce qui implique l'existence d'un capital, dont ils sont
le produit. Est-il nécessaire d'ajouter que le prix forme ce
capital, et que si l'acheteur doit l'intérêt du prix, cet intérêt est la représentation, non du fonds, mais de la jouissance du fonds? La cour revient sur cet argument dans ses
arrêts subséquents, mais ce qu'elle ajoute ne lui donne pas
une force nouvelle. « L'article 1652, dit-elle, bien loin de
considérer les intérêts qu'il régit comme constituant des
annuités ou des dettes payables à des termes périodiques
et *détachés* du prix de vente, semble en exclure l'idée en
adoptant pour règle que l'acheteur doit l'intérêt du prix de
la vente jusqu'au payement du capital; ce qui démontre la
volonté du législateur d'attacher les intérêts au sort du capital (3). » Nous ne comprenons pas l'importance de cette
interprétation de l'article 1652 en ce qui concerne la prescription. Les intérêts ne sont certes pas un capital, il était
inutile d'en faire la remarque; ils sont un produit, un
revenu. Ces prestations sont-elles soumises à la prescription
de l'article 2277? La seule objection est celle que fournit
le texte de l'article 2277 ; ce que la cour dit de l'article 1652
n'a rien de commun avec la difficulté. Qu'importe que l'intérêt soit attaché au capital? cela empêche-t-il l'intérêt
d'échoir jour par jour? Il y a plus ; la cour se met hors du
texte de la loi en rejetant la prescription de cinq ans dans
le cas où les intérêts sont stipulés par le contrat; dès lors
elle n'est plus en droit de se prévaloir du texte pour limiter
ladite prescription aux intérêts conventionnels autres que

---

(1) Liége, 27 mars 1862 (*Pasicrisie,* 1863, 2, 172), et 18 juin 1838 (*Pasicrisie,* 1838, 2. 166).
(2) Bruxelles. 7 juillet 1849 (*Pasicrisie,* 1850, 2, 7).
(3) Bruxelles. 10 avril 1856 (*Pasicrisie,* 1856, 2, 348), et 19 novembre 1859
(*Pasicrisie,* 1860. 2, 153).

ceux qui résultent d'un contrat de vente; c'est faire la loi : et une loi tout à fait arbitraire.

Il faut ajouter que la cour se trouve en opposition avec les tribunaux de première instance qui ont jugé, à plusieurs reprises, que l'article 2277 est applicable aux intérêts du prix de vente, notamment dans le cas où les intérêts sont exigibles chaque année (1). Nous transcrirons les motifs donnés par le tribunal de Bruxelles; ils nous paraissent plus juridiques que l'argumentation laborieuse de la cour d'appel : « La prescription de cinq ans a été introduite dans le but d'empêcher la ruine des débiteurs par l'accumulation de nombreux intérêts; d'où l'orateur du gouvernement concluait avec raison « qu'on ne doit excepter *aucun des cas auxquels ce motif s'applique* ». Or, le motif qui a fait introduire ladite prescription s'applique au débiteur des intérêts du prix d'une vente aussi bien qu'à celui qui les doit par suite d'un prêt d'argent ou d'une constitution de rente. Ainsi, par son esprit comme par ses termes, l'article 2277 est applicable à l'espèce. Le même motif sert à repousser l'objection tirée de l'article 1652; car, s'il est vrai que les intérêts d'un prix de vente représentent ordinairement les fruits de la chose vendue, ils n'en sont pas moins payables par année et susceptibles, par la négligence du créancier, de s'accumuler de manière à amener, au bout d'un certain laps de temps, la ruine du débiteur. Au surplus, lorsque le vendeur laisse, comme dans l'espèce, le prix en mains de l'acquéreur pendant un temps déterminé, en stipulant un intérêt annuel, il contracte véritablement avec lui un acte de prêt; et les intérêts de ce capital prêté sont nécessairement soumis à la prescription de cinq ans, d'après les termes précis de l'article 2277. »

451. L'article 1846 porte : « L'associé qui devait apporter une somme dans la société, et qui ne l'a point fait, devient de plein droit et sans demande débiteur des intérêts de cette somme à compter du jour où elle devait être payée. » Ce sont des intérêts légaux, comme ceux que

---

(1) Voyez les jugements rapportés dans la *Pasicrisie*, 1851. 2, 198 (du 19 avril 1848 du tribunal de Bruxelles, et 1860, 2, 153 (du tribunal de Nivelles, 23 juin 1853).

l'acheteur doit payer quand il n'acquitte pas le prix. Ils ne sont pas payables par année; ce qui n'empêche pas que le gérant de la société ait le droit de contraindre l'associé au payement annuel des intérêts tant qu'il n'a pas payé le capital. Donc il y a lieu d'appliquer l'article 2277. La cour de cassation l'a jugé ainsi en se fondant sur le texte et sur l'esprit de la loi. « Le texte, dit la cour, comprend, dans sa généralité, les intérêts des sommes dues par un associé à la société à titre de mise sociale. » Quant à l'esprit de la loi, l'arrêt de cassation dit que « la prescription de cinq ans a été établie dans le but d'éviter la ruine du débiteur par l'accumulation des intérêts; le motif de la loi est de tout point applicable aux intérêts des mises sociales que le gérant d'une société a, pendant plus de cinq ans, négligé de percevoir ». L'arrêt attaqué avait décidé que le gérant, en supposant que la prescription de l'article 2277 fût applicable, serait tenu à ces intérêts comme réparation du dommage par lui causé à la société par l'inobservation de ses engagements. Le principe de la responsabilité est incontestable, mais la cour d'Angers avait eu tort de déclarer le gérant responsable, sans que les syndics eussent pris aucune conclusion à fin de dommages-intérêts. En conséquence, l'arrêt devait être cassé (1).

452. D'après l'article 1440, les intérêts de la dot courent de plein droit du jour du mariage, encore qu'il y ait terme pour le payement, sauf stipulation contraire. L'article 1548 contient la même disposition. Au titre du *Contrat de mariage,* nous avons dit pourquoi les intérêts de la dot sont dus en vertu de la loi. Ce sont, à vrai dire, des intérêts conventionnels, puisque la loi n'a fait que consacrer ce que veulent les parties contractantes. Les intérêts de la dot sont-ils soumis à la prescription de l'article 2277? Dans notre opinion, l'affirmative est certaine ; tout ce que nous venons de dire des intérêts moratoires s'applique aux intérêts de la dot. La jurisprudence française est constante en ce sens; les arrêts, à peine motivés, invoquent le texte

(1) Cassation. 17 février 1869 (Dalloz, 1870, 1, 143), et, sur renvoi, Rennes, 23 juin 1870 (Dalloz, 1871. 2, 112).

et l'esprit de la loi. Devant la cour de Toulouse, on a fait une objection insignifiante, en comparant les intérêts de la dot à une restitution de fruits perçus au préjudice du propriétaire. Il est certain que cette restitution n'est pas une dette analogue à celle dont parle l'article 2277 ; mais quel rapport y a-t-il entre une dette d'intérêts et une dette de restitution de fruits ? Celle-ci porte sur un capital, tandis que l'autre a pour objet des prestations annuelles (1).

453. L'article 2001 porte que l'intérêt des avances faites par le mandataire lui est dû par le mandant à dater du jour des avances constatées. Il a été jugé que ces intérêts ne se prescrivent pas par cinq ans ; la cour de cassation ne donne aucune raison ; elle se borne à dire que l'article 2277 n'est pas applicable. La cour de Rennes, qui s'est prononcée dans le même sens, dit que ces intérêts ne sont pas dus et payables à des époques périodiques. Cette raison n'est pas bonne, si l'on admet la jurisprudence que nous venons d'exposer. Les intérêts des avances sont légaux et courent jour par jour ; on peut comparer les avances à un prêt ; il est vrai que les intérêts des avances ne sont pas payables par année, mais la jurisprudence ne tient aucun compte de ce fait. La cour ajoute que les intérêts sont une véritable indemnité pour le mandataire, que la loi les rattache aux avances et les met sur la même ligne, en ce sens qu'ils sont exigibles avec les avances. C'est la même objection que l'on a faite pour tous les intérêts légaux, notamment pour les intérêts du prix de vente (n° 450) ; et l'on peut y faire la même réponse. Enfin la cour de Rennes dit que l'article 2277 est inapplicable tant que les parties n'ont pas réglé le chiffre de ces avances ; le mandataire n'ayant pas de titre dont il puisse poursuivre l'exécution, il n'y a pas de reproche à lui faire de son inaction, et, par suite, il n'y a pas lieu de le punir de sa négligence. Cela est vrai ; mais tout ce qui en résulte, c'est que la prescription de cinq ans ne commence à courir que du jour où les parties ont réglé leurs

---

(1) Toulouse, 12 août 1834 ; Limoges, 26 janvier 1828 ; Bordeaux, 28 février 1828 (Dalloz, au mot *Prescription*, n° 1094).

comptes (1). Nous reviendrons plus loin sur les cas où la
prescription ne court point tant qu'il n'y a pas de faute à
imputer au créancier.

La cour d'Amiens a jugé dans le sens de notre opinion.
Elle se fonde sur ce qu'il est constant en doctrine et en
jurisprudence que la prescription de cinq ans s'applique
aux intérêts dus en vertu de la loi ou d'un jugement, aussi
bien qu'à ceux qui sont stipulés par une convention. On
opposait les termes de l'article 2001, qui exige que les
avances soient *constatées*. Dans l'espèce, il s'agissait des
droits de mutation avancés par un notaire ; la créance
était constatée par la quittance du receveur, elle ne dépendait pas d'une évaluation, elle n'exigeait aucun compte,
elle se trouvait portée au compte de tutelle ; dès lors elle
était constatée comme le veut la loi. Cela nous paraît décisif (2).

454. « Les récompenses dues par la communauté aux
époux et les récompenses et indemnités par eux dues à la
communauté emportent les intérêts de plein droit du jour
de la dissolution de la communauté » (art. 1473). Il a été
jugé par la cour de Liége que l'article 2277 ne s'applique
pas à ces intérêts, parce qu'ils sont payables en une seule
fois avec la somme principale (3). Le motif prouve trop ; on
pourrait l'invoquer dans tous les cas où les intérêts sont dus
en vertu de la loi ; or, la cour de Liége admet que les intérêts légaux sont soumis à la prescription de cinq ans. Si
l'on accepte cette interprétation de la loi, il faut l'appliquer
à tous les intérêts légaux, même aux intérêts des récompenses. Toutefois les récompenses exigent une liquidation,
et c'est seulement après cette liquidation que les époux
peuvent exiger le payement de ce qui leur est dû ou de ce
qui est dû à la communauté ; la prescription ne commencera
donc à courir que lorsque les intérêts ont été liquidés.

455. Faut-il appliquer la prescription de cinq ans
quand la loi fait courir les intérêts à raison d'un délit ou

---

(1) Rejet, 18 février 1836 ; Rouen, 4 mai 1843 (Dalloz, au mot *Prescription*, n° 1096, 9°). Dans le même sens, Rejet, 7 novembre 1864 (Dalloz,
1865, 1, 165). Leroux de Bretagne, t. II, p. 286, n° 1252.

(2) Amiens, 14 juin 1871 (Dalloz, 1872, 2, 58).

(3) Liége, 8 février 1843 (*Pasicrisie*, 1844, 2, 343).

d'un quasi-délit? Tel est le cas prévu par l'article 1996 :
le mandataire doit l'intérêt des sommes qu'il a employées
à son usage à dater de cet emploi. Ces intérêts sont-ils
soumis à la prescription de l'article 2277? Il a été jugé
que la prescription de cinq ans ne s'applique pas au cas où
des sommes touchées pour recevoir une destination déterminée ont été détournées de cette destination par celui
qui les a reçues (1). La cour de cassation allègue deux motifs. D'abord ces intérêts ne sont pas payables à des termes
périodiques (2). Nous ne comprenons pas que la cour donne
cette raison, alors que, d'après sa jurisprudence, l'article 2277 est applicable à tous les intérêts légaux, quoiqu'ils ne soient pas payables périodiquement. La cour
ajoute que les intérêts, dans l'espèce, devaient servir à
indemniser les créanciers de cette somme. N'en est-il pas
ainsi de tous les intérêts légaux?

La cour de Liége s'est prononcée dans le même sens,
mais par d'autres motifs; ce qui prouve combien il règne
d'incertitude sur les principes en cette matière (3). Elle dit
d'abord que les intérêts dus par le mandataire infidèle
forment avec le principal une seule et même dette qui est
soumise à la prescription ordinaire. C'est la raison que l'on
donne d'ordinaire pour excepter les intérêts du prix de
vente de la prescription quinquennale; mais si l'on admet,
comme le fait la cour de Liége, que l'article 2277 est applicable à ces intérêts, il faut être logique et admettre la
même solution pour les intérêts dus par le mandataire. La
cour dit encore que la prescription de cinq ans est établie
surtout pour punir le créancier de sa négligence; qu'on ne
doit donc l'appliquer que dans le cas où le créancier muni
d'un titre a pleine liberté de poursuivre le payement de la
dette; or, dans l'espèce, le mandataire infidèle avait fait
un emploi illicite des sommes qu'il était chargé de toucher; le mandant n'avait point de titre pour exiger les
intérêts jusqu'à ce que l'emploi illicite fût constaté; on ne

(1) Rejet, 21 juillet 1830 (Dalloz, au mot *Prescription*, n° 1096, 4°).
(2) Dans le même sens, Cassation, 7 mai 1845 (Dalloz, 1845, 1, 305).
(3) Liége, 10 juillet 1833 et 20 novembre 1834 (*Pasicrisie*, 1833, p. 198, et
1834, p. 259).

pouvait lui reprocher aucune négligence, et, partant, il n'y avait pas lieu à la prescription de cinq ans. La décision est juste, mais elle ne prouve pas que l'article 2277 soit inapplicable aux intérêts dus par le mandataire infidèle; elle suppose, au contraire, que la loi est applicable; seulement la prescription ne peut commencer à courir que du jour où l'emploi illicite a été constaté.

Il y a un arrêt de la cour de Rennes dans le sens de notre opinion. L'associé qui retire indûment une somme de la caisse sociale pour l'appliquer à son profit particulier en doit l'intérêt de plein droit à partir du jour où il l'a perçue (art. 1846). La prescription de cinq ans s'applique-t-elle à ces intérêts? Si l'on admet, comme nous l'avons enseigné, que tous les intérêts sont soumis à la prescription quinquennale, l'affirmative n'est point douteuse (1). Il faut avouer cependant que cette conséquence choque le sens moral; la disposition qui limite à cinq ans la prescription a été introduite dans l'intérêt des débiteurs de bonne foi, et non pour permettre à des mandataires infidèles de s'enrichir, par leur mauvaise foi, aux dépens du mandant. La loi aurait dû faire exception pour les obligations qui prennent naissance dans un délit.

V. *Application du principe.*

456. Les applications que l'article 2277 fait du principe qu'il pose sont les plus usuelles, mais ce ne sont pas les seules. La disposition finale de l'article établit une règle générale qui doit être appliquée dans tous les cas où il s'agit de prestations ou de revenus payables par année ou à des termes périodiques plus courts. Il a été jugé que le salaire d'une gouvernante est soumis à la prescription de cinq ans. La cour de Gand dit très-bien que l'article 2277, par la généralité de ses termes et d'après l'esprit de la loi, s'applique aux appointements litigieux; le législateur a eu en vue tout ce qui constitue un revenu annuel; par conséquent, le loyer annuel du travail, aussi bien que le loyer

(1) Rennes, 31 décembre 1867 (Dalloz, 1870, 2, 14).

d'une terre. On objectait que le salaire d'une gouvernante est compris dans l'article 2271, qui soumet à la prescription d'un an l'action des domestiques, quand ils se louent à l'année, pour le payement de leur salaire. La cour répond que les gouvernantes ne peuvent pas être qualifiées de domestiques; en effet, elles dirigent la maison et les servantes, et elles ne sont pas généralement astreintes aux travaux manuels que l'on impose aux personnes appartenant à la domesticité (1).

457. La cour de Bruxelles a appliqué l'article 2277 aux primes d'assurance, par le motif qu'elles forment une prestation annuelle analogue à celles qui sont énumérées dans la loi. En effet, le contrat d'assurance est, comme celui de rente viagère, aléatoire de sa nature; les *primes* de l'un et les *arrérages* de l'autre constituent des prestations annuelles du même genre et, par suite, on doit les assimiler en ce qui concerne la prescription quinquennale(2).

458. Un bordereau de collocation est délivré à un créancier dans une distribution par contribution ou dans un ordre. Ce bordereau comprend les intérêts qui, ajoutés au capital, forment avec lui une même créance, laquelle est soumise à la prescription ordinaire. Il n'y a pas deux dettes dans ce cas, il n'y en a qu'une; les intérêts ne courent plus, ils sont capitalisés. Cela suppose que le bordereau de collocation est acquitté immédiatement; s'il ne l'est pas, la créance sera productive d'intérêts, lesquels seront soumis à la prescription de l'article 2277 (3). Telle est la jurisprudence; nous n'y insistons pas, puisqu'il s'agit de procédure.

N° 3. DANS QUELS CAS LA PRESCRIPTION DE L'ARTICLE 2277 N'EST PAS APPLICABLE.

I. *Quand la dette consiste dans une somme capitale.*

459. La disposition finale de l'article 2277 et les applications que la loi en fait supposent qu'il s'agit d'une pres-

---

(1) Gand, 27 décembre 1850 (*Pasicrisie*, 1851, 2, 34).
(2) Bruxelles, 31 octobre 1855 (*Pasicrisie*, 1856, 2, 268).
(3) Voyez les arrêts cités par Leroux de Bretagne, t. II, p. 281, n° 1241.

tation qui se fait annuellement ou à des termes périodiques plus courts, ou qui du moins échoient successivement, tels que les intérêts légaux et judiciaires. Il suit de là que la prescription de cinq ans n'est pas applicable à une dette de capital. Nous en avons déjà fait la remarque (n° 435). Il y a cependant des créances qui sont soumises, quant au capital, à la prescription de cinq ans. En vertu de la loi du 15 mai 1846 sur la comptabilité de l'Etat (art. 34), sont prescrites toutes créances à charge de l'Etat qui n'auraient pas été liquidées, ordonnancées et payées dans un délai de cinq ans, à partir de l'ouverture de l'exercice (1). Cette disposition n'a rien de commun, sauf la durée du délai, avec la prescription de l'article 2277.

460. Un contrat de prêt porte qu'à défaut de payement à l'échéance de chaque année, les intérêts se capitaliseront et produiront, du jour de leur exigibilité, d'autres intérêts au taux légal. La cour de Bourges a décidé que cette clause est valable ; sur ce point, nous renvoyons à ce qui a été dit au titre des *Obligations* (t. XVI, n° 344). Reste à savoir si les intérêts capitalisés d'avance se prescrivent par cinq ans. La négative résulte des termes mêmes de l'article 2277 ; il établit une prescription spéciale pour les intérêts ; or, la *clause de capitalisation* a pour effet de convertir en *capital* chaque annuité d'intérêts non payée à son échéance ; dès lors l'article 2277 devient inapplicable. L'esprit de la loi s'oppose également à l'application de la prescription quinquennale. Cette prescription est la peine du créancier négligent ; elle ne peut donc atteindre celui qui d'avance a préservé son droit contre la déchéance exceptionnelle de la loi, en changeant la nature de la prestation lors de son échéance ; ce qui a pour conséquence de soumettre les intérêts non payés et capitalisés à la prescription de trente ans (2).

461. Un tiers reçoit les intérêts pour le compte du créancier. L'obligation qui lui incombe de les remettre au

---

(1) Voyez une application de la loi dans un arrêt de Rejet du 24 mai 1860 (*Pasicrisie*, 1860, 1, 234).

(2) Bourges, 21 août 1872, sur les conclusions contraires du ministere public (Dalloz. 1873, 2, 182)

créancier tombe-t-elle sous l'application de l'article 2277 ? Non, car les prestations d'intérêts n'ont ce caractère que dans les rapports du créancier et du débiteur. Le tiers qui les reçoit et qui en doit compte est débiteur, non d'intérêts, mais de la somme capitale à laquelle s'élèvent les intérêts qu'il a perçus ; il est donc sous l'empire de la règle générale de l'article 2262 (1).

Il en est de même si les intérêts ont été payés pour le débiteur. La caution paye les intérêts ; elle a un recours contre le débiteur principal : celui-ci pourra-t-il lui opposer la prescription de cinq ans ? On l'a prétendu. La cour de Bruxelles répond en invoquant l'esprit de la loi : il n'y a aucune négligence, dans l'espèce, à reprocher au créancier, puisque, ayant reçu ce qui lui était dû, il n'était pas dans le cas de poursuivre le débiteur (2). La cour aurait pu se fonder sur le texte de l'article 2277 ; l'action récursoire de la caution n'a pas pour objet le payement des intérêts d'une dette, elle a pour objet des sommes capitales que la caution paye à la décharge du débiteur. C'est ce que la cour de cassation de Belgique dit dans un arrêt qui a consacré la même doctrine (3).

Cette question se présente aussi en cas de solidarité. L'un des débiteurs solidaires paye les intérêts ou les arrérages. Il a un recours contre son codébiteur : celui-ci peut-il lui opposer la prescription de cinq ans ? La cour de Limoges s'est prononcée pour la négative, par la raison que le codébiteur qui paye a l'action de mandat contre les autres débiteurs, et cette action se prescrit par trente ans. Il nous semble que la question doit se décider, non par la nature de l'action, mais par la nature de la dette. Sont-ce des intérêts que le débiteur solidaire réclame ? Non, il réclame les avances qu'il a faites, c'est-à-dire une somme capitale. Cela répond à l'objection qui a entraîné la cour de Lyon (4). Le débiteur solidaire qui paye est subrogé aux droits du créancier ; donc, dit-on, on peut lui opposer la

---

(1) Metz, 17 août 1858 (Dalloz, 1859, 2, 130).
(2) Bruxelles, 14 avril 1829 (*Pasicrisie*, 1829, p. 144).
(3) Rejet, 30 décembre 1847 (*Pasicrisie*, 1848, 1, 169).
(4) Limoges, 8 août 1835. En sens contraire, Lyon, 15 mars 1823 (Dalloz,

prescription, comme on aurait pu l'opposer au créancier lui-même. L'objection repose sur une confusion d'idées. Que veut dire la subrogation? C'est que le subrogé exerce les droits attachés à la créance, tels que cautionnement, priviléges, hypothèques. Est-ce que par hasard la prescription de cinq ans est un droit attaché à la créance? Il ne peut pas s'agir de cette prescription, puisqu'elle suppose que le créancier n'a point agi; or, le créancier qui touche ses intérêts agit; il n'y a donc aucune négligence à lui reprocher. Quant au débiteur solidaire qui n'exerce pas son action récursoire, il est dans le cas de tout créancier qui reste dans l'inaction, c'est-à-dire qu'il doit rester sans agir pendant trente ans pour qu'on puisse lui opposer la prescription; on ne peut pas se prévaloir contre lui de la prescription quinquennale, car sa créance n'est pas une créance d'intérêts.

462. Un possesseur de mauvaise foi est condamné à restituer les fruits qu'il a perçus : peut-il opposer au propriétaire revendiquant la prescription de l'article 2277? Non, et sans doute aucun. Le propriétaire revendique ce qui lui appartient, le fonds et les fruits comme accessoires du fonds; il n'y a donc ni créancier ni débiteur; il n'y a pas de prestations payables à des termes périodiques ou échéant successivement. Partant, comme le dit la cour de cassation, l'article 2277 est sans application (1).

La cour de Limoges a appliqué ce principe à une commune qui possédait de mauvaise foi un immeuble dont les habitants s'étaient emparés par violence. Condamnée à la restitution du fonds et des fruits, elle opposa la prescription de cinq ans. Il a été jugé qu'il fallait appliquer, non l'article 2277, relatif à la prescription extinctive d'une créance, mais l'article 549 concernant l'éviction d'un possesseur de mauvaise foi (2).

---

au mot *Prescription*, n° 1060). Les auteurs sont aussi partagés. Voyez, dans le sens de notre opinion, Troplong, n° 1034, et Leroux de Bretagne, t. II, p. 284, n° 1247; en sens contraire, Vazeille, n° 617.

(1) Rejet, 13 décembre 1839 (Dalloz, au mot *Prescription*, n° 1105).

(2) Limoges, 16 janvier 1822 (Dalloz, au mot *Prescription*, n° 1105, 1°).

II. *Quand les prestations ne sont pas payables périodiquement.*

463. La règle de l'article 2277 est applicable à ce qui est payable par année, ou à des termes périodiques plus courts. Dans l'opinion générale que nous avons adoptée, on n'interprète pas cette disposition au pied de la lettre ; toujours est-il que, dans l'esprit de la loi, il faut qu'il s'agisse de prestations périodiques qui, en s'accumulant, peuvent occasionner la ruine du débiteur (1). Le principe est certain, mais dans l'application il y a quelque incertitude, au moins en ce qui concerne les motifs de décider. Il est difficile que la jurisprudence ait un principe arrêté (nᵒˢ 448, suiv.) quand le législateur a mal formulé sa pensée.

464. Un contrat de mariage, stipulant la séparation de biens, contenait la clause suivante : « La femme ne contribuera pas aux charges du ménage ; et si elle laisse la jouissance de ses biens à son mari, ce ne sera qu'à titre de mandataire, c'est-à-dire à la charge de rendre compte de l'exécution de son mandat. » Le mari administra et perçut les revenus de la femme, consistant en loyers d'une maison et en intérêts d'un capital. Sur l'action de la femme, les héritiers du mari lui opposèrent la prescription de cinq ans. L'exception a été repoussée, par le motif qu'il ne s'agissait pas de revenus périodiquement payables, bien entendu entre le mari et la femme. Dans l'espèce, cela n'était pas douteux. La femme avait touché les loyers et intérêts par l'intermédiaire du mari, son mandataire; les sommes reçues par le mari, et dont il devait compte, ne formaient donc pas des prestations périodiques; c'était une dette capitale, comme nous venons de le dire (nᵒ 461) (2).

465. Aux termes de l'article 1378, celui qui reçoit de mauvaise foi ce qui ne lui est pas dû est tenu de restituer tant le capital que les intérêts ou les fruits du jour du payement. Sont-ce là des prestations périodiques dans le

---

(1) Bigot-Préameneu, Exposé des motifs, nᵒ 42 (Locré, t. VIII, p. 355).
(2) Jugement du tribunal de Rocroi, du 17 décembre 1857 (Dalloz, 1859, 2, 131).

sens de l'article 2277? La cour de cassation a décidé que la prescription de cinq ans n'est pas applicable. Elle donne deux motifs. D'abord le texte de la loi ne reçoit point d'application à l'espèce. La prescription quinquennale n'est établie que pour les intérêts dus et payables par année; or, celui qui a fait le payement indû ne peut exiger ni capital ni intérêts tant que le juge n'a pas condamné à les restituer celui qui a reçu le payement indû; et, en agissant, le demandeur réclame, non des revenus périodiques, mais des intérêts ou des fruits perçus indûment. On peut comparer le demandeur en répétition à celui qui revendique; le défendeur est condamné à restituer la chose qui appartient au demandeur, avec les revenus. Cela revient à dire que la demande n'a point pour objet des intérêts, mais une somme capitale; ce qui exclut l'application de l'article 2277 (n° 459). La cour de cassation donne encore un autre motif; elle dit que le bénéfice de l'article 2278 ne saurait être invoqué en cas de mauvaise foi (1). Cela est très-moral, mais cela est peu juridique (n° 455). La loi ne fait pas d'exception à la règle générale qu'elle établit, et il n'appartient pas à l'interprète de la corriger. Nous constatons l'opinion de la cour suprême; c'est au législateur d'en tenir compte.

La cour de Paris a appliqué le principe au payement d'un supplément de prix stipulé dans un traité secret pour la cession d'un office de notaire. Ces stipulations sont prohibées comme contraires à l'ordre public; le cédant est par cela même de mauvaise foi. Dans l'espèce, l'action en restitution était formée contre les héritiers mineurs du notaire; la cause était très-favorable aux défendeurs, qui alléguaient le long silence du cessionnaire et son inaction; ce qui semblait rendre l'article 2277 applicable; la cour se contente de répondre que la prescription de cinq ans ne s'applique qu'aux intérêts exigibles chaque année (2).

466. Les héritiers doivent les intérêts et les fruits des

---

(1) Rejet, chambre civile, 28 mai 1856 (Dalloz, 1856, 1, 377). Cassation, 17 mai 1865 (Dalloz, 1865, 1, 273). Rejet, cour de cassation de Belgique, 28 février 1850 (*Pasicrisie*, 1850, 1, 268).

(2) Paris, 25 novembre 1856 (Dalloz, 1858, 1, 117).

chòses sujettes à rapport, à compter du jour de l'ouverture de la succession (art. 856). Y a-t-il lieu, dans ce cas, à la prescription de cinq ans? La jurisprudence et la doctrine sont d'accord pour déclarer l'article 2277 inapplicable. Quel est le motif de décider? En apparence, il s'agit d'une dette d'intérêts; peu importe que les intérêts ne soient pas payables par année, la jurisprudence se contente d'une échéance successive des intérêts; et il est certain que les intérêts dus par l'héritier échoient successivement jour par jour. Mais ces intérêts ne sont pas dus à titre de revenu périodique, par un débiteur à son créancier; ils sont dus à l'hérédité par application du principe que les fruits et les intérêts accroissent la masse héréditaire; les biens sujets à rapport appartiennent à l'hérédité, donc les intérêts et les fruits lui appartiennent également; les intérêts de l'article 856 n'ont donc rien de commun avec les intérêts de l'article 2277. Cela est décisif pour écarter la prescription de cinq ans (1).

Les auteurs et les arrêts donnent un autre motif. Tant que l'indivision dure, dit Troplong, et que la position respective des héritiers n'est pas fixée par le partage, on ne peut reprocher à celui que la liquidation constitue créancier de n'avoir pas agi auparavant. C'est mal poser la question, nous semble-t-il. Les intérêts doivent être rapportés avant que l'on puisse procéder au partage, puisqu'ils font partie de la masse partageable. Et si le rapport se fait, l'héritier ne peut invoquer l'article 2277, puisque les intérêts appartiennent à l'hérédité à titre de propriétaire. Ce n'est que dans cette hypothèse qu'il pourrait y avoir lieu de se prévaloir de la prescription de cinq ans. La cour de Colmar dit que la prescription n'a pas lieu entre cohéritiers tant que dure l'indivision. Cela est trop absolu, et cela ne répond pas à la difficulté que présente l'application de la prescription extinctive de l'article 2277. La cour de Paris dit que cet article est inapplicable, parce que l'action en rapport reste suspendue et n'est ouverte que par la demande en partage; de là on pourrait conclure que la prescription

(1) Comparez Bruxelles, 17 avril 1841 (*Pasicrisie*, 1842. 2, 70).

de cinq ans devient applicable à partir de l'action en partage, ce qui ne serait pas exact (1).

467. Des capitaux dépendant d'un usufruit restent dans
les mains du nu propriétaire. Les intérêts perçus par celui-
ci se prescrivent-ils par cinq ans? On l'a prétendu en les
assimilant à des intérêts de sommes prêtées. La cour de
Pau répond qu'il n'y avait pas de prêt, par l'excellente
raison que l'usufruitier ne pouvait pas prêter au nu propriétaire des sommes qui n'appartenaient ni à l'usufruitier
ni au nu propriétaire, mais à la succession. Cela n'est pas
exact; la succession n'est pas un être moral ayant le domaine des choses héréditaires, celles-ci appartiennent aux
héritiers; et l'usufruitier d'une somme d'argent, en deve-
nant propriétaire par l'effet du quasi-usufruit, aurait pu,
à la rigueur, la prêter au nu propriétaire. Toujours est-il
qu'il n'y avait pas de prêt, parce que, dans l'espèce, il n'y
avait pas concours de volontés pour contracter, la somme
ayant été distraite de la succession pour pourvoir à une
nécessité urgente. L'usufruitier avait néanmoins droit aux
intérêts; restait à savoir s'ils étaient prescriptibles par cinq
ans. La cour a jugé que l'article 2277 n'était pas applicable, par la raison que c'était le cas d'appliquer l'article 617,
aux termes duquel l'usufruit s'éteint par le non-usage pendant trente ans. La décision est très-juridique : l'usufruitier exerce un droit réel, il n'est pas créancier et le nu
propriétaire n'est pas débiteur; l'article 2277 est donc hors
de cause ; les intérêts appartiennent à l'usufruitier comme
accessoires du capital, et ils se prescrivent avec le capital
par le non-usage en vertu de l'article 617. Sur le pourvoi,
il intervint un arrêt de rejet; la cour de cassation ajoute
un motif qui nous paraît très-contestable; elle écarte l'article 2277, par la raison qu'il ne s'applique qu'aux intérêts
exigibles et *payables* à des termes périodiques; or, l'on ne
pouvait considérer comme exigibles les intérêts d'une
créance qui n'était point apurée et dont le montant dépendait du résultat de la liquidation. La cour donne ensuite

---

(1) Troplong, n° 1032. Colmar, 1er mars 1836; Paris, 24 novembre 1838
(Dalloz, au mot *Prescription*, n° 1096, 10°) Dans le même sens, Bordeaux,
15 mars 1843 (Dalloz, *ibid.*, n° 335).

le motif sur lequel se fondait l'arrêt attaqué (1). Elle aurait bien fait de se contenter de ce dernier, qui est le bon. Il n'est pas exact de dire que le droit de l'usufruitier est une créance ; son action est réelle, et cette action se prescrit par trente ans.

III. *Quand il n'y a aucune négligence à reprocher au créancier.*

468. La prescription de cinq ans est la peine de la négligence du créancier. Si aucune négligence ne peut lui être reprochée, l'article 2277 n'a plus de raison d'être ; c'est alors le cas de dire que la prescription ne peut pas courir contre celui qui a été dans l'impossibilité d'agir. Cette maxime banale, que l'on applique si souvent à faux, peut être invoquée par le créancier quand il s'agit d'une prescription qui n'a d'autre fondement que sa négligence (2).

469. Il en est ainsi tant que la quotité de la dette, et, par conséquent, celle des intérêts, n'est pas déterminée, le montant de ce qui est dû dépendant d'une liquidation et d'un compte. La cour de cassation pose le principe en ces termes. Pour faire courir contre le créancier la prescription de cinq ans, l'article 2277 suppose l'existence d'un compte arrêté, d'un règlement fait qui mette le créancier en demeure d'agir contre son débiteur. Or, dans l'espèce, le compte n'avait jamais été fait entre les parties ; il se trouvait même pour la première fois ordonné par l'arrêt attaqué. Dans ces circonstances, il n'y avait pas pour le créancier nécessité d'agir, et, par suite, aucune négligence ne lui était imputable. Il s'agissait de relations entre un notaire et un huissier qui, pendant un grand nombre d'années, avaient fait l'un pour l'autre des actes de leurs ministères respectifs. A l'occasion de ces actes des avances réciproques eurent lieu. Le notaire ne présenta son compte que lors du décès de l'huissier. Un débat s'éleva, avec les

(1) Rejet, 9 janvier 1867 (Dalloz, 1867, 1, 101).
(2) Nancy, 12 août 1874 (Dalloz, 1877. 1. 352). Dans l'espèce, l'échéance des intérêts dépendait d'un événement futur, ce qui empêchait le créancier d'agir.

héritiers, sur le point de départ des intérêts ; nous en avons parlé ailleurs ; les héritiers opposèrent la prescription de cinq ans. La cour de Douai décida que l'article 2277 n'était pas applicable, parce qu'il n'y avait eu ni compte arrêté, ni dette liquidée, ni titre qui permît d'agir (1).

Il faut cependant ajouter une restriction au principe tel que la cour l'a formulé, c'est qu'il n'y ait aucune négligence à reprocher au créancier. Dès qu'il y a inaction volontaire, l'article 2277 est applicable. C'est ce que dit un autre arrêt de la cour de cassation. Dans l'espèce, un douaire était dû de plein droit avec les fruits à la veuve qui en était saisie du jour du décès du mari, aux termes de la coutume qui régissait les parties ; il ne dépendait donc que de la volonté de la veuve de faire liquider le douaire à partir de cette époque. La cour en conclut qu'il y avait eu inaction volontaire de la part de la douairière ; ce qui rendait l'article 2277 applicable (2).

La cour de cassation de Belgique a posé le même principe dans un débat entre l'Etat et la Société Générale. Celle-ci invoquait le bénéfice de l'article 2277. La prescription de cinq ans, dit la cour, a été établie pour punir la négligence du créancier et pour prévenir la ruine du débiteur par l'accumulation des arrérages. La Société Générale pouvait-elle s'en prévaloir, dans l'espèce ? Elle avait été condamnée à payer les intérêts des sommes perçues pour le compte de l'Etat, elle était en retard de les verser et elle les avait employés à son profit. Ces intérêts ne tombaient pas sous l'application de l'article 2277 ; d'abord ce n'étaient pas des intérêts périodiques, c'était plutôt un capital de prestations indûment perçues ; ensuite l'Etat n'était pas un créancier négligent, il n'avait pu exiger les intérêts qu'après que sa créance avait été fixée en principal par une liquidation définitive ; avant cette époque, la prescription n'avait pu courir contre lui (3).

470. La cour de cassation a fait une application inté-

---

(1) Rejet, 7 novembre 1864 (Dalloz, 1865, 1, 165). Comparez Rejet, 19 décembre 1871 (Dalloz, 1871, 1, 300).
(2) Cassation, 30 avril 1856 (Dalloz, 1856, 1. 398).
(3) Rejet, 2 janvier 1852 (*Pasicrisie*, 1852, 1, 265).

ressante de ces principes aux assurances mutuelles. Dans l'espèce, la liquidation d'une société d'assurance contre l'incendie poursuivit contre l'un des sociétaires le payement d'une somme due par lui pour cotisation et prime de la police. Le défendeur opposa la prescription de cinq ans. Admise par le premier juge, la prescription fut déclarée inapplicable par la cour de cassation. En matière d'assurances mutuelles, dit la cour suprême, la part contributive de chaque assuré dans la répartition des sinistres est essentiellement variable, éventuelle et indéterminée, puisqu'elle dépend du nombre et de l'importance des propriétés assurées par la société, ainsi que du nombre et de l'étendue des sinistres éprouvés dans l'année, lesquels sont incertains quant à leur époque, leur quotité et même leur existence. Ce qui avait trompé les premiers juges, c'est que les statuts de la société réglaient le maximum que la cotisation annuelle ne pourrait dépasser; il en inférait que le chiffre de la portion contributive était déterminé. Cela n'est pas exact; la fixation d'un maximum suppose, au contraire, que la charge est indéterminée. Dès lors la cotisation ne présentait pas les caractères de fixité et de périodicité voulus par la loi (1).

481. Le tuteur doit les intérêts de plein droit de la somme à laquelle s'élève le reliquat de son compte à partir de la clôture (art. 474). Jusqu'à ce que le compte ait été rendu, le pupille ne peut pas agir contre le tuteur, parce qu'il ne sait pas de quelle somme il est créancier; la prescription de cinq ans ne commence donc à courir que lorsque le compte a été rendu et apuré. Cela est sans difficulté pour les créances pupillaires (2). Faut-il y assimiler les intérêts dus depuis la majorité jusqu'à la reddition du compte? La jurisprudence est en ce sens (3). On admet généralement que la tutelle continue de fait jusqu'à la reddition du compte; de là suit que les intérêts perçus par le tuteur depuis la majorité du pupille font partie du compte de tutelle, et ne sont soumis à la prescription de cinq ans qu'à

---

(1) Cassation, 17 mars 1856 (Dalloz, 1856, 1. 99).
(2) Rejet, 30 avril 1835 (Dalloz, au mot *Minorité*, n° 461).
(3) Nancy, 19 mars 1830 (Dalloz, au mot *Minorité*, n° 471).

partir de la clôture du compte (1). Nous renvoyons, quant au principe, que nous n'admettons pas, à ce qui a été dit au titre qui est le siége de la matière (t. V, n°ˢ 117-119). Le pupille peut invoquer, en tout cas, le principe que la jurisprudence a consacré(n° 470) : il lui est impossible d'agir tant que le compte n'a pas été rendu, puisqu'il n'est pas en possession de ses titres, il ne sait pas même s'il est créancier ; on ne peut donc pas lui reprocher d'être négligent ; la prescription ne commencera à courir qu'à partir du compte.

472. Par application du même principe, les intérêts des sommes dues par compte courant ne se prescrivent pas tant que le compte n'a pas été réglé (2). Cela est admis par tout le monde, mais il y a quelque difficulté sur le point de savoir à quel moment le compte est arrêté. Les comptes entre commerçants ne se règlent pas, comme en matière civile, par un écrit signé des parties. Il a été jugé que le compte courant était arrêté et réglé à partir du dernier compte que le banquier a envoyé au commerçant à qui il avait ouvert un compte, quand de fait il n'y a plus eu aucune opération entre les parties depuis cette époque. Dans l'espèce, la dernière remise au débiteur avait eu lieu le 30 juin 1842 ; le banquier étant mort en 1867, sa veuve prétendit que le compte courant, n'ayant jamais été arrêté régulièrement, avait continué ; et elle réclama, en conséquence, les intérêts capitalisés jusqu'au 31 décembre 1867. Ces prétentions ont été repoussées par la cour de Rouen et par la cour de cassation. Le compte, dit la chambre des requêtes, avait été clos faute d'aliment et réglé à la date du 30 juin 1842 ; il en résultait pour le créancier un titre aussi complet que le comportent les relations commerciales ; ce sont les expressions de l'arrêt attaqué. De là suivait que le solde de la balance de ce compte constituait une créance soumise, pour les intérêts, à la prescription de cinq ans. L'esprit de la loi ne laissait aucun doute. Le débiteur, dit

---

(1) Douai, 22 avril 1857 (Dalloz, 1858, 2, 32).
(2) Rejet, 12 décembre 1838 (Dalloz, au mot *Prescription*, n° 1096, 2°). Rejet, cour de cassation de Belgique, 12 mars 1840 (*Pasicrisie*, 1840, 1, 316).

la cour de Rouen, avait été entretenu dans une trompeuse sécurité ; au lieu d'un solde s'élevant à 20,000 francs, on lui en réclamait 121,000. C'était le cas d'appliquer une prescription qui a pour objet de prévenir la ruine du débiteur par l'accumulation des intérêts et de punir la négligence du créancier (1).

473. Une cause légitime a empêché le créancier de réclamer les intérêts, aucune négligence ne peut lui être reprochée ; dès lors la prescription de cinq ans n'est pas applicable (2). Cela est d'évidence quand une loi ou un acte équivalent empêche le créancier d'agir. Une maison située à Saint-Domingue est vendue moyennant une rente viagère. La rente fut servie régulièrement jusqu'en 1802. A cette époque, un arrêté du 19 fructidor an x ordonna un sursis ; cet arrêté fut successivement prorogé jusqu'en 1819. Après que le sursis fut levé, le crédirentier resta plus de cinq ans sans demander au débiteur les seize années d'arrérages accumulées sous l'empire des sursis. A la demande formée en 1826, le débiteur opposa la prescription de cinq ans. L'exception fut rejetée, parce qu'aux termes de l'arrêté consulaire, le temps de la suspension de payement ne pouvait jamais être compté pour la prescription. Il y avait eu impossibilité légale d'agir ; il ne pouvait donc être question de prescription. La cour de Paris ajoute, ce qu'il était inutile de dire en présence d'une loi formelle, que la prescription de cinq ans avait pour objet d'empêcher l'accumulation d'arrérages provenant de la négligence des créanciers ; qu'elle était donc inapplicable à une accumulation forcée résultant d'une loi d'exception qui avait ordonné un sursis à toutes poursuites (3).

474. Dans l'opinion que nous avons adoptée, les intérêts du prix de vente sont soumis à la prescription de cinq ans. Il a cependant été jugé que cette prescription n'était pas applicable, parce que, dans l'espèce, il y avait eu empêchement d'agir ; l'acquéreur avait notifié son contrat aux créanciers inscrits à l'effet de purger l'immeuble des

_____

(1) Rejet, 5 juin 1872 (Dalloz, 1873, 1, 77).
(2) Leroux de Bretagne, t. II, p. 286, n° 1253.
(3) Paris, 28 avril 1827 (Dalloz, au mot *Prescription*, n° 1096, 11°).

hypothèques qui le grevaient; par cette notification, l'acquéreur offrait de payer sur-le-champ principal et intérêts aux créanciers en ordre de recevoir ; ceux-ci n'avaient rien pu exiger, à partir de ce moment, jusqu'au jugement d'ordre distributif. L'acquéreur pouvait-il se plaindre de l'accumulation d'intérêts qui en résultait? C'était lui-même qui empêchait les créanciers d'agir, il pouvait d'ailleurs consigner. D'autres circonstances de la cause vinrent ajouter de nouvelles entraves à l'action des créanciers : revendication de portions de l'immeuble, action en surenchère, demande en rescision pour cause de lésion. Au milieu de ces involutions de procédures, dont l'effet immédiat était de réagir sur la quotité du capital et des intérêts que les créanciers pouvaient réclamer, ceux-ci étaient dans l'impossibilité d'en poursuivre le payement; en conséquence, dit la cour de Bourges, la prescription de cinq ans ne pouvait leur être opposée (1).

La cour de cassation a donné l'appui de son autorité à cette doctrine. Elle pose en principe que la prescription quinquennale étant fondée sur une présomption de payement et plus encore sur une considération d'ordre public tirée du danger d'une accumulation d'arrérages, on ne peut l'invoquer contre le créancier que son débiteur a mis dans l'impossibilité d'agir. Dans l'espèce, la demande en nullité formée par le débiteur avait mis en question la créance même, et, par suite, fait obstacle à toute poursuite de la part du créancier; en rejetant la prescription de l'article 2277, l'arrêt attaqué avait donc fait une juste application de la loi (2).

N° 4. QUAND LA PRESCRIPTION COMMENCE-T-ELLE ET QUAND CESSE-T-ELLE
DE COURIR ?

425. L'article 2277 dit que les prestations périodiques se prescrivent par cinq ans; il ne dit pas quels sont ces

---

(1) Bourges, 15 juillet 1839 (Dalloz, au mot *Prescription*, n° 1091, 2°). Dans le même sens, les décisions rapportées par Leroux deBretagne, t. II p. 286, n° 1253.
(2) Cassation, 5 juillet 1858 (Dalloz, 1858, 1, 413).

cinq ans et quand ils commencent à courir. Il est généralement admis, par les auteurs et par la jurisprudence, que dans le calcul des cinq années il faut prendre pour point de départ la demande judiciaire ou l'acte interruptif de la prescription. Si le créancier demande les intérêts le 1er janvier 1876, on compte, en remontant, jusqu'au 1er janvier 1871; le débiteur doit les intérêts depuis cette date, il peut opposer la prescription pour les intérêts échus antérieurement (1).

L'application du principe a soulevé une légère difficulté quand il s'agit de rentes viagères; comme elles s'éteignent à la mort du créancier, la cour de Paris a eu la singulière idée de prendre la mort comme point de départ des cinq ans. Marcadé demande où la cour a vu que la mort est une cause d'interruption de la prescription; la rente s'éteint, les arrérages ne sont plus dus, mais, pour ceux qui étaient échus, la prescription continue à courir jusqu'à ce qu'elle ait été interrompue (2). Il est inutile d'insister, puisqu'il n'y a aucun doute.

476. La citation en justice interrompt la prescription (art. 2244). Il suit de là que les intérêts demandés par action judiciaire ne se prescrivent point tant que l'instance dure; la prescription ne commence que lorsqu'il y a condamnation et que le créancier néglige de poursuivre le payement des intérêts qui lui ont été adjugés. La cour de cassation l'a jugé ainsi dans une espèce où l'instance avait duré vingt-cinq ans; le défendeur a été condamné à payer les intérêts courus depuis le jour de la demande (3). Il n'y a d'autre prescription, tant qu'il n'y a pas de jugement, que celle de l'instance (4).

Il en est de même des intérêts ou arrérages échus avant la demande; les poursuites judiciaires, dit la cour d'Amiens,

---

(1) Leroux de Bretagne, t. II, p. 275, n° 1235. Bordeaux, 21 février 1838 (Dalloz, au mot *Prescription*, n° 1075). Cassation, 5 février 1868 (Dalloz, 1868, 1, 58).
(2) Marcadé, t. VIII, p. 225, n° IV de l'article 2277. Bordeaux, 21 mars 1846 (Dalloz, 1849, 2, 108). En sens contraire, Paris, 22 juillet 1826 (Dalloz, au mot *Prescription*, n° 1057).
(3) Rejet, 12 juillet 1836 (Dalloz, au mot *Prescription*, n° 1082).
(4) Liege, 6 février 1843 (*Pasicrisie*, 1843, 2, 250).

qui ont préservé de la prescription la rente ont aussi préservé les intérêts échus (1). Ce principe si simple a été contesté devant la cour de cassation. Le premier juge avait condamné le débiteur à payer six années d'arrérages : c'était violer l'article 2277, disait le pourvoi. La cour de cassation répond qu'il résultait de l'arrêt attaqué que, lors de la demande, cinq années d'arrérages étaient échus, donc dus ; la sixième était échue pendant l'instance, et la poursuite l'avait préservée de la prescription ; elle l'en aurait préservée quand même l'instance aurait duré vingt-cinq ans, comme dans l'espèce que nous venons de citer (2).

477. Le même principe s'applique aux intérêts du prix d'adjudication. L'adjudicataire est tenu de payer son prix avec les intérêts, entre les mains des créanciers, du jour fixé par le cahier des charges : peut-il exciper du retard qu'éprouve le payement pour opposer la prescription de cinq ans? Non, car ces retards sont ceux qui arrêtent la distribution des deniers, donc une procédure judiciaire ; et pendant la procédure il ne peut être question de prescription, car le créancier ne peut pas demander ce qui lui est dû et le débiteur ne peut pas payer. La cour de Grenoble ajoute qu'il n'y a point de présomption de payement, puisque l'adjudicataire n'a pas pu payer (3).

478. Il en est ainsi, à plus forte raison, des intérêts qui courent pendant la poursuite de l'ordre, puisqu'il y a, dans ce cas, un véritable état de litispendance. Le principal du prix et les intérêts échus et à échoir, dit la cour de Paris, forment un ensemble litigieux qui devient la propriété des créanciers inscrits : ce qui suffit déjà pour écarter l'application de l'article 2277 (n° 459). De plus, il y a une instance pendant laquelle les créanciers ne peuvent pas poursuivre le payement de leur créance ; elle ne cesse qu'à la clôture définitive de l'ordre ; donc la prescription, jusque-là, est impossible (4).

(1) Amiens, 26 janvier 1820 (Dalloz, au mot *Prescription*, n° 1059). Colmar, 29 avril 1863 (Dalloz, 1865, 2, 5).
(2) Cassation, 20 août 1860 (Dalloz, 1860, 1, 428).
(3) Grenoble, 19 mars 1829 et 20 janvier 1832 (Dalloz, au mot *Prescription*, n° 1089. 4°).
(4) Paris, 12 juin 1844 (Dalloz, au mot *Ordre*, n° 528).

479. Il y a quelque difficulté quand l'adjudication a lieu par suite d'une procédure de purge. La cour de cassation a décidé que l'article 2277 n'était pas applicable. Dans l'espèce, la vente de l'immeuble avait eu lieu le 15 février 1823; en 1825, l'acquéreur notifia son contrat aux créanciers inscrits avec déclaration qu'il était prêt à payer son prix entre leurs mains; nous laissons de côté une difficulté qui se présenta sur cette offre. Les créanciers n'ayant pas surenchéri, l'acquéreur provoqua l'ouverture d'un ordre pour la distribution de la somme qu'il avait offerte. L'ordre, retardé par divers incidents, ne fut ouvert que le 29 novembre 1855, et le règlement définitif n'eut lieu que le 30 janvier 1858. Un débat s'éleva sur la prescription des intérêts : y avait-il lieu d'appliquer l'article 2277 aux intérêts qui avaient couru à partir de la notification faite aux créanciers? Le premier juge repoussa la prescription quinquennale. D'abord parce que l'offre de payer les intérêts écartait toute présomption de payement; motif assez faible, puisque la prescription est surtout fondée sur la négligence du créancier. L'arrêt attaqué ajoutait que la procédure d'ordre était d'ailleurs interruptive de prescription. Ici était le vrai siége de la difficulté. Le pourvoi ne niait pas l'interruption, mais après l'interruption une nouvelle prescription commence. Cela est vrai en général; mais cela s'applique-t-il à l'interruption qui résulte d'une procédure d'ordre? ne faut-il pas l'assimiler à une instance judiciaire qui perpétue l'interruption? Il est certain que les créanciers ne peuvent pas agir contre l'acquéreur; donc on ne peut leur reprocher aucune négligence, et, par conséquent, il n'y a pas lieu à une prescription qui punit la négligence du créancier. La cour de cassation n'est pas entrée dans ce débat; elle repoussa la prescription de cinq ans, parce que les intérêts des créances colloquées, tout en continuant de courir, avaient cessé d'être payables à des termes périodiques. Le motif est loin d'être péremptoire, puisque, d'après la jurisprudence de la cour suprême, il n'est pas nécessaire que les intérêts soient payables à des termes périodiques pour qu'il y ait lieu à la prescription de cinq ans (1). Mieux vaut s'en tenir au motif tel que nous venons de le formuler.

480. L'interruption de la prescription quinquennale ne change pas la nature de cette prescription, en la convertissant en prescription trentenaire, à moins que le fait interruptif n'emporte novation de la créance. C'est l'application d'un principe général : l'interruption de la prescription est un fait ou un acte qui efface ou rend inutile le temps déjà couru, mais qui n'affecte nullement le droit ou le titre et proroge simplement l'action qui en dérive pendant une nouvelle période égale à celle exigée par la loi pour prescrire cette action (n°s 161 et 168). La règle reçoit exception, et une longue prescription est substituée à une courte prescription, lorsque le titre ou le droit sont modifiés par l'acte interruptif. Tels ne sont pas le commandement et la saisie : c'est l'exercice du droit, ce qui implique que rien n'est changé à la nature du droit. Il en est surtout ainsi de la prescription quinquennale, basée sur un motif d'ordre public ; ce motif subsiste, et, par conséquent, la courte prescription tant que les parties n'ont pas fait novation. Le cas de novation peut se présenter pour la reconnaissance de la dette ; tout dépend, dans ce cas, de l'intention des parties ; la reconnaissance tacite confirme le titre primitif et, par suite, la créance conserve sa nature de dette d'intérêts ; tandis que la reconnaissance expresse peut former un titre nouveau et changer la nature du droit. Nous renvoyons à ce qui a été dit sur l'interruption de la prescription (n°s 168, 170, 171).

La cour de Grenoble, dans un arrêt très-bien motivé, a jugé en ce sens, que la prescription quinquennale, interrompue par la reconnaissance tacite du débiteur, n'avait pas eu pour effet de transformer la dette d'intérêts ; par conséquent, la prescription de cinq ans recommençait à courir après l'interruption (2).

---

(1) Rejet, chambre civile, 27 avril 1864 (Dalloz, 1864, 1, 433).
(2) Grenoble, 6 mai 1854 (Dalloz, 1856, 2, 124).

§ III. *De la prescription de cinq ans et de deux ans concernant les juges et avoués, et les huissiers.*

481. « Les juges et avoués sont déchargés des pièces cinq ans après le jugement des procès » (art. 2276). Cela veut dire que l'action en responsabilité qui appartient aux parties contre les juges et avoués se prescrit par cinq ans ; mais il faut se garder de conclure de là que les magistrats et les officiers ministériels acquièrent la propriété de ces pièces par la prescription de cinq ans. Les parties peuvent revendiquer leurs pièces contre les détenteurs tant qu'elles existent, car les juges et avoués, étant possesseurs précaires, ne sauraient prescrire. Mais si les pièces s'égarent ou sont détruites, ceux à qui elles ont été remises en sont responsables ; c'est cette responsabilité qui se prescrit par cinq ans. La loi y met une condition, c'est que les procès soient jugés. Cette condition fait connaître la raison pour laquelle la loi a établi la courte prescription de cinq ans. Quand le procès est terminé, les juges et les avoués n'ont plus besoin des pièces ; il est donc probable qu'ils les rendent aux parties ou que celles-ci les réclament si les pièces peuvent encore leur être utiles. Si les pièces deviennent inutiles, par suite de la décision du litige, il y avait une raison de plus de limiter la responsabilité pour la restitution de papiers sans valeur. Tant que le procès dure, les juges et avoués ont besoin des pièces ; les parties ne pouvant pas les réclamer, il ne saurait y avoir de prescription.

482. La disposition de l'article 2276 est exceptionnelle, comme toutes les courtes prescriptions ; elle est donc de stricte interprétation (1). On ne peut pas l'étendre hors du cas prévu par la loi ; mais quel est ce cas ? La cour de Bruxelles a décidé que la prescription de cinq ans ne concerne que les avoués et leurs clients ; de sorte que ladite prescription ne serait pas applicable au cas où l'avoué de l'une des parties prendrait communication des pièces pro-

_____

(1) Voyez une application de ce principe dans un arrêt de cassation du 26 juillet 1820 (Dalloz, au mot *Prescription*, n°.1050).

duites par l'autre partie (1). Cette interprétation n'est-elle pas trop restrictive? Elle ajoute au texte une condition qui n'y est pas. Sans doute le législateur a eu surtout en vue les rapports de l'avoué avec son client, mais il n'a pas fait de cette circonstance une condition. Le texte reçoit son application aux pièces prises en communication; cela est décisif.

483. Les parties ont le droit de demander la taxe, et ce droit, comme toute action, ne se prescrit que par trente ans; mais la taxe des frais ne peut se faire régulièrement que sur la représentation des pièces. De là on conclut qu'après cinq ans la taxe ne peut plus être demandée. C'est la jurisprudence constante du tribunal de la Seine (2).

484. Ces décisions ne sont-elles pas trop absolues? Les parties ne pourraient-elles pas déférer aux avoués le serment sur le point de savoir si les pièces existent encore entre leurs mains? C'était l'opinion de Pothier. On enseigne généralement le contraire sous l'empire du code civil (3). Il faut s'entendre. Quand il s'agit de la prescription de l'action en responsabilité, la délation du serment n'est pas admissible; cela résulte des termes de l'article 2275, sur lequel nous reviendrons, et de la place que cette disposition occupe dans le code civil. Mais si je revendique les pièces qui m'appartiennent après cinq ans, je dois être admis à la preuve de mon droit de propriété; donc je puis invoquer l'article 1358, d'après lequel le serment décisoire peut être déféré sur quelque espèce de contestation que ce soit. L'avoué ne pourrait pas objecter que le serment n'est pas admissible en matière de prescription; je répondrais qu'il ne s'agit pas de la responsabilité de l'avoué, je n'agis pas contre lui en dommages-intérêts, cette action est éteinte; j'agis contre un dépositaire, en revendiquant ce qui m'appartient : cette action est imprescriptible.

---

(1) Bruxelles, 12 octobre 1822 (*Pasicrisie*, 1822, p. 244). En sens contraire, Leroux de Bretagne, t. II, p. 290, n° 1262.
(2) Voyez les jugements du 28 avril 1839 et du 6 juin 1840 (Dalloz, 1846, 3, 122).
(3) Pothier, *Des obligations*, n° 727. En sens contraire, Leroux de Bretagne, t. II, p. 289, n° 1260.

485. L'article 2276, § 2, ajoute : « Les huissiers, après deux ans depuis l'exécution de la commission, ou la signification des actes dont ils étaient chargés, en sont pareillement déchargés. » Pourquoi l'action contre les huissiers se prescrit-elle par deux ans, tandis que l'action contre les avoués ne se prescrit que par cinq ans? On dit que le ministère des huissiers comporte plus de rapidité(1); mais qu'est-ce que cela a de commun avec la prescription de l'action en responsabilité? Nous ne connaissons pas de bonne raison de la différence que la loi met entre les *avoués* et les *huissiers*.

486. La prescription de deux ans, comme celle de cinq ans, est de stricte interprétation. Il résulte des termes de l'article 2276 que la loi ne s'applique qu'à l'action du créancier contre l'huissier qu'il a chargé de faire une commission ou une notification. La cour de Paris en a conclu, et avec raison, que la prescription de deux ans n'est pas applicable au débiteur qui demande la remise de titres qu'il a acquittés (2). Il a encore été jugé que l'action en reddition de compte des sommes qu'un huissier a reçues pour son client ne se prescrit que par trente ans; décision parfaitement juste, car il s'agissait de l'action née d'un mandat ; donc il fallait appliquer le droit commun, et non une disposition exceptionnelle qui n'avait rien de commun avec l'espèce (3).

§ IV. *De la prescription des créances des avoués et des huissiers.*

Nº 1. DES AVOUÉS.

487. « L'action des avoués, pour le payement de leurs frais et salaires, se prescrit par deux ans, à compter du jugement des procès, ou de la conciliation des parties, ou depuis la révocation desdits avoués. A l'égard des affaires non terminées, ils ne peuvent former de demandes pour

---

(1) Troplong, *De la prescription*, nº 999.
(2) Paris, 20 décembre 1825 (Dalloz, au mot *Prescription*, nº 1031).
(3) Rouen, 1er juillet 1828 (Dalloz, au mot *Prescription*, nº 1033).

leurs frais et salaires qui remonteraient à plus de cinq ans » (art. 2273). La durée de la prescription diffère selon que l'affaire est ou non terminée. Quand le procès est jugé ou concilié, l'avoué n'a que deux ans pour réclamer ses frais et salaires, temps plus que suffisant, puisqu'il est d'usage que le client lui fait des remises au moment où le procès s'engage ; le législateur a donc pu établir la présomption qu'après deux ans il y a payement. Si le procès dure plus de cinq ans, la loi a dû accorder à l'avoué un délai plus long, des motifs de délicatesse pouvant l'empêcher de réclamer immédiatement ses frais et salaires. Puisque la prescription diffère selon que l'affaire est terminée ou non, il importe de préciser le moment où le procès est fini ; la loi et le bon sens le disent : le procès est terminé par le jugement ou la conciliation. Il faut que le jugement soit définitif; un jugement préparatoire ou interlocutoire ne suffirait point, pas même un jugement rendu sur l'un des points qui sont en litige ; dès que le procès continue, l'affaire n'est point terminée, et, partant, il y a lieu à la prescription de cinq ans. On a soutenu que la prescription courait à partir de chacun des arrêts rendus par la cour, ce qui aurait conduit à éluder la prescription de cinq ans ; cette fausse interprétation de la loi a été repoussée par la cour de Paris (1).

488. Si l'avoué occupe dans plusieurs procès distincts, il y a lieu à une prescription spéciale pour chaque procès, puisque chaque procès se termine par un jugement. Le contraire a cependant été décidé dans une espèce où l'avoué avait été chargé de faire de nombreux recouvrements de créances ; le tribunal constate que c'était une série d'affaires de même nature et que les frais devaient se payer avec les recouvrements résultant des procès. Ces motifs ont été jugés suffisants par la cour de cassation (2); ils nous paraissent très-contestables. Chaque créance donnant lieu à un procès distinct, il y a lieu, pour chaque procès, à une action, et, par suite, à une prescription spéciale. Pour

---

(1) Paris, 5 décembre 1835 (Dalloz, au mot *Prescription*, n° 1027, 1°).
(2) Rejet, 9 août 1848 (Dalloz, 1848, 1, 186).

qu'il en fût autrement, il faudrait une convention qui consi-
dérât toutes les instances comme une seule et même affaire
dont l'avoué serait chargé, et qui ne se terminerait que par
le dernier jugement. Cette convention peut, à la rigueur,
être tacite, comme l'a décidé la cour de Bordeaux (1). Le
principe n'est pas douteux, mais l'application que la cour
en a faite nous laisse des doutes. Comme il s'agit d'une
question d'intention, il est inutile d'insister.

489. L'article 2273 porte que l'action des avoués se
prescrit par deux ans à compter du jugement des procès,
ou de la conciliation des parties, ou depuis la révocation
desdits avoués. Que faut-il décider si l'avoué venait à décéder, ou s'il était destitué, ou si son office était supprimé?
On admet généralement qu'il y a lieu à la prescription de
deux ans à partir de la mort, de la destitution ou de la sup-
pression (2). Il y a un motif de douter, c'est que la disposition de l'article 2273 est exceptionnelle; ce qui ne permet pas de l'étendre à des cas non prévus. Cette difficulté
n'a pas arrêté la cour de cassation (3); et nous croyons
qu'elle a bien jugé. La deuxième disposition de l'article 2273
sert à interpréter la première; elle étend à cinq ans l'action des avoués pour les affaires *non terminées;* la prescription de deux ans s'applique donc aux affaires qui sont
terminées, peu importe qu'elles le soient d'une manière
absolue, soit par un jugement, soit par une transaction, ou
qu'elles le soient d'une manière relative, quant à l'avoué,
par une révocation; si la loi ne cite que la révocation, c'est
qu'elle ne prévoit que ce qui arrive ordinairement : la sup-
pression d'emploi, la destitution équivalent à une révocation, et la mort met fin à tout mandat.

490. L'action des avoués qui se prescrit par deux ans
est celle de leurs *frais* et *salaires,* c'est-à-dire l'action
qu'ils ont contre leurs clients. Il n'y a pas lieu d'appliquer
l'article 2273 lorsque l'avoué obtient distraction à son profit

---

(1) Bordeaux, 22 août 1871 (Dalloz, 1872, 2, 214).
(2) Marcadé, t. VIII, p. 219, n° I de l'article 2277. Leroux de Bretagne,
t. II, p. 292, n° 1268. Comparez Duranton, t. XXI, p. 668, n° 410.
(3) Cassation, 18 mars 1807; Rejet, 19 août 1816 (Dalloz, au mot *Prescription,* n° 1028).

des dépens adjugés à son client; il agit alors, en vertu de cette distraction, contre la partie adverse, c'est-à-dire qu'il exerce un droit de son client en vertu de l'article 1166, sauf que le produit de l'action lui appartient exclusivement; et l'action du client dure trente ans, donc l'action de l'avoué a la même durée (1).

491. Que faut-il entendre par *frais* et *salaires?* Il ne s'agit pas seulement de ce qui est dû à l'avoué pour l'exercice de son ministère; le mot *frais* comprend tout ce que l'avoué doit débourser : tels sont les droits d'enregistrement, de greffe, le coût des actes d'huissier, ou de copies des pièces qui lui sont nécessaires. Un jugement de première instance avait décidé en sens contraire; il admettait la prescription de deux ans pour les frais faits directement par l'avoué, et il la rejetait pour les frais avancés, tels que le coût d'actes d'huissier. La décision a été cassée; elle est en opposition avec l'esprit de la loi, dit la cour, en y introduisant une distinction entre les frais que l'avoué fait comme officier ministériel et ceux qu'il fait comme mandataire(2). Il faut ajouter que la distinction est fausse; l'avoué agit toujours comme mandataire *ad litem.* Ce qui a trompé le premier juge, c'est que la prescription de deux ans n'est plus applicable quand l'avoué est chargé d'un mandat étranger à ses fonctions; mais quand il paye les actes d'huissier, il agit dans les limites de son ministère, puisque ce payement est une nécessité du procès.

Il n'y a quelque doute que pour les honoraires des avocats. A notre avis, il faut appliquer aux honoraires des avocats ce que nous venons de dire des frais en général. Ce sont aussi des frais nécessaires, et là où il est d'usage que l'avoué conduit le procès et choisit même l'avocat, il doit faire l'avance des honoraires; quand même il ne le choisirait pas, c'est encore un devoir de sa charge de se faire assister par un avocat, et, par conséquent, de payer

(1) Grenoble, 22 juillet 1824 (Dalloz, au mot *Prescription,* n° 1026).
(2) Cassation, 16 décembre 1846 (Dalloz, 1847, 1, 33). Bruxelles, 29 mai 1817 (*Pasicrisie,* 1817, p. 411). Dijon, 26 décembre 1846 (Dalloz, 1847, 4, 380).

ses honoraires. Les auteurs sont néanmoins divisés ainsi que les arrêts (1).

492. Lorsque l'avoué agit en dehors des fonctions de son ministère, comme mandataire, il reste, quant à la prescription, sous l'empire du droit commun. C'est la conséquence du principe que la prescription de l'article 2273 est exceptionnelle, comme toutes les courtes prescriptions. Ainsi l'avoué exerce en même temps la profession d'avocat; il a, dans ce cas, deux actions: celle qui lui appartient comme officier ministériel se prescrit par deux ou cinq ans; celle qu'il a comme avocat ne se prescrit que par trente ans. On a objecté que l'avoué licencié, qui a le droit de plaider en vertu de la loi du 22 ventôse an XII (art. 32), ne restait pas moins avoué, et soumis, comme tel, à la prescription de deux ans. La cour de cassation n'a tenu aucun compte de l'objection (2); il est certain que lorsque l'avoué plaide, ce n'est pas en sa qualité d'officier ministériel, car, en cette qualité, il n'a pas le droit de plaider; cela décide la question. A plus forte raison, la prescription générale est-elle applicable quand l'avoué remplit un mandat ordinaire, *ad negotia,* comme on dit; il n'est pas avoué, dans ce cas, il est mandataire (3).

Il s'est encore présenté une autre difficulté. L'avoué occupe dans une affaire correctionnelle où son ministère n'est pas requis : son action sera-t-elle régie par l'article 2273 ou par le droit commun? Il a été jugé, et l'on enseigne qu'il a agi dans l'exercice de ses fonctions; ce qui rend applicable la prescription de deux ans (4). Cela est-il bien exact? L'avoué n'*occupe* pas en police correctionnelle; il plaide comme mandataire, donc il n'est pas dans l'exercice de ses fonctions; ce qui écarte l'article 2273.

---

(1) Leroux de Bretagne, t. II, p. 293, n° 1274, et les autorités en sens divers qu'il cite. Voyez la jurisprudence dans Dalloz, au mot *Prescription,* n° 1022.

(2) Rejet, 22 juillet 1835 (Dalloz. au mot *Prescription,* n° 1023, 1°). Dans le même sens, Orléans, 30 juin 1842 (*ibid.,* n° 1023, 2°).

(3) Leroux de Bretagne, t. II, p. 294, n° 1275. Dalloz, *Répertoire,* au mot *Prescription,* n° 1023. 3°).

(4) Voyez l'arrêt d'Orléans précité (note 2), et Leroux de Bretagne (note 3).

493. Il a été jugé que les salaires des agents d'affaires ne sont pas soumis à la prescription de l'article 2273, ce qui est évident; ni à aucune prescription spéciale, ce qui résulte du texte de la loi; l'action reste donc soumise à l'article 2262 (1). Il en est de même des honoraires des avocats et des notaires; cela n'a jamais été contesté.

Nº 2. DES HUISSIERS.

494. « L'action des huissiers, pour le salaire des actes qu'ils signifient et des commissions qu'ils exécutent, se prescrit par un an » (art. 2272). Pourquoi l'action des huissiers se prescrit-elle par un an, tandis que celle des avoués dure deux ans? Bigot-Préameneu répond, dans l'Exposé des motifs : « Leur ministère n'est point employé pour des actes multipliés et se prolongeant autant que ceux des avoués; il est d'usage de les payer plus promptement. » Il y a, en effet, une différence dans la position sociale des avoués et des huissiers, qui explique la durée différente des actions.

495. L'article 2272 ne parle que des *salaires* dus aux huissiers pour les actes qu'ils signifient et pour les commissions qu'ils exécutent; il ne dit rien des *frais,* que l'article 2273 soumet à la même prescription quand il s'agit des avoués. Faut-il conclure de là que l'action des huissiers pour avances et déboursés se prescrit, d'après le droit commun, par trente ans? D'après la rigueur des principes, il faudrait le décider ainsi, puisque l'article 2273 établit une prescription exceptionnelle que l'on ne peut pas étendre au delà des termes de la loi. La question s'est présentée plusieurs fois devant la cour de cassation; elle l'a résolue par une distinction. Quand le coût des actes des huissiers se compose de salaires et de déboursés, tels que frais de timbre et d'enregistrement, il faut appliquer la même prescription à l'action qui comprend le salaire proprement dit et les déboursés nécessaires que l'huissier a dû faire. En principe, cela est de toute évidence; en effet, il n'y a pas une

_____

(1) Rejet, chambre civile, 18 mars 1818 (Dalloz, au mot *Prescription,* nº 1037, 1º).

ombre de raison pour distinguer les deux éléments qui constituent la créance de l'huissier, l'émolument qui lui est dû pour le ministère qu'il remplit et les déboursés qu'il doit faire à l'occasion de ces actes; comprend-on qu'il ait trente ans pour réclamer les frais de timbre et d'enregistrement de ses actes et qu'il n'ait qu'un an pour le salaire proprement dit? Cela n'a pas de sens, si l'on s'attache à l'esprit de la loi. La cour de cassation rappelle que les courtes prescriptions des articles 2272 et 2273 sont fondées, d'abord sur la nature de ces dettes, qu'il est d'usage de payer comptant ou dans un bref délai, puis sur les besoins de ceux à qui elles sont dues. Ce motif s'applique certainement à tout le coût de l'acte. Mais le texte et le caractère exceptionnel de la disposition laissent un doute. La cour de cassation elle-même l'avoue; elle dit que l'expression de *salaire* est *inexacte* (1). Cela permet-il à l'interprète de corriger la loi? Non, certes, à moins qu'il ne soit certain que la lettre de la loi ne rend pas la pensée du législateur. Or, dans l'espèce, il en est ainsi; nous avons dit plus haut que la mauvaise rédaction de l'article 2277 a forcé la doctrine et la jurisprudence de s'écarter du texte (n⁰ˢ 454 et 457); il faut donc s'en tenir à l'esprit de la loi de préférence au texte.

Un arrêt postérieur de la cour de cassation a complété sa doctrine. Le premier juge avait appliqué la prescription d'un an non-seulement aux frais de timbre et d'enregistrement, mais aussi aux avances que l'huissier avait faites en dehors de ses actes, telles que les frais de levée de jugement et d'inscription hypothécaire. En faisant ces avances, dit la cour, l'huissier n'agit pas comme officier ministériel, mais comme mandataire ou gérant d'affaires; et, à ce titre, il demeure sous l'empire du droit commun (2). La distinction que la cour établit entre les avances qui constituent un élément de l'acte et les avances que l'huissier fait en dehors de l'acte paraît subtile, mais elle est commandée par le caractère exceptionnel de l'article 2273; il faut déjà

(1) Rejet, 23 juin 1863 (Dalloz, 1863, 1, 344).
(2) Cassation, 18 février 1873 (Dalloz, 1873, 1, 60).

étendre le texte, ou du moins le corriger, comme a fait la
cour suprême, pour y comprendre les avances concernant
les actes ; mais il est impossible de qualifier de *salaire* ou
de *coût d'acte* les déboursés que l'huissier fait en dehors
de ses actes ; ici le principe de l'exception l'emporte.
L'huissier, en faisant ces avances, n'agit pas comme tel, il
est un mandataire ordinaire ou un gérant d'affaires ; et,
par conséquent, son action est soumise au droit commun (1).

496. La prescription court-elle contre l'huissier, quoiqu'il soit encore en possession des actes faits pour son
client? Oui, et sans doute aucun, puisque la loi ne tient
aucun compte de ce fait pour arrêter le cours de la prescription. Un tribunal avait néanmoins décidé qu'il n'y avait
pas lieu à la prescription d'un an, parce que l'huissier était
encore possesseur des actes. Sa décision a été cassée :
c'était, dit la cour, créer une cause d'interruption qui n'est
pas dans la loi et violer, par conséquent, l'article 2272 (2).
Il est vrai que la circonstance que l'huissier n'a pas remis
les pièces à son client affaiblit la présomption de payement, mais le législateur seul aurait pu en induire une
présomption contraire (3).

497. Il est de jurisprudence que si un huissier est
chargé habituellement par un avoué de signifier les actes
de son étude, l'action qu'il a contre l'avoué se prescrit par
trente ans, comme toute action née d'un mandat. On n'est
plus dans les termes de l'article 2272, lequel suppose que
l'huissier agit contre son client. L'esprit de la loi est d'accord avec le texte. Lorsque l'huissier est chargé directement par la partie de faire une poursuite, il ne remet ordinairement les pièces que sur le payement de ses honoraires.
Il n'en est pas de même quand il agit comme mandataire de
l'avoué ; il est obligé, dans ce cas, de remettre les pièces
à son mandant, et d'attendre pour son payement le règlement du compte qui se fait entre lui et l'avoué ; les relations

---

(1) Cassation, 9 mars 1875 (Dalloz, 1877, 1, 83).
(2) Cassation, 10 mai 1836 (Dalloz, au mot *Prescription*, n° 997).
(3) En sens contraire, jugement du tribunal de la Seine, 3 juin 1845
(Dalloz, 1845, 4, 403). Dans l'espèce, il s'agissait d'un avoué.

qui s'établissent entre eux ne lui permettent pas d'exiger immédiatement ce qui lui est dû. Le mandat qui se forme entre l'avoué et l'huissier a une conséquence décisive en ce qui concerne la prescription : ce n'est plus l'huissier qui agit contre les parties pour obtenir le payement de ses honoraires, c'est l'avoué qui se charge de ce recouvrement et qui porte en compte les sommes qu'il touche ; l'action qui appartient à l'huissier est donc celle qui résulte d'un compte courant, ou plus généralement du mandat (1).

§ V. *De la prescription d'un an et de six mois.*

498. Les courtes prescriptions de six mois et d'un an sont fondées sur une présomption de payement. « Cette présomption, dit l'Exposé des motifs, résulte du besoin que les créanciers ont d'être payés promptement, de l'habitude des débiteurs d'acquitter ces dettes sans un long retard, et même sans exiger de quittance, et enfin sur les exemples trop souvent répétés de débiteurs et surtout de leurs héritiers, contraints, en pareil cas, de payer plusieurs fois. » La différence d'un an et de six mois établie par le code tient compte des usages et de la position sociale des créanciers et des débiteurs.

Nº 1. DE LA PRESCRIPTION D'UN AN.

499. « L'action des médecins, chirurgiens et apothicaires, pour leurs visites, opérations et médicaments se prescrit par un an. » Cette prescription s'applique-t-elle aux sages-femmes et aux gardes-malades ? Celles-ci sont comprises parmi les femmes de journée ou gens de travail, dont l'action se prescrit par six mois, aux termes de l'article 2271. Il y a doute quant aux sages-femmes : elles sont autorisées à exercer une branche de l'art de guérir ; toutefois il est impossible de les qualifier de médecins. D'un autre côté, il est d'usage de les payer immédiate-

(1) Jugement du tribunal de la Seine du 28 février 1845 (Dalloz, 1845, 4, 306). Orléans, 15 mars 1856 (Dalloz, 1857, 2, 15). Grenoble, 25 février 1857 (Dalloz, 1857, 2, 212). Montpellier, 10 mars 1858 (Dalloz, 1872, 5, 302).

ment, tandis qu'on ne paye les médecins qu'à la fin de l'année. La différence dans la position sociale doit entraîner une différence dans le délai de la prescription. Il faut donc classer les sages-femmes parmi les gens de travail (1).

500. La loi du 27 germinal an XI (art. 27) autorise les médecins à fournir des médicaments à leurs malades quand ils sont établis dans une commune où il n'y a pas de pharmacien, mais sans avoir le droit de tenir une officine ouverte. Un pharmacien vend des médicaments à un médecin, lequel les revend à ses malades; on demande si, dans ce cas, la prescription d'un an sera applicable? Il y a doute. L'article 2272 suppose une dette d'un malade à l'égard de celui qui le traite, ou qui lui fournit des médicaments; donc le texte ne reçoit pas d'application au médecin qui achète des médicaments pour les fournir à ses malades. Légalement parlant, ce fait constitue un acte de commerce; tandis que l'article 2272 prévoit des soins donnés à un malade. Cependant la cour de cassation a décidé que la prescription d'un an est applicable. Elle se fonde sur les termes généraux de la loi, qui ne distingue pas entre le cas où les médicaments sont fournis pour une maladie personnelle à celui qui les demande et le cas où ils sont administrés à d'autres personnes. Il nous semble que la question est mal posée. La disposition, dans son ensemble, concerne le traitement d'un malade : c'est le malade qui est le débiteur, tandis que, dans l'espèce, c'est le médecin qui est débiteur. La cour ajoute que l'on ne saurait considérer le médecin comme marchand, quoiqu'il achète habituellement pour revendre (2). Il y a sans doute une nuance entre le médecin et le marchand, mais légalement il fait un acte de commerce; dès lors l'article 2272 cesse d'être applicable. On ne pourrait appliquer l'article 2272 que si le médecin achetait les médicaments au nom et pour le compte du malade; dans ce cas, le médecin serait un mandataire, et, par conséquent, il ne serait pas débiteur.

---

(1) En sens contraire, Leroux de Bretagne, t. II, p. 296, n° 1279.
(2) Cassation, 9 juillet 1850 (Dalloz, 1850, 1, 222).

Dès que le médecin est débiteur, on est en dehors de la disposition exceptionnelle de l'article 2272; ce qui est décisif.

501. « L'action des marchands, pour les marchandises qu'ils vendent aux particuliers non marchands, se prescrit par un an. » Cette prescription concerne les marchands en détail, comme dit l'Exposé des motifs (1), c'est-à-dire ceux qui achètent des marchandises en gros pour les revendre en détail aux consommateurs. C'est à ces ventes que l'on peut appliquer les motifs qui ont fait établir la courte prescription d'un an. L'acheteur paye d'ordinaire les comptes qu'on lui envoie à la fin de l'année ou après six mois; il n'est pas d'usage que le vendeur fasse un plus long crédit.

Il suit de là que la prescription d'un an n'est pas applicable lorsqu'un propriétaire vend des denrées provenues de ses terres, comme son blé, son vin, son bois, car il n'est pas marchand. Pothier, qui en fait la remarque, ajoute que si un bourgeois intentait sa demande après un temps très-long contre un marchand à qui il aurait vendu les denrées de son crû, et qui soutiendrait les avoir payées, il pourrait être de la prudence du juge, suivant les circonstances, de renvoyer le défendeur de la demande. L'annotateur de Pothier ajoute que cela dépendrait beaucoup des circonstances (2). Bugnet oublie que le code décide la question. Pour qu'il y ait lieu à la prescription d'un an, il faut que la vente se fasse par un *marchand* à un *particulier non marchand;* or, dans l'espèce, le vendeur est *bourgeois* et l'acheteur est *marchand;* donc on n'est pas dans les termes de la loi, et, partant, il y aurait lieu à la prescription de trente ans.

Par *particuliers non marchands* la loi entend ceux qui achètent, non pour revendre les marchandises, mais pour les consommer. Il se peut donc que la vente faite par un marchand à un autre marchand soit soumise à la prescription d'un an. Ici la solution dépend des circonstances.

---

(1) Bigot-Préameneu, Exposé des motifs, n° 36 (Locré, t. VIII, p. 354).
(2) Pothier, *Des obligations*, n° 713, et la note de Bugnet.

L'acheteur achète-t-il pour revendre, il est marchand, et, par suite, il y a lieu à la prescription de trente ans; si, au contraire, il achète pour consommer, il est bourgeois, et c'est la prescription d'un an qui est applicable. La nature du commerce que l'acheteur exerce fera connaître s'il achète comme bourgeois ou comme marchand. Il a été jugé que l'action d'un marchand contre un marchand se prescrit par un an quand les marchandises vendues sont étrangères au commerce de l'acheteur (1). Entre marchands pour opérations commerciales, la prescription a toujours été de trente ans (2).

Il a été jugé, par application de cette distinction, que l'entrepreneur de la construction d'une église qui achète du zinc pour être employé à cette construction ne peut pas invoquer la prescription d'un an, car, comme entrepreneur, il est marchand; et la vente se *faisant entre marchands,* il faut appliquer la prescription générale de l'article 2262 (3).

Lorsque la qualité des parties est établie, ainsi que la nature du marché, il y a lieu à la prescription annale. Un tribunal de première instance l'avait repoussée, par le motif que les parties étaient en désaccord sur le montant de la créance réclamée. La décision a été cassée; c'était ajouter à la loi et, par conséquent, la faire (4).

502. « L'action des maîtres de pension, pour le prix de la pension de leurs *élèves;* et des autres maîtres, pour le prix de l'apprentissage se prescrit par un an. » Le mot *élèves,* dont l'article 2272 se sert, prouve qu'il s'agit d'un établissement d'instruction que l'on appelle pensionnat; les élèves y reçoivent la nourriture, l'entretien et l'instruction: tout ce qui est dû de ces divers chefs forme une créance prescriptible par un an. Si le maître de pension fournissait uniquement le logement et la nourriture, on ne se trouverait plus dans le cas prévu par l'article 2272, il y aurait

(1) Orléans, 9 mars 1852 (Dalloz, 1852, 2, 219). Leroux de Bretagne, t. II, p. 297, n° 1281.
(2) Pothier, *Des obligations,* n° 712. Voyez la jurisprudence dans le *Répertoire* de (Dalloz, au mot *Prescription,* n° 1002.
(3) Liége, 20 juin 1839 (*Pasicrisie,* 1839, 2, 115).
(4) Cassation, 28 novembre 1876 (Dalloz, 1877, 1, 62).

lieu à la prescription de six mois que l'article 2271 établit
pour l'action des hôteliers et traiteurs, à raison du logement et de la nourriture qu'ils fournissent.

Quant aux ouvriers apprentis, la loi ne prévoit qu'une
créance, celle du prix d'apprentissage, parce que d'ordinaire le maître ne loge pas et ne nourrit pas les apprentis ;
s'il le faisait, on devrait l'assimiler à un maître de pension (1).

503. Se prescrit encore par une année « l'action des
domestiques qui se louent à l'année pour le payement de
leur salaire ». Pour qu'il y ait lieu à la prescription d'un
an, il faut que les domestiques se louent à l'année ; quand
même leurs gages se payeraient au mois, leur action se
prescrirait par un an. S'ils se louent pour un moindre
temps, l'article 2272 n'est plus applicable ; ils sont compris alors parmi les gens de travail, dont l'action se prescrit par six mois (art. 2271). Les domestiques se louent à
l'an quand ils s'engagent à servir pendant une année ; ce
qui, dans nos usages actuels, est très-rare.

Que faut-il entendre par domestiques ? Ceux qui sont
attachés à la personne du maître pour le servir, ou à une
ferme pour y être employés au labour ; il s'agit donc de
services matériels. Quant aux services intellectuels, ils ne
constituent pas un état de domesticité ; les précepteurs,
intendants, gouvernantes, secrétaires, bibliothécaires ne
sont point des domestiques. Pour déterminer quelle est
la durée de leur action, il faut consulter les conditions de
leur engagement ; si les honoraires ou les traitements
qu'ils reçoivent sont payables par année ou à des termes
périodiques plus courts, leur action est soumise à la prescription de cinq ans. S'ils louaient leurs services pour une
somme fixe, par exemple, si le précepteur s'engageait à
faire l'éducation pour une somme déterminée par le contrat, la prescription serait de trente ans (2).

Par application de ces principes, il a été jugé que les
appointements d'une gouvernante, payables par année, se

_____

(1) Leroux de Bretagne, t. II, p. 298, n⁰ˢ 1284 et 1285.
(2) Leroux de Bretagne, t. II, p. 299, n⁰ 1287, et p. 283, n⁰ 1245

prescrivent par cinq ans, en vertu de l'article 2277 (1).

Le facteur qui dirige une usine est-il un domestique? La cour de Liége a jugé la négative, en insistant sur la circonstance que le préposé ne recevait ni le logement ni la nourriture chez son patron et qu'il ne faisait pas partie de sa maison (2). Quand même le directeur d'une usine serait logé et entretenu dans la maison du fabricant, on ne pourrait l'assimiler à un domestique; ceux qui dirigent un établissement industriel ne rendent pas des services matériels; leurs fonctions sont d'une grande importance, et leur position sociale n'a rien de commun avec la domesticité.

Nº 2. DE LA PRESCRIPTION DE SIX MOIS.

504. « L'action des maîtres et instituteurs des sciences et arts, pour les leçons qu'ils donnent au mois, se prescrit par six mois » (art. 2271). Troplong dit que le maître, plus dévoué à l'étude que favorisé de la fortune, est presque toujours pressé de recevoir son salaire; et les honoraires se payant sans quittance, il serait dangereux de laisser trop longtemps subsister des réclamations qui exposeraient les débiteurs et leurs héritiers à payer plusieurs fois. Ces motifs s'appliquent, à la lettre, aux leçons qui sont données à tant par cachet; et cependant, d'après la rigueur des principes, il faut décider que la prescription de six mois n'est pas applicable; en effet, ces leçons ne se donnent pas au mois; donc on ne se trouve pas dans les termes de l'article 2271. Vainement dit-on qu'il y a un argument *a fortiori* pour les soumettre à la courte prescription de six mois, puisque chaque leçon est payable après qu'elle est donnée. On ne raisonne pas *a fortiori* dans une matière exceptionnelle, et les leçons au cachet ne se payent pas après qu'elles sont données; sans cela on ne remettrait pas de cachet; il faut donc dire qu'il s'agit d'honoraires payables à des termes périodiques,

---

(1) Gand, 27 décembre 1850 (*Pasicrisie*, 1851, 2, 34).
(2) Liége, 22 janvier 1824 (*Pasicrisie*, 1824, p. 16).

après un certain nombre de leçons; ce qui rend applicable la prescription de cinq ans (1).

Il y a un autre cas qui n'est pas prévu par la loi. Le maître s'engage à l'année, bien que les leçons soient payables au mois. Quelle sera, dans ce cas, la prescription? Il est certain que la prescription de six mois n'est plus applicable, puisque l'on ne se trouve pas dans le texte de la loi. Sera-ce la prescription d'un an? On pourrait le soutenir en invoquant, par analogie, la disposition finale de l'article 2272, aux termes de laquelle l'action des domestiques qui se louent à l'année se prescrit par un an, bien que les gages se payent par mois. Mais l'argumentation par voie d'analogie d'une exception à l'autre serait peu juridique; nous citerons plus loin un arrêt de la cour de cassation qui a très-bien jugé que chacune des prescriptions exceptionnelles des articles 2271 et 2272 doit être interprétée par elle-même. Il faut donc laisser de côté la disposition finale de ce dernier article. Reste l'article 2277, que nous croyons applicable à l'espèce, puisqu'il s'agit de prestations payables à des termes périodiques plus courts qu'une année (2).

505. « L'action des hôteliers et traiteurs, à raison du logement et de la nourriture qu'ils fournissent, se prescrit par six mois (art. 2271). » Cette courte prescription est fondée, comme toutes les autres, sur une présomption de payement. Elle est indépendante de la qualité des débiteurs; quand même ils seraient marchands, il y aurait toujours lieu à la courte prescription. Un tribunal de première instance a jugé que la prescription était, dans ce cas, d'un an, en interprétant l'article 2271 par l'article 2272; ce dernier article, qui détermine la prescription de l'action des marchands, distingue si le débiteur est marchand ou non. Donc, disait-on, il faut faire la même distinction pour l'action des hôteliers, qui sont aussi des marchands; en conséquence, le tribunal écarta la prescription de six mois invoquée par le débiteur, qui était un roulier, et avait, à ce titre, des relations jour-

____

(1) En sens contraire, Troplong, n°s 947 et 943.
(2) Dalloz, *Répertoire*, au mot *Prescription*, n° 972. Comparez Rejet, 12 janvier 1820 (Dalloz, au mot *Obligations*, n° 1355, 1°).

nalières avec l'aubergiste pour les dépenses que lui ou ses subordonnés faisaient à l'auberge. La décision a été cassée après un délibéré en chambre du conseil. L'article 2271 ne fait aucune distinction entre les personnes auxquelles l'aubergiste fournit le logement et la nourriture. Quant à l'article 2272, il concerne d'autres classes de personnes, à l'égard desquelles la loi admet une prescription différente; les prescriptions de cet article n'ont rien de commun avec celles de l'article 2271; partant, on ne peut se prévaloir de l'article 2272 pour interpréter l'article 2271. Ce serait, comme nous venons de le dire, argumenter, par analogie, d'une exception à l'autre; tandis que chaque exception doit être renfermée dans les limites de la loi (1).

Si la loi ne prend pas en considération la qualité du débiteur, il en est autrement de la qualité du créancier : il doit être hôtelier ou traiteur, c'est-à-dire marchand. Quand le créancier ne fait pas profession de fournir le logement et la nourriture, on ne peut lui opposer la prescription de six mois établie par l'article 2271, quels que soient, du reste, les motifs qui l'aient engagé à recevoir chez lui et à sa table la personne qui lui oppose ensuite la prescription. Sur ce point, il n'y a aucun doute (2). Mais quelle sera la prescription? Il faut voir quelles sont les conventions intervenues entre les parties : si la pension est payable par année ou à des termes périodiques plus courts, il y a lieu d'appliquer la prescription quinquennale de l'article 2277, sinon on reste sous l'empire du droit commun et de la prescription générale (3).

Il importerait peu que le créancier fût commerçant, si, du reste, il n'est pas hôtelier. Un chef d'établissement fournit le logement et la nourriture à ses employés : ceux-ci peuvent-ils lui opposer la prescription de six mois? La négative est écrite dans le texte du code : un chef d'industrie n'est pas un hôtelier. L'esprit de la loi est tout aussi évident; on ne peut pas dire des fabricants ce que la loi

(1) Cassation, 20 juin 1838 (Dalloz, au mot *Prescription*, n° 974).
(2) Rejet, 7 mai 1866 (Dalloz, 1866, 1, 390). Troplong, n° 970.
(3) Leroux de Bretagne. t. II, p. 300, n° 1292. Comparez Duranton, p. 674, n° 420.

suppose des hôteliers, que « ces *sortes de gens* ne sont pas en état de faire de grandes avances »; c'est l'expression de la cour de Besançon. La cour ajoute que le patron a des garanties de payement dans les appointements qu'il doit à son commis; on ne peut donc, sous aucun rapport, le comparer à un hôtelier (1).

A plus forte raison le débiteur ne peut-il pas opposer la prescription de six mois à celui qui a payé la dette en son nom, soit comme caution, soit comme mandataire; à l'égard des tiers qui acquittent la dette, il ne s'agit plus d'une dette de fourniture de logement et d'aliments, c'est une avance pour le payement de laquelle le créancier a trente ans (2).

506. L'article 2271 parle des hôteliers et traiteurs. Doit-on leur assimiler les cabaretiers, cafetiers et marchands de vin en détail? Si l'on s'en tient au texte de la loi, la négative est certaine; car la loi limite la prescription exceptionnelle qu'elle établit, non-seulement par la désignation du créancier, mais encore par celle de l'objet de la créance, *logement* et *nourriture;* or, le débit des personnes que nous venons d'énumérer n'a rien de commun avec les *aliments;* ce qui nous paraît décisif. Il en résulte que l'on doit leur appliquer l'article 2272, qui fixe à une année la durée de l'action qui appartient aux marchands pour fournitures faites à des particuliers non marchands. Cela est absurde, a-t-on dit; la créance de l'hôtelier, qui est certes plus favorable que celle du cabaretier, se prescrira par six mois; tandis que la plus défavorable de toutes les créances ne se prescrira que par un an. Il est très-vrai qu'il y a là une inconséquence, mais ce n'est pas la seule que l'on rencontre dans les courtes prescriptions; il faut accepter la loi telle qu'elle est, et laisser au législateur le soin de la corriger. Dans l'opinion généralement suivie, on distingue : si les boissons sont consommées chez le débiteur, on applique la prescription de six mois, tandis que l'on soumet à la prescription d'un an le

(1) Besançon, 21 février 1844 (Dalloz, 1845, 4, 403).
(2) Lyon, 10 mai 1861 (Dalloz, 1861, 2, 164).

prix des boissons livrées à domicile (1). En théorie, la distinction peut se soutenir, mais il faut avouer qu'il n'y en a pas une trace dans la loi.

507. « L'action des ouvriers et gens de travail, pour le payement de leurs journées, fournitures et salaires, se prescrit par six mois (art. 2271). » Qu'entend-on par *ouvriers* ou *gens de travail*? Il n'y a pas de doute pour ceux qui louent leurs services à la journée : ce sont les *gens de travail* proprement dits. Quant aux *ouvriers,* on doit y comprendre les artisans qui travaillent pour le compte du maître qui les emploie; d'ordinaire, ils font de petites fournitures; voilà pourquoi la loi dit que les *journées* et *fournitures* sont soumises à la courte prescription qu'elle établit. Le travail de l'ouvrier est matériel, quoiqu'il y mette son intelligence; il est matériel en ce sens qu'il a pour objet une chose que l'ouvrier fait ou répare.

508. Faut-il aussi comprendre parmi les ouvriers les chefs d'atelier et les contre-maîtres? On enseigne, en termes généraux, que la prescription de six mois est applicable, quoique les occupations des directeurs et surveillants soient plus relevées; et l'on cite, comme ayant consacré cette doctrine, un arrêt de la cour de cassation qui ne dit pas ce qu'on lui fait dire. Il s'agissait, dans l'espèce, de travaux de menuiserie à faire pour la construction d'un dépôt de mendicité; l'entrepreneur mit un menuisier à la tête de l'atelier pour surveiller les travaux. Les parties convinrent oralement d'un salaire à tant par jour. Ce salaire était-il prescriptible par six mois? Le premier juge avait écarté la courte prescription; la décision a été cassée, et elle devait l'être. Il importe de constater les motifs de décider. L'arrêt dit que le menuisier, employé, en qualité de chef d'atelier, moyennant un salaire convenu par chaque jour, ne pouvait être considéré que

---

(1) Leroux de Bretagne, t. II. p. 300, n° 1292, et les auteurs qu'il cite. mais il a tort de citer Merlin, qui dit précisément le contraire de ce qu'on lui fait dire. D'après lui, les cabaretiers doivent, pour raison des fournitures qu'ils font hors de leurs maisons, être considérés comme *traiteurs;* par conséquent. ajoute Merlin, leur action dure six mois (*Répertoire,* au mot *Cabaretier,* § II, n° 3). Cela est plus logique que la distinction qu'on lui attribue.

comme un simple ouvrier travaillant à la journée; qu'il
était tenu, dès lors, de former la demande en payement de
ses salaires dans les six mois à partir de la cessation des
travaux; la cour conclut que le tribunal, en refusant d'accueillir l'exception de prescription, avait violé, de la manière la plus expresse, l'article 2271 (1). La cour n'a donc
pas tranché la question que nous avons posée, elle a décidé
une question spéciale; et il serait contraire à tout principe
d'étendre à tous les chefs d'atelier et à tous les contre-
maîtres ce que la cour a jugé pour un chef qui, en réalité,
n'était qu'un ouvrier, comme la cour le dit. La solution
dépend de la nature des occupations de l'ouvrier et des
conventions qui interviennent sur le salaire. Il a été jugé
que l'ouvrier employé dans une fabrique en qualité de
maître-émouleur et polisseur était un *ouvrier,* dans le
sens de l'article 2271, et que son action avait pour objet
des journées, fournitures et salaires; ce qui décidait la
question de prescription (2). En effet, il ne faut pas confondre un *maître-ouvrier* avec un contre-maître ou chef
d'atelier; le travail du premier est manuel, tandis que le
second dirige et surveille les travailleurs.

509. Il en est de même des commis. On ne les a jamais qualifiés d'ouvriers. Quant à l'expression de *gens de*
travail, elle est synonyme de celle de *gens de bras,* em-
ployée par quelques coutumes et très-significative : les
commis ne sont pas des *gens de bras.* Il est vrai que la
cour de Metz les a rangés parmi les *gens de service* dont
parle l'article 2101, 1°, mais c'était pour les faire jouir du
privilége que cette disposition accorde aux gens de service (3). La jurisprudence est en faveur des commis, ainsi
que la doctrine. C'est à peine si les arrêts sont motivés;
ils se contentent de dire qu'une prescription établie pour
les *ouvriers* et *gens de travail* est inapplicable aux *com-*
mis (4).

---

(1) Cassation, 7 janvier 1824 (Dalloz, au mot *Prescription,* n° 986). Comparez Leroux de Bretagne, t. II, p. 301, n° 1293.
(2) Liége, chambre de cassation, 3 mars 1825 (*Pasicrisie,* 1825, p. 329).
(3) Metz, 11 mai 1820 (Dalloz, au mot *Priviléges,* n° 195).
(4) Liége, 13 août 1835 (*Pasicrisie,* 1835. 2, 311). Grenoble, 29 novembre
1861 (Dalloz, 1862, 5, 202). Troplong, n° 958.

Il résulte de là une nouvelle anomalie. Quelle sera la prescription de l'action des commis? Ce n'est point celle d'un an, car on ne peut pas les comprendre parmi les domestiques. Reste la prescription quinquennale de l'article 2277, applicable à toutes les créances qui se payent annuellement ou à des termes périodiques plus courts. C'est une prescription assez longue pour des employés, que l'on paye d'habitude dès que leur traitement est échu. Il est certain que la loi aurait dû assimiler les commis aux maîtres des sciences et arts; la différence qui résulte des textes est inexplicable.

510. Il se présente une autre difficulté pour les ouvriers. Ils peuvent être marchands ou entrepreneurs; dans ce cas, on ne peut plus les comprendre dans l'article 2271, il faut leur appliquer la prescription annale de l'article 2272. Reste à savoir quand l'ouvrier devient marchand ou entrepreneur. La décision est assez facile pour ce qui concerne la qualité de marchand ou commerçant; il faut voir si l'ouvrier fait des actes de commerce en achetant pour revendre. Ainsi quand l'ouvrier travaille non pour ceux qui lui commandent un ouvrage, mais pour son propre compte et en vue de revendre les objets qu'il fabrique, il cesse d'être ouvrier pour devenir marchand. Tels sont les orfévres, ébénistes, horlogers, serruriers, tailleurs, quand ils confectionnent des objets de leur industrie pour les mettre en vente. Le même individu peut donc être tantôt ouvrier, tantôt marchand ; dans le premier cas, il est soumis à la prescription de six mois; dans le second, sa créance se prescrit par un an. Le principe est certain, mais l'application est parfois difficile.

L'ouvrier fait un ouvrage sur commande, en fournissant la matière première ; et il se trouve que le prix de la matière excède de beaucoup celui de la main-d'œuvre. Il a été jugé que, dans ce cas, l'ouvrier doit être considéré comme marchand (1). C'est une sous-distinction qui, en théorie, se justifie très-bien ; mais appartient-il à l'interprète de la

---

(1) Amiens, 20 novembre 1837 (Dalloz, au mot *Priviléges et Hypothèques*, n° 298).

faire? Cela nous paraît douteux. Dès que l'ouvrier ne fait pas acte de commerce, il reste ouvrier.

Le mécanicien est-il un ouvrier ou un marchand? La cour de Bruxelles a jugé, à plusieurs reprises, que les mécaniciens ne sont ni des marchands, ni des ouvriers (1); elle les met sur la même ligne que les artistes. Personne ne dira du statuaire qu'il est un ouvrier ou un marchand; on ne peut pas non plus ranger parmi les ouvriers le mécanicien constructeur d'une machine à vapeur, ni même soumettre sa créance à la prescription annale, à titre de marchand; en effet, ses travaux exigent des connaissances scientifiques, et le prix de son travail ne saurait être comparé au salaire de l'ouvrier, que l'on paye d'ordinaire de suite. Troplong, au contraire, veut qu'on classe les mécaniciens parmi les ouvriers ou les marchands, selon qu'ils travaillent sur commande ou qu'ils vendent les machines confectionnées. L'interprétation de la cour de Bruxelles est plus conforme à l'esprit de la loi, et le texte est si mal rédigé, qu'il est difficile de l'appliquer à la lettre.

511. L'ouvrier peut devenir entrepreneur, et l'entrepreneur est un marchand, soumis, comme tel, à la prescription d'un an. Il n'y a pas de doute quant au principe; de nombreux arrêts le consacrent (2). Nous emprunterons un exemple à la jurisprudence des cours de Belgique. Il a été jugé que les maîtres-maçons sont soumis à la prescription de l'article 2271 concernant les ouvriers. Vainement dirait-on qu'ils ne sont pas ouvriers, qu'ils sont maîtres; on répond que légalement le *mot ouvriers* comprend les maîtres aussi bien que les compagnons : il désigne toute personne qui fait quelque ouvrage, soit par elle-même, soit par ceux qui travaillent sous ses ordres (3). Il en est autrement quand les maîtres-maçons font l'entreprise de travaux de construction ou de réparation; l'entrepreneur ne travaille pas, il dirige et surveille ; ce n'est plus un

---

(1) Bruxelles. 19 janvier 1809 (Dalloz, au mot *Prescription*, n° 985), et 2 juillet 1856 (*Pasicrisie*, 1856. 2, 313). En sens contraire. Troplong. n° 956

(2) Voyez les arrêts cités dans le *Répertoire* de Dalloz. au mot *Commerçant*. n° 34

(3) Bruxelles. 22 octobre 1817 (*Pasicrisie*, 1817, p 502).

ouvrier, il fait fonction d'architecte(1). L'architecte ou entrepreneur doit être considéré, au point de vue de la prescription, comme marchand ; et, par suite, la prescription
d'un an lui est applicable.

Quand l'ouvrier devient-il entrepreneur? Il a été jugé,
par la cour de Bruxelles, que les maîtres-maçons, char-
pentiers, serruriers, doivent être assimilés aux entrepreneurs quand ils font directement des marchés à prix fait
ils sont entrepreneurs dans la partie qu'ils traitent. C'est
la définition de l'article 1799; on doit l'appliquer en matière de prescription (2), parce que c'est la seule définition
légale que nous ayons de l'entrepreneur. Peu importe donc
la nature des travaux, que ce soient de gros ouvrages ou
des travaux de détail; peu importe encore l'importance
des fournitures. La cour de Colmar a fait ces distinctions(3);
en théorie, elles seraient admissibles, mais la loi ne les
fait pas; ce qui suffit pour les rejeter. Il est vrai que le
langage de la loi n'est pas d'accord avec les usages de l'industrie, qui s'attachent à l'importance des travaux plutôt
qu'à la circonstance qu'un prix fait aurait été convenu. La
cour de cassation s'en est tenue à la définition légale dans
une espèce où des travaux de plomberie avaient été faits,
pour Rothschild, pendant plusieurs années non consécu-
tives. Plus de quinze ans après l'achèvement des travaux,
le plombier demanda en justice le payement d'une somme
de 20,000 francs, comme prix des travaux faits pendant
trois ans. Le défendeur invoqua la prescription de six
mois, laquelle fut admise par le premier juge. Sur le pourvoi, il intervint un arrêt de rejet. Le pourvoi soutint qu'une
convention fixant le prix des travaux n'était qu'une circonstance accidentelle de l'entreprise, et non l'élément
essentiel; ce qui distingue l'entrepreneur de l'ouvrier, c'est
que celui-ci est payé à la journée et suivant le temps qu'il a
employé à la confection des ouvrages; tandis que l'entre-

---

(1) Liége, 2 juin 1826 (*Pasicrisie*, 1826, p. 185).
(2) Bruxelles, 10 février 1836, sur les conclusions de l'avocat général
De Cuyper (*Pasicrisie*, 1836, 2, 26). Dans le même sens, Amiens, 14 décembre 1839 (Dalloz. au mot *Prescription*, n° 983, 2°).
(3) Colmar. 8 août 1850 (Dalloz, 1853, 1, 141).

preneur est payé à raison de la nature et de l'importance des travaux. La cour de cassation pose, au contraire, en principe que, pour déterminer la différence entre l'entrepreneur et l'ouvrier, il faut rechercher s'il s'agit de travaux de diverse nature, s'ils ont été exécutés à la suite et en vertu d'un marché à prix fait, ou bien si ce sont des travaux d'une seule nature, commandés par le propriétaire sans convention préalable (1). Nous renvoyons à ce qui a été dit au titre du *Louage* (t. XXVI, n°s 3 et 4).

512. L'imprimeur est-il un ouvrier, un marchand ou un artiste? Un tribunal de première instance avait jugé que l'imprimeur est un artiste, et qu'à ce titre les courtes prescriptions des articles 2271 et 2272 ne lui sont pas applicables. La décision a été cassée. Il est certain que l'imprimeur n'est pas un ouvrier, puisqu'il emploie des ouvriers pour l'exploitation de son industrie; mais il est tout aussi certain qu'on doit le placer parmi les commerçants. Il entretient ses ouvriers par ses capitaux, leur fournit la matière et les instruments de leur travail, les dirige par son intelligence, puis il revend à ses clients le produit de ces divers éléments combinés. Ces faits placent l'imprimeur dans la catégorie des marchands, tels qu'ils sont caractérisés par le code de commerce (art. 632); et, par suite, il est soumis à la prescription d'un an en vertu de l'article 2272 (2).

§ III. *Règles générales applicables aux courtes prescriptions.*

N° I. PEUT-ON COMBATTRE LA PRÉSOMPTION DE PAYEMENT PAR LA PREUVE CONTRAIRE ?

513. Il y a une différence capitale entre les courtes prescriptions et la prescription ordinaire de l'article 2262. Celle-ci est établie dans un intérêt social : le droit de la société l'emporte sur celui des individus, parce que les procès doivent avoir une fin. Il se peut que les dettes aient

(1) Rejet. 27 janvier 1851 (Dalloz, 1851, 1. 166).
(2) Cassation, 19 janvier 1853 (Dalloz, 1853, 1. 61). Comparez Agen, 5 juillet 1833 (Dalloz, au mot *Mandat*, n° 384).

été payées lorsque le créancier n'a point agi pendant trente ans ; mais ce n'est pas sur la présomption de payement que la prescription est fondée ; il serait prouvé que la dette n'a pas été payée, que l'action ne serait pas moins prescrite. Puisqu'il y a prescription par cela seul que le créancier n'a pas agi pendant trente ans, il ne peut être question de prouver contre le débiteur que la dette n'a pas été acquittée ; on ne peut pas même se prévaloir de son aveu ; dès lors le serment aussi ne peut être déféré.

Les courtes prescriptions, au contraire, sont fondées sur une présomption de payement (n°s 431, 481, 487, 494, 498). Quelle est la force de cette présomption ? admet-elle la preuve contraire ? et toute espèce de preuve est-elle recevable ? D'après le principe établi par l'article 1352, on pourrait soutenir que nulle preuve n'est admise contre la présomption. puisque, sur le fondement de la présomption de payement, la loi dénie l'action en justice ; mais l'article ajoute que la preuve contraire est aussi admise quand la loi la réserve. Or, l'article 2275 réserve au moins une preuve, celle du serment. Toutefois cette réserve n'est pas applicable à toutes les courtes prescriptions ; nous avons dit plus haut qu'elle ne s'applique pas à la prescription quinquennale de l'article 2277 (n° 432). La loi elle-même le dit : « Néanmoins ceux auxquels ces prescriptions (celles des articles 2271-2273) seront opposées peuvent déférer le serment à ceux qui les opposent sur la question de savoir si la chose a été réellement payée. » Cette disposition se comprend facilement. Celui qui allègue une courte prescription dit implicitement qu'il a payé la dette ; il est donc naturel que le créancier puisse exiger que le défendeur affirme le fait par la prestation du serment.

514. La disposition de l'article 2275 est limitée formellement aux courtes prescriptions dont il est traité dans les articles qui précèdent. On ne peut pas l'étendre à d'autres cas. Ce principe est très-bien établi dans un arrêt de la cour de cassation(1). Elle commence par rappeler que

_____

(1) Rejet. chambre civile. 13 février 1856, apres delibéré en chambre du conseil, sur les conclusions contraires de l'avocat général (Dalloz, 1856, 1, 77).

la prescription est un moyen de se libérer par un certain
laps de temps, qui dispense de toute preuve celui au profit
duquel elle existe. Aucune preuve n'est admise contre la
présomption légale qui en découle, à moins que cette preuve
n'ait été réservée par la loi. Cette règle est générale, et, à
ce titre, applicable à toutes les prescriptions, quelle qu'en
soit la durée, et sans distinguer si elles sont établies par
une loi spéciale ou par le code civil. L'article 2275 fait
exception pour certaines courtes prescriptions, parce
qu'elles reposent exclusivement sur une présomption de
payement; on ne peut, sous prétexte d'analogie, étendre
cette disposition à d'autres cas qui restent sous l'empire
du droit commun, par cela seul que le législateur n'a pas
dérogé au principe qui défend d'admettre aucune preuve
contre la prescription, quand cette preuve n'a pas été réservée. Telle est la prescription d'un an que le code de
commerce établit (art. 433) pour l'action en payement des
gages et loyers des officiers, matelots et autres gens de
l'équipage d'un navire, un an après le voyage fini. La loi
ne permet pas au créancier de déférer le serment au débiteur, et il n'appartient pas au juge d'admettre, contre la
prescription, une preuve non réservée par la loi. Cette
exception que le juge ferait serait contraire, non-seulement au texte, mais encore à l'esprit de l'article 433; en
effet, le législateur a eu pour but d'amener dans un court
délai le règlement des intérêts multiples qui se rattachent
à une expédition maritime et de protéger l'armateur contre des réclamations tardives qui concernent l'armement
tout entier, et dont il est seul responsable à l'égard
des tiers. Nous avons reproduit les termes de cet excellent
arrêt parce que ce qu'il dit de l'argumentation analogique
s'applique presque toujours aux cas où les auteurs et les
cours raisonnent par analogie en matière exceptionnelle.
Seulement il nous reste un scrupule : l'arrêt n'est-il pas
trop absolu en rejetant dans ses motifs toute autre preuve
que celle du serment? Nous reviendrons plus loin sur cette
question difficile.

515. L'article 2275 ajoute : « Le serment pourra être
déféré aux veuves et héritiers, ou aux tuteurs de ces der-

niers s'ils sont mineurs, pour qu'ils aient à déclarer s'ils
ne savent pas que la chose soit due. » C'est ce qu'on appelle le serment de *crédulité*; nous en avons traité au titre
des *Obligations* (t. XX, n° 249). C'est une disposition
exceptionnelle, et, par conséquent, de la plus stricte interprétation. D'abord il faut que le serment soit déféré dans
les termes de la loi. La veuve, les héritiers, les tuteurs
n'ont pas une connaissance personnelle des dettes du défunt; voilà pourquoi la loi permet seulement au créancier
de leur déférer le serment pour qu'ils aient à déclarer *s'ils
ne savent pas que la chose soit due*; le demandeur ne peut
pas étendre ses interpellations au delà; et s'il le fait, le
juge doit rejeter le serment, à moins que le créancier ne
consente à le réduire à la déclaration légale (1).

Par application de ce principe, il a été jugé que le demandeur ne pouvait déférer le serment décisoire à des
héritiers sur le point de savoir s'ils *croient* que leur auteur
ait perçu des intérêts illégaux dépassant l'intérêt légal.
Ce n'est pas là le serment de crédulité, tel qu'il est limité
par l'article 2275; le créancier peut seulement demander
aux héritiers s'ils ont ou s'ils n'ont pas connaissance que
la *chose* soit *due*.

La cour de cassation a appliqué le même principe à
l'espèce suivante. A une demande en reddition de compte
les défendeurs avaient répondu que la dette avait été payée.
Le demandeur leur déféra alors le serment en ces termes :
« S'ils *croient* et *savent* si leur auteur *a payé* les annuités
et les billets qui faisaient l'objet de la demande. » Parmi
les défendeurs se trouvait un mineur, représenté par son
tuteur. La cour de Colmar décida que le serment ne pouvait lui être déféré, parce qu'il n'avait pas opposé la prescription. Pourvoi. Le demandeur soutient qu'il y a la plus
grande analogie entre la situation du tuteur qui oppose
que la dette a été *payée* et la situation du tuteur qui oppose
la *prescription*. La cour prononça un arrêt de rejet, par
le motif que le serment décisoire emportant transaction et
aliénation de la part de celui qui le prête ne pouvait être

(1) Chambéry, 28 février 1878 (Dalloz, 1873, 2, 153).

déféré au tuteur, lequel n'a pas qualité pour transiger seul; et que si l'article 2275 permet de déférer le serment au tuteur lorsque la prescription de courte durée est opposée au mineur, cette disposition exceptionnelle doit être restreinte au cas prévu par la loi (1). Quant à l'argument d'analogie, l'arrêt n'y répond pas; la cour pouvait répondre, comme elle l'a fait dans l'arrêt que nous venons de citer (n° 514), que l'argumentation analogique n'est pas admise dans une matière essentiellement exceptionnelle, et que d'ailleurs il n'y avait pas analogie. En effet, celui qui oppose la prescription oppose une exception péremptoire, qui détruit la demande; tandis que celui qui soutient que la dette a été payée devient demandeur quant à cette exception, et doit en prouver le fondement.

516. A qui le serment de crédulité peut-il être déféré? L'article 2275 énumère les personnes auxquelles le serment peut être déféré, ce sont les veuves et héritiers et les tuteurs de ces derniers. Peut-il l'être au syndic d'une faillite qui se prévaut de l'une des courtes prescriptions établies par les articles 2271-2273? Il y a un arrêt pour l'affirmative (2). La décision nous paraît douteuse. Le code ne dit pas en termes généraux que le serment de crédulité peut être déféré à toute personne; il énumère ceux à qui on peut le déférer; la disposition est aussi exceptionnelle sous ce rapport, et, partant, de stricte interprétation; la veuve et les héritiers peuvent avoir quelque connaissance des faits qui sont l'objet du litige; le tuteur aussi, puisque d'ordinaire il est proche parent de ses pupilles; tandis que le syndic est complétement étranger aux affaires du failli.

517. Les courtes prescriptions peuvent être opposées en tout état de cause : c'est le droit commun (art. 2224). Bien que ces prescriptions reposent sur une présomption de payement, le défendeur n'est pas obligé d'alléguer qu'il a payé. La cour d'Amiens avait décidé le contraire, par le motif que les parties avaient contesté au fond et que le

---

(1) Colmar, 23 août 1859, et Rejet, 14 novembre 1860 (Dalloz, 1859, 2, 193, et 1861, 1, 338).
(2) Bordeaux, 31 janvier 1827 (Dalloz, au mot *Prescription*, n° 1038).

débiteur, dans sa contestation, n'avait pas même allégué avoir payé la somme qui était l'objet du litige. Cette décision a été cassée comme violant formellement la loi. Du principe que la prescription peut être opposée en tout état de cause, même en appel, il suit qu'elle peut être opposée après les défenses au fond. D'un autre côté, aucune disposition n'oblige celui qui oppose la prescription à alléguer qu'il a payé ; c'est à celui à qui la prescription est opposée de déférer le serment dans les cas où la délation est autorisée par la loi (1).

Mais l'offre de prêter serment ne serait plus admissible s'il résultait des aveux et déclarations du débiteur qu'il n'a pas payé la dette. La cour de cassation l'a jugé ainsi dans l'espèce suivante. Action en payement par les héritiers d'une somme de 5,212 francs pour travaux de peinture. Le débiteur prétend ne rien devoir ; il oppose la prescription et offre de prêter le serment qu'il s'est libéré. Après avoir ordonné la comparution des parties, le tribunal rejeta la prescription et le serment. Il résultait des explications fournies par le débiteur qu'il n'avait pas payé la dette ; mais il prétendait être libéré par suite d'une remise que le créancier lui en aurait faite à raison des travaux considérables qu'il lui avait procurés. Or, le serment ne peut être opposé à la prescription que par le créancier et sur le point de savoir si la chose a été réellement payée. Il y avait donc deux motifs péremptoires de refuser l'offre de serment. Pourvoi en cassation et arrêt de rejet. La prescription de l'article 2272, dit la cour, est fondée sur la présomption de payement, et ne peut être opposée par le débiteur qu'à la condition d'affirmer par serment, si le créancier le requiert, le fait du payement réel. Cette présomption a pour fondement l'usage général de solder, entre les mains des ouvriers et fournisseurs, le montant des travaux et fournitures sans en retirer ou conserver de quittance. Mais cet usage et, partant, la présompiion légale ne sont pas applicables aux autres modes de libération, notamment à la remise de la dette. Dans l'espèce, le

_____

(1) Cassation, 27 juin 1855 (Dalloz, 1855, 1, 290).

débiteur ne pouvait opposer la prescription, puisqu'il avouait qu'il n'avait pas payé; il ne pouvait s'agir d'offrir le serment, puisque le serment doit être déféré par le créancier; il ne restait au débiteur qu'à prouver, d'après le droit commun, la prétendue remise que le créancier lui avait faite (1).

518. La loi permet au créancier de déférer le serment au débiteur, et le serment est une des preuves légales admises par le code. Il suit de là que la présomption de payement sur laquelle les courtes prescriptions sont fondées peut être combattue par la preuve contraire résultant du serment. Est-ce la seule preuve que le créancier soit autorisé à faire? La question est très-controversée et il y a doute. D'après la rigueur des principes, il faudrait décider que le créancier ne peut combattre l'exception de prescription par aucune preuve, sauf par le serment. Le texte et l'esprit de la loi sont en ce sens. L'article 2275 est une disposition exceptionnelle. Sur ce point, il n'y a guère de doute. Cela résulte d'abord du mot *néanmoins* placé en tête de la disposition. La comparaison du code civil avec l'ordonnance de 1673 (art. 10) conduit à la même conséquence; l'ordonnance permettait, outre le serment, l'interrogatoire sur faits et articles; les auteurs du code ont retranché l'interrogatoire, et l'aveu fait en justice n'étant pas admis, il en doit être de même, à plus forte raison, des autres preuves. Si le législateur permet de déférer le serment, c'est que le serment est un appel à la conscience de celui qui, en alléguant la prescription, affirme par là implicitement que la dette a été payée. Si l'on admettait toute autre preuve contre l'exception de prescription, on détruirait, en réalité, le bienfait de la prescription. Elle a pour but de mettre fin au litige; ce but serait complétement manqué si la loi autorisait toute preuve contraire (2).

519. Cette opinion absolue est soutenue par quelques auteurs; la plupart enseignent que le créancier peut faire interroger le débiteur sur faits et articles, c'est-à-dire qu'ils

---

(1) Rejet, 5 février 1863 (Dalloz, 1863, 1, 299).
(2) Troplong, n° 995. Leroux de Bretagne, t. II, p. 303, n° 1298.

admettent la preuve contraire par l'aveu (1). La jurisprudence est très-divisée. Il y a des arrêts qui posent en principe que la prescription est fondée sur une présomption *juris et de jure*, et que, par conséquent, aucune preuve contraire n'est reçue (2). La cour de cassation l'a jugé ainsi à plusieurs reprises. Dans une première espèce, le tribunal de la Seine avait décidé que, la prescription de l'action des avoués étant fondée sur une présomption de payement, elle ne pouvait être invoquée lorsque cette présomption fait défaut, et qu'il y a même jusqu'à un certain point preuve de non-payement; le tribunal induisait cette preuve de ce que l'avoué, demandeur en payement des frais, était porteur de toutes les pièces; tandis que si les frais lui avaient été payés, les pièces auraient été remises à la partie. Sur le pourvoi, la décision a été cassée. La cour dit que la prescription dispense de toute preuve celui qui l'invoque, et n'admet aucune preuve contraire si elle n'a pas été expressément réservée par la loi. Or, l'article 2275 ne réserve à l'avoué auquel la prescription est opposée que le droit de déférer le serment à son adversaire; donc toute autre preuve est inadmissible (3).

On conçoit que les premiers juges, qui voient en face la mauvaise foi de celui qui invoque la prescription, soient disposés à admettre la preuve contraire à la présomption de payement, alors qu'ils ont la conviction que la dette n'a pas été payée. Dans une affaire très-défavorable au défendeur, le tribunal de première instance avait donné gain de cause au créancier. La cour de cassation, après avoir reproduit les principes que nous venons d'établir, ajoute que l'article 2275 ne peut être étendu, par analogie, à d'autres genres de preuve qui, à la différence du serment, ne constituent qu'une présomption de l'homme, impuissante, de sa nature, à détruire la présomption légale sur laquelle reposent les courtes prescriptions (4). Par application de

(1) Toullier, t. X, n° 54. Duranton, t. XXI, n° 425. Vazeille, n° 742. Marcadé, t. VIII, p. 244, n° V de l'article 2278.
(2) Rouen, 10 janvier 1834 (Dalloz, au mot *Prescription*, n° 1037).
(3) Cassation, 28 mars 1854 (Dalloz, 1854, 1, 178). Comparez Cassation, 10 mai 1836 (Dalloz, au mot *Prescription*, n° 997).
(4) Cassation, 7 novembre 1860 (Dalloz, 1860, 1, 485, et 1861, 1, 23).

ces principes, la cour de cassation a rejeté l'interrogatoire sur faits et articles : le créancier, dit-elle, n'a d'autre droit que de déférer le serment au débiteur qui lui oppose la prescription (1).

A plus forte raison, ne peut-on pas opposer contre la présomption légale de payement de simples présomptions de l'homme; le législateur ne permet au juge de décider par voie de présomption que lorsque la preuve testimoniale est admise; et il ne peut être question de prouver par témoins contre une présomption légale, du nombre de celles que l'on appelle, à l'école, *juris et de jure* (2).

520. Les nombreux arrêts de cassation qui sont intervenus en cette matière prouvent que les juges du fait résistent à la doctrine rigoureuse que la cour suprême a consacrée. Elle-même n'est pas restée fidèle à sa jurisprudence. Un arrêt récent décide que l'aveu du débiteur le rend mal fondé à opposer l'exception de prescription (3). Est-ce un premier pas vers une doctrine moins sévère et qui se concilie mieux avec les exigences de la morale? Il est certain que, si l'on admet une autre preuve que le serment, il n'y a plus de motif de s'arrêter à l'aveu. L'interrogatoire sur faits et articles a précisément pour objet de surprendre des aveux au débiteur; il y aurait donc contradiction à admettre l'aveu et à rejeter l'interrogatoire. Et pourquoi ne permettrait-on pas au juge de former sa conviction sur des présomptions de l'homme? Pourquoi forcer les tribunaux à admettre une prescription fondée sur le payement, alors qu'il est prouvé que la dette n'a pas été payée? Le cri de la conscience l'emporte sur la rigueur du droit. On lit dans un arrêt de Toulouse que la prescription est, avant tout et surtout, une présomption de payement; qu'on ne saurait donc l'accueillir lorsque le défendeur ne prétend pas avoir payé la dette réclamée, et soutient, au contraire, malgré l'évidence des faits, qu'il n'a jamais rien pu devoir (4). La cour de Bruxelles a jugé, à plusieurs reprises,

(1) Cassation. 27 juillet 1853 (Dalloz, 1853, 1, 253).
(2) Cassation, 29 novembre 1837 (Dalloz, au mot *Prescription*, n° 1037, 1°). Pau, 19 novembre 1821 (Dalloz, *ibid.*, n° 1020).
(3) Rejet, 31 janvier 1872 (Dalloz, 1872, 1, 246).
(4) Toulouse, 17 juin 1862 (Dalloz, 1863, 2, 138).

que les courtes prescriptions, étant fondées sur une présomption de payement, exigent la bonne foi dans la
personne de ceux qui veulent s'en servir. Dans l'espèce,
la mauvaise foi du débiteur était palpable; la cour repoussa, en conséquence, l'exception de prescription (1).
Toutefois la cour n'a point persisté dans cette jurisprudence; ce qui prouve combien ces questions sont délicates.
Il y a lutte entre le droit strict et l'équité; à notre avis, le
juge ne peut pas écouter l'équité quand le droit a prononcé.
Telle était aussi l'opinion d'un éminent jurisconsulte, l'avocat général De Cuyper, sur les conclusions duquel a été
rendu le dernier arrêt de la cour de Bruxelles, portant
qu'aucune preuve n'est admise contre l'exception de prescription, sinon la délation du serment (2).

Il reste une difficulté : peut-on se prévaloir de la prescription des articles 2271-2273 quand la dette a été constatée par écrit? Nous allons examiner la question en
expliquant l'article 2274.

N° 2. QUAND LES COURTES PRESCRIPTIONS COMMENCENT-ELLES A COURIR?

521. D'après le droit commun, la prescription court
dès que le droit existe (n° 16). Ce principe s'applique aux
courtes prescriptions; l'article 2274 le confirme implicitement : « La prescription, dans les cas ci-dessus, a lieu
quoiqu'il y ait continuation de fournitures, livraisons, services et travaux. » Cette disposition décide une difficulté
particulière que présentent les courtes prescriptions. D'ordinaire il y a une série de prestations dont chacune donne
un droit au créancier; de là la question de savoir si la
prescription ne commence à courir qu'après que toutes les
prestations sont faites, ou si elle court après chaque prestation. L'article 2274 décide la question dans ce dernier
sens par application du principe général : dès qu'il y a
droit ou dette, la prescription court contre le créancier,

(1) Bruxelles, 22 octobre 1817 (*Pasicrisie*, 1817, p. 502), et 2 juin 1821
(*Pasicrisie*, 1821, p. 392).
(2) Bruxelles, 12 août 1835 (*Pasicrisie*, 1835, 2, 309).

quand même les prestations continueraient. Il y a alors autant de prescriptions que de créances.

Cette règle est modifiée par le principe qui régit les créances à terme : « La prescription ne court point à l'égard des créances à jour fixe, jusqu'à ce que ce jour soit arrivé » (art. 2257). Il est certain que si les parties ont stipulé un terme, la prescription ne courra qu'à l'échéance du terme ; il n'est pas même nécessaire que la stipulation soit expresse, car le terme peut être tacite. Le principe est incontestable, mais l'application soulève une difficulté sérieuse. On dit qu'il y a terme tacite lorsque, d'après les usages reçus, le créancier ne demande son payement qu'après un certain délai ; et, à l'appui de cette opinion, on invoque l'article 1160, qui porte : « On doit suppléer dans le contrat les clauses qui y sont d'usage, quoiqu'elles n'y soient pas exprimées. » Nous doutons que l'application que l'on fait de cette règle d'interprétation soit conforme à l'intention des parties contractantes ; et tout dépend de leur intention, puisqu'il s'agit de la clause d'un contrat. Nous prenons comme exemple l'action des ouvriers, qui se prescrit par six mois. Quand naît le droit de l'ouvrier ? Au moment où il fournit son travail ; bien entendu que le travail doit être achevé. En achetant une maison, je conviens, avec un ouvrier charpentier, qu'il fera tels ouvrages pour un prix fait : la prescription courra, non à partir de chaque ouvrage, mais après que l'ensemble des travaux sera achevé. Il en serait ainsi quand même il n'y aurait pas de prix fait ; cette circonstance, comme nous l'avons dit plus haut, n'a d'influence que sur la durée de la prescription (n° 491). Supposons que les travaux soient achevés le 30 avril : la prescription de six mois ou d'un an courra à partir du 1er mai. Cependant l'usage est que l'ouvrier ne présente son compte et ne demande son payement qu'à la fin de l'année. Faut-il considérer cet usage comme une convention emportant terme en faveur du créancier ? A notre avis, non, à moins qu'il ne résulte des circonstances de la cause que telle a été l'intention des parties contractantes. L'usage de présenter le compte à la fin de l'année est fondé sur les convenances, ce n'est pas une obligation pour le créancier, ni un droit pour le débiteur. Quand le créancier a besoin d'argent, il présente son compte plus tôt ; tout ce qui résulte de ce que le payement se fait plus tôt, c'est que le débiteur aura droit à l'escompte si le prix a été stipulé eu égard à l'époque plus ou moins reculée du payement.

Telle nous semble être la rigueur des principes. Il en résulte une conséquence que le législateur n'a point prévue. La loi suppose que les journées, fournitures et salaires de l'ouvrier se payent de suite ; tandis que régulièrement les maîtres ouvriers au moins ne demandent leur payement qu'à la fin de l'année. Les fournitures et travaux continuant pendant toute l'année, la prescription de six mois sera acquise pour les créances nées pendant le premier semestre avant que l'ouvrier ait présenté son compte : ce qui est absurde. L'absurdité vient de ce que l'état social a changé ; les maîtres ouvriers ne se font plus payer au fur et à mesure qu'ils travaillent, ils sont à même de faire crédit ; le législateur devrait tenir compte du changement qui s'est opéré dans la position des artisans, en prolongeant la durée de la prescription.

Pour remédier aux conséquences absurdes que produit la loi, on a imaginé la clause d'un terme tacite. Ce qui prouve que ce terme tacite n'est qu'une invention de la doctrine, c'est que l'ouvrier a le droit d'agir dès que l'ouvrage est achevé, à moins que le débiteur ne prouve qu'un terme a été convenu. L'usage de ne présenter les mémoires qu'à la fin de l'année ne constitue pas une convention, il est fondé sur les convenances, et non sur un concours de consentement (1). Tel est le droit strict, sauf stipulation contraire.

522. Quand les maîtres et instituteurs donnent leurs leçons au mois, leur droit naît à l'expiration de chaque mois ; en ce qui les concerne, on n'allègue pas de convention tacite. Il en est autrement des leçons qui se donnent au cachet ; dans ce cas, il intervient nécessairement une

---

(1) En sens divers, Marcadé. t. VIII, p. 235, n° II de l'article 2278 ; Duranton, t. XXI, p. 673, n° 416 ; Troplong, n° 964 ; Leroux de Bretagne, t. II, p. 304, n° 1301.

convention déterminant le nombre des cartes ou des leçons après lesquelles le maître pourra demander son payement; ce n'est donc pas nécessairement après le mois que le droit du maître s'ouvre (1), c'est après qu'il a donné le nombre convenu des leçons.

523. La prescription de l'action des hôteliers commence à courir à partir du jour où le logement et la nourriture sont fournis; d'ordinaire il n'y a aucune convention, sauf celle qui concerne le montant de la pension, fixée par jour; de sorte que l'hôtelier acquiert chaque jour une créance, bien qu'il continue ses fournitures. C'est l'application littérale de l'article 2274. Mais il peut intervenir une convention entre les parties quant à la durée du séjour. Le voyageur convient avec l'hôtelier qu'il payera telle somme pour le séjour d'un mois; le droit de l'hôtelier naît, dans ce cas, à l'expiration du mois, et, par suite, la prescription ne courra qu'à partir de cette époque.

524. Il y a quelque difficulté pour l'action des médecins. On demande d'abord si l'on peut appliquer aux médecins la disposition de l'article 2274 : c'est-à-dire chaque visite constitue-t-elle une créance, quoique le médecin continue ses visites? Le texte répond à la question : « La prescription, *dans les cas ci-dessus,* a lieu quoiqu'il y ait continuation de fournitures, livraisons, *services* et *travaux.* » Ainsi la règle de l'article 2274 est applicable à *tous les cas ci-dessus,* donc aussi à l'action des médecins. On objecte qu'en fait les médecins ne demandent pas leur payement après chaque visite. Non, mais c'est par un sentiment de convenances qu'il ne faut pas confondre avec le droit. L'usage des médecins est d'envoyer leur compte à la fin de l'année; mais cela n'empêche pas qu'ils aient action à partir de chaque visite; et s'ils agissaient, le débiteur ne pourrait certes pas leur opposer une prétendue convention tacite en vertu de laquelle il ne serait obligé de payer qu'à la fin de l'année. On objecte que les termes de l'article 2274 ne s'appliquent pas aux visites des médecins; on ne peut pas les qualifier de fournitures, de

---

(1) Leroux de Bretagne. t. II, p. 305, n° 1304.

livraisons, de services ni de travaux. Dans le langage usuel, cela est vrai ; mais il suffit de lire l'article 2274 pour se convaincre que la loi a employé à dessein des expressions générales afin de comprendre toutes les prescriptions dont il est traité dans les articles 2271-2273. Il y a un arrêt de la cour de cassation en ce sens (1). Ce premier point est décisif; si l'article 2274 s'applique aux médecins, il faut décider que la prescription de leur créance commence à courir à partir de chaque visite (2).

L'opinion contraire est plus généralement suivie. Elle s'appuie sur la tradition. Pothier enseigne que l'on ne doit pas regarder la créance d'un médecin comme composée d'autant de créances séparées que le médecin a fait de visites, mais comme une seule et même créance qui n'existe que lorsque le médecin cesse de voir le malade, soit par sa guérison ou sa mort, soit que le médecin ait été congédié. Brodeau dit également que la prescription ne peut avoir son cours tant que le médecin traite son malade, parce qu'il n'est pas raisonnable d'obliger le médecin à exiger ses honoraires tant que le traitement continue (3). Nous répondons que la tradition n'a aucune autorité en cette matière, par la raison que le code ne l'a point consacrée. La jurisprudence tient compte des usages de la vie réelle, que le législateur a eu tort de ne pas prendre en considération; mais appartient-il à l'interprète de corriger la loi? La cour de Caen dit qu'il est d'un usage général que les médecins ne réclament pas ou ne reçoivent pas le prix de leurs visites immédiatement après les avoir faites. Cela est vrai du médecin comme des maîtres ouvriers. Mais la question est de savoir si cet usage empêche le droit du médecin d'exister à partir de chaque vi-

---

(1) Cassation, 29 octobre 1810 (Dalloz, au mot *Prescription*, n° 1043). Marcadé nie que la cour de cassation ait décidé que l'article 2274 est applicable à l'action des médecins. Il suffit de lire l'arrêt pour se convaincre que Marcadé, comme cela lui arrive assez souvent, affirme le contraire de ce qui est.

(2) Limoges, 3 juillet 1839 (Dalloz. au mot *Prescription*, n° 993, 1°). Dans le même sens. Vazeille. n° 733.

(3) Pothier. *Des obligations*, n° 715. Brodeau, sur l'article 125 de la coutume de Paris. Dans le même sens. Troplong, Mourlon, Marcadé, Leroux de Bretagne, sauf des dissentiments dans l'application.

site, et ce droit ne saurait être contesté. Si la prescription ne court pas à partir de chaque visite, quand commencera-t-elle à courir? La cour de Caen répond que l'on doit admettre, conformément à l'article 1160, que le médecin et le malade ont entendu que le payement aurait lieu, *soit* lorsque le médecin l'exigerait au cours de la maladie, *soit* lorsque, par une cause quelconque, les rapports cesseraient entre eux (1). Ainsi la cour reconnaît au médecin le droit d'agir pendant le cours de la maladie; ce droit, il ne peut l'avoir que si chaque visite constitue une créance. Dans la doctrine de la cour, on ne sait pas quand la prescription commencera à courir. L'arrêt décide que la prescription ne doit courir que du jour où les rapports cessent. Cela est en contradiction avec l'article 2274, et même avec ce que la cour vient de dire du droit que le médecin a d'agir pendant le cours de la maladie.

525. Quant à l'action des pharmaciens, on ne fait pas ces distinctions, leurs fournitures ne se liant pas les unes aux autres : il y a, dit-on, autant de créances diverses que de fournitures (2). C'est bien notre avis; mais, dans l'opinion généralement suivie, cela n'est pas très-conséquent. En effet, les pharmaciens, dans l'usage, ne réclament pas leur payement après chaque fourniture : ils envoient leur compte à la fin de l'année aussi bien que les médecins. Le droit devient vague et arbitraire dès que l'on s'écarte du texte de la loi.

526. Quant à l'action des huissiers, la prescription court à partir de chaque signification et de chaque commission qu'ils font. Il y a cependant entre la commission et la signification une différence qui résulte de la nature des choses. La signification est un fait qui s'accomplit du moment que l'acte a été signifié; dès cet instant, l'huissier a un droit qui se prescrit par un an. Il n'en est pas de même de la commission : c'est un mandat qui peut durer plus ou moins longtemps, suivant la nature de l'affaire dont l'huissier est chargé; le droit de l'huissier ne prend naissance

(1) Caen, 21 avril 1868 (Dalloz, 1871, 2. 180). Comparez Chambéry, 28 février 1873 (Dalloz. 1873, 2. 153).
(2) Troplong, *De la prescription*, n° 959.

que lorsque la commission est faite, et à partir de ce moment la prescription court (1).

La prescription de l'action des avoués ne présente aucune difficulté; l'article 2272 détermine lui-même l'époque à partir de laquelle la prescription commence à courir. Quand le procès est terminé ou que les pouvoirs de l'avoué cessent, le délai de deux ans court à compter du jugement ou de la cessation des fonctions. Si l'affaire n'est pas terminée, les avoués ne peuvent faire de demande pour des frais et salaires qui remonteraient à plus de cinq ans. Ces cinq ans se comptent comme dans la prescription quinquennale de l'article 2277. Nous renvoyons à ce qui a été dit plus haut sur ce point (n° 475).

527. Chaque fourniture d'un marchand constitue une créance distincte, et la prescription court à partir de la livraison. Il y a exception si les parties sont convenues que les fournitures ne seront payables que par termes d'un mois, par exemple comme cela est d'usage pour les denrées alimentaires. Ici revient la difficulté que nous avons examinée en principe (n° 521) : Quand y a-t-il stipulation d'un terme? L'usage seul suffit-il? Non, car l'usage ne peut être invoqué comme convention tacite; il faut avant tout voir quelle est l'intention des parties contractantes; question de fait qu'il est impossible de décider *a priori,* il faut l'abandonner à l'appréciation du juge (2).

528. Le prix de la pension est régulièrement fixé par année, mais il se paye par trimestre ou par mois. Ici il y a nécessairement une convention qui règle l'époque à laquelle le payement doit se faire; le droit du créancier naît à cette époque et se prescrit, par conséquent, à partir du jour où la dette échoit. Il y a donc lieu d'appliquer l'article 2257 : tant que le terme n'est pas échu, la prescription ne court point.

529. Il faut en dire autant de l'action des domestiques qui se louent à l'année : leur droit s'ouvre, non à la fin de l'année, mais aux époques déterminées pour le payement

---

(1) Leroux de Bretagne, t. II, p. 306, n° 1307.
(2) Comparez Leroux de Bretagne. t. II, p. 306. n° 1308.

des gages; dans l'usage général, à l'expiration de chaque
mois. De là suit que la prescription court à partir de
l'échéance de chaque mois.

N° 3. DE L'INTERRUPTION ET DE LA CESSATION DES COURTES PRESCRIPTIONS.

530. Que les courtes prescriptions puissent être interrompues, cela va sans dire; le créancier a intérêt à les
interrompre, précisément parce qu'elles sont courtes.
Comme la loi ne dit rien de l'interruption, dans la section
consacrée aux prescriptions particulières, il en faut conclure que les principes généraux restent applicables. Il a
été jugé, conformément à ces principes, que la reconnaissance de la dette faite par la veuve du débiteur et l'offre
de payer sa part de cette dette n'avaient d'effet que pour
ce qui la concerne, et ne pouvaient avoir aucune influence
sur les droits des héritiers légitimes (1). La raison en est
que les dettes se divisent; s'il s'agit d'une dette de communauté, la veuve en est tenue pour moitié et les héritiers du
mari supportent l'autre moitié; la veuve peut renoncer au
bénéfice de la prescription ou interrompre le cours de la
prescription par la reconnaissance; mais sa renonciation
ne peut être opposée aux héritiers du mari.

Nous rappellerons ce qui a été dit ailleurs, que la mort
n'interrompt pas la prescription (2); cela est si évident, que
l'on ne conçoit pas que le contraire ait été jugé. Ce qui
peut tromper les personnes étrangères au droit, c'est que
la mort met fin aux dettes qui se contractent successivement par des services que rend le créancier; ainsi le ministère de l'avoué cesse par sa mort, mais la prescription
qui avait commencé à courir contre lui continuera à courir
contre ses héritiers : c'est le droit commun.

531. Quel est l'effet de l'interruption? L'article 2274, § 2,
porte : « La prescription ne cesse de courir que lorsqu'il
y a eu compte arrêté, cédule ou obligation, ou citation en
justice non périmée. » Cette disposition comprend deux

---

(1) Cassation, 22 juin 1830 (Dalloz, au mot *Prescription*, n° 630, 3°).
Comparez Cassation, 10 mai 1836 (Dalloz, *ibid.*, n° 997).
(2) Cassation, 29 octobre 1810 (Dalloz, au mot *Prescription*, n° 1043).

causes d'interruption. D'abord la citation en justice, pourvu
qu'elle ne soit pas périmée; c'est le droit commun de l'article 2247. Puis la reconnaissance de la dette par le débiteur (art. 2248); c'est ce que la loi entend par *cédule* ou
obligation : le débiteur s'oblige par acte sous seing privé à
payer ce qu'il doit, il reconnaît par cela même l'existence
de la dette. Enfin le *compte* que les parties *arrêtent* implique également une reconnaissance du débiteur, puisqu'il
ne souscrirait pas le compte s'il avait payé.

Quel est l'effet de ces actes? La loi dit que la prescription, c'est-à-dire la courte prescription, *cesse de courir*;
ce qui veut dire qu'il n'y a plus lieu à la courte prescription;
il s'ensuit que la courte prescription fait place à la prescription ordinaire de trente ans (1). Cela résulte de la comparaison de l'article 2274 avec l'ordonnance de 1673, que
le code n'a fait que reproduire. Après avoir énuméré les
courtes prescriptions, l'ordonnance ajoutait (titre I, art. 9):
« Voulons le contenu ès deux articles ci-dessus avoir lieu
encore qu'il y eût continuation de fourniture ou d'ouvrage,
si ce n'est qu'avant l'année ou les six mois il n'y eût un
compte arrêté, sommation ou interpellation judiciaire, cédule, obligation ou contrat. » C'est dire clairement que si,
pendant le cours de la prescription, il intervient un compte,
une reconnaissance ou une citation en justice, il n'y a plus
lieu aux courtes prescriptions : les dettes, n'étant plus soumises à la prescription exceptionnelle, rentrent sous l'empire de la prescription générale. Cela s'explique très-bien
quand les parties procèdent à un compte; elles le font précisément pour empêcher les courtes prescriptions. Celles-
ci s'accomplissent dans un délai très-court, parce qu'il y a
une présomption de payement; or, quand le débiteur
souscrit un compte, il reconnaît, d'une part, qu'il n'a point
payé et, d'autre part, qu'il ne payera pas dans le court
délai de la prescription; sinon il serait inutile d'arrêter un
compte. Dès lors les parties ne se trouvent plus dans la
situation que la loi suppose en établissant les courtes prescriptions; le créancier ne demande pas à être payé de suite,

_____

(1) Leroux de Bretagne, t. II, p. 307, n° 1311, et tous les auteurs.

et le débiteur reconnaît qu'il ne peut pas payer. Les parties se replacent donc dans la position où se trouvent les débiteurs et créanciers en général; partant, il y a lieu à la prescription ordinaire de trente ans.

532. L'article 2274 soulève une autre difficulté. Il suppose, comme l'ordonnance à laquelle il est emprunté, que l'écrit qui contient la reconnaissance est dressé pendant le cours de la prescription; le texte même du code le prouve; car la loi met la reconnaissance sur la même ligne que le *compte* ou la *citation en justice,* et il est bien évident qu'il ne peut être question de compte et d'assignation que lorsque la dette existe et que la prescription court. Que faut-il décider si dès le principe, au moment où la convention a été contractée, les parties en ont dressé acte? La prescription sera-t-elle néanmoins régie par les articles 2271-2274, ou y a-t-il lieu à la prescription ordinaire? On s'accorde à décider que les courtes prescriptions des articles 2271-2273 ne sont pas applicables dans ce cas. La raison en est que les parties ne se trouvent plus dans la situation à raison de laquelle le législateur a établi une courte prescription. Il présume que le débiteur a payé sans prendre quittance; ce qui implique que la dette n'a pas été constatée par écrit; en effet, quand le créancier a une preuve littérale de l'obligation contractée par le débiteur, celui-ci a soin d'exiger une quittance lorsqu'il paye; la plus simple prudence l'exige, et c'est aussi l'usage général. Dès lors le législateur ne pouvait et ne devait plus présumer le payement, c'est au débiteur de le prouver d'après le droit commun; et dès que l'on écarte la présomption de payement, les courtes prescriptions n'ont plus de raison d'être. Telle était la tradition, et l'on ne voit pas que les auteurs du code y aient dérogé. Il est vrai que la loi ne le dit pas, mais l'esprit de la loi ne laisse aucun doute; et dans la matière de la prescription, il faut souvent recourir à l'esprit de la loi pour compléter le texte et même pour le corriger (1).

533. Il ne faut pas confondre le cas où la créance est

_____

(1) Duranton, t. XXI, p. 669, n° 412, et tous les auteurs. La jurispru-

constatée par écrit au moment où le contrat se forme et le cas où il n'y avait pas d'écrit et où les parties ont arrêté un compte pendant la durée de la prescription. Dans ce dernier cas, il y a toujours lieu à la prescription de trente ans, parce que le compte que les parties dressent fait cesser la prescription exceptionnelle, et, par suite, la prescription générale de trente ans reprend son empire. Il n'en est pas de même lorsque les parties ont rédigé un écrit lors du contrat; dans ce cas, il n'y a jamais eu lieu à la courte prescription de six mois, d'un an, de deux ou de cinq ans. Les parties restent, sous tous les rapports, soumises au droit commun. Or, le droit commun n'est pas toujours la prescription de trente ans. Les créances payables par année ou à des termes périodiques plus courts se prescrivent par cinq ans (art. 2277). Si donc je conviens avec un hôtelier qu'il me logera et me nourrira à raison de 100 francs par mois, et si nous dressons acte de cette convention, quelle sera la prescription? Ce ne sera pas la prescription de six mois, puisqu'il y a un écrit; ni la prescription de trente ans, parce que, la pension étant payable par six mois, il y a lieu d'appliquer la prescription quinquennale. Si, au contraire, je fais cette même convention sans écrit, la courte prescription de six mois sera applicable pour la pension de chaque mois; mais si, avant l'expiration des six mois, nous arrêtons un compte par lequel je me reconnais débiteur de 500 francs, la durée de la prescription ne sera plus celle de six mois, puisqu'il y a un compte arrêté; ce n'est pas celle de cinq ans, car l'arrêté de compte capitalise la dette; je dois une somme de 500 francs, et non cinq prestations de 100 francs. Reste la prescription ordinaire de trente ans (1).

534. Quand la prescription cesse-t-elle de courir dans les cas de l'article 2274? D'abord lorsqu'il y a eu compte arrêté entre le créancier et le débiteur. Il en serait de même si le mandataire du débiteur signait le compte; en

---

dence est conforme. Alger, 4 novembre 1870, et sur renvoi, Rejet, 19 juin 1872 (Dalloz, 1871, 2, 7 et 1873, 5, 364). Cassation, 10 février 1836 (Dalloz, au mot *Prescription,* n° 1016).

(1) Marcadé, t. VIII, p. 241, n° IV de l'article 2278.

principe, cela n'est pas douteux, puisque le débiteur est représenté par son mandataire; il n'y a de difficulté que sur le point de savoir s'il y a mandat. La cour d'Agen a jugé que le secrétaire de l'évêché est le mandataire de l'évêque; et elle a, en conséquence, condamné les héritiers de l'évêque, qui opposaient la prescription, à payer la dette pour laquelle un compte avait été arrêté entre le secrétaire et le créancier (1).

La loi ne prescrit aucune forme pour la validité du compte; on reste donc sous l'empire des principes généraux. Il a été jugé qu'un règlement de compte non signé n'avait pas l'effet d'interrompre la prescription. Cela est trop absolu. Dans l'espèce, il n'y avait pas d'écrit, il s'agissait de fournitures faites par un boulanger et constatées par des tailles; celles-ci se trouvaient, lors du procès, entre les mains du créancier; de là celui-ci concluait qu'il y avait preuve de non-libération. La cour de cassation a décidé que l'existence des tailles dans les mains du boulanger ne saurait équivaloir au compte arrêté de l'article 2274, et que l'on ne pouvait invoquer, pour valider un compte non signé, la circonstance que le boulanger ne savait pas signer, ni se prévaloir de ce fait pour attribuer les effets d'un compte arrêté à la possession de tailles. Le jugement attaqué se prévalait encore, pour repousser la prescription, de l'interrogatoire sur faits et articles, d'où résultait que la dette n'avait pas été payée. La cour de cassation, comme nous l'avons dit plus haut (n° 519), n'admet point d'autres preuves contre la prescription que le serment. Vainement le premier juge disait-il que la créance était prouvée. Il ne s'agissait pas de l'existence de la créance, mais de son extinction par la prescription; or, la prescription, étant une exception péremptoire, ne peut être écartée que dans les cas que la loi détermine, c'est-à-dire, dans l'espèce, par la délation du serment (2).

Un jugement interlocutoire qui renvoie les parties devant la chambre des avoués en règlement de compte suffit-

_____

(1) Agen, 5 juillet 1833 (Dalloz, au mot *Mandat*. n° 384).
(2) Cassation, 27 juillet 1853 (Dalloz, 1853, 1, 253).

il pour que la prescription cesse de courir ? Par lui-même,
le jugement qui ordonne un compte ne peut être considéré
comme un compte, il faut voir ce qui se passe entre les
parties à la suite du jugement; si le débiteur reconnaît
tout ou partie de la dette, il y aura compte arrêté et, par
suite, cessation de la prescription. Il y a deux arrêts de la
cour de cassation en ce sens (1).

535. Les courtes prescriptions cessent encore de courir
lorsqu'il y a *cédule* ou *obligation*. Nous avons dit que la
loi entend par là la reconnaissance de la dette. Les termes
cédule et *obligation* sont empruntés à l'ordonnance de
1673 ; on doit les prendre dans le sens le plus large. La loi
n'exige pas un acte proprement dit par lequel le débiteur
reconnaît sa dette, une lettre suffirait. Il y en a plusieurs
exemples dans la jurisprudence. En 1793, un débiteur,
détenu sous le régime de la terreur, écrit, de sa prison,
à son créancier pour reconnaître sa dette. Puis le créancier est également emprisonné, et l'un et l'autre périssent
sur l'échafaud. La cour de Paris en conclut qu'il y avait
reconnaissance de la dette et impossibilité pour le débiteur
de la payer et pour le créancier de la recevoir; ce qui
excluait toute présomption de payement; en conséquence,
elle rejeta la prescription invoquée par les héritiers du
débiteur (2).

Un médecin écrit à son client pour l'inviter à lui payer
ses soins et ses visites; le client répond qu'il passera chez
lui pour le remercier des soins qu'il lui a prodigués. Le
premier juge considéra cette lettre comme une *obligation*,
dans le sens de l'article 2274. Sur le pourvoi, il intervint
un arrêt de rejet fondé sur ce que l'appréciation des juges
du fait était souveraine. Même décision dans un cas où le
mandataire du débiteur avait écrit au créancier qu'il ferait
tous ses efforts pour le faire payer (3).

536. La loi place la citation en justice sur la même

---

(1) Rejet, 19 août 1816 et 11 février 1840 (Dalloz, au mot *Prescription*,
nᵒˢ 1028 et 72).

(2) Paris, 19 thermidor an XI (Dalloz, au mot *Prescription*, nᵒ 1019).

(3) Rejet, 11 juillet 1820 et 6 février 1822 (Dalloz, au mot *Prescription*,
nᵒ 1040, 1ᵒ et 2ᵒ).

ligne que la reconnaissance par suite d'un compte ou d'une cédule ou obligation; ce qui conduit à cette conséquence très-importante que la citation n'interrompt pas seulement la prescription, mais qu'elle en change les conditions : la courte prescription est remplacée par la prescription trentenaire(n° 531). La raison en est que, par suite de l'instance judiciaire, le créancier obtient un titre; dès lors il n'a plus de raison pour se presser d'agir contre le débiteur, et celui-ci ne payera pas sans avoir retiré une quittance. Ainsi les parties ne se trouvent plus dans la situation qui a fait introduire les courtes prescriptions; par suite, elles rentrent sous l'empire du droit commun (n° 532) (1).

537. Nous avons considéré les causes en vertu desquelles, d'après l'article 2274, les courtes prescriptions cessent de courir, comme une interversion de ces prescriptions, en ce sens qu'elles cessent d'être limitées à un court espace de temps pour devenir de longues prescriptions. Il y a ici une difficulté. La citation en justice et la reconnaissance sont des causes qui interrompent la prescription; et l'interruption ne change pas, en général, les conditions de la prescription, notamment la durée (n° 168). L'article 2274 déroge donc à un principe général en matière d'interruption. Cette dérogation s'explique par les raisons particulières qui ont fait introduire les courtes prescriptions des articles 2271-2273). Nous venons de les rappeler en appliquant le principe à la citation en justice (n° 536). On peut invoquer le texte de la loi en faveur de cette interprétation. L'article 2274 ne dit pas que la prescription est interrompue, il dit qu'elle cesse de courir; ce qui signifie qu'il n'y a plus lieu aux courtes prescriptions; donc elles font place à celle de l'article 2262.

La jurisprudence est en ce sens. Dans une espèce jugée par la cour de Douai, un client avait, dans quatre lettres successives, reconnu la dette dont l'avoué réclamait le payement; ces lettres ne précisaient pas le chiffre des frais et honoraires, elles constataient seulement l'existence de la dette. La cour assimila les lettres à une obligation,

---

(1) Marcadé, t. VIII, p. 242, n° IV de l'article 2278.

dans le sens de l'article 2274 ; et elle en conclut que l'obligation ainsi caractérisée n'était pas seulement une reconnaissance interruptive de la prescription, mais qu'elle formait, au profit du créancier, un titre spécial qui ne pouvait être éteint que par la prescription trentenaire (1). Sur ce point, il y eut pourvoi en cassation. La chambre des requêtes prononça un arrêt de rejet, en se fondant sur l'appréciation que l'arrêt attaqué avait faite de la correspondance des parties (2). Cela semble dire que la question est de fait plutôt que de droit ; de sorte que le premier juge pourrait décider que la reconnaissance est seulement une interruption de la prescription, sans que la durée de la prescription soit changée. Si telle est la pensée de la cour, nous croyons qu'il y a erreur. L'article 2274 décide formellement que, dans les cas qu'il prévoit, il n'y a plus lieu aux courtes prescriptions des articles 2271-2273 ; et il n'appartient pas aux parties intéressées de changer la durée de la prescription, en ce sens qu'une prescription qui, d'après la loi, cesse d'être courte pour devenir longue, resterait courte.

Nº 4. DE LA SUSPENSION DES COURTES PRESCRIPTIONS.

538. L'article 2278 porte : « Les prescriptions dont il s'agit dans les articles de la présente section courent contre les mineurs et les interdits, sauf leur recours contre leur tuteur. » Bigot-Préameneu a exposé les motifs de cette disposition exceptionnelle. « Si un mineur, dit-il, remplit quelqu'un des états pour lesquels l'action est limitée, soit à six mois, soit à un an, soit à cinq ans, il est juste qu'il soit assujetti aux règles générales de la profession qu'il exerce. Il ne pourrait même pas l'exercer s'il n'obtenait le payement de ce qui lui est dû à mesure qu'il le gagne ; lorsqu'il a l'industrie pour le gagner, il n'est pas moins qu'un majeur présumé avoir l'intelligence et l'acti-

---

(1) Douai, 9 juin 1841 (Dalloz, au mot *Frais et Dépens,* nº 965).
(2) Rejet, 29 juin 1842 (Dalloz, au mot *Prescription,* nº 1040, 3º).

vité pour se faire payer. Quant aux arrérages et à tout ce qui est payable par année (art. 2277), déjà, d'après le droit commun, cette prescription courait contre les mineurs et interdits à l'égard des arrérages de rentes constituées. On avait pensé, à cet égard, qu'ils avaient une garantie suffisante dans la responsabilité des tuteurs, dont la fonction spéciale est de recevoir les revenus, et qui seraient tenus de payer personnellement les arrérages qu'ils auraient laissé prescrire. Les mêmes considérations s'appliquent aux autres prestations annuelles. » Ce dernier motif prouve trop, car on pourrait en dire autant de toutes les créances et de tous les droits du mineur. On a donné une autre raison, qui est meilleure. Quand il y a un intérêt public en cause, le législateur y subordonne l'intérêt particulier des mineurs et interdits. C'est ainsi que la loi hypothécaire belge a soumis l'hypothèque légale des incapables aux règles de la spécialité et de la publicité ; la loi a dû aussi assujettir les mineurs et interdits à la prescription de cinq ans établie par l'article 2277, parce qu'elle est fondée sur des motifs d'ordre public (1). Mais cette justification aussi prouve trop. Nous avons dit plus haut que le système du code sur la suspension de la prescription en faveur des incapables se justifie difficilement (nos 45 et 50).

539. De ce que la prescription quinquennale court contre les mineurs et interdits, la cour de Gand a conclu qu'elle pouvait être opposée, à plus forte raison, à un bureau de bienfaisance, quoiqu'il ne fût pas encore autorisé à accepter le legs (2). La solution nous paraît douteuse. Le bureau de bienfaisance est une personne civile ; il ne peut agir que lorsqu'il a été autorisé à accepter ; jusque-là il n'y a point de legs, d'après la rigueur des principes. Sans doute le bureau de bienfaisance qui tarde pendant des années à demander l'autorisation, manque à ses devoirs, toujours est-il qu'il n'est pas créancier tant qu'il n'est pas autorisé ; ce qui le met dans l'impossibilité d'exiger le payement des intérêts, et, partant, la prescription ne peut pas courir contre lui.

(1) Troplong. *De la prescription*, no 1038.
(2) Gand, 25 juillet 1853 (*Pasicrisie*, 1854, 2, 121).

§ Ier. *Quel est le sens de la maxime qu'en fait de meubles,*
la possession vaut titre.

540. L'article 2279 porte qu'en fait de meubles, la possession vaut titre. Quel est le sens de cette maxime qui
joue un si grand rôle dans notre droit? Le deuxième alinéa
de l'article 2279 précise le sens du premier; il est ainsi
conçu : « *Néanmoins* celui qui a perdu ou auquel il a été
volé une chose peut la *revendiquer* pendant trois ans contre celui dans les mains duquel il la trouve. » Ainsi c'est
par exception, dans les cas de perte ou de vol, que les choses
mobilières peuvent être revendiquées contre le possesseur ;
la règle est donc que les meubles ne peuvent pas être revendiqués. Tel est le sens de la maxime qu'en fait de
meubles, la possession vaut titre. Il résulte de là une différence essentielle entre les meubles et les immeubles. Le
propriétaire d'un immeuble a l'action en revendication qui
lui permet de saisir la chose entre les mains de tout possesseur ; celui-ci ne peut repousser l'action qu'en prouvant
qu'il a acquis la propriété par la prescription, soit celle de
dix ans s'il a titre et bonne foi, soit celle de trente ans s'il
n'a ni titre ni bonne foi ; tandis que le possesseur d'une
chose mobilière peut repousser la revendication en n'alléguant rien que sa possession. Quelle est la raison de cette
différence? Il est de l'essence de la propriété que le propriétaire ait une action pour faire respecter son droit et le
maintenir contre tous : celui qui a un droit réel dans une
chose peut la suivre entre les mains de tout possesseur ; à
plus forte raison, ce droit doit-il appartenir au propriétaire.
La loi le donne au propriétaire d'immeubles ; pourquoi le
refuse-t-elle au propriétaire de choses mobilières? L'orateur du gouvernement répond qu'en droit français la pos-

---

(1) Sources : Renaud, *L'article 2279 interprété par ses origines germa-*
niques (analysé par Chauffaut, dans la *Revue de législation*, 1845, I. 371 et
II, p. 281. De Folleville, *Essai sur la possession des meubles*, 1 vol. in-8°
(Paris, 1869). Destrais, *Dissertation sur la revendication des meubles*.

session a toujours été regardée comme un titre ; on n'en a ordinairement pas d'autre pour les choses mobilières qui passent rapidement de main en main, de sorte qu'on ne dresse pas d'acte pour en constater la transmission ; celui qui achète un objet mobilier n'a aucun moyen de vérifier par titres le droit de son vendeur, il doit accepter comme réel le droit de son auteur, et ce droit ne repose que sur la possession ; dès lors la possession doit aussi lui tenir lieu de titre. Il n'en est pas de même de celui qui veut acquérir un immeuble ; il peut demander les titres du vendeur, car les immeubles ne se transmettent pas sans que l'on en dresse acte ; et, d'après la législation actuelle en France et en Belgique, la copie de ces titres se trouve dans des dépôts publics que chacun peut consulter ; il est donc facile, en remontant d'un propriétaire à l'autre, de s'assurer si le possesseur actuel est le vrai propriétaire de l'immeuble. De là la conséquence qu'en matière d'immeubles, la propriété s'établit par titres, et en matière de meubles par la possession.

Bigot-Préameneu ajoute qu'il est le plus souvent impossible de constater l'identité des choses mobilières et de les suivre dans leur circulation de main en main, ce qui rendrait la revendication très-difficile et donnerait lieu à de nombreuses contestations : il faut éviter, dit-il, des procès qui seraient sans nombre et dont les frais excéderaient le plus souvent la valeur du litige. Cette dernière considération rappelle le dédain traditionnel du droit français pour les valeurs mobilières : *vilis mobilium possessio*. Il faut l'écarter aujourd'hui. Il reste vrai de dire que les meubles passent avec rapidité de main en main. Le détenteur précaire d'un effet mobilier le vend ; en quelques semaines la chose peut être transmise à dix acheteurs. Si le propriétaire pouvait la revendiquer contre le dernier possesseur, il en résulterait dix procès. L'ordre public veut qu'on les évite. C'est aussi une nécessité du commerce. Chose singulière, Bigot-Préameneu n'en parle pas ; le seul qui en dise un mot, c'est Portalis, dans son premier discours : « On fait très-sagement, dit-il, d'écarter des affaires de commerce les actions revendicatoires, parce que ces sortes

d'affaires roulent sur des objets mobiliers qui circulent rapidement, qui ne laissent aucune trace, et dont il serait
presque toujours impossible de vérifier et de reconnaître
l'identité (1). » Le commerce consiste à acheter pour revendre; il vit de confiance; c'est le motif pour lequel on
ne dresse pas d'actes des transactions commerciales; comment la confiance et le commerce pourraient-ils exister si
la revendication d'un propriétaire inconnu menaçait sans
cesse d'éviction le possesseur actuel? Cela explique pourquoi la maxime de l'article 2279 resta étrangère au droit
romain. Il en est de la libre circulation des objets mobiliers comme de la publicité des transactions immobilières;
le besoin ne s'en fait sentir que lorsque le commerce s'étend
et que les relations se multiplient. Voilà pourquoi la publicité date des coutumes, et telle est aussi la raison pour
laquelle la maxime qu'en fait de meubles, la possession
vaut titre ne s'est développée que dans les temps modernes;
cette matière prend tous les jours une importance crois-
sante, à mesure que les valeurs mobilières se multiplient.

541. Quel est le fondement juridique du principe consacré par l'article 2279? La question est très-controversée;
les auteurs sont divisés et la jurisprudence n'a point de
principe certain. On pourrait croire que c'est une question
de pure théorie; mais on aurait tort de dédaigner la théorie, car c'est elle qui formule les principes et en détermine
la vraie signification; or, ce sont les principes qui constituent la science du droit, et les principes dominent la pratique, puisque la mission de l'interprète consiste à les
appliquer.

Il y a un premier système qui paraît le plus naturel.
L'article 2279 est placé au titre de la *Prescription,* dans
la section qui traite des prescriptions particulières. N'en
faut-il pas conclure que cet article établit aussi une prescription particulière, la plus courte de toutes, puisqu'il
suffit de la possession d'un instant pour l'accomplir? En
effet, la maxime attache à la *possession* d'une chose mobi-

_____

(1) Bigot-Préameneu, Exposé des motifs, n° 44 (Locré, t. VIII, p. 355).
Portalis, Discours préliminaire, n° 87 (Locré. t. I. p. 179). Comparez
Mourlon. *Répétitions*, t. III, p. 824, n°s 1986 et 1987.

lière cet effet que le possesseur peut repousser l'action en revendication, de même que le possesseur d'un immeuble peut opposer l'exception de prescription au propriétaire qui le revendique. Il y a encore une autre analogie entre la disposition de l'article 2279 et la prescription acquisitive, c'est que la possession, qui en est le fondement, doit réunir les caractères que l'article 2229 exige pour toute prescription (1). Toutefois il y a une différence essentielle, et qui doit faire rejeter le système de la prescription instantanée, c'est que la possession de l'article 2279 est sans durée; or, il est de l'essence de la prescription acquisitive que le possesseur acquière *par un certain laps de temps*; ce caractère est si essentiel, que c'est le seul que le code mentionne dans la définition de la prescription (art. 2219). Quand la loi se contente d'une possession sans durée, il ne peut plus être question d'usucapion; donc la maxime, en fait de meubles, la possession vaut titre, ne saurait être fondée sur la prescription (2).

L'interprétation que nous combattons a cherché un appui dans la tradition; il faut nous y arrêter; elle servira à écarter les fausses explications que l'on donne de l'article 2279 et à en préciser le véritable sens. Le droit romain distinguait la possession et la propriété pour les meubles comme pour les immeubles; il permettait de revendiquer les choses mobilières, sauf au possesseur d'opposer l'usucapion de trois ans. Il en était autrement dans le droit coutumier. Chose remarquable! Les plus anciennes coutumes germaniques confondaient, en matière de meubles, la possession et la propriété; elles n'admettaient pas la revendication des effets mobiliers contre un tiers possesseur. C'est sous l'influence du droit romain que l'usucapion des meubles s'introduisit dans les coutumes; toutefois cette innovation répugnait au droit coutumier, elle fut toujours contestée. Pothier dit qu'il est incertain si la prescription

---

(1) Marcadé, t. VIII, p. 246, n° I de l'article 2280. Mourlon, *Répétitions*, t. III, p. 823, n° 1985. Grenoble, 4 août 1838 (Dalloz, au mot *Prescription*, n° 265).

(2) C'est l'opinion générale. Aubry et Rau, t. II, p. 108, note 3, § 183; Leroux de Bretagne, t. II, p. 312, n° 1315; de Folleville, p. 19, n°s 20 et 22.

est ou non admise, en droit français, pour les choses mobilières ; les uns l'admettaient, d'autres la rejetaient. En
tout cas, ajoute Pothier, il est rare que la question se présente, le possesseur d'un meuble étant parmi nous présumé
le propriétaire, sans qu'il soit besoin d'avoir recours à la
prescription ; à moins que celui qui le réclame et s'en prétend propriétaire ne justifie qu'il en a perdu la possession
par quelque accident, comme par un vol (1). L'article 2279
n'a fait que formuler la doctrine de Pothier ; il admet l'usucapion de trois ans par exception quand il s'agit de choses
volées ou perdues ; donc la règle est qu'il n'y a plus lieu à
prescription en matière de meubles. C'est ce que Bourjon
enseigne également d'une manière plus précise encore. En
traitant des biens, il dit : « *En matière de meubles, la pos-*
session vaut titre de propriété ; la sûreté du commerce
l'exige ainsi. » Voilà le texte du code civil avec l'exposé
des motifs. Bourjon a encore un chapitre ainsi intitulé : *De*
la possession en matière de meubles et qu'elle vaut titre.
On y lit : « La *prescription* n'est d'*aucune considération,*
elle ne peut être d'*aucun usage* quant aux *meubles,* puisque, par rapport à de tels biens, *la simple possession*
produit tout l'effet d'un titre parfait (2). » Ces paroles sont
notables ; c'est le commentaire de la maxime de l'article 2279 par la tradition coutumière, et c'est des coutumes
que la maxime procède.

542. Il y a un autre système qui explique l'article 2279
par une *présomption de propriété* attachée au fait de la
possession. On invoque l'article 1350, qui place parmi les
présomptions légales les cas dans lesquels la loi déclare la
propriété résulter de certaines circonstances déterminées ;
cette circonstance, dit-on, est, dans le cas prévu par l'article 2279, le fait de la possession (3). Ceux qui admettent

_____

(1) Pothier, *Coutume d'Orléans,* titre XIV, Introduction, nº 4. Comparez, sur l'ancien droit, Aubry et Rau, t. II, p. 106, note 2, § 183, et les auteurs qu'ils citent.
(2) Bourjon, *Du droit commun de la France,* liv. II, tit. I. ch VI, nº 1 ;
liv III. tit. II, ch. I, nº 2, et liv. III, tit. XXII, ch. V.
(3) Aubry et Rau, t. II, p. 108 et note 4, § 183, et les auteurs qu'ils citent. Nous devons remarquer que, parmi les auteurs cités, Troplong et
Duranton ne parlent pas de présomption, et Marcadé admet la prescription instantanée. Comparez Leroux de Bretagne, t. II, p. 314, nº 1319, et
de Folleville, p. 23, nº 23.

cette théorie ne s'accordent guère dans l'application; les uns disent que la présomption est, en général, absolue et irréfragable, tandis que les autres admettent la preuve contraire; la jurisprudence s'est prononcée en faveur de cette dernière opinion. Elle n'a aucun appui dans nos textes; l'article 1350 ne prouve absolument rien; tout ce qui en résulte, c'est qu'il y a des cas où la propriété est fondée sur une présomption : telle est la présomption de mitoyenneté établie par l'article 653; mais, dans ce cas, la loi a soin de le dire, en se servant du mot *présumer*. L'article 2279 ne parle pas de présomption, et il ne s'y trouve aucun terme qui indique que le législateur présume la propriété; il ne dit pas que le possesseur est présumé, réputé propriétaire, il dit que la possession vaut titre. C'est l'expression de Bourjon, à qui les auteurs du code ont emprunté la formule de l'article 2279; son explication est le commentaire le plus sûr. La possession *vaut titre*, dit la loi; elle est donc plus qu'une présomption de propriété, elle équivaut à un titre de propriété, ou, comme le dit Bourjon, *la simple possession produit tout l'effet d'un litre parfait*. Qu'est-ce qu'un *titre parfait ?* C'est celui qui transfère la propriété, tel que la vente, la donation. Or, on ne dira certes pas d'un titre de vente que c'est une présomption; c'est plus que cela, c'est l'acquisition de la propriété; le possesseur n'est pas *présumé* propriétaire, il est propriétaire. Nous disons que l'article 2279 établit plus qu'une présomption. En effet, la présomption, même quand elle est absolue, ou, comme on dit, *juris et de jure*, admet néanmoins la preuve contraire par l'aveu et le serment (art. 1352); tandis que la propriété établie sur la possession en vertu de la loi n'admet aucune preuve contraire. Le possesseur est propriétaire par cela seul qu'il possède; la possession est son titre; et il serait absurde de permettre une preuve contraire au fait de la possession, car ce fait doit être etabli pour que le possesseur puisse invoquer la maxime de l'article 2279, et quand le fait est établi, il ne peut plus s'agir de faire la preuve contraire (1).

_____

(1) Delvincourt, t. II. p. 644. Telle paraît aussi être l'opinion de Tro-

Ce qui a trompé les tribunaux, c'est que la possession doit avoir certains caractères pour que le possesseur puisse l'invoquer, et le propriétaire a naturellement le droit de prouver que le détenteur n'a pas la possession requise par l'article 2279. La cour de cassation dit très-bien que le possesseur ne peut pas invoquer la maxime qu'en fait de meubles, la possession vaut titre, quand il ne possède pas (1). C'est l'application du droit commun : quand le possesseur invoque la possession comme titre de propriété, le demandeur en revendication est admis à prouver que le défendeur n'a pas la possession. Mais c'est aller trop loin que de dire, comme le fait la cour de Rouen, que l'article 2279 n'établit, en faveur du possesseur, qu'une simple présomption, laquelle peut être détruite, soit par la preuve testimoniale, soit même par des présomptions contraires (2). La loi ne dit certes pas cela quand elle déclare le possesseur propriétaire, comme il le serait en vertu d'un titre de vente. Dans l'espèce, le demandeur prétendait que le possesseur des effets mobiliers par lui revendiqués les avait volés; il devait certainement être admis à prouver le vol par toute espèce de preuve, mais cette preuve est étrangère à la maxime de l'article 2279; car, précisément en cas de vol, la maxime n'est plus applicable; le voleur est obligé de restituer la chose, et l'action personnelle en restitution de la chose n'a rien de commun avec la revendication, comme nous allons le dire. Quant aux autres arrêts qui ont vu une présomption dans l'article 2279, et qui ont admis la preuve contraire, nous les rencontrerons dans le cours de nos explications.

C'est cependant la théorie de la présomption de propriété qui l'emporte dans la jurisprudence. La cour de cassation l'a consacrée en termes formels dans un arrêt récent. L'article 2279, dit-elle, établit une présomption légale en faveur de celui dont la possession est justifiée, et le

---

plong (n° 1052) et de Duranton (t. XXI, p. 122, n° 97) qui ne parlent pas de présomption.

(1) Cassation, 28 avril 1866 (Dalloz, 1866, 1, 347).

(2) Rouen, 24 juillet 1845 (Dalloz, 1846, 2, 87). Comparez Bruxelles, 20 février 1829 (*Pasicrisie*, 1829, p. 69).

dispense de toute autre preuve; si cette présomption peut être combattue par la preuve contraire, c'est à celui qui revendique les meubles de prouver sa propriété. On voit que la cour ne décide pas que la preuve contraire est toujours admise; cela démontre qu'il ne s'agit pas d'une présomption légale, puisque la preuve contraire est de droit en matière de présomptions. Dans l'espèce, le demandeur revendiquait des titres au porteur que le défendeur possédait depuis trois ans; le possesseur en avait touché les coupons et reçu le capital des obligations qui étaient sorties au tirage. L'ancien propriétaire prétendait que ces titres avaient été par lui remis en gage à celui qui les possédait, mais sans apporter aucune preuve à l'appui de ses prétentions. Dès lors il s'agissait, non d'une revendication, mais d'une demande en restitution, c'est-à-dire d'une action personnelle; le demandeur devait prouver la convention qu'il alléguait; et, ne faisant pas cette preuve, sa demande devait être rejetée. Il était inutile, dans cet état de choses, d'invoquer une présomption de propriété, puisque la présomption suppose qu'il s'agit d'un débat sur la propriété; tandis que la propriété n'était pas engagée dans l'espèce (1).

543. En combattant les systèmes fondés sur la prescription instantanée, ou sur une présomption de propriété, nous avons établi en même temps notre opinion, qui est au fond celle de la plupart des auteurs (p. 557, note). Il nous reste à la défendre contre les objections qu'on lui adresse (2). On dit que la possession n'est pas placée, par le code, parmi les modes d'acquisition de la propriété énumérés dans les articles 711 et 712. Si la loi disait que la propriété ne s'acquiert que dans les cas prévus par ces dispositions, l'objection aurait quelque valeur; mais la loi s'exprime dans des termes purement énonciatifs; elle énumère les modes principaux d'acquérir la propriété, elle ne les énumère pas tous : l'occupation, le butin fait sur l'ennemi ne figurent pas dans les articles 711 et 712; il im-

---

(1) Rejet, 14 février 1877 (Dalloz, 1877, 1, 320).
(2) De Folleville, *De la possession des meubles*, p. 18, n° 19.

porte donc peu que la possession ne soit pas nommée, pourvu qu'elle soit admise par un texte positif; et l'article 2279, interprétée par la tradition, ne laisse aucun doute.

On dit encore que si toute possession, avec l'intention d'en devenir propriétaire, équivaut à un titre de propriété pour les choses mobilières, il en résultera que le prêteur, le déposant, le bailleur ne pourront pas revendiquer le -meuble prêté, déposé ou loué, contre l'emprunteur, le dépositaire ou le preneur. La réponse est simple et péremptoire. Les détenteurs à titre précaire n'ont pas la possession (n° 263); ils ne peuvent donc pas l'invoquer pour prétendre qu'ils sont propriétaires. Quant aux prêteurs, déposants, bailleurs, ils n'ont pas besoin de la revendication, ils ont une action personnelle née du contrat; et cette action, les détenteurs ne peuvent pas la repousser par la maxime de l'article 2279, comme nous allons le dire.

§ II. *Conditions requises pour que la maxime soit·*
applicable.

N° 1. POSSESSION A TITRE DE PROPRIÉTAIRE.

544. La loi dit que la *possession* vaut titre en fait de meubles. Quelle est cette possession? quels caractères doit-elle avoir? L'article 2279 ne le dit pas, mais il est facile de suppléer au silence de la loi en recourant aux origines de la maxime. La possession équivaut à un titre de propriété, c'est-à-dire à une cause légitime d'acquisition, que le possesseur est dispensé de prouver, parce que les transactions mobilières ne se constatent pas par écrit. Cette explication, que nous avons empruntée à la tradition (n° 542), suffit pour justifier la première condition que la doctrine exige quand il s'agit d'appliquer la maxime de l'article 2279. Le possesseur d'un objet mobilier s'en prétend propriétaire, et il invoque, à l'appui de sa prétention, la possession; il suit de là que cette possession doit être celle d'un propriétaire; il doit donc posséder à titre de propriétaire.

Quoique la loi ne le dise pas en termes formels, cela résulte implicitement du texte. Nous avons dit que le second alinéa détermine le sens du premier, et que la maxime, en fait de meubles la possession vaut titre, signifie que l'action en revendication n'est pas admise contre le possesseur d'un meuble; c'est donc seulement la revendication que le possesseur peut repousser en vertu de l'article 2279. S'il est actionné en vertu d'une action personnelle, il ne peut plus invoquer la maxime; car, tenu, en vertu d'un lien personnel, de restituer la chose, il ne peut pas invoquer une maxime qui implique qu'il est propriétaire. Cela serait contradictoire; le titre personnel en vertu duquel il possède ou détient la chose s'oppose à ce qu'il allègue sa possession comme un titre de propriété, puisque le titre personnel prouve qu'il n'est pas propriétaire (1).

Tels sont d'abord les détenteurs précaires : le dépositaire, l'emprunteur, le preneur et tous ceux qui détiennent précairement la chose du propriétaire. Ils ne peuvent pas prescrire, dit l'article 2236, c'est-à-dire qu'ils ne peuvent pas acquérir la propriété; à plus forte raison ne peuvent-ils pas dire qu'ils sont propriétaires par cela seul qu'ils possèdent; leur possession implique une convention en vertu de laquelle ils sont obligés de restituer la chose; ils sont débiteurs, ils ne sont pas possesseurs; comme débiteurs, ils sont soumis pendant trente ans à l'action du créancier. L'action en restitution du créancier dure trente ans. Peut-il, quand cette action est prescrite, revendiquer la chose contre le détenteur précaire ou ses successeurs universels? L'affirmative n'est pas douteuse quand il s'agit d'un immeuble, le détenteur précaire ne pouvant jamais prescrire. En matière de choses mobilières, la question est douteuse. On peut soutenir qu'il n'y a pas lieu à prescription; qu'il faut, par conséquent, écarter les articles 2236 et suivants. Le dépositaire, dit-on, poursuivi, après trente ans, par le déposant, oppose la prescription de l'action personnelle; dès lors le déposant n'a plus d'action contre

(1) Aubry et Rau, t II, p. 115, et note 26, § 183, et les autorités qu'ils citent. Leroux de Bretagne, t. II, p. 312, n° 1316.

lui, car il ne pourrait agir que par la revendication ; or, on ne revendique pas des effets mobiliers. Vainement dirait-on que le dépositaire est détenteur précaire et qu'il ne peut se prévaloir de sa possession précaire contre le propriétaire ; cela est vrai s'il est actionné comme dépositaire ; mais après trente ans il ne peut plus être poursuivi en vertu de l'action personnelle naissant du contrat ; et, quant à l'action en revendication, elle n'est pas admise, en matière de meubles, contre le possesseur qui possède comme propriétaire. Or, le détenteur précaire peut posséder comme propriétaire, au point de vue de l'article 2279, pourvu qu'il ait la bonne foi. On ne peut pas lui opposer la précarité de son titre, car il ne prétend pas avoir prescrit, il prétend être propriétaire. Bien que cela puisse se soutenir d'après la subtilité du droit, nous préférons l'opinion contraire. Si la précarité est un obstacle à ce que l'on acquière la propriété, elle est, à plus forte raison, un obstacle à ce qu'on le soit par le fait seul de la possession (1).

545. La jurisprudence écarte aussi l'article 2279 quand il s'agit d'un détenteur précaire, mais les arrêts sont parfois mal motivés ; ils considèrent comme une exception à la maxime qu'en fait de meubles la possession vaut titre, les cas où un créancier réclame un objet mobilier en vertu d'une action personnelle ; c'est une confusion d'idées qu'il faut éviter dans cette matière difficile. Le créancier qui agit en vertu d'un contrat de dépôt ou de prêt ne revendique pas la chose comme propriétaire en vertu d'un droit réel, il en réclame la restitution en vertu de l'obligation contractée par le débiteur ; par conséquent, il ne se trouve pas dans le cas prévu par l'article 2279.

Un frère s'établit chez sa sœur, et il y meurt. Quelques années après, la sœur vient à mourir en léguant à sa servante tous les meubles garnissant la maison qu'elle habitait. Les héritiers du frère réclament contre la légataire les meubles que leur auteur, d'après eux, avait fait transporter au domicile de sa sœur en venant partager sa

---

(1) Mourlon, *Répétitions*, t. III, p. 828, n° 1996. Faut-il appliquer ces principes a l'action en restitution du débiteur contre le créancier gagiste? Voyez le tome XVIII de mes *Principes*, n° 525.

demeure. Etait-ce le cas d'appliquer l'article 2279? La cour de Montpellier écarta la maxime consacrée par cet article; elle dit que la preuve contraire à une présomption légale n'est admise que dans les deux cas prévus par l'article 1352, et que l'article 2279 n'établit pas une troisième exception. Cette argumentation est tout à fait en dehors de la question. Il était certain, d'après les faits de la cause, que le frère habitait chez sa sœur à titre précaire; mais cela n'empêchait pas qu'il eût un mobilier à lui; les héritiers devaient donc être admis à la preuve qu'il était propriétaire de certains meubles; la sœur ne pouvait pas disposer de ces meubles; sa possession n'était pas à titre de propriétaire, elle était, au contraire, obligée de restituer les effets aux héritiers de son frère, qui les avait déposés chez elle. La cour, partant d'un faux principe, devait aboutir à une fausse conséquence; elle rejeta la preuve offerte par les héritiers du frère par des motifs de fait et d'équité (1); avant tout, elle aurait dû s'assurer de quel côté se trouvait le droit.

Les héritiers légitimes exercent l'action en pétition d'hérédité contre un légataire. Celui-ci invoque l'article 2279 comme possesseur du mobilier. L'action devait être écartée pour bien des raisons. D'abord il s'agissait d'une universalité de meubles; et, dans ce cas, l'article 2279 est inapplicable, comme nous le dirons plus loin; puis l'action n'était pas une revendication, mais une pétition d'hérédité, ce qui écartait encore la maxime qu'en fait de meubles, la possession vaut titre. La cour de cassation allègue d'autres motifs, et entre autres le droit de propriété des demandeurs; c'est encore se mettre à côté de la question, car si le tiers détenteur a la possession requise par la loi, il peut repousser même l'action du propriétaire (2). C'est précisément là le sens de l'article 2279..

Un créancier saisit le mobilier de son débiteur; parmi les objets saisis, se trouvaient deux bœufs qu'un tiers avait déposés chez le débiteur saisi. La cour de Nîmes décida

___

(1) Montpellier, 5 janvier 1827 (Dalloz, au mot *Prescription*, n° 266, 2°).
(2) Cassation, 10 février 1840 (Dalloz, au mot *Succession*. n° 1567). Comparez Rejet, 6 juillet 1841 (Dalloz, au mot *Prescription*, n° 267, 3°).

que l'article 2279 ne pouvait être invoqué par le créancier,
en ce sens que la maxime, en fait de meubles la possession
vaut titre, n'établit qu'une présomption simple, laquelle
peut être combattue par toute preuve contraire, même par
des présomptions de l'homme (1). Il fallait dire que l'article 2279 n'était pas applicable, puisque le déposant agissait par l'action personnelle qu'il a contre le dépositaire.

546. La jurisprudence des cours de Belgique est plus
conforme aux principes; dès que la possession de celui qui
invoque l'article 2279 est précaire, nos cours refusent d'appliquer la maxime, en fait de meubles la possession vaut
titre, sans parler de présomption, ni de preuve contraire
à la prétendue présomption. Notre cour de cassation a décidé, en principe, « qu'il n'y a point de possession valant
titre s'il y a détention pour autrui, et non à titre de propriétaire ». L'arrêt dit que la détention matérielle d'un
meuble ne peut constituer la possession dont il s'agit dans
l'article 2279, si elle ne réunit pas les conditions requises
à cette fin par les articles 2228 et suivants du chapitre II
de notre titre, dont l'article 2279 fait partie. » Ces termes
ne doivent pas être pris dans le sens absolu qu'ils paraissent présenter, car on ne doit pas isoler les décisions judiciaires des faits de la cause. Or, l'arrêt attaqué, en reconnaissant que le possesseur avait la détention matérielle des
meubles litigieux, constatait en même temps, par toutes
les circonstances du procès, qu'il les détenait pour autrui
et non à titre de propriétaire. De là la cour conclut qu'il
n'en avait pas la possession légale, et que, par suite, l'article 2279 était inapplicable. Par possession légale, la cour
entend donc une possession à titre de propriétaire (2). C'est
en ce sens qu'il faut entendre la proposition trop générale
que la possession doit réunir tous les caractères énumérés
par les articles 2228 et suivants. Il ne s'agit pas de prescrire par un certain laps de temps, de sorte qu'il ne peut

---

(1) Nîmes, 22 août 1842 (Dalloz, au mot *Prescription*, n° 267, 2°). Comparez Nîmes, 8 janvier 1833 (Dalloz, *ibid.*, n° 266, 3°).
(2) Rejet, 18 juin 1834, sur les conclusions conformes de l'avocat général Defacqz (*Pasicrisie*, 1834, p. 268). Comparez Bruxelles, 1er mai 1833
(*Pasicrisie*, 1833, 2, 133).

être question d'une possession continue, publique, ni des autres conditions spécialement requises pour la prescription ; mais la possession doit être à titre de propriétaire, puisque, d'après le texte et la tradition, la possession est un titre de propriété.

La jurisprudence de nos cours d'appel est dans le même sens. Une veuve cède le bail d'une ferme à quelques-uns de ses enfants, en leur laissant le mobilier qui la garnissait, sans faire une convention à cet égard. Les enfants renouvelèrent le bail en leur nom, en continuant à posséder le mobilier. Après la mort de leur mère, une contestation s'éleva entre les enfants sur ledit mobilier : ceux qui en étaient possesseurs pouvaient-ils invoquer la maxime de l'article 2279 ? Non, dit la cour de Bruxelles, puisque leur possession avait été, dès son origine, à titre précaire, et qu'ils n'avaient pu changer eux-mêmes cette possession (1). Voilà encore une fois une règle de prescription alléguée pour interpréter l'article 2279 ; cependant la cour ne prononce pas le mot de *prescription*. Elle pouvait se prévaloir de ladite règle par voie d'analogie, car il s'agissait de déterminer le caractère de la possession ; celle-ci avait commencé par être précaire, et, à ce titre, les possesseurs ne pouvaient l'invoquer comme titre de propriété. Etait-elle devenue une possession à titre de propriétaire ? C'était aux détenteurs de le prouver, et ils n'avaient pas fait cette preuve ; donc ils ne pouvaient se prévaloir de la maxime de l'article 2279.

A plus forte raison l'article 2279 n'est-il pas applicable quand le détenteur lui-même reconnaît que sa possession est précaire. Dans une espèce jugée par la cour de Bruxelles, le possesseur avait reçu, en garantie d'un prêt, trois connaissements relatifs à 158 balles de laine qui appartenaient à des tiers. Il ne pouvait invoquer ni l'article 2279, puisqu'il n'avait point la possession légale, ni le nantissement, puisque les formalités et conditions requises pour la validité du gage n'avaient pas été observées (2).

---

(1) Bruxelles, 14 octobre 1827 (*Pasicrisie*, 1827, p. 290).
(2) Bruxelles, 28 juillet 1831 (*Pasicrisie*, 1831, p. 232).

548. Les débats sur la possession de l'article 2279 soulèvent une question de preuve qui n'est pas sans difficulté. Celui qui possède des effets mobiliers doit-il prouver que sa possession est à titre de propriétaire? L'article 2230 porte que l'on est toujours présumé posséder pour soi et à titre de propriétaire, s'il n'est prouvé qu'on a commencé à posséder pour un autre; et l'article 2231 dit que si l'on a commencé à posséder pour autrui, on est toujours présumé posséder au même titre, s'il n'y a preuve du contraire. Ces présomptions peuvent-elles être invoquées par celui qui se prévaut de la maxime qu'en fait de meubles, la possession vaut titre? On enseigne que tout détenteur est présumé posséder pour lui-même (1). Cela est certain dans l'opinion de ceux qui fondent la maxime de l'article 2279 sur la prescription; mais, dans l'opinion contraire, il y a doute. Nous disons que la possession est un titre de propriété, pourvu que le détenteur possède à titre de propriétaire. Mais à qui incombe la preuve que le détenteur possède ou non à ce titre? Les présomptions légales des articles 2230 et 2231 doivent être écartées, puisqu'elles ne sont établies que pour la preuve de la possession requise pour la prescription. A notre avis, les principes généraux de droit suffisent pour résoudre la difficulté. Celui qui se prétend propriétaire d'effets mobiliers agit contre le détenteur, il est demandeur et il doit prouver le fondement de sa demande. Or, sous quelle condition la loi permet-elle d'agir contre le détenteur de meubles? Le propriétaire ne peut pas revendiquer, il faut qu'il agisse par une action personnelle; il doit donc prouver que le détenteur possède en vertu d'un titre qui l'oblige de restituer la chose; le défendeur n'a rien à prouver, par cela seul qu'il est défendeur.

La cour de cassation l'a jugé ainsi dans l'espèce suivante. Une veuve occupait comme principale locataire une maison dont elle sous-louait une partie à un marchand; celui-ci tomba en faillite. Le commissaire de police, chargé de faire une visite domiciliaire chez le sous-locataire, pénétra dans la partie de la maison occupée par la veuve, et,

----

(1) Aubry et Rau, t. II, p. 115, § 183 (4ᵉ édit.).

malgré les protestations de celle-ci, il saisit, dans un secrétaire à elle appartenant, quatre obligations de l'emprunt de
la Seine. Elle réclama la remise de ces effets; le tribunal
la déclara mal fondée, parce qu'elle ne justifiait pas de sa
propriété. Cette décision a été cassée. La cour dit que la
veuve avait pour elle une présomption de propriété résultant de la possession des obligations au porteur, sauf aux
syndics à faire la preuve contraire (1). Dans notre opinion,
il y a plus que présomption de propriété, il y a titre; mais
la difficulté reste de savoir si la possession est légale; elle
se résout, comme nous venons de le dire, par l'application
des principes qui régissent la preuve.

548. L'application de ces principes n'est pas sans danger. Des héritiers réclament diverses valeurs au porteur
contre un tiers détenteur desdits effets. Celui-ci prétend
qu'ils lui ont été remis par le défunt, à titre de don manuel, un ou deux jours avant sa mort. Cette possession,
dit la cour de Nancy, crée en sa faveur une présomption
de propriété; nous dirons, avec le texte et la tradition,
qu'elle lui tient lieu d'un titre d'acquisition. De quelque
manière que l'on explique l'article 2279, le possesseur n'a
rien à prouver. Dans l'espèce, les héritiers soutenaient que
les obligations n'étaient arrivées aux mains du détenteur
que par un délit ou un quasi-délit; ce qui rendait l'article 2279 inapplicable. C'était à eux d'en faire la preuve,
par une triple raison, dit la cour : d'abord comme demandeurs, ensuite parce que le défendeur était en possession,
enfin par le motif que *in pari causa melior est conditio
possidentis*. Les premiers juges avaient donc interverti la
situation des parties et les rôles, en mettant à la charge
du détenteur la preuve de la légitimité de sa possession (2).
La cour ajoute que ces principes font naître des craintes
légitimes dans un état social où les fortunes se mobilisent
de plus en plus, mais qu'il appartient au législateur seul
de porter remède à un mal que les auteurs du code n'ont
pu prévoir.

(1) Cassation, 15 avril 1863 (Dalloz, 1863, 1, 396).
(2) Nancy, 22 février 1873 (Dalloz, 1873, 2, 26).

· La même cour a rendu, dans une espèce analogue, un arrêt qui paraît tout à fait contraire. Des héritiers réclamaient contre leurs cohéritiers vingt et une obligations du Crédit foncier, qu'ils disaient avoir été diverties ou recélées. Les défendeurs invoquèrent la maxime de l'article 2279. Il a été jugé que c'était aux possesseurs de prouver qu'ils étaient devenus propriétaires par un mode légitime d'acquisition. Pourquoi, dans cette espèce, la cour a-t-elle mis la preuve à charge du possesseur, malgré le titre ou la présomption de propriété résultant de la possession? Les circonstances de la cause étaient différentes. Pour que le possesseur puisse invoquer la maxime de l'article 2279, il faut qu'il possède; et, dans l'espèce, la possession des héritiers était suspecte et équivoque, le caractère précaire de leur détention résultait de faits certains; il était donc prouvé que leur possession n'était pas à titre de propriétaire; dès lors ils ne pouvaient s'en prévaloir pour se dire propriétaires (1). Toutefois il paraît que les idées de la cour s'étaient modifiées dans l'intervalle des deux arrêts. Dans celui de 1869, elle dit qu'en présence de la mobilisation incessante des fortunes une fausse application de l'article 2279 deviendrait pour les spoliateurs une arme aussi commode que dangereuse; tandis que dans l'arrêt de 1873 elle dit qu'il appartient au législateur seul de corriger la loi. C'est cette dernière doctrine qui est la bonne, comme nous en avons bien des fois fait la remarque.

549. La tolérance ou la familiarité est aussi un titre précaire; si elle est établie, le possesseur ne peut pas invoquer l'article 2279. Une personne occupe un appartement dans une maison, sans payer de loyer, par simple tolérance du propriétaire : peut-elle se prévaloir de la maxime qu'en fait de meubles, la possession vaut titre, pour soutenir qu'elle est propriétaire des meubles qui garnissent son appartement? Il s'agit de savoir qui est possesseur des meubles, le propriétaire ou celui que le maître a reçu chez lui par tolérance? Il est certain que celui-ci n'est pas pos-

---

(1) Nancy, 20 novembre 1869 (Dalloz, 1870, 2, 142). Comparez le t. XII de mes *Principes,* nos 286 et 287.

sesseur des places qu'il habite ; s'il occupait les lieux à titre de droit, on pourrait dire que les meubles suivent la personne à l'usage de laquelle ils servent, mais, par contre, la tolérance par laquelle il occupe son logement doit réagir sur le mobilier dont il se sert ; il ne peut plus invoquer une présomption qui équivaut à un titre de propriété ; c'est le propriétaire qui possède tout ce qui se trouve dans sa maison ; c'est donc lui qui profite de la maxime de l'article 2279. La cour de Bordeaux a jugé, dans l'espèce, que le détenteur des meubles ne peut pas invoquer le bénéfice de l'article 2279 (1).

Il ne faut pas confondre cette situation avec celle des domestiques qui habitent chez leur maître. On ne peut pas dire d'eux qu'ils sont logés à titre de familiarité, car ils ont droit au logement en vertu d'une convention ; ils ont aussi la possession légale des effets qui leur appartiennent, ainsi que des sommes d'argent qui sont le fruit de leurs économies ; par suite, la maxime de l'article 2279 leur est applicable. La cour de cassation l'a jugé ainsi dans l'espèce suivante. A la mort d'un notaire, sa cuisinière, qui le servait depuis dix-sept ans, avait dans le tiroir d'une commode 2,720 francs, dont elle déclara avoir été en possession lors de son entrée au service, une boîte en argent contenant 446 francs et plusieurs sacs de toile contenant 1,030 francs, fruit de ses économies. Les héritiers du notaire, qui avait légué à sa servante une rente de 500 francs, demandèrent qu'elle justifiât de la propriété desdites sommes ; le tribunal et la cour de Paris rejetèrent leur demande. Pourvoi en cassation fondé sur la violation de l'article 2279 ; les demandeurs soutenaient que le propriétaire de la maison était seul maître de tout ce qui s'y trouve et en avait seul la possession légale. Arrêt de rejet. La somme litigieuse, dit la cour, avait été trouvée dans une commode affectée exclusivement à l'usage personnel de la domestique, parmi les effets servant à sa personne, dans des meubles dont elle possédait seule les clefs. Du reste, aucun enlèvement ni soustraction n'étaient articulés contre elle. La cour en

(1) Bordeaux, 5 février 1827 (Dalloz, au mot *Prescription*, n° 271, 1°).

conclut que l'arrêt attaqué avait fait une juste application de l'article 2279 en décidant que la domestique avait la possession des sommes litigieuses (1); ce qui entraînait la conséquence que la possession lui tenait lieu de titre.

Il y a un arrêt plus récent de la cour de cassation qui paraît contraire, mais les faits étaient tout différents. Après la mort de son maître, une domestique déclara que, quelques jours avant sa mort, elle avait reçu de lui deux titres de rente 3 p. c. au porteur, d'ensemble 405 francs. Elle se disait donc possesseur de ces valeurs à titre de donation; or, rien ne constatait l'existence d'une libéralité, et, en dehors de la libéralité, elle ne pouvait plus alléguer de possession, donc elle n'était pas dans les termes de l'article 2279. La cour de cassation dit très-bien que cet article était sans application à la cause, puisque l'arrêt attaqué constatait que la domestique n'avait pas la possession des titres litigieux (2).

La cour de Bordeaux a jugé dans le même sens par des motifs que nous ne pouvons pas approuver Dans l'espèce, une concubine était en possession de huit obligations et trois actions du chemin de fer du Midi. Après avoir nié qu'elle les possédât, elle en fit l'aveu, mais prétendit qu'elle les avait reçues à titre de don. Cette défense ne fut pas admise. Pour qu'il y ait don manuel, dit la cour de Bordeaux, il faut qu'il y ait tradition avec la volonté de donner; or, rien ne constatait que le prétendu donateur eût fait la tradition. Nous renvoyons à ce qui a été dit au titre des *Donations* (t. XII, n° 277). La défenderesse invoquait aussi l'article 2279. Sur ce point, la réponse de la cour laisse à désirer; elle dit que, dans les circonstances de la cause, le principe qu'en fait de meubles la possession vaut titre, n'établit qu'une *simple présomption,* qui peut être détruite par la preuve testimoniale et par des présomptions contraires (3). Il fallait dire qu'il n'y avait pas lieu à la maxime de l'article 2279, par la raison que le détenteur des meubles n'en avait pas la possession à titre de propriétaire. Nous ren-

(1) Rejet, 18 février 1839 (Dalloz, au mot *Prescription*, n° 272).
(2) Cassation, 24 avril 1866 (Dalloz, 1866, 1, 347).
(3) Bordeaux, 19 mars 1868 (Dalloz, 1868, 1, 222).

voyons à ce qui a été dit plus haut sur le système, faux, à notre avis, dont la cour de Bordeaux a fait l'application à l'espèce (n⁰ˢ 544 et 545).

550. Reste à savoir comment on prouvera que le possesseur d'un objet mobilier ne le possède pas à titre de propriétaire. Il s'agit de prouver que le détenteur possède précairement ou à titre de familiarité. Les arrêts, comme nous venons de le dire, décident généralement que toute preuve contraire est admise, même les simples présomptions. Cela est trop absolu. On doit appliquer les principes généraux qui régissent la preuve, puisque la loi n'y déroge point. Or, les faits juridiques ne s'établissent pas par témoins ni par présomptions quand la chose dépasse la valeur de 150 francs. Si donc le déposant ou le prêteur agissent contre le dépositaire ou l'emprunteur, ils devront faire la preuve du contrat par écrit quand le montant du litige excède cette somme. Il en serait autrement si des tiers demandaient à faire preuve du fait en vertu duquel le détenteur possède la chose; car les tiers peuvent invoquer la disposition de l'article 1348, aux termes de laquelle la preuve testimoniale et, par suite, les présomptions sont admises quand le demandeur a été dans l'impossibilité de se procurer une preuve littérale (1).

La jurisprudence n'a aucune autorité en cette matière, parce qu'elle part d'un faux principe. Elle dit que l'article 2279 n'établit qu'une présomption simple, laquelle peut être combattue par des présomptions contraires. Par application de ce prétendu principe, la cour de Nîmes a jugé que le déposant pouvait prouver sa propriété par témoins (2). C'est une confusion complète de toutes choses. En supposant qu'il n'y eût qu'une présomption de propriété, ce serait au moins une présomption légale; et s'il y a des présomptions légales qui admettent la preuve contraire, cela ne veut pas dire qu'elles peuvent être combattues par toute espèce de preuves. Il n'y a d'autres preuves que celles que la loi consacre, et ces preuves ont leurs règles; or, l'une

(1) Aubry et Rau, t. II, p. 115 et suiv., et notes 27 et 28, § 183.
(2) Nîmes, 22 août 1842 (Dalloz, au mot *Prescription*, n° 267, 2°).

deš règles les plus élémentaires est que les faits juridiques ne s'établissent pas par témoins quand la chose excède la valeur de 150 francs; la loi ajoute expressément que cette règle s'applique au dépôt (art. 1341). Donc celui qui a remis un meuble à titre précaire n'est jamais admis à prouver la précarité par témoins, car la précarité dépend d'un contrat, et les conventions sont soumises à la règle de l'article 1345.

Ce que nous disons de la précarité ne s'applique pas à la tolérance. Quand on reçoit un parent ou un ami, on ne dresse pas acte du service qu'on lui rend. En ce sens on peut dire qu'il y a impossibilité morale pour celui qui donne l'habitation à titre de familiarité de se procurer une preuve littérale; ce qui rend l'article 1348 applicable. Telle est du moins la jurisprudence. Nous renvoyons à ce qui a été dit au titre des *Obligations* (t. XVIII, n°s 578 et 579).

551. Quand on dit que la possession doit être à titre de propriétaire pour qu'elle vaille titre, cela ne signifie pas que tous ceux qui possèdent avec la volonté d'être propriétaires puissent invoquer la maxime de l'article 2279. Si le propriétaire a contre eux une action personnelle en vertu de laquelle ils sont obligés de restituer la chose, l'article 2279 est inapplicable (n° 544). Ainsi ceux qui possèdent la chose en vertu d'un délit ne peuvent pas se prévaloir de la maxime qu'en fait de meubles la possession vaut titre. L'article 2279, § 2, prévoit le cas de vol, et dispose que le propriétaire peut *revendiquer* sa chose, pendant trois ans, contre celui dans les mains duquel il la trouve, *sauf à celui-ci son recours contre celui duquel il la tient*. Ces derniers mots prouvent que la disposition ne s'applique pas au voleur; d'ailleurs on ne *revendique* pas contre le voleur, on agit contre lui par l'action personnelle née du vol; ce qui suffit pour que la maxime de l'article 2279 soit inapplicable (1). Il en serait de même de tout autre fait délictueux. La cour de cassation de Belgique a jugé que la possession ne vaut pas titre lorsqu'elle a été acquise par violence ou voie de fait contre celui qui réclame la resti-

(1) Marcadé. t. VIII. p. 254. n° V de l'article 2280.

tution de la chose (1). Personne ne peut devenir propriétaire par son délit; l'auteur de la violence est tenu de
restituer la chose ou de réparer le dommage qu'il a causé
en dépouillant le propriétaire. Tel est le sens du vieil
adage *spoliatus ante omnia restituendus,* que le code consacre implicitement dans l'article 1293, 1°. Or, dès que
le possesseur est tenu, par une obligation personnelle, de
restituer la chose, il ne peut pas prétendre que la possession soit pour lui un titre. La cour de cassation dit que le
possesseur dépouillé trouve dans sa possession antérieure
un titre pour agir en revendication. L'expression n'est pas
exacte; l'ancien possesseur ne revendique pas, il agit en
restitution de la chose dont il a été injustement dépouillé;
ce sont les termes de l'article 1293. Les meubles ne se
revendiquent point, sauf dans les deux cas prévus par le § 2
de l'article 2279, et, dans ces cas, l'action ne dure que
trois ans; tandis que l'action personnelle en restitution
dure trente ans.

Il en serait de même s'il y avait délit civil ou quasi-délit;
il en résulte une obligation personnelle, en vertu de laquelle l'auteur du fait dommageable est tenu de réparer
le préjudice qu'il a causé, et la réparation la plus naturelle consiste à restituer la chose avec dommages et intérêts, s'il y a lieu. La loi applique ce principe à celui qui
reçoit de mauvaise foi un payement indû; il est tenu à
restitution, quand même il aurait reçu de bonne foi; il ne
peut donc, en aucun cas, opposer sa possession à celui
qui a fait le payement indû (art. 1376).

552. Il se peut que le possesseur soit tenu à restitution sans qu'il y ait délit ou quasi-délit. Tel est le cas de
perte; celui qui trouve une chose est obligé de la restituer
à la personne qui l'a perdue. De là une action personnelle
contre le possesseur; ce qui rend l'article 2279 inapplicable. L'article 2279 le décide ainsi implicitement pour les
choses perdues comme pour les choses volées. Nous ren-

(1) Rejet, 4 décembre 1839 (*Pasicrisie,* 1839, 1, 252). Comparez Bruxelles,
2 décembre 1835 (*Pasicrisie,* 1835, 2, 349), qui dit à tort, dans les considérants, que la maxime *spoliatus ante omnia restituendus* ne s'applique pas
aux meubles. L'article 1293 prouve le contraire.

voyons à ce qui a été dit sur les épaves (t. VIII, n° 466).

553. Dans ce que nous venons de dire, nous avons supposé que le possesseur peut invoquer la maxime de l'article 2279 dès qu'il n'est pas tenu à restitution en vertu d'une obligation personnelle; c'est en ce sens que l'on dit qu'il doit posséder à titre de propriétaire. Il y a des auteurs qui exigent de plus que le possesseur ait un juste titre; de sorte que les meubles s'acquerraient par une usucapion analogue à celle que la loi établit pour les immeubles, c'est-à dire par une possession fondée sur un juste titre et la bonne foi; il n'y aurait de différence que pour la durée de la possession, une possession instantanée suffisant pour l'application de l'article 2279. Marcadé dit, d'après son habitude, que cela est *évident*; et il s'étonne qu'une idée aussi claire et aussi simple n'ait jamais été comprise dans le monde judiciaire (1). La jurisprudence, il est vrai, s'est trompée sur le sens de l'article 2279, mais l'explication que l'on présente comme *évidente* est une autre erreur. Le texte même la condamne. En fait de meubles, la possession vaut *titre*. Qu'est-ce que ce titre? La tradition répond que c'est un titre de propriété, ou une juste cause d'acquérir. Donc le possesseur a un juste titre dans sa possession; dire qu'il doit encore avoir un juste titre, c'est dire qu'ayant un titre dans sa possession, il doit de plus avoir un juste titre! On objecte que, s'il ne possède pas en vertu d'une juste cause, il ne peut pas avoir la bonne foi, et que, sans la bonne foi, l'article 2279 cesse d'être applicable. C'est confondre la bonne foi et le titre. La bonne foi est une question de fait; le juge peut décider, d'après les circonstances de la cause, que le possesseur est de bonne foi, quand même il n'aurait pas de titre. De même le possesseur peut avoir un titre, sans être de bonne foi (n° 560). Nous croyons inutile d'insister; la prétendue évidence de Marcadé n'a pas trouvé faveur (2); cette opinion tient au système qui explique l'article 2279 par une prescription instantanée; nous avons repoussé le principe, et avec le

---

(1) Marcadé, t. VIII, p. 249, n° II de l'article 2278, et p. 250, n° III. Comparez Mourlon. *Répétitions*, t. III, p. 827. n° 1994.

(2) De Folleville. *De la possession des meubles*, p. 31, n° 33.

principe la conséquence vient à tomber (n° 541). La cour de Liége a jugé, dans le sens de notre opinion, que le possesseur ne doit pas prouver l'existence d'un titre, alors même qu'il aurait soutenu qu'il avait acquis la chose de l'ancien propriétaire; il suffit qu'il invoque la maxime que la possession vaut titre, sauf au demandeur à établir que la possession du défendeur est précaire, ou qu'il possède une chose volée ou perdue (1). En un mot, le possesseur n'a rien à prouver, puisqu'il a un titre dans sa possession.

554. En cas de saisie d'objets mobiliers, celui qui se prétend propriétaire des effets saisis ou de partie d'iceux peut s'opposer à la vente (code de proc., art. 608). C'est ce qu'on appelle action en distraction. Ce n'est pas une revendication; ce qui rendrait applicable l'article 2279; celui qui agit en distraction demande que les choses lui soient délivrées ou restituées, le débiteur saisi ne les possédant pas à titre de propriétaire, mais à charge de restitution ou de délivrance; or, les créanciers n'ont pas d'autre droit sur les objets saisis que le débiteur; ils sont donc soumis aux actions personnelles qui pouvaient être intentées contre le débiteur (2).

Une saisie est pratiquée sur des meubles placés dans une maison occupée partiellement par le saisi à titre d'amitié. Le propriétaire de la maison demanda la distraction des meubles qui lui appartiennent. On demande si les créanciers peuvent opposer au propriétaire la maxime de l'article 2279? Non, car, dans l'espèce, le saisi n'a pas la possession des meubles, il les détient à titre de familiarité; et il est tenu, par conséquent, de les restituer; et ses créanciers n'ont pas d'autre droit que lui, puisqu'ils sont ses ayants cause. La cour de Bordeaux l'a jugé ainsi après partage (3); ce qui prouve combien ces questions sont délicates. Il en serait de même si des meubles saisis sur le débiteur avaient été vendus par lui antérieurement à la saisie. Comme la propriété se transfère par le seul effet de

_____

(1) Liége, 13 mars 1838 (*Pasicrisie*, 1838, 2. 77).
(2) Aubry et Rau, t. II, p. 117, et note 32, § 183, et les autorités qu'ils citent.
(3) Bordeaux, 26 août 1831 (Dalloz, au mot *Prescription*, n° 271, 2°).

la vente, le vendeur cesse d'être propriétaire, et il est tenu par une action personnelle à la délivrance ; et ses créanciers n'ont pas plus de droits que lui (1).

555. L'article 2279 dit, en termes généraux, que la possession vaut titre. En faut-il induire que toute possession équivaille à un titre de propriété? L'article 1141, qui contient une application de la maxime, en fait de meubles la possession vaut titre, précise le caractère que doit avoir la possession pour qu'on puisse l'invoquer comme un titre. On suppose qu'une chose mobilière a été vendue successivement à deux personnes : la loi décide que celle des deux qui en a été mise en possession *réelle* est préférée et en demeure propriétaire. Il faut donc que la possession soit *réelle* pour former titre. Quand est-elle réelle? Nous avons examiné la question au titre de la *Vente,* en ce qui concerne l'hypothèse prévue par l'article 1141 ; il nous reste à compléter la jurisprudence au point de vue de la règle générale de l'article 2279. Il est facile de justifier la condition que la doctrine exige pour que l'article 2279 soit applicable (2) ; elle découle de la nature même de la maxime. Le possesseur se prétend propriétaire ; il doit donc avoir la chose sous sa main, afin de pouvoir en disposer en maître. Ainsi la seconde condition est une conséquence de la première ; l'une et l'autre découlent d'un seul et même principe.

556. Il y a une première hypothèse dans laquelle il n'y a aucun doute. Une vente de vins est faite pour les soustraire aux poursuites des créanciers. La vente ne peut pas donner à l'acheteur la possession réelle lorsqu'elle n'est pas sérieuse et qu'elle n'a d'autre objet que de frauder les créanciers ; en effet, la possession de l'article 2279 est la manifestation de la propriété ; ce qui exclut une possession apparente, fruit d'une convention fictive (3).

(1) Bordeaux, 3 avril 1829 (Dalloz, au mot *Prescription*, n° 267, 1°). Bruxelles, 20 février 1829 (*Pasicrisie*, 1829, p. 70). Liége, 19 mai 1859 (*Pasicrisie*, 1860, 2, 158).

(2) Leroux de Bretagne, t. II, p. 315, n° 1322.

(3) Rejet, 6 juillet 1841 (Dalloz, au mot *Prescription*, n° 267, 3°).

557. Quand il s'agit d'une créance, la possession n'appartient pas à celui qui est détenteur du titre, mais à celui qui possède la créance, c'est-à-dire qui en a la jouissance. En ce sens, la cour de cassation dit que la possession n'est pas la simple détention du titre, mais la jouissance réelle de la chose elle-même. Ainsi celui qui touche les intérêts et les dividendes d'une action en a la possession; c'est lui qui peut invoquer la maxime de l'article 2279, et non le détenteur du titre (1).

558. La seule difficulté qui se soit présentée dans l'application du principe est relative à la tradition dite symbolique. Celui à qui un orgue est vendu a-t-il la possession de la chose lorsqu'on lui remet les clefs de l'orgue? La cour de Lyon a considéré cette remise comme une tradition symbolique; ce qui est très-douteux. Il est certain que l'acheteur n'a pas la chose sous la main et n'en dispose pas; il n'a donc pas la possession réelle que l'article 1141 exige pour que l'acquéreur puisse se prévaloir de la possession comme d'un titre de propriété. Dans l'espèce, cela n'était guère douteux, puisqu'une partie des clefs était restée entre les mains du facteur (2). On a dit que le cas prévu par l'article 1141 diffère de l'hypothèse de l'article 2279. Quand deux acheteurs sont en conflit, la loi exige une possession réelle pour déterminer la préférence; ce conflit n'existe pas dans le cas de l'article 2279, c'est le possesseur qui oppose sa possession au propriétaire. A notre avis, on doit appliquer *a fortiori* la disposition de l'article 1141, alors qu'il s'agit de dépouiller le propriétaire de la chose par le seul fait de la possession.

N° 3. BONNE FOI.

559. Le possesseur doit-il être de bonne foi pour qu'il puisse invoquer la maxime de l'article 2279? On admet généralement l'affirmative, et avec raison, à notre avis. Il est vrai que la loi ne le dit point, et l'on peut objecter que

---

(1) Rejet, 12 mars 1824 (Dalloz, au mot *Prescription*, n° 270, 1°).
(2) Lyon, 9 avril 1851 (Dalloz, 1855, 2, 6). Comparez (Dalloz, *Répertoire*, au mot *Privilége*, n° 269).

c'est ajouter à la loi que d'exiger une condition que le législateur n'a pas prescrite. Mais le texte n'est pas décisif en cette matière, il ne fait que formuler un adage, sans s'expliquer sur ce qu'il faut entendre par *possession* ni par *titre*; c'est à l'interprète de compléter la pensée de la loi. La loi ne dit pas que la possession doit être réelle et à titre de propriétaire, cependant tout le monde admet qu'elle doit avoir ce caractère. Il faut donc voir si la bonne foi est de l'essence de la possession quand elle tient lieu de titre. Quel est l'esprit de la maxime consacrée par l'article 2279? La loi a pour but de favoriser les transactions mobilières qui sont l'âme du commerce, mais elle n'entend certes pas donner son appui à la mauvaise foi. Ce qui prouve que tel est l'esprit de la loi, c'est que l'article 1141, qui contient une application de la maxime au cas où une chose mobilière est vendue successivement à deux personnes différentes, ne donne la préférence à celle qui a été mise en possession réelle que si elle est de bonne foi.

On objecte que, dans notre droit, les effets de la possession sont, en général, indépendants de la bonne ou de la mauvaise foi du possesseur (1). Il est vrai que le code permet au possesseur de mauvaise foi de prescrire, mais il n'admet la prescription que sous une condition très-rigoureuse, celle d'une longue possession. Dans tous les autres cas, la loi exige, au contraire, la bonne foi. Elle n'accorde les fruits qu'au possesseur de bonne foi, et pour qu'il soit de bonne foi, elle veut qu'il possède en vertu d'un titre translatif de propriété dont il ignore les vices (art. 549 et 550). La loi requiert encore la bonne foi pour attribuer la préférence à celui de deux acheteurs d'une chose mobilière qui est de bonne foi. Enfin la bonne foi est une condition de l'usucapion. Il n'est donc pas exact de dire que les effets de la possession, en droit français, sont indépendants de la bonne foi; c'est plutôt le principe contraire qu'il faut poser comme règle. Le législateur devait surtout exiger la bonne

---

(1) Aubry et Rau, t. II. p. 116. note 29, § 183, dont l'opinion est isolée. En sens contraire, Marcadé, t. VIII, p. 248, n° 11 de l'article 2280; Mourlon, *Répétitions,* t. III, p. 826. n° 1993; Leroux de Bretagne. t. II. p. 316, n° 1323; de Folleville, p. 28, n°s 27 et 31.

foi, alors qu'il attache à la possession l'effet si considérable de reconnaître comme propriétaire celui qui ne posséderait que pendant un instant.

560. La jurisprudence est en ce sens. Dans un arrêt en deux lignes, la cour de cassation pose comme principe que « l'article 2279 n'est applicable qu'à la possession de bonne foi ou à juste titre (1) ». Le juste titre ne figure ici que comme élément de la bonne foi. Nous empruntons à un arrêt récent de la cour de cassation une application de ce principe. Vente de 16,500 kilogrammes de rails par un employé d'une usine se disant mandataire du maître de forge auquel la marchandise appartenait. Il se trouve que le vendeur était sans pouvoir; l'acquéreur avait donc acheté la chose d'autrui. La cour de Metz constate que le vendeur ne s'était jamais dit propriétaire des rails, que l'acheteur savait qu'il achetait la chose d'autrui; elle en conclut que, dans ces circonstances, l'article 2279 était inapplicable. Sur le pourvoi, il intervint un arrêt de rejet (2). La cour parle toujours d'une *présomption* que l'article 2279 aurait établie; mais peu importe, la décision n'en est pas moins remarquable. Il y avait, dans l'espèce, une vente, donc un titre translatif de propriété; cependant la cour écarte la maxime de l'article 2279; l'acheteur ne pouvait pas l'invoquer, quoiqu'il possédât à titre de propriétaire, parce que la bonne foi lui manquait.

561. A quel moment la bonne foi doit-elle exister? La question est de savoir si la bonne foi doit exister au moment où la possession commence, ou s'il suffit que la bonne foi ait existé lors du contrat, en supposant que la possession ait son principe dans un contrat translatif de propriété. A notre avis, c'est la possession qui doit être de bonne foi; en effet, c'est la possession qui est le titre de propriété du possesseur. Qu'importe que la propriété se transfère par le contrat? Ce principe n'a rien de commun

---

(1) Rejet, 9 janvier 1811 (Dalloz, au mot *Prescription*, n° 268). Dans le même sens, Rejet, chambre civile, 5 décembre 1876 (Dalloz, 1877, 1, 166).
(2) Metz, 10 janvier 1867, et Rejet, 7 décembre 1868 (Dalloz, 1867, 2, 14, et 1869, 1, 83). Voyez une application analogue dans un arrêt de la cour de la Guadeloupe, du 1er juillet 1872 (Dalloz, 1874, 2, 95).

avec la maxime de l'article 2279. Il faut bien supposer
que le contrat n'a pas transféré la propriété; sans cela il
ne serait plus question d'invoquer l'article 2279. C'est
dans la maxime même formulée dans cet article que l'on
doit chercher le motif de décider, et il suffit de poser la
question pour la résoudre (1).

N° 4. A QUELS MEUBLES S'APPLIQUE LE PRINCIPE DE L'ARTICLE 2279.

562. La loi dit qu'en fait de *meubles*, la possession
vaut titre. Que faut-il entendre par meubles? Lorsque ce
mot est opposé à celui d'immeubles, il désigne toutes les
choses qui sont meubles par leur nature ou par la détermination de la loi; or, le principe de l'article 2279 est particulier aux choses mobilières, par opposition aux immeubles; en effet, la loi dit que l'on ne revendique pas les
meubles, tandis que l'on revendique les immeubles. Est-ce
à dire que par *meubles* la loi comprenne tout ce qui n'est
pas immeuble? Non; ici encore il faut pénétrer au fond
de la maxime pour déterminer le sens des expressions
dont la loi se sert.

Quel est le but de la loi? C'est de favoriser les transactions mobilières qui se font avec une grande rapidité, de
la main à la main, sans écriture, pour lesquelles il n'y a,
par conséquent, d'autre titre que la possession. Tels sont
les meubles corporels. Il n'en est pas de même des meubles incorporels. Les créances ne se transmettent pas de
la main à la main, la loi veut que le transport soit signifié
ou accepté par un acte authentique. Ces formes nous placent en dehors de la situation pour laquelle la maxime de
l'article 2279 a été établie. L'article 1141, qui se rattache

---

(1) De Folleville, p. 28, n° 30. En sens contraire. Larombière, sur l'article 1141, n°s 6 et 16 (t. I, p 204 et 207 de l'édition belge). Un arrêt récent
de la cour de cassation dit que le demandeur qui revendique des titres au
porteur en se fondant sur la mauvaise foi du possesseur, doit prouver
qu'au moment où le possesseur a *acquis les titres*, il était de mauvaise foi
(Rejet, chambre civile, 5 décembre 1876 (Dalloz, 1877, 1, 165). La cour
ne fait pas la distinction entre le *contrat* et la *mise en possession*; le débat
ne portait pas sur ce point; et comme il s'agissait d'obligations, il est probable que la mise en possession avait eu lieu au moment même où la convention se faisait.

à ladite maxime, parle de choses *purement mobilières*
pour marquer qu'il s'agit de meubles corporels ayant une
consistance réelle et physique, et non de meubles fictifs
n'existant que dans l'intelligence et dans la pensée. Tel est
aussi l'esprit de la loi. La possession d'un meuble corporel
peut équivaloir à un titre de propriété; il n'en est pas de
même de la possession d'une créance; cette possession ne
se manifeste pas par une détention matérielle, car la possession du titre ne donne pas la possession de la créance;
il n'y a donc pas pour les meubles incorporels de signe
extérieur dont on puisse faire un titre de propriété. C'est
dire que la maxime de l'article 2279 ne reçoit pas d'application aux meubles incorporels (1).

563. Le principe que l'article 2279 s'applique aux
meubles corporels reçoit une restriction. Il suppose que les
objets mobiliers sont revendiqués directement; si c'est un
immeuble qui est revendiqué avec les meubles qui s'y trouvent, l'action en revendication sera recevable quant aux
meubles, parce que les effets mobiliers sont, dans ce cas,
l'accessoire de l'immeuble, et l'accessoire suit le principal.
La loi n'apporte qu'une exception à cette règle; elle accorde
les fruits au possesseur de bonne foi, quoique en principe
les fruits appartiennent au propriétaire à titre d'accession
(art. 549); l'exception confirme la règle; tous les autres
accessoires devront être restitués au propriétaire (2).

564. Le principe reçoit-il son application aux meubles
immobilisés par destination agricole ou industrielle? On
suppose que c'est le propriétaire qui les a attachés au
fonds en le donnant à bail, par exemple en livrant au fermier les animaux destinés à la culture et les instruments
aratoires; le fermier les vend. On demande si le propriétaire peut les revendiquer? Non, car du moment que ces
objets sont détachés du fonds, ils cessent d'être immeubles;
et dès que la revendication a pour objet des effets mobi-

---

(1) Rejet, chambre civile, 4 mai 1836 (Dalloz, au mot *Droit maritime*,
n° 2196). Cour de cassation de Belgique, Rejet, 4 juin 1833 (*Pasicrisie*,
1833, 1, 110). Mourlon, *Répétitions*, t. III, p. 825, n°ˢ 1988 et 1989).
(2) Aubry et Rau, t. II, p. 113, et note 19, § 183. De Folleville, p. 84,
n° 64.

liers, le possesseur peut repousser l'action par l'exception de l'article 2279 (1).

565. Le principe de l'article 2279 ne s'applique pas aux universalités juridiques, telles qu'une hérédité qui serait exclusivement mobilière. Quand les objets mobiliers qui la composent sont possédés par un héritier apparent, l'héritier véritable peut les réclamer par l'action en pétition d'hérédité. Bigot-Préameneu mentionne cette exception dans l'Exposé des motifs. « S'il s'agissait, dit-il, d'une universalité de meubles, telle qu'elle échoit à un héritier, le titre universel se conserve par les actions qui lui sont propres. » L'action qui appartient à l'héritier n'est pas la revendication, c'est la pétition d'hérédité. Nous avons dit ailleurs quelles différences il y a entre les deux actions; il y en a une qui est décisive en ce qui concerne l'application de l'article 2279. L'héritier qui agit contre le possesseur de l'hérédité n'agit pas comme propriétaire, il ne revendique pas, donc l'article 2279 est inapplicable; l'objet du débat est de savoir, non qui est propriétaire, mais qui est héritier; or, l'héritier peut faire valoir ses droits pendant trente ans. Il en serait autrement si l'héritier apparent avait vendu des objets mobiliers; dans l'opinion que nous avons enseignée, la vente est nulle, mais le véritable héritier ne pourrait agir contre le tiers acquéreur que par la revendication, puisque le tiers possède comme acheteur, et non comme héritier; et la revendication n'est pas admise, l'acheteur peut la repousser par l'exception de possession, pourvu que sa possession soit de bonne foi (2).

La jurisprudence est d'accord sur ce point avec la doctrine, mais l'arrêt de la cour de cassation qui l'a jugé ainsi est assez mal motivé. Il pose en principe que la faculté accordée aux héritiers naturels de réclamer, pendant trente ans, la succession qui leur est échue n'est pas limitée aux immeubles; de là la cour conclut que les héritiers ont le droit de *revendiquer* les valeurs mobilières qui font partie de la succession tant que ces valeurs se trouvent dans les

---

(1) De Folleville, *De la possession des meubles*, p. 85, n° 65.
(2) Aubry et Rau, t. II, p. 113, et note 18, § 183, et les auteurs qu'ils citent.

mains de ceux qui les ont recueillies, soit comme légataires, soit comme héritiers. Le mot de *revendication* n'est
pas exact, car si les héritiers revendiquaient, le possesseur
pourrait repousser leur action par l'exception de l'article 2279. La cour écarte cette disposition, par le motif que
la possession est exercée sur une chose indivise. Cela est
vrai quand le défendeur est aussi héritier, mais le motif
tombe quand le défendeur n'est pas héritier. La cour ajoute
que la règle de l'article 2279 cesse d'être applicable quand
il existe un titre qui contredit la possession de celui qui
s'est emparé de la chose, même de bonne foi (1). Cela est
beaucoup trop absolu; le propriétaire qui revendique a un
titre, et néanmoins il ne peut pas revendiquer. La cour
aurait dû dire que l'héritier véritable a un titre qui l'emporte sur la possession de l'héritier apparent, parce qu'il
ne s'agit pas de revendication. Du reste, les raisons sur
lesquelles est fondée la maxime de l'article 2279 n'ont rien
de commun avec l'action en pétition d'hérédité. Cela est si
évident, qu'il est inutile d'y insister.

566. Tout le monde admet que l'article 2279 n'est pas
applicable aux choses mobilières incorporelles. On aime,
de nos jours, à attaquer les doctrines traditionnelles, ne
fût-ce que pour faire acte d'originalité; on a aussi essayé
d'ébranler l'opinion qui permet de revendiquer des créances (2). Nous croyons inutile de nous arrêter à ces tours
de force, les principes ont en ce point une évidence qui
défie toute critique sérieuse. Ce qui donne lieu à quelque
incertitude dans la pratique, c'est que le sens et le fondement du principe ne sont pas toujours bien compris; de là
les nombreux arrêts de cassation rendus en cette matière.
La cour suprême a très-bien établi le principe concernant
les meubles incorporels (n° 562); on est étonné de la résistance que sa doctrine a rencontrée dans les cours d'appel.
Nous citerons quelques exemples qui serviront à confirmer
le principe.

Une dame céda le bordereau provisoire de l'indemnité

___

(1) Cassation, 10 février 1840 (Dalloz, au mot *Succession*, n° 1567).
(2) Rodière, *Revue de législation*, 1837, t. VI, p. 466. En sens contraire,
tous les auteurs (Aubry et Rau, t. II, p. 113, note 20, § 183).

à laquelle elle prétendait avoir droit comme émigrée, tandis qu'elle n'y avait aucun droit. C'était la vente de la chose d'autrui; l'acte était nul à ce titre. Néanmoins la cour de Dijon jugea que les acquéreurs étaient à l'abri de la revendication, en vertu de l'article 2279, parce qu'ils avaient la possession de l'indemnité, soit par le transport à eux fait, soit par les inscriptions prises en leur nom sur le grand-livre; cette possession, dit-elle, valant titre, les mettait à l'abri de la nullité prononcée par l'article 1599. La cour de cassation répond que, dans l'espèce, la chose vendue consistait dans le droit à une indemnité pour confiscation d'immeubles vendus nationalement; or, les droits ne sont pas susceptibles de la tradition manuelle et de la possession corporelle qui en suppose ou en démontre la propriété; donc l'article 2279 est inapplicable (1).

Dans une autre espèce, la cour de Paris avait déclaré l'article 2279 applicable aux rentes foncières. La cour de cassation reproduit les arguments que nous venons de résumer pour établir que la règle exceptionnelle de cet article ne s'applique pas aux droits et créances dont la transmission est soumise à des formalités spéciales; cela exclut la règle qu'en fait de meubles, la possession vaut titre (n° 562). Le pourvoi faisait une singulière objection. Il s'agissait de savoir quelle est la prescription de l'action en revendication de droits mobiliers. Ce n'est pas celle de l'article 2265, disait-on, puisque l'usucapion par dix et vingt ans ne concerne que les immeubles; on en concluait que l'acquéreur devenait propriétaire par le fait de la possession. C'était très-mal raisonner; s'il n'y a pas de prescription spéciale pour la revendication des créances, il en faut conclure que la prescription générale par trente ans reste applicable (2).

563. La jurisprudence des cours de Belgique est dans le même sens. Nous avons cité l'arrêt de la cour de cassation (n° 562) qui décide que le principe de l'article 2279 ne peut évidemment s'appliquer qu'aux meubles corporels. La

(1) Cassation. 11 mars 1839 (Dalloz, au mot *Prescription*, n° 278, 3°).
(2) Cassation, 14 août 1840 (Dalloz, au mot *Prescription*, n° 700).

cour de Liége a jugé, dans le même sens, que la règle consacrée par l'article 2279 n'est pas applicable aux créances ou autres droits qui ne sont pas susceptibles d'une possession réelle et dont le transport est soumis à des formalités spéciales; la cour en déduit la conséquence que le défendeur à la demande en revendication d'une créance ou d'un droit doit justifier d'un titre valable de propriété (1).

La cour de Bruxelles a fait l'application de ce principe aux livrets d'épargne. Ce sont des créances nominatives, qui ne peuvent être touchées à la caisse que par le propriétaire du livret, dont la signature se trouve sur les registres de la caisse. Si, par une cause quelconque, le livret se trouvait dans les mains d'un tiers, cette possession ne pourrait être invoquée par le détenteur, il n'aurait pas le droit de toucher le montant des sommes déposées; et si la Banque les payait au porteur du livret sans mandat du propriétaire, elle serait responsable de ce payement, qu'elle n'a point le droit de faire à un autre qu'au déposant. C'est l'application des principes qui régissent le droit de propriété et le contrat qui intervient entre le déposant et la caisse d'épargne (2).

568. Le principe que les créances peuvent être revendiquées reçoit exception quand elles sont constatées par des titres au porteur. Cela est admis par tout le monde; cependant le code ne parle pas plus de l'exception que de la règle, mais l'exception et la règle se justifient par les raisons qui ont fait établir la maxime qu'en fait de meubles la possession vaut titre. Pourquoi la possession est-elle considérée comme un titre de propriété quand il s'agit de meubles corporels? Parce qu'ils se transmettent de main en main, sans qu'on dresse acte de la transmission. Or, il en est ainsi des effets au porteur : le nom qu'on leur donne prouve que le payement doit être fait à celui qui est porteur de l'effet; il est donc réputé créancier, c'est-à-dire propriétaire. Ainsi il n'y a aucune différence entre ces titres et les meubles corporels en ce qui concerne le mode

(1) Liége, 8 janvier 1848 (*Pasicrisie*, 1848, 2, 111).
(2) Bruxelles, 5 juillet 1843 (*Pasicrisie*, 1843, 2, 230).

de transmission; donc ils doivent être soumis à un seul et même principe.

La cour de cassation l'a jugé ainsi par un très-ancien arrêt, sur le réquisitoire de Merlin. Dans l'espèce, il s'agissait de vingt-six récépissés d'un emprunt, conçus en forme d'effets au porteur. Ces effets avaient été acquis par une société de commerce; l'un des associés en disposa au profit d'une concubine; les associés les réclamèrent contre le possesseur. La cause de la défenderesse était on ne peut pas plus défavorable; le premier juge se prononça contre elle, mais sa décision fut réformée par le tribunal d'appel de Bruxelles. En principe, dit la cour, les effets au porteur sont réputés être la propriété de celui qui en a la possession, à moins que celui qui les revendique ne justifie qu'ils lui ont été volés ou qu'il les a perdus, et qu'ils ont été trouvés par le possesseur. C'est la règle de l'article 2279. Or, les demandeurs en revendication n'avaient pas prouvé ni même posé en fait la soustraction par délit, ni la perte desdits effets; ils prétendaient seulement en être les vrais propriétaires, leur associé en ayant disposé sans droit. Tout ce qui en résulte, dit la cour de Bruxelles, c'est qu'il y a eu abus de confiance de la part de cet associé et qu'il doit répondre de son délit; mais cela n'empêche pas que le tiers possesseur soit devenu propriétaire en vertu de sa possession. Il n'y avait qu'un moyen d'écarter le titre que lui donnait la possession, c'était de prouver que sa possession était de mauvaise foi; mais cette preuve ne fut ni faite ni offerte. Merlin commença par faire ses réserves au nom de l'équité; mais, devant le tribunal de cassation, il n'y a de juste que ce que la loi veut; or, la loi était pour la défenderesse. La cour décida que le jugement attaqué était conforme aux principes d'une rigoureuse justice (1).

568. Il suit de là que, pour savoir si les créances peuvent être revendiquées, il faut distinguer. Si elles sont

(1) Rejet, 13 nivôse an XII (Merlin, *Questions de droit,* au mot *Revendication,* § I). Dans le même sens, Cassation, 15 avril 1863 (Dalloz, 1863, 1, 396); Paris, 19 juillet 1875 (Dalloz, 1876, 2. 128); Rejet, chambre civile, 4 juillet 1876 (Dalloz, 1877. 1, 33). Comparez Aubry et Rau, t. II, p. 113, note 20, et les autorités qu'ils citent.

constatées par des titres au porteur transmissibles par la tradition manuelle, l'article 2279 est applicable. Si, au contraire, la propriété d'une créance ne s'acquiert que par l'accomplissement de certaines formalités qui impliquent des écritures et des actes, on ne peut plus appliquer la maxime qu'en fait de meubles, la possession vaut titre, puisque la possession ne suffit point pour valoir comme titre de propriété. Telles sont les valeurs appelées *nominatives* ; l'expression qui les désigne marque qu'elles appartiennent à une personne déterminée et qu'elles ne peuvent être transmises par le propriétaire à une autre personne que moyennant l'accomplissement des formalités exigées par la loi ou par les conventions (1).

La cour de Douai a appliqué le principe dans l'espèce suivante. Le mari, après la dissolution de la communauté, donne en gage, à son créancier, douze actions nominatives de mines de charbons. Après sa mort, les enfants renoncent à la succession, et, agissant en qualité d'héritiers de leur mère, ils revendiquent la moitié des actions contre le créancier gagiste. La nature des titres admettait la revendication ; sur ce point, il n'y avait aucun doute ; mais le créancier prétendait que, les actions étant inscrites sur les registres de la société au nom du mari, lui seul en était propriétaire à l'égard des tiers, et avait, par conséquent, pu en disposer. Cette défense ne fut pas admise par la cour ; elle ne tenait aucun compte des droits de la communauté ; les actions, au moment où le mari en disposait, étaient indivises entre lui et les héritiers de la femme ; il avait donc disposé de valeurs dont une moitié appartenait à ceux-ci ; partant, ses enfants pouvaient les revendiquer. Sur le pourvoi, le débat porta exclusivement sur le point de savoir si les conventions matrimoniales, en tant qu'elles transmettent des droits réels, sont opposables aux tiers. La cour se prononça pour l'affirmative ; c'est la doctrine que nous avons enseignée au titre du *Contrat de mariage* (t. XXI, n°ˢ 153, 154) (2).

570. Il y a des choses mobilières qui sont tout ensem-

---

(1) Rejet, chambre civile, 4 juillet 1876 (Dalloz, 1877, 1, 33).
(2) Rejet, 17 décembre 1873 (Dalloz, 1874, 1, 145).

ble corporelles et incorporelles, ce sont les manuscrits. Tombent-ils sous l'application de l'article 2279 ? Il faut distinguer. Le manuscrit, considéré comme chose corporelle, est un meuble dans le sens de cet article ; on doit donc lui appliquer la maxime qu'en fait de meubles, la possession vaut titre. On objecte qu'il n'en est pas des manuscrits comme des meubles ordinaires ; ils ne sont pas destinés à passer de main en main ; si l'auteur s'en dessaisit, c'est par une convention toute spéciale, d'ordinaire à titre de don et de souvenir, et ce titre-là est essentiellement personnel. Cela est vrai ; mais est-ce une raison suffisante pour faire des manuscrits une classe à part de choses mobilières, et, par suite, pour les soustraire à l'application d'une règle générale ? Cela nous paraît douteux. Les règles, générales de leur nature, reçoivent leur application, quoique tel ou tel motif pour lequel elles ont été établies ne soit pas applicable à une espèce particulière.

Autre est la question de savoir quel droit donne la possession du manuscrit. Ici est le véritable intérêt du débat. Le possesseur a-t-il, par le fait seul de sa possession, le droit de le publier ? La négative est généralement admise, et avec raison. Autre chose est la possession et la propriété d'un manuscrit, autre chose est le droit de publication. Ce droit appartient exclusivement à l'auteur ou à ses ayants cause, et il n'est transmis que par une convention spéciale. Cela nous place déjà en dehors de l'article 2279. On ne peut pas dire que le droit de publication soit attaché à la possession du manuscrit, car ce sont deux droits très-distincts ; bien loin d'être l'accessoire du manuscrit, le droit de le publier est le droit principal que l'auteur n'aliène pas en cédant le manuscrit, car il peut avoir plusieurs manuscrits, tandis qu'il n'y a qu'un seul droit de publication. La doctrine est divisée (1), ainsi que la jurisprudence (2).

La question s'est présentée devant la cour de Paris, dans une espèce intéressante à raison du nom de l'auteur

(1) Aubry et Rau, t. II, p. 114, et note 23, § 183, et les autorités qu'ils citent. Il faut ajouter De Folleville, p. 89, nᵒˢ 69 et 70. En sens contraire, Dalloz, au mot *Prescription*, nᵒ 281, et les auteurs cités t. XII de mes *Principes*, p. 354, notes 2 et 3.

(2) Voyez le t. XII de mes *Principes*, nᵒ 283.

qui y figure. Des manuscrits se trouvaient dans le cabinet de Louis-Philippe, au château de Neuilly; ils en furent enlevés dans le pillage du 24 février 1848. Le possesseur de ces manuscrits prétendait les avoir achetés en vente publique, mais le fait n'était pas prouvé. Il annonça la publication desdites pièces, en offrant de les vendre. Alors les héritiers d'Orléans revendiquèrent les manuscrits. On leur opposa l'article 2279. La cour laisse indécise la question de savoir si l'article 2279 est applicable aux manuscrits; elle semble pencher pour la négative. En admettant, dit-elle, que la maxime, en fait de meubles, la possession vaut titre, s'applique aux manuscrits, c'est à la condition que le possesseur soit de bonne foi. Le principe est certain (n° 559); mais il nous semble que la cour est trop rigoureuse en exigeant comme condition de la bonne foi, dans l'espèce, que les manuscrits soient sortis des mains de l'auteur volontairement, et qu'il ait manifesté par une volonté certaine l'intention de ne pas les conserver (1). La bonne foi, dans le cas de l'article 2279, existe dès que le possesseur doit se croire propriétaire; c'est une question de fait, car la loi ne définit pas la bonne foi, elle ne l'exige même pas formellement; l'appréciation de la bonne foi est par cela seul abandonnée aux magistrats. Le possesseur, dans l'espèce, n'étant pas propriétaire, il allait sans dire qu'il ne pouvait pas publier le manuscrit.

571. Autre est la question de savoir si un manuscrit appartenant à une bibliothèque qui fait partie du domaine public peut être revendiqué au nom de l'État. Cette difficulté se rattache à une question plus générale, celle de savoir si les meubles appartenant au domaine public peuvent être revendiqués, ou le possesseur peut-il opposer à la revendication l'exception de l'article 2279? Dire que la possession vaut titre, c'est dire que la possession équivaut à un titre d'acquisition; ce qui suppose que la chose est dans le commerce et qu'elle peut devenir propriété privée. Or, tout ce qui est du domaine public se trouve hors du commerce; donc le possesseur d'un meuble appartenant au

(1) Paris, 10 mai 1858 (Dalloz, 1858, 2, 217).

domaine public ne peut pas se prévaloir de la maxime qu'en fait de meubles, la possession vaut titre (1).

La cour de cassation a appliqué ce principe aux meubles qui font partie de la dotation de la couronne, parce que c'est une maxime fondamentale en France que les biens qui composent la dotation de la couronne sont inaliénables et imprescriptibles. Dans l'espèce, un tableau appartenant à la liste civile avait été vendu ; la cour a décidé qu'il pouvait être revendiqué contre tout possesseur. L'acheteur opposait vainement l'article 2279 ; la cour répond que l'exception de possession est applicable seulement aux meubles qui sont dans le commerce ; quant aux meubles déclarés inaliénables, ils ne peuvent passer légitimement dans la possession de personne, sauf en vertu d'une loi (2).

Le même principe est applicable aux ouvrages, manuscrits et autres objets précieux faisant partie des bibliothèques nationales. En 1844, on annonça la vente d'une collection d'autographes, parmi lesquels figurait une quittance de Molière. Le directeur de la Bibliothèque royale y forma opposition et revendiqua le manuscrit comme propriété de la Bibliothèque. Il a été jugé que les objets précieux appartenant à la Bibliothèque royale et, par suite, au domaine public étaient inaliénables et imprescriptibles ; ce qui excluait l'article 2279 invoqué par le défendeur (3).

572. Les papiers que les fonctionnaires publics possèdent ou recueillent par suite de leurs fonctions peuvent-ils être revendiqués par l'Etat comme une dépendance du domaine public ? Il faut distinguer. Si les papiers sont venus aux mains du fonctionnaire pour en user et les garder dans l'intérêt du service dont il est chargé, ils appartiennent à l'Etat, lequel peut toujours les revendiquer, car ils ne deviennent jamais la propriété du fonctionnaire, qui les possède au nom de l'Etat. Il en est autrement des recueils qui sont l'œuvre personnelle du

---

(1) Aubry et Rau, t. II, p. 114, note 24, et les autorités qu'ils citent. De Folleville, p. 87, n° 67.

(2) Rejet, chambre civile, 10 août 1841 (Dalloz, au mot *Domaine de la couronne*, n° 31).

(3) Paris, 3 janvier 1846 (Dalloz, 1846, 2, 212). Comparez Paris, 18 août 1851 (Dalloz, 1852, 2, 96).

fonctionnaire, quoiqu'ils aient été composés à l'aide de renseignements que lui fournissaient ses fonctions, ou de lettres à lui adressées, si, par leur nature, ces lettres pouvaient à volonté être gardées ou détruites par lui. La cour de Paris a consacré cette décision. Dans l'espèce, il s'agissait de papiers trouvés dans la succession d'une demoiselle et provenant de ses auteurs, qui avaient exercé les fonctions d'intendant. Le curateur consentait à remettre les papiers relatifs à ces fonctions, mais il refusa de se dessaisir des recueils qui avaient été formés par les intendants, tels que : *Mémoires sur la province d'Alsace, Mémoires de la généralité de la province d'Auvergne,* dressés en 1701, etc. Ceux qui avaient fait ces recueils ne détournaient pas des documents appartenant à l'Etat, ils conservaient des papiers qu'ils auraient pu détruire et qu'ils ont pu garder, soit à titre de souvenir, soit pour leur garantie personnelle; ces pièces, étrangères à l'administration publique, étaient devenues une propriété privée, et, par conséquent, l'Etat n'avait aucun droit de les revendiquer (1).

573. Les navires sont-ils soumis au principe de l'article 2279? Il y a controverse et doute. Les cours de Belgique se sont prononcées pour l'affirmative; elles se fondent sur les termes de l'article 2279, qui s'appliquent à tout meuble corporel : or, le code de commerce (art. 190) dit formellement que les navires et autres bâtiments de mer sont meubles (2). Il y a un arrêt en sens contraire de la cour de cassation de France : un navire, dit-elle, quoique meuble par sa nature, est soumis, quant aux saisies, adjudications ou ventes dont il peut être l'objet, à des règles spéciales qui excluent l'application du principe suivant lequel, en fait de meubles, la possession vaut titre (3). En effet, le code de commerce (art. 195) dit que la vente volontaire *doit* être faite par écrit, et peut avoir lieu par acte public ou par acte sous signature privée. Les transactions,

---

(1) Paris, 11 décembre 1865 (Dalloz, 1865, 2, 220).
(2) Bruxelles, 9 mai 1823 (*Pasicrisie*, 1823, p. 406), et 11 mars 1861 (*Pasicrisie*, 1861, 2, 372).
(3) Cassation, 18 janvier 1870 (Dalloz, 1870, 1, 127).

en cette matière, n'ont donc pas le caractère à raison duquel la loi a établi le principe de l'article 2279 : elles ne se font pas par tradition manuelle, elles se constatent par écrit, comme les transactions immobilières ; dès lors la maxime qu'en fait de meubles la possession vaut titre n'a plus de raison d'être. Telle est aussi la doctrine des auteurs (1).

§ III. *Conséquences du principe.*

574. Le principe de l'article 2279 signifie que le propriétaire d'un meuble ne peut pas le revendiquer contre le tiers possesseur de bonne foi. Un meuble peut aussi être l'objet d'un droit réel : tels sont l'usufruit, le gage et les priviléges mobiliers. On demande si celui qui a un droit réel peut l'exercer contre le tiers qui a la possession de la chose. La loi décide la question pour ce qui concerne les priviléges : les créanciers n'ont pas le droit de suite, sauf le bailleur. On doit en dire autant de l'usufruitier ; il ne peut pas suivre les choses mobilières sur lesquelles porte son droit entre les mains d'un tiers possesseur, quoique ce ne soit pas une véritable revendication ; mais il y a identité de raison, et même une raison plus forte. Dès que la possession tient lieu de titre de propriété, le possesseur est propriétaire, et il a tous les droits attachés à la propriété, notamment le droit de jouir ; ce qui exclut l'action de l'usufruitier. Et l'on conçoit que, si le propriétaire ne peut pas faire valoir son droit contre le possesseur, bien moins encore celui qui n'a qu'un démembrement de la propriété peut avoir une action contre le tiers détenteur.

Puisque le principe est identique pour les droits réels et pour la propriété, il faut l'appliquer avec ses conditions et ses restrictions. Les caractères de la possession doivent être les mêmes pour que le possesseur puisse opposer l'exception de possession au créancier privilégié ou à l'usu-

(1) Aubry et Rau, t. II, p. 115, note 15, § 183.

fruitier; si donc il est détenteur précaire, ou s'il est de mauvaise foi, il ne peut pas s'en prévaloir. De même il faut qu'il s'agisse d'un meuble corporel ou d'un effet au porteur; ainsi l'usufruitier pourrait revendiquer une créance nominative contre le tiers qui la posséderait. Enfin les exceptions que reçoit le principe s'appliquent également à l'exercice d'un droit réel; il en est ainsi notamment des exceptions de vol ou de perte dont nous allons parler.

575. Le créancier gagiste a la possession de la chose: c'est une condition du privilége qui est attaché au gage (art. 2076). Peut-il opposer sa possession à l'action en revendication du propriétaire? Bien qu'il y ait controverse, l'affirmative nous paraît certaine. Le principe de l'article 2279 s'oppose à toute revendication d'une chose mobilière contre un tiers possesseur, pourvu que la possession soit légale. Or, la loi reconnaît la possession du créancier gagiste; il est vrai, et c'est là le motif de douter, qu'il ne possède pas comme propriétaire, il possède comme créancier privilégié; on pourrait conclure de là que sa possession ne peut pas équivaloir à un titre de propriété. Nous répondons que la possession de l'article 2279 doit être à titre de propriétaire, en ce sens que le possesseur ne soit pas tenu par un lien d'obligation personnelle de restituer la chose; or, le créancier gagiste a cette possession, puisque le débiteur ne peut réclamer la restitution de la chose qu'après avoir entièrement payé la dette pour sûreté de laquelle le gage a été donné (art. 2082). Et si la loi dit que la possession vaut titre, c'est-à-dire qu'elle équivaut à un titre d'acquisition, cela veut dire que le possesseur a un droit sur la chose qui ne peut lui être enlevé par une action réelle; or, telle est bien la situation du créancier gagiste. Peu importe qu'il n'ait pas la propriété de la chose, il y a un droit réel, qui est un démembrement de la propriété; et le principe de l'article 2279 garantit toute possession qui implique un droit dans la chose. Vainement dit-on que le créancier gagiste est un détenteur précaire, puisqu'il possède pour le débiteur; on peut en dire autant de l'usufruitier (art. 2236); mais l'usufruitier n'est détenteur précaire qu'à l'égard de celui qui lui a concédé l'usufruit, de même que le créancier gagiste n'a une possession précaire qu'à l'égard du débiteur qui lui a remis le gage; à l'égard des tiers, l'un et l'autre ont une possession à titre de propriétaire, dans le sens de l'article 2279, car le droit réel constitue aussi une propriété; donc l'un et l'autre peuvent invoquer la maxime qu'en fait de meubles.la ..... des au- sion vaut titre. C'est l'opinion générale ʼ

576. Quand le possesseur tient la chose d'un aut... le titre était sujet à résolution, à nullité ou à rescision, il p.... néanmoins opposer l'exception de l'article 2279, si le titre du précédent possesseur vient à être résolu, annulé ou rescindé. On ne peut pas lui objecter que celui qui n'a qu'un titre résoluble, annulable ou rescindable ne peut consentir à des tiers que des droits soumis à la même condition; ce principe ne s'applique pas à la transmission des choses mobilières; en effet, la propriété s'en acquiert, à l'égard des tiers, non par le titre de transmission, mais par la possession, qui vaut titre; or, la possession fait acquérir la propriété absolue sans limitation aucune. Cela est aussi en harmonie avec le fondement et la signification du principe consacré par l'article 2279. Les meubles ne peuvent pas être revendiqués : tel est le sens de la maxime qu'en fait de meubles la possession vaut titre (n° 528). Or, quand le titre du précédent possesseur est résolu, annulé ou res- cindé, l'action que l'ancien propriétaire intente contre les tiers auxquels des droits ont été concédés en vertu du titre qui est considéré comme n'ayant jamais existé, est une vé- ritable revendication; le tiers possesseur peut donc la re- pousser par l'exception de l'article 2279 (2).

§ IV. *Les exceptions au principe de l'article 2279.*

N° 1. PRINCIPE.

577. Après avoir établi le principe qu'en fait de meu- bles la possession vaut titre, l'article 2279 ajoute: « Néan-

(1) Aubry et Rau, t. II, p. 118 et suiv., § 183. De Folleville, p. 34, n° 36. En sens contraire, Dalloz, au mot *Prescription*, n° 275.
(2) Aubry et Rau, t. II, p. 117 et suiv., § 183. De Folleville, p. 94, n° 75.

moins celui qui a perdu ou auquel il a été volé une chose peut la revendiquer pendant trois ans, à compter du jour de la perte ou du vol, contre celui dans les mains duquel il la trouve. » Le deuxième paragraphe de l'article 2279 déroge au premier ; cela résulte du texte de la loi ; le mot *exceptions* par lequel il commence, marque une exception. l'exercice d'un droit, que les meubles ne peuvent pas être *exception*, cette règle reçoit deux exceptions, en cas de rie et de vol. Toutefois on a soutenu que la règle était elle-même une dérogation aux principes généraux ; partant, une exception ; de sorte que la seconde disposition de l'article 2279 serait un retour au droit commun. La question n'est pas sans importance. Si les deux cas dans lesquels les meubles peuvent être revendiqués sont des exceptions, ils sont par cela même de rigoureuse interprétation, et on ne peut pas les étendre, quels que soient les motifs d'analogie que l'on fasse valoir ; tandis que si le deuxième paragraphe de l'article 2279 est un retour au droit commun, l'interprétation analogique est permise. La cour de cassation a jugé que le premier paragraphe de l'article 2279 établit une règle générale à laquelle le deuxième apporte des exceptions ; que, les exceptions étant de droit étroit, leur application doit être renfermée dans le sens rigoureux des termes de la loi (1). Cette décision est conforme aux vrais principes. La maxime qu'en fait de meubles, la possession vaut titre est une règle fondamentale du droit français ; elle établit une différence radicale entre les transactions mobilières et les transactions immobilières. On ne peut pas dire que la règle qui régit les meubles est une exception à la règle qui régit les immeubles ; les deux espèces de biens sont soumises à des principes différents, également essentiels et puisés dans la nature différente des meubles et des immeubles. On dit quelquefois, et cela se lit dans les arrêts, que la maxime de l'article 2279 est une exception à l'article 1599, aux termes duquel la vente de la chose d'autrui est nulle ; il est très-vrai que celui qui

_____

(1) Cassation, 20 mai 1835 (Dalloz, au mot *Prescription*, nº 287). Marcadé, t. VIII, p. 255 et suiv., nº V de l'article 2280.

achète la chose d'autrui est à l'abri de la revendication, s'il s'agit d'un objet mobilier, mais de là on aurait tort de conclure que l'article 2279 est une exception à l'article 1599. Il y a de cela une preuve décisive; la maxime de l'article 2279 nous vient de l'ancien droit, elle remonte jusqu'aux plus vieilles coutumes germaniques; or, dans l'ancien droit, la vente de la chose d'autrui était valable, comme elle l'était en droit romain; il n'y a donc aucun lien, ni de principe, ni de tradition, entre la disposition de l'article 2279 et celle de l'article 1599. Nous croyons inutile d'insister sur ce point. Or, l'objection écartée, la règle d'interprétation consacrée par la cour de cassation est incontestable.

578. Contre qui les meubles volés ou perdus peuvent-ils être revendiqués? L'article 2279 dit qu'ils peuvent être revendiqués contre celui dans les mains duquel ils se trouvent, sauf au possesseur son recours contre celui duquel il la tient. Il suit de là, comme nous en avons déjà fait la remarque, que le code n'entend pas parler de l'action contre celui qui a volé la chose ou qui l'a trouvée; ils sont obligés de la restituer par le fait du vol ou de l'invention, et l'action qui naît d'une obligation dure trente ans (t. VIII, nos 461-466). Mais si le voleur ou l'inventeur vendent la chose à un tiers, la loi accorde la revendication au propriétaire pendant trois ans. Quelle est la raison de cette exception à la règle qui n'admet pas de revendication en matière de meubles? Il y a d'abord un motif d'équité. Celui qui a perdu ou auquel il a été volé une chose n'a d'ordinaire aucune faute à se reprocher, il est victime d'un délit ou d'un cas fortuit; tandis que celui qui achète la chose volée ou perdue peut et doit s'enquérir des droits de son vendeur. Cela est vrai surtout du vol : la nature des choses vendues et la condition sociale du vendeur font naître des soupçons qui doivent engager les tiers à ne pas acheter. Ici intervient un motif d'intérêt général : ce serait favoriser le recel et, par suite, le vol que de défendre au propriétaire volé toute action contre les tiers acheteurs; il fallait donc permettre la revendication (1).

---

(1) Mourlon, *Répétitions*, t. III, p. 829, nos 1997 et 1998.

579. La revendication est-elle admise contre les possesseurs de bonne foi? Oui, et sans doute aucun. L'article 2279 ne distingue pas, et il n'y avait pas lieu de distinguer; si la loi permet de revendiquer des choses perdues ou volées, c'est par respect pour le droit de propriété; elle devait donc permettre la revendication, par cela seul qu'il s'agit d'une chose volée ou perdue. L'article 2280 confirme cette interprétation; il suppose que le tiers possesseur est de bonne foi à raison des circonstances dans lesquelles il a acheté la chose; quoiqu'il l'ait achetée dans une vente publique, ou d'un marchand vendant des choses pareilles, il ne peut pas opposer sa bonne foi à l'action du propriétaire, seulement celui-ci ne peut, dans ce cas, revendiquer qu'à charge de rembourser au possesseur le prix qu'il a payé (1).

Ce que nous disons suppose que le propriétaire revendique dans les trois ans. S'il laisse passer ce délai sans agir, il est déchu du droit que lui donne l'article 2279, deuxième alinéa. Il rentre alors dans le droit commun, c'est-à-dire qu'il ne pourra agir contre le possesseur que si celui-ci est de mauvaise foi, et c'est à lui d'en faire la preuve. Dans une espèce jugée par la cour de cassation, le demandeur prétendait que le possesseur d'obligations qui, pendant trois ans, n'avait pas fait valoir son droit était par cela même convaincu de mauvaise foi. Cette prétention ne fut pas admise et, sur le pourvoi, il intervint un arrêt de rejet. La chambre civile pose en principe que le demandeur aurait dû prouver que le possesseur savait, au moment où il avait acquis les titres, que c'étaient des choses volées, c'est-à-dire qu'il était de mauvaise foi lorsqu'il avait acquis la possession des titres (n° 563); or, le seul fait de ne pas avoir réclamé les arrérages des obligations ne constitue pas la preuve de la mauvaise foi; ou tout au moins le juge du fond avait pu le décider ainsi, puisque c'est une question de fait (2).

---

(1) Aubry et Rau, t. II, p. 109, note V, § 183.
(2) Rejet, chambre civile, 5 décembre 1876 (Dalloz, 1877, 1, 166).

580. Celui qui a perdu une chose peut la revendiquer. Qu'entend-on par choses *perdues?* D'ordinaire on appelle choses perdues celles que l'on égare par suite d'une négligence quelconque; si, malgré cette espèce de faute, le législateur se prononce pour le propriétaire contre le tiers acquéreur, c'est que tout le monde est dans le cas de commettre de ces légères fautes d'inattention; la loi ne peut pas exiger des hommes qu'ils soient parfaits; s'ils l'étaient, on n'aurait pas besoin de lois. La perte n'est pas toujours due à un défaut de surveillance, elle peut être le résultat d'une force majeure : telle est l'inondation qui porte au loin des objets mobiliers que des inventeurs recueillent, sans qu'ils puissent savoir à qui les choses appartiennent. La loi, qui donne action au propriétaire, alors même qu'il y a quelque négligence à lui reprocher, doit, à plus forte raison, lui accorder la revendication quand il a perdu la possession par un événement de force majeure (1).

L'article 717 dit que les droits sur les choses perdues dont le maître ne se représente pas sont réglés par des lois particulières. Nous avons exposé ailleurs les principes qui régissent la propriété des choses perdues (t. VIII, n°ˢ 461-467, et t. VI, n° 41). Pour le moment, il s'agit seulement de l'action qui appartient au propriétaire contre le tiers acquéreur. Toute perte donne lieu à l'action en revendication, sauf l'application des lois spéciales que nous avons indiquées en expliquant l'article 717.

581. En second lieu, celui à qui il a été volé une chose peut la revendiquer. En cas de vol, il y a un délit; l'équité exige que le propriétaire soit indemnisé; or, son action contre le voleur est d'ordinaire illusoire; il fallait donc lui accorder la revendication contre le tiers possesseur. Son intérêt est d'accord avec celui de la société; si l'on avait mis le tiers possesseur à l'abri de la revendication, on aurait favorisé les complices qui recèlent les objets volés.

(1) Aubry et Rau, t. II, p. 109, § 183. De Folleville, p. 123, n° 105.

Qu'entend-on par choses *volées*? Le vol est un délit que le code pénal définit; c'est à cette définition qu'il faut recou rir. Aux termes de l'article 379, le vol est la soustraction frauduleuse de la chose d'autrui. Nous n'entrons pas dans les difficultés de la loi pénale. Dès qu'il y a vol dans le sens de l'article 379, le propriétaire a l'action en revendication. Il n'y a pas à considérer les conséquences pénales du vol. Quand même l'auteur de la soustraction frauduleuse ne serait pas punissable, par exemple à raison de son âge, l'article 2279 ne serait pas moins applicable. Le tiers possesseur ne peut pas se prévaloir des causes purement personnelles qui font cesser la criminalité du fait; il n'en est pas moins vrai que la chose a été soustraite, et la soustraction, par elle-même, constitue un délit; ce qui le prouve, c'est que les complices et les recéleurs sont punis des peines du vol. Cela est décisif (1).

N° 3. DE L'ACTION EN REVENDICATION.

582. Contre qui l'action en revendication peut-elle être formée? D'ordinaire elle l'est contre un tiers acheteur; elle peut être intentée contre tout possesseur; l'article 2279 est conçu dans les termes les plus généraux : celui auquel il a été volé une chose peut la revendiquer contre celui *dans les mains duquel il la trouve*. Peu importe donc en vertu de quel titre il la possède. La cour de cassation a décidé que celui à qui il a été volé des titres au porteur peut les revendiquer entre les mains de l'agent de change chargé de les vendre (2). Cela ne nous paraît pas douteux dès que l'on admet que les effets au porteur peuvent être revendiqués. Nous reviendrons sur le vol des titres au porteur, qui donne lieu à bien des difficultés.

583. L'article 2279 porte que le propriétaire de la chose volée peut la revendiquer pendant trois ans, à compter du jour du vol ou de la perte. Bigot-Préameneu dit,

---

(1) Aubry et Rau, t. II, p. 110, note 10. En sens contraire, Renaud.
(2) Rejet, chambre civile, 5 mai 1874 (Dalloz, 1874, 1, 291, 2e espèce).

dans l'Exposé des motifs, que la durée de l'action est celle qui avait été déterminée par Justinien, et que ce délai était aussi généralement exigé en France. Est-ce à dire que le délai de trois ans implique une usucapion ? Le texte du code prouve le contraire. En effet, le délai commence à courir à partir du vol ou de la perte ; donc le propriétaire ne peut plus agir dès que trois ans se sont écoulés depuis la perte ou le vol, quand même le détenteur de la chose ne la posséderait que depuis un jour. Il suit de là qu'il ne s'agit point d'une prescription acquisitive, laquelle exige une possession continuée pendant le délai requis pour prescrire. Est-ce une prescription extinctive ? On enseigne généralement que c'est un délai préfix qui emporte déchéance, sans qu'il y ait lieu d'appliquer les principes qui régissent la prescription ; notamment le délai court contre les incapables. Cela est douteux. Nous avons dit plus haut (n° 10) que la théorie des délais préfix est très-obscure ; et les motifs que l'on donne pour écarter la prescription extinctive ne sont rien moins que déterminants. On dit que la prescription extinctive étant fondée sur la négligence ou la renonciation du créancier, il n'y a pas lieu de l'appliquer à un délai qui est plutôt fondé sur une considération d'intérêt public, la revendication de choses mobilières étant contraire à la sécurité des relations commerciales. Nous avons dit bien des fois que les motifs de la théorie du code en matière de prescription sont très-douteux ; il est, par conséquent, très-chanceux de s'y appuyer pour décider si le délai dans lequel une action doit être formée est une prescription ou un délai préfix. Mieux vaut s'en tenir à l'idée traditionnelle d'une prescription ; seulement, au lieu d'être acquisitive, elle est extinctive. Quant à la question de savoir si le délai de trois ans court contre les mineurs, elle est indépendante de la nature du délai ; l'article 2278 dispose que les courtes prescriptions dont il s'agit dans les articles de la section IV courent contre les mineurs et les interdits ; la raison en est que les unes sont fondées sur une présomption de payement et celle de l'article 2277 sur un motif d'ordre public. On peut aussi dire qu'il y a un motif d'ordre public à ce que la revendication de choses mobilières ne soit pas prolongée indéfiniment par des minorités successives (1).

584. Que doit prouver le demandeur en revendication? La revendication est, en général, l'exercice du droit de propriété; celui qui revendique doit prouver qu'il est propriétaire. En est-il de même dans le cas de l'article 2279? Non; cela résulte du texte et de l'esprit de la loi. L'article 2279 évite d'employer le mot de *propriétaire*; il dit que celui qui a perdu ou auquel il a été volé une chose peut la revendiquer; il suffit donc qu'il prouve la perte ou le vol; ce qui implique la preuve de la possession qu'il a perdue ou dont il a été dépouillé.

Tel est aussi l'esprit de la loi. Pourquoi établit-elle le principe que la possession équivaut à un titre d'acquisition? Parce qu'en fait de meubles, la preuve de la propriété est impossible; la loi ne pouvait donc pas, sans se mettre en contradiction avec elle-même, exiger que le demandeur en revendication prouvât son droit de propriété : il est considéré comme propriétaire par cela seul qu'il possédait.

De là découle une conséquence très-importante. Comment le demandeur prouvera-t-il sa possession? S'il devait faire la preuve de son droit de propriété, il faudrait appliquer la règle de l'article 1341; il ne serait pas admis à établir son droit par témoins dès que la chose dépasserait la valeur de cent cinquante francs. Il n'en est pas de même de la possession. C'est un fait matériel qui, par lui-même, ne produit ni droit ni obligation; de là suit que la possession se prouve par témoins et par présomptions de l'homme (2).

585. L'action en revendication suppose que le défendeur possède la chose. Que faut-il décider si celui qui avait acheté une chose volée ou perdue avait cessé de la posséder? S'il l'a revendue, l'action doit être intentée contre le tiers possesseur. Ce n'est pas à dire que celui qui achète une chose volée ou perdue, et qui la revend, ne puisse être

---

(1) Voyez, en sens contraire, Aubry et Rau, t. II, p. 112, note 17, § 183, et les auteurs qu'ils citent. Marcadé, t. VIII, p. 255, n° V de l'article 2280. Leroux de Bretagne, t. II, p. 320, n° 1331; De Folleville, p. 154, n° 124.

(2) Aubry et Rau, t. II, p. 110 et 111, et notes 11 et 12, § 183.

-passible de dommages-intérêts ; il est responsable si, par sa faute, il a causé un dommage au propriétaire ou possesseur des choses qu'il a achetées. Mais cette action est tout autre que celle qui est accordée par l'article 2279 ; celle-ci est fondée uniquement sur ce fait qu'au moment de la demande, le défendeur est en possession de la chose revendiquée, de sorte que le demandeur n'a, rien à prouver que ce fait ; tandis que l'action en dommages-intérêts suppose une faute, et le demandeur doit la prouver. La cour de cassation l'a jugé ainsi en cassant un jugement qui avait condamné un banquier · à payer la valeur d'un titre volé, par lui acheté et revendu à la Bourse sans constater qu'il y eût un fait dommageable à imputer à l'acheteur (1).

S'il s'agissait de choses consomptibles, et si l'acheteur les avait consommées, serait-il tenu à en restituer la valeur ? La revendication ne serait plus possible, puisqu'on ne peut revendiquer des choses qui n'existent plus. · Si celui · qui a consommé la chose était de mauvaise foi, ou s'il y avait une faute de sa part, il serait soumis à l'action en -dommages-intérêts naissant du délit ou du quasi-délit en vertu des articles 1382 et 1383. Il n'y a de doute que dans le cas où le possesseur aurait consommé les choses de bonne foi. On ne peut plus invoquer contre lui la responsabilité, puisqu'il n'y a pas de faute de sa part ; mais ne peut-on pas argumenter de l'article 2279 ? Comme possesseur, il était tenu de restituer, sans pouvoir réclamer le prix qu'il aurait payé (art. 2279 et 2280) ; s'il consomme la chose, il s'enrichit, aux dépens de l'ancien possesseur, d'une chose qu'il aurait dû restituer ; il serait donc tenu -en tant qu'il s'est enrichi (2).

586. Quand l'ancien possesseur revendique la chose volée ou perdue, le possesseur évincé a son recours contre celui duquel il la tient. C'est la décision de l'article 2279. Elle est fondée sur la bonne foi et sur la justice. Celui qui achète une chose volée ou perdue est tenu de la restituer sur l'action de l'ancien possesseur. S'il la tient du voleur

---

(1) Cassation, 24 juin 1874 (Dalloz, 1874, 1, 429).
(2) Comparez un jugement du tribunal de commerce de Nantes, du 1er septembre 1866 (Dalloz, 1867, 3, 30).

ou de l'inventeur, il doit avoir un recours contre son auteur, car celui-ci n'avait pas le droit de vendre, et il ne peut pas conserver un prix qu'il n'avait pas le droit de recevoir. S'il la revend, il transmet à l'acheteur une chose viciée sujette à revendication ; par suite, il touche le prix d'une chose qu'il aurait dû restituer à l'ancien possesseur, sans pouvoir réclamer du revendiquant le prix qu'il aurait payé ; il serait injuste qu'en revendant il se déchargeât d'une obligation qui lui incombait pour faire supporter la perte par le tiers acquéreur.

Il y a cependant un cas dans lequel le tiers possesseur n'aurait aucun recours contre son auteur. La cour de cassation pose en principe que le détenteur d'objets mobiliers revendiqués par le propriétaire ne peut avoir d'action récursoire contre le possesseur de bonne foi de qui il les tient qu'autant que le préjudice qu'il éprouve n'est pas le résultat de sa négligence. Dans l'espèce, soixante-six obligations de la ville de Paris avaient été volées ; le propriétaire prit immédiatement toutes les mesures nécessaires pour arrêter la circulation et la négociation de ces titres ; il forma, notamment, opposition entre les mains des agents de change près la Bourse de Paris. Postérieurement, plusieurs de ces titres furent remis à un agent de change pour les négocier ; sans tenir compte de l'opposition, il vendit les titres. C'était manquer aux règles de la prudence la plus ordinaire, dit la cour de Paris ; et la cour de cassation en conclut qu'il devait imputer à lui-même le dommage résultant de cette négociation, et qu'il ne pouvait exercer contre ses commettants un recours qui aurait eu pour résultat de faire retomber sur des tiers de bonne foi les conséquences de sa faute personnelle (1). Ces décisions nous laissent un doute ; la cour cite les articles 1382 et 1383. Ne s'agissait-il pas d'une faute conventionnelle ? Et, en supposant qu'il y eût faute de la part de l'agent de change, ne fallait-il pas examiner si les commettants étaient en faute de leur côté ? Nous renvoyons, quant au principe, à ce qui a été

---

(1) Rejet, chambre civile, 5 mai 1874, deux arrêts (Dalloz, 1874, 1, 291).

dit sur la responsabilité résultant des faits dommageables (t. XX, nᵒˢ 485-492, 589).

587. Celui qui revendique des objets volés ou perdus contre un tiers possesseur doit-il rembourser à celui-ci le prix qu'il a payé? La négative est certaine; elle résulte du texte de l'article 2280; aux termes de cette disposition, le propriétaire revendiquant n'est obligé de rembourser le prix que le possesseur évincé a payé que dans les cas où celui-ci l'a achetée dans une foire, ou dans un marché, ou d'un marchand vendant des choses pareilles. Si l'achat a eu lieu dans toutes autres circonstances, le possesseur actuel n'a droit à aucune indemnité. Rien de plus juste au point de vue du droit strict. Le propriétaire qui revendique sa chose n'est tenu à rien à l'égard du possesseur qui ne peut invoquer aucun titre; or, dans l'espèce, le défendeur n'a aucun titre. Il est vrai que sa position est dure; mais, même en équité, la rigueur de la loi se justifie très-bien. La situation du propriétaire est plus favorable que celle du possesseur; d'ordinaire c'est par un crime qu'il est dépouillé de sa chose, il n'y a rien à lui reprocher; tandis que le possesseur est en faute de ne s'être pas enquis de la condition et de la moralité du vendeur; il achète le plus souvent la chose au-dessous de sa valeur; raison de plus pour éveiller le soupçon et le doute, et dans le doute, il aurait dû s'abstenir (1).

588. La loi fait exception à la rigueur des principes dans les cas prévus par l'article 2280 que nous venons de citer (nᵒ 587). Si le possesseur a acheté la chose volée ou perdue dans une foire ou dans un marché, ou d'un marchand vendant des choses pareilles, le propriétaire ne peut se la faire rendre qu'en remboursant au possesseur le prix qu'elle lui a coûté. Quelle est la raison de ces exceptions? On dit que la bonne foi du possesseur est si évidente et son erreur si légitime, qu'il y aurait de l'injustice à permettre son éviction sans l'indemniser (2). C'est une mauvaise raison, à notre avis; si l'on ne tenait compte que

---

(1) Mourlon, *Répétitions*, t. III, p. 830, nᵒ 2000.
(2) Ce sont les paroles de Troplong (nᵒ 1071) reproduites par Mourlon.

des droits et des intérêts particuliers, il faudrait donner la préférence au propriétaire, car le droit l'emporte sur l'équité. Mais il y a un intérêt public en cause, celui du commerce, car jadis les transactions mobilières se faisaient dans les foires et les marchés, ou avec des marchands ambulants; il fallait donner pleine sécurité aux acheteurs, sinon tout commerce eût été impossible; et la société pourrait-elle exister sans commerce?

589. Le propriétaire qui a remboursé au possesseur évincé le prix que celui-ci a payé a-t-il un recours contre le voleur ou celui qui a trouvé la chose perdue? L'affirmative est certaine. En effet, le voleur et l'inventeur sont personnellement tenus à la restitution de la chose, et, à défaut de restitution, ils doivent les dommages-intérêts, et ils ne peuvent pas s'affranchir de cette obligation en vendant la chose. En est-il de même si celui à qui la chose est vendue l'aliène? Ceux qui achètent une chose volée ou perdue, en dehors des circonstances prévues par l'article 2280, sont assujettis à l'action du propriétaire, mais cette action est une action réelle; dès qu'ils cessent d'être détenteurs, on ne peut plus revendiquer contre eux. Le propriétaire, en cas de ventes successives, n'a d'action que contre le dernier acheteur; celui-ci a un recours contre son vendeur; le propriétaire, en remboursant l'acheteur, paye, en réalité, la dette du vendeur; il est donc subrogé aux droits du possesseur qu'il a désintéressé (1).

590. Les marchés et les foires ont perdu de leur importance; il n'y a aucune comparaison à faire entre les choses mobilières que l'on y vendait et les valeurs que l'on négocie tous les jours à la Bourse ou chez les changeurs. De là la question de savoir si l'on peut assimiler les *Bourses* et les *boutiques des changeurs* aux *foires* et *marchés*. Il n'y a aucun doute quant aux Bourses; elles sont ouvertes à tout le monde, ce sont des marchés publics pour les valeurs négociables. La doctrine et la jurisprudence sont en ce sens (2). Il n'en est pas de même du

---

(1) Aubry et Rau, t. II, p. 111, note 15, § 183, et les autorités qu'ils citent.
(2) Voyez les témoignages dans Aubry et Rau, t. II, p. 111, note 15, § 183. Il faut ajouter Leroux de Bretagne, t. II, p. 321, n° 1333.

comptoir d'un changeur; ce n'est pas un lieu public où l'on négocie les effets à des heures déterminées, c'est une maison privée. Quelles que soient, dans les grandes villes, l'étendue et la variété des opérations auxquelles se livrent les changeurs, ils ne sont que des commerçants sans aucun caractère public, ils trafiquent pour eux-mêmes et en leur nom. Lors donc qu'ils achètent des titres volés, ils ne peuvent pas invoquer le bénéfice de l'article 2280, pas plus que les marchands qui achètent dans leur boutique (1).

591. L'article 2280 permet encore au possesseur évincé de réclamer le prix qu'il a payé quand il a acheté la chose volée ou perdue dans une vente publique, ou d'un marchand vendant des choses pareilles. Ce dernier cas a donné lieu à une légère difficulté. On demande si celui qui achète un effet au porteur chez un changeur peut invoquer cette disposition. L'affirmative ne nous paraît pas douteuse si, de fait, les changeurs sont dans l'usage d'acheter et de vendre des valeurs négociables. Nous disons *de fait*. On a voulu en faire une question de droit; les changeurs, dit-on, ne sont pas chargés d'acheter ou de vendre des titres, leur véritable fonction consiste à faire des opérations de change. Qu'importe, si l'usage est contraire? S'ils sont en possession d'acheter et de vendre des valeurs, on doit leur appliquer l'article 2280 : ce sont des marchands vendant des choses pareilles. Par suite, si un changeur achète un titre au porteur volé ou perdu, et le revend, l'acheteur aura droit au remboursement du prix qu'il a payé, s'il est évincé par le véritable propriétaire (2).

592. Quand le possesseur évincé a acheté la chose perdue ou volée dans les circonstances prévues par l'article 2280, le propriétaire revendiquant doit lui rembourser le prix. A-t-il droit à cette indemnité s'il est de mauvaise foi? La négative nous paraît certaine. Il est de principe que celui qui éprouve un dommage par sa faute n'en peut

---

(1) Paris, 10 novembre 1858, et le réquisitoire de l'avocat général; 6 juin et 9 novembre 1864 (Dalloz, 1859, 2, 8; 1865, 2, 53). De Folleville, p. 180, n° 140).

(2) De Folleville, p. 184, n°s 143 et 143 *bis*. En sens contraire. Vincent, dans la *Revue pratique*, t. XIX, p. 478.

pas demander la réparation (t. XX, n°s 485-492); or, celui qui achète de mauvaise foi est en faute, et il ne peut se prévaloir de son dol pour demander une indemnité au propriétaire qu'il a voulu dépouiller. Vainement objecterait-on les termes absolus de l'article 2280. Il est vrai que la loi ne fait aucune distinction, mais les circonstances mêmes à raison desquelles elle permet à l'acheteur de demander le remboursement de ce qu'il a payé impliquent que la loi suppose la bonne foi du possesseur; cela est si vrai, que l'on justifie d'ordinaire cette disposition exceptionnelle par la bonne foi de celui qui achète un objet volé ou perdu dans un marché, dans une vente publique, ou d'un marchand vendant des choses pareilles (n° 588). Nous avons donné un autre motif, l'intérêt du commerce; ce motif conduit à la même conséquence. Quand la loi favorise le commerce, elle donne sa protection à l'acheteur honnête, elle ne la donne pas au fripon. Ce serait une chose profondément immorale que d'obliger le propriétaire dépouillé à indemniser celui qui l'a dépouillé. La jurisprudence est en ce sens. Un recéleur invoquait le bénéfice de l'article 2280; la cour de cassation a décidé que cette disposition n'est applicable qu'au possesseur de bonne foi; que, dès lors, elle ne l'est pas à celui qui est déclaré complice par recélement (1). Le tribunal de la Seine a appliqué le principe à des banquiers prussiens, qui avaient acheté à 320 francs une obligation cotée à la Bourse 401 fr. 50 cent., et qui l'avaient revendue immédiatement dans des circonstances qui ne laissaient aucun doute sur leur mauvaise foi (2).

Nous mentionnerons encore un arrêt de la cour de Paris confirmé par la cour de cassation. Il s'agissait d'un changeur qui avait acheté une bank-note perdue par le propriétaire. Celui-ci avait averti, par des affiches placardées, tous les changeurs, banquiers et bijoutiers se livrant à l'opération du change. Un changeur l'acheta néanmoins, et opposa l'article 2280 à l'action en revendication formée contre lui. La cour de Paris rejeta sa défense, en décidant

(1) Rejet, chambre criminelle, 26 novembre 1825 (Dalloz, au mot *Prescription*, n° 298).
(2) Jugement du 4 février 1869 (Dalloz, 1871, 3, 95).

qu'il était réputé de mauvaise foi pour n'avoir pas inscrit,
comme il y était tenu, sur ses livres, l'opération à laquelle
il avait concouru et les noms de ceux avec lesquels il avait
traité. Pourvoi. Le demandeur soutint que le changeur
pouvait invoquer l'article 2280, puisque les boutiques de
changeurs sont des marchés publics pour la vente des effets
négociables. Quant à la mauvaise foi du changeur, disait-
on, l'arrêt attaqué aurait dû l'établir par les circonstances
du fait. Admis par la chambre des requêtes, le pourvoi
fut rejeté par la chambre civile, après délibéré en chambre du conseil. La cour n'entre pas dans le débat soulevé
par le pourvoi; elle se borne à constater, d'après l'arrêt
attaqué, qu'il y avait eu faute de la part du changeur, et
qu'il était responsable de cette faute envers le propriétaire (1). C'était décider la question en vertu de l'article 1382. A notre avis, la cour aurait dû écarter l'article 2280, par le motif que le changeur ne se trouvait pas
dans l'une des circonstances que cet article prévoit, puisque
la boutique d'un changeur n'est pas un marché (n° 590).
C'est ce que la cour de Paris a jugé, dans une autre espèce,
contre un changeur qui avait acheté des titres volés ; l'article 2280 n'était pas applicable, puisque les valeurs volées avaient été achetées ailleurs qu'en Bourse ou en marché public; or, dès que l'on n'était pas dans les termes de
l'exception, on rentrait dans la règle de l'article 2279 : la
revendication était admise contre le changeur, sans qu'il
pût demander le remboursement du prix qu'il avait payé (2).

593. Les objets volés ou perdus déposés à un mont-de-
piété peuvent être revendiqués dans les six mois, sous les
conditions déterminées par la loi du 30 avril 1848, à laquelle nous renvoyons (art. 21 et 22) (3).

---

(1) Rejet, chambre civile, 17 novembre 1856 (Dalloz, 1856, 1, 393) Comparez un jugement du tribunal de commerce de la Seine, du 4 septembre
1872 (Dalloz, 1873. 3. 87).

(2) Paris, 22 avril 1870 et Rejet, 20 août 1872 (Dalloz, 1873, 1, 481).

(3) Comparez Aubry et Rau, t. II, p. 111, et note 16, § 183.

N° 4. DES CAS DANS LESQUELS LES ARTICLES 2279 ET 2280 NE SONT
PAS APPLICABLES.

594. La loi permet de revendiquer les choses perdues
ou volées, avec obligation de rembourser au possesseur le
prix qu'il a payé, si la vente a eu lieu dans les circonstances prévues par l'article 2280 ; hors de ces cas, l'acheteur
n'a droit à aucune indemnité. On demande si ces dispositions peuvent être étendues, par voie d'analogie, à des délits qui dépouillent le possesseur de sa chose sans présenter les caractères du vol. Nous avons décidé la question
d'avance, en établissant comme principe d'interprétation
que les articles 2279 et 2280, relatifs à la revendication
des objets volés, sont des dispositions exceptionnelles ; ce
qui exclut toute extension par voie d'analogie (n° 577).
Cela est généralement admis lorsqu'il y a violation de
dépôt et abus de confiance. Ce sont des délits distincts, et
non une variété de vol. Cela suffit pour trancher la difficulté. Les objections que l'on fait s'adressent au législateur. On dit que l'équité est pour le propriétaire dès qu'il
est dépouillé par un crime. Sans doute, mais le législateur
a dû tenir compte aussi du droit des possesseurs ; dans ce
conflit, il considère s'il y a une faute à reprocher au propriétaire. En cas de vol, on ne peut lui faire aucun reproche : c'est un cas de force majeure. Il n'en est plus de
même si le propriétaire a été dépouillé par un abus de confiance, il a eu tort de traiter avec un malhonnête homme,
il a eu tort de donner sa chose en dépôt à un fripon. Le
tiers, au contraire, qui a acheté la chose de bonne foi n'est
coupable d'aucune imprudence, et il a pour lui l'intérêt
public ; sa possession doit donc être respectée (1).
La jurisprudence est presque unanime en ce sens ; nous
nous bornerons à citer le dernier arrêt de la cour de cassation. Le principe général, dit la cour, est qu'en fait de
meubles la possession vaut titre ; ce qui exclut toute ac-

(1) Voyez les sources dans Aubry et Rau, t. II, p. 109, notes 8 et 9, § 183.
Il faut ajouter Mourlon, *Répétitions*, t. III, p. 830, n° 2001. Leroux de Bretagne, t. II, p. 320, n° 1330 ; De Folleville, p 129, n°ˢ 116-116⁴.

tion en revendication d'objets mobiliers. Le droit de revendication que la loi ouvre au profit de celui qui a perdu ou auquel il a été volé une chose constitue une exception, et doit être, dès lors, renfermé dans les limites du texte ; partant, on ne peut l'étendre à l'abus de confiance. Dans l'espèce, le pourvoi objectait que le tribunal correctionnel avait mal qualifié le délit, que c'était réellement un vol. La cour de cassation répond qu'il n'est pas permis de remettre en question, devant la justice civile, la chose jugée au criminel, quant à l'existence du fait et quant à sa qualification (1).

595. La question est controversée en ce qui concerne l'escroquerie. Si l'on admet le principe que les articles 2279 et 2280 sont de droit étroit, à titre d'exceptions, on ne peut pas plus les appliquer à l'escroquerie qu'à l'abus de confiance : la situation étant identique, la décision doit aussi être la même. La cour de Paris s'est prononcée pour l'opinion contraire en partant d'un autre principe ; elle dit que le mot *vol*, dans l'article 2279, doit être pris dans un sens générique ; que les espèces, entièrement analogues, y sont dès lors nécessairement comprises. Il y a cette analogie entre le vol et l'escroquerie, d'après la cour, que le propriétaire est dépouillé de sa chose sans son consentement ; ce qui exclut toute transmission de propriété. Cette décision a été cassée. La cour suprême nie le principe de l'interprétation extensive, même en cas d'analogie, lorsqu'il s'agit de dispositions exceptionnelles, telles que les articles 2279 et 2280. Elle conteste également l'assimilation du vol et de l'escroquerie ; en effet, le propriétaire escroqué a suivi la foi de celui qui l'a trompé, et, par la vente qu'il lui a faite, lui a donné un titre indépendamment de la possession ; tandis qu'en cas de vol il n'y a ni consentement, ni remise volontaire (2). La cour aurait pu

---

(1) Rejet, 23 décembre 1863 (Dalloz, 1865, 1, 80). Dans le même sens, Rejet. chambre civile, 22 juin 1858 (Dalloz, 1858, 1, 238) ; Cassation. 17 août 1859 (Dalloz, 1859, 1, 347). Comparez un arrêt bien motivé de Bordeaux, du 26 mai 1873 (Dalloz, 1876, 2, 23).

(2) Cassation, 20 mai 1835 (Dalloz. au mot *Prescription*, n° 287). Voyez, en sens divers. les arrêts cités par Aubry et Rau, t. II, p. 110, note 9. Comparez De Folleville, p. 137. n° 117, et Mourlon, *Répétitions*, t. III, p. 831, n° 2002.

se dispenser de répondre, sur ce point, à l'argumentation de l'arrêt attaqué. En matière de possession, il faut laisser les titres et le consentement de côté; c'est la possession qui tient lieu de titre d'acquisition, et ce titre ne peut être écarté qu'en cas de vol. Quant aux analogies qui existent entre le vol et l'escroquerie, l'interprète n'en peut tenir aucun compte : ces considérations vont à l'adresse du législateur, qui seul a le pouvoir de créer des exceptions, puisque créer une exception c'est faire la loi.

596. Les objets dont l'ennemi s'empare en temps de guerre peuvent-ils être revendiqués contre un tiers possesseur? Cette question doit être décidée d'après les règles du droit de guerre. Le butin a toujours été considéré par le vainqueur comme une propriété légitime; dès lors il ne peut s'agir de le revendiquer comme chose volée. Reste à savoir quand il y a butin. Nous renvoyons la difficulté au droit des gens. L'ennemi a aussi le droit de faire des réquisitions, lesquelles donnent droit à une indemnité en faveur des particuliers qui sont réquisitionnés. Si la réquisition est irrégulière, devra-t-on l'assimiler à un vol? La cour de Besançon s'est prononcée pour l'affirmative, tandis que le premier juge avait admis la légitimité de la réquisition, quoique purement verbale (1). Nous préférons la décision du premier juge. On ne peut pas assimiler une réquisition, même irrégulière, à un vol. Qui décidera si la réquisition est régulière? Il suffit que l'ennemi se soit emparé de la chose à titre de réquisition pour qu'il y ait apparence d'un droit, ce qui exclut l'idée de vol.

§ V. *Du vol ou de la perte des titres au porteur* (2).

Nº 1. DROITS DU PROPRIÉTAIRE CONTRE LES TIERS ET CONTRE LES AGENTS DE CHANGE.

597. Les valeurs au porteur ont pris un développement prodigieux dans les temps modernes, par suite des emprunts contractés par l'Etat, les provinces et les communes,

_____

(1) Besançon, 12 mai 1873 (Dalloz, 1873, 2, 147).
(2) Voyez un excellent rapport fait par Bonjean, au sénat, dans la séance du 2 juillet 1862 (*Moniteur* du 3 juillet) et De Folleville, p. 282 et suiv.

et surtout par les actions et obligations que les sociétés de
tout genre multiplient à l'infini. On a évalué à vingt-cinq
milliards les valeurs d'origine française et étrangère qui
se négocient à la Bourse de Paris, ce qui forme le quart et
presque le tiers de toute la richesse nationale ; encore n'y
comprend-on pas les lettres de change et billets à ordre.
Sur les vingt-cinq milliards de titres circulant en France,
huit milliards sont au porteur. Cette forme que prend la
richesse des particuliers n'est pas sans inconvénient et sans
dangers pour la société. La transmission des titres au porteur s'opère par la simple tradition manuelle du titre,
comme celle d'un billet de banque ou d'une pièce de monnaie. S'il en résulte une grande facilité de réalisation pour
les possesseurs, par contre les titres au porteur se prêtent
à tous les genres de fraude : tantôt c'est un héritier présent qui divertit les titres au préjudice des absents : tantôt
c'est une veuve, une garde-malade ou un serviteur infidèle
qui les détourne : tantôt c'est un débiteur en déconfiture ou
en faillite qui spolie ses créanciers. Les dispositions les plus
importantes de notre législation civile sont éludées, violées ;
avec les effets au porteur, les incapacités de disposer et de
recevoir sont vaines, et tout aussi vaines sont les lois qui
veulent l'égalité entre les enfants et qui fixent le disponible
et la réserve. Nous n'insistons pas sur ces dangers, ils tiennent à l'état social, dont le législateur doit tenir compte,
sauf à multiplier les moyens d'instruction et de moralisa-
tion. Les titres au porteur présentent d'autres dangers
pour les possesseurs eux-mêmes ; s'ils se transmettent facilement, il y a malheureusement une aussi grande facilité
de les voler, et ils se détruisent en un instant. Quels sont,
dans ces cas, les droits du possesseur ? quelle est la responsabilité de ceux qui négocient ces valeurs ?

598. Les principes que nous venons d'exposer sur la
possession des meubles s'appliquent aux titres au porteur.
Cela est d'évidence quant à l'action que le possesseur a
contre celui qui le dépouille de ces titres, le voleur et ses
complices, ou contre celui qui, les ayant trouvés, veut se
les approprier, ainsi que contre ceux à qui il les a confiés à
titre de mandat, de dépôt ou de nantissement. Le posses-

seur a une action personnelle naissant du délit ou de l'obligation contractée par celui qui en devient détenteur à charge de restitution. Il n'y a pas de différence, sous ce rapport, entre les titres au porteur et les autres objets mobiliers; on reste sous l'empire du droit commun.

Les titres volés, perdus ou détournés, par abus de confiance, par celui qui en avait la possession précaire restent rarement entre les mains du détenteur; il a hâte de les transmettre à d'autres personnes. Quelle sera la situation de l'ancien possesseur contre les tiers entre les mains desquels se trouveront les effets dont il a été dépouillé? Peut-il les revendiquer? Oui, c'est le droit commun, si l'objet a été volé ou perdu; et c'est de la perte et du vol que nous nous occupons. Les titres au porteur sont assimilés aux meubles corporels : c'est le titre qui constitue la créance, et rien n'empêche de revendiquer des titres. Il y aurait obstacle à la revendication si les titres n'étaient pas reconnaissables; en fait, cet empêchement n'existe point, puisque les actions et obligations portent des numéros qui les font facilement reconnaître (1). Il y a seulement une légère difficulté de procédure; celui qui revendique des actions doit en déterminer la valeur, puisque cette valeur monte et baisse journellement; il faut donc que la valeur en soit fixée pour que le tribunal sache s'il est compétent (2).

On applique les mêmes principes aux coupons détachés de l'action ou de l'obligation. Le tribunal de la Seine avait jugé le contraire en assimilant les coupons à la monnaie courante. En appel, la décision a été réformée; la cour dit très-bien que les coupons qui portent le même numéro que le titre sont par cela même reconnaissables; si leur transmission est exempte de toute formalité, il n'en est pas moins vrai qu'ils donnent lieu à une vente ou négociation en tout analogue à celle du titre; ils peuvent donc aussi être revendiqués en cas de perte ou de vol (3).

599. La revendication des titres volés ou perdus est

(1) Paris, 2 août 1856 (Dalloz, 1857, 2, 56).
(2) Paris, 8 avril 1859 (Dalloz, 1859, 2, 98).
(3) Paris, 23 décembre 1858 (Dalloz, 1859, 2. 111). Comparez De Folleville, p. 117, n°s 104-104 ter. En sens contraire, un jugement du tribunal de commerce de la Seine, du 30 octobre 1862 (Dalloz, 1863, 3, 29).

toujours admise contre le possesseur, mais celui-ci peut réclamer le remboursement du prix qu'il a payé s'il les a achetés dans les circonstances déterminées par l'article 2280; ce qui revient à dire s'il les a achetés à la Bourse par l'intermédiaire d'un agent de change. Il en résulte une conséquence très-importante pour ceux qui achètent des titres au porteur; ils peuvent les acheter de la main à la main, n'importe où ni comment; mais, dans ce cas, ils ne peuvent pas invoquer le bénéfice de l'article 2280; si ce sont des titres volés ou perdus, ils seront évincés par la revendication du propriétaire, sans autre recours que l'action, trop souvent illusoire, contre leur auteur; tandis que s'ils achètent à la Bourse, le propriétaire revendiquant devra leur rembourser le prix qu'ils ont payé.

On applique, du reste, à la revendication des titres au porteur ce que nous avons dit de la revendication en général : elle n'est admise qu'en cas de vol ou de perte; si le propriétaire est dépouillé des titres par un abus de confiance ou une escroquerie, il n'a pas d'action. Au point de vue légal, la décision est incontestable. La distinction est-elle aussi fondée en raison, et ne sacrifie-t-on pas trop légèrement les droits du propriétaire qui est victime d'un délit? C'est une question à l'adresse du législateur.

600. Les propriétaires des titres au porteur peuvent ne pas avoir d'action contre les possesseurs, ou leur action peut être subordonnée à une condition rigoureuse, celle du remboursement du prix payé par le possesseur évincé. On demande si le propriétaire a une autre action, généralement plus efficace, contre ceux qui ont servi d'intermédiaires pour la transmission des titres, c'est-à-dire contre les agents de change ou les changeurs? D'après la législation française, les agents de change sont des officiers publics investis d'un monopole, et semblables, sous ce rapport, aux notaires. En Belgique, la profession d'agent de change est libre (1), de même que celle de changeur. La loi du 30 décembre 1867 impose aux agents de change certaines obligations relatives aux opérations qui se font

---

(1) Loi du 30 décembre 1867, art. 64.

par leur intermédiaire, et elle les déclare responsables dans les cas qu'elle détermine. Mais cette responsabilité ne concerne que les rapports des parties contractantes. Le propriétaire reste étranger à ces conventions ; il ne saurait donc être question, à son égard, d'une responsabilité conventionnelle ; il ne peut invoquer que le principe général des articles 1382 et 1383, aux termes desquels « *tout fait quelconque de l'homme* qui cause à autrui un dommage oblige celui par la faute duquel il est arrivé à le réparer ; et *chacun* est responsable du dommage qu'il a causé non-seulement par son fait, mais encore par sa négligence et son imprudence ». C'est la responsabilité qui naît des délits et des quasi-délits ; nous avons exposé, au titre des *Engagements non conventionnels*, les principes qui régissent cette difficile matière.

601. On a soutenu, en France, et il a été jugé que les agents de change sont responsables, en ce sens qu'ils doivent garantir l'identité ou l'individualité de ceux qui leur présentent des titres au porteur pour en opérer la vente. Cette opinion se fonde sur l'arrêté du 27 prairial an X : l'article 14 déclare les agents de change civilement responsables de la vérité de la dernière signature des effets qu'ils négocieront. La loi belge de 1867 contient la même disposition. Il suffit de la lire pour se convaincre qu'elle ne concerne que les titres nominatifs ; il est impossible d'étendre la responsabilité aux titres au porteur, puisque, par leur nature même, ces titres ne comportent pas l'application de l'obligation à raison de laquelle les agents de change sont responsables. La cour de cassation l'a jugé ainsi, et cela nous paraît évident (1). Il faut ajouter que la responsabilité édictée par l'arrêté de thermidor et par la loi de 1867 est établie dans l'intérêt des parties contractantes, et que, par suite, le propriétaire ne peut pas l'invoquer (n° 600).

Les agents de change ne sont donc responsables qu'en vertu du droit commun des articles 1382 et 1383. Il faut qu'il y ait une faute à leur imputer et que cette faute ait

---

(1) Cassation, 21 novembre 1848 (Dalloz, 1848, 1, 239). Comparez De Folleville, p. 204, n°s 254 et 254 *bis*.

causé un préjudice au propriétaire des titres. Quand y a-t-il faute? C'est une question de fait. La cour de cassation a cassé un arrêt de la cour de Paris qui avait déclaré un agent de change responsable en invoquant les circonstances de la cause, comme constituant, de sa part, une négligence ou une imprudence grave; mais, en réalité, ces circonstances se réduisaient à ce que l'arrêt attaqué considérait comme une infraction aux devoirs de l'agent de change, c'est-à-dire le défaut d'indication des nom et domicile du vendeur. C'était décider qu'il y avait faute par l'inobservation d'une obligation que la loi n'impose pas aux agents de change; la prétendue obligation légale n'est qu'un devoir de prudence; l'agent de change ne peut donc être déclaré responsable de ce chef, que si le juge du fait constate qu'il y a eu imprudence ou négligence dans le sens de l'article 1383.

Un arrêt du même jour a appliqué ce principe au même agent de change, dans une autre affaire. En mai et juin 1846, un agent de change de Paris reçut dix certificats de rente de Naples au porteur d'un individu qu'il ne connaissait pas, prenant le titre et le nom de comte Lévy et se disant résidant à Aix-les-Bains. avec ordre de les vendre et d'en envoyer le produit par lettre adressée poste restante à Aix-les-Bains. L'agent exécuta immédiatement cet ordre, et envoya 22,452 francs à l'adresse indiquée. Il fut établi que ces rentes avaient été envoyées de Gênes pour compte social à des négociants de Paris; la lettre avait été détournée; l'agent de change reconnut que le nom de comte Lévy était un nom imaginaire pris par un fripon qui avait surpris sa bonne foi. Etait-il responsable? Le tribunal de commerce jugea très-bien que l'arrêté du 27 prairial an x était inapplicable aux titres au porteur; que la question devait, par conséquent, être décidée d'après le droit commun; mais il invoque à tort les règles du mandat, l'agent de change n'étant pas le mandataire du propriétaire; le siége du débat était dans les articles 1382 et 1383. Restait à prouver la faute de l'agent de change; elle était palpable. Dès les premiers jours d'avril, les propriétaires des valeurs avaient fait placarder à la Bourse, dans le tableau à ce destiné, une affiche énonçant les numéros des titres égarés, et ils avaient fait remettre de semblables affiches aux domiciles des agents de change et des banquiers, ainsi qu'au syndicat de la compagnie. Les circonstances de la cause devaient éveiller les soupçons de l'agent de change et l'engager, par conséquent, à consulter le tableau et les affiches. Des valeurs considérables lui étaient envoyées par un individu qui lui était complétement inconnu, et qui se disait résidant en pays étranger; au lieu d'indiquer un correspondant ou un banquier de Paris pour en recevoir le produit, il l'invitait à lui en envoyer le montant poste restante. L'agent de change aurait donc dû prendre des informations et consulter les affiches apposées à la Bourse; en vendant sans information aucune, il avait causé au propriétaire un dommage dont il lui devait réparation; le tribunal et la cour le condamnèrent à payer le montant des titres vendus. Sur le pourvoi, il intervint un arrêt de rejet de la chambre civile. Le demandeur objectait qu'il avait observé les règles de sa profession. Cela ne suffit pas, dit la cour. L'agent de change doit de plus agir avec prudence et prendre les précautions qui lui sont indiquées par les circonstances particulières dans lesquelles se présentent les opérations dont il est chargé. L'omission de ces précautions peut constituer une faute que le juge a le pouvoir d'apprécier d'après le droit commun. La cour rappelle ensuite les faits constatés par l'arrêt attaqué, et décide qu'il a fait une juste application des articles 1382 et 1383 (1).

602. La question de savoir s'il y a faute est abandonnée à l'appréciation des juges du fait, et comme les circonstances varient d'une cause à l'autre, les décisions ne peuvent guère servir de précédents. Nous rapporterons quelques exemples à raison de l'importance de la matière et de sa nouveauté. Quatre obligations du Crédit foncier ayant été soustraites, le propriétaire forma opposition à la négociation de ces titres, tant à l'administration du Crédit foncier qu'au syndicat des agents de change, avec indication

---

(1) Paris, 23 février 1846 (Dalloz, 1846, 2, 218), et Rejet, chambre civile, 21 novembre 1848 (Dalloz, 1848, 1, 240).

des numéros des titres volés. Néanmoins ils furent vendus
à la Bourse par un porteur de bonne foi. Le propriétaire,
ne pouvant les revendiquer qu'à charge de rembourser le
prix, forma une action en dommages-intérêts contre l'agent
de change. Y avait-il faute? Le tribunal de la Seine déclara l'agent de change responsable, en se fondant sur
l'opposition dont celui-ci n'avait tenu aucun compte. Pourvoi en cassation et arrêt de rejet. La chambre des requêtes
décida que, l'agent de change ayant privé le propriétaire
de la faculté de rentrer en possession des obligations volées, sa responsabilité se trouvait engagée à raison des
circonstances de la cause, que le jugement attaqué avait
appréciées souverainement et d'ailleurs justement et que,
loin d'avoir violé les articles 1382 et 1383, il en avait fait
une exacte application (1).

Dans une autre affaire, la cour de Paris a jugé en sens
contraire. Elle reconnaît qu'il y a négligence de la part de
l'agent de change quand il ne consulte pas le registre du
syndicat où sont mentionnées les oppositions des propriétaires des titres égarés ou volés; mais, dit la cour, il est
impossible de voir là une faute telle qu'elle entraîne à elle
seule la responsabilité, pour la valeur de l'action, à l'égard
du propriétaire; les juges doivent se décider d'après l'ensemble des circonstances. Or, dans l'espèce, l'agent de
change avait reçu les deux actions d'un banquier avec
lequel il avait des rapports habituels; par leur valeur mi-
nime, ces actions n'appelaient pas son attention spéciale;
et, par une circonstance fortuite, elles ne lui avaient pas
été signalées par les circulaires ordinaires du syndicat. La
cour conclut qu'il résultait de l'ensemble de ces faits que
l'agent de change n'était pas responsable. La cour ajoute
que, dans l'espèce, le propriétaire qui avait égaré ses titres
était lui-même coupable de négligence; si néanmoins la loi
lui permet d'agir contre l'auteur du fait dommageable, il
faut au moins que l'imprudence de celui-ci ait été plus
grande encore; ce qui n'existait pas dans la cause (2). Cette

(1) Rejet, 10 juillet 1860 (Dalloz. 1860, 1. 463).
(2) Paris, 8 avril 1859 (Dalloz, 1859, 2, 98).

dernière difficulté soulève une question de droit que nous avons examinée au titre qui traite des délits et quasi-délits (t. XX, n°s 485-492).

603. Les agents de change ont résisté à la responsabilité ruineuse que la loi et la jurisprudence leur imposent. A Paris, le syndicat a cessé de tenir un registre où les oppositions sont mentionnées; et quand des oppositions lui sont signifiées, il répond par des contre-significations, en protestant qu'il ne se charge pas de transmettre les oppositions, ni les déclarations de perte ou de vol qui lui sont remises (1). Restent les significations individuelles; c'est le moyen le plus énergique et le plus sûr d'avertir les agents de change et d'établir leur faute s'ils vendent les titres sans tenir compte de l'opposition qui leur a été notifiée. Les agents de change ont encore essayé de résister. Il est impossible, disaient-ils, à l'agent de change, même averti par le propriétaire de la perte ou du vol d'une action, d'en surveiller la transmission au milieu du mouvement d'actions et d'obligations qui se fait incessamment dans ses bureaux; les transmissions sont trop nombreuses pour que la surveillance ne soit pas trompée; et, d'autre part, la durée de cette surveillance serait indéfinie et obligerait l'agent de change jusqu'au terme de la prescription trentenaire; ce qui rendrait son ministère impraticable. La cour de Paris a répondu à ces mauvaises raisons par un excellent arrêt. Ce sont les agents de change eux-mêmes, dit-elle, qui ont indiqué la signification individuelle de la perte ou du vol comme le moyen unique de leur imposer l'obligation de surveillance sur les ventes qu'ils opèrent; si ce moyen devait être écarté comme impossible, le propriétaire dépouillé serait sans action; les valeurs perdues ou volées se vendraient sans obstacle, et la propriété mobilière, dont l'importance est si considérable, serait sans garantie, puisque ceux qui sont chargés de la vente des titres deviendraient les agents irresponsables de leur transmission frauduleuse. La cour dit qu'il n'en saurait être ainsi. Les agents de change ne sont pas admissibles à se préva-

(1) De Folleville, *De la possession des meubles*, p. 210, n° 157.

loir de ce qu'ils font beaucoup de ventes, pour être dispensés de les surveiller; si leurs obligations s'étendent, par contre leurs bénéfices suivent la même proportion; il est contraire à tout principe que les agents de change puissent s'appuyer sur l'accroissement de leurs profits pour restreindre leur responsabilité. Il y avait de l'exagération dans les objections des agents de change. Ils ont une garantie dans la situation personnelle du client pour lequel ils agissent; lorsque le client est honorable et solvable, il est à peu près certain que les titres ne sont pas des valeurs perdues ou volées; et, dans l'hypothèse contraire, le propriétaire, ayant une action utile contre l'acheteur, n'agirait pas contre l'agent qui a servi d'intermédiaire; que si le client est inconnu et ne présente pas de garanties suffisantes, c'est un devoir pour l'agent de change de prendre des informations. Il n'est pas exact de dire que la surveillance des agents de change est indéfinie; l'action en revendication ne durant que trois années, le dommage résultant de la vente s'arrête à la même limite, et l'obligation de l'agent de change s'éteint par la même raison (1).

La cour de cassation a donné la sanction de son autorité à cette jurisprudence. Un agent de change avait vendu, à la Bourse de Paris, des titres au porteur, sans tenir compte de l'opposition formée entre ses mains. C'est, dit la cour, manquer aux règles de la prudence la plus ordinaire; or, il y a fait dommageable et responsabilité pour la faute la plus légère; à plus forte raison quand la faute est lourde (2).

604. Ce que nous avons dit des agents de change s'applique aux changeurs. Nous citerons comme exemple une décision de la cour de cassation qui donne lieu à quelque doute. La cour a décidé, en principe, que le changeur qui achète des titres au porteur sans exiger du vendeur la justification de son droit de propriété n'est pas responsable, par ce seul fait, parce que, en l'absence de toute circonstance de nature à éveiller le soupçon, ce fait ne pré-

(1) Paris, 25 janvier 1868 (Sirey, 1868, 2, 42).
(2) Rejet, chambre civile, 2 arrêts du 5 mai 1874 (Dalloz, 1874. 1, 291, 292).

sente pas le caractère de la faute prévue par les articles 1382 et 1383. Il est très-difficile de décider en droit si une négligence constitue la faute dite aquilienne; tout ce que l'on peut dire, c'est que la moindre négligence suffit. La cour veut qu'il y ait, de plus, des circonstances de nature à éveiller les soupçons (1). Cela est très-équitable; mais n'est-ce pas transformer la faute très-légère de l'article 1382 en faute lourde? Nous n'entrons pas dans la discussion des faits de la cause; c'est la décision que la cour porte en droit qui nous paraît contestable. Ce que la cour de renvoi dit à l'appui de cette décision confirme nos scrupules. « Sans doute, dit-elle, si le changeur se fût personnellement assuré de l'individualité du vendeur (un clerc de notaire); s'il lui eût demandé la preuve de sa propriété; si, au lieu de lui remettre directement, et sans se déplacer, le prix de sa négociation, il l'eût porté au domicile de son vendeur (le notaire), il n'aurait manqué à aucune des précautions possibles dans une affaire pareille. » Il faut ajouter que ces précautions auraient conduit à la preuve du détournement dont le clerc de notaire s'était rendu coupable, et auraient empêché, par conséquent, la consommation du vol ou de l'abus de confiance. Pourquoi donc la cour s'est-elle décidée en faveur du changeur? C'est parce que cette extrême prudence n'est pas strictement obligatoire pour le changeur (2). Cela est plus que douteux; car si la faute aquilienne existe dès qu'il y a la moindre imprudence, on en doit conclure que le devoir du changeur, comme celui de tout homme, est d'apporter la plus grande prudence dans ses actions afin d'éviter les faits dommageables.

Nº 2. DROITS DU PROPRIÉTAIRE A L'ÉGARD DE L'ÉTAT ET DES COMPAGNIES.

605. Celui qui perd un titre au porteur ou auquel il est volé est-il déchu de son droit contre l'État ou la compagnie qui sont débiteurs, soit des dividendes, soit du capital? La négative est certaine; le titre au porteur ne con-

(1) Cassation, 9 janvier 1872 (Dalloz, 1872, 1, 161).
(2) Rouen, 12 mars 1873 (Dalloz, 1873, 2, 188).

stitue pas la créance, mais la preuve de la créance; et il
est élémentaire que le droit est indépendant de la preuve
qui est seulement destinée à le constater. Mais quand il
s'agit d'un titre au porteur, il se présente une difficulté
spéciale. Le titre est perdu ou volé; si le porteur se présente, l'Etat ou la compagnie sont obligés de payer l'intérêt, le dividende ou le capital; car le porteur du titre est
en possession de la créance, et a, par conséquent, le droit
d'exiger le payement (art. 1240). Il résulte de là un conflit de droits; l'ancien propriétaire conserve la propriété, le
voleur ou l'inventeur ont un droit comme possesseurs jusqu'à ce que le propriétaire les ait évincés; et s'ils vendent
le titre, l'acheteur a, à plus forte raison, le droit de réclamer le dividende et, s'il y a lieu, le capital. Dans ce conflit, que feront l'Etat ou les compagnies?

Les compagnies commencèrent par soutenir qu'elles ne
pouvaient être contraintes ni à servir les intérêts et les dividendes, ni à payer le capital, ni à délivrer des duplicatas
des titres volés ou perdus. Ces prétentions furent accueillies par un arrêt de la cour de Paris, confirmé par un arrêt
de rejet (1). Nous ne devons pas à la personne, disaient les
compagnies, nous ne devons qu'au titre; donc nous ne pouvons reconnaître comme créancier ni comme associé celui
qui n'a pas de titre, c'est le possesseur du titre qui sera
notre créancier ou notre associé; donc l'ancien possesseur
cesse de l'être. Vainement celui-ci vient-il nous dire qu'en
perdant son titre il n'a pas perdu son droit; il l'a perdu
contre nous, en ce sens que nous ne pouvons être débiteurs
envers deux créanciers: il n'y a qu'un créancier; tant que
le propriétaire primitif n'a pas fait reconnaître son droit
contre le possesseur en revendiquant son titre, il ne peut
agir contre nous. C'est le droit strict, mais c'est sous cette
loi que nous nous sommes constituées, et les actionnaires
ou obligataires ont accepté cette loi.

Cette doctrine n'a pas prévalu. On a répondu que l'argument, *nous devons au titre et non à la personne*, n'est

_____

(1) Paris, 23 juillet 1836, et Rejet. 5 décembre 1837 (Sirey, 1837, 2. 103,
et 1838, 1, 329).

qu'un jeu de mots vide de sens ainsi que de bonne foi. On ne saurait concevoir de dette sans créancier, et le créancier n'est pas un chiffon de papier, c'est une personne. L'écrit n'est qu'un moyen de preuve; jamais il n'exista de loi assez barbare pour disposer que la perte matérielle de l'écrit est une cause d'extinction de la créance (1). La réponse est vive, mais non péremptoire. En effet, les compagnies ne prétendent pas que l'ancien possesseur est déchu de son droit, elles disent qu'elles sont tenues de payer au porteur; or, le propriétaire primitif n'est plus le porteur; donc elles cessent d'être obligées à son égard, leur obligation est transportée au tiers possesseur du titre. Peu importe que ce tiers porteur soit possesseur illégitime, les compagnies n'en savent rien, et ce n'est pas leur affaire.

Quant au contrat invoqué par les compagnies, on répond que la clause qui entraine la déchéance du droit, en cas de perte du titre, n'est écrite dans aucun contrat, et elle y serait écrite qu'elle serait contraire à la loi et à la morale : contraire à la morale, parce que les compagnies s'enrichiraient aux dépens de leur associé, et contraire à la loi, parce qu'elle créerait un mode d'extinction des obligations que la loi ignore ; et elle violerait l'article 717, d'après lequel les biens sans maître appartiennent à l'Etat. Il nous semble que la réponse altère l'objection. Les compagnies n'ont pas à sauvegarder les droits de l'ancien possesseur, elles sont obligées envers le porteur du titre ; si le propriétaire primitif n'a plus de titre, il n'a plus d'action contre la compagnie. Ainsi la prétention des compagnies n'est pas aussi effrontée qu'on le dit ; elles n'écrivent pas dans leurs statuts que la perte du titre entraîne la déchéance du droit, elles voient le droit là où est la possession du titre.

666. En définitive, il y a lacune dans la loi. Ce qui le prouve, c'est qu'en France on a été obligé d'en faire une. Comme en Belgique il n'y en a pas encore (2), nous devons constater quel était le dernier état de la jurisprudence

---

(1) Bonjean, Rapport au sénat (De Folleville, p. 295).
(2) Un projet de loi sur la matiere a été présenté à la chambre.

française avant la publication de la loi nouvelle. La jurisprudence a varié, et elle peut varier encore; ce qui est inévitable quand elle fait la loi, et, dans l'espèce, elle est forcée
de la faire, comme nous allons le dire. En effet, il s'agit
de concilier l'intérêt des compagnies avec celui du propriétaire des titres; or, cette mission est celle du législateur;
le juge déclare les droits, il n'a pas le pouvoir de régler
les intérêts. Un titre est volé; l'ancien possesseur prouve
le vol, il prouve qu'il était propriétaire : cette preuve suffit-
elle pour que la société soit tenue de lui payer les dividendes? Non, car si le porteur du titre se présentait, c'est
à lui qu'elle devrait les payer. Que fait-on? On dit que tout
ce que la compagnie peut exiger, c'est qu'elle ne soit pas
exposée à payer deux fois. Cela est vrai en équité et en
législation; la question de droit est tout autre; elle consiste à savoir qui est créancier, qui est débiteur. Dans la
pratique, on décide que, sur la justification que le propriétaire fait de son droit et des faits de vol, de perte ou de
destruction, la compagnie *est tenue* de déposer à la caisse
des dépôts et consignations, au fur et à mesure des échéan-
ces, les intérêts et dividendes. *Est tenue :* si l'on demandait : En vertu de quelle loi ou de quelle convention? Et
peut-il y avoir un lien de droit sans obligation soit conventionnelle, soit légale? On admet que le propriétaire
peut toucher les intérêts cinq ans après l'échéance de
chaque terme; après ce délai, la compagnie a le droit d'opposer la prescription au porteur du titre (art. 2277); elle
n'est donc plus exposée à payer une seconde fois; si le
porteur reparaissait, il ne pourrait pas se plaindre, puisqu'il ne peut pas réclamer des intérêts prescrits. Cela concilie tous les droits, dit-on. Non; car si l'ancien propriétaire conserve son droit, il devrait profiter des dividendes
au fur et à mesure de leur échéance; dans le système de
la jurisprudence, il reste cinq années sans rien toucher; et
de quoi vivra-t-il s'il a compté sur ce revenu? Est-ce le tiers
possesseur qui est le propriétaire, son droit est méconnu,
car la compagnie, malgré la prescription, pouvait lui payer
les dividendes échus; elle les a payés, dans cette hypothèse, à celui qui n'y avait aucun droit. Peut-on, dans l'in-

certitude où l'on est sur le vrai propriétaire, obliger la compagnie à payer?

Quant au capital, s'il devient exigible, on admet que la compagnie est aussi obligée de le déposer à la caisse des consignations; mais ce n'est qu'après trente ans que l'ancien possesseur pourra le réclamer. Le propriétaire primitif est singulièrement lésé par cet arrangement, puisqu'il reste trente ans sans pouvoir réclamer ce qui lui appartient.

Il y a encore une difficulté. Le propriétaire ne peut exiger le capital que lorsque la société est dissoute, ou lorsque le capital se rembourse par voie de tirage au sort. Tant que le capital n'est pas exigible, le propriétaire n'a droit qu'à un dividende : pourra-t-il, après trente ans, réclamer un nouveau titre sous forme de duplicata, et demander, en vertu de ce titre, le payement régulier des dividendes? La cour de Paris s'est prononcée pour la négative, par la raison que le détenteur du titre ne perd pas son droit, bien qu'il reste trente ans sans agir. En effet, quel est son droit? Il n'a de droit qu'aux dividendes; il le perd par la prescription de cinq ans, mais il conserve sa créance quant au capital; on ne peut lui opposer de prescription extinctive, puisque son droit n'est pas ouvert (art. 2257), ni de prescription-acquisitive, puisque lui seul possède la créance (1).

607. Si la pratique ne sauvegarde pas les droits du propriétaire quant au dividende, elle les sauvegarde moins encore quant au capital. Le propriétaire reste pendant trente années avec une propriété incertaine, incessamment résoluble, dès qu'un tiers porteur se montre, ayant acquis la propriété. Pendant trente ans il n'aura pas la disposition de son capital; et, après trente ans, il se peut que la compagnie, prospère lors de la perte des titres, soit devenue insolvable en tout ou en partie! Dans son rapport au sénat, Bonjean insistait sur la nécessité d'une loi nouvelle, et il en indiquait les bases. Cette loi a été portée sous le régime républicain, en date des 15 juin-5 juil-

_____

(1) Paris, 13 mai 1865 (Dalloz, 1866, 2, 145).

let 1872 (1); en voici les dispositions essentielles. Le propriétaire de titres au porteur, qui en est dépossédé par quelque événement que ce soit, doit faire notifier à l'établissement débiteur un acte indiquant le nombre, la nature, la valeur nominale, le numéro et, s'il y a lieu, la série des titres. Cette notification emportera opposition au payement, tant du capital que des intérêts ou dividendes échus ou à échoir. Lorsqu'il s'est écoulé une année depuis l'opposition, sans qu'elle ait été contredite et que deux termes d'intérêts ou de dividendes auront été mis en distribution, l'opposant pourra se pourvoir auprès du président du tribunal afin d'obtenir l'autorisation de toucher les intérêts ou dividendes échus ou à échoir, et même le capital dans le cas où il deviendrait exigible. Si le président accorde l'autorisation, l'opposant devra fournir caution ; mais celle-ci est déchargée de plein droit deux ans après l'autorisation, si l'opposition n'a pas été contredite. L'opposant peut aussi obtenir l'autorisation de toucher le capital moyennant caution; celle-ci est déchargée après dix ans. A défaut de caution, l'opposant peut exiger le dépôt, à la caisse des consignations, des intérêts et dividendes, qu'il pourra retirer après deux ans écoulés, sans que l'opposition ait été contredite. Il en est de même du capital; le déposant pourra le retirer lorsqu'il s'est écoulé dix ans depuis l'exigibilité, et cinq ans au moins depuis l'autorisation sans contradiction. Les payements faits par l'établissement débiteur, suivant ces règles, le libèrent à l'égard de tout tiers porteur qui se présenterait ultérieurement; celui-ci conserve seulement une action personnelle contre l'opposant qui aurait formé son opposition sans cause. Lorsqu'il se sera écoulé dix ans sur l'autorisation obtenue par l'opposant, et que pendant le même temps l'opposition aura été publiée sans que personne se soit présenté pour recevoir les intérêts et dividendes, l'opposant pourra exiger de l'établissement débiteur qu'il lui soit remis un titre semblable et subrogé au premier; ce titre, délivré sous

---

(1) Dalloz, 1872, 4, 112, avec le rapport fait au nom de la commission, par Grivard.

forme de duplicata, conférera les mêmes droits que le titre primitif et sera négociable dans les mêmes conditions. Dans ce cas, le titre primitif sera frappé de déchéance, et le tiers porteur n'aura qu'une action personnelle contre l'opposant, au cas où l'opposition aurait été faite sans droit. La loi contient encore des dispositions sur la publicité qui doit être donnée à l'opposition et sur la responsabilité des agents de change.

DISPOSITION TRANSITOIRE DE L'ARTICLE 2281.

608. L'article 2281 est ainsi conçu : « Les prescriptions commencées à l'époque de la publication du présent titre seront réglées conformément aux lois anciennes. » Bigot-Préameneu rattache cette disposition au principe de la non-rétroactivité des lois. C'est une erreur; nous renvoyons à ce qui a été dit sur l'article 2 (t. I, n°s 232-234). Les auteurs du code ont eux-mêmes fait rétroagir la loi nouvelle en matière de prescription des servitudes, et le deuxième paragraphe de l'article 2281 consacre également la rétroactivité. Toutefois, sauf ces dispositions spéciales, il faut interpréter la règle établie par l'article 2281, § 1er, d'après le principe de la non-rétroactivité (1). L'orateur du gouvernement le formule comme suit : « Si la prescription qui serait acquise par le droit nouveau ne l'est pas par l'ancien, soit à raison du temps, soit à raison de la bonne foi, il faudra se conformer à l'ancienne loi, comme si la loi nouvelle n'existait pas. » Ce que l'Exposé des motifs dit du temps et de la bonne foi s'applique à toutes les règles de la prescription; une fois le principe de la non-rétroactivité admis, il faut l'appliquer dans toutes ses conséquences (2). Nous allons déduire les conséquences; comme elles ne sont guère dans le cas de se produire dans la pratique, après quatre-vingts ans écoulés depuis la publication du code civil, nous croyons inutile de nous arrêter à des controverses qui ne touchent pas à des principes.

---

(1) Rejet, 26 juin 1827 (Dalloz, au mot *Lois*, n° 380).
(2) Cassation, 1er août 1810 (Dalloz, au mot *Priviléges et Hypothèques*, n° 2517, 1°).

609. L'article 2281 s'applique-t-il à la prescription extinctive, comme à la prescription acquisitive? L'affirmative, jugée par deux arrêts de cassation, n'est pas douteuse; la loi est conçue en termes généraux, et il n'y a aucune raison de distinguer, si l'on admet le principe de la non-rétroactivité (1).

610. L'article 2281 s'applique aussi au temps requis pour la prescription (2). Toutefois il s'est présenté un léger doute qui a égaré plusieurs tribunaux. Dans l'ancien droit, les fermages se prescrivaient ici par trente ans, là par vingt et un ans; d'après l'article 2277, ils se prescrivent par cinq ans. On suppose des fermages échus lors de la publication du code; cinq années s'écoulent depuis cette publication : le débiteur pourra-t il invoquer la prescription? L'affirmative a été jugée, par le motif que le délai de cinq ans exigé par le code civil s'était accompli sous l'empire de ce code. C'était très-mal raisonner. Il faut voir si la prescription a commencé sous l'ancien droit; dès lors ce n'est pas le code civil qui est applicable, il faut appliquer les lois anciennes, ainsi que le dit Bigot-Préameneu, comme si les nouvelles lois n'existaient point. C'est la jurisprudence de la cour de cassation (3).

Plusieurs de nos anciennes coutumes n'admettaient que la prescription trentenaire pour l'acquisition des immeubles. Si cette prescription avait commencé sous l'ancien droit, elle ne peut s'accomplir, sous le code civil, que par trente ans. Vainement dirait-on que les possesseurs ont accompli l'usucapion de dix ans sous l'empire du code civil, en supposant qu'ils aient titre et bonne foi; l'article 2281 ne leur permet pas d'invoquer la loi nouvelle dès que la prescription a commencé sous l'ancienne loi; il faut considérer, dans ce cas, le code civil comme n'existant point. La jurisprudence est en ce sens (4).

(1) Merlin, *Répertoire*, au mot *Prescription*, sect I, § III, nos IX et X (t. XXIV, p. 96).
(2) Bruxelles, 5 avril 1819 (*Pasicrisie*, 1819, p. 351), et 27 juillet 1832 (*Pasicrisie*, 1832, p. 250).
(3) Merlin, *Répertoire*, au mot *Prescription*, sect. I, § III, n° X (t. XXIV, p. 96); Dalloz. au mot *Prescription*, nos 1128 et 1129.
(4) Bruxelles, 5 avril 1819 et 29 mars 1828 (*Pasicrisie*, 1819, p. 351, et 1828, p. 131)

Le même principe reçoit son application dans le cas où la durée de la prescription est plus longue en vertu du code civil; la prescription commencée sous l'ancien droit s'accomplira par la prescription plus courte. Telle est la prescription des servitudes, pour laquelle le code exige trente ans; tandis que, dans les pays de droit écrit, elles se prescrivaient par dix ans entre présents, et par vingt ans entre absents (1).

611. Le principe établi par l'article 2281 étant général (n° 608), il faut l'appliquer aux causes qui suspendent ou interrompent la prescription. Dans l'ancien droit, il y avait des coutumes qui n'admettaient pas la suspension au profit des mineurs; il en résulte que la prescription ne sera pas suspendue sous l'empire du code civil, quand même le mineur n'aurait succédé au majeur que depuis la publication du code. En effet, dès que la prescription a commencé avant le code, on ne doit tenir aucun compte de la loi nouvelle, pas plus que si elle n'existait point (2).

612. L'article 2281 suppose que la prescription continue à courir sous l'empire du code civil. Que faut-il décider si un droit, prescriptible d'après la loi ancienne, est déclaré imprescriptible par la loi nouvelle? C'est la loi nouvelle, dans ce cas, qui l'emporte. L'article 2281 doit être écarté, puisqu'il ne prévoit pas la question; il faut donc appliquer le droit commun. Or, les prescriptions commencées ne confèrent aucun droit; l'acquisition par prescription ne se fait que lorsque la prescription est accomplie, et elle ne peut pas s'accomplir quand le droit est déclaré imprescriptible. Le code applique ce principe aux servitudes discontinues ou non apparentes; elles ne peuvent plus s'acquérir par la prescription même immémoriale; l'article 691 ne fait d'exception que dans le cas où la servitude était déjà acquise lors de la publication du code; elles ne peuvent plus s'acquérir sous la loi nouvelle. Cela est de doctrine et de jurisprudence (3). La cour de

---

(1) Aubry et Rau, t. II, p. 367, § 315 *bis.*
(2) Troplong, n° 1085. Dalloz, au mot *Prescription,* n° 1122. Rejet, cour de cassation de Belgique, 2 juillet 1841 (*Pasicrisie,* 1841, 1, 220), et Bruxelles, 10 août 1844 (*Pasicrisie,* 1846, 2, 99).
(3) Voyez les autorités dans Aubry et Rau, t. II, p. 369, note 14, § 215 *bis.*

cassation a appliqué le principe aux droits d'usage qui, d'après le code forestier de 1827, ne peuvent plus s'acquérir par la prescription dans les forêts de l'Etat (1).

613. Pour que l'article 2281 soit applicable, il faut que la prescription ait commencé lors de la publication du titre de la *Prescription,* c'est-à-dire au 29 mars 1804. Quand peut-on dire qu'une prescription était commencée? Il n'y a aucun doute quand la prescription a couru sous l'ancien droit. Mais que faut-il décider si une cause de suspension l'empêchait de courir et que cette cause se soit prolongée sous la loi nouvelle? Telle serait la minorité du débiteur ou du possesseur. La jurisprudence décide que la prescription a commencé (2), ce qui est très-logique; car comment veut-on qu'une prescription soit suspendue quand il n'y a pas de prescription? Troplong dit qu'il lui paraît mille fois évident que la prescription n'avait point cessé de sommeiller; nous demanderons si l'homme qui sommeille n'existe pas. Il en est de même des droits qui sommeillent. La prescription, comme le dit la cour de Grenoble, existe dès le moment du contrat, parce que dès ce moment l'action est ouverte au créancier. Qu'importe que la prescription ne coure point contre le mineur? Elle n'en existe pas moins (3). La minorité, dit la cour de cassation, suspend le cours, mais non la naissance de la prescription; celle-ci existe du jour où le droit prescriptible s'est ouvert, et, par suite, elle est régie par l'ancienne loi en vertu de l'article 2281 (4).

614. Le deuxième alinéa de l'article 2281 apporte une modification au principe établi par le premier paragraphe; il est ainsi conçu : « Néanmoins les prescriptions alors commencées et pour lesquelles il faudrait encore, suivant les anciennes lois, plus de trente ans, à compter de la même époque, seront accomplies par ce laps de trente ans. » Quel est le motif de cette dérogation? Il est très-

_____

(1) Rejet, 25 janvier 1858 (Dalloz, 1858, 1, 109).
(2) Voyez les autorités dans Aubry et Rau, t. II, p. 368, note 8. Il y a des arrêts contraires (Dalloz, au mot *Prescription*, nos 1126 et 1127).
(3) Grenoble, 6 décembre 1842 (Dalloz, au mot *Prescription*, no 702).
(4) Cassation, chambres réunies, 18 juillet 1853 (Dalloz, 1853, 1, 290).

facile de la justifier au point de vue des vrais principes, puisque c'est un retour à ces principes. Mais, dans la théorie du code, une prescription commencée forme un droit acquis ; il fallait donc expliquer pourquoi la prescription, quoique commencée lors de la publication du code civil, est régie par la loi nouvelle. L'orateur du gouvernement donne une raison d'équité. D'après le code Napoléon. la prescription la plus longue est de trente ans ; après ce laps de temps, les droits de tous les débiteurs sont prescrits, ainsi que les droits de tous les propriétaires, si le possesseur a possédé pendant ce temps. Pourquoi la position de celui contre lequel la prescription a commencé à courir avant la loi nouvelle serait-elle plus favorable que la position de tous ceux contre lesquels la prescription trentenaire va commencer à courir ? La justification, si l'on admet le principe de la non-rétroactivité, est assez mauvaise, et elle témoigne contre la théorie du code. Il est inutile d'insister sur ce point, puisque aujourd'hui tout le monde est d'accord.

Faut-il conclure de là que toutes les longues prescriptions de l'ancien droit ont été réduites à trente ans ? Une prescription de quarante ans a couru sous l'ancienne loi pendant cinq ans ; il reste trente-cinq ans à courir sous l'empire de la loi nouvelle ; les trente-cinq ans sont réduits à trente. Mais doit-on comprendre dans ces trente ans les cinq années qui ont couru sous l'ancienne loi ? Non ; l'article 2281 suppose que la prescription a commencé à courir, et que, d'après l'ancienne loi, il faudrait encore plus de trente ans pour l'achever ; dans ce cas, il suffira qu'elle coure pendant trente ans ; il faut donc que trente ans courent depuis la publication du code. C'est le sens littéral de la loi, et c'est aussi l'interprétation que l'orateur du gouvernement en a donnée. On suppose une prescription de quarante ans ; douze années ont couru avant le code, il reste vingt-huit ans à courir ; ces vingt-huit ans devront être accomplis. L'article 2281 ne prévoit pas ce cas ; donc on rentre dans la première disposition de l'article, c'est-à-dire que l'on applique l'ancienne loi ; la prescription de quarante ans s'accomplira ; elle n'a rien de contraire à la prescription la plus longue du code, celle de trente ans, puisque vingt-huit ans seulement s'écoulent sous l'empire de la loi nouvelle (1).

615. La deuxième disposition de l'article 2281 déroge à la première en ce qui concerne le temps requis pour la prescription, en réduisant les longues prescriptions à trente ans écoulés sous l'empire du code; elle ne parle pas des autres conditions requises par l'ancien droit; ces conditions sont donc maintenues en vertu de la règle établie par le premier paragraphe; le code civil n'est applicable que pour ce qui concerne le délai de la prescription. Il a été jugé en ce sens que la bonne foi continue exigée par les coutumes de Flandre pour la prescription acquisitive, conformément au droit canon, devait durer pendant tout le cours de la prescription, quand même la prescription s'achèverait sous l'empire du code civil et qu'elle serait réduite, quant à sa durée, en vertu du deuxième paragraphe de l'article 2281 (2). Cette décision ne fait qu'appliquer le principe tel qu'il a été expliqué par l'orateur du gouvernement : la loi nouvelle est considérée comme n'existant pas en ce qui concerne les conditions d'une prescription commencée avant la publication du code, sauf le délai.

616. Le deuxième paragraphe, de même que le premier, n'est applicable que lorsque la prescription a commencé avant la publication du code civil; il faut donc que la prescription ait couru ou qu'elle ait pu courir sous l'ancien droit (n° 613). Si l'une des conditions requises par la loi ancienne faisait défaut, la prescription n'a pas pu commencer; dès lors l'article 2281 cesse d'être applicable, et, par suite, la prescription ne pourra s'accomplir que sous le code civil, et conformément aux conditions qu'il détermine. La cour de cassation l'a jugé ainsi dans une espèce où la bonne foi manquait au possesseur sous l'empire d'une coutume (celle de Liége), qui faisait de la bonne foi une condition essentielle de toute prescription acquisitive (3).

---

(1) Troplong, n°s 1090 et 1091. Aubry et Rau, t. II. p. 369, et note 15, § 215 bis. Dalloz, au mot *Prescription*, n°s 1130 et 1131.
(2) Rejet, cour de cassation de Belgique, 9 juin 1848 (*Pasicrisie*, 1849, 1, 62).
(3) Liége, 24 juin 1852, et Rejet, 26 janvier 1854 (*Pasicrisie*, 1853, 2, 79; 1854, 1, 160).

TABLE DES MATIÈRES.

---

§ IV. *Des effets de l'interruption.*

N° 1. À quel droit l'interruption s'applique-t-elle.

N° 2. A qui profite l'interruption de la prescription?

I. *Le principe.*

FIN DU TOME TRENTE-DEUXIÈME.